2025 최신개정판

LOGIN 재경관리사

김영철 지음

머 리 말

재경관리사는 재무회계, 원가회계, 세무회계 실무 전문가임을 인증하는 자격증입니다.

일반적으로 회계와 세법을 공부하시는 수험생들은 전산세무시험을 위주로 자격증을 취득하고 있습니다. 전산세무시험은 이론 뿐만 아니라 회계프로그램을 습득하여 기업에서 바로 활용할 수 있는 자격증이라 가장 많은 수험생(연간 약 20만명 정도)이 응시하는 자격증입니다. 자격증 취득 후 회사에 입사하고 나서 실무자에서 관리자가 되기까지 적어도 5년 이상 걸리며, 무엇보다 실무프로그램보다 이론을 정립하여야 회계 및 세법의 전문가가 될 수 있습니다.

전산세무1급 자격증이면 회계, 세법의 전문가라 자부할 수 있지만, 일반회계기준으로 공부하다 보니 규모가 상대적으로 작은 기업에 적용되며 상장법인이나 규모가 큰 기업에서 적용되는 한국채택 국제회계기준을 다시 공부해야 합니다.

따라서 본서는 전산세무1급 자격증을 취득한 수험생을 위하여 재경관리사 자격증을 취득과 동시에 한국채택국제회계기준의 기본적인 내용을 추가하여 집필하였습니다.

본서는 전산세무1급 자격증 취득자(또는 수험생)를 위하여 집필된 교재이므로 먼저 전산세무 1급 정도의 회계와 세법의 실력이 있어야 합니다.

재경관리사의 응시료는 70,000원이므로 **"ONE SHOT, ONE KILL"**의 각오로 한번에 합격하셔야 합니다.

본서는 삼일회계법인에서 출간한 재경관리사 재무회계, 원가회계, 세무회계 교재를 기초로 하여 작성되어 있습니다. 따라서 매년 재경관리사 교재가 출간 후 약 2주 정도 이후에 출간될 것입니다.

전산세무1급 합격자라하면 아무런 준비 없이 재경관리사를 응시했다고 가정하면, 개인적으로 차이가 있을 수 있지만 재무회계 30점, 원가회계 50점, 세무회계 80점을 획득할 수 있을 것으로 봅니다. 따라서 수험생이 어떤 과목에 신경을 써야 하는지 알 수 있을 것입니다. 또한 이 교재는 100점을 획득하기 위한 교재가 아닙니다. 90점을 목표로 하여 재경관리사 합격을 위한 교재입니다.

교재에 대한 오류사항이나 미비점을 제가 운영하는 카페에 올려주시면 감사하겠습니다.

재무회계 70%, 원가회계 20%, 세무회계 10%정도 시간을 안분하여 공부하여야 합격할 수 있습니다. 또한 재경관리사 시험은 문제은행식으로 출제되어 기출문제(미공개)를 입수하여 최종적으로 점검하시면 됩니다. 재경관리사를 합격하고 본인이 회계와 세법의 최고전문가가 되고자 하는 의지와 흥미를 갖고 있으면 공인회계사나 세무사 자격증 도전하기를 권합니다.

도전하십시오.
도전해서 실패했다고 인생을 실패한게 아닙니다.
도전하는 자체가 아름답습니다.

2025년 2월
김 영 철

다음(Daum)카페 **"로그인과 함께하는 전산회계/전산세무"**

1. 오류수정표 및 추가 반영사항
2. Q/A게시판

로그인카페

NAVER 블로그 "로그인 전산회계/전산세무/AT"

1. 오류수정표 및 추가반영사항
2. 개정세법 외

국가직무능력 표준(NCS)

1. 정의

국가직무능력표준(NCS, national competency standards)은 산업현장에서 직무를 수행하기 위해 요구되는 지식·기술·소양 등의 내용을 국가가 산업부문별·수준별로 체계화한 것으로 산업현장의 직무를 성공적으로 수행하기 위해 필요한 능력(지식, 기술, 태도)을 국가적 차원에서 표준화한 것을 의미

2. 훈련이수체계

수준		회계·감사	세무
6수준	전문가	사업결합회계	세무조사 대응 조세불복 청구 절세방안 수립
5수준	책임자	회계감사	법인세 신고 기타세무신고
4수준	중간 관리자	비영리회계	종합소득세 신고
3수준	실무자	원가계산 재무분석	세무정보 시스템 운용 원천징수 부가가치세 신고 법인세 세무조정 지방세 신고
2수준	초급자	전표관리 자금관리 재무제표 작성 회계정보 시스템 운용	전표처리 결산관리
–		직업기초능력	
수준 / 직종		**회계·감사**	**세무**

3. 회계 · 감사직무

(1) 정의

회계 · 감사는 기업 및 조직 내 · 외부에 있는 의사결정자들이 효율적인 의사결정을 할 수 있도록 유용한 정보를 제공하며, 제공된 회계정보의 적정성을 파악하는 업무에 종사

(2) 능력단위요소

능력단위(수준)	수준	능력단위요소	교재 내용
전표관리	3	회계상 거래 인식하기	
		전표 작성 및 증빙관리하기	
자금관리	3	현금시재 · 예금관리하기	
		법인카드,어음수표 관리하기	
원가계산	4	원가요소 관리하기(3)	원가계산,개별원가,종합원가, 결합원가,표준원가
		원가배부하기(3)	
		원가계산하기	종합원가,표준원가, 변동원가,의사결정
		원가정보활용하기	
결산관리	4	결산분개하기(3)	결산 및 재무제표 작성
		장부마감하기(3)	
		재무제표 작성하기	
회계정보 시스템 운용	3	회계프로그램 운용하기	
		회계정보활용하기	
재무분석	5	재무비율 분석하기(4)	
		CVP 분석하기(4)	CVP분석
		경영의사결정 정보 제공하기	단기, 장기의사결정
회계감사	5	내부감사준비하기	
		외부감사준비하기(4)	재고자산, 유무형자산, 금융자산, 금융부채, 자본, 수익, 건설계약외
		재무정보 공시하기(4)	
사업결합회계	6	연결재무정부 수집하기(4)	
		연결정산표 작성하기(5)	
		연결재무제표 작성하기	
		합병 · 분할회계 처리하기	
비영리회계	4	비영리대상 판단하기	
		비영리 회계 처리하기	
		비영리 회계 보고서 작성하기	

4. 세무직무

(1) 정의

기업의 활동을 위하여 주어진 세법범위 내에서 조세부담을 최소화 시키는 조세전략을 포함하고 정확한 과세소득과 과세표준 및 세액을 산출하여 과세당국에 신고·납부하는 업무에 종사

(2) 능력단위요소

능력단위(수준)	수준	능력단위요소	교재 내용
전표처리	2	회계상 거래 인식하기	재무회계
		전표 작성 및 증빙관리하기	
결산관리	2	손익계정, 자산부채계정 마감하기	재무회계
		재무제표 작성하기	
세무정보 시스템 운용	3	세무관련 전표등록하기	
		보고서 조회·출력하기	
		마스터데이터 관리하기	
원천징수	3	근로/퇴직/이자/배당/연금/사업/기타소득 원천징수하기	종합소득/종합소득과세표준/세액계산/퇴직소득
		비거주자의 국내원천소득 원천징수하기	
		근로소득 연말정산하기	
		사업소득 연말정산하기	
부가가치세 신고	3	세금계산서 발급·수취하기	과세표준/세금계산서 납부세액의 계산/신고납부
		부가가치세 부속서류 작성하기	
		부가가치세 신고하기	
종합소득세 신고	4	사업소득 세무조정하기	종합소득/과세표준/세액계산
		종합소득세 부속서류 작성하기	
		종합소득세 신고하기	
법인세 세무조정	3	법인세신고 준비하기	법인세
		부속서류 작성하기	
법인세 신고	5	각사업년도소득 세무조정하기	
		부속서류 작성하기	
		법인세 신고하기	
		법인세 중간예납 신고하기	
지방세 신고	3	지방소득세 신고하기	
		취득세 신고하기	
		주민세 신고하기	
기타세무 신고	5	양도소득세/상속 증여세 신고하기	양도소득세
		국제조세 계산하기	
		세목별 수정신고·경정 청구하기	국세기본법

2025년 재경관리사(국가공인 민간자격)시험 일정공고

1. 시험일자

연도	회차	원서접수	시험일	합격자발표	시험시간
2025	114회	12.31~01.07	01.18(토)	01.24(금)	150분, 3과목 동시 시행
	115회	02.20~02.27	03.22(토)	03.28(금)	
	116회	04.17~04.24	05.17(토)	05.23(금)	
	117회	05.27~06.03	06.21(토)	06.27(금)	
	118회	07.01~07.08	07.26(토)	08.01(금)	
	119회	08.28~09.04	09.27(토)	10.02(목)	
	120회	10.23~10.30	11.22(토)	11.28(금)	
	121회	12.02.~12.09	12.20(토)	12.26(금)	

☞ 5월 시험부터 개정세법 등이 적용되고, 시험일정과 시험변경사항은 www.samilexam.com을 참고하십시오.

2. 평가범위

과목	평가범위
재무회계	한국채택국제회계 기준 적용, 관계기업, 환율변동효과, 리스회계, 현금흐름표 등
원가관리회계	개별 · 종합원가, 표준원가, 변동원가, CVP분석, 단기 · 장기의사결정, 성과평가 등
세무회계	국세기본법, 법인세법, 소득세법, 부가가치세법 ☞ 개정세법은 5월 시험부터 반영

3. 시험방법 및 합격자 결정기준

① 응시자격 : 제한없음(**신분증 미소지자는 응시할 수 없음**)

② 응시료 : 75,000원

③ 시험방법 : 과목별 40문항 100점(4지선다형)

④ 합격자 결정기준 : 전 과목 과목별 70점이상(**각 과목이 70점 미만이면 불합격**)

⑤ 시험장소 : 서울,부산,대구,광주,인천,대전,수원,청주,천안,익산외

4. 원서접수 및 합격자 발표

① 접수기간 : 각 회별 원서접수기간내 접수
② 접수방법 : www.samilexam.com 에 접속하여 접수
③ 합격자발표 : 상기 홈페이지에서 확인

5. 재경관리사 추가사항(+전산세무 1급)

과목		추가내용
재무회계(K-IFRS)		① 국제회계기준 ② 특수관계자 공시 ③ 유형자산 중 차입원가 ④ 투자부동산 ⑤ 금융자산 및 금융부채(복합금융상품) ⑥ 건설계약 ⑦ 종업원급여 ⑧ 주식기준보상 ⑨ 법인세회계 ⑩ 주당이익 ⑪ 관계기업 ⑫ 환율변동효과 ⑬ 파생상품 ⑭ 리스회계 ⑮ 현금흐름표
원가관리회계	원가회계	변동원가계산, 활동기준원가계산
	관리회계	① CVP분석 ② 책임회계제도와 성과평가 ③ 분권화와 성과평가 ④ 경제적 부가가치(EVA) ⑤ 단기, 장기 의사결정 ⑥ 가격결정과 대체가격결정 ⑦ 최신관리회계
세무회계		국세기본법

CONTENTS

Part I. 재무회계

NCS회계 - 3 전표관리 / 자금관리 **NCS회계 - 4** 결산관리/재무분석
NCS회계 - 5 회계감사(내부감사 준비/외부감사 준비/재무정보 공시하기)

CONTENTS

Part II. 원가관리회계

Part III. 세무회계

1분강의 QR코드 활용방법

본서 안에 있는 QR코드를 통해 연결되는 유튜브 동영상이 수험생 여러분들의 학습에 도움이 되기를 바랍니다.

방법 1

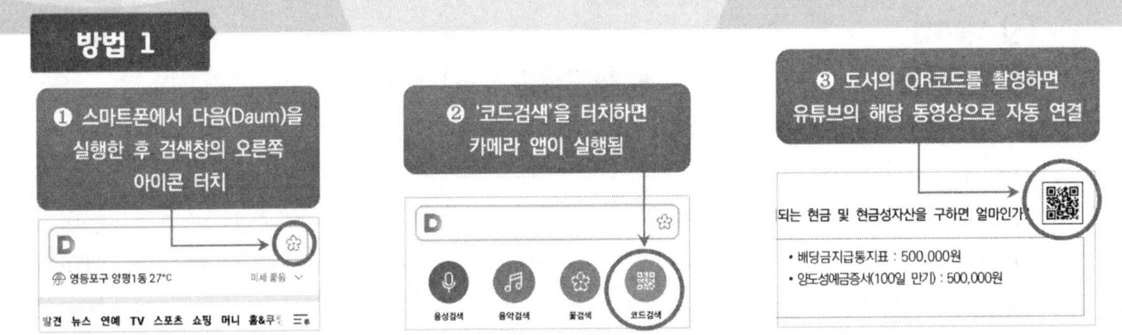

방법 2

카메라 앱을 실행하고, QR코드를 촬영하면 해당 유튜브 영상으로 이동할 수 있습니다.

개정세법 반영

유튜브 상단 댓글에 고정시켰으니, 참고하시기 바랍니다.

✔ 과도한 데이터 사용량이 발생할 수 있으므로, Wi-Fi가 있는 곳에서 실행하시기 바랍니다.

PART I 재무회계

국제회계기준과 재무회계 개념체계

NCS회계 - 4　회계감사(재무정보공시하기)

제1절 회계의 분류(정보이용자에 따른 분류)

	재무회계	관리회계
정보이용자	투자자, 채권자 등 **외부정보이용자**	경영자, 관리자 등 **내부정보이용자**
목적	외부보고	내부보고
작성근거	일반적으로 인정된 회계원칙	경제학, 경영학, 통계학 등
최종산출물	**재무제표**	**일정한 형식이 없는 보고서**
특징	**과거정보의 집계보고**	**미래와 관련된 정보 위주**
법적강제력	있음	없음

제2절 국제회계기준(IFRS)

1. 국제회계기준의 필요성

① 회계정보의 국제적 비교가능성과 투명성 강화

② 국제적 합작계약에서 상호이해가능성의 증진

③ 자본시장의 활성화 기여

2. 한국채택 국제회계기준(K - IFRS*) 적용대상

① 상장법인(**비상장법인은 일반기업회계기준 적용**)

② 금융기관

③ 자발적 채택 비상장법인

* Korean International Financial Reporting Standards

3. 국제회계기준과 일반기업회계기준 비교

국제회계기준	일반기업회계기준
원칙중심(기간별 비교가능성 향상)	규칙중심(기업간 비교가능성)
연결재무제표 중심	개별제무제표 중심
공시의 강화(국가별 특성 강화) - 공시양이 많아짐	상대적으로 적은 공시
공정가치 적용확대	제한적인 공정가치 적용

☞ 원칙주의는 회계기준을 제정한 취지와 원칙적인 내용만을 규정하고, **구체적 적용은 회계전문가의 판단에 따르나**, 규칙주의는 모든 상황에 대한 구체적인 회계기준을 규정하고 전문가의 판단은 최소화 하는 것이다.

제3절 재무회계 개념체계

재무회계 개념체계란 회계기준을 제정하거나 개정함에 있어서 참고할 수 있도록 만든 개념으로서 이론적 틀을 정립해 놓은 것을 말한다. 따라서 회계이론이나 회계처리 기준서가 아니다.

개념체계는 한국채택국제회계기준에 우선할 수 없다.

1. 기본구조

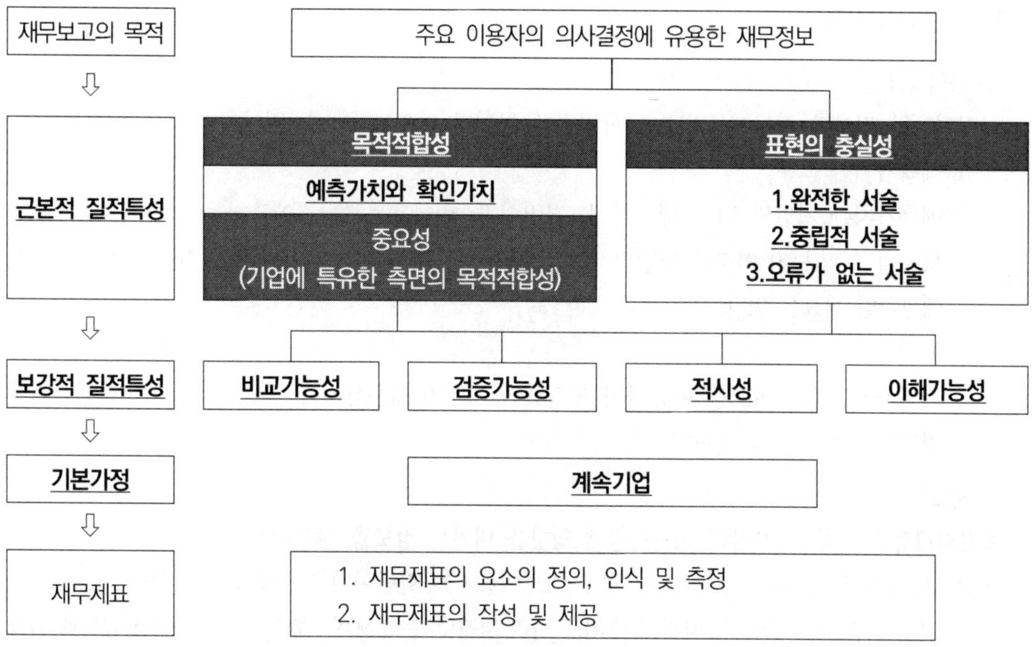

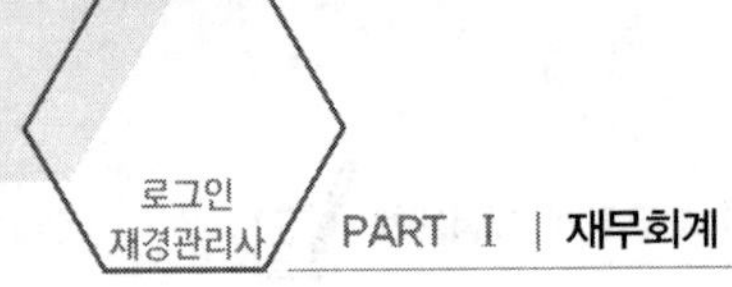

2. 일반목적 재무보고의 목적

현재 및 잠재적 투자자, 대여자 및 기타 채권자가 기업에 자원을 제공하는 것에 대한 의사결정을 할 때 유용한 보고기업 재무정보를 제공하는 것이다. 일반목적 재무보고서는 보고기업의 재무상태에 관한 정보, 즉 **기업의 경제적 자원(자산)과 보고기업에 대한 청구권(부채, 자본)에 대한 정보**를 제공한다.

(1) 경제적 자원(자산)과 청구권(부채, 자본)

보고기업의 유동성과 지급능력, 추가적인 자금 조달의 필요성 및 그 자금조달이 얼마나 성공적일지를 평가하는데 도움을 줄 수 있다.

(2) 경제적 자원 및 청구권의 변동

보고기업의 경제적 자원과 청구권의 변동은 그 **기업의 재무성과(수익, 비용) 그리고 채무상품 또는 지분상품의 발행과 그 밖의 사건 또는 거래에서 발생**한다.

(3) 발생기준 회계가 반영된 재무성과

현금 수취와 지급만의 정보보다 기업의 과거 및 미래 성과를 평가하는 데 더 나은 근거를 제공한다.

(4) 과거 현금흐름이 반영된 재무성과

3. 재무제표의 질적 특성

(1) 근본적 질적특성

① 목적적합성

목적적합한 정보란 정보이용자의 의사결정에 차이가 나도록 할 수 있다.

㉠ 예측가치

예측가치란 기업의 미래 재무상태, 경영성과, 현금흐름 등을 예측하는 경우에 그 정보가 활용될 수 있는지 여부를 말한다. **재무정보가 예측가치를 가지기 위해 그 자체가 예측치 또는 예상치일 필요는 없다.**

㉡ 확인가치

확인가치란 회계정보를 이용하여 예측했던 기대치(재무상태나 경영성과 등)를 확인하거나 변경시키는 것을 의미한다.

② 중요성

특정회계정보가 정보이용자의 의사결정에 영향을 미치는 정도를 말한다.

특정정보가 생략되거나 잘못 표시될 경우 정보이용자의 판단이나 의사결정에 영향을 미칠 수 있다면 그 정보는 중요한 것이다. 따라서 **수치로 미리 결정할 수 없으며, 개별기업 성격이나 규모에 따라 결정되어진다.**

③ 표현의 충실성(충실한 표현)

완벽하게 충실한 표현을 하기 위해서는 서술이 완전하고, 중립적이며, 오류가 없어야 한다. 오류가 없다는 것은 모든 면에서 완벽하게 정확한 것은 아니고, 절차의 선택과 적용시 절차상 오류가 없음을 의미한다. 또한 충실한 표현자체가 반드시 유용한 정보는 아니다.

중립성은 신중을 기함으로써 뒷받침된다. 신중성은 불확실한 상황에서 판단할 때 주의를 기울이는 것이다. **신중을 기한다는 것은 자산과 수익이 과대평가되지 않고, 부채와 비용이 과소평가되지 않는 것을 의미한다. 즉 대체안 선택시 이익이 적게 계상되는 것을 선택하라는 의미이다.**(일반기업 회계기준의 보수주의)

(2) 보강적 질적 특성

보강적 질적 특성은 가능한 극대화되어야 하나, **하나의 보강적 질적 특성이 다른 질적 특성의 극대화를 위해 감소되어야 할 수 있다.**

① 비교가능성

정보이용자가 **항목간의 유사점과 차이점을 식별하고 이해할 수 있게 하는 특성**이다,

② 검증가능성

합리적인 판단력이 있고 독립적인 서로 다른 관찰자가 어떤 서술이 충실한 표현이라는데, **비록 반드시 완전히 일치하지는 못하더라도 의견이 일치할 수 있다는 것**을 의미한다.

계량화된 정보가 **검증가능하기 위해서 단일 점 추정치이어야 할 필요는 없고**, 가능한 금액의 범위 및 관련된 확률도 검증될 수 있다.

③ 적시성

의사결정에 영향을 미칠수 있도록 의사결정자가 정보를 제때에 이용가능하게 하는 것을 의미한다.

④ 이해가능성

정보를 명확하고 간결하게 분류하고, 특징지으며 표시하면 이해가능한 정보라 한다.

3. 기본가정 : 계속기업

재무제표는 일반적으로 기업이 계속기업이며 예상가능한 기간동안 영업을 계속할 것이라는 가정하에 작성한다. 계속기업을 전제하지 않으면 자산의 취득가치를 역사적 원가로 하는 것에 대해서 유용성이 상실하게 된다. **만약 청산이 전제된다면 자산을 청산가치로 평가**하는 것이 보다 합리적이 될 것이다.

4. 유용한 재무보고에 대한 원가제약

원가는 재무보고로 제공될 수 있는 정보에 대한 포괄적 제약요인이다. 재무정보의 보고에는 원가가 소요되고, **해당 정보보고의 효익이 그 원가를 정당화한다는 것이 중요**하다.

즉 **효익이 원가보다 커야 한다는 것을 의미한다.**

5. 재무제표 요소의 측정

측정기준	자 산	부 채
1. 역사적원가	**자산을 취득하거나 창출하기 위하여 지급한 대가와 거래원가를 포함**	발생시키거나 인수하면서 수취한 대가에서 거래원가를 차감한 가치
2. 공정가치	측정일에 **시장 참여자 사이의 정상거래**에서 자산을 매도하면서 수취하거나 부채를 이전하면서 지급하게 될 가격	
3. 사용가치(이행가치)	기업이 **자산의 사용과 궁극적인 처분으로 얻을 것으로 기대하는 현금흐름 또는 그 밖의 경제적 효익의 현재가치**	기업이 부채를 이행할 때 **이전해야 하는 현금이나 그 밖의 경제적 자원의 현재가치**
4. 현행원가	측정일 현재 동등한 자산의 원가로서 측정일에 **지급할 대가와 그날에 발생할 거래원가를 포함**	측정일 현재 동등한 부채에 대해 수취할 수 있는 대가에 그날에 발생할 거래원가를 차감

☞ 기업특유가치 : 자산의 계속적 사용으로부터 그리고 내용연수 종료시점에 처분으로부터 또는 부채의 결제로부터 발생할 것으로 **기대되는 현금흐름의 현재가치**를 말한다.

연/습/문/제

O,X 문제

01. 관리회계는 일반적으로 인정된 회계원칙에 따라 작성되지만, 재무회계는 경제 · 경영 · 통계 등 다양한 정보를 활용하여 작성된다. ( )

02. 연결실체가 재무제표를 작성하는 것을 전제로 제정된 한국채택국제회계기준은 규칙 중심의 회계기준으로서 회사 경영자가 경제적 실질에 기초하여 합리적으로 회계처리할 수 있도록 유도하고 있다.( )

03. 국제자본시장의 정보이용자들에게 보다 목적적합한 정보를 제공하기 위해 자산과 부채를 원칙적으로 역사적 원가로 측정하여 공시할 것을 요구하고 있다. ( )

04. 재무회계는 법적 강제력이 있는 반면 관리회계는 내부보고 목적이므로 법적강제력이 없다. ( )

05. 재무회계는 일반적으로 인정된 회계처리 기준에 따라 작성이 되며 현재 한국의 경우는 한국채택국제회계기준과 일반기업회계기준이 이에 해당된다. ( )

06. 국제회계기준은 연결재무제표를 기본 재무제표로 제시하고 있다. ( )

07. 한국채택국제회계기준은 회계처리에 대하여 구체적인 회계처리방법을 제시하기보다는 전문가적 판단을 중시하는 접근법을 따르고 있다. ( )

08. 한국채택국제회계기준을 적용해야 하는 기업은 주권상장기업, 은행, 비상장기업 등이다. ( )

09. 재무회계개념체계와 한국채택국제회계기준이 상충될 경우에는 재무회계개념체계가 우선한다. ( )

10. 재무회계 개념체계에서는 계속기업을 유일한 기본가정으로 규정하고 있다. ( )

11. 목적적합한 재무정보는 정보이용자의 의사결정에 차이가 나도록 할 수 있다. ( )

12. 재무정보가 예측가치를 지니기 위해서는 그 자체가 예측치 또는 예상치이어야 한다. ( )

13. 정보가 누락되거나 잘못 기재된 경우 특정 보고기업의 재무정보에 근거한 정보이용자의 의사결정에 영향을 줄 수 있다면 그 정보는 중요한 것이다. ( )

14. 완벽하게 충실한 표현을 하기 위해서는 서술이 완전하고, 중요해야 하며, 오류가 없어야 할 것이다. ( )

15. 오류가 없다는 것은 현상의 기술에 오류나 누락이 없고, 보고 정보를 생산하는데 사용되는 절차의 선택과 적용시 절차상 오류가 없음을 의미하며, 모든 면에서 완벽하게 정확하다는 것을 의미하지는 않는다. ( )

16. 이해가능성은 정보이용자가 항목 간의 유사점이나 차이점을 식별하고 이해할 수 있게 하는 질적특성이다. ( )

17. 검증가능성은 합리적인 판단력이 있고 독립적인 다른 관찰자가 어떤 서술이 충실한 표현이라는데 완전히 의견이 일치할 수 있다는 것을 의미한다. 그리고 계량화된 정부가 검증가능하기 위해서 단일 점추정치이어야 한다. ( )

18. 재무정보가 과거 평가에 대해 피드백을 제공, 즉 확인하거나 변경시킨다면 예측가치를 가진다.( )

19. 현행원가란 기업이 자산의 사용과 궁극적인 처분으로 얻을 것으로 기대하는 현금흐름 또는 그밖의 경제적 효익의 현재가치이다. ( )

20. 공정가치란 측정일 현재 동등한 자산의 원가로서 측정일에 지급할 대가와 그날에 발생할 거래원가를 포함한다. ( )

21. 보강적 질적특성에는 비교가능성, 중립성, 적시성, 이해가능성이 있다. ( )

22. 특정정보가 정보이용자의 의사결정에 영향을 끼친다면 그 정보는 중요한 것이다. ( )

23. 일반적으로 사무용 소모품을 구입하는 경우 구입시점에서 전액을 비용으로 처리하는 이유는 중요성 때문이다. ( )

24. 충실한 표현(표현충실성) 그 자체가 반드시 유용한 정보를 만들어내는 것은 아니다. ( )

25. 한국채택국제회계기준은 구체적인 회계처리방법을 제시하여 기업간 비교가능성을 제고시킨다. ( )

26. 보고기업의 경영진은 내부에서 재무정보를 입수할 수 있기 때문에 일반목적재무보고서에 의존할 필요가 없다. ( )

27. 현행원가는 기업이 부채를 이행할 때 이전해야 하는 현금이나 그 밖의 경제적 자원의 현재가치를 말한다. ( )

28. 재무제표가 제공하는 정보가 정보이용자의 의사결정에 **목적적합성을 제공하기 위해서 기본적으로 갖추어야할 주요 질적 특성으로는 예측가치, 확인가치, 적시성**을 들수 있다. ( )

29. 근본적 질적 특성의 극대화를 위해 보강적 질적 특성은 가능한 극대화되어야 하며, 감소되거나 포기될 수 없다. ( )

30. 주석은 정보이용자의 이해를 위하여 재무제표의 추가적인 정보를 제공하고, 재무제표에 해당하며 재무회계 개념체계의 적용을 받는다. ( )

31. 일반목적재무보고서가 제공하는 정보에는 **기업의 경제적 자원과 청구권의 변동, 발생주의 회계가 반영된 재무성과, 미래 현금흐름이 반영된 재무성과**가 있다. ( )

32. 기업특유가치는 자산의 계속적 사용으로부터 그리고 내용연수 종료시점에 처분으로부터 또는 부채의 결제로부터 발생할 것으로 **기대되는 현금흐름의 현재가치**를 말한다. ( )

33. 현재 및 잠재적 투자자, 대여자 및 기타채권자에 해당하지 않는 **기타 당사자들이 일반목적재무보고서가 유용하다가고 여긴다면 이들도 일반목적 재무보고의 주요대상에 포함**한다, ( )

34. 기업에 경영활동을 청산할 의도나 필요성이 있더라도 **계속기업의 가정에 따라 재무제표를 작성**한다. ( )

35. 공정가치는 기업이 **자산의 사용과 궁극적인 처분으로 얻을 것으로 기대하는 현금흐름 또는 그밖의 경제적 효익의 현재가치**이다. ( )

36. 현행원가는 측정일 현재 동등한 자산의 원가로서 **측정일에 지급할 대가와 그날에 발생할 거래원가를 제외**한다. ( )

37. 사용가치는 측정일에 **시장참여자 사이의 정상거래에서 자산을 매도할 때 받게 될 가격**이다. ( )

38. 재무정보가 제공되기 위해서는 **해당 정보 보고의 효익이 관련원가를 정당화할 수 있어야 하는 것은 아니다.** ( )

연/습/문/제 답안

O,X문제

1	2	3	4	5	6	7	8	9	10	11	12	13	14	15
×	×	×	○	○	○	○	×	×	○	○	×	○	×	○
16	**17**	**18**	**19**	**20**	**21**	**22**	**23**	**24**	**25**	**26**	**27**	**28**	**29**	**30**
×	×	×	×	×	×	○	○	○	×	○	×	×	×	○
31	**32**	**33**	**34**	**35**	**36**	**37**	**38**							
×	○	×	×	×	×	×	×							

[풀이 - O,X문제]

01. 재무회계는 **일반적으로 인정된 회계원칙**에 따라 작성되지만, **관리회계는 경제 · 경영 · 통계 등 다양한 정보를 활용**하여 작성된다.
02. **한국채택국제회계기준은 원칙중심의 회계기준**이다.
03. 공정가치로 측정하도록 되어 있다.
08. 비상장기업은 일반기업회계기준을 적용하고, **자발적으로 한국채택국제회계기준을 적용할 수 있다.**
09. **한국채택국제회계기준이 우선 적용**한다.
12. 재무정보가 예측가치를 지니기 위해서는 **그 자체가 예측치 또는 예상치일 필요는 없다.**
14. 완벽하게 충실한 표현을 하기 위해서는 **서술이 완전하고, 중립적이며, 오류가 없어야** 할 것이다.
16. 비교가능성에 대한 설명이다.
17. 완전히 의견이 일치하지는 않더라도 **합의에 이를수 있다는 것을 의미**하고, 계량화된 정부가 검증가능하기 위해서 **단일 점추정치이어야 할 필요는 없다.**
18. 확인가치(피드백가치)를 가진다.
19. (자산)의 사용가치에 대한 설명이다.
20. 현행원가에 대한 설명이다.
21. 보강적 질적특성에는 **비교가능성, 검증가능성, 적시성, 이해가능성**이 있다.
25. 원칙중심의 회계로서 기간별 비교가능성을 향상시키는데 도움을 제공한다.
27. (부채)의 이행가치에 대한 설명이다.

28. 목적적합성의 주요 질적특성은 예측가치, 확인가치, **중요성을 둘 수 있다.**
29. 보강적 질적 특성이 다른 근본적 질적특성의 극대화를 위해 감소될 수 있다.
31. **과거 현금흐름이 반영된 재무성과(수익,비용)**를 제공한다.
33. **일반목적재무보고서는 그 밖의 집단(예를 들어 감독당국)을 주요대상으로 한 것이 아니다.**
34. **청산의도 등이 있다면 다른 기준에 따라 작성되어야 한다.**
35. (자산)사용가치에 대한 설명이다.
36. **발생할 거래원가를 포함**한다.
37. 공정가치에 대한 설명이다.
38. 재무정보가 제공되기 위해서는 해당 **정보보고의 효익이 관련원가를 정당화 할 수 있어야** 한다.

재무제표, 특수관계자 공시외

NCS회계 - 4 회계감사(재무정보공시하기)

제1절 재무제표

1. 한국채택 국제회기준의 전체 재무제표

① 기말 재무상태표
② 기간 포괄손익계산서
③ 기간 자본변동표
④ 기간 현금흐름표
⑤ 주석(유의적인 회계정책 및 그 밖의 설명으로 구성)
⑥ 회계정책을 소급하여 적용하거나, 재무제표의 항목을 소급하여 재작성 또는 재분류하는 경우 가장 이른 비교기간의 재무상태표

2. 일반사항

(1) 공정한 표시와 한국채택국제회계기준의 준수

한국채택국제회계기준에 따라 작성된 재무제표는 공정하게 표시된 재무제표로 본다. 또한 한국채택국제회계기준을 준수하며 작성된 재무제표는 국제회계기준을 준수하여 작성된 재무제표임을 주석으로 공시할 수 있다.

(2) 계속기업

경영진이 기업을 청산하거나 경영활동을 중단할 의도를 가지고 있지 않거나, 청산 또는 경영활동의 중단외에 다른 현실적 대안이 없는 경우가 아니면 **계속기업을 전제로 재무제표를 작성**한다.

(3) 발생기준 회계(현금흐름 정보 제외)

(4) 중요성과 통합표시

유사한 항목은 중요성분류에 따라 재무제표에 구분하여 표시한다. 상이한 성격이나 기능을 가진 항목은 구분하여 표시한다. 다만 **중요하지 않는 항목은 성격이나 기능이 유사한 항목과 통합하여 표시할 수 있다. 재무제표에는 중요하지 않아 구분하여 표시하지 않은 항목이라도 주석에서 구분표시해야 할만큼 충분히 중요할 수 있다.**

(5) 상계(원칙적으로 자산, 부채, 수익, 비용은 상계하지 않음)

재고자산충당금과 채권에 대한 **대손충당금과 같은 평가충당금을 차감하여 관련 자산을 순액으로 측정하는 것은 상계표시에 해당하지 아니한다.**

(6) 보고빈도(적어도 1년마다 작성)

(7) 비교정보(전기 비교정보의 공시)

당기 재무제표에 보고되는 모든 금액에 대해 전기비교정보를 표시한다.

(8) 표시의 계속성(재무제표 항목의 표시와 분류는 원칙적 매기 동일)

3. 재무상태표

(1) 재무상태표에 표시되는 정보(아래의 항목으로 구분표시해야 한다.)

자 산	자본 및 부채
① **유형자산**	① 매입채무 및 기타 채무
② 투자부동산	② 충당부채
③ 무형자산	③ **금융부채**
④ **금융자산**	④ **당기법인세 관련 부채**
⑤ 지분법투자자산	⑤ 이연법인세부채
⑥ 생물자산	⑥ 매각예정자산집단에 포함된 부채
⑦ 재고자산	⑦ 자본에 표시된 비지배지분
⑧ 매출채권 및 기타 채권	⑧ 지배기업의 소유주 귀속 자본
⑨ 현금및현금성자산	
⑩ 매각예정비유동자산과 매각예정 자산집단에 포함된 자산	
⑪ **당기법인세 관련 자산**	
⑫ 이연법인세자산	

(2) 재무상태표 작성방법

① **형식이나 계정과목의 순서에 대해서는 강제규정을 두지 않는다.**

② 유동성순서에 따른 표시방법(모든 자산과 부채를 유동성의 순서에 따라 표시)이 신뢰성있고 더욱 목적적합한 정보를 제공하는 경우를 제외하고는 **유동자산(부채)과 비유동자산(부채)으로 구분하여 표시**한다.

(3) 유동과 비유동의 구분

자산과 부채는 **1년을 기준으로 하여 유동 또는 비유동으로 구분하는 것을 원칙**으로 한다.

다만, 운전자본(재고자산, 매출채권, 매입채무 등)에 대하여는 1년을 초과하더라도 **정상적인 영업주기내에 실현 혹은 결제되리라 예상되는 부분에 대하여서는 유동항목으로 분류**한다.

유동자산	유동부채
① **정상영업주기 내에 실현될 것으로 예상하거나 판매 소비할 의도가 있다.**	① **정상영업주기 내에 결제될 것으로 예상하고 있다.**
② 주로 단기매매목적으로 보유	② 주로 단기매매목적으로 보유
③ **보고기한 후 12개월 이내에 실현될** 것으로 예상한다.	③ **보고기한 후 12개월 이내에 결제**하기로 되어 있다.
④ 현금이나 현금성 자산으로서, 교환이나 부채상환목적으로 **사용에 대한 제한 기간이 보고기한 후 12개월 이상이 아니다.**	④ **보고기간 후 12개월 이상 부채의 결제를 연기할 수 있는 무조건의 권리를 가지고 있지 않다.**

4. 포괄손익계산서

(1) **포괄손익계산서에 표시되는 정보(최소한의 포함항목)**

① 수익(매출), 유효이자율법을 사용하여 계산한 이자수익은 별도표시

② 금융원가(이자비용)

③ 지분법 적용대상인 관계기업과 공동기업의 당기순손익에 대한 지분

④ 법인세비용

⑤ 중단영업의 합계를 표시하는 단일금액

(2) 포괄손익계산서 작성 

단일포괄손익계산서 또는 두 개의 보고서(별개의 손익계산서와 포괄손익계산서 : 당기순이익부터 시작되어 총포괄손익 산출) 중 하나의 양식을 선택하여 표시할 수 있다.

또한 당기손익항목 중 영업비용에 대하여 **성격별 분류와 기능별 분류 중 하나의 방법**을 선택할 수 있다.

① 당기손익항목

㉠ 성격별 분류

당기손익에 포함된 비용을 그 **성격별(상품매입, 상품의 변동, 감가상각비등)**로 통합하여 표시하는 방법이다.

〈단일 포괄손익계서(성격별 분류)〉

㈜로그인	x1년 1월 1일부터 12월 31일까지	
수익		xxx
기타수익		xxx
총비용		(xxx)
제품과 재공품의 변동	xxx	
원재료와 소모품의 사용액	xxx	
종업원급여비용	xxx	
감가상각비와 기타상각비	xxx	
기타비용	xxx	
영업이익	xxx	
금융원가	xxx	
관계기업의 이익에 대한 지분		xxx
법인세비용차감전순이익		xxx
법인세비용		(xxx)
당기순손익		xxx
기타포괄손익		
재평가잉여금		xxx(순액)
총포괄손익		xxx

㉡ 기능별 분류(일반기업회계기준의 포괄손익계산서 형식)

비용을 **매출원가, 그리고 물류원가와 관리활동원가** 등과 같이 기능별로 분류하는 방법이다. 이렇게 비용을 **기능별로 분류하는 기업은 감가상각비, 기타상각비와 종업원급여비용을 포함하여 비용의 성격에 대한 추가정보를 공시**한다.

〈단일 포괄손익계산서(기능별 분류)〉

㈜로그인	20x1년 1월 1일부터 12월 31일까지	
수익	xxx	
매출원가		(xxx)
매출총이익	xxx	
기타수익		xxx
물류원가		(xxx)
관리비	(xxx)	
기타비용		(xxx)
영업이익		(xxx)
금융원가		(xxx)
관계기업의 이익에 대한 지분	xxx	
법인세비용차감전순이익	xxx	
법인세비용	(xxx)	
계속영업이익	xxx	
당기순손익	xxx	
기타포괄손익		
재평가잉여금	xxx	
관련법인세	(xxx)	
총포괄이익	xxx	

② 기타포괄손익항목 

한국채택국제회계기준서에서 당기손익으로 인식하지 않은 수익과 비용항목을 말하며 **재분류조정(당기나 과거 기간에 기타포괄손익으로 인식되었으나 당기 손익으로 재분류된 것)**을 포함한다.

당기손익으로 재분류되지 않는 항목	재분류되는 항목
㉠ 재평가잉여금의 변동 ㉡ 기타포괄손익인식금융자산(지분상품)의 평가손익 ㉢ 확정급여제도의 재측정요소	㉠ 해외사업장의 제무제표 환산손익 ㉡ 기타포괄손익인식금융자산(채무상품)의 평가손익 ㉢ 파생상품에서 현금흐름위험회피 중 효과적인 부분
기타포괄손익→이익잉여금으로 대체	기타포괄손익→당기손익(I/S)→이익잉여금으로 대체

포괄손익계산서의 **기타포괄손익부분은 당기손익으로 재분류되지 않은 항목과 당기손익으로 재분류되는 항목으로 각각 구분하여 표시**한다.

기타포괄손익의 항목중 법인세비용 금액은 다음 중 선택하여 표시할 수 있다.

㉠ 관련 **법인세 효과를 차감한 순액**으로 표시

㉡ 관련 **법인세 효과 반영전의 금액으로 표시하고 법인세 효과는 단일 금액**으로 합산하여 표시

5. 자본변동표

자본변동표는 당해 기간 동안 변동된 자본의 증가 및 감소 내용을 보고하는 재무제표이다.

자본변동표(일부)

제 7기 20×1년 1월 1일부터 20×1년 12월 31일까지

	납입자본	이익잉여금	해외사업장 환산	기타포괄손익 인식금융자산	현금흐름 위험회피	재평가 잉여금	총계	**비지배 지분**	총자본
20×1년 1월 1일 현재 잔액	XX	XX	XX	XX	XX	XX	XX	XX	XX
20×1년 자본의 변동									
유상증자 배　당 총포괄손익 이익잉여금으로 대체									
20×1년 12월 31일 현재 잔액	XX	XX	XX	XX	XX	XX	XX	XX	XX

☞ **비지배지분 : 소수주주지분을 말하여 회사의 자본 중 지배기업의 소유 분을 제외한 것**

6. 주석

① 한국채택국제회계기준을 준수하였다는 사실

② 적용한 유의적인 회계정책의 요약

③ 재무상태표, 포괄손익계산서, 자본변동표 및 현금흐름표에 표시된 항목에 대한 보충정보

④ 우발부채 및 약정사항

⑤ 비재무적공시항목 등

제2절 보고기간후 사건

보고기간 후 사건은 **보고기간말(결산일)**과 **재무제표 발행승인일(이사회 승인일)사이**에 발생한 기업의 재무상태에 영향을 미치는 사건을 말하고, 이러한 보고기간 후 사건이 발생하면 관련 재무제표의 수정여부를 검토하여야 한다.

1. 수정을 요하는 보고기간 후 사건

(1) 인식

보고기간말 존재하였던 상황에 대한 추가적 증거를 제공하는 사건으로서 재무제표상의 금액에 영향을 주는 사건은 그 영향으로서 재무제표를 수정한다.

(2) 수정을 요하는 보고기간후 사건의 예

① **소송사건의 확정**에 의하여 확인되는 경우
② **자산손상이 발생**되었음을 나타내는 정보를 입수하는 경우
③ 자산의 취득원가 또는 매각한 자산의 금액을 보고기간 후에 결정하는 경우
④ **종업원에 대한 이익분배 또는 상여금지급 금액**을 보고기간 후에 확정하는 경우
⑤ 재무제표가 부정확하다는 것을 보여주는 부정이나 오류를 발견한 경우 등

2. 수정을 요하지 않는 보고기간 후 사건

보고기간 후에 발생한 상황을 나타내는 사건에 대하여 재무제표를 수정하지 않는다.
대표적인 예로 투자자산의 시장가치 하락과 배당금의 확정을 들 수 있다.

3. 배당

보고기간말의 부채로 인식하지 않고 이익잉여금 처분전의 상태로 표시함.

제3절 특수관계자 공시

1. 특수관계자 범위

① 보고기업에 지배력 또는 공동지배력이 있는 경우
② 보고기업에 **유의적인 영향력**이 있는 경우
③ 보고기업 또는 지배기업의 주요 경영진의 일원인 경우
④ 공동기업인 경우

2. 공시

(1) 지배, 종속기업간 거래의 유무에 관계없이 특수관계 공시
최상위 지배자와 지배기업이 다른 경우에는 **최상위지배자의 명칭도 공시**한다.

(2) 주요경영진에 대한 보상 공시
① 단기종업원급여
② 퇴직급여
③ **기타장기종업원급여, 해고급여, 주식기준 보상**

(3) 특수관계자간 거래가 있는 경우 공시 등
지배기업, 종속기업, 관계기업 등의 공시의 대상이 되는 **특수관계자의 범주별로 해당 거래를 분류**하여 공시한다.

제4절 중간재무보고

중간재무제표란 1년보다 더 짧은 기간(분기, 반기)을 대상으로 작성한 재무제표를 말한다. 중간재무보고를 하는 가장 중요한 이유는 **회계정보의 적시성을 높이기 위한 것**이다.

1. 중간재무보고서의 종류

① 요약재무상태표

② 다음 중 하나로 표시되는 요약포괄손익계산서
㉠ **단일 요약포괄손익계산서**
㉡ **별개의 요약손익계산서와 요약포괄손익계산서**

③ 요약자본변동표

④ 요약현금흐름표

⑤ <u>선별적주석</u>

2. 중간재무제표 기간

예를 들어 반기(2분기)공시를 한다고 가정하면 다음과 같다.

① **재무상태표** : 당해 중간보고기간말(당기 6월말)과 직전 연차기간보고말(전기 12월말)을 비교

② **포괄손익계산서** : 당해 중간기간(당기4.1~6.30)과 당해 회계연도 누적기간(당기 1.1~6.30)을 직전 회계연도의 동일기간(전기 4.1~6.30, 전기 1.1~6.30)과 비교

③ **현금흐름표, 자본변동표** : 당해 회계연도 누적기간(당기 1.1~6.30)을 직전 회계연도의 동일기간(전기 1.1.~6.30)과 비교

		당기(20x1년도)	전기(20x0년도)
정태적 보고서	재무상태표	**20x1.6.30**	**20x0.12.31.**
동태적 보고서	포괄손익계산서	**20x1. 4.1. ~ 6.30.** **20x1. 1.1. ~ 6.30.**	**20x0. 4.1. ~ 6.30.** **20x0. 1.1 ~ 6.30**
	자본변동표, 현금흐름표	20x1. 1.1. ~ 6.30.	20x0. 1.1. ~ 6.30

3. 중간재무제표 작성 및 공시

① 연차기준과 동일한 회계정책을 적용하여 작성한다.

② 연차재무제표와 달리 요약재무제표로 작성할 수 있다.

③ 특정중간기간에 보고된 추정금액이 최종중간기간에 중요하게 변동하였지만 별도의 재무보고를 하지 않은 경우 **<u>연차재무제표에 추정의 변동 내용과 금액을 주석으로 공시한다.</u>**

연/습/문/제

O,X 문제

01. 한국채택국제회계기준 하에서 재무제표 구성항목에 **이익잉여금처분계산서도 포함**된다. ( )

02. 한국채택국제회계기준에서 **대여금 및 차입금은 재무상태표에 포함될 최소한의 항목으로 예시**하고 있다. ( )

03. 포괄손익계산서를 작성할 때 **'단일 포괄손익계산서' 또는 '별개의 손익계산서와 포괄손익계산서'중 하나의 양식을 선택**하여 표시할 수 있다. ( )

04. 기타포괄손익항목은 관련 **법인세효과를 차감한 순액으로 표시**하거나 세전금액으로 표시하고 **관련 법인세효과는 단일금액으로 합산하여 표시하는 방법**이 가능하다. ( )

05. 한국채택국제회계기준에서는 재무상태표의 형식이나 **계정항목순서에 대해서 강제규정을 두고 있다.** ( )

06. 유동성순서에 따른 표시방법이 신뢰성 있고 더욱 목적적합한 정보를 제공하는 경우를 제외하고는 **유동자산과 비유동자산, 유동부채와 비유동부채로 재무상태표에 구분하여 표시한다.** ( )

07. 자본변동표는 **지배기업의 소유주와 비지배지분에게 각각 귀속되는 금액으로 구분하여 표시**한 해당기간의 총포괄손익을 포함한다. ( )

08. 포괄손익계산서는 **기업의 현금 등에 관한 창출능력과 기업의 현금흐름 사용에 관한 평가의 기초 정보**를 정보 이용자에게 제공한다. ( )

09. 포괄손익계산서는 기타포괄손익을 후속적으로 **당기손익으로 재분류되는 항목과 재분류되지 않는 항목을 구분하여 표시**한다. ( )

10. 포괄손익계산서에서 비용을 **성격별 분류를 하는 경우** 주석에 감가상각비, 종업원 급여비용을 포함하여 **기능별 분류 정보를 공시**해야 한다. ( )

11. 경영진이 보고기간 후에, 기업을 청산하거나 경영활동을 중단할 의도를 가지고 있거나, 청산 또는 경영활동의 중단 외에 다른 현실적 대안이 없다고 판단하는 경우에는 **계속기업의 기준에 따라 재무제표**를 작성해서는 아니된다. ( )

12. 중간재무보고서는 1년보다 더 짧은 기간(분기 또는 반기)을 대상으로 하는 재무제표를 말한다. 중간재무보고를 하는 가장 중요한 이유는 **회계정보의 적시성을 확보하여** 줌으로써 회계정보의 유용성을 높일 수 있기 때문이다. ( )

13. 재무제표 발행승인일이란 주주총회에서 재무제표를 **승인한 날**을 의미한다. ( )

14. 보고기간 후에 **기업의 청산이 확정되었을 경우라도 재무제표는 계속기업의 기준에 기초하여 작성**한다. ( )

15. **보고기간 말에 지급의무가 존재**하였던 종업원에 대한 상여금액을 보고기간 후에 확정하는 경우에는 **보고기간 후 재무제표의 수정**을 요한다. ( )

16. 보고기간 말과 재무제표 발행승인일 사이에 **투자자산(기타포괄손익－공정가치측정 금융자산)의 시장가치가 하락하는 경우는 보고기간 후 사건**에 해당한다. ( )

17. **보고기간 말 기준**으로 보고되었던 매출채권 평가금액 중 일부가 **보고기간 후 매출처의 파산**으로 인하여 수정을 요하게 된 경우 수정을 한다. ( )

18. 중간재무보고서의 종류에 **요약재무상태표, 요약포괄손익계산서, 요약자본변동표, 요약현금흐름표**로 구성된다. ( )

19. **보고기간 말에 존재하지 않았던 소송사건**에 대한 현재의무가 재판 결과에 의해 확정된 경우는 **수정을 요하는 보고기간 후 사건**이다. ( )

20. 3/4분기 포괄손익계산서는 **당 회계연도 7월 1일부터 9월 30일까지의 중간기간과 1월 1일부터 9월 30일까지의 누적기간**을 대상으로 작성하고 **직전 회계연도의 동일 기간을 대상**으로 작성한 포괄손익계산서와 비교 표시한다. ( )

21. 재무상태표는 **당 회계연도 9월 30일 현재를 기준으로 작성하고 직전회계연도 9월 30일 현재의 재무상태표**와 비교 표시한다. ( )

22. 현금흐름표와 자본변동표는 당 회계연도 1월 1일부터 9월 30일 까지의 누적기간을 대상으로 작성하고 직전 회계연도의 **동일 기간을 대상으로 작성한 현금흐름표, 자본변동표**와 비교 표시한다. ( )

23. 기업은 비용의 성격별 또는 기능별 분류방법 중 신뢰성 있고 더욱 목적적합한 정보를 제공할 수 있는 방법을 적용하여 당기손익으로 인식한 비용의 분석내용을 표시한다. ( )

24. 재무제표가 부정확하다는 것을 보여주는 부정이나 오류에 대한 증거를 보고기간 후에 발견한 경우 수정을 요한다. ( )

25. 한국채택국제회계기준이 달리 허용하거나 요구하는 경우를 제외하고는 당기 재무제표에 보고되는 모든 금액에 대해 전기 비교정보를 공시한다. ( )

26. 지배기업과 그 종속기업 사이의 관계는 거래가 발생했을 경우에 공시한다. ( )

27. 최상위 지배자와 지배기업이 다른 경우에는 지배기업만 공시해도 무방하다. ( )

28. 주요 경영진에 대한 보상공시에는 단기종업원급여와 퇴직급여, 주식기준보상 등을 포함한다. ( )

29. 보고기간 후에 배당을 선언한 경우, 그 배당금을 보고기간말의 부채로 인식한다. ( )

30. 당해기업이 유의적인 영향력을 행사하는 기업은 당해기업과의 특수관계자이다. ( )

31. 한국채택국제회계기준에서 요구하거나 허용하지 않는 한 자산과 부채 그리고 수익과 비용은 상계하지 않는다. ( )

32. 재무상태표상에 자산 · 부채 및 자본을 기재하는 경우에는 종류와 성격별로 적정하게 구분 표시해야 한다. ( )

33. 기타포괄손익 항목 중 현금흐름위험회피 파생상품평가손익 중 위험회피에 효과적인 부분과 재평가잉여금 변동은 당기손익으로 재분류될 수 있다. ( )

34. 재무제표의 인식요건을 충족하는 경우 반드시 재무제표에 인식하여야 한다. ( )

35. 포괄손익계산서에 최소한의 표시되는 정보에 매출원가가 포함된다. ( )

36. 보고기간 후 12개월 이내에 결제일 도래하는 차입금으로서 보고기간 후 12개월 이상 만기를 연장할 것으로 기대하고 있고, 그런 재량권이 있는 차입금에 대해서도 유동부채로 분류한다. ( )

37. 매출채권에 대해 대손충당금을 차감하여 순액으로 측정하는 것은 상계표시에 해당한다. ( )

38. 지배기업, 종속기업, 관계기업 등의 공시의 대상이 되는 특수관계자의 범주별로 해당 거래를 분류하여 공시한다. ( )

39. 재무제표 본문과 주석에 적용하는 중요성의 기준은 항상 일치해야 한다. ( )

연/습/문/제 답안

O,X문제

1	2	3	4	5	6	7	8	9	10	11	12	13	14	15
×	×	○	○	×	○	○	×	○	×	○	○	×	×	○
16	**17**	**18**	**19**	**20**	**21**	**22**	**23**	**24**	**25**	**26**	**27**	**28**	**29**	**30**
×	○	×	×	○	×	○	○	○	○	×	×	○	×	○
31	**32**	**33**	**34**	**35**	**36**	**37**	**38**	**39**						
○	○	×	○	×	×	×	○	×						

[풀이 - O,X문제]

01. 이익잉여금처분계산서는 재무제표에 포함되지 않는다.

02. **대여금 및 차입금은 재무상태표에 포함될 최소한의 항목으로 예시**하고 있지 않다.

05. 재무상태표의 형식이나 **계정항목순서에 대해서 강제규정을 두고 있지 않다.**

08. 현금흐름표에 관한 내용이다.

10. 포괄손익계산서에서 비용을 **기능별 분류를 하는 경우** 주석에 감가상각비, 종업원 급여비용을 포함하여 **성격별 분류 정보를 공시**해야 한다.

13. 재무제표 발행승인일이란 주주총회에 제출하기 위한 재무제표를 **이사회가 발행 승인한 날**을 의미한다.

14. 보고기간 후에 **기업의 청산이 확정되었을 경우 재무제표는 청산기업의 기준에 기초하여 작성**한다.

16. **투자자산의 시장가치(공정가치) 하락은 보고기간 후 사건에 해당하지 않는다.**

18. 중간재무보고서의 종류에 **선별적주석도** 포함된다.

19. **보고기간말 존재했던 사건**에 대하여 수정을 요하는 보고기간 후 사건이 된다.

21. 재무상태표는 전기말 재무상태표와 비교 표시한다.

26. **지배기업과 그 종속기업 사이의 관계는 거래의 유무에 관계없이 공시**한다.

27. **최상위지배기업도 함께 공시**한다.

29. 부채로 인식하지 않고 미처분이익잉여금 상태로 재무상태표에 표시한다.

33. **재평가잉여금의 변동은 당기손익으로 재분류되지 않는다.**

35. 매출원가는 포괄손익계산서에 포함될 최소한의 항목에 포함되지 않는다.

36. 보고기간 후 12개월 이상 부채의 결제를 연기할 수 있는 **무조건의 권리를 가지고 있는 경우에는 비유동부채로 분류**한다.
37. 평가충당금(대손충당금, 재고자산평가충당금 등)을 차감하여 **순액으로 표시하는 것은 상계표시에 해당하지 아니한다.**
39. **재무제표에는 중요하지 않아 구분하여 표시하지 않은 항목이라도 주석에서 구분표시해야 할만큼 충분히 중요할 수 있다.**

재고자산

NCS회계 - 4　회계감사(재무정보공시하기)

1. 재고자산의 취득원가 결정

취득원가 = 매입가액 + 매입부대비용 – 매입 환출 · 에누리 · 할인 – 리베이트 등

☞ 리베이트 : 대금의 일부를 환불하여 주거나 일부를 줄여주는 것

(1) 용역제공기업 : 제조원가로 측정(용역에 직접 관여된 인력에 대한 노무원가 및 기타원가로 구성)

(2) 생물자산에서 수확한 농림어업 수확물(예 : 우유, 양모)로 구성된 재고자산 : 순공정가치(공정가치에서 예상되는 처분원가를 차감한 금액)로 측정하여 수확시점에 최초로 인식한다.

2. 재고수량의 결정방법

① 계속기록법

기초재고수량 + 당기매입수량 – 당기매출수량 = 기말재고수량

② 실지재고조사법

기초재고수량 + 당기매입수량 – 기말재고수량 = 당기매출수량

<u>계속기록법을 적용하면 매출수량이 정확하게 계산되고, 실지재고조사법을 적용하면 기말재고자산 수량이 정확하게 계산된다.</u>

<u>재고감모수량 = 계속기록법하의 기말재고수량 – 실지재고조사법하의 기말재고수량</u>

③ 재고자산 감모손실

1. 정상감모	원가성이 있는 감모로 보아 매출원가에 가산
2. 비정상감모	**원가성이 없다고 판단하여 영업외비용(재고자산감모손실)으로 처리**

3. 원가흐름의 가정(기말재고단가의 결정)

1. 개별법	**가장 정확한 원가배분방법**
2. 선입선출법	재고자산의 진부화가 빠른 기업은 선입선출법을 적용한다.
3. 후입선출법	실제물량흐름과 거의 불일치되고 일부 특수업종에서 볼 수 있다. **후입선출법은 IFRS에서 인정되지 않는다.**
4. 평균법	계속기록법인 이동평균법과 실지재고조사법인 총평균법이 있다.
5. 소매재고법	추정에 의한 단가 산정방법으로 이는 원칙적으로 유통업에만 인정하고 있다.

[각방법의 비교]

1번째 구입원가가 10원, 2번째 구입원가가 20원, 3번째 구입원가가 30원이고, 2개가 개당 50원에 판매되었다고 가정하고, 각 방법에 의하여 매출원가, 매출이익, 기말재고가액, 법인세를 비교하면 다음과 같다.

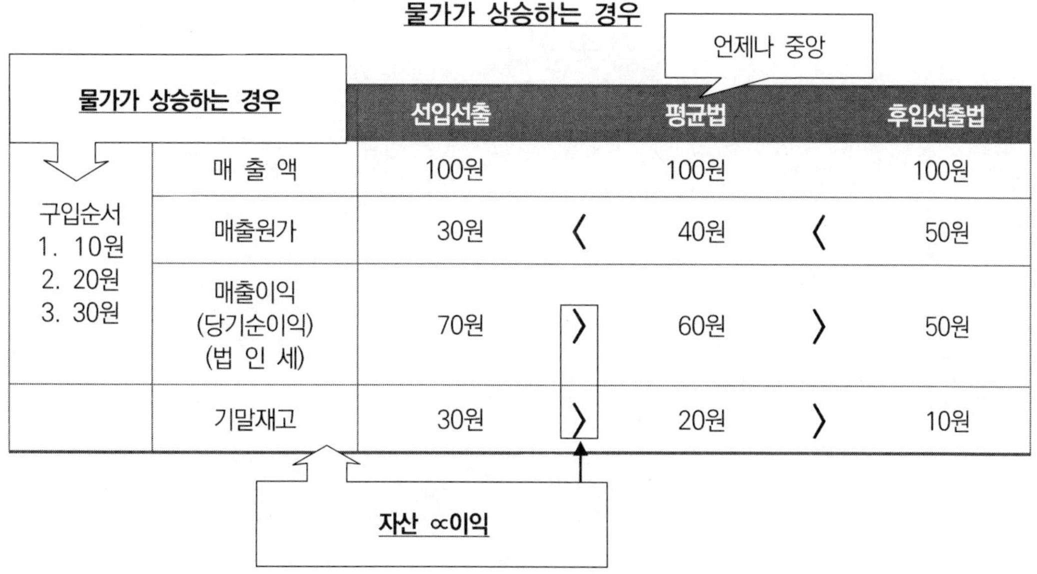

물가가 상승하는 경우

물가가 상승하는 경우		선입선출		평균법		후입선출법
구입순서 1. 10원 2. 20원 3. 30원	매 출 액	100원		100원		100원
	매출원가	30원	〈	40원	〈	50원
	매출이익 (당기순이익) (법 인 세)	70원	〉	60원	〉	50원
	기말재고	30원	〉	20원	〉	10원

〈크기 비교 : 물가상승시〉

	선입선출법	평균법(이동, 총)	후입선출법
기말재고, 이익, 법인세	〉	〉	〉
매출원가	〈	〈	〈

☞ 물가하락시 반대로 생각하시면 됩니다.

4. 재고자산의 기말평가(저가법)

1. 적용방법	개별항목별(서로 유사하거나 관련있는 항목들을 통합하여 적용가능)	
2. 순실현가능 가치의 추정	① 원재료	**현행대체원가** **다만, 원재료의 경우 완성될 제품의 원가 이상으로 판매될 것으로 예상시 저가법 미적용**
	② 상품, 제품, 재공품 등	**순실현가능가치(정상판매가격 – 추정판매비)**
	③ 확정판매 계약	**계약가격**
3. 회계처리	가격하락시	(차) 재고자산평가손실(매출원가가산) ××× (대) 재고자산평가충당금 ×××
	가격회복시	(차) 재고자산평가충당금 ××× (대) 재고자산평가충당금환입*1 (매출원가차감) ××× ***1. 당초 평가손실 인식액까지만 환입**

연/습/문/제

O,X 문제

01. 선입선출법을 사용하면 재고자산은 과거 구입한 금액으로 표시되어, 낮은 금액으로 계상되어 있고 의도적으로 당해 재고자산이 매출원가로 대체되도록 함으로써 이익조정의 수단으로 악용될 수도 있다. 따라서 **한국채택국제회계기준에서는 선입선출법을 허용하지 않는다.** ( )

02. **완성될 제품이 원가 이하로 판매될 것으로 예상될 경우** 그 생산에 투입하기 위해 보유하는 **원재료 등은 감액하지 않는다.** ( )

03. 외부구입시 재고자산의 취득원가는 구입가액뿐 아니라 **판매가능한 상태에 이르기까지 소요된 구입원가 및 제반부대비용**을 포함한다. ( )

04. 재고자산의 **보관단계에서 발생한 보관비용과 비효율적 사용으로 인한 지출**은 당기 비용처리한다. ( )

05. 재고수량 결정방법을 계속기록법에서 실지재고조사법으로 변경하면 **장부상의 재고수량을 수시로 파악가능**하게 된다. ( )

06. 선입선출법하에서 **실지재고조사법과 계속기록법에 의한 기말재고자산 금액은 상이하게 측정된다.** ( )

07. **물가가 상승**하는 경우 **이동평균법의 기말재고자산이 총평균법의 기말재고자산보다 크게 평가된다.** ( )

08. **물가가 지속적으로 하락**하고, 기초 수량보다 기말수량이 많은 경우 평균법보다 선입선출법을 사용할 때 당기순이익이 더 크다. ( )

09. 재고자산을 **현재의 장소에 현재의 상태**에 이르게 하는데 발생한 원가는 취득원가에 포함한다.( )

10. 재고자산의 판매가 계약에 의해 확정되어 있는 경우 **순실현가능가액은 그 계약가격**이다. ( )

11. 제품 판매 후 추후 서비스를 제공하기 위하여 사용된 원재료와 소모품은 재고자산으로 분류한다. ( )

12. 물가가 지속적으로 상승시 매출총이익률은 선입선출법을 적용했을 때 보다 총평균법을 적용했을 경우 상대적으로 크다. (　)

13. 재고자산의 취득과정에서 정상적으로 발생한 매입부대비용 외에 **매입 후 보관단계에서 발생한 보관비용과 비효율적 사용으로 인한 지출도 취득원가에 산입**한다. (　)

14. 선입선출법은 **실제 물량의 흐름을 고려**하여 기말재고액을 결정하는 방법이다. (　)

 주관식

01. 다음은 (주)로그인의 상품매입과 상품매출에 관한 자료이다.

〈11월의 상품재고장〉

날짜	적요	입고			출고
		수량(EA)	단가(원)	금액(원)	수량(EA)
11/1	전월이월	600	300	180,000	
11/8	상품매입	900	330	297,000	
11/12	매　출				1,200
11/19	상품매입	300	340	102,000	

이동평균법을 적용할 경우 11월 30일 재고자산의 단위당 원가는 얼마인가?

02. 다음은 도매업을 영위하고 있는 ㈜로그인의 20x1년 상품재고장과 재고자산의 시가정보이다. 20x1년 결산후 손익계산서상 매출원가와 재무상태표상 재고자산은 얼마인가?(단, 상품은 단일 품목이고 선입선출법을 적용한다)

자료 1. 상품재고장

날짜	적요	입고			출고	잔고
		수량(개)	단가(원)	금액(원)	수량(개)	수량(개)
1/1	전월이월	200	200	40,000	–	×××
1/10	매　입	300	250	75,000	–	×××
5/15	매　출	–	–	–	300	×××
12/31	차기이월	–	–	–	×××	–

자료 2. 재고자산의 시가정보 : 기말재고자산의 단위당 시가는 220원이다.

03. 재고자산 평가방법으로 선입선출법을 적용하고 있는 ㈜로그인의 재고자산 입출고 내역이 다음과 같을 때, ㈜로그인의 기말재고자산 금액은 얼마인가?(단, 기말재고자산 실사결과 확인된 재고수량은 3,000개이다)

	수 량	단 가	금 액	비 고
전기이월	2,000	2,500원	5,000,000원	
3월 5일 구입	500	2,600원	1,300,000원	
6월 8일 판매	1,500			
10월 24일 구입	2,000	2,800원	5,600,000원	
기말	3,000			

04. 다음 자료에서 재고자산평가 손실은 ㈜로그인의 재고자산이 진부화되어 발생하였다. 다음 중 재고자산평가와 관련하여 ㈜로그인의 20x1년 포괄손익계산서에 비용으로 보고되는 금액은 얼마인가?

20x0년 12월 31일 재고자산	200,000원
20x1년 매입액	180,000원
20x1년 재고자산평가손실	55,000원
20x1년 재고자산감모손실	18,000원
20x1년 12월 31일 재고자산 (평가손실과 감모손실 차감후)	50,000원

05. 재고자산 평가방법으로 이동평균법을 적용하고 있는 ㈜로그인의 재고자산내역이 다음과 같을 때, (주)로그인의 기말재고자산 금액을 구하시오.(단, 기말재고자산 실사결과 감모는 없다.)

	수량	단가	금액
전기이월	1,000개	80원	80,000원
3월 5일 구입	200개	110원	22,000원
4월 22일 판매	800개		
6월 8일 구입	200개	120원	24,000원
기말	600개		

06. ㈜로그인은 휴대폰을 수입하여 판매하는 회사이다. 다음은 당기말 현재 상품재고 현황이다. 신제품의 수입으로 인하여 정상가격으로 판매하기 곤란하여 순실현가능가치가 3,000,000원일 때 재고자산 평가손실은 얼마인가?

	장부수량	장부금액	실사수량	실사수량에 따른 기말재고자산금액
휴대폰	1,500개	4,500,000원	1,300개	4,000,000원

07. ㈜로그인의 20X1년 상품재고장이다. 재고자산을 선입선출법으로 평가하는 경우와 총평균법으로 평가하는 경우 각각의 매출원가는 얼마인가?

	수량	단가	금액
전기이월	300개	2,000원	600,000원
1. 20. 구입	200개	2,500원	500,000원
6. 15. 판매	(250개)		
8. 14. 구입	200개	2,800원	560,000원
10. 1. 판매	(350개)		
12. 4. 구입	100개	3,000원	300,000원
기말	200개		

08. ㈜로그인의 재고자산과 관련된 자료이다. 계속기록법과 실지재고조사법에 의하여 기말재고자산을 구하고 감모금액을 구하시오.

① 20x1년 1월 1일 기초재고금액 :	10,000,000원
② 20x1년 3월 3일 매입원가 :	20,000,000원
③ 20x1년 5월 10일 매출원가 :	30,000,000원
④ 20x1년 9월 30일 매입원가 :	30,000,000원
⑤ 20x1년 12월 31일 실제 기말재고금액 :	12,000,000원

연/습/문/제 답안

O,X문제

1	2	3	4	5	6	7	8	9	10	11	12	13	14
×	×	○	○	×	×	○	×	○	○	○	×	×	×

[풀이 - O,X문제]

01. 후입선출법에 대한 설명으로 **후입선출법은 한국채택국제회계기준에서는 인정되지 않는다.**

02. **원가이상으로 판매될 것으로 예상시 저가법을 적용하지 않는다.** 따라서 원가이하로 판매될 것으로 예상시 감액한다.

05. 장부상의 재고수량을 수시로 파악하는 것이 계속기록법이다.

06. **선입선출법 적용시 실지재고조사법이나 계속기록법은 같게 측정**된다.

08. 물가가 지속적으로 하락할 경우 평균법이 당기순이익이 더 크다.

12. 물가가 지속적으로 상승시 선입선출법이 평균법보다 이익이 더 크다. 그러므로 매출총이익률도 선입선출법이 더 크다.

13. **후속생산단계에 투입하기 전에 보관이 필요한 경우 이외**에 발생한 보관원가는 재고자산의 취득원가에 포함할수 없다.

14. 선입선출법은 **실제물량흐름과 관계없이 먼저 구입한 재고자산이 먼저 판매된** 것으로 가정하는 방법이다.

주관식

01.	329원	02.	매출원가 71,000원 재고자산 44,000원
03.	8,150,000원	04.	330,000원
05.	58,000원	06.	1,000,000원
07.	선입선출법 1,380,000원 총평균법 1,470,000원	08.	계속기록법 : 30,000,000원 실지재고조사법 : 12,000,000원 감모손실 : 18,000,000원

[풀이 - 주관식]

01. • 11/12 매출 후 상품재고액 = (180,000원 + 297,000원) × 300개/1,500개 = 95,400원
• 11/30 상품 단위당 원가 = (95,400원 + 102,000원) ÷ 600개 = ***329원***

02.

상 품

기초	200개	@200	40,000	*매출원가*	*200개* *100개*	*@200* *@250*	*65,000*
순매입액	300개	@250	75,000	*평가손실*	*(매출원가)*		*6,000*
				기말	*200개*	*@220*	*44,000*
계(판매가능재고)			115,000		계		115,000

기말재고 = 200개 × Min(250원, 220원) = 44,000원

03.

상 품(선입선출법)

기초	2,000개	@2,500	5,000,000	매출원가	1,500개	@2,500	3,750,000
순매입액	500개 2,000개	@2,600 @2,800	1,300,000 5,600,000	*기말*	3,000개		*8,150,000*
계(판매가능재고)			11,900,000	계			11,900,000

04. 감모손실에 대해서 별도 언급이 없는 경우 정상적인 것으로 본다.

상 품

기초상품	200,000	*매출원가* *재고자산감모, 평가손실*	*257,000* *73,000*
순매입액	180,000	기말상품	50,000
계	380,000	계	380,000

포괄손익계산서 비용 = 매출원가 + 재고자산 평가손실 + 감모손실 = 330,000

05.

상 품(이동평균법)

기초	1,000개	@80	80,000	매출원가	800개	@85	68,000
순매입액	200개	@110	22,000	*기말*	*600개*		*58,000*
	200개	@120	24,000				
계(판매가능재고)			126,000	계			126,000

06. 기말재고자산평가손실 = 실사금액 - 순실현가능가치 = 4,000,000 - 3,000,000 = 1,000,000원

07.

상 품(선입선출법)

기초	300개	@2,000	600,000	*매출원가*			*1,380,000*
순매입액	200개	@2,500	500,000				
	200개	@2,800	560,000	기말	100개	@2,800	280,000
	100개	@3,000	300,000		100개	@3,000	300,000
계(판매가능재고)			1,960,000	계			1,960,000

상 품(총평균법)

기초	300개	@2,000	600,000	*매출원가*	*600개*	*@2,450*	*1,470,000*
순매입액	200개	@2,500	500,000				
	200개	@2,800	560,000				
	100개	@3,000	300,000	기말	200개	@2,450	490,000
계(판매가능재고)		*@2,450*	1,960,000	계			1,960,000

08.

재고자산(계속기록법)

기초상품	10,000,000	①매출원가	30,000,000
순매입액	50,000,000	②기말상품	*30,000,000*
계	60,000,000	계	60,000,000

재고자산(실지재고조사법)

기초상품	10,000,000	②매출원가	*??*
순매입액	50,000,000	①기말상품	*12,000,000*
계	60,000,000	계	60,000,000

감모손실 = 계속기록법(30,000,000) - 실지재고조사법(12,000,000) = 18,000,000원

유형자산

NCS회계 - 4 회계감사(재무정보공시하기)

1. 유형자산의 취득원가

<table>
<tr><td colspan="2">1. 외부구입</td><td>매입가액+취득시 각종 부대비용
(국공채 등을 불가피하게 매입하는 경우 채권의 매입가액과 현재가치와의 차액등)</td></tr>
<tr><td colspan="2">2. 일괄취득</td><td>개별자산의 상대적 공정가치에 비례하여 안분</td></tr>
<tr><td colspan="2">3. 무상취득</td><td>취득한 자산의 공정가치</td></tr>
<tr><td colspan="2">4. 현물출자</td><td>취득한 자산의 공정가치(공정가치를 신뢰성있게 측정할 수 없다면 발행하는 주식의 공정가치)</td></tr>
<tr><td colspan="2">5. 장기연불구입</td><td>미래현금유출액의 현재가치</td></tr>
<tr><td colspan="2">6. 복구비용</td><td>자산을 해체 제거하거나 부지를 복구하는데 소요될 것으로 최초에 추정되는 원가의 현재가치(예 : 원자력발전소)</td></tr>
<tr><td rowspan="2">7. 정부보조금</td><td>자산 관련</td><td>① 자산의 장부금액에서 차감하여 표시→감가상각비와 상계
② 이연수익(부채)로 표시하며 자산의 내용연수에 걸쳐 수익인식 중 선택</td></tr>
<tr><td>수익 관련</td><td>① 비용에서 정부보조금을 차감하는 방법
② 당기손익의 일부로 별도의 계정(기타수익)으로 표시하는 방법 중 선택</td></tr>
</table>

〈취득원가 제외〉

① 가동수준이 **완전 조업도 수준에 미치지 못하는 경우** 발생하는 원가
② 유형자산에 대한 수요가 형성되는 과정에서 발생하는 **가동손실** 등
③ 영업의 전부 또는 일부를 재배치(또는 재편성)하는 과정에서 발생하는 원가

(1) 철거비용

	타인 소유 건물취득 후 철거	자가건물 철거시
목적	토지 사용목적	건물 가치 상실
회계처리	**토지의 취득원가** (폐자재 처분수입 차감)	**영업외비용(유형자산처분손실)**

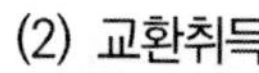

(2) 교환취득

	상업적실질이 없는 경우	상업적실질이 있는 경우
회계처리	**장부가액법**	**공정가액법**
취득원가	제공한 자산의 장부가액+현금지급-현금수령	**제공한 자산의** **공정가액**+현금지급-현금수령 **→ 불확실 : 취득한 자산의 공정가치**
교환손익	**인식하지 않음**	**인식(유형자산처분손익)**

☞ 상업적실질 : 취득한 자산과 관련된 현금흐름의 구성(위험, 유출입시기 등)과 제공한 자산과 관련된 현금흐름의 구성이 다를 경우(일반기업회계기준의 이종자산교환과 유사)

2. 유형자산의 후속원가

수익적 지출(일상적인 수선 · 유지)	당기비용	
자본적지출 **(일부대체원가 → ex 건물인테리어)** **(종합검사원가 → ex 항공기)**	자산인식기준 충족시 자산으로 인식	일부대체시 대체되는 부분의 장부금액은 제거

3. 감가상각비 : 수익비용대응 → 취득원가의 합리적 · 체계적 배분

1. 감가상각대상금액(A) **(취득가액-잔존가치)**	**정액법**	A/내용연수
	생산량비례법	A×당기실제생산량/예상총생산량
	연수합계법	A×잔여내용연수/내용연수합계
2. 장부가액(B) **(취득가액-기초감가상각누계액)**	**정률법**	B×상각율

☞ ***소비형태를 신뢰성있게 결정할 수 없는 경우에는 정액법 선택***

4. 후속측정(재평가모형)

(1) 유형자산 회계정책 선택

원가모형	**감가상각 후 장부금액을 재무상태표에 표시**
재평가모형	감가상각 후 공정가치로 평가

☞공정가치 : 측정일에 시장참여자 사이의 정상거래에서 자산을 매도하면서 수취하게 될 가격을 말한다

재평가모형은 선택한 경우 보고기간말에 자산의 장부금액이 공정가치와 중요하게 차이가 나지 않도록 주기적으로 수행한다. 그러나 **매 보고기간말에 반드시 해야 하는 것은 아니다. 또한 특정유형자산을 재평가할 때 해당 자산이 포함되는 유형자산 분류전체를 재평가한다.**

(2) 재평가모형

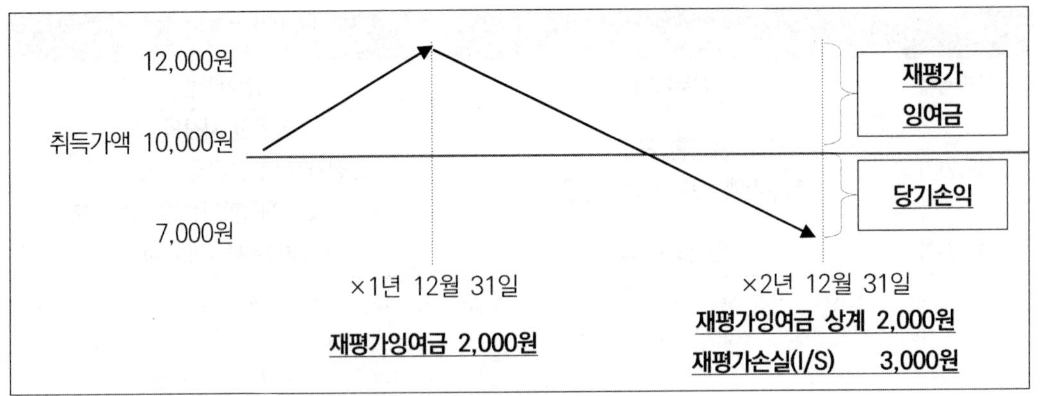

전액제거법이란 **총장부금액에서 기존의 감가상각누계액 전부를 제거하여 자산의 순장부금액이 재평가 금액이 되도록 수정하는 방법**이다.
즉 재평가일에 **공정가치에서 감가상각누계액을 차감한 재평가금액을 장부금액**으로 한다.

구분	차변	대변
재평가증	(차) 감가상각누계액 ××× 유 형 자 산 ×××	(대) 재평가손실(I/S)[*1] ××× **재평가잉여금** ××× **(자본-기타포괄손익누계액)**
	*1. 당기이전에 재평가손실액이 있는 경우 우선 상계한다.	
재평가감	(차) 감가상각누계액 ××× **재평가잉여금**[*2] ××× **재평가손실(I/S)** ×××	(대) 유 형 자 산 ×××
	*2. 재평가잉여금 잔액이 있는 경우 우선 상계한다.	

자본에 계상된 재평가잉여금은 그 자산이 제거될 때 이익잉여금으로 직접 대체 될 수 있다. 그러므로 **재평가잉여금은 당기손익으로 재분류조정하지 않는다.**

5. 유형자산의 손상

(1) 손상가능성의 판단기준

- 시장가치가 중요한 하락
- **기업에 불리한 영향을 미치는 유의적 변화의 발생(기업경영상의 기술, 시장,법률 환경)**
- **시장이자율의 상승**으로 자산의 회수가능액을 중요하게 감소시킬 가능성
- 진부화와 물리적 손상
- **기업의 순자산 장부금액>당해 시가총액**
- **자산의 경제적 성과가 기대에 미달시** 등

(2) 손상차손의 인식기준

- **유형자산의 손상차손 = 회수가능가액 - 손상전 장부금액**
- **회수가능가액 = MAX[ⓐ순공정가치, ⓑ사용가치]**
  - ⓐ 순공정가치 = 예상처분가액 - 예상처분비용
  - ⓑ 사용가치 = 해당 자산의 사용으로부터 예상되는 미래 현금흐름의 현재가치

(3) 손상차손의 환입

손상차손은 환입은 당기손익으로 인식하며, **손상차손환입으로 증가한 장부금액은 과거에 손상차손을 인식하기 전 장부금액의 감가상각 후 잔액을 초과할 수 없다.**

손상차손환입 **= Min[ⓐ회수가능가액 ⓑ손상되지 않았을 경우 장부금액] - 환입전 장부금액**

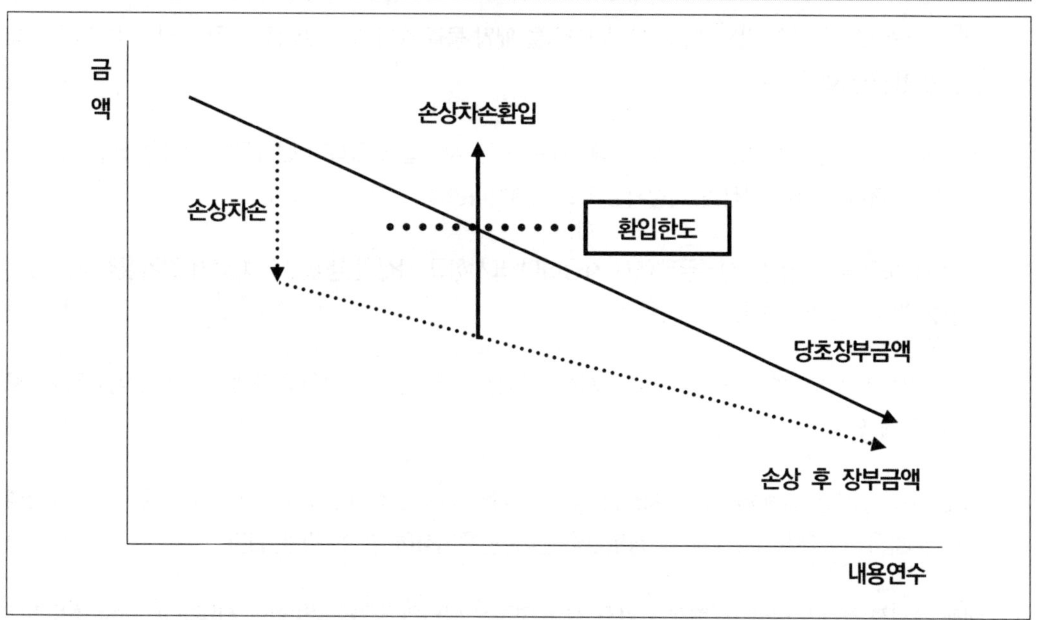

(4) 재평가모형 적용시 손상차손

자산에 대하여 **재평가모형을 적용하는 경우에도 손상징후를 검토한 후 손상차손을 인식**한다.

손상차손	(차) 재평가잉여금(잔액) 손상차손	××× ×××	(대) 손상차손누계액	×××
손상차손환입	(차) 손상차손누계액	×××	(대) 손상차손환입 재평가잉여금*1	××× ×××
	*1. 과거 손상차손 인식액을 초과하는 금액			

연/습/문/제

O,X 문제

01. 복구원가란 해당 유형자산의 경제적 사용이 종료된 후에 **원상회복을 위하여 그 자산을 제거등 또는 부지를 복원시 소요될 것으로 추정**되는 비용이 부채의 인식요건을 충족시 그 지출의 명목가액을 의미한다. ( )

02. 정부지원의 요건을 충족하는 기업이 **유형자산등을 매입 등**을 해야 하는 일차적 조건이 있는 정부보조금을 **자산관련보조금**이라 한다. ( )

03. 자산취득에 사용될 국고보조금을 받는 경우에는 관련 자산을 취득하기 전까지는 **일시적으로 운용하기 위하여 취득하는 다른 자산의 차감계정**으로 회계처리한다. ( )

04. 수익관련보조금은 **자산의 장부금액에서 차감하여 표시하고 자산의 내용연수에 걸쳐 감가상각비를 감소시키는 방식**으로 당기손익에 인식할 수 있다. ( )

05. 자산관련보조금은 **이연수익(부채)으로 표시**하고 자산의 내용연수에 걸쳐 체계적이고 합리적인 기준으로 **당기손익에 인식**할 수 있다. ( )

06. 기계장치의 일부를 대체하기 위해 지출된 금액을 유형자산의 인식기준을 충족하여 기계장치의 장부금액으로 회계처리시 **대체되는 부분의 장부금액은 계속 유지하며 감가상각을 한다.** ( )

07. 미래 경제적 효익이 예상소비형태를 가장 잘 반영하는 방법의 감가상각방법을 선택하고, 만약 **소비형태를 신뢰성있게 결정할 수 없는 경우에는 정률법**을 사용한다. ( )

08. 자산의 미래경제적효익이 소비되는 형태가 변하지 않는 한 **감가상각방법을 매 회계기간에 일관성있게 적용**한다. ( )

09. 토지취득 후 이루어지는 조경공사 등은 **회사 측에 유지보수책임이 있는 경우**에 회사의 **유형자산(구축물 등)**으로 처리한다. ( )

10. 건물 신축을 위해 **토지와 건물을 일괄구입**한 경우에는 **개별적 공정가치로 안분**하여 건물, 토지로 처리한다. ( )

11. **유형자산의 회수가능액이 장부금액에 미달**하는 경우 유형자산의 장부금액을 회수가능액으로 감소시키고 당해 감소금액을 **유형자산 손상차손의 과목으로 당기비용**처리한다. ( )

12. 차기 이후에 손상차손을 인식한 자산의 회수가능액이 장부금액을 초과하는 경우에는 그 자산의 **손상차손 인식 전 장부금액의 감가상각 후 잔액을 한도**로 하여 그 **초과액을 손상차손환입**으로 처리한다.( )

13. **기업의 순자산 장부금액이 당해 시가총액**을 하회할 경우 유형자산의 손상을 시사하는 징후로 본다. ( )

14. 자산의 장부금액이 **재평가로 인하여 증가**된 경우 원칙적으로 그 증가액은 **당기손익(재평가손익)**으로 인식한다. ( )

15. 자산의 장부금액이 재평가로 인하여 감소한 경우 원칙적으로 그 **감소액은 당기손익(재평가손익)으로 인식**한다. 그러나 그 자산에 대한 재평가잉여금의 잔액이 있다면 그 금액을 한도로 **재평가감소액을 기타포괄손익으로 인식**한다. ( )

16. 보유하고 있는 **건물이 위치한 토지의 시장가치 증가는 건물의 가치도 증가되므로 감가상각대상금액에 영향을 미친다.** ( )

17. 기업은 미래경제적효익의 예상소비형태를 가장 잘 반영할 수 있는 상각방법을 **선택하여 일관성 있게 적용**하여야 하며 **후속기간에 이를 변경할 수 있다.** ( )

18. 기계장치와 관련된 산출물에 대한 수요가 형성되는 과정에서 발생하는 **가동손실은 취득원가를 구성한다.** ( )

19. 경영진이 의도하는 방식으로 가동할 수 있으나 **가동수준이 완전조업도 수준에 미치지 못하여 발생하는 원가**는 취득원가를 구성하지 못한다. ( )

20. 수익관련보조금은 **관련비용에서 차감**하거나 **별도 기타수익계정**으로 표시하는 방법 중 하나를 선택할 수 있다. ( )

21. 자산의 사용가치를 계산하는데 영향을 미치는 **시장이자율이 하락**하는 경우 **자산손상을 시사하는 징후**로 본다. ( )

22. 특정 유형자산을 재평가시 **동일한 분류내의 유형자산 분류 전체를 재평가**한다. ( )

23. 유형자산의 취득원가는 취득시점에 지급한 현금 등이나 제공한 기타 대가의 공정가치를 말한다. ( )

24. 정기적인 종합검사가 필요한 항공기의 경우 검사과정에서 발생하는 원가가 자산 인식요건을 충족하는 경우 유형자산의 일부가 대체되는 것으로 보아 자본적 지출로 처리한다. ( )

25. **유형자산에 대해 재평가모형을 적용하는 경우 손상차손을 인식**하지 않는다. ( )

26. **자산손상을 시사하는 징후가 있는지를 검토할 때는 경제상황 등 외부정보도 고려**해야 한다. ( )

27. 정부보조금을 관련 자산에서 차감하는 방법으로 표시하는 경우 **유형자산의 장부금액은 유형자산 취득금액**으로 한다. ( )

주관식

01. ㈜로그인은 사용 중인 차량운반구를 거래처의 기계장치와 교환하면서 현금 800,000원을 지급하였다. 유형자산처분손익은 얼마인가? (단, 교환거래는 상업적 실질이 있다고 가정한다.)

구분	차량운반구	기계장치
취득원가	5,000,000원	7,000,000원
감가상각누계액	2,000,000원	3,000,000원
공정가치	3,600,000원	불확실함

02. ㈜로그인은 사용 중이던 차량운반구를 ㈜천안이 사용하던 기계장치와 교환하였다. 이 교환과 관련하여 ㈜로그인은 300,000원을 현금으로 수취하였다. ㈜로그인이 인식하는 유형자산처분손익은 얼마인가?(단, 교환거래는 상업적 실질이 있다고 가정한다.)

구분	차량운반구	기계장치
취득원가	4,000,000원	5,000,000원
감가상각누계액	1,000,000원	2,500,000원
공정가치	???	3,000,000원

03. ㈜로그인은 건물(부속토지 포함)을 20x4년 12월 31일에 매각처분하였다.

ㄱ. 건물의 취득원가	20,000,000원
취득일	20x1년 1월 1일
내용연수	10년
잔존가치	없 음
감가상각방법	정액법
ㄴ. 부속토지(취득원가)	30,000,000원
ㄷ. 처분금액(건물 및 부속토지)	40,000,000원

처분시 ㈜로그인이 인식할 유형자산처분손익은 얼마인가?(단, 회사는 원가모형으로 회계처리하고 있다.)

04. ㈜로그인이 사용 중인 기계장치에 대해서 20x1년말 손상차손을 인식하였다. 20x2년에 인식할 감가상각비는 얼마인가?(단, 정액법, 잔존가치는 "0")

[기계장치 관련정보]
① 20x1년말 손상차손인식전 기계장치 장부금액 : 60,000,000원
② 20x1년말 순공정가치 : 30,000,000원
③ 기계장치 사용가치 : 35,000,000원
④ 20x1년말 현재 기계장치의 잔존내용연수 10년

05. ㈜로그인은 20X1년 초 영업활동에 사용할 목적으로 취득원가 10억원의 토지를 매입하여 재평가모형을 적용하고 있다. 20X1년 말 해당 토지의 공정가치는 7억원으로 추정되어 3억원의 재평가손실을 인식하였다. 20X2년 말 토지의 공정가치는 12억원으로 추정시 회계처리하시오.

06. ㈜로그인은 20x0년 12월 31일에 손상차손을 인식한 건물에 대해 20x1년말 당기 손익계산서 상 감가상각비(ⓐ)와 손상차손환입(ⓑ) 금액을 구하시오.

① 20x0년 12월 31일의 손상전 장부금액은 30,000,000원이고 손상후 장부금액은 12,000,000원이다.
② 20x0년 12월 31일 기준 잔존 내용연수는 10년, 잔존가치는 0원이고 감가상각방법은 정액법이다.
③ 20x1년 말 12월 31일 현재 동 건물의 순공정가치는 28,000,000원, 사용가치는 22,000,000원으로 추정된다.

07. ㈜로그인은 20X1년 1월 1일 거래처의 토지에 구축물을 설치하고 이를 이용하는 계약을 체결하였다. 구축물의 취득원가는 1,000,000원, 내용연수는 5년이며, 잔존가치는 50,000원이며 정액법으로 감가상각한다. ㈜로그인은 5년 후에 구축물을 해체하고 원상복구를 해야 하며, 5년 후에 복구비용으로 지출할 금액은 200,000원으로 추정하였다. 복구비용은 충당부채의 인식요건을 충족하며, 현재가치 계산 시 적용할 할인율은 10%이다. ㈜로그인이 20X1년 1월 1일에 인식할 복구충당부채는 얼마인가?

기간 이자율	현가 이자요소	연금의 현가 이자요소
5년 10 %	0.62092	3.79079

08. ㈜서울은 사용 중이던 차량운반구A 를 ㈜부산이 사용하던 차량운반구B 와 교환하였다. 이 교환과 관련하여 ㈜서울은 공정가치의 차액 300,000원을 현금으로 지급하였다. 이 경우 ㈜서울이 차량운반구B 의 취득원가로 인식해야 할 금액은 얼마인가(단, 동 거래는 상업적 실질이 결여된 거래임)?

(단위 : 원)

	차량운반구A	차량운반구B
취득원가	3,500,000	4,000,000
감가상각누계액	1,200,000	1,500,000
공정가치	1,700,000	2,000,000

09. 다음 자료를 바탕으로 ㈜삼일의 재무상태표에 유형자산으로 표시되는 기계장치의 취득금액을 계산하면 얼마인가?

- 매입금액 : 600,000원
- 설치장소까지의 운송비 : 30,000원
- 관세 및 취득세 : 20,000원
- 시운전비 : 50,000원
- 시운전 과정에서 발생한 시제품의 매각금액 : 30,000원

연/습/문/제 답안

O,X문제

1	2	3	4	5	6	7	8	9	10	11	12	13	14	15
×	○	○	×	○	×	×	○	○	×	○	○	×	×	○
16	17	18	19	20	21	22	23	24	25	26	27			
×	○	×	○	○	×	○	○	○	×	○	×			

[풀이 - O,X문제]

01. 지출의 현재가치에 대해서 취득원가를 구성한다.

04. 자산관련보조금에 대한 설명이다.

06. **대체되는 부분의 장부금액은 제거한다.**

07. 정액법을 사용한다.

10. 건물 신축을 위해 **토지와 건물을 일괄구입**한 경우에는 **모두 토지 원가**로 본다.

13. 시가총액<순자산장부금액일 경우 손상을 시사하는 징후로 본다.

14. 재평가로 인하여 증가된 경우 **기타포괄손익(재평가잉여금)**으로 인식한다.

16. **토지의 시장가치 증가는 건물의 가치에 영향을 미치지 않으므로 감가상각대상금액에 영향을 미치지 않는다.**

18. **유형자산에 대한 수요가 형성되는 과정에서 발생하는 가동손실은 취득원가를 구성하지 못한다.**

21. **시장이자율이 상승시 자산의 사용가치가 하락하므로 자산손상을 시사하는 징후**로 본다.

25. **재평가모형을 적용해도 손상차손을 인식한다.**

26. 정부보조금을 자산에서 차감하는 방법으로 표시하는 경우 **유형자산의 장부금액은 취득금액에서 정부보조금을 차감한 금액**으로 한다.

주관식

01.	처분익 600,000원	02.	처분익 300,000원
03.	처분손실 2,000,000원	04.	3,500,000원
05.	〈해설 참고〉	06.	ⓐ 1,200,000원 ⓑ 16,200,000원
07.	124,184원	08.	2,600,000원
09.	700,000원		

[풀이 - 주관식]

01. [상업적 실질이 있는 경우]

유형자산(신) 취득가액 = 구자산 공정가치(3,600,000) + 현금지급액(800,000) - 현금수취액(0)
= 4,400,000원

(차) 기계장치	4,400,000원	(대) 차량운반구	5,000,000원
감가상각누계액	2,000,000원	현 금	800,000원
		유형자산처분이익	600,000원

02. [상업적실질이 있는 경우]

유형자산(신) 취득가액 = 취득한 자산의 공정가치 = 3,000,000원

(차) 기계장치	3,000,000원	(대) 차량운반구	4,000,000원
감가상각누계액	1,000,000원	유형자산처분이익	300,000원
현 금	300,000원		

03. 처분시점 건물 감가상각누계액 = (20,000,000/10년 × 4년) = 8,000,000원

처분손익 = 처분가액 - 건물 및 토지 장부가액
= 40,000,000 - [30,000,000 + (20,000,000 - 8,000,000)] = **- 2,000,000원(처분손실)**

04. 20x1년말 회수가능액 = Max[30,000,000, 35,000,000] = 35,000,000

20x2년 감가상각비 = 장부가액/잔존내용연수 = 35,000,000/10년 = 3,500,000원

05.

20x1년	(차) 재평가손실(손익)	3억	(대) 토지	3억
20x2년	(차) 토지	5억	(대) 재평가이익(손익) 재평가잉여금(자본)	3억 2억

06. 20x1년감가상각비 = 손상후장부금액(12,000,000)/잔여내용연수(10년) = 1,200,000원
손상차손환입한도 = Min[①회수가능액 ② 손상차손을 미인식전 기말장부금액]
① 회수가능액 = Max[① 28,000,000 ② 22,000,000] = 28,000,000
② 손상차손을 미인식시 기말장부금액 = 30,000,000 - 30,000,000/10년 = **<u>27,000,000</u>**
손상차손환입 = 회수가능액 - 자산의 장부금액 = 27,000,000 - (12,000,000 - 1,200,000)
= **<u>16,200,000원</u>**

07. 복구시 충당부채의 현재가치 = 200,000 × 0.62092 = 124,184원

(차) 구축물	1,124,184	(대) 현 금	1,000,000
		복구충당부채	124,184

08. 차량운반구B(상업적 실질이 결여) = A제공자산의 장부가액(3,500,000 - 1,200,000)
+ 현금지급액(300,000) = 2,600,000원
자산교환시 상업적 실질이 결여(동종자산 교환)시 취득원가는 **<u>제공한 자산의 장부가액</u>**에서 **<u>현금 지급액을 가산</u>**하거나, 현금 수령액을 차감한 금액을 취득가액으로 한다.

09. 기계장치의 취득금액 = 매입금액(600,000) + 운송비(30,000) + 취득세등(20,000)
+ 시운전비(50,000) = 700,000원

무형자산 및 차입원가

NCS회계 - 4 회계감사(재무정보공시하기)

제1절 무형자산

1. 종류

1. 사업결합으로 취득(영업권)	**무형자산의 식별가능성을 충족한다면, 항상 인식기준을 충족한 것으로 본다.** **외부구입영업권만 인정하고, 내부창설 영업권의 자산계상은 불인정**
2. 개발비	- 연구비는 당기 비용 - **개발, 연구단계를 구분할 수 없는 경우 연구단계로 봄**
3. 탐사평가자산	광물자원의 탐사와 평가 관련하여 발생한 지출을 기업의 회계정책에 따라 자산으로 인식한 것 → 유형자산, 무형자산(ex 시추권)으로 분류
4. 웹사이트원가	무형자산의 자산인식요건을 충족시 인식

2. 후속측정

(1) 회계정책

원가모형이나 재평가모형을 선택할 수 있다. 재평가모형을 적용하여 회계처리하는 경우에는 같은 분류의 기타 모든 자산도 그에 대한 활성시장이 없는 경우를 제외하고 동일한 방법을 적용하여 회계처리한다. 또한 **공정가치를 측정할 수 있으면 활성거래시장이 없는 경우에도 재평가모형을 적용할 수 있다.**

☞ 활성시장 : 거래되는 항목들이 동질적이고 가격이 공개되어 빈번한 거래가 이루어지는 시장(예 : 유가증권시장)

(2) 상각

내용연수가 유한인지 비한정인지를 평가하고, **유한하다면 내용연수동안 상각**한다.

비한정인 경우 상각을 하지 않는다. 비한정이란 무한을 의미하는 것이 아니라 내용연수를 추정하는 시점에서 결정할 수 없는 것을 말한다.

또한 **사업결합으로 취득한 영업권도 상각하지 않는다.**

① 내용연수

> **무형자산의 내용연수=Min[경제적 내용연수, 법적 내용연수]**

② 잔존가치는 제3자가 구입하기로 한 약정이 있는 경우 등을 제외하고 영(0)으로 본다.

③ 상각방법

자산의 경제적 효익이 소비되는 형태를 반영하는 방법이어야 하는데, **신뢰성있게 결정할 수 없는 경우에는 정액법**을 사용한다.

(3) 상각시작과 중단

상각은 자산을 사용할 수 있는 때부터 시작하고, 매각예정으로 분류되는 날과 자산이 재무상태표에서 제거되는 날 중 이른 날에 중지한다. 무형자산은 더 이상 사용하지 않을 때도 상각을 중지하지 아니한다.

(4) 상각기간과 상각방법의 검토

매회계연도 말에 재검토하며, **변경시 회계추정의 변경으로 보고 전진법**으로 처리한다.

(5) 손상

유한무형자산	손상징후가 있는 경우 손상검사 수행
비한정무형자산	**매년 손상검사 수행**(어느 때라도 할 수 있으며, 매년 같은 시기에 실시한다.)
사업결합으로 취득한 영업권	매년 손상검사 수행

3. 제거

처분, 사용이나 처분으로부터 미래 경제적 효익이 기대되지 않을 때 제거한다.

제2절 차입원가

차입원가란 자산의 취득과 관련하여 발생하는 이자비용을 말하는데, 이러한 비용을 자산의 취득원가로 처리하는 것을 의미한다.

한국채택국제회계기준에서는 적격자산(자본화대상자산)의 취득, 건설 또는 직접 관련된 차입원가는 당해 자산의 원가에 포함시키고, 기타 차입원가는 발생기간의 비용으로 인식한다고 규정하고 있다.

적격자산이란 의도된 용도로 사용하거나 판매 가능한 상태에 이르게 하는데 상당한 기간을 필요로 하는 자산을 말하는데, 재고자산, 제조설비자산, 무형자산, 투자부동산 등이 될 수 있다. 금융자산과 단기 내에 제조되는 재고자산은 적격자산에 해당하지 아니한다.

1. 자본화 기간

(1) 자본화개시시점

적격자산에 지출하고, 차입원가를 발생시키고, 적격자산을 의도된 용도로 사용하거나 판매가능한 상태에 이르게 하는 데 필요한 활동을 수행시점을 자본화개시일로 보고 개시일에 적격자산 원가로 처리한다.

(2) 자본화종료시점

적격자산을 의도된 용도로 사용하거나 판매가능한 상태에 이르게 하는데 필요한 대부분의 활동이 완료된 시점에 차입원가를 종료한다.

(3) 자본화중단기간

적격자산에 대한 적극적인 개발활동을 중단한 기간에는 차입원가의 자본화를 중단한다.

2. 자본화 차입원가 산정

① 자본화대상 차입원가

㉠ 유효이자율을 사용하여 계산된 **이자비용**

㉡ 금융리스 부채 이자비용

㉢ 외화차입금과 관련되는 외환차이 중 이자원가의 조정으로 볼수 있는 부분

② 차입원가계산 절차

〈특정차입금의 자본화 차입원가〉 =자본화기간동안 특정차입금 차입원가-자본화기간동안 특정차입금 일시투자수익
〈일반차입금의 자본화 차입원가〉 ㉠ 적격자산의 연평균지출액 계산=지출액×자본화기간동안 지출기간/12개월 ㉡ 특정차입금의 연평균지출액 =특정차입금×자본화기간동안 지출기간/12개월-일시 예치금×예치기간/12개월 ㉢ 자본화이자율=회계기간 동안 일반차입금의 연평균이자율 ㉣ 일반차입금 자본화 차입원가=Min(ⓐ, ⓑ) ⓐ [㉠ 적격자산 연평균지출액-㉡ 특정차입금연평균지출액]×자본화 이자율 ⓑ 한도 : 회계기간 동안 발생한 일반차입금 차입원가

☞ 연평균지출액 : 자본화기간중 지출액을 연평균의 개념으로 환산한 금액→이자율이 연평균이기 때문에 지출액도 연평균지출액으로 환산하는 것이다.

특정차입금 : 적격자산과 직접 관련된 차입금

일반차입금 : 적격자산의 지출에 사용되었을 가능성이 있는 차입금

<예제> 차입원가

㈜로그인은 사옥을 신축하기 위하여 20x1년초 ㈜천안건설과 도급계약을 체결하였다.

1. 공사대금 지출액

20x1.01.01	100,000
20x1.04.01	150,000
20x1.07.01	200,000

2. 공사대금 지출액

차입금	차입일	차입금액	상환일	연이자율	지급조건
A(특정)	20x0.01.01	100,000	20x3.12.31	**12%**	매년말지급
B(일반)	20x0.01.01	200,000	20x3.12.31	**10%**	
C(일반)	20x0.01.01	300,000	20x3.12.31	**8%**	

A차입금 중 45,000원을 4개월간(1.1~4.30)운용하여 일시 이자수익 3,000원이 발생하였다. 20x1년 자본화할 차입원가를 구하시오.

해답

1. 연평균지출액

지출일	지출액	자본화대상기간	연평균지출액
20x1.01.01	100,000	12/12	100,000
20x1.04.01	150,000	9/12	112,500
20x1.07.01	200,000	6/12	100,000
합 계			312,500

2. **특정차입금에 대한 차입원가**

	차입금	대상기간	연평균차입금	이자율	순차입원가
A(특정)	100,000	12/12	100,000	12%	12,000
일시투자수익	(45,000)	4/12	(15,000)	*	(3,000)
건설자금	55,000		85,000		9,000

3. 일반차입금 자본화 이자율

차입금	차입금액	차입기간	연평균차입금액	이자율	차입원가	자본화이자율
B(일반)	200,000	12/12	200,000	10%	20,000	(B)/(A)
C(일반)	300,000	12/12	300,000	8%	24,000	
합계			**500,000(A)**		**44,000(B)**	**8.8%**

4. 일반차입금 자본화 차입원가

   (312,500 - 85,000) × 8.8% = 20,020원(한도 44,000원)

5. 당기에 자본화할 총차입원가

   9,000(특정차입금) + 20,020(일반차입금) = 29,020원

연/습/문/제

O,X 문제

01. **훈련을 통해 습득된 종업원의 기술, 조직개편에 관련된 지출, 프로젝트 연구단계**에서 발생한 지출은 무형자산의 인식기준을 충족한다. ( )

02. 무형자산 원가의 그 **자산을 경영자가 의도하는 방식으로 운용될 수 있는 상태**까지 인식한다. ( )

03. 사업결합으로 취득하는 무형자산은 **식별가능성을 충족한다면 항상 인식기준을 충족하는 것**으로 보아 자산으로 인식하고, 원가는 취득일의 공정가치로 본다. ( )

04. **내부적으로 창출한 영업권**은 기업이 통제하고 있는 식별가능한 자원이기 때문에 무형자산인식기준을 충족한다, ( )

05. 무형자산을 창출하기 위한 내부 프로젝트를 **연구단계와 개발단계로 구분할 수 없는 경우**에는 그 프로젝트에서 발생한 지출은 모두 **개발단계에서 발생**한 것으로 본다. ( )

06. 무형자산으로 인식한 웹 사이트 원가는 최초 인식 후에 무형자산과 동일하게 **원가모형과 재평가모형을 선택**하여 회계처리한다. ( )

07. 재평가모형을 적용하여 무형자산을 회계처리시 **같은 분류의 기타 모든 자산도 그에 대한 활성시장이 없는 경우를 제외하고는 동일한 방법**을 적용하여 회계처리한다. ( )

08. 내용연수가 유한한 무형자산이나 **내용연수가 비한정인 무형자산은 경제적인 내용연수 동안 상각을 한다.** ( )

09. 무형자산의 내용연수는 **경제적 내용연수와 법적 내용연수(법적으로 배타적 권리를 보장받는 기간) 중 긴 기간**을 선택한다. ( )

10. 무형자산의 상각은 경영자가 의도하는 방식으로 운영할 수 있는 위치와 상태에 이르렀을 때부터 시작한다. 즉 **자산이 사용가능한 때부터 시작**한다. ( )

11. 무형자산에 대하여 재평가모형을 적용함으로써 장부금액을 증가시키는 경우에는 **재평가잉여금을 기타포괄손익으로 인식**하고, 반대로 장부금액을 감소시키는 경우에는 **당기비용(재평가손실)**으로 처리한다. ( )

12. 내용연수가 **비한정적인 무형자산과 사업결합으로 취득한 무형자산은 매년 상각하고** 매년 손상검사를 한다. ( )

13. 재평가모형으로 자산을 평가한 후에 손상차손을 인식하는 경우 기존에 인식한 **재평가잉여금이 있다면 이를 우선 감소**시키고, 초과액이 있으면 손상차손으로 하여 당기손익에 반영한다. ( )

14. 무형자산은 영업에 사용할 목적으로 기업이 보유하고 있으며, **물리적 형체가 없지만 식별가능하고, 기업이 통제하고 있으며, 미래경제적효익이 있는 화폐성자산**이다. ( )

15. 내용연수 종료시점에 **제3자가 구입 약정한 무형자산이라 하더라도 잔존가치는 영(0)으로 본다.** ( )

16. **사업결합으로 취득하는 무형자산**은 미래경제적효익의 유입가능성이 높다는 인식요건을 항상 충족한다. ( )

17. **공정가치를 추정**할 수 있더라도 활성거래시장이 없는 경우에 **재평가모형을 적용**할 수 없다. ( )

18. 자체적으로 개발한 웹 사이트는 무형자산의 인식기준을 충족하고 **개발단계에서 발생한 지출이 무형자산으로 인식되기 위해서 갖추어야 할 요건**을 모두 충족할 경우에만 무형자산으로 인식한다. ( )

19. 재료, 장치, 제품, 공정, 시스템이나 용역에 대한 **여러가지 대체안을 탐색하는 활동**은 미래 경제적효익의 창출여부가 불투명하므로 비용으로 인식한다. ( )

20. 내부적으로 창출된 브랜드, 고객목록 및 이와 유사한 항목에 대한 지출은 **자산의 인식조건을 충족한다.** ( )

21. 무형자산의 후속 측정으로 손상검토시 **회수가능액은 순공정가치와 사용가치 중 큰 금액**을 기준으로 판단한다. ( )

22. 무형자산의 상각방법은 경제적 효익이 소비되는 형태를 반영하는 방법이어야 하는데, **신뢰성있게 결정할 수 없는 경우에는 정률법**을 사용한다. ( )

23. 무형자산의 상각방법, 상각기간 등을 변경하는 경우에 **회계정책의 변경으로 보고 소급적용**하여 회계처리한다. ( )

주관식

01. ㈜로그인이 20x1년 1월 1일 착공한 공사신축과 관련하여 지출한 금액은 다음과 같으며 20x2년 중에 완공할 예정이다.

지출일	지출액	비고
20x1년 3월 1일	30,000,000원	
20x1년 7월 1일	40,000,000원	
20x1년 10월 1일	50,000,000원	

㈜로그인이 유형자산 취득과 관련된 차입원가를 자본화할 때 고려할 적격자산에 대한 20x1년 평균지출액은 얼마인가?(단,평균지출액은 월할계산한다.)

02. ㈜로그인 사옥을 신축하기로 하였으며, 이와 관련하여 20x1년 1월 1일 30,000,000원을 지출하였고, 사옥은 20x3년 중에 완공될 예정이다. 회사는 사옥신축을 위해서 아래와 같이 특정목적으로 차입을 하였다. 사옥 건설과 관련된 금융비용을 자본화하는 경우 20x1년 특정차입금과 관련하여 자본화할 금융비용은 얼마인가?

종류	차입금액	차입기간	연이자율
차입금A	24,000,000원	20x1.02.01~20x2.06.30	5%

03. ㈜로그인은 20x1년 1월 1일 착공한 건물과 관련하여 지출한 금액은 다음과 같다.

지출일	지출액	비 고
20x1년 1월 1일	10,000,000원	차기 12.31완료예정이다.
20x1년 4월 1일	20,000,000원	
20x1년 11월 1일	30,000,000원	

한편 ㈜로그인의 특정차입금 관련사항은 아래와 같다.

차입일	금액	이자율
20x1년 1월1일	5,000,000원	12%

특정차입금 중 1,000,000원을 20x1년 1월 1일부터 6월 30일까지 연이자율 10%(단리)정기예금에 예치하였을 때, 유형자산 취득과 관련된 적격자산의 자본화 차입원가는 얼마인가?

04. ㈜로그인은 신제품 개발활동과 관련하여 10,000,000원을 개발비(무형자산 인식요건기준 충족)로 계상하였다. 해당 무형자산은 20x1년 7월 1일부터 사용가능하며, 내용연수는 5년이고 잔존가치는 없다. 동 개발비의 경제적 효익이 소비되는 형태를 신뢰성있게 결정할수 없다고 가정할 경우 개발비 관련하여 20x1년에 인식할 무형자산상각비는 얼마인가?

05. ㈜로그인은 새로운 선박 엔진 개발 프로젝트와 관련하여 R&D 비용으로 총 200억원을 지출하였다. 이 중 연구단계에서 지출된 금액이 100억원이며, 나머지 100 억원은 개발단계에서 지출하였다. 상기 개발단계에서 지출된 비용 중 30억원은 자산인식요건을 충족시키지 못하였으나 나머지 70억원은 새로운 엔진을 개발하기 위한 것으로 자산인식요건을 충족시키며 20x2년부터 상용화될 것으로 예측되었다. ㈜로그인이 상기 R&D 비용과 관련하여 20x1년 중 당기비용으로 처리해야 하는 금액은 얼마인가?

06. 다음은 ㈜로그인의 20x1년 중 연구 및 개발활동으로 지출한 내역이다.

① 연구활동관련 : 1,000,000원
② 개발활동관련 : 2,000,000원
- 개발활동에 소요된 금액 중 600,000원만 무형자산인식기준을 충족하며, 금년 10월 1일부터 사용가능하게 되었다.

㈜로그인은 20x1년 12월 31일 개발활동과 관련하여 산업재산권(특허)을 취득하였고 이와 관련하여 직접적으로 지출된 금액은 300,000원이다. 개발비와 산업재산권은 취득 후 5년간 정액법으로 상각한다. 20x1년 12월 31일 ㈜로그인의 무형자산의 금액은 얼마인가? (단, 무형자산에 대해서 원가모형을 선택하고 있다.)

07. 다음 나열된 항목 중 무형자산에 해당되는 금액의 합계는 얼마인가?

미래의 기술에 관한 지식 탐구활동 지출액	140,000원
내부적으로 창출된 브랜드의 가치평가금액	200,000원
천연가스의 탐사 권리 취득을 위한 지출액	160,000원
개발단계 지출로 자산인식 조건을 만족하는 금액	320,000원
사업결합으로 취득한 고객목록 평가금액	180,000원

08. ㈜삼일은 20X1년 1월 1일 임직원 연수동의 건설에 착공하였다. 회사가 20X1년 중 동 연수동 신축과 관련하여 지출한 금액은 다음과 같으며 완공까지는 약 3년이 소요될 예정이다.

지출일	지출액	비 고
20X1년 1월 1일	10,000,000원	공사착공
20X1년 7월 1일	8,000,000원	
20X1년 10월 1일	8,000,000원	

한편, 20X1년 말 현재 회사의 차입금 현황은 다음과 같다.

차입처	차입일	차입금	연이자율	용도
K 은행	20X1년 1월 1일	8,000,000원	10%	특정목적차입금
S 은행	20X1년 7월 1일	20,000,000원	8%	일반목적차입금

㈜삼일이 20X1년에 자본화 할 차입원가는 얼마인가?(단, 연평균지출액과 이자비용은월할 계산한다)

09. ㈜삼일이 20X1년 초에 취득한 특허권 관련 자료는 다음과 같다. 특허권은 정액법으로 상각하며, 잔존가치는 0원이다. ㈜삼일이 20X1년 말에 인식할 특허권 장부금액과 관련 손상차손 금액은 얼마인가?

취득원가	경제적 · 법적 내용연수	20X1년 말	
		순공정가치	사용가치
500,000원	5년	300,000원	360,000원

연/습/문/제 답안

O,X문제

1	2	3	4	5	6	7	8	9	10	11	12	13	14	15
×	○	○	×	×	○	○	×	×	○	○	×	○	×	×
16	**17**	**18**	**19**	**20**	**21**	**22**	**23**							
○	×	○	○	×	○	×	×							

[풀이 - O,X문제]

01. **훈련을 통해 습득된 종업원의 기술, 조직개편에 관련된 지출, 프로젝트 연구단계**에서 지출은 무형자산의 인식기준을 충족하지 못한다.

04. **내부적으로 창출한 영업권**은 원가를 신뢰성 있게 측정할 수 없고 기업이 통제하고 있는 식별가능한 자원이 아니기 때문에 자산으로 인식하지 아니하고 **비용으로 인식한다.**

05. 구분이 불가할 경우 연구단계로 보아 비용처리한다.

08. 내용연수가 유한한 무형자산은 상각하지만 **비한정인 무형자산은 상각을 하지 않는다.**

09. 짧은 내용연수를 선택한다.

12. 상각하지 않고 손상검사만 한다.

14. 무형자산은 비화폐성 자산이다.

15. **제3자가 구입 약정한 무형자산이면 잔존가치가 0으로 보지 않는다.**

17. **공정가치를 추정**할 수 있으면 활성거래시장이 없는 경우에도 **재평가모형을 적용**할 수 있다.

20. 내부적으로 창출된 브랜드, 고객목록 및 이와 유사한 항목에 대한 지출은 **자산의 인식조건을 충족하지 못한다.**

22. **합리적인 상각방법이 없을 경우 정액법을 사용한다.**

23. 무형자산의 상각기간, 상각방법을 변경하는 경우에는 **회계추정의 변경으로 보고 전진법**으로 처리한다.

주관식

01.	57,500,000원	02.	1,100,000원
03.	550,000원	04.	1,000,000원
05.	130억원	06.	870,000원
07.	660,000원	08.	1,440,000원
09.	장부금액 360,000원 손상차손 40,000원		

[풀이 - 주관식]

01.

지출일	지출액	자본화대상기간	연평균지출액
20x1.03.01	30,000,000	10/12	25,000,000
20x1.07.01	40,000,000	6/12	20,000,000
20x1.10.01	50,000,000	3/12	12,500,000
합 계			**57,500,000**

02.

	지출액	대상기간	연평균지출액	이자율	순금융비용
차입금A	24,000,000	11/12	22,000,000	5%	1,100,000

03.

	지출액	대상기간	연평균지출액	이자율	순금융비용
특정차입금	5,000,000	12/12	5,000,000	12%	600,000
일시투자	(1,000,000)	6/12	(500,000)	10%	(50,000)
건설자금	4,000,000		4,500,000		**550,000**

04. 경제적 효익이 소비되는 형태를 신뢰성 있게 결정할 수 없는 경우에는 정액법을 적용하고, 월할 상각한다. 무형자산상각비 : (10,000,000/5년)×6/12 = **1,000,000원**

05. 연구비(100억) + 개발단계자산요건미충족(30억) = 130억원

06.

	취득일	취득가액	상각비	장부가액
개발비	20x1.10.01	600,000	600,000/5×3/12 = 30,000	**570,000**
산업재산권	20x1.12.31	300,000	0	**300,000**
합 계				**870,000**

07. 무형자산 = 탐사권리취득(160,000) + 개발비(320,000) + 사업결합(180,000) = 660,000원

09. ① 연평균지출액

지출일	지출액	자본화대상기간	연평균지출액
20x1.01.01	10,000,000	12/12	10,000,000
20x1.04.01	8,000,000	6/12	4,000,000
20x1.07.01	8,000,000	3/12	2,000,000
합 계			16,000,000

② 특정차입금 차입원가

	지출액	대상기간	연평균지출액	이자율	차입원가
K은행	8,000,000	12/12	8,000,000	10%	800,000

③ 일반차입금 차입원가

차입금	차입금액	차입기간	연평균차입금액	이자율	차입원가
S은행	20,000,000	6/12	10,000,000	8%	800,000

④ 일반차입금 자본화 차입원가

[연평균지출액(16,000,000) - 특정차입금(8,000,000)] × 8% = 640,000원

⑤ 당기에 자본화할 총차입원가

특정차입금 차입원가(800,000) + 일반차입금 차입원가(640,000) = 1,440,000원

09. 무형자산상각비 = 취득원가(500,000) ÷ 5년 = 100,000원/년

장부금액 = 취득원가(500,000) - 상각누계액(100,000) = 400,000원

손상차손 = Max[순공정가치(300,000), 사용가치(360,000)] - 장부금액(400,000) = △40,000원

20x1년 장부금액 = 순사용가치(360,000)

투자부동산

NCS회계 - 4 회계감사(재무정보공시하기)

임대수익이나 시세차익 또는 두 가지 모두를 얻기 위하여 소유자나 금융리스의 이용자가 보유하고 있는 부동산을 말한다.

투자부동산의 예는 다음과 같다.

① 장기시세차익을 얻기 위하여 보유하고 있는 토지
② 장래 사용목적을 결정하지 못한 채로 보유하고 있는 토지
③ 직접소유하고 운용리스로 제공하는 건물 등
④ 운용리스로 제공하기 위하여 보유하고 있는 미사용건물

1. 투자부동산 인식

최초인식시점에 원가로 측정하고, 구입에 직접관련이 있는 거래원가를 포함한다.

2. 인식 후 측정

투자부동산을 최초 인식한 후 공정가치 모형과 원가모형중 하나를 선택하여 모든 투자부동산에 적용한다.

공정가치모형을 선택한 경우에는 공정가치(산정시 매각등으로 발생할 수 있는 거래원가를 차감하지 않고 산정한다.)로 측정하고 공정가치 변동으로 발생하는 손익은 당기손익으로 반영한다.

〈투자부동산과 유형자산의 평가모형〉 

	공정가치 모형	원가모형	재평가 모형
대상	투자부동산	투자부동산, 유형자산	유형자산
감가상각	**하지 않음**	수행	수행
평가손익	**당기손익**	–	평가이익(기타포괄손익) 평가손실(당기손익)
손상차손	인식하지 않음	인식함	인식함

3. 투자부동산과 다른 계정과의 대체 

투자부동산의 용도 변경의 증거가 있는 경우에 용도를 변경하는 것이다. 이러한 계정대체는 자산의 재분류에 해당하는 것으로 회계정책의 변경은 아니다.

대체 전	대체 후	대체후 장부가액	평가손익
자가사용 부동산 (유형자산)	원가모형 투자부동산	대체전 장부금액	-
	공정가치모형 투자부동산	**대체시점 공정가치**	**재평가후 계정대체** -재평가이익 : 기타포괄손익 -재평가손실 : 당기손실
판매목적 부동산 (재고자산)	원가모형 투자부동산	대체전 장부금액	-
	공정가치모형 투자부동산	**대체시점 공정가치**	**당기손익**

또한 투자부동산을 자가사용 부동산(유형자산)으로 대체시

투자부동산	대체 후	대체후 장부가액	평가손익
원가모형	유형자산, 재고자산	대체전 장부금액	-
공정가치 모형		**대체시점 공정가치**	당기손익

4. 투자부동산 처분

투자부동산의 폐기나 처분으로 생기는 손익은 당기손익으로 인식한다.

연/습/문/제

O,X 문제

01. 투자부동산은 임대수익이나 시세차익 또는 두 가지 모두를 얻기 위하여 소유자나 운용리스의 이용자가 보유하고 있는 부동산을 의미한다. ( )

02. 장래 사용목적을 결정하지 못한 채로 보유하고 있는 토지는 투자부동산으로 분류한다. ( )

03. 통상적인 영업과정에서 판매하기 위한 부동산이나 이를 위하여 건설 또는 개발 중인 부동산은 재고자산으로 본다. ( )

04. 투자부동산은 최초인식지점에 원가로 측정한 후 공정가치모형과 원가모형 중 하나를 선택하여 모든 투자부동산에 적용한다. ( )

05. 투자부동산의 공정가치모형 적용 시 감가상각하며, 공정가치 변동으로 발생하는 손익도 당기손익에 반영한다. ( )

06. 일부 투자부동산에 대하여 공정가치모형을 적용하고 다른 일부 투자부동산에 대하여도 원가모형을 적용할 수 있다. ( )

07. 투자부동산을 공정가치모형으로 회계처리하는 경우 상가(투자부동산)의 장부금액은 상가(재고자산)의 대체 시점의 장부가액으로 계정대체하므로 평가손익이 발생하지 않는다. ( )

08. 금융리스의 경우 리스이용자가 리스제공자로부터 자금을 차입하여 리스자산을 구입한 것으로 보므로, 리스제공자 입장에서 제공한 자산은 장부에서 제거하여야 한다. ( )

09. 미래에 투자부동산으로 사용하기 위하여 건설 또는 개발중인 부동산은 투자부동산으로 분류된다. ( )

10. 공정가치 모형을 선택한 투자부동산은 유형자산과 마찬가지로 감가상각비를 인식한다. ( )

11. 공정가치는 매각 등으로 발생할 수 있는 거래원가를 차감하여 산정한다. ( )

12. **금융리스로 제공한 부동산에 대해서 투자부동산으로 분류한다.** ( )

13. 공정가치 모형 적용 임대수익목적의 건물을 자가사용으로 전환하면 유형자산으로 분류하고 대체시점에서 발생한 **재평가차액을 기타포괄손익으로 인식**한다. ( )

14. 리스제공자가 **운용리스로 제공하기 위하여 보유하고 있는 미사용 건물은 유형자산**으로 분류한다. ( )

 주관식

01. ㈜로그인은 20x1 년 초에 임대수익 및 시세차익 등을 목적으로 각각 건물을 100억원에 매입하였다. 건물의 취득 당시 내용연수는 20년, 잔존가치는 없으며 20x1년 말 건물의 공정가치는 90억원으로 평가하다. ㈜로그인이 원가모형(ⓐ)과 공정가치모형(ⓑ)을 적용할 경우 20x1년말 장부가액은 얼마인가?

02. ㈜로그인은 20x1년 1월 1일 다음과 같은 건물을 구입하여 투자부동산으로 분류하여 보유하고 있다. 투자부동산의 회계처리와 관련하여 ㈜로그인의 20X1년 12월 31일 투자부동산의 장부금액은 얼마인가(회사는 원가모형을 적용하고 있다)

① 취득원가 : 500,000,000원
② 감가상각방법 및 내용연수 : 정액법, 20 년
③ 잔존가치 : 50,000,000원
④ 공정가치

구분	20X1.1.1.	20X1.12.31.
투자부동산	500,000,000원	480,000,000원

03. 2번의 문제에서 공정가치 모형을 적용한다고 가정할 때 투자부동산의 20X1년 12월 31일 장부금액은 얼마인가?

04. 2번의 문제에서 공정가치 모형을 적용한다고 가정하고, 20x1년 12월 31일 회계처리하시오.

05. ㈜로그인은 부동산매매업을 영위하고 있는데, 판매목적으로 보유중인 건물(장부가액 10억원)을 제 3자에게 임대수익 목적으로 용도 변경하기로 하였다. 회사는 공정가치 모형을 선택하였고, 용도 변경전 건물의 공정가치가 11억원일 경우, 회계처리하시오.

06. ㈜로그인은 20X1년 3월 1일에 임대수익을 얻을 목적으로 건물을 1,000,000원에 취득하여 공정가치 모형을 적용하여 회계처리하기로 하였다. ㈜로그인은 동 건물을 20X2년 10월 1일에 본사사옥으로 사용 목적을 변경하고, 즉시 사용하기 시작하였다. 동 건물의 20X1년 12월 31일과 20X2년 10월 1일의 공정가치는 각각 900,000원과 1,100,000원이었으며, 유형자산으로 대체된 상기 건물에 대해서 ㈜로그인은 원가 모형을 적용하기로 하였다. 20X2년 10월 1일 현재 동 건물의 내용연수는 10년이고, 잔존가치는 없는 것으로 추정하였다. 상기 건물에 대한 회계처리가 ㈜로그인의 20X2년 당기순손익에 미치는 영향은 얼마인가?(단, 감가상각비의 계산이 필요한 경우 정액법을 적용하여 월할 계산하기로 한다)

연/습/문/제 답안

O,X문제

1	2	3	4	5	6	7	8	9	10	11	12	13	14
×	○	○	○	×	×	×	○	○	×	×	×	×	×

[풀이 - O,X문제]

01. <u>운용리스의 이용자는 이용자산에 대하여 투자부동산으로 인식할 수 없다.</u>

05. 공정가치모형 적용시 감가상각을 하지 않는다.

06. 투자부동산에 대하여 공정가치 모형과 원가모형 중 하나를 선택하여 모든 투자부동산에 대하여 적용한다.

07. <u>상가(재고자산)의 대체 시점의 공정가액으로 계정대체</u>하므로 평가손익이 발생한다.

10. <u>원가모형을 선택한 경우 감가상각비를 인식한다.</u>

11. <u>공정가치를 측정시 거래원가를 차감하지 않고 산정한다.</u>

12. <u>금융리스로 제공한 부동산은 자산으로 인식하지 아니한다.</u>

13. <u>당기손익으로 인식한다.</u>

14. <u>투자부동산으로 분류한다.</u>

주관식

01.	ⓐ 95억원, ⓑ 90억원	02.	477,500,000원
03.	480,000,000원	04.	〈해설참고〉
05.	〈해설참고〉	06.	172,500원 이익 증가

[풀이 - 주관식]

01.

	원가모형	공정가치모형
감가상각비	100억/20년 = 5억	감가상각을 하지 않음
평가손익	-	100 - 90억 = 10억(손실)
장부금액	**95억원**	**90억원**

02. 원가모형이므로 감가상각을 한다.
감가상각비 = (500,000,000 - 50,000,000)/20년 = 22,500,000원
투자부동산의 장부가액 = 500,000,000 - 22,500,000 = 477,500,000원

03. 공정가치로 평가하므로 공정가치가 장부금액이 된다.

04. (차)투자부동산평가손실 20,000,000원 (대) 투자부동산 20,000,000원

05. 공정가액모형을 적용시 대체전 장부가액을 **대체시점의 공정가치로 계정대체하고** 당기손익으로 인식한다.

(차) 투자부동산	11억원	(대) 재고자산(상품)	10억원
		평가이익(당기손익)	1억원

06. 유형자산 대체전 평가손익 = x2.10.01 대체시점 공정가치(1,100,000)
- x1.12.31 공정가치(900,000) = 200,000원(이익)
대체 후 유형자산 감가상각비 = [1,100,000 - 0] ÷ 10년 × 3개월/12개월 = 27,500원
평가이익(200,000) - 감가상각비(27,500) = 172,500원(이익)

CHAPTER 07

금융자산

NCS회계 - 4 회계감사(재무정보공시하기)

1. 금융상품

정기예금 등 정형화된 상품 뿐만 아니라 거래당사자 일방에게 **<u>① 금융자산을 발생시키고 동시에 다른 거래상대방에게 ② 금융부채나 ③ 지분상품을 발생시키는 모든 계약</u>**으로 정의하고 있다.

[금융상품]

발행자		취득자
금융부채	⟺	금융자산
매입채무		매출채권
미지급금		미수금
차입금		대여금
사채		투자채무상품
지분상품		–
자본금		투자지분상품

2. 금융상품의 종류

<table>
<tr><td>금융자산</td><td>① 현금 및 현금성자산(<u>취득일로부터 만기일이 3개월 이내인 투자자산등</u>)
② 지분상품(투자주식)
③ 다음 중 하나에 해당하는 계약상 권리
㉠ 거래상대방에게서 현금 등 금융자산을 수취할 계약상 권리 (매출채권, 대여금, 투자사채)
㉡ 잠재적으로 유리한 조건으로 거래상대방과 금융자산이나 금융부채를 교환하기로 한 계약상 권리(파생상품)
④ 자기지분상품으로 결제되거나 결제될 수 있는 다음 중 하나의 계약
㉠ 수취할 자기지분상품의 수량이 변동가능한 비파생상품
㉡ 확정 수량의 자기지분상품에 대하여 확정금액의 현금 등 금융자산을 교환하여 결제하는 방법이 아닌 방법으로 결제되거나 결제될 수 있는 파생상품</td></tr>
<tr><td>금융부채</td><td>① 다음 중 하나에 해당하는 계약상 의무
㉠ <u>거래상대방에게 현금 등 금융자산을 인도하기로 한 계약상 의무(매입채무, 차입금, 사채등)</u>
㉡ 잠재적으로 불리한 조건으로 거래상대방과 금융자산이나 금융부채를 교환하기로 한 계약상 의무(파생상품)
② 자기지분상품으로 결제되거나 결제될 수 있는 다음 중 하나의 계약
㉠ 인도할 자기지분상품의 수량이 변동가능한 비파생상품
㉡ 확정 수량의 자기지분상품에 대하여 확정 금액의 현금 등 금융자산을 교환하여 결제하는 방법이 아닌 방법으로 결제되거나 결제될 수 있는 파생상품</td></tr>
<tr><td>지분상품</td><td>기업의 자산에서 모든 부채를 차감한 후의 잔여지분을 나타내는 모든 계약 (보통주, 우선주등이 해당함)
☞ 자기지분상품으로 결제되거나 결제될 수 있는 경우 <u>수취대가가 확정되고, 결제되는 지분상품이 확정수량으로 결제되는 경우만 지분상품(자본)으로 보고, 나머지는 금융부채로 본다.</u> 

<table><tr><th>수취대가</th><th>자기지분상품 발행</th><th>분류</th></tr><tr><td><u>확정금액</u></td><td><u>확정수량</u></td><td><u>지분상품</u></td></tr><tr><td>확정금액</td><td>미확정수량</td><td rowspan="3">금융부채</td></tr><tr><td>미확정금액</td><td>미확정수량</td></tr><tr><td>미확정금액</td><td>확정수량</td></tr></table></td></tr>
</table>

3. 금융자산의 분류

현금및현금성자산을 제외한 금융자산은 다음의 두가지 사항에 모두 근거하여 **ⓐ상각후원가, ⓑ기타포괄손익 - 공정가치, ⓒ당기손익 - 공정가치**로 분류한다.

(1) 계약상 현금흐름특성(원금과 이자로만 구성)

계약에서 발생할 것으로 예상되는 현금흐름으로 금융자산의 분류를 위해 **현금흐름이 원금과 이자로 구성**되어 있는지 파악해야 한다.

(2) 사업모형(금융상품의 보유목적)

계약에 명시된 **현금흐름을 수령하는 목적과 매도목적**이라는 사업모형에 따라 금융자산의 분류를 다르게 한다.

〈지분상품〉

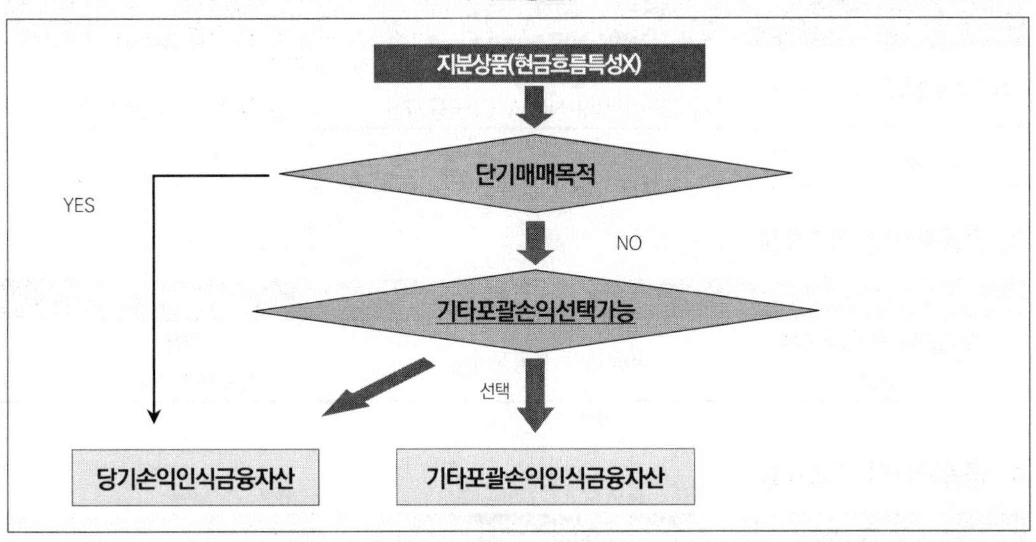

〈채무상품〉

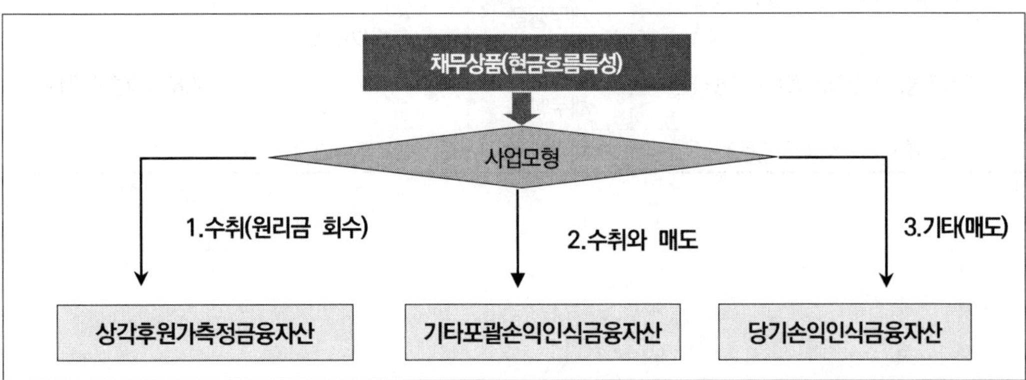

(3) 파생상품

파생상품은 원리금 회수개념 자체가 없으므로 사업모형을 고려할 필요가 없다.

따라서 **단기매매항목으로 분류하므로 당기손익인식금융자산으로 측정**한다.

(4) 투자지분(주식)상품의 분류와 공시

단기매매목적	단기매매이외목적	
	기타포괄손익인식 미선택	기타포괄손익인식 선택시
당기손익인식(FVPL[*1])금융자산		기타포괄손익인식(FVOCI[*2])금융자산

*1. fair value through profit or loss *2. fair value through other comprehensive income

(5) 투자채무(채권)상품의 분류와 공시

사업모형		
원금+이자수취	원금+이자수취와 매도목적	매도등 기타목적
상각후원가측정(AC[*3])금융자산	공정가치측정 금융자산	
	기타포괄손익인식(FVOCI)금융자산	당기손익인식(FVPL)금융자산

*3. amortised cost

3. 금융자산의 최초측정

	취득가액	부대비용
당기손익인식금융자산	제공대가의 공정가치	**비용**
이외		취득가액에 가산

4. 금융자산의 후속측정

분 류		측정방법	평가손익인식
당기손익인식(FVPL)금융자산	지분상품	공정가치법	당기손익
	채무상품		
기타포괄손익인식(FVOCI)금융자산	지분상품		**기타포괄손익(자본)**
	채무상품		
상각후원가측정(AC)금융자산	채무상품	상각후원가법	-

5. 금융자산의 손상 

상각후원가로 측정하는 채무상품과 기타포괄손익-공정가치로 측정하는 채무상품은 신용위험이 유의적으로 증가하였는지를 매 **보고기간말에 평가하여 기대신용손실에 해당하는 금액을 손상차손으로 인식**한다.

여기서 기대신용손실은 금융자산의 신용손실을 개별 채무불이행 발생위험으로 가중평균한 신용손실을 말하는데, **기대신용손실은 전체기간신용손실과 12개월 기대신용손실**로 구분하는데 12개월 기대신용손실이란 보고기간말 후 12개월이내 발생할 기대신용손실로 전체기간 기대신용손실의 일부이다.

신용이 손상되지 않은 경우	신용위험이 유의적으로 증가한 경우	보고기간말에 **전체기간 기대신용손실**에 해당하는 금액으로 손실충당금(매출채권일 경우 대손충당금) 설정
	신용위험이 유의적으로 증가하지 않은 경우	보고기간말에 **12개월 기대신용손실에 해당하는 금액으로 손실충당금 설정**
신용이 손상된 경우		전체기간에 대한 기대신용손실을 손상차손으로 인식

☞ 신용이 손상된 증거
ⓐ 발행자나 차입자의 유의적인 재무적 어려움
ⓑ 채무불이행이나 연체같은 계약위반
ⓒ 차입자의 파산가능성이 높아지거나 그 밖의 재무구조조정 가능성이 높아짐 등

FVPL금융자산은 평가손익이 당기손익이므로 손상차손을 인식하지 않고, 지분상품은 계약상 현금흐름이 발생하지 않기 때문에 손상규정을 적용하지 않는다.

분 류		손상적용여부	손상차손인식
당기손익인식(FVPL)금융자산	지분상품	**인식하지 않음**	-
	채무상품		
기타포괄손익인식(FVOCI)금융자산	**지분상품**	**해당되지 않음**	-
	채무상품	해당됨	**당기비용(기타포괄손익에서 조정)**
상각후원가측정(AC)금융자산	채무상품	해당됨	**당기비용(손실충당금설정)**

6. 금융자산의 재분류

금융자산을 관리하는 **사업모형(보유목적)을 변경하는 경우에만 재분류**한다. 따라서 **투자지분상품은 재분류할 수 없고 투자채무상품이 재분류대상**이 된다.

<table>
<tr><th colspan="3">지분상품 · 파생상품</th><th>재분류 금지</th></tr>
<tr><td rowspan="2">당기손익인식 금융자산</td><td rowspan="2">⇔</td><td>AC금융자산</td><td rowspan="2">재분류일에 공정가치가 새로운 금융자산이 되며 손익은 당기손익</td></tr>
<tr><td>기타포괄손익인식 금융자산</td></tr>
<tr><td>AC금융자산</td><td rowspan="2">⇒</td><td>기타포괄손익 인식금융자산</td><td>공정가치 평가 후 평가손익을 기타포괄손익으로 인식</td></tr>
<tr><td>기타포괄손익 인식금융자산</td><td>AC금융자산</td><td>평가손익(기타포괄손익누계액)을 금융자산 공정가치에서 조정</td></tr>
</table>

7. 금융자산의 제거

금융자산의 현금흐름에 대한 계약상 권리가 소멸하거나 당해 금융자산을 양도한 경우 제거한다.

① 금융자산의 현금흐름에 대한 계약상 권리가 소멸한 경우(예; 매출채권 회수)

② 금융자산을 양도하며 그 양도가 제거의 조건을 충족한 경우

㉠ 금융자산의 **소유에 따른 위험과 보상을 대부분 이전(아무런 조건없이 금융자산을 매도)**

※ 공정가치로 재매입할 권리를 보유할 경우 금융자산을 제거하나,
미리정한 가격으로 재매입할 경우 제거하지 않는다.

㉡ 위험과 보상의 대부분을 보유하지도 이전하지도 않았으나, **금융자산을 통제하지 않는 경우**

금융자산 제거의 경제적 실질 판단시 법률상 금융자산의 이전여부는 고려요소가 아니다.

8. 기타포괄인식인식 금융자산(주식) 회계처리

당기손익인식금융자산의 회계처리는 일반기업회계기준의 단기매매증권의 회계처리와 동일하나, **기타포괄손익금융자산의 경우 처분시 반드시 제거일에 공정가치로 재측정 후** 처분하는 회계처리를 해야 한다. 또한 기타포괄손익으로 표시하는 금액은 **후속적으로 당기손익으로 이전되지 않으나(재분류되지 않는 항목)**, 이익잉여금으로 대체할 수 있다.

<table>
<tr><td colspan="2">1. 취득시점
(거래원가 가산)</td><td>(차) 기타포괄손익인식금융자산</td><td>XX</td><td>(대) 현금 등</td><td>XX</td></tr>
<tr><td colspan="2">2. 결산시
(공정가액으로 평가)</td><td>(차) 기타포괄손익인식금융자산</td><td>XX</td><td>(대) 평가이익(기타포괄이익)[*1]</td><td>XX</td></tr>
<tr><td rowspan="4">3. 처분</td><td rowspan="2">공정가치 측정</td><td>(차) 기타포괄손익인식금융자산</td><td>XX</td><td>(대) 평가이익(기타포괄이익)</td><td>XX</td></tr>
<tr><td>또는 (차) 평가이익</td><td>XX</td><td>(대) 기타포괄손익인식금융자산</td><td>XX</td></tr>
<tr><td>제거</td><td>(차) 현　금 등
처분손실[*2](당기손익)
☞ <u>처분시 거래원가 없다면 기타포괄손익인식금융자산의 처분손익은 0(영)이 된다.</u></td><td>XX
XX</td><td>(대) 기타포괄손익인식금융자산</td><td>XX</td></tr>
<tr><td>대체</td><td>(차) 평가이익(기타포괄이익)</td><td>XX</td><td>(대) 미처분이익잉여금</td><td>XX</td></tr>
</table>

*1. 기타포괄손익인식금융자산평가이익으로 해도 무방하다.

*2. 기타포괄손익인식금융자산처분손실로 해도 무방하다.

※ **<u>기타포괄손익인식금융자산(채무상품)일 경우 당기손익으로 재분류조정</u>**하기 때문에 바로 처분하는 회계처리를 해야 한다.

(차) 현　금 등	XX	(대) 기타포괄손익인식금융자산	XX
평가이익(기타포괄이익)	XX	처분손익(당기손익)	XX

<예제> 당기손익인식금융자산과 기타포괄손익인식금융자산

㈜로그인의 다음 거래를 당기손익인식금융자산(당기손익금융자산)과 기타포괄손익인식금융자산(기타포괄손익금융자산)인 경우 각각 분개하시오.

1. 20×1년 10월 1일 ㈜한라의 주식 10주를 주당 8,000원과 매입수수료 1,000원을 현금지급하다.(㈜한라의 주식은 활성시장에 거래가 된다.)
2. 20×1년 12월 31일 ㈜한라의 주식의 공정가액은 주당 9,000원이다.
3. 20×2년 7월 31일 ㈜한라의 주식 10주를 주당 10,000원에 처분하고 증권거래세 등 수수료 1,000원을 차감한 금액을 현금으로 수취하다.

해답

	기타포괄손익금융자산(지분상품)	당기손익금융자산
1.	(차) 기타포괄손익금융자산 81,000 (대) 현 금 81,000	(차) 당기손익금융자산 80,000 수수료비용 1,000 (대) 현 금 81,000
2.	(차) 기타포괄손익금융자산 9,000 (대) 평가이익(기타포괄손익) 9,000[*1] (자본 - 기타포괄손익누계액)	(차) 당기손익금융자산 10,000 (대) 평가이익(당기손익) 10,000[*2]
	***1. 10주×9,000원(공정가액) - 10주×8,100원(장부가)** ***2. 10주×9,000원(공정가액) - 10주×8,000원(장부가)**	
3.	〈처분일 공정가치로 측정〉 (차) 기타포괄손익금융자산 10,000 (대) 평가이익(기타포괄손익) 10,000	
	〈처분회계처리〉 (차) 현 금 99,000 처분손실(당기손익)[*2] 1,000 (대) 기타포괄손익금융자산 100,000	〈처분회계처리〉 (차) 현 금 99,000 (대) 당기손익금융자산 90,000 처분이익[*4](당기손익) 9,000
	〈누적평가손익 자본내에서 이전〉 (차) 평가이익(기타포괄손익)[*3] 19,000 (대) 미처분이익잉여금 19,000	
	*1. 100,000원 - 90,000원 ***2. 처분가액 - 공정가치(처분시점) = 99,000 - 100,000 = △1,000원(처분손실)→거래원가가 처분손실이 된다.** ***3. 9,000 + 10,000 = +19,000원(기타포괄손익금융자산평가이익 - 평가이익)** ***4. 처분가액 - 장부가액 = 99,000 - 10주×9,000원 = +9,000원(처분익)**	

※ 기타포괄손익인식금융자산(채무상품)

(차) 현 금	99,000	(대) 기타포괄손익인식금융자산	100,000
평가이익(기타포괄이익)	19,000	처분이익(당기손익)	18,000

☞ 처분손익 = 처분가액 - 취득가액 = (100,000 - 1,000) - 81,000 = 18,000원(처분이익)

연/습/문/제

O,X 문제

01. 통화, 타인발행수표, 보통예금, 당좌예금, 취득당시 만기가 4개월이내인 금융상품은 현금및현금성자산에 해당한다. ( )

02. 금융상품은 정기 예 · 적금과 같은 정형화된 상품뿐만 아니라 다른 기업의 지분상품, 거래상대방에게서 현금 등 금융자산을 수취할 계약상의 권리 등을 포함하는 포괄적인 개념이다. ( )

03. 한국채택국제회계기준은 보유자에게 금융자산을 발생시키고 동시에 상대방에게 금융부채나 지분상품을 발생시키는 모든 계약으로 금융상품을 정의하였다. ( )

04. 현금및현금성자산, 지분상품 및 채무상품은 금융자산에 해당한다. ( )

05. 지분상품은 일반적으로 현금성자산에서 제외하지만 상환일이 정해져 있고 취득일로부터 상환일까지의 기간이 단기인 우선주와 같이 실질적인 현금성자산인 경우에는 예외로 한다. ( )

06. 보유한 지분상품이 활성시장에서 공시되는 시장가격이 있고 공정가치를 신뢰성있게 측정할 수 있는 경우 당기손익인식항목으로 지정할 수 있다. ( )

07. 당기손익인식(FVPL)금융자산은 최초 취득시 공정가치로 측정하고 관련 거래원가는 자산으로 인식한다. ( )

08. 기타포괄손익인식(FVOCI)금융자산은 보고기간 말에 공정가치로 측정하되 평가손익은 당기비용으로 인식하는 금융자산이다. ( )

09. 상각후원가측정(AC)금융자산의 손상금액은 손실충당금을 설정하여 금융상품의 장부금액에서 차감표시한다. ( )

10. 금융상품 중 상각후원가측정금융자산과 기타포괄손익인식금융자산이 신용이 손상되지 않은 경우 금융상품의 신용위험이 유의적으로 증가하였다면 12개월 기대신용손실금액을 손실충당금으로 측정한다. ( )

11. **당기손익인식금융자산은 취득후 공정가치로 평가하여 당기손익**에 반영한다. ( )

12. **지분상품인 당기손익인식(FVPL)금융자산**은 **사업모형이 변경**되는 경우 다른 금융자산으로 재분류가 가능하다. ( )

13. 단기매매항목이 아닌 지분상품은 **최초 취득시 기타포괄손익인식(FVOCI)금융자산으로 지정할 수 있다**. ( )

14. **매매목적의 채무상품은 기타포괄손익인식금융자산**으로 분류한다. ( )

15. **원리금 수취와 매도가 목적인 채무상품**은 기타포괄손익인식(FVOCI)금융자산으로 분류한다. ( )

16. **원리금 수취 목적의 채무상품**은 기타포괄손익인식(FVOCI)금융자산으로 분류한다. ( )

17. 양도자가 매도한 금융자산을 **재매입시점의 공정가치로 재매입할 수 있는 권리**를 보유하고 있는 경우 금융자산을 제거하지 않는다. ( )

18. 상각후원가측정(AC)금융자산 **취득시 지출된 거래원가는 취득원가에 우선 가산**한 후 **유효이자율법에 의해 이자수익에 가감**된다. ( )

19. 양도자가 **미리 정한 가격 또는 매도가격에 양도자에게 금전을 대여**하였고, 그 대가로 받았을 이자수익을 더한 금액으로 양도자산을 재매입하는 거래의 경우에는 **양도자가 소유에 따른 위험과 보상을 보유**하고 있다고 본다. ( )

20. 금융자산의 제거 여부는 **금융자산의 소유에 따른 위험과 보상의 이전여부, 금융자산에 대한 통제권 상실 여부**를 판단하여 제거한다. ( )

21. 금융자산의 **현금흐름에 대한 계약상 권리가 소멸**한 경우에는 당해 금융자산을 제거한다. ( )

22. 금융자산의 현금흐름에 대한 **계약상 권리를 양도하고 위험과 보상의 일부분을 이전해도** 당해 금융자산을 제거한다. ( )

23. 금융자산의 현금흐름에 대한 **계약상 권리는 양도하고 양도자가 매도 후에 미리 정한 가격으로 당해 금융자산을 재매입하기로 한 경우**에는 금융자산을 제거할 수 있다. ( )

24. 금융자산의 현금흐름에 대한 계약상 권리를 양도하고, **양수자가 당해 금융자산을 제3자에게 매각할 수 있는 능력**을 가지고 있다면 당해 금융자산을 제거한다. ( )

25. 기타포괄손익인식금융자산(채무상품)의 손상차손은 **당기비용으로 처리하고, 기타포괄손익에서 조정**한다. ( )

26. 상각후 원가측정금융자산의 손상차손은 **손실충당금을 설정하여 금융상품의 장부금액에서 차감하여 표시**한다. ( )

27. **기타포괄인식금융자산(지분상품)에 대한 손상시 손상차손을** 인식한다. ( )

28. 3년 후 **금 1KG**에 해당하는 **자기지분상품**을 주기로 한 계약은 지분상품에 해당한다. ( )

29. 1,000원의 대가로 **10주의 자기지분상품**을 지급해야 하는 계약은 금융부채에 해당한다. ( )

30. 채무상품인 **당기손익-공정가치 측정 금융자산은 다른 금융상품으로 재분류할 수 없다.** ( )

31. **매입채무와 미지급금은 금융부채에 해당**한다. ( )

32. **파생상품은 기타포괄손익인식 금융자산**으로 분류한다. ( )

33. **기타포괄손익인식 금융자산(채무상품)의 손상차손**은 손실충당금을 설정하여 금융상품의 장부가액에서 차감하여 표시한다. ( )

34. 금융자산 제거의 경제적 실질 판단요소에 **법률상 금융자산의 이전여부도 포함**된다. ( )

주관식

01. (주)로그인의 20x1년 12월말 현금 및 금융상품 관련 자산은 다음과 같다. ㈜로그인의 기말 재무상태표상 현금및현금성자산은 얼마인가?

• 자기앞수표	250,000원	• 타인발행수표	100,000원
• 당좌예금	50,000원	• 배당금지급통지서	30,000원
• 우표	10,000원	• 받을어음(만기 20x2년 1월 31일)	20,000원
• MMF(채권형이며 취득당시 만기는 4개월)	40,000원		

02. 다음 자료를 이용하여 당기 대손상각비를 계산하면 얼마인가?

- 기초 대손충당금 잔액 5,000,000원
- 기중거래
  가. 거래처 매출채권 2,000,000원을 대손처리하였다.
  나. 전기에 대손처리한 매출채권 1,000,000원을 당기에 회수하였다.
- 기말 매출채권 100,000,000원
- 당기 대손충당금은 기말 매출채권 잔액의 5%를 설정하였다.

03. 다음은 ㈜로그인의 20x2년 12월 31일 현재 매출채권 잔액 및 회수가능가액에 관한 자료이다. 20x2년 중 대손이 확정되어 상계된 매출채권은 얼마인가?

〈매출채권 잔액 및 회수가능가액〉

구분	매출채권 잔액	회수가능가액
20X2년 12월 31일	1,600,000원	1,500,000원

20x1년말 대손충당금 잔액은 50,000원이고, 20x2년에 인식한 대손상각비는 80,000원이다.

04. ㈜로그인은 20x1년에 다음과 같이 ㈜천안의 주식(기타포괄손익인식금융자산)을 취득하여 보유하고 있다. 이 주식과 관련하여 ㈜로그인의 20x1년(ⓐ)과 20x2년(ⓑ) 재무상태표에 자본에 계상할 기타포괄손익금융자산평가손익을 구하시오.

① 20x1년 5월 1일 : ㈜천안 주식 1,000주 취득(취득원가 5,000원/주)
② 20x1년말 ㈜천안 주식의 공정가치 : 5,200원/주
③ 20x2년말 ㈜천안 주식의 공정가치 : 4,900원/주

05. (주)로그인 20x1년 중 증권거래소에 상장된 ㈜천안의 주식 100주를 150,000원에 취득하여 기타포괄손익인식금융자산으로 회계처리하였다. (주)로그인이 20x3년 중에 보유 중인 ㈜천안의 주식 중 40%를 76,000원(주당 1,900원)에 처분한 경우 ㈜로그인이 처분시점에 기타포괄손익평가손익에서 이익잉여금으로 대체될 금액은 얼마인가?

구분	20X1년말	20X2년말	20X3년말
주당 공정가치	1,550원	1,750원	1,950원

06. ㈜로그인은 20x1년 중 ㈜천안의 주식 100주를 800,000원에 취득하여 이를 기타포괄손익금융자산으로 분류하였다. ㈜로그인은 20x1년 중에 보유중인 ㈜천안의 주식 중 30주를 270,000원(공정가치)에 처분하였고, 거래원가는 없다고 가정한다. ㈜로그인의 20x1년도의 당기손익에 미치는 금액은 얼마인가? 

구 분	20x1년 말
주당 공정가치(시가)	10,500원

07. 보고기간 말 은행 측 원장상 당좌예금 잔액은 4,000,000원이다. 회사는 다음사항의 불일치 원인이 있는 경우 회사의 장부상 당좌예금 잔액은 얼마인가? 

① 매출채권 추심액(회사회계처리 누락) 100,000원
② 은행수수료(회사에 미통보) 200,000원
③ 기발행 미인출 수표 300,000원
④ 수표 50,000원을 발행하고 40,000원으로 오기(은행에서 인출)

08. ㈜로그인은 전기 5월 5일 50,000원에 현금 취득하여 기타포괄손익인식금융자산으로 분류하였다. 전기말 공정가치는 70,000원이고 당기 5월 5일 80,000원에 현금처분하였다. 다음의 경우 각각 처분에 대해서만 회계처리하시오. 

① 지분상품일 경우

② 채무상품일 경우(이자는 무시한다.)

09. ㈜삼일은 20X0년 1월 1일 ㈜광주가 발행한 주식 100주를 주당 10,000원에 취득하고, 기타포괄손익-공정가치측정 금융자산으로 분류하였다. 20X0년 말 ㈜광주가 발행한 주식의 주당 공정가치는 12,000원이다. ㈜삼일은 동 주식 전부를 20X1년 6월 30일에 주당 13,000원에 처분하였다. 주식의 취득과 처분시 거래원가는 발생하지 않았다고 가정할 때, 상기 주식에 대한 회계처리가 ㈜삼일의 20X1년도 당기순손익과 기타포괄손익에 미치는 영향은 각각 얼마인가?

10. ㈜삼일은 20X1년 3월 28일 200,000원에 취득한 채권을 기타포괄손익-공정가치측정 금융자산으로 분류하였다. 20X1년 12월 31일 채권의 공정가치가 250,000원이었고, 이를 20X2년 3월 30일에 280,000원에 매도하였다. 처분시 처분손익을 계산하시오.(단, 취득 시점 표시이자율과 시장이자율은 동일하며, 이자는 무시한다)?

연/습/문/제 답안

O,X문제

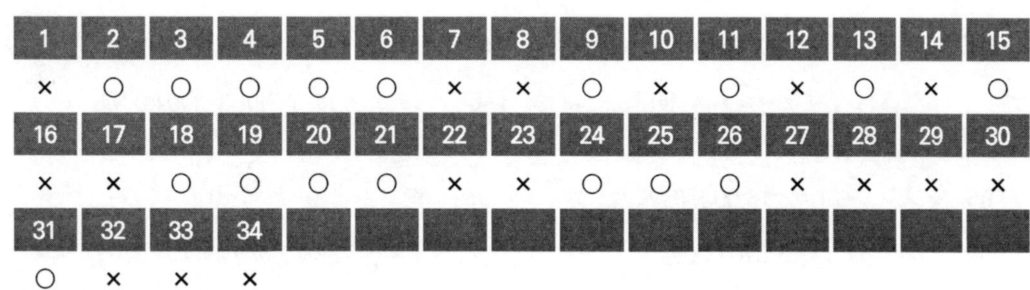

1	2	3	4	5	6	7	8	9	10	11	12	13	14	15
×	○	○	○	○	○	×	×	○	×	○	×	○	×	○
16	**17**	**18**	**19**	**20**	**21**	**22**	**23**	**24**	**25**	**26**	**27**	**28**	**29**	**30**
×	×	○	○	○	○	×	×	○	○	○	×	×	×	×
31	**32**	**33**	**34**											
○	×	×	×											

[풀이 - O,X문제]

01. **취득당시 만기가 3개월이내인 금융상품이 현금및현금성자산**에 해당한다.

07. FVPL금융자산의 거래비용은 당기 비용화 한다.

08. FVOCI금융자산은 평가손익은 자본인 기타포괄손익으로 처리한다.

10. 신용이 손상되지 않은 경우 **금융상품의 신용위험이 유의적으로 증가시 전체 기대신용손실금액을 손실충당금**으로 측정한다.

12. **지분상품은 사업모형이 변경되지 않으므로** 다른 금융자산으로 재분류가 불가능하다.

14. **매매목적의 채무상품은 당기손익인식금융자산**으로 분류한다.

16. **원리금 수취 목적의 채무상품**은 상각후원가측정금융자산으로 분류한다.

17. 양도자가 매도한 금융자산을 **재매입시점의 공정가치로 재매입할 수 있는 권리**를 보유하고 있는 경우 위험과 보상의 대부분이 이전된 경우로 보아 금융자산을 제거한다.

22. **위험과 보상의 대부분을 이전**하면 당해 금융자산을 제거한다.

23. **매도 후에 미리 정한 가격으로 당해 금융자산을 재매입하기로 한 경우**에는 위험과 보상이 이전되지 않았으므로 금융자산을 제거하지 않는다.

27. **지분상품은 계약상 현금흐름이 발생하지 않기 때문에 손상규정을 적용하지 않는다.**

28. **자기지분상품의 수량이 변동하므로 금융부채**에 해당함.

29. 확정수량과 확정금액을 자기지분상품으로 결제하는 계약이므로 자본(지분상품)임.

30. 당기손익-공정가치측정 금융자산**(채무상품)**은 AC금융자산등으로 재분류할 수 있다.

32. 파생상품은 **단기매매항목이므로 당기손익인식금융자산으로 분류**한다.

33. 기타포괄손익 - 공정가치측정금융자산(채무상품)의 손상차손은 손실충당금을 설정하지 않고 **기타포괄손익에서 바로 조정**한다.

34. **금융자산 제거의 경제적 실질 판단시 법률상 금융자산의 이전여부는 고려요소가 아니다.**

주관식

01.	430,000원	02.	1,000,000원
03.	30,000원	04.	ⓐ 평가이익 200,000원 ⓑ 평가손실 100,000원
05.	16,000원	06.	0
07.	3,810,000원	08.	〈해설참고〉
09.	당기손익 0 기타포괄손익 100,000증가	10.	처분이익 80,000원

[풀이 - 주관식]

01. 현금및현금성자산 = 250,000원 + 100,000원 + 50,000원 + 30,000원 = 430,000원
MMF는 취득 당시 만기가 4개월이므로 현금성자산이 아님

02. 기말 대손충당금 예상액(잔액) = 100,000,000원 × 5% = 5,000,000원

대손충당금

대손	2,000,000	기초	5,000,000
		회수	1,000,000
기말	5,000,000	*대손상각비(설정?)*	*1,000,000*
계	7,000,000	계	7,000,000

03. 기말대손충당금 = 매출채권잔액(1,600,000) - 회수가능가액(1,500,000) = 100,000원

대손충당금(20x2)

대손	*30,000*	기초	50,000
기말	100,000	대손상각비(설정)	80,000
계	130,000	계	130,000

04. 기타포괄손익인식금융자산의 평가손익은 자본으로 처리한다.

	취득가액	공정가치	평가이익	평가손실
20x1	5,000,000	5,200,000	200,000	-
20x2	-	4,900,000	-200,000	100,000

05. 이익잉여금으로 대체금액 = 처분시점 공정가치 - 취득가액 = (1,900 - 1,500) × 40주 = 16,000원

06. 기타포괄손익금융자산(지분상품)의 평가손익은 자본에 반영되고, 처분시 거래원가가 없다면 처분손익은 "0"가 된다.

07. 은행계정조정표

구분	은행측 잔액	회사측 잔액
1. 수정전 잔액	4,000,000원	***3,810,000***
① 매출채권 추심액		100,000
② 은행수수료		(200,000)
③ 기발행 미인출 수표	(300,000)	
④ 회사측오류		(10,000)
2. 수정후 잔액	3,700,000	3,700,000

08. ① 지분상품(기타포괄손익은 이익잉여금으로 대체)

(차) 기타포괄손익인식금융자산	10,000	(대) 평가이익(기타포괄손익)	10,000
현 금	80,000	기타포괄손익인식금융자산	80,000

② 채무상품

(차) 평가이익(기타포괄손익)	20,000	(대) 기타포괄손익인식금융자산	70,000
현 금	80,000	처분이익(당기손익)	30,000

09. 처분시 평가손익 = [공정가치(13,000) - 장부가액(12,000)] × 100주 = 100,000원(기타포괄손익)
처분손익 = [처분가액(13,000) - 공정가치(12,000)] × 100주 = 0원(당기손익)
기타포괄손익 - 공정가치측정금융자산(주식)은 처분시 제거일에 **공정가치로 재측정 후(기타포괄손익) 처분하는 회계처리**를 한다.

x0.1.1	(차) 기타금융자산	1,000,000	(대) 현 금	1,000,000
x0.12.31	(차) 기타금융자산	200,000	(대) 기타금융자산평가이익	200,000
x1.6.30	(차) 기타금융자산	100,000	(대) **기타금융자산평가이익**	**100,000**
x1.6.30	(차) 현금	1,300,000	(대) 금융자산	1,300,000

10. 기타포괄손익 - 공정가치측정금융자산(채권)은 처분시 제거일 **공정가치로 측정하지 않고 처분손익은 당기손익으로 한다.**
처분손익 = 처분가액(280,000) - 취득가액(200,000) = 80,000원(처분이익)

금융부채

NCS회계 - 4 회계감사(재무정보공시하기)

제1절 금융부채

금융부채는 거래상대방에게 금융자산을 인도하기로 한 **계약상 의무(매입채무와 차입금등)**와 거래상대방과 금융자산 등을 교환하기로 한 계약상 의무(파생상품 등)를 말한다.

1. 금융부채의 분류

(1) 당기손익-공정가치 측정 금융부채

단기매매항목의 정의를 충족하거나, **최초인식시점에 당기손익-공정가치 측정항목으로 지정하는 경우**에 당기손익인식금융부채로 분류한다. 다만 **부채가 단기매매활동의 자금조달에 사용된다는 사실만으로는 당해 부채를 단기매매금융부채로 분류할 수 없다.**

참고

단기매매항목(금융자산/금융부채)

1. 주로 단기간에 매각하거나 재매입할 목적으로 취득하거나 부담한다.
2. 파생상품(위험회피수단으로 지정되고 위험회피에 효과적인 파생상품은 제외)

(2) 기타금융부채

당기손익인식금융부채로 분류되지 않는 모든 금융부채를 의미한다.

2. 금융부채 측정

(1) 최초측정

	최초인식	거래원가
당기손익인식금융부채	공정가치로 측정	**당기비용으로 처리**
기타 금융부채		**최초인식하는 공정가치에서 차감**

(2) 후속측정

당기손익인식금융부채	공정가치로 측정	평가손익(당기손익) 처리
기타금융부채	상각후원가	유효이자율법으로 이자비용인식

3. 금융부채의 재분류

금융부채는 원칙적으로 **당기손익인식금융부채와 상각후 취득원가로 측정하는 금융부채 항목간에 재분류하지 아니한다.**

4. 금융부채의 제거

계약상의무가 이행되거나 취소되는 경우 또는 만료된 경우에 재무상태표에서 제거한다. 이때 금융부채의 장부금액과 지급한 대가의 차액은 당기손익으로 인식한다.

제2절 사채

1. 사채의 발행

액면발행	액면가액 = 발행가액	액면이자율 = 시장이자율
할인발행	액면가액 > 발행가액	액면이자율 < 시장이자율
할증발행	액면가액 < 발행가액	액면이자율 > 시장이자율

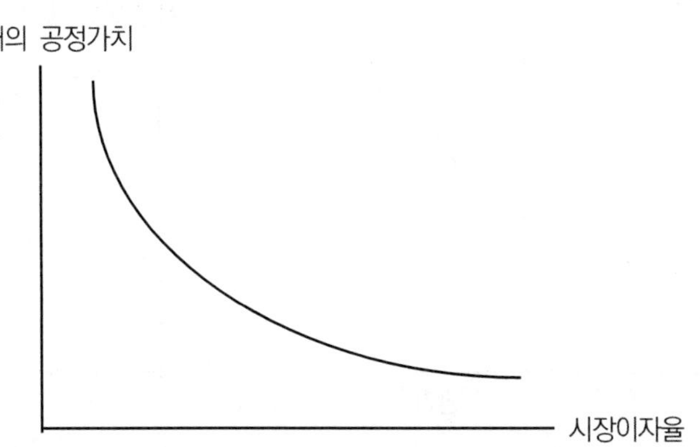

시장이자율 = 무위험이자율[*1] + 신용가산이자율(risk premium)

*1. 위험이 전혀 내포되지 않는 순수한 투자의 기대수익율로서 국채 등의 이자율

2. 사채의 상각

발행유형	사채발행차금상각	총사채이자(I/S이자비용)	사채장부가액
액면발행	0	액면이자	동일
할인발행	매년증가	매년증가(액면이자＋할인차금)	매년증가
할증발행		매년감소(액면이자－할증차금)	매년감소

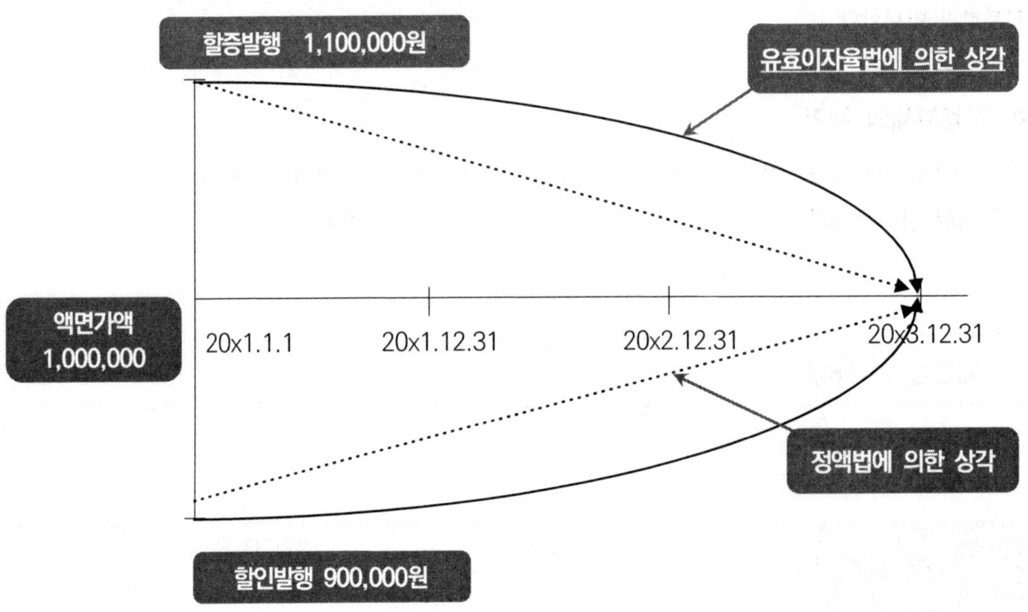

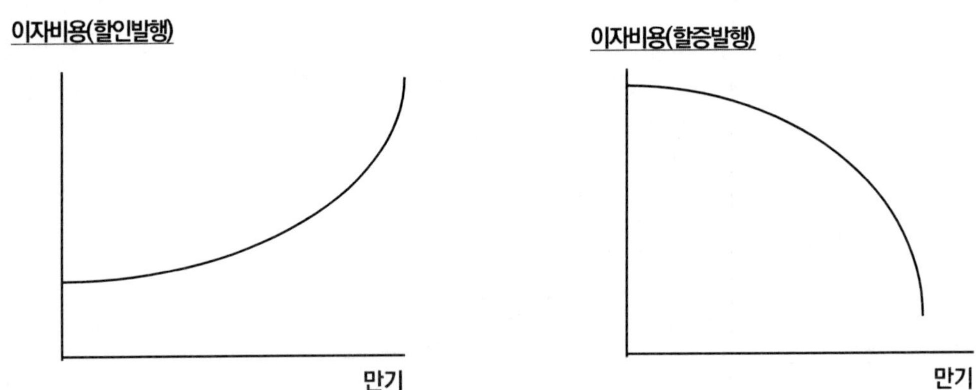

4. 사채의 상환

사채상환손익 = 순수사채상환가액 – 사채의 장부가액(액면가액 ± 미상각사채발행차금)

시장이자율 상승 (회사 신용도 하락)	사채가격(상환금액) 하락	사채상환이익
시장이자율 하락 (회사 신용도 상승)	사채가격 상승	사채상환손실

<예제> 사채의 할인발행

㈜로그인는 20x1년 1월 1일 다음과 같은 조건의 사채를 발행하였다.

- 액면가액 : 100,000원
- 액면이자율 : 5%
- 이자지급 : 매년 12월 31일
- 상환기일 : 20x2년 12월 31일(만기 일시 상환)
- 시장이자율은 7%이고, 7%의 1년 현가계수는 0.9346이고, 7%의 2년 현가계수는 0.8734이다.

일자별로 발행회사와 투자회사(상각후원가금융자산 – AC금융자산)의 입장에서 회계처리하시오.

해답

1. 2년 연금현가계수(1.8080) = 1년 현가계수(0.9346) + 2년 현가계수(0.8734)
   사채의 발행가액 = **액면이자의 현재가치 + 원금의 현재가치**
   = 5,000 × 1.8080 + 100,000 × 0.8734 = 96,380원
2. 사채할인발행차금 상각표(유효이자율법)

연도	유효이자(A) (BV × 유효이자율)	액면이자(B) (액면가액 × 액면이자율)	할인차금상각 (A – B)	장부금액 (BV)
20x1. 1. 1				96,380
20x1.12.31	6,747*1	5,000	1,747	98,127*2
20x2.12.31	6,873*3	5,000	1,873	100,000
계	13,620	10,000	3,620	–

*1. 96,380 × 7%, *2. 96,380 + 1,747 *3. 98,127 × 7% = 6,868(단수차이 조정)

	발행회사	투자회사
20x1. 1. 1	(차) 현　　금 96,380 사채할인발행차금 3,620 (대) 사　　채 100,000	(차) AC금융자산 96,380 (대) 현　　금 96,380
20x1.12.31	(차) 이자비용 6,747 (대) 현　　금 5,000 사채할인발행차금 1,747	(차) 현　　금 5,000 AC금융자산 1,747 (대) 이자수익 6,747
20x2.12.31 (이자지급)	(차) 이자비용 6,873 (대) 현　　금 5,000 사채할인발행차금 1,873	(차) 현　　금 5,000 AC금융자산 1,873 (대) 이자수익 6,873
20x2.12.31 (사채상환)	(차) 사　　채 100,000 (대) 현　　금 100,000	(차) 현　　금 100,000 (대) AC금융자산 100,000

☞ **상기 예제에서 이자지급일이 6개월(연 2회) 단위로 지급시**
유효이자율 7%/2회=3.5%, 액면이자율은 5%/2회=2.5%로
연수를 2년×2회=4년으로 계산하면 된다.

5. 연속상환사채

연속상환사채는 사채의 액면금액을 만기에 일시에 상환하는 것이 아니라 중도에 분할하여 상환하는 사채이다.

연속상환사채의 발행금액은 일반사채와 마찬가지로 사채로부터 발생하는 **미래현금흐름을 사채발행시점의 시장이자율로 할인한 현재가치**가 된다.

그리고 만기 전에 액면금액의 일부가 상환되므로 장부금액은 직전 상각원가에 상각액을 가감하고 액면상환금액을 차감하여 계산한다.

사채의 상각후 원가(장부금액)=직전 상각후 원가(장부금액)±상각(환입)액－액면상환금액

제3절 복합금융상품

1. 의의 및 종류

복합금융상품은 부채요소와 자본요소를 모두 가지고 있는 금융상품을 말하는데, 액면상환조건과 상환할증금지급조건이 있다. 복합금융상품에서 **상환할 원금과 액면이자의 현재가치는 금융부채로 인식하고 발행금액에서 차감한 잔액은 자본(지분상품)**으로 인식한다.

금융부채+발행자의 지분상품으로 전환할 수 있는 콜옵션

액면상환조건	권리가 행사되지 않아도 액면금액을 상환하는 복합금융상품
상환할증금지급조건	권리가 행사되지 않는 경우 **만기에 액면금액에 상환할증금을 가산하여 상환하는 복합금융상품** **보장수익율**이란 사채권자가 전환권을 포기하고 상환을 요구할 때 발행회사가 보장해주기로 약정한 수익률을 말하는데, **상환할증금을 포함한 미래현금흐름의 현재가치와 액면금액을 일치시키는 할인율**을 말한다. 따라서 **액면이자율보다 보장수익율이 더 높다.**

〈종류〉

전환사채	전환권은 보유자가 채무상품을 지분상품으로 전환을 청구할 수 있는 권리 → **채무상품+전환권(자본)**
신주인수권부사채	신주인수권은 보유자가 행사가격으로 지분상품의 발행을 청구할 수 있는 권리 → **채무상품+신주인수권(자본)**
전환우선주	우선주로서 전환권을 행사하면 보통주로 전환되는 우선주

2. 전환사채 회계처리

전환사채는 유효이자율법으로 이자비용을 인식하고 상각액은 전환사채 장부금액에 가산한다. 전환사채는 일반적으로 **전환권조정(사채할인발행차금)계정**을 사용하며, **전환권이 행사될 때 전환권대가(자본)**를 주식의 발행금액으로 대체된다.

<예제> 전환사채

㈜로그인는 20x1년 1월 1일 다음과 같은 조건의 전환사채를 발행하였다.

- 액면가액 : 100,000원
- 액면이자율 : 5%
- 이자지급 : 매년 12월 31일
- 상환기일 : 20x2년 12월 31일(만기 일시 상환)
  전환권이 행사되지 않는 부분에 대해서 만기일에 액면금액의 105%를 상환한다.
  전환으로 발행되는 주식 1주에 요구되는 사채의 액면금액은 2,000원이고, 주식의 액면금액은 1,000원이다.
- 시장이자율은 10%이고, 10%의 2년 연금현가계수는 1.7355이고, 10%의 2년 현가계수는 0.8264이다.

1. 전환사채가 액면금액에 발행되었다. 전환권이 행사되지 않았다고 가정하고 회계처리하시오.

2. 20x2.1.1 60%의 전환권이 행사되었을 경우 회계처리하시오.

해답

1. 전환권 미행사

① 사채의 발행가액 = 100,000원

② 일반사채의 가치(부채의 공정가치)

= 액면이자의 현재가치 + (액면가액 + 상환할증금)의 현재가치

= 5,000 × 1.7355 + (100,000 + 5,000) × 0.8264 = 95,450원

③ 전환권대가(자본요소공정가치) = ① - ② = 4,550원

④ 사채할인발행차금 상각표(유효이자율법)

연도	유효이자(A) (BV × 유효이자율)	액면이자(B) (액면가액 × 액면이자율)	상각액 (A - B)	장부금액 (BV)
20x1. 1. 1				95,450
20x1.12.31	9,545	5,000	4,545	99,995
20x2.12.31	10,005*1	5,000	5,005	105,000

*1. 단수차이 조정

비유동부채		
전환사채	100,000	
사채상환할증금	5,000	
전환권조정	(9,550)	95,450
자본(기타자본잉여금)		
전환권대가		4,550

⑤ 회계처리

20x1. 1. 1	(차) 현 금	100,000	(대) 전환사채	100,000
	전환권조정	9,550	사채상환할증금	5,000
			전환권대가	4,550
20x1. 12.31	(차) 이자비용	9,545	(대) 현 금	5,000
			전환권조정	4,545
20x2. 12.31	(차) 이자비용	10,005	(대) 현 금	5,000
			전환권조정	5,005
-상환	(차) 전환사채	100,000	(대) 현 금	105,000
	사채상환할증금	5,000		

2. 전환권 60% 행사

20x2. 1. 1	(차) 전환사채*1	60,000	(대) 전환권조정*3	3,003
	사채상환할증금*2	3,000	자본금*5	30,000
			주식발행초과금	29,997
	*전환권대가*4*	*2,730*	*주식발행초과금*	*2,730*

☞전환사채, 사채상환할증금, 전환권조정잔액, 전환권대가를 전환비율만큼 제거한다.

*1. 100,000×60% *2. 5,000×60% *3. (9,550－4,545)×60%＝3,003

*4. 4,550×60%

*5. (100,000×60%/2,000) × 1,000 ＝30,000

☞권리행사일 증가하는 주식발행초과금

＝(권리행사일 전환사채 장부금액＋전환권대가)×권리행사비율－자본금

＝(100,000＋5,000－5,005＋4,550)×60%－30,000＝32,727

비유동부채(전환 후 사채의 장부금액 ; 99,995×40%=39,998)		
전환사채	40,000	
사채상환할증금	2,000	
전환권조정	(2,002)	39,998
자본(기타자본잉여금)		
전환권대가		1,820

20x2. 12.31	(차) 이자비용	4,002	(대) 현 금	2,000
			전환권조정	2,002
-상환	(차) 전환사채	40,000	(대) 현 금	42,000
	사채상환할증금	2,000		

3. 신주인수권부사채

투자자가 신주인수권을 행사하면 행사가격만큼 현금을 받고 주식을 발행한다.

다만, 상환할증금조건이라면 신주인수권 행사일에 상환할증금의 현재가치는 제거되어 주식의 발행금액에 포함된다. 여기서 제거될 신주인수권조정 금액은 제거될 상환할증금과 권리행사일 제거될 상환할증금 현재가치의 차액이 된다.

앞의 예제에 대해서 신주인수권부사채라 가정하고 회계처리를 해보자.

일자	차변	금액	대변	금액
20x1.01.01	(차) 현　금	100,000	(대) 신주인수권부사채	100,000
	신주인수권조정	9,550	사채상환할증금	5,000
			신주인수권대가	4,550
20x1. 12.31	(차) 이자비용	9,545	(대) 현　금	5,000
			신주인수권조정	4,545
20x1.01.01 권리행사시	(차) **현　금**[*1]	60,000	(대) 신주인수권조정[*4]	273
	사채상환할증금[*2]	3,000	자본금[*5]	30,000
			주식발행초과금	32,727
	신주인수권대가[*3]	**2,730**	**주식발행초과금**	**2,730**

☞사채상환할증금, 신주인수권대가를 전환비율만큼 제거하고, 전환비율만큼 현금납입한다.

*1. 100,000 ×60% ,　*2. 5,000×60% ,　*3. 4,550×60%

*4. 3,000－3,000/1.1＝273

(신주인수권이 행사되면 사채의 원리금 중 사채상환할증금 부분에만 대하여 채무를 부담하지 않는다. 따라서 상환시 제거되는 사채상환할증금의 현재가치 차액만 신주인수권조정에서 제거한다.)

*5. (100,000×60%/2,000) × 1,000＝30,000

비유동부채		
신주인수권부사채	100,000	
사채상환할증금	2,000	
신주인수권조정	(4,732)	97,268
자본(기타자본잉여금)		
신주인수권대가		1,820

일자	차변	금액	대변	금액
20x2. 12.31	(차) 이자비용	9,732	(대) 현　금	5,000
			신주인수권조정	4,732
-상환	(차) 신주인수권부사채	100,000	(대) 현　금	102,000
	사채상환할증금	2,000		

〈전환사채와 신주인수권부사채〉

		전환사채(CB)	신주인수권부사채(BW)
권리행사시 현금유입		없음	행사가격
권리행사시 전환권(신주인수권) 조정분 제거		권리비율만큼	제거되는 상환할증금의 현재가치 차액
만기상환 금액	권리행사분	없음	액면금액
	권리미행사분	액면금액＋상환할증금	액면금액＋상환할증금

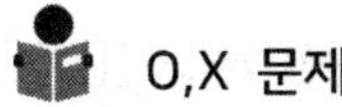

연/습/문/제

O,X 문제

01. 발행자가 보유자에게 **미래의 시점에 확정된 금액**을 의무적으로 상환해야하는 의무가 있는 우선주라도 **지분상품**으로 분류한다. ( )

02. 잠재적으로 불리한 조건으로 거래상대방과 금융자산이나 금융부채를 교환하기로 한 **계약상 의무**는 금융부채로 분류한다. ( )

03. 금융부채는 원칙적으로 **최초인식시 공정가치**로 인식한다. ( )

04. 당기손익인식금융부채와 관련되는 거래원가는 당기손익으로 처리하나, **사채와 직접 관련되는 거래원가는 공정가치에 가산**하여 측정한다. ( )

05. 전환사채는 소유자가 일정한 조건 하에 **전환권을 행사할 수 있는 사채**로서, 권리를 행사하면 자본금의 보통주로 전환되는 사채를 말한다. ( )

06. 신주인수권부 사채는 소유자가 **사전에 약정된 가격으로 보통주의 발행을 청구**할 수 있는 권리가 부여된 사채를 말한다. ( )

07. 한국채택국제회계기준은 **금융상품에 대해서 보유자에게 금융자산을 발생시키고 동시에 상대방에게 금융부채나 지분상품을 발생시키는 모든 계약**으로 정의한다. ( )

08. 복합금융상품이란 **부채의 요소와 자본의 요소가 복합되어 있는 금융상품**을 말한다. ( )

09. 일반적으로 **사채는 상각후원가로 후속 측정**된다. 만약, **사채발행시점에 시장이자율보다 계약상 액면이자율이 더 큰 경우에는 사채가 할인발행**되는데 이 경우에는 장부가액(상각후원가)가 만기로 갈수록 점점 증가하게 된다. ( )

10. 복합금융상품의 경우 **발행가액에서 주식의 공정가치를 차감**하여 일반사채의 가치를 산정한다.( )

11. 전환사채와 관련한 이자비용은 **동일한 조건의 일반사채에 대한 액면이자율**을 적용하여 산정한다. (　)

12. 전환사채는 전환사채소유자가 일정한 조건 하에 전환권을 행사할 수 있는 사채로, **일반사채보다 표시이자율(표면금리)이 높게 책정**된다. (　)

13. 금융부채는 원칙적으로 당기손익인식금융부채와 상각후원가로 측정하는 금융부채 항목 간에 **재분류할 수 있다.** (　)

14. 전환권조정은 사채할인발행차금과 마찬가지로 **상환기간동안 유효이자율법을 적용하여 상각하고 상각된 금액은 이자비**용으로 인식한다. (　)

15. 신주인수권부사채에 대해 신주인수권을 행사하는 경우 주금이 납입되므로 **사채가액은 소멸된다.**(　)

16. 상각후원가측정금융부채는 **유효이자율법에 따라 이자비용을 인식**한다. (　)

17. 전환사채의 **발행금액과 미래현금흐름의 현재가치를 일치시켜주는 이자율**을 유효이자율이라고 한다. (　)

18. 전환사채 발행시 **상환할증금 지급조건의 경우 액면이자율이 보장수익률**보다 높다. (　)

19. 주로 **단기간 내에 매각하거나 재매입할 목적으로 취득하거나 부담**하는 경우 당기손익인식금융부채로 분류한다. (　)

20. 전환사채와 관련한 이자비용은 **동일한 조건의 일반사채에 대한 유효이자율을 적용**하여 산정한다. (　)

21. 사채를 **할인발행시 이자비용은 매년 감소**하고, **할증발행일 경우에도 매년 감소**한다. (　)

22. 사채를 발행 후 조기상환시 발행시점보다 **시장상승율이 상승하는 경우 사채의 공정가치가 상승**하므로 사채상환이익이 발생된다. (　)

23. **매입채무와 미지급금, 차입금, 사채, 미지급법인세와 선수금은 금융부채**에 해당한다. (　)

24. 전환사채를 만기에 자본으로 전환되지 않았을 경우 투자자에게 지급하는 **상환할증금은 사채발행시 인식한다.** (　)

25. 위험회피수단으로 지정되고 **위험회피에 효과적인 파생상품은 단기매매금융부채**이다. (　)

26. 전환사채를 발행 후 **중도에 전환권 행사시 총자산은 증가**한다. (　)

27. 연속상환사채의 발행금액은 사채로부터 발생하는 미래현금흐름의 **사채 상환시점의 시장이자율로 할인**한 현재가치가 된다. ( )

28. **매입채무와 미지급금, 미지급법인세는 금융부채**에 해당한다. ( )

주관식

01. ㈜로그인은 20x1년 1월 1일에 다음과 같은 조건의 사채를 발행하였다. 사채발행으로 인하여 동 일자에 ㈜로그인이 현금으로 조달 가능한 금액은 얼마인가?

① 액면금액 : 20,000,000원 ② 액면이자 지급조건 : 매년말 지급조건
③ 만기일 : 20x3년 12월 31일(3년) ④ 액면이자율 : 5%
⑤ 시장이자율 : 6%

〈현가계수〉

이자율	1년	2년	3년
3%	0.9709	0.9426	0.9151
5%	0.9524	0.9070	0.8638
6%	0.9434	0.8900	0.8396

02. (주)로그인은 20x1년 1월1일에 다음과 같은 조건의 사채를 발행하였다. 20x2년 사채할인발행차금 상각액은 얼마인가?

① 액면금액 : 2,000,000원 ② 만기 : 3년
③ 액면이자율 : 4%(매년말 지급조건) ④ 발행일의 시장이자율 : 6%

〈현가계수〉

이자율	1년	2년	3년
6%	0.9434	0.8900	0.8396

03. ㈜로그인은 20x1년 1월 1일에 다음과 같은 조건의 사채를 발행하였다. 20x1년 12월 31일 현재 사채할인발행차금 잔액은 얼마인가?

① 액면금액 : 10,000,000원	② 만기일 : 20X3년 12월 31일 (3년)
③ 액면이자율 : 2%(매년 말 이자지급조건)	④ 발행일의 시장이자율 : 6%
⑤ 이자율 6%, 3년 연금현가계수 : 2.6730, 3년 현가계수 : 0.8396	

04. ㈜로그인은 20x1년 1월 1일에 다음과 같은 조건의 사채를 발행하였다. 20x1년 12월 31일 사채의 순장부금액은 얼마인가?

① 액면금액 : 1,000,000원(액면이자율 ??%, 매년말 이자지급조건)
② 만기일 : 20x3년 12월 31일 (3년)
③ 발행가액 : 893,060원
④ 발행일의 시장이자율 : 6%
⑤ 이자율 6%, 3년 연금현가계수 : 2.6730, 3년 현가계수 : 0.8396

05. ㈜로그인은 20x1년 1월 1일에 다음과 같은 조건의 사채를 발행하였다. 이 사채로 인하여 만기까지 부담하여야 할 총이자비용은 얼마인가?

① 액면금액 : 1,000,000원	② 만기일 : 20X3년 12월 31일 (3년)
③ 액면이자율 : 10%(매년 말 이자지급조건)	④ 발행일의 시장이자율 : 6%
⑤ 발행가액 : 1,106,900원	

06. ㈜로그인은 20x1년 4월 1일 사채 (액면 1,000,000원, 표시이자율 10%, 이자지급일 매년 3월 31일 후급, 만기 3년)를 951,980원에 발행을 하였다. ㈜로그인이 동 사채를 20x2년 4월 1일 1,000,000원에 상환할 경우 이로 인한 사채상환손익은 얼마인가? 발행시 시장이자율은 12%이며, 사채발행차금은 유효이자율법으로 상각한다.

07. 전환사채를 액면(100,000원)발행하였다. 전환조건은 주식 1주에 요구되는 사채의 액면금액은 2,000원이고, 주식의 액면금액은 1,000원이다. 전환(100%)청구일 현재 전환권대가는 5,000원, 사채상환할증금은 12,000원, 전환권 조정은 10,000원일 경우 전환으로 발행한 주식의 주식발행초과금은 얼마인가?

08. 다음 자료를 이용하여 전환사채 발행일에 ㈜삼일이 전환권대가(자본)로 계상할 금액을 계산하면 얼마인가?

㈜삼일은 다음과 같은 조건으로 전환사채를 액면발행하였다.
ㄱ. 액면금액 : 3,000,000원
ㄴ. 액면이자 : 지급하지 않음
ㄷ. 발행일 : 20X1년 1월 1일
ㄹ. 만기일 : 20X3년 12월 31일(3년)
ㅁ. 상환할증금 : 390,000원
ㅂ. 전환사채가 일반사채인 경우의 시장이자율 : 12%(12%, 3년의 현재가치계수는 0.7118이다)

09. ㈜삼일은 20X1년 1월 1일에 다음과 같은 조건의 상각후원가측정금융자산을 취득 당시의 공정가치로 취득하였다. 이 경우 ㈜삼일의 포괄손익계산서상 상각후원가측정금융자산의 20X1년 이자수익은 얼마인가(소수점 첫 번째 자리에서 반올림한다)?

ㄱ. 액면금액 : 100,000원
ㄴ. 발행일 : 20X1년 1월 1일
ㄷ. 만기일 : 20X2년 12월 31일(2년)
ㄹ. 액면이자율 : 10%, 매년 말 지급조건
ㅁ. 시장이자율 : 20X1년 1월 1일 현재 12%
ㅂ. 현가계수

이자율	현가계수		
	1년	2년	계
12%	0.89285	0.79719	1.69004

연/습/문/제 답안

O,X문제

1	2	3	4	5	6	7	8	9	10	11	12	13	14	15
×	○	○	×	○	○	○	○	×	×	×	×	×	○	×
16	17	18	19	20	21	22	23	24	25	26	27	28		
○	○	×	○	○	×	×	×	○	×	×	×	×		

[풀이 - O,X문제]

01. 발행자가 보유자에게 **미래의 시점에 확정된 금액**을 의무적으로 상환해야하는 의무가 있는 우선주는 금융부채로 분류한다.

04. **사채와 직접 관련되는 거래원가는 공정가치**에 **차감**하여 측정한다.

09. 시장이자율 〈 액면이자 할증발행되고 반대일 경우 할인발행된다.

10. 복합금융상품의 경우 **발행가액에서 일반사채의 가치를 차감**하여 자본금액을 산정한다.

11. 유효이자율을 적용하여 이자비용을 구한다.

12. 전환권을 추가로 주기 때문에 표시이자율은 낮게 책정된다.

13. 금융부채는 원칙적으로 당기손익인식금융부채와 상각후원가로 측정하는 금융부채 항목 간에 **재분류하지 아니한다.**

15. 신주인수권을 행사시 사채가액은 소멸되지 않는다.

18. **상환할증금은 만기에 권리가 행사되지 않는 경우에 지급하므로 보장수익률이 액면이자율**보다 높다.

21. 할인발행시 이자비용은 매년 증가하고, 할증발행시 매년 감소한다.

22. 발행시점보다 **시장상승율이 상승하는 경우 사채의 공정가치가 하락**하므로 사채상환이익이 발생된다.

23. 금융부채는 **계약에 의한 부채**를 의미하므로 선수금, 미지급법인세는 금융부채가 아니다.

25. **위험회피에 효과적인 파생상품은 단기매매금융부채에서 제외된다.**

26. **전환권행사시 현금유입이 없으므로 총자산은 불변이다**

27. **사채 발행시점의 시장이자율로 할인한 현재가치가 된다.**

28. **매입채무와 미지급금만 금융부채에 해당**한다.

주관식

01.	19,465,000원	02.	35,597원
03.	733,564원	04.	926,644원
05.	193,100원	06.	상환손실 33,782원
07.	57,000원	08.	586,998원
09.	11,594원		

[풀이 - 주관식]

01. 사채의 발행가액 = 액면이자 × 연금현가계수(6%, 3년) + 원금 × 현가계수(6%,3년)

= <u>20,000,000 × 5% × 2.6730 + 20,000,000 × 0.8396 = 19,465,000</u>

☞<u>**연금현가계수(6%, 3년) = 현가계수(6%,1년) + 현가계수(6%,1년) + 현가계수(6%,1년)**</u>

= 0.9434 + 0.8900 + 0.8396 = 2.6730

02. 사채의 발행가액 = <u>**액면이자의 현재가치 + 원금의 현재가치**</u>

= 80,000 × 2.6730 + 2,000,000 × 0.8396 = 1,893,040원

연도	유효이자(A) (BV×6%)	액면이자(B) (액면가액×4%)	할인차금상각 (A-B)	장부금액 (BV)
20x1. 1. 1				1,893,040
20x1.12.31	113,584	80,000	33,582	1,926,622
20x2.12.31	115,597	80,000	<u>*35,597*</u>	1,962,219

03. 사채의 발행가액 = <u>**액면이자의 현재가치 + 원금의 현재가치**</u>

= 200,000 × 2.6730 + 10,000,000 × 0.8396 = 8,930,600원

연도	유효이자(A) (BV×6%)	액면이자(B) (액면가액×2%)	할인차금상각 (A-B)	장부금액 (BV)
20x1. 1. 1				8,930,600
20x1.12.31	535,836	200,000	335,836	9,266,436

<u>**사채할인발행차금잔액 = 1,069,400 - 335,836 = 733,564원**</u>

또는 10,000,000 - 9,266,436 = 733,564원

04. 발행가액 = 액면가액 × 3년 현가계수 + 액면이자 × 3년연금현가계수

893,060원 = 1,000,000 × 0.8396 + A × 2.6730

A(액면이자) = 20,000원 ∴ 액면이자율 2%

20x1년 12월 31일 장부금액 = 893,060 + (893,060 × 6% - 20,000) = 926,644원

05. 총이자비용 = 표시이자의 합계액 - 사채할증발행차금

= 1,000,000 × 10% × 3년 - 106,900 = 193,100원

06. 20x2.4.1. 사채장부가액 = (951,980 × 12% - 100,000) + 951,980 = 966,218원

상환손익 = 상환가액 - 장부가액 = 1,000,000 - 966,218 = 33,782원(상환손실)

07. 〈전환전 장부〉

	전환사채 100,000 사채상환할증금 12,000 **전환권조정 (10,000)**
	기타자본잉여금(전환권대가) 5,000

자본금 = 100,000/사채액면(2,000) × 자본액면가(1,000) = 50,000원

(차)			(대)	
전환사채	100,000		전환권조정	10,000
사채상환할증금	12,000		자본금	50,000
			주식발행초과금	**52,000**
전환권대가	**5,000**		**주식발행초과금**	**5,000**

또는 (100,000 + 12,000 - 10,000 + 5,000) × 100% - 50,000(자본금) = 57,000원

08. 사채의 발행가액 = 3,000,000원

일반사채의 가치(부채의 공정가치) = 액면이자의 현재가치 + **(액면가액 + 상환할증금)의 현재가치**

= 0 + (3,000,000 + 390,000) × 0.7118 = 2,413,002원

전환권대가 = 발행가액(3,000,000) - 사채의 공정가치(2,413,002) = 586,998원

09. 상각후원가측정금융자산 = 액면이자(10,000) × 1.69004 + 액면금액(100,000) × 0.79719 = 96,619원

이자수익(x1년) = 금융자산(96,619) × 시장이자율(12%) = 11,594원

충당부채, 우발부채 외

NCS회계 - 3 전표관리 / 자금관리

1. 충당부채와 우발부채의 구분

다음의 3가지 요건을 충족 시 충당부채로 인식하고, 미 충족 시 우발부채로 분류한다.

① 과거사건이나 거래의 결과로 인하여 **현재 의무(법적의무 또는 의제의무)**가 존재

② 당해 의무를 이행하기 위하여 자원이 **유출될 가능성이 높다.**

③ 그 의무의 **이행에 소요되는 금액을 신뢰성 있게 추정**할 수 있어야 한다.

유출가능성 \ 금액추정	신뢰성 있게 추정가능	신뢰성 있게 추정불가능
높음	**충당부채로 인식**	우발부채 - 주석공시
어느 정도 있음	우발부채 - 주석공시	
거의 없음	공시하지 않음	

☞ 의제의무 : 과거의 실무관행(환불방침), 발표된 경영방침 또는 구체적이고 유효한 약속 등을 통하여 기업이 특정책임을 부담하겠다는 것을 상대방에게 표명함으로써 **기업이 당해 책임을 이행할 것이라는 정당한 기대를 상대방(고객)이 가지게 될 때 발생하는 의무**

2. 우발자산

우발자산은 과거사건에 의하여 발생하였으나 **기업이 전적으로 통제할 수 없는 하나 이상의 불확실한 미래사건의 발생여부에 의하여서만 존재가 확인되는 잠재적 자산**이다. 우발자산은 재무제표에 인식하지 않으나, 경제적 효익이 유입가능성이 높은 경우에만 주석공시한다. 그 후 상황변화로 인하여 **경제적 효익이 유입될 것이 확정된 경우에는 자산과 관련이익을 인식**한다.

3. 충당부채의 측정

① 충당부채로 인식하는 금액은 현재의무의 이행에 소요되는 지출에 대한 **보고기간말 현재 최선의 추정치**이어야 한다.
② 충당부채의 명목가액과 현재가치의 차이가 중요한 경우 **현재가치로 평가**한다.

③ 예상되는 자산처분이 충당부채를 발생시킨 사건과 밀접하게 관련되었더라도, **당해 자산의 예상처분이익은 충당부채를 측정하는데 고려하지 아니한다.**

④ 충당부채를 결제하기 위하여 필요한 **지출액의 일부 또는 전부를 제3자가 변제할 것이 예상**되는 경우 기업의 의무를 이행한다면 변제를 받을 것이 거의 확실하게 되는 때에 한하여 변제금액을 인식하고 **별도의 자산으로 회계처리한다.**
⑤ 최초 인식과 관련있는 지출에만 사용한다.
⑥ 매보고기간말마다 충당부채의 잔액을 검토하고 **최선의 추정치를 반영하여 조정**한다.

4. 충당부채의 인식

① 미래예상영업손실	**미래예상영업손실은 부채의 정의에 부합하지 않고, 충당부채의 인식기준을 충족시키지 못하므로 충당부채**로 인식하지 아니한다.
② 손실부담계약	손실이 예상되는 확정계약으로 계약상의 의무이행에서 발생하는 회피불가능원가가 그 계약에 의하여 받을 것으로 기대되는 경제적 효익을 초과하는 계약으로 **충당부채로 인식한다.(예 : 새로운 공장임차 후 공장이전으로 인하여 구공장에 대해서 임차취소불능시 계약기간 동안 임차료를 계속 부담하는 경우)** 회피불능원가는 **계약을 해지하기 위한 최소순원가**를 말한다. Min[① 계약을 이행하기 위하여 필요한 원가 ② 계약을 이행하지 못하였을 때 지급하여야할 보상금 등]
③ 구조조정	사업의 범위 등의 중요하게 변화시키는 일련의 절차를 말하는데, 구조조정에 대한 공식적이며 구체적인 계획이 있어야 하고, 기업이 구조조정계획의 이행에 착수하였거나 구조조정의 주요 내용을 공표하여 구조조정의 영향을 받을 당사자(거래처, 직원등)가 이행의 정당한 기대를 가져야 한다. 구조조정과 관련하여 필수적으로 발생하는 지출로서 **기업의 계속적인 활동(재배치비용 또는 교육)과 관련없는 지출에 해당하는** 경우에만 충당부채로 인식할 수 있다.
④ 제품보증	제품보증판매는 법적의무 또는 **의제의무를 발생시키고 경제적 효익이 유출된 가능성**이 높으므로 **충당부채를 인식한다.**
⑤ 오염토지	**토지 정화를 위한 법률이 통과될 가능성이 높을 경우** 의무발생사건은 토지의 오염이므로, **경제적 효익의 유출가능성이 높을 경우 충당부채를 인식**한다.

⑥ 소송사건	**기말 현재 소송중**이고 이러한 소송의 결과로 경제적 효익의 유출가능성이 높을 경우 **최선의 추정치로 충당부채를 인식한다.**
⑦ 환불방침	상품을 만족하지 못한 경우에 환불해주는 방침은 법적의무가 없더라도 의제의무에 해당한다. **따라서 환불원가에 대한 최선의 추정치로 충당부채를 인식한다.**

연/습/문/제

O,X 문제

01. 우발자산은 과거사건에 의하여 발생하였으나 기업이 **전적으로 통제할 수는 없는 불확실한 미래사건의 발생 여부**에 의하여서만 그 존재가 확인되는 **잠재적 자산**을 의미한다. ( )

02. 우발자산은 자산으로 인식하지 아니하고, **자원이 유입될 것이 거의 확정된 경우에는 발생한 기간에 관련 자산과 이익**을 인식한다. ( )

03. 충당부채로 인식하는 금액은 현재의무의 이행에 소요되는 지출에 대한 **보고기간종료일 현재의 최선의 추정치**이어야 하고, 이 경우 관련된 사건과 상황에 대한 불확실성이 고려되어야 한다. ( )

04. 충당부채의 명목금액과 현재가치의 차이가 중요한 경우에는 의무를 이행하기 위하여 **예상되는 지출액의 현재가치로 평가**한다. ( )

05. 충당부채를 발생시킨 사건과 밀접하게 관련된 자산의 처분이익이 예상시 **처분이익은 충당부채금액을 측정하는데 고려한다.** ( )

06. 기업의 의무이행을 위하여 기업이 지급할 금액을 **제3자가 직접 지급하는 경우, 제3자가 변제할 것이 확실**한 경우에 한하여 그 금액을 **자산으로 인식**하고, **수익에 해당하는 금액은 관련 비용과 상계**할 수 있다. ( )

07. 손실부담계약이란 계약상의 의무에 따라 발생하는 회피불능 원가가 당해 계약에 의하여 받을 것으로 기대되는 **경제적 효익을 초과하는 계약**을 말하는데, **관련된 현재의무를 충당부채로 인식**한다. ( )

08. 구조조정과 관련하여 필수적으로 발생하는 지출로서 **기업의 계속적인 활동과 관련 있는 지출**에 해당하는 경우에만 **구조조정충당부채**로서 인식할 수 있다. ( )

09. **판매된 제품의 보증**을 하는데 드는 원가에 대한 **최선의 추정치로 충당부채**를 인식한다. ( )

10. 오염된 토지에 대하여 토지정화를 요구하는 법률 제정이 거의 확실하고 **경제적 효익을 갖는 자원의 유출 가능성이 낮을 경우라도** 충당부채로 인식한다. ( )

11. 구조조정시 **해고 대상 직원들의 퇴직위로금은 충당부채 인식대상에서 제외된다.** ( )

12. 판매시점으로부터 2년간 **품질을 보증하는 조건**으로 제품을 판매하여 20x1년 중에 판매한 제품에 대해 추정한 **보증수리비용을 충당부채**로 인식하였다. ( )

13. 재해 등에 대해서 **미래의 지출시기 및 발생여부가 불확실**하나, **손실 금액을 신뢰성있게 추정이 가능할 경우** 충당부채로 인식한다. ( )

14. 과거사건에 의하여 발생하였으나, 그 의무를 이행하기 위하여 경제적 효익을 갖는 **자원이 유출될 가능성이 어느 정도 있는 경우**에는 충당부채로 인식한다. ( )

15. 우발부채의 경우 당해 의무를 이행하기 위하여 자원이 **유출될 가능성이 희박한 경우라도 주석에 기재를 하여야 한다.** ( )

16. 우발부채는 재무상태표상 부채로 인식하지 아니하고, **주석으로 공시한다.** ( )

17. 충당부채의 **일부를 제3자가 변제할 것이 거의 확실한 경우 변제금액을 포함한 금액을 충당부채로 인식**하고, **변제금액은 자산**으로 처리한다. ( )

18. 제품에 대해 만족하지 못하는 고객에게 법적 의무가 없음에도 불구하고 **환불해주는 정책을 펴고 있으며,** 고객에게 이 사실이 널리 알려져 있는 경우에도 충당부채를 설정할 수 없다. ( )

19. **미래의 예상 영업손실은 충당부채 대상**이다. ( )

20. 충당부채란 과거사건이나 거래의 결과에 의한 **현재의무**로서, 그 의무를 이행하기 위하여 **자원이 유출될 가능성이 어느 정도 있고 지출 금액을 신뢰성있게 추정이 가능한 의무**를 의미한다. ( )

21. 제품을 판매하는 시점에 **구매자에게 제품보증을 약속하고 있으나 법적 의무가 존재하는 것은 아니나,** 과거 경험에 비추어 보면 **제품 보증 요청이 발생할 가능성이 높을 경우 충당부채**로 인식한다.( )

22. 회사는 해양플랜트 사업을 영위하고 있으며 해양오염을 유발하고 있다. 결산일 현재 발생한 **해양오염을 복구할 것을 요구하는 법안이 차기 2월 중 제정될 것이 거의 확실한 경우 충당부채**를 인식한다. ( )

23. 회사는 고객으로부터의 손해배상 소송사건에 계류 중이다. 변호사는 당기 말 현재 **기업이 배상책임을 이행할 가능성이 높다고 조언할 경우 충당부채를 인식**한다. ( )

24. 회사는 주기적인 수선을 요하는 기계를 이용하여 제품을 생산하고 있다. 과거 경험에 따르면 동 기계의 노후로 인하여 1년 후 중요한 금액의 **수선비가 발생할 가능성이 높은 것으로 예상되므로 충당부채를 인식**한다. ( )

25. 충당부채를 설정하는 의무에는 **명시적인 법규 또는 계약의무는 아니지만 과거의 실무 관행에 의해 기업이 이행해 온 의무(환불방침)**도 포함된다. ( )

26. 충당부채로 인식하는 금액은 현재의무의 이행에 소요되는 지출에 대한 **보고기간말 현재의 최선의 추정치**이어야 하며 이 경우 관련된 사건과 상황에 대한 **불확실성이 고려**되어야 한다. ( )

27. 구조조정시 **계속 근무하는 직원에 대한 재배치비용과 구조조정과 관련된 자산의 예상처분이익도 충당부채**로 인식한다. ( )

28. **화재 또는 재해를 대비하여 보험에 가입하고 있지 않아** 이의 발생에 대비하여 손실 추정분에 대해서 충당부채를 계상하였다. ( )

29. 손실부담계약 중 회피불가능 원가는 **계약을 이행하기 위하여 필요한 원가와 계약을 이행하지 못하였을 때 지급하여야 할 보상금 중 큰 금액**이다. ( )

주관식

01. 20x1년 초 사업을 개시한 ㈜로그인은 판매후 1년동안 제품에서 결함을 무상으로 수리해주고 있으며 보증비용은 매출액의 3%로 추정된다. 20x1년말 재무상태표에 제품보증충당부채로 계상되어야 할 금액은 얼마인가?

> ① 20x1년 매출액은 100억원임.
> ② 20x1년 중 당기 매출분에 대해 1억원의 제품보증비가 발생함

02. 자동차를 제조,판매하는 ㈜로그인은 판매 후 1년간 판매한 제품에서 발생하는 결함을 무상으로 수리해 주고 있다. 과거의 판매경험에 의하면 제품보증비용은 매출액의 10%가 발생할 것으로 예상된다. ㈜로그인의 20X1년도 매출액이 100억원이고 20X1년중 발생된 제품보증비용이 7억원인 경우, 포괄손익계산서에 계상되는 제품보증비(ⓐ)와 충당부채(ⓑ)는 얼마인가?

03. ㈜로그인은 20x1년 1월 1일 타인의 토지에 구축물을 설치하고 이를 이용하는 계약을 체결하였다. 구축물의 취득원가는 1,000,000원 내용연수는 5년이며 잔존가치는 100,000원이며 정액법으로 감가상각한다. ㈜로그인은 5년 후에 구축물을 해체하고 원상복구를 해야 하며, 복구비용으로 100,000원으로 추정하였다. 복구비용에 대해 충당부채를 인식하기 하였고, 현재계산시 적용할 할인율 5%일 경우 ㈜로그인이 20x1년 1월 1일 인식할 복구충당부채는 얼마인가? 현가계수 계산시 소숫점 여섯자리에서 반올림한다.

연/습/문/제 답안

O,X문제

1	2	3	4	5	6	7	8	9	10	11	12	13	14	15
○	○	○	○	×	○	○	×	○	×	×	○	×	×	×
16	**17**	**18**	**19**	**20**	**21**	**22**	**23**	**24**	**25**	**26**	**27**	**28**	**29**	
○	○	×	×	×	○	○	○	×	○	○	×	×	×	

[풀이 - O,X문제]

05. 충당부채와 관련하여 자산 관련 처분이익이 예상시 충당부채 금액을 측정하는데 고려하지 않는다.

08. **기업의 계속적인 활동과 관련없는 지출**만 충당부채로 인식할 수 있다.

10. **경제적 효익을 갖는 자원의 유출 가능성이 높을 경우** 충당부채로 인식한다.

11. 해고대상 직원의 퇴직위로금은 충당부채 인식 대상이다.

13. 재해 등은 현재의무에 해당하지 않고 또한 **예상손실금액을 신뢰성있게 추정이 불가능하므로** 충당부채로 인식하지 않는다.

14. 자원유출가능성이 높을 경우에만 충당부채로, 어느 정도 있을 경우에는 우발부채로 인식한다.

15. 우발부채의 경우 **유출될 가능성이 희박한 경우에는 주석기재를 생략할 수 있다.**

18. 환불방침은 의제의무가 생긴다. 따라서 **자원유출가능성이 높으면 환불원가에 대하여 충당부채**를 인식한다.

19. **미래예상영업손실은 현재의무가 아니므로 부채가 아니다.**

20. 충당부채는 **자원이 유출될 가능성이 높아야 한다.**

24. 수선유지가 필요한 자산을 매각하는 등 기업의 **미래행위로써 미래지출을 회피할 수 있기 때문에 현재의무가 아니므로** 충당부채를 인식할 필요가 없다

27. 구조조정시 **계속 근무하는 직원에 대한 재배치비용과 구조조정과 관련된 자산의 예상처분이익은 충당부채**로 인식하지 않는다.

28. 미래 발생여부가 불투명한 재해 등은 **현재시점에서 의무가 발생된 것은 아니다.**

29. 회피불능원가는 **계약을 해지하기 위한 최소순원가**를 말하므로 **작은 금액을 말한다.**

주관식

01.	2억	02.	ⓐ 10억원,ⓑ부채 3억원
03.	78,353원		

[풀이 - 주관식]

01. 제품보증충당부채 = 100억 × 3% - 1억 = 2억

02. 제품보증비 = 100억 × 10% = 10억
제품보증충당부채 = 100억 × 10% - 7억 = 3억원

03. 할인율이 5%일 5년 현가계수 = $1 \div (1+0.05)^5 = 0.78353$
복구충당부채 = 100,000 × 0.78353 = 78,353원

자 본

NCS회계 - 4 회계감사(재무정보공시하기)

한국채택국제회계기준에서는 자본을 **납입자본**(일반적으로 자본금, 주식발행초과금), **이익잉여금, 기타자본구성요소**로 분류하고 있다.

1. 주식의 종류

주식은 일반적으로 보통주와 우선주로 구분되며, 보통주는 이익 및 잔여재산분배 등이 재산적 내용에 있어서 표준이 되는 주식을 말하며, 우선주는 우선적 배당을 받을 권리가 부여된 주식을 말한다.

〈우선주의 종류〉

이익배당 우선주	누적적	특정회계기간에 배당금의 일부를 지급하지 못한 연체배당금이 있는 경우에 차후 기간에 이를 소급해서 보통주 배당에 우선하여 지급받을 수 있다.
	참가적	약정된 배당을 받고 나서 보통주에 대한 배당이 이루어진 뒤에도 잔여 배당이 있다면 보통주와 함께 추가적으로 배당에 참여할 권리가 있다.
상환우선주		우선적 배당권이 부여되고, 일정 요건을 충족하면 상환할 수 있는 주식 ☞ **경제적 실질에 따라서 금융부채**(보유자가 상환해줄 것을 청구할 수 있는 권리가 있을 경우) 또는 **지분상품**(상환할 수 있는 권리가 발행자에게 있는 권리)으로 분류한다.

<예제> 배당금 배분

20x1년 1월 1일 영업을 개시한 ㈜로그인의 20x3년의 보통주 자본금은 1,000,000원(주식수 10,000주), 우선주 자본금은 500,000원(주식수 5,000주)이다. 설립 후 자본금의 변동이 없었으며, 영업을 개시한 이래 한번도 배당을 실시하지 않았다. 20x4년 2월 28일에 150,000원의 현금배당을 선언하였다. 우선주의 배당률은 5%이다.

1. 우선주가 비누적·비참가적일 경우 보통주와 우선주의 배당금을 계산하시오.

2. 우선주가 누적·비참가적일 경우 보통주와 우선주의 배당금을 계산하시오.

3. 우선주가 비누적·완전참가적일 경우 보통주와 우선주의 배당금을 계산하시오.

해답

⇒ 우선주배당금(5%) = 500,000 × 5% = 25,000원, ⇒ 보통주배당금(5%) = 1,000,000 × 5% = 50,000원

1. 비누적 · 비참가적 우선주

	20x1	20x2	20x3	추가배당	합계액
우선주	–	–	25,000	–	25,000
보통주	–	–	50,000	75,000	125,000
계	–	–	75,000	75,000	150,000

2. 누적 · 비참가적 우선주

	20x1	20x2	20x3	추가배당	합계액
우선주	25,000	25,000	25,000	–	75,000
보통주	–	–	50,000	25,000	75,000
계	–	–	125,000	25,000	150,000

3. 비누적 · 완전참가적 우선주

① 추가배당금 중 우선주배당금 = 75,000 × 500,000/1,500,000 = 25,000원

② 추가배당금 중 보통주배당금 = 75,000 × 1,000,000/1,500,000 = 50,000원

	20x1	20x2	20x3	추가배당	합계액
우선주	–	–	25,000	25,000	50,000
보통주	–	–	50,000	50,000	100,000
계			75,000	75,000	150,000

2. 자본거래

1. 자본금				
2. 자본잉여금	주식발행초과금	감자차익	자기주식처분익	전환권대가 신주인수권대가
3. 자본조정	주식할인발행차금	감자차손	자기주식처분손	자기주식, 주식선택권

[감자]

	주식수	자본금	순자산(자본)
실직적감자(유상)	감소	감소	감소
형식적감자(무상)	감소	감소	변동없음

[주식배당, 무상증자, 주식분할, 주식병합]

	주식배당	무상증자	주식분할	주식병합
주식수	증가	증가	증가	감소
액면금액	불변	불변	감소	증가
자본금	증가	증가	불변	불변
자 본	불변	불변	불변	불변

3. 포괄이익거래(손익거래)

1. 당기손익	매출액, 매출원가, 판관비, 영업외손익등	
2. 기타포괄손익	재분류조정 금지	재평가잉여금, 기타포괄손익인식금융자산(지분상품)의 평가손익, 확정급여제도의 재측정요소 등
	재분류조정 해당	해외사업장의 재무제표 환산손익 기타포괄손익인식금융자산(채무상품)평가손익, 현금흐름위험회피 중 위험에 효과적인 부분

4. 이익잉여금처분계산서

차기이월미처분이익잉여금 = 미처분이익잉여금[*1] + 임의적립금이입액 – 이익잉여금처분액

*1. 재무상태표상 이익잉여금(미처분이익잉여금) = 전기이월미처분이익잉여금 ± 당기순손익 – 중간배당액

5. 자본변동표

일정시점 현재 자본의 크기와 일정기간 동안 그 변동에 관한 포괄적인 정보를 제공하는 재무제표이다.

연/습/문/제

O,X 문제

01. 주주지분은 법률적 관점에서 법정자본(자본금)과 잉여금으로 분류되고, 경제적 관점에서 조달원천에 따라 불입자본과 유보이익(이익잉여금)으로 분류된다. (　)

02. 비누적적 우선주는 특정 회계연도에 배당을 받지 못하거나 미리 정해진 일정 배당률에 미달하는 경우, 이후 회계연도에 동 배당금액을 우선적으로 지급받을 수 있는 권리가 부여된 우선주를 말한다.(　)

03. 참가적 우선주는 사전에 정해진 배당률을 우선적으로 수령한 후 보통주에 대하여 배당 후, 동 금액을 초과하여 배당금으로 처분된 금액에 대하여 이익배당에 참여할 권리를 보통주와 동일하게 부여한 우선주를 말한다. (　)

04. 주식회사는 그 자본(법정자본금)의 2분의 1에 달할 때까지 매결산기의 금전에 의한 이익배당액의 10분의 2이상의 금액을 이익준비금으로 적립하여야 한다. (　)

05. 신주발행시에 직접 발생한 주식발행비는 주식발행가에서 직접 차감한다. (　)

06. 자기주식을 소각할 경우 자기주식의 취득원가와 액면금액의 차이를 감자차손 또는 감자차익으로 분류한다. (　)

07. 자기주식 취득 시 취득목적에 관계없이 취득원가로 기록하고 이를 자기주식의 과목으로 분류하고 자본에서 가산하는 형식으로 기재하도록 하고 있다. (　)

08. 자기주식을 보유하고 있는 동안에 주가가 변동하더라도 자기주식에 대한 평가손익은 인식하지 않는다. (　)

09. 감자차손, 자기주식, 주식할인발행차금, 미교부주식배당금은 자본의 차감항목이다. (　)

10. 상환우선주는 미리 약정된 가격으로 상환할 수 있는 우선주를 말하는데, 한국채택기업회계기준에서는 경제적인 실질에 따라서 금융부채 또는 지분상품으로 분류해야 한다. (　)

11. 주식배당을 할 경우 **자본금이 증가**하나, **이익잉여금은 감소하고 자본도 증가한다**. ( )

12. 주식을 **할인발행**할 경우 **자본금은 증가하고, 자본은 불변이다.** ( )

13. 자기주식을 취득시 **자본은 감소하나, 자본금은 불변**이다. ( )

14. 소유자가 우선주 원금에 대한 상환청구권이 없고 **회사가 재량에 따라 배당금을 지급하는 경우 우선주 전체를 자본**으로 분류한다. ( )

15. 우선주 원금에 대한 상환해줄 것을 청구할 수 있는 **권리가 보유자에 있는 경우라도 지분상품으로 분류**한다. ( )

16. 한국채택국제회계기준에서는 재무상태표 자본을 **납입자본, 이익잉여금 및 기타자본구성요소**로 분류하고 있다. ( )

17. 현금배당시 자본금은 불변이고, 이익잉여금은 감소, **총자본은 불변한다.** ( )

18. 자기주식을 처분시 **취득원가와 처분가액의 차이는 자기주식처분손익**으로 하여 자본으로 인식한다. ( )

19. 자본변동표는 **납입자본, 이익잉여금, 항목별 기타포괄손익누계액,** 채권자의 자본거래 등에 따른 변동액을 표시한다. ( )

20. 자본변동표는 일정 기간에 발생한 기업실체와 소유주간의 거래내용을 이해하고 소유주에게 귀속될 이익 및 배당가능이익을 파악하기에 쉽다. ( )

주관식

01. ㈜로그인의 자본항목과 관련된 주요사항이 다음과 같은때 20x1년말 결산시 자본에 대한 보고금액을 구하시오.

① 11월10일 ㈜로그인의 자기주식 1,000주를 주당 10,000원에 취득하였다.
② (주)로그인은 전년도에 토지를 1억원에 취득하였다. 이 토지는 전년말 1.2억원으로 재평가되었고 20x1년말 0.9억원으로 재평가 되었다.

자본변동표

㈜로그인 (단위 : 백만원)

구분	자본금	주식발행초과금	자기주식	재평가잉여금	이익잉여금	총계
20x0년말	500	800	(100)	20	xxx	xxx
자본의 변동	xxx	xxx	xxx	xxx	xxx	xxx
20x1년말	500	㉠	㉡	㉢	xxx	xxx

02. ㈜로그인의 20x1 년 자본항목과 관련된 주요사항은 다음과 같다. 20x1 년말 결산시 ㈜ 로그인의 자본에 대한 보고금액을 구하시오.

① 회사는 시장성이 있는 ㈜천안 주식 100주를 주당 50,000원에 증권시장을 통하여 구입하였다. (기타포괄손익금융자산으로 분류, 기말공정가치 40,000원).
② 이사회결의를 통하여 자기주식 1,000주를 주당 10,000원에 취득하였다.

자본변동표

㈜로그인 (단위 : 백만원)

구분	자본금	주식발행초과금	자기주식	기타포괄손익금융자산평가이익	이익잉여금	총계
20X0 년말(보고금액)	500	600	(100)	500	XXX	XXX
자본의 변동						
20X1 년말	500	600	㉠	㉡	XXX	XXX

03. ㈜로그인의 20x1년도 포괄손익계산서상 당기순이익 및 총포괄이익은 각각 5,000,000원과 3,000,000원이며 20x1년 1월 1일 ㈜로그인의 자산과 부채총계는 각각 40,000,000원과 20,000,000원이다. (주)로그인의 20x1년 중 발생한 자본거래가 다음과 같을 때 ㈜로그인이 20x1년말 현재 재무상태표상 자본의 총계로 보고할 금액은 얼마인가?(단 법인세효과는 고려하지 않는다)

① 정기주주총회에서 주식배당결의 후 발행 : 100주(주당 액면금액 5,000원, 주당 공정가치 6,000원)
② 보통주 100주(주당 액면가액 5,000원)를 주당 10,000원에 발행하였다.
③ 전년도 취득한 자기주식(취득원가 800,000원)을 당기 1,000,000원에 처분하였다.

04. ㈜로그인의 20X1년 말 재무상태표상 자본에 관한 정보이다. 20X1년 말 ㈜로그인의 기타포괄손익누계액은 얼마인가?

① 자본금	50,000,000원	② 주식발행초과금	10,000,000원
③ 기타포괄손익금융자산 평가이익	9,000,000원	④ 자기주식	8,000,000원
⑤ 유형자산재평가잉여금	7,000,000원	⑥ 해외사업장환산이익	6,000,000원

05. ㈜로그인의 20X1년 이익잉여금처분계산서의 내역이다. 20x1년말 재무상태표상 이익잉여금이 7,000,000원일 경우 20x1년 당기순이익은 얼마인가?

① 전기이월미처분 이익잉여금	5,000,000원
② 중간배당	(−)3,000,000원
③ 연차배당(20x2년 5월지급)	1,000,000원

06. ㈜로그인은 20X1년 초 설립된 회사로 설립 시에 보통주와 우선주를 모두 발행하였다. 설립일 이후 자본금의 변동은 없었으며, 20X3년 12월 31일 현재 보통주자본금과 우선주자본금은 다음과 같다.

구분	주당액면금액	발행주식수	자본금
보통주	1,000원	1,000 주	1,000,000원
우선주(*)	1,000원	500 주	500,000원

* 비누적 · 완전참가적 우선주, 배당률 5%

㈜로그인은 설립된 이후 어떠한 배당도 하지 않았으나 20X3년 12월 31일로 종료되는 회계연도의 정기주주총회에서 배당금 총액을 300,000원으로 선언할 예정일 경우 우선주 주주에게 배분될 배당금은 얼마인가?

연/습/문/제 답안

O,X문제

1	2	3	4	5	6	7	8	9	10	11	12	13	14	15
○	×	○	×	○	○	×	○	×	○	×	×	○	○	×
16	17	18	19	20										
○	×	○	×	○										

[풀이 - O,X문제]

02. 누적적 우선주에 대한 설명이다.

04. **이익배당액의 10분의 1이상의 금액**을 이익준비금으로 적립하여야 한다.

07. **자기주식은 자본을 차감하는 형식으로 기재**한다.

09. 미교부주식배당금은 대변에 발생하므로 차감항목이 아니다.

11. 주식배당시 자본은 변하지 않는다.

12. 할인발행시 자본금도 증가하고, 자본도 증가한다.

15. **상환청구권이 보유자에게 있는 경우 금융부채로 분류**한다.

17. 현금배당시 순자산의 유출로 총자본은 감소한다.

19. 소유주(주주)와 자본거래를 표시한다.

주관식

01.	〈해설참고〉	02.	〈해설참고〉
03.	25,000,000원	04.	22,000,000원
05.	5,000,000원	06.	100,000원

[풀이 - 주관식]

01. 〈자기주식취득〉 (차) 자기주식 10백만원 (대) 현금 10백만원

〈재평가〉 (차) 재평가잉여금 0.2억 (대) 토지 0.3억

재평가손실 0.1억

㉠ <u>주식발행초과금 변동없음</u>, ㉡ <u>자기주식 = (100) + (110) = (110)</u>

㉢ 0<u>재평가잉여금 = 20 - 20 = 0</u>

02. 〈평가익〉 (차) 평가손실 1백만원 (대) 기타포괄손익금융자산 1백만원

〈자기주식취득〉 (차) 자기주식 10백만원 (대) 현 금 10백만원

<u>㉠ 자기주식 = (100) + (10) = (110)</u>, <u>㉡ 평가익 = 500 + (1) = 499</u>

03. 기초자본총계 : 40,000,000(자산) - 20,000,000(부채) = 20,000,000

① 주식배당 : 자본에는 변동이 없다.

② 유상증자 : 100주×@10,000 =	1,000,000
③ 자기주식 처분 :	1,000,000
④ 총포괄이익	3,000,000
기말자본총계 :	**25,000,000**

☞ 포괄손익계산서상 총포괄손익에는 당기순이익이 포함되어 있음.

04. 해외사업장 환산손익, 재평가잉여금, 기타포괄손익금융자산평가이익이 기타포괄손익누계액임.

05. 이익잉여금 = 전기이월미처분이익잉여금 - 중간배당 + 당기순이익

7,000,000 = 5,000,000 - 3,000,000 + 당기순이익 ∴ 당기순이익 5,000,000

☞ 연차배당에 대해서 차기 주주총회에서 처분되므로 20x1년말 이익잉여금에서 차감하면 안된다.

06. 우선주배당금(5%) = 우선주자본금(500,000) × 5% = 25,000원

보통주배당금(5%) = 보통주자본금(1,000,000) × 5% = 50,000원

〈비누적 · 완전참가적 우선주〉

① 추가배당금 중 우선주배당금 = 225,000 × 500,000/1,500,000 = 75,000

② 추가배당금 중 보통주배당금 = 225,000 × 1,000,000/1,500,000 = 150,000

구분	20x1	20x2	20x3	추가	합계
우선주	–	–	25,000	75,000	<u>100,000</u>
보통주	–	–	50,000	150,000	200,000
계			75,000	225,000	300,000

수 익

NCS회계 - 4 회계감사(재무정보공시하기)

제1절 수익

1. 수익인식 5단계 모형 

(1) 고객과의 계약식별

고객과의 계약이 식별되어야 고객에게 재화 등을 제공해야 할 수행의무가 식별되며, 수행의무를 이행할 때 수익을 인식할 수 있기 때문에 가장 먼저 선행되어야 한다.

(2) 수행의무의 식별(단일수행의무인지 복수의 수행의무인지 판단)

(3) 거래가격산정

고객으로부터 판매자가 받을 것으로 예상하는 금액이며, 시간가치에 따라 유의적인 금융효익이 제공되는 경우(할부판매등) **화폐의 시간가치를 반영하여 거래가격**을 조정한다.

그리고 **부가가치세처럼 제3자를 대신해 회수한 금액은 제외**한다.

(4) 거래가격의 배분 : 각 수행의무별로 배분

(5) 수익의 인식(거래가격을 기간에 걸쳐 또는 한 시점에 수익으로 인식)

기업이 수행의무를 **기간에 걸쳐 이행**하면 배분된 거래가격을 **기간에 걸쳐 수익으로 인식(진행기준)**하고, **수행의무를 한 시점에 이행하면 배분된 거래가격을 한 시점에 수익을 인식**한다.

☞ 계약체결증분원가 : 계약을 체결하지 않았다면 발생하지 않는 원가

회수가능성이 예상	자산으로 인식하고 관련수익을 인식시 상각한다.
회수가능성이 없는 경우	비용으로 인식한다.

2. 수익인식 요약

<table>
<tr><td colspan="2">위탁판매</td><td colspan="2">수탁자가 제3자에게 판매한 시점</td></tr>
<tr><td colspan="2">반품권이 있는 판매</td><td colspan="2">반품권이 있는 판매는 반품이 예상되는 제품에 대해서는 수익을 인식하지 않고, 환불부채로 인식한다.
• 반품가능성 예측가능 : 인도시점에 반품예상액을 제외한 금액을 수익으로 인식하고 반품으로 회수할 자산을 반품제품회수권으로 인식
• 반품예측불능 : 반품권과 관련된 불확실성이 해소되는 시점에 인식</td></tr>
<tr><td colspan="2">할부판매(단기, 장기)</td><td colspan="2">재화의 인도시점(금융요소는 대가를 회수하는 기간동안 인식)</td></tr>
<tr><td colspan="2">상품권</td><td colspan="2">• 재화(용역)을 인도하고 상품권을 회수한 시점에 수익인식
• 상품권을 할인판매시 할인액은 상품권할인액계정으로 하여 선수금계정을 차감하는 형식으로 표시하며, 추후 수익인식시 매출에누리로 대체
• 유효기간이 경과 후 소멸시효가 완성된 시점에 전부 당기수익인식</td></tr>
<tr><td colspan="2">설치조건부판매</td><td colspan="2">• 설치용역과 재화판매가 별도 수행의무로 식별되는 경우 각각을 별도의 수행의무로 보아 수익인식
• 미식별시 설치와 재화의 판매를 하나의 수행으로 보아 재화의 통제가 이전되는 시점이 완료되었을때 수익인식</td></tr>
<tr><td colspan="2">시용판매</td><td colspan="2">고객의 매입의사 표시 시점에 수익인식</td></tr>
<tr><td colspan="2">수출대행업</td><td colspan="2">판매수수료만을 수익으로 인식</td></tr>
<tr><td colspan="2">전자쇼핑몰</td><td colspan="2">수수료만을 수익으로 인식(예 : 지마켓, 옥션등)</td></tr>
<tr><td colspan="2">검수조건부판매
(고객의 인수)</td><td colspan="2">• 재화나 용역이 합의된 규약에 부합하는지 객관적으로 판단가능시 실제 인수되었으므로 형식적인 고객 인수절차와 관계없이 수익으로 인식
• 객관적으로 판단 불가능시 고객이 인수하는 시점에 수익인식</td></tr>
<tr><td rowspan="2">라이선스</td><td>접근권</td><td>기간에 걸쳐 지적재산에 접근할 권리
(지적재산의 가치가 변동)</td><td>사용기간에 걸쳐 수익인식
(예 : 토트넘의 상표가치)</td></tr>
<tr><td>사용권</td><td>부여시점에 지적재산을 사용할 권리
(지적재산의 가치가 미변동)</td><td>부여일에 수익인식
(예 : 원천기술에 대한 사용권)</td></tr>
<tr><td rowspan="2">교환
(성격과 가치)</td><td>유사한 교환</td><td colspan="2">수익으로 인식하지 않는다.</td></tr>
<tr><td>상이한 교환</td><td colspan="2">수취한 재화 등의 공정가치(측정불능시 제공한 재화 등의 공정가치)</td></tr>
</table>

<예제> 할부판매

㈜로그인은 20x1년 1월 1일 ㈜천안에 상품을 할부로 판매하였다. 할부대금은 매년 말 100,000원 씩 2년간 회수하기로 하였다. 또한 시장이자율은 10%이며, 연금현가계수(10%, 2년)는 1.73554이다. 일자별로 회계처리하시오.(편의상 매출채권계정을 사용한다.)

해답

매출의 현재가치 = 100,000 × 1.73554 = 173,554원

〈현재가치할인차금 상각표〉

연도	유효이자(A)	할부금 회수(B)	원금회수액(C = B − A)	장부금액(BV)
20x1. 1. 1				173,554
20x1.12.31	17,355	100,000	82,645	90,909
20x2.12.31	9,091	100,000	90,909	0

구분	차변	금액	대변	금액
1. X1년 초	(차) 매출채권	200,000	(대) 매 출 현재가치할인차금	173,554 26,446
	☞ **현재가치할인차금은 매출채권을 차감하는 계정이다. 순액법으로 회계처리해도 무방하다. 매출원가가 있을 경우 수익인식시 회계처리한다.**			
2. X1년 말	(차) 현금 현재가치할인차금	100,000 17,355	(대) 매출채권 이자수익	100,000 17,355
3. X2년 말	(차) 현금 현재가치할인차금	100,000 9,091	(대) 매출채권 이자수익	100,000 9,091

<예제> 계약부채(선수금)

㈜로그인은 20x1년 1월 1일 ㈜천안에 10,000원을 받고 2년 후에 제품을 인도하기로 하였다. 회사의 증분차입이자율이 5%인 경우 판매시점까지 회계처리하시오.

☞ 증분차입이자율 : 리스에서 이용자가 조건과 담보가 유사한 리스에 대해 부담해야 하는 이자율을 의미한다. 즉 필요한 자금차입시 지급해야 하는 이자율이다.

해답

구분	차변	금액	대변	금액
x1년 초	(차) 현 금	10,000	(대) 계약부채(선수금)	10,000
x1년 말	(차) 이자비용	500	(대) 계약부채	500
	☞이자비용 : 10,000 × 5% = 500			
x2년 말	(차) 이자비용	525	(대) 계약부채	525
	☞이자비용 : 10,500 × 5% = 525			
x2년 말 판매	(차) 계약부채	11,025	(대) 매 출	11,025

제2절 고객충성제도 및 보증

1. 고객충성제도

고객이 재화등을 구매하면 기업은 고객보상점수(포인트 또는 마일리지)를 부여하고, 고객은 보상점수를 사용하여 재화등을 무상 또는 할인 구매하는 방법으로 보상을 받을 수 있다.

이러한 고객충성제도에는 기업이 **직접 보상을 제공하는 방법**과 **제 3자가 보상을 제공하는 방법**(예 : 카드 사용에 따른 항공마일리지)이 있다.

〈제3자 보상 고객충성제도〉

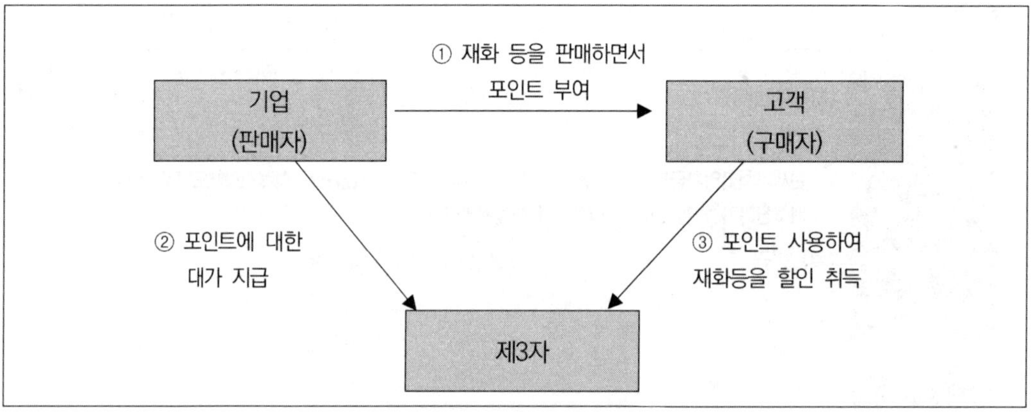

기업(판매자) → 고객(구매자): ① 재화 등을 판매하면서 포인트 부여
기업(판매자) → 제3자: ② 포인트에 대한 대가 지급
고객(구매자) → 제3자: ③ 포인트 사용하여 재화등을 할인 취득

		내 용	수익인식	수익측정
직접보상			보상을 제공한 때	**보상점수에 배분할 대가** (보상점수의 판매가격에 기초)
제3자 보상	자기의 계산으로 회수	포인트를 구입하여 판매한다는 의미	보상과 관련하여 의무를 이행한때	보상점수에 배분되는 총대가
	제3자를 대신하여 회수	포인트 판매를 대행하는 용역제공	제3자가 보상에 대한 대가를 받을 권리를 가지게 될 때	보상점수에 배분되는 대가 - 제3자에게 지급할 금액(순액)

<예제> 고객충성제도(직접 보상)

㈜로그인은 구매 10원당 포인트 1점을 고객에게 보상하는 고객충성제도를 운영한다. 포인트는 고객이 제품을 구매시 1원을 할인받을 수 있다. 20x1년 제품을 100,000원을 판매하고 10,000포인트를 부여하였고, 개별제품의 판매가격은 100,000원이다.

	20x1년	20x2년	20x3년
포인트 교환액	2,850P	4,910P	1,940P
총교환예상포인트	9,500P	9,700P	9,700P

각 회계기간에 인식할 포인트관련 수익을 계산하고 회계처리하시오.

해답

1. 상대적 판매가격에 따른 거래가격 배분

	개별판매가격	배분비율	배분된 가격
제 품	100,000	100,000×100,000/109,500	91,324
포인트	9,500	100,000×9,500/109,500	8,676
합계	109,500		100,000

2. 포인트 누적수익과 당기수익

	20x1년	20x2년	20x3년
누적회수율	2,850P/9,500P=30%	(2,850+4,910)P/9,700P=80%	9,700P/9,700P=100%
누적수익	8,676×30%=2,603	6,941	8,676
당기수익	2,603	4,338	1,735

3. 회계처리

x1년 판매시	(차) 현금	100,000	(대) 매 출 계약부채	91,324 8,676
x1년 회수	(차) 계약부채	2,603	(대) 매 출	2,603
x2년 회수	(차) 계약부채	4,338	(대) 매 출	4,338
x2년 회수	(차) 계약부채	1,735	(대) 매 출	1,735

<예제> 고객충성제도(제 3자 보상)

㈜로그인은 구매 10원당 (주)항공의 1마일리지를 제공한다.
고객은 마일리지를 이용하여 항공권을 구입할 수 있다. 20x1년 매출은 100,000원에 대해 10,000마일리지를 부여하였고, 개별판매가격을 기초로 마일리지에 배부된 금액은 10,000원이다. ㈜로그인은 회원의 마일리지 사용여부와 상관없이 마일리지를 부여한 시점에 1마일리지 당 0.8원을 지급할 경우 각각의 경우에 대해서 회계처리하시오.

1. ㈜로그인이 포인트에 배분된 대가를 자기의 계산으로 대가를 회수하는 경우

2. ㈜로그인이 대리인으로 대가를 회수하는 경우

해답

제3자가 보상하는 고객충성제도에서는 고객이 마일리지를 사용할 가능성에 대해서 고려할 필요가 없다.

1. ㈜로그인이 포인트에 배분된 대가를 자기의 계산으로 대가를 회수하는 경우
   → 항공사로부터 마일리지를 구매하여 판매한다는 의미임.

(차) 현 금	100,000	(대) 매 출	90,000
		마일리지수익	10,000
(차) 마일리지 원가	8,000	(대) 미지급금	8,000

2. ㈜로그인이 대리인으로 대가를 회수하는 경우
   → 마일리지 판매를 대행하는 용역을 제공하므로 순액(10,000 - 8,000)을 수익으로 인식

(차) 현 금	100,000	(대) 매 출	90,000
		마일리지수익	2,000
		미지급금	8,000

2. 보증

기업은 제품의 판매와 관련하여 사업관행에 따라 고객에게 다양한 보증을 제공하고 있다.

이러한 보증은 판매기업이 고객에게 계약에 따른 의무를 다하고 있다는 확신을 주고자 하는 경우 **확신유형의 보증(예 : 차를 구입하면 7년/10만㎞ 무상엔진오일 교환)**이라 하고, **고객이 보증을 별도로 구매할 수 있는 선택권**(예 : 추가로 100만원을 납부시 추가 3년 보증 연장서비스)이 있다면 이를 **용역유형의 보증**이라고 한다.

확신유형의 보증	**총공급대가를 수익**으로 인식하고, **충당부채**에 따라 회계처리
용역유형의 보증	별도의 수행의무이므로 **거래가격의 일부를 배분하여 수익인식**

연/습/문/제

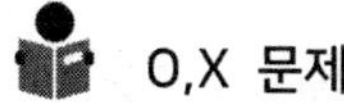

O,X 문제

01. 거래가격이란 고객에게 재화나 용역을 이전하고 이에 대한 대가로 **판매자가 받을 것으로 예상하는 금액**을 말한다. ( )

02. 고객과의 계약에 따라 합의한 지급시기 때문(장기할부등)에 유의적인 **금융효익이 고객에게 제공되는 경우 화폐의 시간가치를 반영**하여 거래가격을 조정한다. ( )

03. 교환되는 재화 등의 성격 등이 **유사하다면 별도 거래로 보지 않고**, 반면 서로 유사하지 않다면 별도 거래로 보아 **수령한 재화나 용역의 공정가치로 수익**을 인식한다. ( )

04. 고객에게 약속한 **재화나 용역을 이전하여 수행의무를 이행**할 때, 즉 **고객이 자산을 통제**할 때 수익을 인식한다. ( )

05. **계약체결 증분원가**란 고객과 계약을 체결하기 위해 발생한 원가로, **계약을 체결하지 않았다면 발생하는 원가(판매수수료,성공보수료)**이다. ( )

06. 반품조건 판매시 반품예상액을 합리적으로 추정할 수 있는 경우 **제품 등의 인도시점에 반품예상액을 제외한 금액을 수익**으로 인식하고 **반품으로 회수할 자산을 비용**으로 인식한다. ( )

07. 반품조건부 판매 시 반품예상액을 합리적으로 추정할 수 없는 경우 구매자가 재화의 **인수를 공식적으로 수락**하거나 재화가 인도된 후 **반품기간이 종료된 시점**에 수익을 인식한다. ( )

08. **할부판매시 수익인식은 대금을 회수하는 시점**에 인식하고, **금융요소(이자수익)는 대가를 회수하는 기간 동안 인식**한다. ( )

09. **상품권을 할인 판매**한 경우에는 전액을 선수금으로 계상하고 **할인액은 상품권할인액계정**으로 하여 동 선수금계정에서 차감하는 형식으로 표시하며, 이러한 **상품권할인액은 추후 물품 등을 제공하거나 판매한 때에 매출에누리**로 대체한다. ( )

10. 상품권의 유효기간이 경과하고, **상법상의 소멸시효가 완성된 시점에 미회수된 상품 잔액을 전부 당기수익**으로 인식한다. ( )

11. 설치용역이 별도 수행의무로 식별되는 경우 **전체를 하나의 수행의무**로 보아 수익을 인식한다.( )

12. **설치용역이 별도 수행의무로 식별되지 않는 경우**에는 설치와 재화의 판매를 하나의 수행의무로 보아 **재화의 통제가 이전되는 시점이 완료**되었을 때 수익을 인식한다. ( )

13. **수출업무를 대행하는 종합상사**는 판매를 위탁받은 제품에 대해서 전액 수익으로 인식한다. ( )

14. 인터넷 상에서 중개판매하거나 경매하고 수수료만을 수취하는 **전자쇼핑몰 운영회사는 관련 수수료만**을 수익으로 인식해야 한다. ( )

15. 시험 · 평가 목적으로 제품을 고객에게 인도하고 고객이 시험기간이 경과할 때까지 대금지급을 하지 않기로 하였다면 **고객이 제품을 인수시점 또는 시험기간 경과 후에 수익**을 인식한다. ( )

16. 라이선스 계약이 사용권에 해당하면 **일정기간 동안 권리를 부여하는 수행의무가 부여된 것**이므로 그 **기간에 걸쳐 수익을 인식**한다. ( )

17. **접근권이 부여된 지적재산권**은 **권리를 부여한 시점에 수익**으로 인식하여야 한다. ( )

18. 보상점수를 부여한 매출거래에는 제공과 보상점수의 제공이라는 별도의 수행의무가 존재하므로 **전체 거래가격을 제공하는 재화와 보상점수의 개별 판매가격**에 기초하여 수익을 인식해야 한다. ( )

19. 재화 등을 판매하고 판매대금을 2년 이내 수령하기로 계약 한 경우 **유의적인 금융요소가 존재하는 계약**으로 본다. ( )

20. 기업이 직접 보상을 제공시 **보상점수에 배부된 거래가격은 계약자산으**로 인식하다가 **보상을 제공한 때** 수익으로 인식한다. ( )

21. 용역유형의 보증일 경우 **총공급대가를 수익으로 인식하고, 보증에 대해서는 충당부채를 인식**한다. ( )

22. 확신유형의 보증일 경우 **별도 수행의무**이므로 **거래가격의 일부를 배분하여 수익을 인식**한다. ( )

23. 수익인식 **5단계모형은 계약식별→수행의무식별→거래가격배분→거래가격산정→수행의무별 수익인식**이다. ( )

24. 고객은 기업이 수행하는 대로 **기업의 수행에서 제공하는 효익을 동시에 얻고 소비하는 경우**에는 기업은 **기간에 걸쳐 수익을 인식**한다. ( )

25. 설치 및 검사조건부 판매의 경우 구매자에게 **재화가 인도되어 설치와 검사가 완료되었을 때** 수익으로 인식한다. ( )

26. 장 · 단기를 불문하고 **할부매출의 수익인식시기는 인도시점**이다. ( )

27. 용역수익은 **용역제공거래의 결과를 신뢰성 있게 추정할 수 있을 경우** 보고기간 말에 그 거래의 **진행률에 따라 인식**한다. ( )

28. 반품권이 있는 판매는 **반품이 예상되는 제품**에 대해서는 수익을 인식하지 않고 **환불부채로 인식**한다. ( )

29. 재화를 설치하는 조건으로 판매하는 경우 설치용역이 **별도 구분되는 수행의무**인 경우 **재화와 설치용역을 별개의 수행의무**로 보아 각각 수익을 인식한다. ( )

30. 검수조건부 판매의 경우 **합의된 규약에 부합하는지 객관적으로 판단가능**하다면 **실제로 인수되었다는 형식적인 고객인수절차를 거쳐 수익을 인식**한다. ( )

31. 공사수익의 인식기준으로 **진행기준**을 채택할 경우 **신뢰성이란 측면에서는 바람직할 수 있으나 목적적합성이란 측면에서는 의문이 제기될 수 있다**. ( )

32. 제품판매하면서 판촉용으로 상품권을 지급시, **상품권가액을 포함한 금액을 수익으로 인식**한다.( )

33. **계약체결 증분원가가** 회수될 것으로 예상된다 하더라도 이를 **즉시 비용으로 인식**한다. ( )

34. 복수의 계약(스마트폰 통신계약)을 하나의 상업적 목적으로 일괄 협상하는 경우에도 복수의 계약에서 약속한 재화(스마트폰)나 용역(통신용역)이 **단일 수행의무에 해당하지 않더라도 둘 이상의 계약을 하나의 계약으로 회계처리할** 수 있다. ( )

35. 거래가격 산정시 **제 3자를 대신해서 회수한 금액도 포함되어야** 하며, 변동대가, 비현금대가 및 고객에게 지급할 대가 등이 미치는 영향을 고려하여야 한다. ( )

 주관식

01. ㈜로그인은 20x1년 1월 1일 ㈜천안에 상품을 할부로 판매하였다. 상품의 원가는 5,000,000원이며, 할부대금은 매년 말 3,000,000원 씩 3년간 회수하기로 하였다. 또한 시장이자율은 12% 이며, 연금현가 계수(12%, 3년)는 2.40183이다. 동 할부매출과 관련하여 ㈜로그인이 20x1년에 인식할 매출총이익은 얼마인가?

02. ㈜로그인은 20x1년 1월 1일 ㈜천안에 상품을 할부로 판매하였다. 상품의 원가는 6,000,000원 이며, 할부대금은 매년 말 4,000,000원씩 3년간 회수하기로 하였다. 또한 시장이자율은 12% 이며, 연금현가 계수(12%, 3년)는 2.40183이다. 동 할부매출과 관련하여 ㈜로그인이 20x1년에 인식할 이자수익(ⓐ)과 매출총이익(ⓑ)은 각각 얼마인가?(단, 소수점 이하는 반올림한다)

03. (주)로그인은 20x1년 1월 1일 통신서비스를 제공하고 3년 약정으로 스마트폰을 판매하였다. 계약금액과 개별 판매시 공정가치가 다음과 같을 때 각 연도별 수익으로 인식할 금액을 구하시오. (금융요소는 무시하시오.)

	계약금액	개별판매시 공정가치
단말기	30만원	120만원
통신서비스	4만원/월	5만원/월

04. ㈜로그인은 제품을 고객에게 1,000,000원에 현금 판매하고, 2년이내에 반품할 수 있는 권리를 부여하였다. ㈜로그인은 반품가능성을 합리적으로 예측한바 100,000원으로 추정하였다. 판매에 대하여 회계처리하시오.

05. ㈜로그인은 20x1년 제품을 100,000원을 판매하고 10,000포인트를 부여하였고, 개별제품의 판매가격은 100,000원이고, 교환될 가능성에 기초하여 포인트당 개별 판매가격은 0.95원으로 추정하였다. 20x1년 2,850포인트가 교환되었다면 20x1년 수익은 얼마인가?

06. ㈜로그인은 20X1년 12월 31일 ㈜반품에 50,000,000원(원가 30,000,000원)의 제품을 판매하고 1년 이내 반품할 수 있는 권리를 부여하였다. 인도일 현재 10,000,000원이 반품될 것으로 예상된다면 ㈜로그인이 20X1년에 인식할 매출원가는 얼마인가?

07. ㈜로그인은 20x1년 1월 1일 ㈜금성에 상품을 할부판매하고 할부금을 매년 말에 1,000,000원씩 3년간 회수하기로 할 경우 20x2년말 매출채권의 장부가액은 얼마인가? 시장이자율은 10%이다.

08. 7번 문제에서 20x3년에 인식할 이자수익은 얼마인가?

연/습/문/제 답안

O,X문제

1	2	3	4	5	6	7	8	9	10	11	12	13	14	15
○	○	○	○	×	×	○	×	○	○	×	○	×	○	○
16	**17**	**18**	**19**	**20**	**21**	**22**	**23**	**24**	**25**	**26**	**27**	**28**	**29**	**30**
×	×	○	○	×	×	×	×	○	○	○	○	○	○	×
31	**32**	**33**	**34**	**35**										
×	×	×	○	×										

[풀이 - O,X문제]

05. 증분원가란 **계약을 체결하지 않았다면 발생하지 않는 원가**이다.
06. **반품으로 회수할 자산을 반품자산**으로 인식한다.
08. **할부판매시 수익인식은 재화가 인도되는 시점**에 인식한다.
11. 설치용역이 별도 수행의무로 식별되는 경우 **각각을 별도 수행의무**로 보아 수익을 인식한다.
13. 판매를 위탁하는 회사를 대신하여 수출하는 것이므로 **판매수수료**만을 수익으로 인식한다.
16. **사용권에 해당할 경우 권리를 부여한 시점에 수익**을 인식한다.
17. **접근권(일정기간 지적재산에 접근할 권리)에 해당할 경우 기간에 걸쳐 수익**을 인식한다.
20. **보상점수에 배부된 거래가격은 계약부채**로 인식한다.
21. 용역유형보증일 경우 별도 수행의무이므로 거래가격의 일부를 배분하여 수익을 인식한다.
22. 확신유형보증일 경우 총공급대가를 수익으로 인식하고, 충당부채를 인식한다.
23. 수익인식 **5단계모형은 계약식별→수행의무식별→거래가격산정→거래가격배분→수행의무별 수익인식**이다.
30. 검수조건부 판매의 경우 **합의된 규약에 부합하는지 객관적으로 판단가능**하다면 **실제로 인수될 경우 형식적인 고객인수절차와 관계없이 수익을 인식**한다.
31. **진행기준은 목적적합성이란 측면에서는 바람직할 수 있으나 신뢰성이란 측면에서는 의문이 제기될 수 있다.**
32. **상품권가액을 제외한 금액을 수익으로 인식**한다.
33. 계약체결증분원가가 **회수될 것으로 예상된다면 이를 자산으로 인식**하고, **수익 인식시 상각(비용처리) 한다.**

35. **부가가치세처럼 제 3자를 대신해 회수한 금액은 제외**한다.

주관식

01.	2,205,490원	02.	ⓐ 1,152,878원, ⓑ 3,607,320원
03.	〈해설참고〉	04.	〈해설참고〉
05.	93,927원	06.	24,000,000원
07	909,091원	08.	90,909원

[풀이 - 주관식]

01. ① 할부매출의 현재가치 = 3,000,000 × 2.40183 = 7,205,490원
② 할부매출원가 = 5,000,000원
③ **할부매출총이익 = 2,205,490원**

02. ① 할부매출의 현재가치 = 4,000,000 × 2.40183 = 9,607,320원
② 할부매출원가 = 6,000,000원
③ **할부매출총이익 = 3,607,320원**
④ **1차년도 이자수익 = 9,607,320 × 12% = 1,152,878원**

03. **단말기는 인도시점에 수익으로 인식하고 통신서비스는 기간동안 안분계산**

	총계약금액	개별판매08시 공정가치	총매출액
단말기	30만원	120만원	174×120/(120+180) = 69.6만원
통신서비스	4만원/월×36개월 = 144만원	5만원/월×36개월 = 180만원	104.4만원
계	174만원	–	174만원

	총매출액	1차년도	2차년도	3차년도
단말기	69.6만원	69.6만원	–	–
통신서비스	104.4만원	34.8만원	34.8만원	34.8만원
계	174만원	**104.4만원**	**34.8만원**	**34.8만원**

04. **반품이 예상되는 제품에 대해서 수익을 인식하지 않고 환불부채**로 인식한다.

(차) 현 금	1,000,000원	(대)	매 출	900,000원
			환불부채	100,000원

05. ① 추정 포인트 총판매가격 : 10,000P×0.95 = 9,500원

② 상대적 판매가격에 따른 거래가격 배분

	개별판매가격	배분비율	배분된 가격
제 품	100,000	100,000×100,000/109,500	**91,324**
포인트	9,500	100,000×9,500/109,500	8,676
합계	109,500		100,000

③ **당기수익 = 제품매출액 + 포인트수익 = 91,324 + 8,676×2,850/9,500 = 93,927원**

06. 반품예상율 = 반품예상액(10,000,000)/매출액(50,000,000) = 20%

반품으로 회수할 자산(반환제품회수권) = 원가(30,000,000)×반품예상율(20%) = 6,000,000원

매출원가 = 재고자산의 원가(30,000,000) - 반품제품회수권(6,000,000) = 24,000,000원

07~08. 할부매출의 현재가치 = 1,00,000÷1.1 + 1,000,000÷1.1^2 + 1,000,000÷1.1^3 = 2,486,852원

연도	유효이자(A) (10%)	할부금 회수(B)	원금회수액(C = B − A)	장부금액(BV)
20x1. 1. 1				2,486,852
20x1.12.31	248,685	1,000,000	751,315	1,735,537
20x2.12.31	173,554	1,000,000	826,446	**909,091**
20x3.12.31	***90,909***	1,000,000	909,091	0

건설계약

NCS회계 - 4 회계감사(재무정보공시하기)

건설계약이란 단일 자산(건물, 도로 등)의 건설이나 복수자산의 건설을 위해 구체적으로 협의된 계약을 말한다. 건설계약은 **일정기간에 걸쳐 수행의무를 이행하므로 진행기준에 따라 수익을 인식**한다.

1. 계약원가

(1) 계약원가 구성항목

계약직접원가와 계약공통원가, 기타 발주자에게 청구가능한 원가를 포함한다.

(2) 계약체결전 발생원가

수주비등으로서 고객에게 명백히 청구할 수 있는 경우에만 자산으로 인식하여 관련 수익이 인식되는 동안 상각하고, 청구하지 못한 비용은 발생시 비용으로 인식한다.

(3) 하자보수비

확신유형의 보증에 해당하므로 별도 수행의무로 구분하지 않고 예상되는 하자보수원가를 추정하여 하자보수충당부채로 처리한다.

2. 진행률

건설공사의 진행률을 합리적으로 측정하는 경우에만 기간에 걸쳐 수익을 인식한다. **진행률을 합리적으로 추정할 수 없는 경우에는 공사원가 중 회수가능한 범위 내에서 계약수익을 인식하고, 발생한 공사원가를 당기비용으로 인식**한다. 진행률 산정시 **산출법(완성량, 작업량 등)과 투입법(원가기준, 노동시간기준, 투입물량기준)에 따라 측정**된다. 실무적으로 투입법 중 원가기준이 가장 많이 사용된다.

누적공사진행률 = 누적 발생계약원가/추정총계약원가

하도급계약에 따라 하도급자에게 선급한 금액은 누적발생원가에서 제외하고 진행률을 계산한다.

☞하도급계약 : 공사를 도급한 자가 그 공사 또는 그 일부를 제 3자에게 다시 도급시키는 것

3. 손실이 예상되는 경우

건설계약을 실행하는 도중에 공사비의 상승으로 인하여 **추정총계약원가가 총계약수익을 초과할 것으로 예상되면**, 초과액 전액을 **즉시 당기 비용으로 인식**한다.

〈건설용역관련 계정〉

수익	원가	재고자산+손익	수취채권	대금청구
계약수익	계약원가	미성공사(계약수익)	공사(계약)미수금	진행청구액

누적미성공사(누적계약수익)>누적진행청구액	누적미성공사<누적진행청구액
계약자산	계약부채

☞ 결산시에 미성공사와 진행청구액를 비교하여 계약자산 또는 계약부채로 공시한다.

<예제> 건설공사

㈜로그인은 총계약금액 100,000원인 교량 건설공사를 수주하였다. 다음 건설공사 내역이다.

	20x1년	20x2년	20x3년
누적발생공사원가	20,000	50,000	90,000
총추정공사원가	80,000	80,000	90,000
대금 청구액	30,000	30,000	40,000
대금 회수액	26,000	50,000	24,000

1. 각 회계기간의 계약이익을 계산하시오.
2. 20x1년도 회계처리하시오 대금청구와 대금회수는 기중에 발생한 것으로 가정한다.
3. 연도별 계약자산 또는 계약부채를 구하시오.

해답

1. 각 회계기간 계약이익

	20x1년	20x2년	20x3년
누적공사원가(A)	20,000	50,000	90,000
총추정공사원가(B)	80,000	80,000	90,000
누적진행률(A/B)	25%	62.5%	100%
총공사계약금액	100,000	100,000	100,000
당기누적계약수익(C)	**25,000**	**62,500**	**100,000**
전기누적계약수익(D)	-	25,000	62,500
당기계약수익(E=C-D)	25,000	37,500	37,500
당기계약원가(F)	20,000	30,000	40,000
당기계약이익(E-F)	**5,000**	**7,500**	**-2,500**

2. 회계처리(20x1)

〈공사원가〉	(차) **미성공사**	**20,000**	(대) 현　금	20,000
〈대금청구〉	(차) 계약(공사)미수금	30,000	(대) 진행청구액	30,000
〈대금회수〉	(차) 현　　금	26,000	(대) 계약(공사)미수금	26,000
〈결산시〉	(차) 계약원가	20,000	(대) 계약수익	25,000
	미성공사	**5,000**		
〈결산공시〉	(차) 진행청구액	30,000	(대) 미성공사	25,000
			계약부채	5,000

〈다음과 같이 회계처리해도 무방하다〉

〈공사원가〉	(차) **미성공사**	**20,000**	(대) 현　금	20,000
〈공사수익과 공사원가인식〉	(차) 계약자산	25,000	(대) 계약수익	25,000
	계약원가	20,000	**미성공사**	20,000
〈결산시〉	(차) 계약(공사)미수금	30,000	(대) 계약자산	25,000
			계약부채	5,000
〈대금회수〉	(차) 현　　금	26,000	(대) 계약(공사)미수금	26,000

3. 연도별 계약자산 또는 계약부채

	20x1년	20x2년	20x3년
누적계약수익(미성공사)	25,000	62,500	100,000
누적진행청구액	30,000	60,000	100,000
계약자산(부채)	계약부채 5,000	계약자산 2,500	-

연/습/문/제

O,X 문제

01. 건설공사에 대해서 기간에 걸쳐 이해하는 수행의무로 보아 **진행률을 측정하여 그 기간동안 수익을 인식**하도록 하고 있다. 진행률의 측정은 **산출법 또는 투입법**에 따라 측정할 수 있다. ( )

02. 건설계약의 결과를 신뢰성 있게 추정할 수 있는 경우 건설계약과 관련한 계약수익과 원가는 **보고기간말 현재 진행률을 기준으로 각각 수익과 비용으로 인식**한다. ( )

03. 공사계약체결 전에 체결여부와 상관없이 발생한 원가는 **고객에게 명백히 청구할 수 있는 경우에만 자산으로 인식**하여 관련 수익이 인식되는 동안 상각하고, 청구하지 못하는 경우 발생시 비용으로 인식하여야 한다. ( )

04. **예상되는 하자보수원가를 추정하여 하자보수비**로 하여 상대계정은 하자보수충당부채를 인식하고, 계약원가에 포함시킨다. ( )

05. 용역제공과 관련한 **수익, 원가, 진행률 등을 합리적으로 추정할 있는 경우**에는 **공사원가 중 회수가능한 범위 내에서 계약수익**을 인식하고, 발생한 공사원가를 당기비용으로 인식한다. ( )

06. 계약손익은 미성공사에 반영하며, **미성공사 잔액이 진행청구액보다 크면 차액을 계약부채 과목으로 하여 재무상태표의 부채**에 표시한다. ( )

07. 하도급계약에 따라 수행될 공사에 대해 **하도급자에게 선급한 금액은 진행률 산정시 누적발생원가에 포함**한다. ( )

08. 계약체결 여부와 관계없이 발생한 수주비 등 **선급공사원가는 공사계약과 관련된 경우 고객에게 청구가능한 것만 자산**으로 인식하고 진행률에 따라 원가로 대체한다. ( )

09. 진행률은 수행한 공사에 대하여 발생한 **누적계약원가를 추정 총계약원가로 나눈 비율**을 측정하고 있다. **누적발생원가에 인식한 이익을 가산한 금액(미성공사)**이 **진행청구액을 초과하는 금액은 계약부채**로 표시하고 있다. ( )

10. **총계약원가가 총계약수익을 초과할 가능성이 높은 경우** 예상되는 손실에 대해서 **남은 기간 동안 안분하여 비용으로 인식**한다. ( )

11. 건설계약의 결과를 신뢰성 있게 추정할 수 없는 경우 **계약수익은 계약원가의 범위 내에서 회수가능성이 높은 금액만 인식**한다. ( )

12. 진행률 계산시 산출법은 수행의무를 이행하기 위하여 **예상되는 총 투입물 대비 실제 투입된 기업의 투입물**에 기초하여 수익을 인식한다. ( )

13. 계약원가는 계약체결일로부터 계약의 최종완료일까지의 기간에 **귀속될 수 있는 직접원가만을 말한다.** ( )

14. **건설인력의 급여지급에 대한 사무처리원가는 공통원가로 특정계약에 배분할 수 있는 원가**이다.( )

주관식

01. ㈜로그인은 20x1년 1월 1일에 천안시와 육교건설도급공사계약을 체결하였다. 총계약금액은 50,000,000원이며 공사가 완성되는 20x3년 12월 31일까지 건설과 관련된 자료는 다음과 같다. ㈜로그인이 공사진행기준으로 수익을 인식한다면 20x1년, 20x2년 및 20x3년 공사이익으로 계상할 금액은 얼마인가?

	20x1년	20x2년	20x3년
당해연도발생원가	6,000,000	12,000,000	18,000,000
추정총계약원가	30,000,000	36,000,000	36,000,000
공사대금청구액(연도별)	14,000,000	10,000,000	26,000,000

02. 문제 1에 있어서 연도별 계약자산과 계약부채를 구하시오.

03. (주)로그인은 20x1년 건설공사를 계약금액 20,000,000원에 수주하였다.공사기간 동안 발생할 것으로 예상되는 ㈜로그인의 20x1년 예상원가 발생액, 계약대금 청구액 및 수령액은 다음과 같다. (주)로그인이 공사진행기준으로 수익을 인식한다면 20x1년에 회사가 재무상태표에 표시할 계약자산 또는 계약부채는 얼마인가?

누적발생계약원가	2,000,000원	추정총계약원가	10,000,000원
당기대금청구액	3,800,000원	당기대금회수액	3,300,000원

04. ㈜로그인은 20x1년 1월 1일에 ㈜천안과 교량건설 도급계약을 체결하였다. 총공사계약액은 200,000,000원이며 진행기준에 의하여 수익을 인식한다. ㈜로그인의 건설계약과 관련한 20x1년 자료는 다음과 같다.

누적발생원가	추정총계약원가	공사대금청구액	공사대금회수액
10,000,000원	100,000,000원	28,000,000원	25,000,000원

㈜로그인의 20x1년 재무상태표상 계약부채 또는 계약자산은 얼마인가?

05. ㈜로그인은 20x1년도에 계약금액 100 억원의 사무실용 빌딩 건설공사를 수주하였다. 공사관련 정보가 다음과 같을 경우, 20x2년도에 발생한 계약원가는 얼마인가?

	20x1 년	20x2 년
추정총계약원가	25억원	30억원
누적진행률(원가기준)	40 %	60 %
누적계약이익	6억원	7억원

06. ㈜로그인은 ㈜천안과 20X0년 7월 1일 총 계약금액 50,000,000원의 공장신축공사계약을 체결하였다. 회사가 진행기준으로 수익을 인식한다면 ㈜로그인의 20X1년 계약손익(공사손익)은 얼마인가?

	20X0 년	20X1 년
당기발생계약원가	10,000,000원	25,000,000원
추정총계약원가	40,000,000원	35,000,000원
공사대금청구액(연도별)	25,000,000원	25,000,000원

연/습/문/제 답안

O,X문제

1	2	3	4	5	6	7	8	9	10	11	12	13	14	
○	○	○	○	×	×	×	○	×	×	○	×	×	○	

[풀이 - O,X문제]

05. 진행률 등을 합리적으로 추정할 없는 경우에는 공사원가 중 회수가능한 범위 내에서 계약수익을 인식한다.

06. 계약자산으로 표시한다.

07. 하도급자에게 선급한 금액은 진행률 산정시 누적발생원가에 제외한다.

09. 계약자산으로 표시한다.

10. 총계약원가가 총계약수익을 초과할 가능성이 높은 경우 예상되는 손실을 즉시 비용으로 인식한다.

12. 투입법에 대한 설명이다.

13. 직접원가뿐만 아니라 합리적으로 배분된 계약공통원가가 포함된다.

주관식

01.	〈해설참고〉	02.	〈해설참고〉
03.	계약자산 200,000원	04.	계약부채 8,000,000원
05.	19억원	06.	공사이익 12,500,000원

[풀이 - 주관식]

01.

	20x1년	20x2년	20x3년
누적공사원가(A)	6,000,000	18,000,000	36,000,000
총추정공사원가(B)	30,000,000	36,000,000	36,000,000
누적진행률(A/B)	20%	50%	100%
총공사계약금액	50,000,000	50,000,000	50,000,000
당기누적계약수익(C)	10,000,000	25,000,000	50,000,000
전기누적계약수익(D)	–	10,000,000	25,000,000
당기계약수익(E = C – D)	10,000,000	15,000,000	25,000,000
당기계약원가(F)	6,000,000	12,000,000	18,000,000
당기계약이익(E – F)	**4,000,000**	**3,000,000**	**7,000,000**

02.

	20x1년	20x2년	20x3년
누적계약수익	10,000,000	25,000,000	50,000,000
누적진행청구액	14,000,000	24,000,000	50,000,000
계약자산/계약부채	계약부채 4,000,000	계약자산 1,000,000	–

03. 진행률 = 2,000,000/10,000,000원 = 20%
누적계약수익 = 20,000,000 × 20% = 4,000,000원
누적진행청구액 3,800,000
누적진행청구액(3,800,000)〈누적계약수익(4,000,000)
따라서 계약자산 200,000원

04. 진행률 = 10,000,000/100,000,000원 = 10%
당기누적계약수익 = 200,000,000 × 10% = 20,000,000원
누적진행청구액(28,000,000)〉누적계약수익(20,000,000)
따라서 계약부채 : 8,000,000원

05. 20x2년 계약수익 = 100억 × (60% - 40%) = 20억원
20x2년 계약이익 = 7억 - 6억 = 1억
20x2년 계약원가 = 계약수익 - 계약이익 = 19억원

06.

	20x0년	20x1년	비고
누적공사원가(A)	10,000,000	35,000,000	
총추정공사원가(B)	40,000,000	35,000,000	
누적진행률(A/B)	**25%**	**100%**	진행률차이만큼 당기수익
당기계약수익		37,500,000	50,000,000×75%
당기계약원가		25,000,000	
당기계약이익		**12,500,000**	

종업원급여

NCS회계 - 4 회계감사(재무정보공시하기)

1. 종업원급여

<table>
<tr><td rowspan="3">근무대가</td><td>현직급여</td><td>• 단기종업원급여 : 종업원이 관련 근무용역을 제공한 회계기간의 말부터 12개월 이내 지급기일이 도래하는 급여
• 기타장기종업원급여 : 종업원이 관련 근무용역을 제공한 회계기간의 말부터 12개월 이내 지급기일이 도래하지 않는 급여</td></tr>
<tr><td rowspan="2">퇴직급여</td><td>확정기여제도</td></tr>
<tr><td>확정급여제도</td></tr>
<tr><td>해고대가</td><td>해고급여</td><td>종업원을 해고하는 대가로 제공되는 급여</td></tr>
</table>

(1) 단기종업원급여

① 범위

임금, 사회보장분담금, 유급연차휴가, 이익분배금과 상여금, 현직 종업원을 위한 비화폐성 급여(주택, 자동차 등)

② 단기유급휴가

유급휴가는 근로자가 임금을 받으면서 쉴 수 있는 휴가를 말하며, 연차휴가, 병가등이 있다. **누적유급휴가(채무로 인식)**는 당기에 사용되지 않으면 이월되어 차기 이후에 사용할 수 있으나, **비누적유급휴가(부채로 인식 못함)는 이월되지 않으므로 소멸**되는 휴가를 말한다.

③ 이익분배제도 및 상여금 제도

이익분배가 아니라 종업원이 제공하는 근무용역에서 발생한 것이므로 **당기 비용으로 인식**한다.

(2) 기타장기종업원 급여

장기근속휴가, 장기유급휴가, 장기근속급여, 이익분배금과 상여금등으로 **보고기간 말로부터 12개월 이후에 결제될 종업원급여**를 말한다.

기타장기종업원 급여를 측정할 때 퇴직급여 보다 불확실성이 크지 않으므로 **재측정요소는 당기손익으로 인식한다.**

(3) 해고급여

종업원을 해고하는 대가로 제공되는 종업원급여를 말하는데, 기업의 제안이 아닌 종업원의 요청으로 인한 해고나 의무적인 퇴직규정으로 인하여 발생하는 종업원급여는 퇴직급여이므로 해고급여에 포함하지 않는다.

2. 퇴직급여

(1) 확정기여제도 및 확정급여제도

	확정기여제도	확정급여제도
보험수리적 위험과 투자위험	**종업원이 부담**	**회사가 부담**
종업원이 받을 퇴직급여	기여금+투자수익	약정금액으로 확정됨
회계처리	비용(퇴직급여) ☞**퇴직관련의무가 모두 종료**	비용 및 사외적립자산

☞ 보험수리적위험 : 확정기여제도에서는 급여가 기대이하일 위험을 말하고, 확정급여제도에서는 실제급여액이 기대급여액을 초과할 위험을 말한다.
투자위험 : 투자한 자산이 기대급여액을 지급하는데 충분하지 못하게 될 위험을 말한다.

(2) 확정급여제도

① 회계처리

당기근무원가	(차) 퇴직급여	20,000	(대) 확정급여채무	20,000
사외적립자산적립	(차) 사외적립자산	10,000	(대) 현　금	10,000
퇴직금지급	(차) 확정급여채무	1,000	(대) 사외적립자산	1,000

② 재무상태표 표시

부분재무상태표

㈜로그인 　　　　　　　　　　　　　　　　20x1.12.31

	확정급여채무	19,000	
	사외적립자산	(9,000)	10,000

순확정급여부채

→ *확정급여채무(10,000)<사외적립자산(15,000)이면 순확정급여자산(5,000)이 된다.*

③ 확정급여채무의 현재가치 및 당기 근무원가

확정급여채무는 종업원이 **당기와 과거기간에 근무용역을 제공하여 발생한 채무를 결제하는데 필요한 예상 미래지급액의 현재가치**로 측정한다. 확정급여채무의 현재가치와 당기근무원가를 결정하는 방법으로 보험수리적 평가방법(예측단위적립방식)을 사용한다. 당기근무원가는 당기비용으로 인식될 금액이며, 확정급여채무의 현재가치는 부채로 인식된다.

〈예측단위 적립방식〉

확정급여채무현재가치	종업원이 당기와 과거기간에 근무용역을 제공하여 발생한 채무를 결제하는데 필요한 예상 미래지급액의 현재가치
당기근무원가	당기에 종업원이 근무용역을 제공하여 발생한 확정급여 채무 현재가치 증가액

④ 사외적립자산

종업원에게 지급할 퇴직금을 사외(금융기관등)에 적립한 기금을 말하는데, **사외적립자산은 공정가치로 측정**한다. **사외적립자산의 공정가치는 확정급여채무의 현재가치에서 차감**한다.

순확정급여자산	사외적립자산공정가치>확정급여채무 현재가치
순확정급여부채	사외적립자산공정가치<확정급여채무 현재가치

⑤ 순확정급여부채(자산)의 순이자

순확정급여부채(자산)의 순이자는 보고기간동안 시간의 경과에 따라 발생하는 순확정급여부채(자산)의 변동을 말하는데, **순이자는 당기손익으로 인식**한다.

⑥ 순확정급여부채(자산)의 재측정요소

재측정요소는 확정급여채무나 사외적립자산의 예상치 못한 변동으로 발생하는데 이러한 **재측정요소는 기타포괄손익**으로 인식한다.

확정급여채무	**보험수리적 손익=기말 확정급여채무의 현재가치-재측정전 보고기간말 금액**
사외적립자산	**사외적립자산에 대한 이자수익**을 제외한 사외적립자산의 수익

☞ 보험수리적손익 : 보험수리적 가정의 변동(이직율,조기퇴직율, 사망률, 할인율등)과 경험조정으로 인하여 확정급여채무의 현재가치의 증감이 있을 때 발생한다.

⑦ 과거근무원가

과거근무원가는 제도개정 또는 축소로 인해 종업원의 과거기간 근무용역에 대한 확정급여채무 현재가치의 변동액을 말하는데, **당기손익으로 인식**한다.

⑧ 정산손익

정산은 확정급여제도에 따라 발생한 급여의 일부나 전부에 대한 법적의무나 의제의무를 더 이상 부담하지 않기로 하는 거래(예 : 보험계약의 체결을 통하여 확정급여와 관련된 의무를 더 이상 부담하지 않기로 하는 것)를 말하는데 **당기손익으로 인식**한다.

⑨ 순확정급여부채(자산)의 보고

〈확정급여 채무〉	
20x1.1.1	10,000
+근무원가(당기,과거,정산)	1,000
-퇴직급여지급액	(100)
+이자원가	200
±재측정요소(보험수리적손익)	300
20x1.12.31	**11,400**

〈사외적립자산〉	
20x1.1.1	5,000
+기여금출연	1,000
-퇴직급여지급액	(100)
+사외적립자산의 실제(기대)수익	+200
±재측정요소	300
20x1.12.31	**6,400**

순확정급여부채=5,000

당기손익 : 근무원가, 이자원가, 사외적립자산의 실제(기대)수익(이자수익)
기타포괄손익 : 재측정요소

연/습/문/제

O,X 문제

01. 종업원급여는 **단기종업원급여, 퇴직급여, 기타장기종업원 급여 및 해고급여**로 구분한다. ( )

02. 단기종업원급여는 종업원이 관련 근무용역을 제공한 **회계기간의 말부터 12개월 이내에 결제될** 종업원급여로 해고급여를 포함한다. ( )

03. 단기종업원급여는 **근무용역대가를 지급한 회계기간**에 비용으로 인식한다. ( )

04. 이익분배제도 및 상여금제도에 따라 기업이 부담하는 의무는 종업원이 제공하는 근무용역에서 발생하는 것이며 **당기비용으로 인식한다**. ( )

05. 확정급여제도에서 **사외적립자산은 공정가치로 측정**하며, 확정급여채무의 현재가치에서 차감하여 **순확정급여부채(자산)의 과목**으로 하여 재무상태표에 공시한다. ( )

06. 기타장기종업원급여은 종업원이 관련 **근무용역을 제공한 연차보고기간 말부터 12개월 이후에 결제될 종업원급여**를 말한다. ( )

07. 종업원의 **자발적인 요청으로 인한 해고나 의무적인 퇴직규정**으로 인하여 발생하는 종업원급여도 **해고급여에 포함**한다. ( )

08. **확정급여채무는 부채로 사외적립자산은 자산으로 재무제표에 각각 별도로 표시한다.** ( )

09. 확정급여제도란 **보험수리적위험과 투자위험을 종업원이 부담**하고 기업이 약정한 급여를 종업원에게 지급할 의무를 가지는 제도를 의미한다. ( )

10. 확정기여제도란 기업이 기금에 출연하기로 약정한 금액을 납부하고, **기금의 책임하에 종업원에게 급여를 지급**하는 퇴직급여제도이다. ( )

11. 확정급여채무의 현재가치를 계산할 때 종업원 이직률, 조기퇴직률, 임금상승률, 할인율 등의 가정은 **결산일의 최선의 추정치를 적용**한다. ( )

12. 확정급여제도에서 **확정급여채무와 사외적립자산의 재측정요소는 당기손익**으로 인식한다. ( )

13. 확정급여제도는 기업이 기여금을 불입함으로써 **퇴직급여와 관련된 모든 의무가 종료**된다. ( )

14. 확정급여채무의 현재가치란 종업원이 당기와 과거기간에 근무용역을 제공하여 발생한 채무를 **기업이 결제하는 데 필요한 예상 미래 지급액의 현재가치**(사외적립자산 차감 전)를 의미한다. ( )

15. **비누적유급휴가는 부채로 재무제표에 인식한다.**. ( )

16. 해고급여란 통상적인 퇴직시점 이전에 **종업원을 해고하고자 하는 기업의 결정 또는 해고의 대가로 기업이 제안**하고, 종업원이 수락하는 급여를 말한다. ( )

17. 확정급여제도에서 **당기근무원가, 과거근무원가와 정산으로 인한 손익, 순확정급여 부채 및 사외적립자산의 순이자는 기타포괄손익**으로 인식한다. ( )

18. 확정급여제도의 재측정요소는 **당기손익으로 재분류조정되는 기타포괄손익**이다. ( )

19. 장기종업원급여의 재측정요소는 기타포괄손익으로 인식한다. ( )

20. 확정급여제도하에서 임금이 매년 상승하고 **근무연수가 증가되면 확정급여채무의 현재가치와 당기근무원가, 이자원가는 매년 증가한다.** ( )

주관식

01. ㈜로그인은 확정급여제도를 운영하고 있다. 다음의 결산 자료를 보고, ㈜로그인의 보고기간 종료일 현재 재무상태표에 표시될 순확정급여부채(자산)의 잔액은 얼마인가?

> ① 확정급여채무의 현재가치 : 1,000,000원
> ② 사외적립자산의 공정가치 : 300,000원
> ③ 과거근무원가로 인한 채무증가액 : 100,000원

02. ㈜로그인은 확정급여 제도를 채택하고 있다. 확정급여채무의 현재가치와 사외적립자산의 공정가치 변동내역은 다음과 같다.

〈확정급여 채무〉		〈사외적립자산〉	
20x1.1.1	10,000	20x1.1.1	5,000
당기근무원가	1,000	기여금출연	1,000
이자원가	300	퇴직급여지급액	(100)
퇴직급여 지급액	(200)	사외적립자산의 기대수익	+200
보험수리적 손익	300	재측정요소	0
20x1.12.31	11,400	20x1.12.31	6,100

(1) 기타포괄손익으로 인식할 금액은 얼마인가?(법인세효과는 고려하지 않는다.)

(2) 당기비용으로 인식할 비용은 얼마인가?

(3) 순확정급여부채(자산) 얼마인가?

연/습/문/제 답안

O,X문제

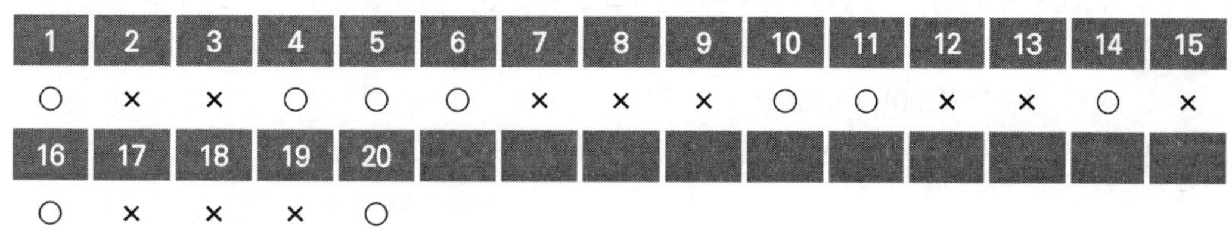

1	2	3	4	5	6	7	8	9	10	11	12	13	14	15
○	×	×	○	○	○	×	×	×	○	○	×	×	○	×
16	**17**	**18**	**19**	**20**										
○	×	×	×	○										

[풀이 - O,X문제]

02. 해고급여를 제외한다.

03. 단기종업원급여는 **근무용역을 제공한 회계기간**에 비용으로 인식한다.

07. 종업원의 **자발적인 요청으로 인한 해고나 의무적인 퇴직규정**으로 인하여 발생하는 종업원급여는 퇴직급여이다.

08. 재무상태표에는 **확정급여채무와 사외적립자산을 별도로 표시**하고 그 **순액을 순부채(자산)로 표시**하여야 한다.

09. 확정급여제도란 **보험수리적위험과 투자위험을 회사가 부담한다.**

12. 기타포괄손익으로 인식한다.

13. 확정기여제도는 기업이 기여금을 불입함으로써 **퇴직급여와 관련된 모든 의무가 종료**된다.

15. **비누적유급휴가는 부채로 인식하지 못하고, 휴가가 실제로 사용되는 때에 재무제표에 인식**한다.

17. 당기손익으로 인식한다.

18. 확정급여제도의 재측정요소는 당기손익으로 재분류조정되지 않는다.

19. 장기종업원급여는 퇴직급여보다 불활실성이 크지 않으므로 **재측정요소는 당기손익으로 인식한다.**

주관식

01.	800,000원	02.	(1) 기타포괄손실 300원 (2)1,100원, (3) 5,300원

[풀이 - 주관식]

01. 순확정급여부채 = 확정급여채무의 현재가치(1,000,000) - 사외적립자산의 공정가치(300,000) + 과거 근무원가로 인한 채무증가액(100,000) = 800,000원

02. (1) **확정급여채무 및 사외적립자산의 재측정요소(300원)를 기타포괄손익**으로 인식한다.
(2) 퇴직급여(근무원가 1,000) + 순확정급여부채순이자[확정급여채무의 이자원가(300) - 사외적립자산의 기대수익(200)] = 1,100원
(3) 순확정급여부채 = 확정급여채무(11,400) - 사외적립자산(6,100) = 5,300원

주식기준보상

NCS회계 - 4 회계감사(재무정보공시하기)

1. 주식기준보상거래

재화나 용역의 공급자(종업원 포함)로부터 재화나 용역을 제공받는 등 주식등 보상약정에 의해 기업이 결제할 의무가 발생하는 거래를 말한다.

주식결제형	기업이 재화등을 제공받는 대가로 자신의 **지분상품을 부여**하는 것
현금결제형	기업이 재화등을 제공받는 대가로 기업의 **지분상품가격에 기초한 금액 만큼 현금등**을 지급하는 것
선택형	기업이 재화등을 제공받는 대가로 약정에 따라 현금지급이나 지분상품 발행 중 **하나의 결제방식을 선택**할 수 있는 것

〈회계처리〉

	주식결제형	현금결제형
가득기간 (용역제공기간)	(차) 주식보상비용 xxx (대) 주식선택권(자본) xxx	(차) 주식보상비용 xxx (대) 장기미지급비용 xxx
행사시점	(차) 현 금 xxx 주식선택권[*1] xxx (대) 자 본 금 xxx 주식발행초과금 xxx	(차) 장기미지급비용 xxx 주식보상비용 xxx (대) 현 금 xxx

*1. 미행사시 이미 인식한 보상원가는 환입하지 아니하고, 다른 계정(주주의 지분)으로 대체가 가능하다.

2. 주식결제형 주식기준 보상거래

(1) 보상원가의 측정

원칙(종업원 이외)	**제공받은 재화나 용역의 공정가치로 직접 측정**	제공받은날
예외(종업원)	**부여한 지분상품의 공정가치에 기초하여 측정**	**부여일**

이러한 **공정가치는 자본항목으로 인식하기 때문에 후속적으로 재측정하지 않는다.**

(2) 가득조건

가득조건이란 주식기준보상약정에 따라 거래 상대방이 현금, 지분상품 등을 받을 자격을 획득하기 위해 충족해야 하는 조건을 말한다.

<table>
<tr><td colspan="2">용역제공조건</td><td>특정기간 동안 용역을 제공할 것을 요구하는 조건</td></tr>
<tr><td rowspan="2">성과조건</td><td>시장성과</td><td>기업지분상품의 시장가격에 관련된 조건을 달성할 것을 요구하는 조건
(예 : 목표주가의 달성 등)</td></tr>
<tr><td>비시장성과</td><td>시장가격과 직접 관련없는 조건을 달성할 것을 요구하는 조건
(예 : 목표이익, 목표판매량 등)</td></tr>
</table>

(3) 가득기간

① **즉시 가득되는 경우 : 부여일에 보상원가 즉시 인식**

② **특정기간 용역제공 후 가득되는 경우 : 미래 용역제공기간에 보상원가 인식**

(4) 보상원가

보고기간말 총보상원가 = 부여일 주식선택권공정가치 × 보고기간말 주식선택권행사가능수량
당기 주식보상비용 = 당기말 누적보상원가 – 전기말 누적보상원가

<예제> 주식결제형

㈜로그인은 20x1년 1월 1일에 종업원 10명에게 주식선택권 100개(행사가격은 개당 700원, 액면가액은 500원)를 부여하고 3년간 용역제공이라는 조건을 부과하였다. 부여일 현재 주식선택권의 단위당 공정가치는 300원으로 추정하였다. 그리고 부여한 종업원 중 부여일로부터 3년 이내 2명이 퇴사할 것으로 추정(실제 3년째 2명 퇴사)하였다. 20x4.1.1 모두 행사한 경우 연도별 보상원가와 회계처리하시오.

해답

1. 연도별 보상원가

행사가능수량 = 10명 × 100개 × 80%(퇴사반영) = 800개

<table>
<tr><th></th><th>공정가치</th><th>행사가능수량</th><th>총보상원가</th><th colspan="2">누적원가</th><th>당기비용</th></tr>
<tr><td>20x1년</td><td>300(고정)</td><td>800</td><td>240,000</td><td>1/3</td><td>80,000</td><td>80,000</td></tr>
<tr><td>20x2년</td><td>300(고정)</td><td>800</td><td>240,000</td><td>2/3</td><td>160,000</td><td>80,000</td></tr>
<tr><td>20x3년</td><td>300(고정)</td><td>800</td><td>240,000</td><td>3/3</td><td>240,000</td><td>80,000</td></tr>
<tr><td>20x4년</td><td colspan="6">주식결제형은 가득이후에는 주식보상비용 없음</td></tr>
</table>

2. 회계처리

20x1.12.31 ~20x3.12.31	(차) 주식보상비용	80,000	(대) 주식선택권	80,000
20x4.01.01	(차) 현금 주식선택권	560,000*1 240,000	(대) 자본금 주식발행초과금	400,000*2 400,000
	*1.700(행사가격)×800(행사수량)		*2.500(액면가액)×800	

3. 현금결제형 주식기준 보상거래

(1) 보상원가의 측정

일반	제공받은 재화나 용역과 그 대가로 부담하는 부채를 **공정가치**로 측정
재측정	**매 보고기간말과 결제일에 부채의 공정가치를 재측정**하고, 공정가치의 변동액은 당기손익으로 반영

(2) 가득이후 권리행사

일반	권리가 행사되기 전까지는 매보고기간말에 부채의 공정가치를 재측정
권리행사	**내재가치(주가-행사가격)에 해당하는 현금지급** **권리행사일 현금지급액=내재가치×행사수량**

☞ 내재가치란 거래상대방이 제공받을 권리를 갖고 있는 주식의 공정가치(주가)와 거래 상대방이 지불해야 하는 가격의 차이를 말한다.

<예제> 현금결제형 주가차액 보상권

㈜로그인은 20x1년 1월 1일에 주가가 행사가격(100원)을 초과할 경우 현금으로 지급하는 주가차액보상권을 종업원 10명에게 100개를 부여하고 3년간 용역제공이라는 조건을 부과하였다. 부여한 종업원 중 부여일로부터 3년 이내 2명이 퇴사할 것으로 추정(실제 3년째 2명 퇴사)하였다. 매기 말 추정한 주가차액보상권의 공정가치와 주가는 다음과 같다.

	20x1년말	20x2년말	20x3년말	20x4년말
공정가치	120원	150원	200원	210원
주가	150원	180원	240원	330원

1. 20x1년부터 20x3년 까지의 연도별 보상원가를 계산하시오.

2. 20x4년 12월 31일 5명이 행사한 경우 회계처리하시오.

해답

1. 연도별 보상원가

행사가능수량 = 10명 × 100개 × 80%(퇴사반영) = 800개

	공정가치	행사가능수량	총보상원가	누적원가		당기비용
20x1년	120(재측정)	800	96,000	1/3	32,000	**32,000**
20x2년	150(재측정)	800	120,000	2/3	80,000	**48,000**
20x3년	200(재측정)	800	160,000	3/3	160,000	**80,000**

2. 행사시 회계처리

(차) 장기미지급비용	100,000	(대) 현금	115,000
주식보상비용	15,000		

1. 장기미지급비용 = 160,000/8명 × 5명 = 100,000원
2. 현금지급액 = 내재가치(주가 – 행사가) × 행사수량 = (330 – 100) × 500개 = 115,000원

〈주식기준보상거래〉 

	주식결제형	현금결제형
보상	지분상품	현금등
보상원가	제공받은 용역 등의 공정가치 또는 지분상품의 공정가치	제공받은 용역과 그대가로 부담하는 부채를 공정가치로 측정
보상원가의 재측정	**측정하지 않음**	**보고기간말과 결제일에 공정가치로 재측정**

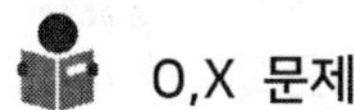

연/습/문/제

O,X 문제

01. 주식결제형 주식기준보상거래는 기업이 재화나 용역을 제공받는 대가에 대해서 공정가치로 보상원가를 인식하고 자신의 **지분상품을 부여하는 것**이다. ( )

02. 현금결제형 주식기준보상거래는 기업이 용역 등을 제공받는 대가로 기업의 지분상품의 가치에 기초한 금액만큼 **현금이나 기타 자산을 지급해야 하는 부채를 재화나 용역의 공급자에게 부담시키는** 것이다. ( )

03. 선택형 주식기준보상거래는 **기업이나 재화 등의 공급자가 현금(또는 기타자산) 지급이나 지분상품 발행 중 하나의 결제방식**을 선택할 수 있다. ( )

04. 현금결제형 주식기준보상거래의 경우, 제공받는 재화나 용역과 그 대가로 부담하는 부채를 공정가치로 측정하고, 결제될 때까지 매보고기간말과 결제일에 **부채의 공정가치를 재측정하고, 변동분은 기타포괄손익**으로 처리한다. ( )

05. 주식결제형일 경우 **종업원으로부터 제공받을 용역의 공정가치를 측정하여 보상원가를 측정**한다.( )

06. 종업원이 아닌 거래상대방에게서 제공받은 재화 등의 공정가치를 신뢰성있게 측정할 수 없는 경우에는 **제공일의 지분상품의 공정가치에 기초하여 간접측정**한다. ( )

07. 주식결제형 주식기준보상거래는 거래 상대방이 특정기간동안 용역을 제공하여야 부여된 지분상품이 가득된다면, **지분상품의 공정가치를 용역제공기간에 배분하여 비용을 인식**한다. ( )

08. 주식결제형 주식기준보상거래시 부여한 **지분상품의 공정가치는 부여일 이후 가치가 변동하는 경우에도 추정치를 변경한다**. ( )

09. 주식결제형 주식보상기준에서 부여한 지분상품이 즉시 가득된다면 **보상원가를 부여일에 전액 인식하고 부채의 증가로 처리**한다. ( )

10. 용역제공조건으로 **현금결제형 주식선택권**(즉, 주가차액보상권)을 부여시, 주식보상비용 계산 시 **부여일 현재 주가차액보상권의 공정가치는 필요한 정보이다.** ( )

11. 용역제공조건으로 **주식결제형 주식선택권**을 부여시, 주식보상비용 계산 시 **보고기간말 현재 주식선택권의 공정가치는 불필요한 정보**이다. ( )

12. 주식선택권의 권리를 행사하지 않아 소멸시 **과거에 인식한 보상원가를 환입하지 않는다.** ( )

주관식

01. ㈜로그인은 20x1년 1월 1일에 종업원 홍길동에게 다음과 같은 조건의 현금결제형 주가차액보상권 10,000개를 부여하였다. 이 경우 20x1년 포괄손익계산서에 계상될 당기보상비용은 얼마인가?(단, 홍길동 20x5년 12월 31일 이전에 퇴사하지 않을 것으로 예상된다.)

① 기본조건 : 3년간 근무 후 2년간 행사조건
② 주차차액보상권의 공정가치
㉠부여일 공정가치 10,000원/개 ㉡ 20x1년 말 공정가치 15,000원/개

02. (주)로그인은 20x1년 1월 1일에 종업원인 홍길동에게 다음과 같은 조건의 주가차액보상권 1,000개를 부여하였다. 이 경우 20x2년 포괄손익계산서에 계상할 주식보상비용은 얼마인가?

① 기본조건 : 20x3년 12월31일까지 의무적으로 근무할 것
② 행사가능기간 : 20x4년 1월1일~20x6년 12월31일
③ 주가차액보상권의 공정가치 정보
20x1.12.31 9,000/개 20x2.12.31 12,000/개 20x3.12.31 11,000/개

03. ㈜로그인은 20x1년 1월 1일에 임원 10명에게 각각 주식결제형 주식선택권 100개를 부여하고 3년의 용역제공조건을 부과하였다. 부여일 현재 주식선택권의 단위당 공정가치는 150원으로 추정되었다.20x3년까지 연도별 주식보상비용을 구하고 권리행사시(20x4년초) 회계처리하시오.(법인세 효과는 고려하지 않는다.)

① 기본조건 : 20x3년 12월 31일까지 의무적으로 근무할 것
② 행사가격 : 600원
③ 권리부여일 주식가격 : 500원(액면가액 500원)
④ 10명 중 2명이 3년이내 퇴사할 것으로 추정하였으나, 그러나 실제 20x3년에 총 3명이 퇴사하였고, 20x4년초 권리행사를 하였다.
⑤ 매기말 추정한 동일한 조건의 주가차액보상권의 공정가치는 다음과 같다.
• 20x1년 12월 31일 : 150원 • 20X2년 12월 31일 : 180원
• 20X3년 12월 31일 : 200원 • 20X4년 1월 1일 : 200원

연/습/문/제 답안

O,X문제

1	2	3	4	5	6	7	8	9	10	11	12			
○	○	○	×	×	○	○	×	×	×	○	○			

[풀이 - O,X문제]

04. 당기손익으로 처리한다.

05. 주식결제형일 경우 종업원으로부터 제공받은 용역의 공정가치는 신뢰성있게 측정할 수 없기 때문에 **부여일의 지분상품의 공정가치에 기초하여 측정**한다.

08. 주식결제형은 부여시 **공정가치에 대해서 추정치가 변경되더라도 변경하지 않는다.**

09. 주식결제형 주식보상기준에서 보상원가는 자본의 증가로 처리한다.

10. 현금결제형은 매기말마다 공정가치를 측정하여야 하므로 부여시의 공정가치는 불필요하다.

주관식

01.	50,000,000원	02.	5,000,000원
03.	〈해설참고〉		

[풀이 - 주관식]

01. 총보상원가 = 수량(10,000개) × 공정가치(15,000) = 150,000,000원
당기보상원가 = 150,000,000 ÷ 3년 = 50,000,000원

02. 현금결제형 주식기준보상거래

	공정가치	행사가능수량	총보상원가	누적원가	
20x1년	9,000	1,000	9,000,000	1/3	3,000,000
20x2년	12,000	1,000	12,000,000	2/3	8,000,000

20x2년 주식보상비용 = 8,000,000 - 3,000,000 = 5,000,000원

03. 행사가능수량 = 10명 × 100개 × 80% = 800개

	공정가치	행사가능수량	총보상원가	누적원가		당기비용
20x1년	150	800	120,000	1/3	40,000	**40,000**
20x2년	150	800	120,000	2/3	80,000	**40,000**
20x3년	150	700	105,000	3/3	105,000	**25,000**
20x4년	주식결제형은 가득이후에는 주식보상비용 없음					

권리행사시 회계처리

(차) 현 금(600원×700개)	420,000	(대) 자본금(500원×700주)	350,000
주식선택권	105,000	주식발행초과금	175,000

법인세 회계

NCS회계 - 4 회계감사(재무정보공시하기)

회계상 자산 · 부채의 장부가액과 세무상가액(세무기준액)은 항상 일치하지 않는다. 이러한 것을 일시적 차이라 하는데, 미래에 과세소득을 감소 또는 증가시키는데 만약 미래에 법인세를 증가시킨다면 이연법인세부채로, 법인세를 절감시킨다면 이연법인세자산으로 인식한다.

1. 이연법인세자산과 이연법인세부채의 인식 

세무조정	일시적차이	계정과목	실현가능성
가산조정 (유보)	**(미래에) 차감할 일시적차이**	이연법인세자산	**실현가능성이 거의 확실한 경우에만 재무상태표에 반영**(미래 과세소득 충분)
차감조정 (△유보)	**(미래에) 가산할 일시적차이**	이연법인세부채	**실현가능성을 요구하지 않는다. (항상 인식)**

이연법인세자산 = 실현가능한 차감할 일시적차이 × 소멸되는 회계연도의 평균세율[*1]
이연법인세부채 = 가산할 일시적차이 × 소멸되는 회계연도의 평균세율

*1. 법인세비용/회계이익

2. 법인세 회계의 측정

① 당기 법인세 : 회계기간의 과세소득에 대하여 납부할 법인세액
② **이연법인세자산의 실현가능성은 보고기간말마다 재검토**되어야 한다.
③ **이연법인세부채는 실현가능성을 검토하지 않고 바로 부채로 계상한다.**
④ **이연법인세 자산, 부채에 대해서 현재가치로 평가하지 않는다.**
⑤ **미래과세소득의 발생가능성이 높은 경우 세무상 결손금**에 대하여 이연법인세 자산을 인식한다.

3. 표시(공시)

① **이연법인세자산과 이연법인세부채는 비유동자산과 비유동부채로 표시한다**

② 이연법인세자산과 부채는 **동일한 과세당국에 의해서 부과되는 법인세와 관련된 경우에는 상계한다.**

③ **자본에 직접 인식되는 법인세 비용**일 경우 **기타포괄손익(재평가잉여금등)으로 인식하거나 해당 자본(자기주식처분익등)에서 직접인식한다.**

4. 이연법인세 회계처리 순서

① **당기법인세(미지급법인세 – 대변) 계산**

② **보고기간말 이연법인세 자산 · 부채 : 누적일시적차이×평균세율**

③ **이연법인자산 · 부채 당기 변동액**

④ **법인세비용(차) = 당기법인세(대) – 이연법인세자산 증가(차) + 이연법인세자산 감소(대) + 이연법인세부채 증가(대) – 이연법인세부채 감소(차)**

(차)			(대)		
	④법인세비용	xxx		①미지급법인세	xxx
	②,③이연법인세부채 감소	(–)		②,③이연법인세부채 증가	(+)
or	②,③이연법인세자산 증가	(+)	or	②,③이연법인세자산 감소	(–)

<예제> 법인세 회계

㈜로그인의 20x1년과 20x2년 법인세와 관련된 자료이다.

	20x1년	20x2년
법인세비용차감전순이익	3,000,000원	4,400,000원
영구적차이	500,000원	500,000원
일시적차이(가산) → △유보	1,000,000원	1,200,000원
과세표준	2,500,000원	3,700,000원
세율	20%	20%

1. 20x1년초 이연법인세자산(부채)이 없다고 가정한다.

2. 소멸시점의 평균세율은 20%로 가정한다.

3. 법인세와 관련된 회계처리를 하시오.

해답

1. 당기 법인세 계산(미지급법인세)

	20x1년	20x2년
과세표준	2,500,000원	3,700,000원
세율	20%	20%
당기법인세	500,000원	740,000원

2. 보고기간말 이연법인세 자산(부채)

	20x1년	20x2년
누적가산할일시적차이	1,000,000원	2,200,000원
세율	20%	20%
이연법인세부채	200,000원	440,000원

3. 이연법인세부채 변동액

	20x1년	20x2년
이연법인세부채	200,000증가	240,000증가

4. 법인세비용 = 미지급법인세 + 이연법인세부채증가

	20x1년	20x2년
법인세비용	700,000원	980,000원

5. 회계처리

20x1년	(차) 법인세비용	700,000	(대) 미지급법인세	500,000
			이연법인세부채	200,000
20x2년	(차) 법인세비용	980,000	(대) 미지급법인세	740,000
			이연법인세부채	240,000

연/습/문/제

O,X 문제

01. 이연법인세 계산시 적용되는 **평균세율이란 법인세비용을 회계이익으로 나눈 값**을 말한다. ( )

02. 매 보고기간 말에 과거에 실현가능성이 낮아서 인식하지 아니한 **이연법인세자산의 실현가능성에 대하여 재검토**하여야 한다. ( )

03. 과거에는 인식하지 않았지만 재검토시점에 활용 가능한 **미래 과세소득이 발생할 가능성이 높아진 경우** 그 범위 내에서 **이연법인세부채를 인식**한다. ( )

04. 이연법인세부채와 달리 **이연법인세자산의 경우에는 실현가능성을 검토하지 않고** 바로 자산으로 계상한다. ( )

05. 자본에 직접 인식되는 법인세 비용에 대해서 당기법인세와 이연법인세를 인식하는 경우 법인세비용으로 인식하지 않고 **기타포괄손익으로 인식하거나 해당 자본에서 직접 인식**한다. ( )

06. 이연법인세자산 · 부채는 보고기간 종료일로부터 1년 초과시점에 실현되는 경우에도 **현재가치로 평가**한다. ( )

07. 이연법인세자산(부채)은 **유동성배열법에 따라 재무상태표에 유동자산(부채)과 비유동자산(비유동부채)**으로 분류한다. ( )

08. 동일 과세당국이 부과하는 법인세이고, 기업이 당기법인세자산과 당기법인세부채를 상계할 수 있는 법적으로 집행 가능한 경우에만 **이연법인세자산 · 부채를 상계**할 수 있다. ( )

09. 차감할 일시적 차이에 대응할 수 있는 **미래 과세이익의 발생가능성이 높은 경우에 이연법인세자산**을 인식한다. ( )

10. 이연법인세자산 · 부채 계산에 적용되는 세율을 차이 **발생시점의 평균세율**로 인식한다. ( )

11. 일시적차이가 소멸될 것으로 **예상되는 기간의 과세소득에 적용될 것으로 기대되는 평균세율**을 적용하여 이연법인세자산 · 부채를 측정한다. ( )

12. 이연법인세자산의 금액이 기초에 비하여 감소했다면 법인세비용은 당기 법인세부담액보다 작아진다. (   )

13. 이연법인세자산 · 부채를 계산할 때 미수이자와 같은 일시적 차이는 고려하고, **영구적 차이는 고려하지 않는다.** (   )

14. 회사는 누적된 결손금에 대해서 미래과세소득이 발생하지 않을 것으로 예상하여 **이연법인세 자산을 인식하지 않을 경우 당기순이익은 증가**된다. (   )

주관식

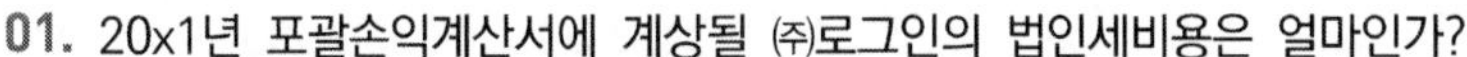

01. 20x1년 포괄손익계산서에 계상될 ㈜로그인의 법인세비용은 얼마인가?

> ① 20x1년 당기법인세(법인세법상 당기에 납부할 법인세) : 2,500,000원
> ② 20x0년 말 이연법인세자산 잔액 : 600,000원
> ③ 20x1년 말 이연법인세부채 잔액 : 400,000원

02. ㈜로그인의 과세소득과 관련된 다음 자료를 이용하여 20x1년 말 재무상태표상의 이연법인세자산(부채)금액을 구하면 얼마인가?

법인세비용차감전순이익	4,000,000원
가산(차감)조정	
- 영구적차이	600,000원
- 일시적차이	900,000원
과세표준	5,500,000원(세율 30%)

03. 다음은 ㈜로그인의 20X1 년과 20X2 년 말의 법인세회계와 관련된 내역이다. 20X2 년도에 ㈜로그인이 계상하여야 할 법인세비용은 얼마인가?

	20X1 년 말	20X2 년 말
이연법인세자산	10,000원	50,000원
납부할 법인세	100,000원	200,000원

04. 다음은 ㈜로그인의 20x1년과 20x2년 말의 이연법인세자산 · 부채의 내역이다. ㈜로그인이 20x2년에 인식할 법인세비용은 얼마인가(단, 20x2년 과세소득에 대하여 부담할 법인세액은 400,000원이다)?

구 분	20x0년 말	20x1년 말	20x2년 말
이연법인세자산		-	150,000원
이연법인세부채	30,000원	50,000원	

05. ㈜로그인의 과세소득과 관련된 다음 자료를 이용하여 20x1년 말 재무상태표상의 이연법인세자산(부채)금액을 구하면 얼마인가?

① 법인세비용차감전순이익	4,000,000원
② 가산(차감)조정	
- 일시적차이가 아닌 차이	600,000원
- 일시적차이	900,000원
③ 과세표준	5,500,000원(세율 : 25%)

〈 추가자료 〉

ⓐ 일시적차이가 사용될 수 있는 미래과세소득의 발생가능성은 높다고 가정한다.

ⓑ 일시적차이는 3년간 소멸될 예정이고, 평균세율은 30%로 가정한다.

ⓒ 20X0년말 재무상태표상 이연법인세자산 30,000원이 있다

06. ㈜로그인의 20x1년 차감할 일시적 차이가 1,000,000원이 발생하였다. 해당 차감할 일시적 차이가 소멸되는 회계기간 및 각 회계기간에 대한 추정법인세율은 다음과 같고, 충분한 과세소득이 있다고 가정할 때 이연법인세자산(부채)의 금액은 얼마인가?

구 분	20x2년	20x3년	20x4년
소멸금액	300,000원	300,000원	400,000원
법인세율	20%	20%	25%

07. ㈜로그인의 20X1년도 법인세와 관련한 세무조정사항은 다음과 같다. 20X0년 12월 31일 현재 이연법인세 자산과 이연법인세부채의 잔액은 없었다. 법인세법상 당기손익-공정가치 측정 금융자산평가이익은 익금불산입하고 기타 법인세법과의 차이는 손금불산입한다. 20X1년도의 포괄손익계산서의 법인세비용은 얼마인가?(단, 이연법인세자산의 실현가능성은 높으며, 법인세율은 20%이고 이후 변동이 없다고 가정한다)

법인세비용차감전순이익	2,000,000원
접대비(기업업무추진비)한도초과액	100,000원
감가상각비한도초과액	60,000원
당기손익-공정가치 측정 금융자산평가이익	20,000원

08. 20X1년 초 사업을 개시한 ㈜로그인의 과세소득과 관련된 다음 자료를 이용하여 20X1년 말 재무상태표상의 이연법인세자산(부채)금액을 구하면 얼마인가?

법인세비용차감전순이익	4,000,000원
가산(차감)조정	
접대비(기업업무추진비)한도초과액	600,000원
감가상각비한도초과액	900,000원
제품보증충당부채 설정액	500,000원
과세표준	6,000,000원
세율	25%

〈 추가자료 〉

ㄱ. 차감할 일시적차이가 사용될 수 있는 미래과세소득의 발생가능성은 높다고 가정한다.

ㄴ. 감가상각비한도초과액에 대한 일시적차이는 20X2년, 20X3년, 20X4년에 걸쳐 300,000원씩 소멸하며, 제품보증충당부채 설정액에 대한 일시적차이는 20X3년 소멸할것으로 예상된다. 일시적차이가 소멸될 것으로 예상되는 기간의 과세소득에 적용될 것으로 기대되는 평균세율은 다음과 같다.

연도	20X2년	20X3년	20X4년
세율	25%	30%	30%

연/습/문/제 답안

O,X문제

1	2	3	4	5	6	7	8	9	10	11	12	13	14
○	○	×	×	○	×	×	○	○	×	○	×	○	×

[풀이 - O,X문제]

03. **미래 과세소득이 발생할 가능성이 높아진 경우** 그 범위 내에서 이연법인세자산을 인식한다.

04. 이연법인세부채의 경우에는 실현가능성을 검토하지 않고 바로 부채로 계상하고, 이연법인세자산은 실현가능성을 검토하여야 한다.

06. **이연법인세는 현재가치로 평가하지 않는다.**

07. 이연법인세는 유동구분을 하지 않고 비유동으로 공시한다.

10. 차이가 소멸될 시점의 평균세율을 적용한다.

12. 이연법인세자산이 감소했다고 하면

(차) 법인세비용	××	(대) 이연법인세자산(감소)	××
		미지급법인세	××

법인세비용은 당기법인세부담액보다 커진다.

14. 이연법인세자산의 환입액(또는 미인식) 만큼 법인세비용이 증가하므로 당기순이익은 감소한다.

주관식

01.	3,500,000원	02.	이연법인세자산 270,000원
03.	160,000원	04.	200,000원
05.	이연법인세자산 300,000원	06.	이연법인세자산 220,000원
07.	420,000원	08.	이연법인세자산 405,000원

[풀이 - 주관식]

01. 법인세비용(차) = 미지급법인세(대) + 이연법인세자산감소(대) + 이연법인세부채 증가(대)
= 2,500,000 + 600,000 + 400,000 = 3,500,000

(차) 법인세비용	3,500,000	(대) 당기법인세(미지급법인세)	2,500,000
		이연법인세자산	600,000
		이연법인세부채	400,000

02. 이연법인세자산(+유보 : 미래차감할 일시적 차이) = 900,000 × 30%(세율) = 270,000원

03. 법인세비용 = 미지급법인세 - 이연법인세자산증가 = 200,000 - 40,000 = 160,000원

(차) **법인세비용**	**160,000**	(대) 당기법인세(미지급법인세)	200,000
이연법인세자산	40,000		

04. 법인세비용 = 미지급법인세(400,000) - 이연법인세부채감소(50,000) - 이연법인세자산증가(150,000)
= 200,000원

(차) **법인세비용**	**200,000**	(대) 당기법인세(미지급법인세)	400,000
이연법인세자산	150,000		
이연법인세부채	50,000		

05. 이연법인세자산 = 전기이연법인세자산(30,000) + 차감할 일시적차이(900,000) × 평균세율(30%)
= 300,000원

06. 차감할 일시적 차이므로 이연법인세 자산이다.
기말재무상태표이연법인세 = 일시적차이 × 소멸될 회계기간법인세율
= 300,000 × 20% + 300,000 × 20% + 400,000 × 25% = 220,000원

07. 과세표준 = 순이익(2,000,000) + 접대비(기업업무추진비)(100,000) + 감가상각비(60,000)
- 당기손익평가이익(20,000) = 2,140,000원

미지급법인세 = 과세표준(2,140,000) × 20% = 428,000원

이연법인세자산(감가상각비) = 60,000 × 20% = 12,000원

이연법인세부채(당기손익인식금융자산) = 20,000 × 20% = 4,000원

법인세비용 = 미지급법인세(428,000) + 이연법인세부채증가(4,000) - 이연법인세자산증가(12,000)

(차)		(대)	
<u>법인세비용</u>	**<u>420,000</u>**	당기법인세(미지급법인세)	428,000
이연법인세자산	12,000	이연법인세부채	4,000

08. 미지급법인세 = 과세표준(6,000,000) × 25% = 1,500,000원

이연법인세자산(감가상각비) = 300,000 × 25% + 600,000 × 30% = 255,000원

이연법인세자산(제품보증충당부채) = 500,000 × 30% = 150,000원

이연법인세 자산 = 감가상각비(255,000) + 제품보증충당부채(150,000) = 405,000원

회계변경과 오류수정

NCS회계 - 4 회계감사(재무정보공시하기)

1. 회계정책의 변경

1. **재고자산의 평가방법의 변경(예 : 선입선출법에서 평균법으로 변경)**
2. **유형자산과 무형자산의 측정기준 변경(예 : 원가모형에서 재평가모형으로 변경)**
   ☞ **원가모형에서 재평가모형으로 최초로 변경 적용하는 경우 전진적으로 처리한다.**
3. 투자부동산 측정기준의 변경(예 : 원가모형에서 공정가치모형)

〈변경사유〉

1. 한국채택국제회계기준에서 **회계정책의 변경을 요구하는 경우**
2. 회계정책의 변경을 반영한 재무제표가 거래, 기타사건 또는 상황이 재무상태, 재무성과 또는 현금흐름에 미치는 영향에 대하여 **신뢰성있고 더 목적적합한 정보**를 제공하는 경우

2. 회계추정의 변경

1. **유형자산의 내용연수/잔존가치 변경 또는 감가상각방법 변경**
2. 수취채권의 대손설정률 변경
3. 보증의무에 대한 충당부채
4. 재고자산 진부화 등 추정치의 근거와 방법의 변경
5. 기대신용손실에 대한 손실충당금
6. 자산이나 부채의 공정가치
5. **정책의 변경인지 아니면 추정의 변경인지 구분하는 것이 어려운 경우에는 추정의 변경으로 본다.**

3 회계정책의 변경

<table>
<tr><td rowspan="2">1. 정책의 변경</td><td><u>소급법</u></td></tr>
<tr><td>누적효과를 실무적으로 결정할수 없는 경우 <u>가장 이른 회계 기간의 자산 및 부채의 기초장부금액에 새로운 회계정책</u>을 적용하고, 자본구성요소의 기초금액을 조정
→ 위의 경우도 안되는 경우 전진법 적용</td></tr>
<tr><td>2. 추정의 변경</td><td><u>전진법</u></td></tr>
</table>

4. 오류의 유형

<table>
<tr><td colspan="2">1. 손익에 영향을 미치지 않는 오류</td><td>재무상태표 또는 당기손익 계정분류</td></tr>
<tr><td rowspan="2">2. 손익에 영향을 미치는 오류</td><td>1. 자동조정오류</td><td>- 손익의 결산정리사항(선급비용/선수수익 등)
- 재고자산의 과대, 과소 계상
- 매출액과 매입액의 기간 구분 오류</td></tr>
<tr><td>2. 비자동조정오류</td><td>- 자본적지출과 수익적지출의 구분 오류
- 감가상각비 과소(대) 계상</td></tr>
</table>

5. 오류의 회계처리

<table>
<tr><td>중요한 오류</td><td><u>소급법(비교재무제표 작성)</u>
→ 누적효과를 결정할 수 없는 경우 <u>실무적으로 적용할 수 있는 가장 이른 날</u>부터 전진적으로 오류를 수정하여 비교정보를 재작성</td></tr>
</table>

☞ 중요한 오류 : 항목의 누락이나 왜곡표시가 재무제표에 기초한 경제적 의사결정에 영향을 미치는 경우

연/습/문/제

O,X 문제

01. 소급법을 적용하게 되면 **전기의 재무제표를 수정하기 때문에 기간별 비교가능성이 제고**되지만, 과거의 재무제표를 수정하게 되므로 과거재무제표에 대해서 신뢰성이 저하되며 재작성하는데 많은 비용과 시간이 소요된다는 단점이 있다. (   )

02. **회계추정의 변경**은 당기손익에 포함하여 **소급법**으로 적용한다. (   )

03. **소급법**을 적용하게 되면 전기의 재무제표를 수정하지 않으므로 **과거 재무제표의 신뢰성이 제고되나 비교가능성은 저하**된다. (   )

04. 외상매출 비중이 매우 낮아서 대손회계처리를 **직접차감법**으로 처리해 오던 기업이 외상매출 비중이 높아져서 대손회계처리를 **충당금설정법으로 변경하는 경우는 회계변경으로 보지 않는다.** (   )

05. 유무형자산을 원가모형에서 재평가법모형으로 **회계정책을 최초로 적용하는 경우 소급법**으로 처리한다. (   )

06. 회계변경이 회계정책의 변경인지 아니면 회계추정의 변경인지 **구분하는 것이 어려운 경우**에는 이를 **회계정책의 변경**으로 본다. (   )

07. 회계정책의 변경을 반영한 재무제표가 회사의 재무상태, 재무성과 또는 현금흐름에 미치는 영향에 대하여 **신뢰성있고 더 목적적합한 정보를 제공**하는 경우에는 회계정책을 변경할 수 있다. (   )

08. **기업회계기준이 개정**됨에 따라 매도가능증권으로 분류한 지분상품을 기타포괄손익인식금융자산으로 분류변경 시는 이는 **오류수정**에 해당한다. (   )

09. **대손추정의 변경, 유형자산 잔존가치의 변경, 유형자산 내용연수의 변경**은 추정의 변경에 해당한다. (   )

10. **재고자산 원가흐름의 가정**을 선입선출법에서 이동평균법으로 변경시 회계정책의 변경에 해당한다. (   )

11. **투자부동산의 측정기준을 원가모형에서 공정가치모형**으로 변경시 회계정책의 변경에 해당한다.(   )

12. 감가상각비의 과소 계상시 **재무상태표와 포괄손익계산서 모두에 영향**을 미치는 오류에 해당한다. (   )

13. 회계정책변경으로 인한 **누적효과를 합리적으로 결정하기 어려운 경우**에 실무적으로 소급적용이 가능한 **가장 이른 회계기간에 반영**한다. (   )

주관식

01. 도소매업을 영위하는 ㈜로그인의 외부감사인이 회계감사 과정에서 다음과 같은 사실을 발견하였다. 동 발견사항에 대하여 수정할 경우 ㈜로그인의 20x1년 수정후 당기순손익은 얼마인가?(단, 법인세효과는 고려하지 않는다)

(1) ㈜로그인이 제시한 20x1년 당기순이익 : 10,000,000원

(2) 외부감사인이 발견한 사항

① 매출관련사항

㈜로그인은 20x1년 12월 26일에 수탁자인 ㈜천안에 판매를 위탁하기 위하여 상품을 발송하였고, 매출 4,000,000원과 이에 대응하는 원가(원가율 80%)를 인식하였고, ㈜천안은 동 수탁상품을 20x2년 1월 3일에 제3자에게 판매함.

② 기타사항

외부감사인은 20x2년 1월 현금출납장을 검토하던 중 20x1년 12월 법인카드사용액 500,000원[전액 접대비(기업업무추진비)]이 20x2년 1월 28일에 결제된 사실을 발견하였으나, 20x1년 재무제표에는 반영되어 있지 않음.

02. ㈜로그인의 20x1년 회계연도 감사과정에서 다음과 같은 사실을 발견하였다. 동 발견사항에 대하여 수정할 경우 ㈜로그인의 수정 후 20x1년 법인세비용차감전순이익은 얼마인가?

① 회사가 제시한 20x1년 법인세비용차감전순이익 : 10,000,000원

② 감사인이 발견한 사항 :

- 20x1년 중 설치조건부 판매를 하였고 이에 대해 ㈜로그인은 2,000,000원의 매출총이익을 인식하였으나, 20x1년말 현재 계약의 중요한 부분을 차지하는 설치가 아직 완료되지 않았음을 발견함.

03. ㈜로그인은 재고자산의 원가흐름에 대한 가정을 20X1년까지 선입선출법을 적용하여 단가결정을 하였으나, 20X2년부터 평균법으로 변경하였다. 원가흐름에 대한 가정에 따른 각 연도말 재고 자산의 장부금액이 다음과 같다.

	20X1년	20X2년
선입선출법	45,000원	50,000원
평균법	35,000원	45,000원

㈜로그인이 평균법으로의 회계정책변경에 대한 소급효과를 모두 결정할 수 있다고 가정할 경우 상기 회계 변경이 20X2년말 이익잉여금에 미치는 영향은 얼마인가?

04. ㈜로그인은 20x1년 1월 1일에 취득한 차량운반구 1,000,000원을 정률법, 내용연수 6년(상각률 40%), 상각하여 오던 중 20x3년 1월 1일에 정액법으로 감가상각방법을 변경하였다. 이 경우 내용연수 종료시점에 잔존가치가 없을 경우 20x3년에 인식할 감가상각비를 구하시오.

05. ㈜로그인은 20X2년에 처음으로 회계감사를 받았는데, 기말상품재고에 대하여 다음과 같은 오류가 발견되었다. 20X1년 및 20X2년에 ㈜삼일이 보고한 당기순이익이 다음과 같을 때, 20X2년의 오류수정 후 당기순이익은 얼마인가? (단, 법인세효과는 무시한다)

연도	당기순이익	기말상품재고오류
20X1년	30,000원	3,000원 과대평가
20X2년	35,000원	2,000원 과소평가

06. ㈜로그인은 20X3년에 처음으로 회계감사를 받았는데, 기말상품재고에 대하여 다음과 같은 오류가 발견되었다.

20x1년말	20x2년말	20x3년말
50,000원 과대	20,000원 과대	30,000원 과대

위의 오류를 반영하기 전 20X3년말 이익잉여금은 1,000,000원, 당기순이익은 300,000원이다. 오류를 수정한 후의 이익잉여금과 당기순이익은 얼마인가?

07. ㈜삼일은 20X0년 7월 1일 500,000원 (내용연수 5년, 잔존가치 100,000원)에 건물을 취득하고, 20X0년 말 정액법으로 감가상각하였다. 그런데 ㈜삼일은 건물에 내재된 미래경제적효익의 예상되는 소비형태의 유의적인 변동을 반영하기 위하여, 20X1년 초부터 감가상각방법을 연수합계법으로 변경하고 잔존 내용연수는 3년, 잔존가치는 없는 것으로 재추정하였다. 20X1년 말 건물의 장부금액은 얼마인가? (감가상각은 월할 상각하며, 건물에 대한 손상차손누계액은 없다.)

연/습/문/제 답안

O,X문제

1	2	3	4	5	6	7	8	9	10	11	12	13		
○	×	×	○	×	×	○	×	○	○	○	○	○		

[풀이 - O,X문제]

02. 추정의 변경은 전진법을 적용한다.

03. 전진법에 대한 설명이다.

05. 원가모형에서 재평가법모형으로 **회계정책을 최초로 변경시 전진법**으로 처리한다.

06. 구분하기 어려운 경우 추정의 변경으로 본다.

08. **기업회계기준이 개정**됨에 따라 변경시 회계정책의 변경에 해당한다.

주관식

01.	당기순이익 8,700,000원	02.	8,000,000원
03.	이익잉여금 5,000감소	04.	90,000원
05.	40,000원	06.	이익잉여금 970,000원 당기순이익 290,000원
07.	230,000원		

[풀이 - 주관식]

01.

1. 수정전 당기순이익	10,000,000	
① 위탁매출 취소	-4,000,000	
② 위탁매출원가 취소	+3,200,000	
③ 접대비(기업업무추진비) 누락	-500,000	
2. 수정후 당기순이익	8,700,000	

02.

1. 수정전 법인세차감전순이익	10,000,000
① 설치조건부매출 취소	-2,000,000
2. 수정후 법인세차감전순이익	8,000,000

☞설치조건부 판매계약에서 계약의 중요한 부분을 차지하는 설치가 아직 완료되지 않은 경우는 판매자가 소유에 따른 위험을 부담하는 사례로서 수익인식하지 않는다.

03.

	20X2년 재고자산
선입선출법(전)	50,000원
평균법(후)	45,000원

(차) 매출원가 5,000 (대) 재고자산 5,000

따라서 이익잉여금이 5,000원 감소된다.

04. 20X1년 감가상각비 = 1,000,000 × 40% = 400,000원

20X2년 감가상각비 = (1,000,000 - 400,000) × 40% = 240,000원

20X3년 초 장부가액 = 1,000,000 - 감가상각누계액(640,000) = 360,000원

잔여내용연수 = 6년 - 2년 = 4년

20X3년 감가상각비(정액법) = 360,000/4년 = 90,000원/년

05. **자산과 이익은 비례관계**이다. 또한 **전기말 자산의 과대평가는 당기 매출원가을 과대평가되게 하므로 당기 이익에 가산**하여야 한다.

수정후 당기순이익 = 수정전 당기순이익(35,000) + 당기자산과소평가(2,000)
+ 전기자산과대평가(3,000) = 40,000원

06. <u>재고자산의 과대과소 오류는 자동조정오류이므로 이익잉여금에 대해서는 20x3년 자산과대평가분만 반영하면 되고, 당기순이익은 전년도 과대평가분과 당해연도 과대평가를 반영하면 된다.</u>

		20x1년말	20x2년말	20x3년말
재고자산 오류		50,000원 과대	20,000원 과대	30,000원 과대
수정전	당기순이익			300,000
	이익잉여금			1,000,000
수정후	당기순이익	자동조정	전기 자산 과대	***290,000***
	이익잉여금	자동조정		***970,000***

수정후(20x3) 당기순이익 = 수정전 당기순이익(300,000) - 당기자산과대평가(30,000)
+ 전기자산과대평가(20,000) = 290,000원

07. x0년 감가상각(정액법, 6개월) = [취득가액(500,000) - 잔존가치(100,000)] ÷ 5년 × 6/12
= 40,000원

x0년 장부가액 = 취득가액(500,000) - 감가상각누계액(40,000) = 460,000원

x1년 감가상각비(연수합계법) = 장부가액(460,000) × 잔여내용연수(3)/내용연수합계(6)
= 230,000원

x1년말 장부금액 = 취득가액(500,000) - 감가상각누계액(40,000 + 230,000) = 230,000원

주당이익

NCS회계 - 4 회계감사(재무정보공시하기)

주당이익은 1회계기간 동안 보통주 1주당 이익이 얼마인가 나타내는 지표이다. **주당이익은 회사의 영업활동성과를 나타내는 것**으로서 투자자들이 가장 빈번하게 이용하고 있는 투자지표이다.

$$\text{주당이익(EPS, Earnings Per Share)} = \frac{\text{보통주이익}}{\text{가중평균유통보통주식수}}$$

1. 주당이익의 종류

구분	산식
기본주당계속영업이익	$\frac{\text{보통주계속영업이익}}{\text{가중평균유통보통주식수}}$
기본주당순이익	$\frac{\text{보통주 순이익(당기순이익 - 우선주 몫)}}{\text{가중평균유통보통주식수}}$
희석주당계속영업이익	$\frac{\text{(보통주계속영업이익 + 잠재적보통주이익)}}{\text{(가중평균유통보통주식수 + 잠재적보통주식수)}}$
희석주당순이익	$\frac{\text{(보통주순이익 + 잠재적보통주이익)}}{\text{(가중평균유통보통주식수 + 잠재적보통주식수)}}$

2. 가중평균유통보통주식수

기초의 유통보통주식수에서 회계기간 중에 재취득된 자기주식수 그리고 신규발행된 보통주식를 각각의 유통기간에 따른 가중치를 고려한 것이다.

가중평균유통보통주식수를 산정하기 위한 보통주 유통일수계산의 기산일은 통상 **주식발행의 대가를 받을 권리가 발생하는 시점(주식발행일)**이다.

항목	기산일	계산
우선주	-	총주식수에서 차감
기초유통보통주, 무상증자, 주식배당, 주식분할, 주식병합	**기초부터**	**무상증자는 원구주에 따른다.**
유상증자, 신주인수권	**납입일**	**발행금액이 공정가치보다 낮은 경우에는 무상증자의 요소가 포함된 것으로 본다.**
전환금융상품	**실제 전환일**	**보통주로 반드시 전환하여야 하는 것은 계약체결시점부터 포함**
자기주식	**보유기간 제외**	**취득시점에서 제외하며, 처분시 포함**

기존주주에 대한 주주우선배정으로 **신주발행시 발행금액이 공정가치보다 낮은 경우**에는 무상증자의 요소가 포함된 것으로 본다. 이를 '공정가치 미만 유상증자'라 한다.

〈공정가치미만 유상증자시 무상증자비율〉

ⓐ 공정가치 유상증자 주식수 = 현금유입액/공정가치
ⓑ (간주)무상증자 주식수 = 실제발행주식수 - 공정가치유상증자주식수
ⓒ 무상증자비율 = 무상증자주식수/(증자전 주식수 + 유상증자주식수)

<예제> 가중평균유통보통주식수

㈜로그인는 20x1년 보통주식수의 변동내역은 다음과 같다. 가중평균유통보통주식수를 계산하라. (월할 계산하시오.)

	보통주주식수	비 고
기 초	1,500주	
4월 1일 유상증자	1,000주	권리행사일전 공정가치는 주당 1,000원이고, 유상증자시 발행가액은 500원이다.
7월 1일 신주인수권 행사	500주	
10월 1일 무상증자(20 %)	600주	
11월1일 자기주식 취득	(1,000)주	

해답

1. 4월 1일 공정가치미만 유상증자시 무상증자비율
   ⓐ 공정가치 유상증자 주식수 = 1,000주 × 500원/1,000원 = 500주
   ⓑ (간주)무상증자 주식수 = 1,000주 − 500주 = 500주
   ⓒ 무상증자비율 = 무상증자주식수/(증자전 주식수 + 유상증자주식수)
   = 500주/(1,500주 + 500주) = 25%
2. 가중평균유통보통주식수
   ① 유통보통주식수 변동

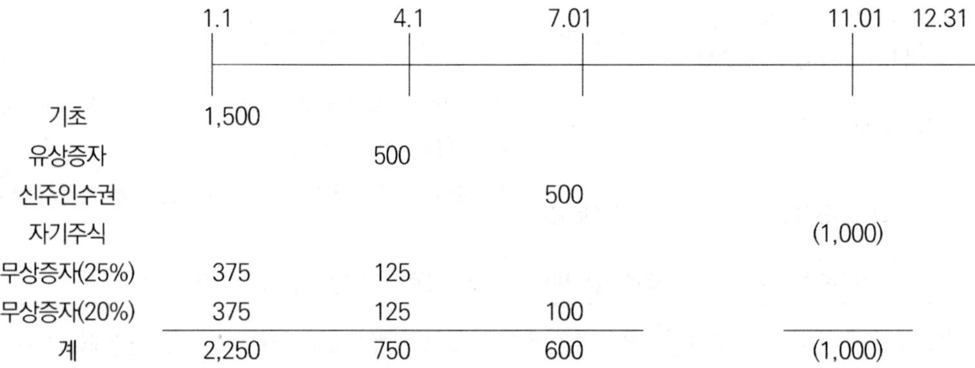

	1.1	4.1	7.01	11.01	12.31
기초	1,500				
유상증자		500			
신주인수권			500		
자기주식				(1,000)	
무상증자(25%)	375	125			
무상증자(20%)	375	125	100		
계	2,250	750	600	(1,000)	

   ② 유통보통주식수 : 2,250 × 12/12 + 750 × 9/12 + 600 × 6/12 − 1,000 × 2/12 = 2,946주

3. 보통주이익

보통주 당기순이익(계속영업이익) = 당기순이익(계속영업이익) − 우선주배당금 ± 우선주 재매입손익등

☞ 누적적우선주일 배당선언 여부에 관계없이 손실이 발생한 경우에도 당해 회계기간과 관련된 세후배당금을 차감하여 산정한다.

<예제> 기본주당이익

㈜로그인는 20x1년 당기순손익과 자본금변동 상황은 다음과 같다. 기본주당이익을 구하시오.

1. 당기순이익 10,000,000원(이익에 대한 배당금은 현금배당 10%이다.)
2. 자본금(액면가 500원)

	보통주자본금		우선주자본금	
기 초	10,000주	5,000,000	2,000주	1,000,000
5월 1일 무상증자(10%)	1,000주	500,000	200주	100,000
10월 1일 자기주식 취득	(600주)	(250,000)		

해답

1. 가중평균유통보통주식수
   ① 유통보통주식수 변동

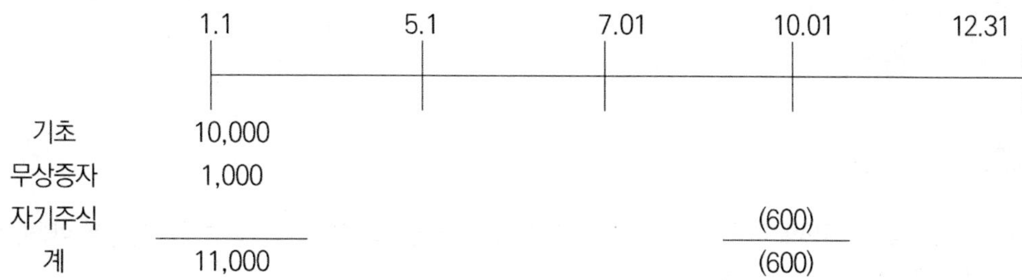

	1.1	10.01
기초	10,000	
무상증자	1,000	
자기주식		(600)
계	11,000	(600)

   ② 유통보통주식수 : 11,000×12/12－600×3/12＝10,850주

2. 기본주당순이익
   ① 우선주배당금 : (1,000,000＋100,000)×10%＝110,000원
   ② 보통주당기순이익 : 10,000,000 －110,000＝9,890,000원
   ③ 기본주당순이익 : 9,890,000/10,850주＝912원

4. 희석주당이익

희석주당이익은 희석효과가 있는 **잠재적 보통주(전환우선주, 전환사채 등)**도 보통주로 전환되었을 경우를 가정하고 유통보통주식수를 계산한다.

> **희석주당순이익＝희석당기순이익/(가중평균유통보통주식수＋잠재적보통주식수)**
> **＝(보통주순이익＋잠재적보통주이익)/(가중평균유통보통주식수＋잠재적보통주식수)**

5. 주당이익의 유용성과 한계

구분	내용
유용성	① **특정기업의 경영성과를 기간별로 비교시 유용하다.** ② 기업의 배당성향을 파악하는데 유용하다. 배당성향＝주당배당금/주당이익 ③ **주식투자 의사결정에 유용한 정보를 제공한다.** 주가수익율(PER, Price－Earning Ratio)＝주식가격/주당이익
한계	① 주당이익은 과거 경영성과이기 때문에 **미래 수익력 예측에 한계**가 있다. ② 주당이익이 기업의 규모에 따라 달라질 수 있기 때문에 기업 간 비교에는 한계가 있다.

연/습/문/제

O,X 문제

01. 주당이익은 재무정보이용자가 **기업의 경영성과와 배당정책을 평가하고, 특정기업의 재무상태를 일정시점별로 비교하는데 유용**하다. ( )

02. 당기 중에 **무상증자, 주식배당, 주식분할 및 주식병합**이 실시된 경우에는 **기초에 실시된 것으로 간주**하여 가중평균유통보통주식수를 증가 또는 감소시켜 준다. ( )

03. 주당이익이란 기업의 당기이익을 유통보통주식수로 나누어 산출한 금액으로 **회계기간의 경영성과에 대한 보통주 1주당의 이익**을 나타낸다. ( )

04. **희석주당이익**은 실제 발행된 보통주뿐만 아니라 **보통주로 전환될 수 있는 잠재적 보통주까지 감안하여 산출한 주당이익**을 말한다. ( )

05. 현금 이외의 자산을 취득하기 위하여 보통주를 발행하는 경우 그 **자산의 취득을 인식한 날을 기산일로 하여 가중평균유통보통주식수**를 산정한다. ( )

06. 자기주식은 **취득시점 이후부터 매각시점까지의 기간동안 가중평균유통보통주식수**에 포함한다. ( )

07. 주식분할이 실시된 경우에는 **주식분할시점에 실시된 것으로 가정하여 가중평균유통보통주식수**를 구한다. ( )

08. 전환으로 발행되는 보통주(전환우선주등)는 **기초부터 유통보통주식수에 포함**한다. ( )

09. **보통주로 반드시 전환**하여야 하는 **전환금융상품도 전환일부터** 보통주식수에 포함하여 가중평균유통보통주식수를 구한다. ( )

10. 보통주를 자기주식으로 취득하면 유통보통주식수가 감소하므로 **기본주당순이익을 증가시키는 효과**가 생긴다. ( )

11. 보통주로 전환할 수 있는 **전환사채나 전환우선주는 잠재적 보통주**에 해당한다. ( )

12. 회사가 보유하고 있는 **자기주식은 잠재적 보통주**에 해당한다. ( )

13. 누적적 우선주에 대한 세후 배당금은 **배당금이 결의된 경우에만 당기순손익에서 차감**한다. ( )

14. 채무를 변제하기 위하여 보통주를 발행하는 경우, **채무변제일이 가중평균유통보통주식수를 산정**하기 위한 보통주 유통일수 계산의 기산일이 된다. ( )

주관식

01. 다음은 ㈜로그인의 20x1년 당기순이익과 자본금 변동상황에 대한 자료이다. 이를 이용하여 ㈜로그인의 20x1년도 유통보통주식수를 구하시오.

① 당기순이익 : 100,000,000원

② 자본금변동사항(액면금액 500원)

	보통주자본금		우선주자본금	
기 초	5,000주	2,500,000원	2,000주	1,000,000원
5월 1일 무상증자(30%)	1,500주	750,000원	600주	300,000원

③ 20X1년 9월 1일에 자기주식(보통주) 1,200주를 1,200,000원에 취득

④ 무상신주의 배당기산일은 원구주에 따르며, 유통보통주식수는 월할로 계산

02. 다음은 ㈜로그인의 20x1회계연도(20x.1.1.~ 20x1.12.31.) 당기순이익과 자본금변동상황에 대한 자료이다. 이를 이용하여 ㈜로그인의 20x1년도 기본주당순이익을 구하시오.(단, 소수첫째자리에서 반올림한다.)

① 당기순이익 5,000,000원

② 자본금변동사항(주당 액면금액은 500원이다)

	보통주자본금		우선주자본금	
기초	10,000주	5,000,000원	2,000주	1,000,000원
기중			기중 변동사항 없음	

-4.1 유상증자(20%) 2,000주 10,000,000원(공정가치 이상으로 발행됨)

-7.1 무상증자(10%) 1,200주 6,000,000원

☞ 유통보통주식수 계산시 월할계산을 가정한다.

③ 20x1 회계연도 이익에 대한 배당(현금배당) : 보통주 : 10%, 우선주 : 20%

03. ㈜로그인의 20X1년 가중평균유통보통주식수는 2,000주이며, 기본주당순이익은 5,000원이다. 희석당기순이익은 11,250,000원이며 잠재적 보통주식수는 500주일 경우 희석주당순이익을 구하시오.

04~05. ㈜로그인의 20X1년의 당기순이익과 유통보통주식수 변동내역이다.

ㄱ. 유통보통주식수 변동내역(주당 액면금액 500원)

구 분	주식수
20X1 년 초	6,000주
5 월 1 일 유상증자 납입	2,700주(공정가치로 유상증자)
9 월 1 일 자기주식 구입	(1,200)주
20X1 년 말	7,500주

ㄴ. 당기순이익 : 44,000,000원

ㄷ. 우선주배당금 : 2,000,000원(비누적적 · 비참가적 우선주)

04. ㈜로그인의 20X1년 가중평균유통보통주식수는 얼마인가?(단, 월할계산한다)

05. ㈜로그인의 20X1년 기본주당순이익은 얼마인가?(단, 가중평균유통보통주식수는 7,000주로 가정함)

연/습/문/제 답안

O,X문제

1	2	3	4	5	6	7	8	9	10	11	12	13	14
×	○	○	○	○	×	×	×	×	○	○	×	×	○

[풀이 - O,X문제]

01. 주당이익은 **특정기업의 경영성과를 기간별로 비교하는데 유용**하다.
06. 자기주식은 유통보통주식수에서 제외한다.
07. 주식분할이 실시된 경우에는 **주식분할이 기초시점에서 실시된 것으로 가정하여 가중평균유통보통주식수**를 구한다.
08. 전환으로 발행되는 보통주(전환우선주등)는 **전환일부터 유통보통주식수에 포함**한다.
09. 보통주로 반드시 전환하여야 하는 전환금융상품은 계약체결시점(발행시점)부터 포함한다.
10. 자기주식은 잠재적보통주에 해당하지 않는다.
12. 자기주식은 잠재적 보통주에 해당하지 않는다.
13. 누적적 우선주일 경우 배당 선언여부에 관계없이 당해 회계기간과 관련된 세후배당금을 차감하여 산정한다.

주관식

01.	6,100주	02.	379원
03.	4,500원	04.	7,400주
05.	6,000원		

[풀이 - 주관식]

01. ① 유통보통주식수 변동

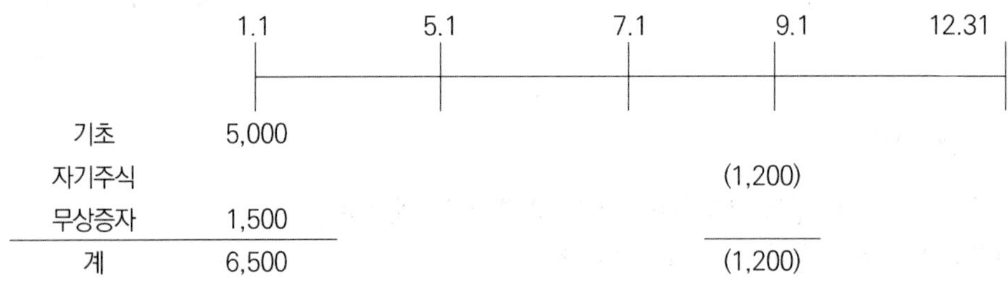

② 유통보통주식수 : 6,500×12/12 - 1,200×4/12 = 6,100주

02. ① 유통보통주식수 변동

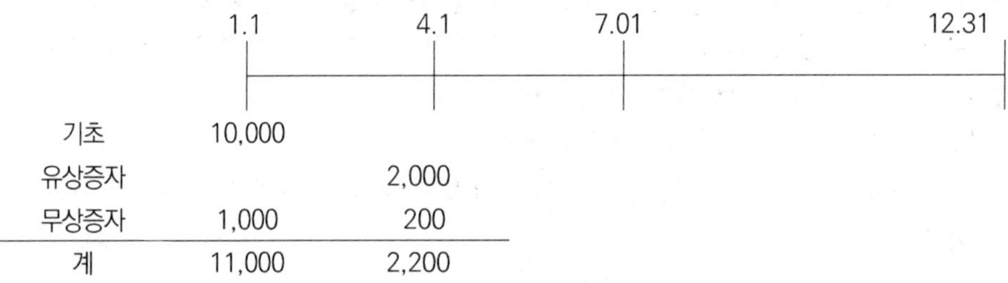

② 유통보통주식수 : 11,000×12/12 + 2,200×9/12 = 12,650주

③ 보통주 순이익 : (5,000,000 - 200,000) = 4,800,000원

④ 기본주당순이익 : 4,800,000/12,650주 = 379원

03. 희석주당순이익 = [보통주순이익 + 잠재적보통주이익]/[유통보통주식수 + 잠재적보통주식수]

= 희석당기순이익/[유통보통주식수 + 잠재적보통주식수]

= 11,250,000/[2,000 + 500] = 4,500원

04. ① 유통보통주식수 변동

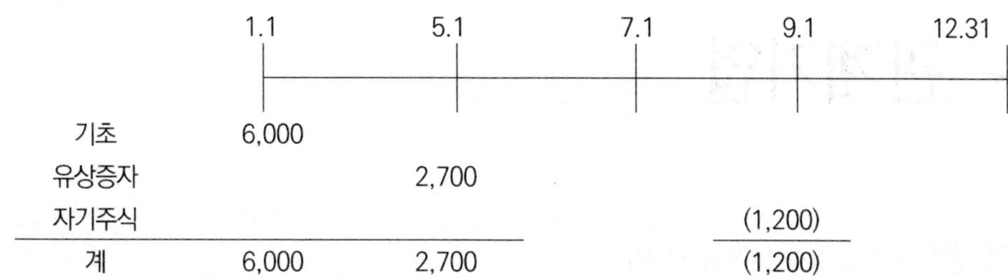

	1.1	5.1	7.1	9.1	12.31
기초	6,000				
유상증자		2,700			
자기주식				(1,200)	
계	6,000	2,700		(1,200)	

② 유통보통주식수 : 6,000×12/12+2,700×8/12-1,200×4/12=7,400주

05. ① 보통주 순이익 : (44,000,000-2,000,000)=42,000,000원

② 기본주당순이익 : 42,000,000/7,000주=6,000원

CHAPTER 18 관계기업

NCS회계 - 4 회계감사(재무정보공시하기)

관계기업은 투자자가 당해 기업에 대하여 **유의적인 영향력(지분율기준 또는 실질영향력)**을 행사할 수 있는 기업을 의미한다.

1. 지분법회계 적용대상

지분법이란 피투자회사의 경영성과 등으로 인하여 피투자회사의 순자산가액이 변동시 변동액에 대한 투자회사의 투자주식에 가감하는 것이다. 다음의 지분율 기준 또는 실질영향력 기준을 만족하는 경우 지분법을 적용하도록 규정하고 있다.

① 지분율	투자자가 직간접적으로 피투자회사의 **의결권의 20% 이상(투자자의 지분율과 종속기업이 보유하고 있는 지분율의 단순합계)**을 소유하고 있다면 **명백한 반증이 있는 경우를 제외하고 유의적인 영향력이 있는 것**으로 본다. → 다른 기업이 보유한 **잠재적 의결권의 존재와 영향을 고려하여야 한다.**
② 실질영향력 기준	ⓐ 피투자회사의 **이사회나 의사결정기구에 참여**하는 경우 ⓑ 피투자회사의 정책결정과정에 참여하는 경우 ⓒ 투자자와 피투자자 사이의 중요한 거래가 있는 경우 ⓓ **경영진의 상호교류가 이루어지는 경우** 등

☞ **12개월 이내에 매각할 목적으로 투자주식을 취득하여 적극적으로 매수자**를 찾고 있는 경우에 해당 투자주식은 매각예정비유동자산으로 분류하고, **지분법을 적용하지 않는다.**

2. 지분법적용방법

피투자회사의 순자가액 변동	투자회사(지분율만큼) 반영
당기순손익	**지분법손익(영업외손익)**
배당	**관계회사투자주식에서 직접차감**
기타포괄손익	기타포괄손익(예 : 지분법자본변동)

3. 지분법회계처리

취득시 (취득원가)	(차) 관계기업투자주식	xx	(대) 현금	xx
당기순손익 발생 (지분율만큼 인식)	(차) 관계기업투자주식	xx	(대) 지분법이익	xx
기타포괄손익	(차) 관계기업투자주식	xx	(대) 기타포괄손익	xx
배당금확정	(차) 미수배당금	xx	(대) 관계기업투자주식	xx

(1) 투자차액

투자자산의 취득시점에 투자자산의 원가와 피투자회사의 순자산공정가치 중 투자자의 지분에 해당하는 금액을 **투자차액(+일 경우 영업권, -일 경우 염가매수차익)**이라 하는데 **영업권은 상각하지 않으며** 염가매수차익은 취득시점에 지분법이익으로 처리한다.

[투자차액] 

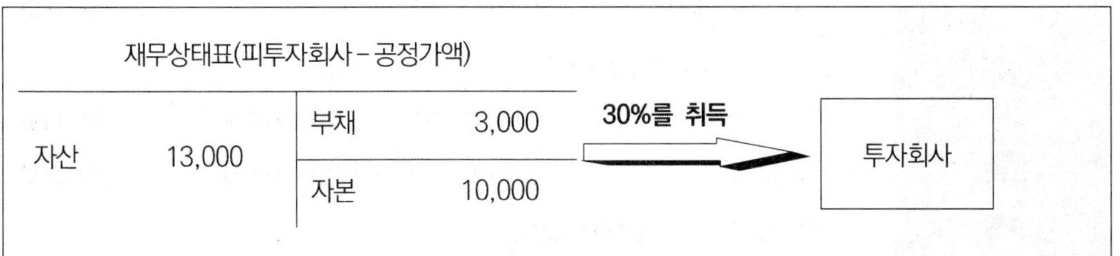

투자차액 = 취득원가 - (피투자회사의 순자산공정가치) × 지분율

5,000원에 취득	투자차액 = 2,000	**영업권**	**상각하지 않음**
2,000원에 취득	투자차액 = -1,000	염가매수차익	지분법이익

(2) 순자산 공정가치와 장부금액의 차액

지분법 피투자자의 **순자산공정가치와 장부금액의 차이금액 중 지분율에 해당하는 금액은 당해 자산·부채에 대한 지분법 피투자자의 처리방법에 따라 상각 또는 환입**한다. 즉 지분법 이익에 지분율만큼 반영하라는 것이다.

<예제> 지분법

㈜로그인은 20x1년 1월 1일 ㈜천안의 의결권있는 주식 30%를 3,000,000원에 현금취득하고, 유의적인 영향력을 행사할 수 있게 되었다. 취득시 ㈜천안의 순자산장부가액(8,000,000원)과 순공정가치는 일치하였다. ㈜천안의 경영성과는 다음과 같다.

	20x1년	20x2년
당기순손익	2,000,000원	-1,000,000원

20x1년 경영성과에 대하여 20x2년 2월말 ㈜로그인에 500,000원을 배당 결의하다.
취득시점과 손익발생 및 배당결의에 대하여 회계처리하시오.

해답

1. 투자차액 = 취득가액(3,000,000) - 순공정가치(8,000,000 × 지분율(30%) = 600,000원(영업권)
2. 회계처리

20x1. 1. 1	(차) 관계기업투자주식	3,000,000	(대) 현금	3,000,000
20x1.12.31	(차) 관계기업투자주식	600,000	(대) 지분법이익	600,000
	☞지분율만큼 이익 2,000,000×30%			
20x2. 2월 말	(차) 미수배당금	500,000	(대) 관계기업투자주식	500,000
20x2.12.31	(차) 지분법손실	300,000	(대) 관계기업투자주식	300,000
	☞지분율만큼 손실 1,000,000×30%			

4. 기타사항

(1) 지분법중지

관계기업투자주식의 장부금액이 "0" 이하가 될 경우 지분법을 중지한다.

(2) 손상차손

객관적인 증거가 있을 경우 관계기업투자주식의 회수가능액이 장부금액보다 작은 경우에는 손상차손을 인식한다.

회수가능액 = MAX[순공정가치, 사용가치]

(3) 적용재무제표

투자회사는 지분법을 적용시 가장 최근의 이용가능(**투자자의 보고기간종료일과 관계기업의 보고기간종료일의 간의 차이는 3개월 이내**)한 관계기업의 재무제표를 사용한다.

(4) 내부미실현손익의 제거

투자회사와 관계기업 사이에서 발생하는 거래의 결과로 발생한 관계기업의 손익 중 투자자의 지분은 제거한다. 따라서 **관계기업에 대한 투자지분과 무관한 손익만 투자자의 재무제표에 반영**된다.

연/습/문/제

O,X 문제

01. 투자회사가 직 · 간접적으로 피투자자에 대한 의결권의 10%이상을 소유하고 있다면 명백한 반증이 있는 경우를 제외하고는 유의적인 영향력이 있는 것으로 본다. ( )

02. 투자자가 직 · 간접적으로으로 피투자자에 대한 의결권의 20%미만을 소유하고 있다면 유의적인 영향력이 없는 것으로 본다. 다만, 피투자회사의 이사회 참여등 유의적인 영향력이 있다는 사실을 명백하게 제시할 수 있는 경우는 제외한다. ( )

03. 투자자는 지분법을 적용할 때 가장 최근의 이용가능한 관계기업의 재무제표를 사용하여야 한다. ( )

04. 재무제표를 적용시 투자자의 보고기간종료일과 관계기업의 보고기간종료일간의 차이는 2개월 이내이어야 한다. ( )

05. 지분법이란 투자자산을 최초에 원가로 인식하고, 취득시점 이후 발생한 피투자자의 순자산 변동액 중 투자자의 지분을 해당 투자자산에 가감하여 보고하는 회계처리방법이다. ( )

06. 투자자산을 취득한 시점에 투자자산의 원가와 피투자자의 식별가능한 자산과 부채의 장부가액 중 투자자의 지분에 해당하는 금액과의 차이금액을 투자차액이라한다. ( )

07. 피투자회사가 배당금지급을 결의한 시점에 투자회사가 수취하게 될 배당금 금액을 당기수익으로 인식한다. ( )

08. 피투자기업이 당기순손익을 보고한 경우 피투자기업의 당기순손익 중 투자기업의 지분에 해당하는 금액만큼 관계기업투자주식의 장부금액을 증감시키고 동 금액을 지분법손익으로 처리한다. ( )

09. 투자자가 지분법을 적용시 지분법피투자자의 손실 등을 반영하여 관계기업투자주식의 장부금액이 '영(0)' 이하가 될 경우에는 더 이상의 지분변동액에 대한 인식을 중지하고 관계기업투자주식을 '영(0)'으로 처리한다. ( )

10. 관계기업에 관련된 **영업권의 상각은 보유기간 동안 상각하고**, 염가매수차액은 투자자산을 취득한 회계기간에 지분법이익에 포함한다. ( )

11. 지분법 적용시 피투자기업의 재무제표는 원칙적으로 투자기업의 재무제표와 **동일한 결산기에 동일한 회계처리방법을 적용한 것을 기준**으로 적용해야 한다. ( )

12. A 회사는 **6개월 이내에 매각할 목적**으로 B 회사의 의결권 있는 주식을 30% 취득하여 **적극적으로 매수자를 찾고 있는 중** 일 경우 지분법을 적용하지 않는다. ( )

13. 지분법 적용시 **피투자회사의 기타포괄손익 변동액** 중 투자자의 지분은 **투자자의 당기손익(지분법손익)**으로 인식한다. ( )

14. 지분법 적용시 피투자자의 **당기순손익 중 투자자의 지분은 투자자의 당기순손익(지분법손익)**으로 인식한다. ( )

15. 투자자와 관계기업간 발생한 **내부거래에서 발생한 당기손익 중 투자자의 지분은 제거**한다. ( )

16. 투자기업이 피투자기업의 의결권을 20%이상 가지고 있어서 피투자기업에 대해 유의적인 영향력을 행사할 수 있지만 **피투자기업이 외부감사대상이 아닌 경우** 지분법을 적용하지 않는다. ( )

17. 유의적인 영향력을 판단함에 있어 피투자자에 대한 의결권은 **투자자의 지분율과 지배기업이 보유하고 있는 지분율의 합계**로 계산한다. ( )

18. 투자자와 관계기업 사이의 내부거래에서 발생한 당기손익에 대하여 **투자회사의 지분에 해당하는 금액까지만 투자자의 재무제표에 인식**한다. ( )

19. 기업이 해당 **피투자자에 대하여 유의적인 영향력이 있는지 여부를 평가**할 때에는 **다른 기업이 보유한 잠재적의결권**은 고려하지 않는다. ( )

20. 투자자와 피투자자가 **동일 기업의 지배하에 있는 경우** 투자자가 **피투자자에 대해 유의적인 영향력**을 행사할 수 있는 것으로 본다. ( )

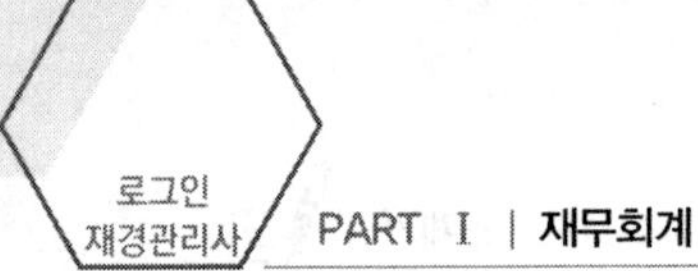

주관식

01. ㈜로그인은 20x1년 1월 1일 ㈜천안의 보통주 30%를 4,000,000원에 취득하였고 그 결과 ㈜천안에 유의적인 영향력을 행사할 수 있게 되었다. 주식취득일 현재 ㈜천안의 순자산 공정가치가 10,000,000원인 경우 영업권은 얼마인가?

02. ㈜로그인은 20x1년 1월 1일에 ㈜천안의 보통주 40%를 4,500,000원에 취득하였고 그 결과 ㈜천안에 유의적인 영향력을 행사할 수 있어 지분법 회계처리를 할 경우 20x1년도 ㈜로그인의 지분법손익은 얼마인가?

① 20x1년 1월 1일 현재 순자산장부금액 : 10,000,000원 ② ㈜천안의 순자산장부금액과 순자산공정가치는 일치함 ③ 20x1년 당기순이익 : 2,000,000원 ④ 20x1년 동안 양 회사간 내부거래는 없었음

03. (주)로그인은 20x1년 1월 1일에 ㈜천안의 보통주 40%를 7,000,000원에 취득하였고, 그 결과 (주)천안에 유의적인 영향력을 행사할 수 있게 되었다. 20x1년도 ㈜로그인의 관계기업투자주식의 장부금액은 얼마인가?

① 20x1년 1월1일 현재 순자산장부금액 : 15,000,000원 ② (주)천안의 순자산장부금액과 순자산공정가치는 일치함. ③ 20x1년 당기순이익 : 5,000,000원 ④ (주)천안이 20x1년 실시한 중간배당금 : 1,000,000원 ⑤ 상기이외의 투자자와 관계기업간 내부거래는 없음

04. 20X1년 1월 1일 ㈜로그인은 ㈜천안의 보통주 40%를 850,000원에 취득하여 유의적인 영향력을 행사하게 되었으며, 취득 당시 ㈜천안의 순자산 장부금액과 공정가치는 2,000,000원으로 동일하였다. 20x1년 ㈜천안의 자본변동은 아래와 같다.

	20x1.1.1.	20x1.12.31.
자본금	900,000원	900,000원
이익잉여금(당기순이익의 증가)	1,100,000원	1,300,000원
합계	2,000,000원	2,200,000원

20x1년 말 ㈜로그인의 재무상태표에 계상될 ㈜천안의 주식금액은 얼마인가?

05. 20X1년 초에 ㈜삼일은 ㈜용산의 주식 30% 를 1,000,000원에 취득하면서 ㈜용산에 대해 유의적인 영향력을 갖게 되었다. 20X1년 초 ㈜용산의 순자산 장부금액은 2,000,000원이었으며, 건물을 제외한 자산과 부채에 대해서는 공정가치와 장부금액이 일치하였다. 동 건물의 공정가치는 장부금액보다 200,000원 높게 평가되었으며, 잔존내용연수 5년, 잔존가치 0원, 정액법으로 감가상각하고 있다. ㈜용산의 20X1년 당기순이익이 300,000원일 경우, ㈜삼일의 20X1년 말 재무제표상 관계기업투자주식의 장부금액은 얼마인가?

연/습/문/제 답안

O,X문제

1	2	3	4	5	6	7	8	9	10	11	12	13	14	15
×	○	○	×	○	×	×	○	○	×	○	×	×	○	○
16	**17**	**18**	**19**	**20**										
×	×	×	×	×										

[풀이 - O,X문제]

01. 의결권의 20% 이상을 소유해야 한다.

04. 3개월이내여야 한다.

06. **투자자산의 원가와 피투자자의 식별가능한 자산과 부채의 순공정가치 중 투자자의 지분에 해당하는 금액과의 차이금액**을 투자차액이라한다.

07. 배당금은 관계기업투자주식회사에서 직접 차감한다.

10. 관계기업에 관련된 **영업권의 상각은 허용되지 않는다.**

12. **12개월 이내 매각할 목적일 경우 지분법을 적용하지 않는다.**

13. **피투자회사의 기타포괄손익 변동액** 중 투자자의 지분은 **투자자의 기타포괄손익(지분법자본변동)**으로 인식한다.

16. **피투자기업이 외부감사대상여부와 관계없이** 지분법을 적용한다.

17. **투자자의 지분율과 종속기업이 보유하고 있는 지분율의 합계로 계산한다.**

18. 투자자의 지분까지 인식하는게 아니라 **지분만큼 제거**하여야 한다.
즉 관계기업에 대한 투자지분과 무관한 손익까지만 투자자의 재무제표에 인식한다.

19. **다른 기업이 보유한 잠재적 의결권도 고려하여야** 한다.

20. **투자자와 피투자자가 동일 지배하에 있는 경우는 유의적인 영향력**이 있다고 보지 않는다.

주관식

01.	1,000,000원	02.	지분법이익 800,000원
03.	8,600,000원	04.	930,000원
04.	1,078,000원	05.	1,078,000원

[풀이 - 주관식]

01. 영업권 = **취득대가 - 취득한 순자산공정가치의 지분율**
= 4,000,000원 - 10,000,000 × 30% = 1,000,000원

02. 지분법이익 : 당기순이익 2,000,000 × 40% = 800,000(이익)

03. 관계기업투자주식 = 7,000,000원 + (5,000,000 - 1,000,000) × 40% = 8,600,000원

04. 투자주식 = 850,000원 + (1,300,000 - 1,100.000) × 40% = 930,000원

05. 순자산공정가치와 장부금액의 차이(건물 200,000)는 **투자자의 지분율에 해당하는 금액은 지분법피투자자의 처리방법에 따라 상각 또는 환입**한다.
상각금액(건물) = 200,000원 ÷ 잔존내용연수(5년) = 40,000원/년
관계기업투자주식 = 취득가액(1,000,000) + [관계기업 당기순이익(300,000) - 상각금액(40,000)] × 지분율(30%) = 1,078,000원

CHAPTER 19

환율변동효과

NCS회계 - 4 회계감사(재무정보공시하기)

1. 기능통화와 표시통화

(1) 기능통화

영업활동이 이루어지는 주된 경제환경의 통화(한국의 경우 원화, 미국의 경우 USD, 중국의 경우 CNY)를 말하는데, 기능통화는 그와 관련된 실제거래, 사건과 상황을 반영하기 때문에 일단 기능통화를 결정하면 변경할 수 없는 것이 원칙이나, **실제 거래, 사건과 상황에 변화가 일어난 경우에 변경이 가능**하다. **기능통화를 변경시** 새로운 기능통화에 의한 **환산절차를 변경한 날부터 전진적용하며, 재무제표의 모든 항목을 변경일의 현물환율로 변경해야 한다.**

기능통화를 결정시 주요지표로는 **재화와 용역의 공급가격에 주로 영향을 미치는 통화 등**을 고려하여 결정한다.

(2) 표시통화

재무제표를 표시할 때 사용하는 통화를 말하는데, 기업은 **어떤 통화든지 표시통화로 사용할 수 있다.**

2. 외화거래의 보고기간말 환산

<table>
<tr><th colspan="2"></th><th>환산방법</th><th colspan="2">외환차이인식</th></tr>
<tr><td colspan="2">화폐성외화항목</td><td>마감환율로 환산</td><td colspan="2">당기손익</td></tr>
<tr><td rowspan="3">비화폐성
외화항목</td><td>역사적원가로
측정</td><td>거래일의 환율로 환산</td><td colspan="2">-</td></tr>
<tr><td rowspan="2">공정가치로
측정</td><td rowspan="2">공정가치가 결정된 날의
환율로 환산</td><td>평가손익 : 당기손익</td><td>당기손익</td></tr>
<tr><td>평가손익 : 기타포괄손익</td><td>기타포괄손익</td></tr>
</table>

☞ 화폐성 항목 : 미래에 확정되었거나 결정가능할 수 있는 화폐단위의 수량으로 받을 권리나 지급할 의무(매출채권, 매입채무, 차입금, 대여금 등)

※ 재고자산(둘이상의 금액을 비교하여 장부금액을 결정)

장부금액 = MIN[①외화표시 취득금액×취득시 환율 ②외화표시 기말순실현가능가치×마감환율

3. 표시통화로의 환산(해외사업장 환산 포함)

	적용환율
① 재무상태표 자산과 부채	**보고기간말 마감환율**
② 포괄손익계산서	**해당 거래일의 환율 (유의적으로 차이가 나지 않는다면 평균환율가능)**
①,②의 환산에서 생기는 외환차이	**기타포괄손익(재분류조정항목)으로 인식**

<예제> 표시통화로의 환산

한국에서 영업을 하는 ㈜로그인의 관계기업인 LA(미국 현지법인)는 20x1년초에 자본금 $1,000로 설립되었다. 기능통화인 달러화로 작성한 20x1년 말 LA의 재무상태표의 구성내역은 다음과 같고, 20x1년 이익은 $2,000이다.

과목	자산총계	부채총계	자본총계
20X1 년 말	$5,000	$2,000	$3,000

일자 별 환율은 다음과 같다.

일자	20X1 년 초	20X1 년 말	20X1 년 평균
환율(원/$)	1,000	1,200	1,150

LA의 20x1년말 재무상태표를 원화로 환산하여 작성하시오.

해답

구분	외화금액	적용환율	원화금액
자산	$5,000	1,200(마감환율)	6,000,000원
부채	$2,000	1,200(마감환율)	2,400,000원
자본금	$1,000	1,000(거래일 환율)	1,000,000원
이익	$2,000	1,150(평균환율)	2,300,000원

재무상태표(20x1년말)

자산	6,000,000	부채	2,400,000
		자본금	1,000,000
		이익잉여금	2,300,000
		기타포괄이익	**300,000(외환차이)**

연/습/문/제

O,X 문제

01. 표시통화란 **영업활동이 이루어지는 주된 경제 환경의 통화**를 말하는데, 일단 결정된 이후에는 실제 거래, 사건과 **상황에 변화가 있지 않는 한 변경할 수 없다**. ( )

02. 표시통화란 **재무제표를 표시할 때 사용하는 통화**로서 기업은 기능통화로 사용해야 한다. ( )

03. 기업의 표시통화와 기능통화가 다른 경우에는 경영성과와 재무상태를 **표시통화로 환산하여 재무제표에 보고**한다. ( )

04. 기능통화로 외화거래를 인식하는 경우에 **거래일의 외화와 기능통화 상의 현물환율을 외화금액에 적용**하여 기록한다. ( )

05. **화폐성항목은 마감환율로 환산**하고, 외환차이를 기타포괄손익으로 인식한다. ( )

06. 비화폐성항목은 **역사적원가로 측정하면 거래일 환율로 적용**하고 외환차이가 발생하지 않는다. ( )

07. 공정가치로 측정하는 비화폐성 외화항목은 **공정가치가 결정된 날의 환율**로 적용한다. ( )

08. 비화폐성 외화항목에 대해서 **공정가치평가손익을 당기손익으로 인식**하는 경우에는 외환차이도 **당기손익으로 인식**하고, **공정가치평가손익을 기타포괄손익으로 인식**하는 경우에는 외환차이도 **기타포괄손익으로 인식**한다. ( )

09. **재무상태표의 자산과 부채는 해당 보고기간의 평균환율로** 적용하여 환산한다. ( )

10. 손익계산서의 수익과 비용은 해당 **거래일의 환율**로 표시해야 하나, **유의적으로 차이가 나지 않는 경우에 평균환율**로 적용할 수 있다. ( )

11. **재무상태표와 포괄손익계산서의 환산에서 생기는 외환차이는 당기손익**으로 인식한다. ( )

12. 해외사업장의 재무제표를 보고기업의 표시통화로 환산시 **자산과 부채는 기말의 마감환율로, 수익비용은 거래일의 환율로 환산한다.** ( )

13. 기능통화가 변경되는 경우에는 새로운 기능통화에 의한 환산절차를 변경한 날부터 전진적용한다. 즉 **변경환율을 사용하여 새로운 기능통화로 환산**한다. ( )

14. 기타포괄손익으로 인식한 해외사업장관련 외환차이의 누계액은 **해외사업장의 처분시 당기손익으로 재분류가 금지된다.** ( )

15. 화폐성항목이란 미래에 확정되었거나 결정가능할 수 있는 **화폐단위의 수량으로 받을 권리나 지급할 의무**이다. 예를 들어 매출채권, 매입채무, 차입금, **선수금, 현금으로 상환하는 충당부채, 부채로 인식하는 현금배당등**이 있다. ( )

16. 비화폐성항목이란 **미래에 확정되었거나 결정가능할 수 있는 화폐단위의 수량**으로 받을 권리나 지급할 의무가 아닌 것이다. 예를 들어 선급금, 영업권, 재고자산, 차입금 등이 있다. ( )

17. 기능통화를 결정시 **재화와 용역의 공급가격에 주로 영향을 미치는 통화**를 우선적으로 고려하여야 한다. ( )

주관식

01. ㈜로그인은 20x1년 5월 1일 비품을 $500에 외상으로 구입하였으며, 그 결제일은 20x2년 5월 31일이다. 이에 관련된 각 시점의 환율은 다음과 같을 경우 20x1년 외화환산손익(ⓐ)과 20x2년 외환차손익(ⓑ)을 구하시오.(기능통화는 원화이다.)

① 20x1년 5월 1일 환율 : $1 = 1,100원
② 20x1년 12월 31일 환율 : $1 = 1,150원
③ 20x2년 5월 31일 환율 : $1 = 1,130원

02. ㈜로그인의 20x1년 중 발생한 수출실적이 다음과 같을 경우 20x1년 말 재무상태표상 매출채권(ⓐ)과 외화환산손익(ⓑ)을 구하시오.(단,기능통화는 원화이다)

① 수출액 및 대금회수일

수출일	수출액	대금회수일
20x1년 8월 10일	$2,000	20x2년 1월 2일

② 일자별 환율

일자	20x1년 8월10일	20x1년 12월31일	20x2년 1월 2일
환율(원/$)	1,200	1,100	1,250

03. 원화를 기능통화로 사용하고 있는 ㈜로그인은 20x1년 10월 1일에 중국 현지공장에서 재고자산을 CNY2,000에 매입하여 기말까지 보유하고 있다. 이 재고자산의 기말 순실현가능가치는 CNY1,800 이다. CNY 대비 원화의 환율은 다음과 같다.

① 20X1년 10월 1일 : CNY 1 = 110원
② 20X1년 12월 31일 : CNY 1 = 115원

㈜로그인이 20x1년 상기 재고자산에 대하여 인식할 평가손실 금액은 얼마인가?

04. ㈜로그인의 관계기업인 뉴욕(미국 현지법인)는 20x1년초에 설립되었다. 기능통화인 달러화로 작성한 20X1년 말 뉴욕의 재무제표 구성내역은 다음과 같다(단, 자본총계는 자본금 $1,000와 당기순이익 $2,000로 구성되어 있다).

과목	자산총계	부채총계	자본총계
20X1 년 말	$5,000	$2,000	$3,000

일자 별 환율은 다음과 같다.

일자	20X1년 초	20X1년 말	20X1년 평균
환율(원/$)	1,000	900	1,100

㈜로그인은 뉴욕의 재무제표를 ㈜로그인의 기능통화이자, 표시통화인 원화로 환산하려고 한다. 기말 재무제표를 작성하시오.

05. ㈜삼일은 20X1년 4월 1일에 유형자산으로 분류되는 토지를 $10,000에 취득하였다. ㈜삼일은 유형자산에 대해 재평가모형을 적용하고 있으며, 매년 말에 공정가치로 재평가한다. 20X1년 말 토지의 공정가치가 $14,000일 경우, ㈜삼일이 20X1년 말에 인식할 재평가잉여금(기타포괄손익)은 얼마인가(단, ㈜삼일의 기능통화는 원화이며, 관련 환율은 다음과 같다)?

일자	20X1년 4월 1일	20X1년 12월 31일
환율(₩/$)	1,000	1,200

연/습/문/제 답안

O,X문제

1	2	3	4	5	6	7	8	9	10	11	12	13	14	15
×	×	○	○	×	○	○	○	×	○	×	○	○	×	×
16	17													
×	○													

[풀이 - O,X문제]

01. 기능통화에 대한 설명이다.
02. **어떤 통화든지 표시통화로 사용할 수 있다.**
05. **화폐성항목의 외환차이는 당기손익**으로 인식한다.
09. 마감환율로 적용하여 환산한다.
11. **기타포괄손익**으로 인식한다.
14. **재분류조정항목에 해당되어 당기손익으로 재분류**된다.
15. 선수금은 비화폐성항목이다.
16. 차입금은 화폐성항목이다.

주관식

01.	ⓐ 25,000원, ⓑ 10,000원	02.	ⓐ 2,200,000원, ⓑ 200,000원
03.	13,000원	04.	〈해설참고〉
05.	6,800,000원		

[풀이 - 주관식]

01.

외화환산손익(20x1.12.31)	\$500×(1,150－1,100)＝25,000(외화환산손실)
외환차손익(20x2.05.31)	\$500×(1,130－1,150)＝△10,000(외환차익)

02. 20x1년말 매출채권 : \$2,000×1,100＝2,200,000원
외화환산손익 : \$2,000×(1,200－1,100)＝200,000(환산손실)

03.

① 매입시점 장부금액	CNY2,000×110＝220,000
② 보고기간말 순실현가능가치	CNY1,800×115＝207,000
③ 보고기간말 재고자산의 장부금액	Min[①,②]＝207,000원
④ 평가손익(③－①)	13,000원(평가손실)

04.

구분	외화금액	적용환율	원화금액
자산	\$5,000	900(마감환율)	4,500,000원
부채	\$2,000	900(마감환율)	1,800,000원
자본금	\$1,000	1,000(거래일환율)	1,000,000원
이익	\$2,000	1,100(평균환율)	2,200,000원

재무상태표(20x1년말)

자산	4,500,000	부채	1,800,000
		자본금	1,000,000
		이익잉여금	2,200,000
		기타포괄손실	**△500,000(외환차이)**

05. 비화폐성 항목에 대해서 **평가손익을 기타포괄손익으로 인식하는 경우 외환차이인식도 기타포괄손익으로 인식**한다.

재평가 전	재평가 후	재평가잉여금
\$10,000×1,000＝10,000,000원	\$14,000×1,200＝16,800,000원	6,800,000원

CHAPTER

20

파생상품

1. 파생상품 관련 용어

(1) 파생상품

이자율, 주가, 환율등과 같은 특정대상(기초변수)의 가치변동에 의해 결정되는 금융상품으로 다음의 특징을 모두 가진다.

㉠ **기초변수(환율등)의 변동에 따라 가치가 변동**

㉡ **순투자금액이 필요하지 않거나 적은 순투자금액이 필요**

㉢ **미래에 결제**

파생상품의 기능을 보면 가격변동위험을 회피하거나, 미래시장가격에 대한 예측치를 제공하고, 적은 금액으로 계약이 가능하므로 금융비용을 절감시킨다.

※ 파생상품의 예 : 주가지수선물, 통화선물, 주식옵션, 통화선도거래 등

(2) 확정계약

미래의 특정시기에 거래대상의 특정 가격으로 교환하기로 하는 구속력 있는 약정

(3) 위험회피대상항목

공정가액 변동위험에 노출되고 위험회피대상으로 지정된 자산, 부채, 확정계약 등 발생가능성이 매우 높은 예상거래 또는 해외사업장에 대한 순투자

(4) 위험회피수단

공정가치나 현금흐름의 변동이 지정된 위험회피대상항목의 공정가치나 현금흐름의 변동을 상쇄할 것으로 기대하여 지정한 파생상품 또는 비파생금융자산(또는 비파생금융부채)를 말한다.

(5) 선도(forward)거래

미래 일정 시점에 약정된 가격에 의해 계약상의 특정 대상을 사거나 팔기로 계약 당사자간 합의한 거래

(6) 선물(Futures)거래

수량 · 규격 · 품질 등이 표준화되어 있는 특정 대상에 대하여 **현재 시점에서 결정된 가격에 의해 미래 일정 시점에 인도 · 인수할 것을 약정한 계약**으로서 **조직화된 시장에서 정해진 방법**으로 거래되는 것

구분	선물거래	선도거래
표준거래여부	**표준화된 공인거래소**	장외시장에서 당사자간 합의
증거금제도	있음	없음
이행보증제도	청산소 이행	거래당사자간의 신용 (계약불이행 위험에 노출)

(7) 옵션

계약 당사자간에 정하는 바에 따라 일정한 기간 내에 **미리 정해진 가격으로 외화나 유가증권 등을 사거나 팔 수 있는 권리**에 대한 계약을 말한다.

옵션거래에서 매도자는 매입자가 권리를 행사시 반드시 응해야야만 할 의무가 있으나, 매수자는 유리할 때 권리를 행사할 수 있는 권리만을 보유하고 있다. 즉 **매도자는 의무만 보유하고 매입자는 권리만을 보유하게 된다.**

ⓐ 콜(Call)옵션 : 미래의 특정날짜에 특정자산을 미리 정한 가격으로 일정한 수량만큼 **살 수 있는 권리**

ⓑ 풋(Put)옵션 : 미래의 특정날짜에 특정자산을 미리 정한 가격으로 일정한 수량만큼 **팔 수 있는 권리**

(8) 위험회피회계

위험회피수단과 위험회피대상항목에 대한 손익이 상쇄되어 동일한 회계기간에 보고될 수 있도록 위험회피관계가 설정된 이후부터는 위험회피수단과 위험회피대상항목을 대칭적으로 인식하고 평가하는 회계처리

㉠ 공정가치위험회피

특정위험으로 인한 자산, 부채, 확정계약의 **공정가치 변동 위험을 상계하기 위하여 파생상품을 이용하는 것(통화선도거래계약)**

㉡ 현금흐름위험회피

특정위험으로 인한 자산, 부채 및 예상거래의 **미래현금흐름변동 위험을 상계하기 위하여 파생상품을 이용하는 것(금선도거래계약)**

☞ 예상거래 : 이행해야하는 구속력은 없으나, 향후 발생할 것으로 예상되는 거래

(9) 내재파생상품

파생상품은 단독거래인 경우도 있고 어느 거래에 부속되는 경우도 있다. 즉 이자지급이나, 상환조건이 환율에 따라 변동하는 채권을 구입시 채권에 환율관련 파생상품이 포함되어 있는 것이다.

계약상의 명시적 또는 암묵적 조건이 해당 **계약의 현금흐름이나 공정가액에 파생상품과 유사한 영향을 미친다.**

2. 파생상품의 회계처리

거래목적		평가기준	손익
매매목적		공정가치	**당기손익**
공정가치 위험회피			**당기손익**
현금흐름 위험회피	**위험회피에 효과적인 부분**		**기타포괄손익**
	위험회피에 효과적이지 못한 부분		당기손익

<예제> 통화선도거래 - 단기매매목적

㈜로그인은 20x1년 10월 1일에 만기 6개월인 통화선도계약($100, 통화선도환율 1,200원에 매도)을 체결하였다. 일자별 환율이 다음과 같을 경우 일자별로 회계처리를 하시오.(공정가치를 산정할 때 현재가치평가는 배제하시오.)

일자	현물환율	통화선도환율
20x1년 10월 1일	1,180원/$	1,200원/$(만기 6개월)
20x1년 12월 31일	1,150원/$	1,120원/$(만기 3개월)
20x2년 3월 31일	1,000원/$	-

☞ 통화선도환율 : 각국의 외환은행들이 예측한 선물환율의 평균값이다.

해답

1. 통화선도거래 실행시점(20x2.03.31)의 현금 흐름

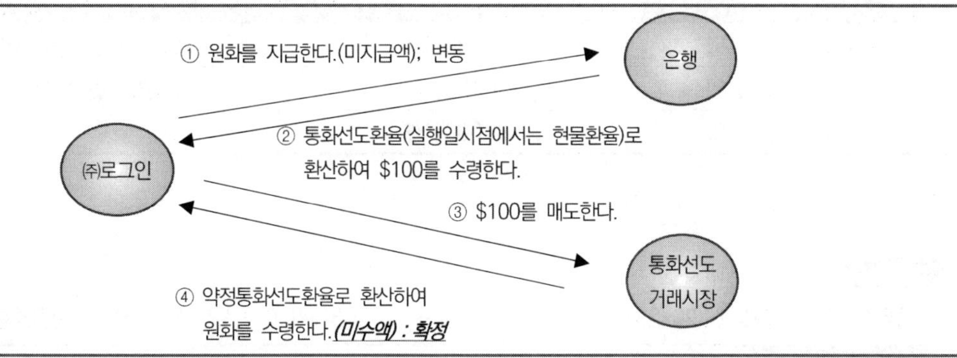

2. 공정가치 변동

	20x1년 12월 31일	20x2년 3월 31일
미수금	$100×1,200(약정통화선도환율) = 120,000	$100×1,200(약정통화선도환율) = 120,000
미지급금	$100×1,120(통화선도환율) = 112,000	$100×1,000(통화선도환율) = 100,000
공정가치	평가이익 8,000	평가이익 20,000

3. 통화선도평가손익과 통화선도거래손익

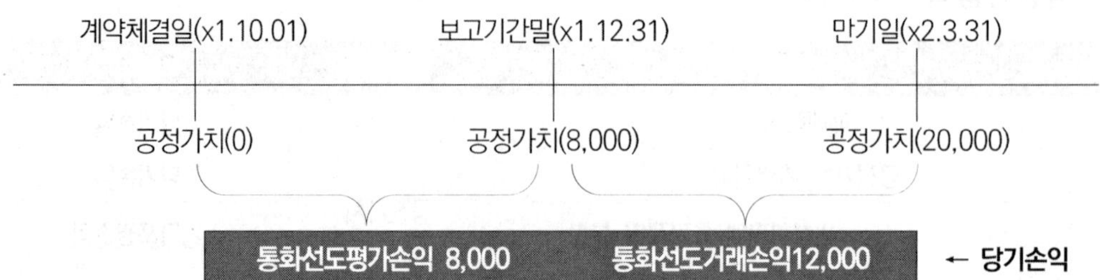

4. 회계처리

일자	차변	금액	대변	금액
20x1.10. 1.	회계처리없음			
20x1.12.31	(차) 통화선도	8,000	(대) 통화선도평가이익	8,000
20x2. 3.31	(차) 현　금	120,000	(대) 현　금	100,000
			통화선도	8,000
			통화선도거래이익	12,000

<예제> 통화선도거래 - 공정가치 위험회피

㈜로그인은 20x1년 10월 1일에 미국에 제품을 $100에 수출하고 수출대금은 6 개월 후인 20x1 년 3월 31일에 받기로 하였다. ㈜로그인는 환율변동에 따른 위험을 회피하기 위해 6개월 후에 매도(1,200원/$)하는 통화선도계약을 이용하여 환위험을 회피(Hedging) 하려고 한다. 일자별 환율이 다음과 같을 경우 회계처리를 하시오.

일자	현물환율	통화선도환율
20x1년 10월 1일	1,180원/$	1,200원/$(만기 6개월)
20x1년 12월 31일	1,150원/$	1,120원/$(만기 3개월)
20x2년 3월 31일	1,000원/$	-

해답

1. 통화선도거래 실행시점(20x2.03.31)의 현금 흐름 → 모든 거래가 이루어졌다고 가정한 현금흐름분석

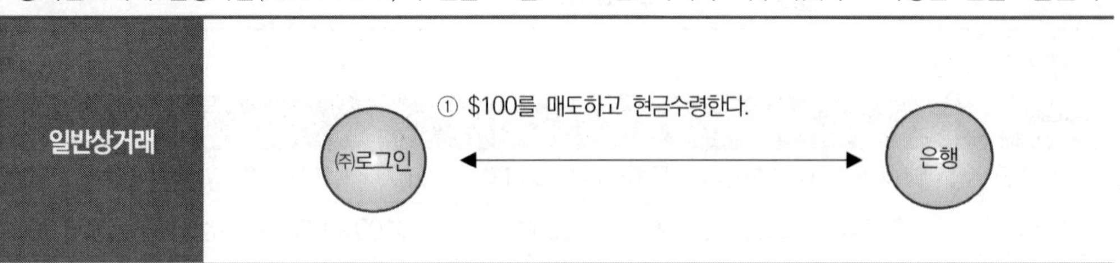

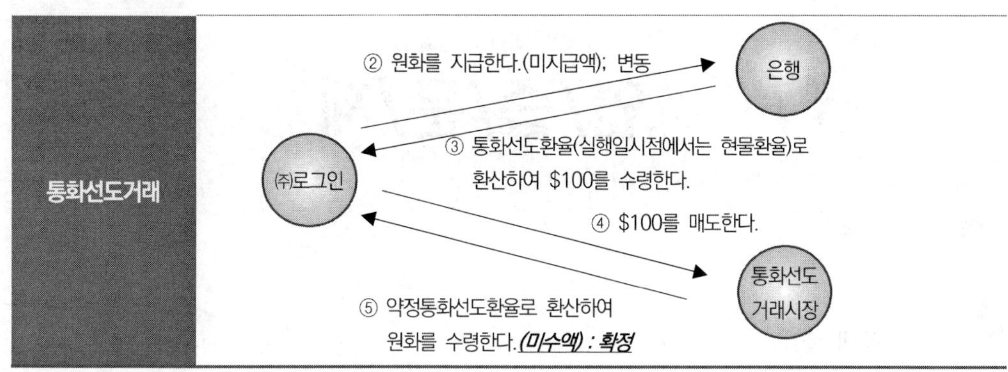

일반적인 상거래의 환율변동 위험을 회피하기 위하여 이와 반대되는 거래를 체결하는 것이다. 즉 통화선도거래의 경우 은행에서 USD를 매입하게 하므로 이를 통하여 환율의 변동으로 인한 위험으로 회피할 수 있게 되는 것이다. 여기서 **기초변수는 환율이고 계약단위는 USD**이다.

2. 회계처리

	일반상거래(위험회피대상항목)	통화선도거래(위험회피수단)
x1.10.01	(차) 매출채권 118,000 (대) 매 출 118,000	-분개없음-
x1.12.31	(차) 외화환산손실 3,000 (대) 매출채권 3,000	(차) 통화선도 8,000 (대) 통화선도평가이익 8,000
x2. 3.31	(차) 현금 100,000 외환차손 15,000 (대) 매출채권 115,000	(차) 현금 120,000 (대) 현금 100,000 통화선도 8,000 통화선도거래이익 12,000
손익	손실 18,000원	이익 20,000원

위험회피

연/습/문/제

O,X 문제

01. 선물(futures)이란 미래의 특정 날짜에 특정한 자산을 일정한 가격으로 일정한 수량만큼 매입하거나 매도하겠다는 계약을 의미한다. ( )

02. 옵션거래의 경우에는 매도자는 옵션의 매입자가 권리를 행사할 때 반드시 응해야만 할 의무가 있지만, 옵션의 매입자는 유리할 때 권리를 행사할 수 있는 권리만을 보유하고 있다. 옵션의 매도자는 권리만, 매입자는 의무만 보유한다. ( )

03. 미래의 특정 날짜에 특정 자산을 미리 정한 가격으로 일정한 수량만큼 살 수 있는 권리를 콜옵션(call options)이라고 한다. ( )

04. 미래의 특정 날짜에 특정 자산을 미리 정한 가격으로 일정한 수량만큼 팔 수 있는 권리를 풋옵션(put options)이라고 한다. ( )

05. 선도거래란 수량, 규격 등이 표준화되어 있는 특정대상에 대하여 현재시점에서 결정된 가격에 의해 미래 일정시점에 인도, 인수할 것을 약정한 계약으로서 조직화된 시장에서 정해진 방법으로 거래되는 것을 말한다. ( )

06. 선물거래는 권리와 의무중 하나를 가지게 되고, 옵션의 경우 권리와 의무를 동시에 가진다. ( )

07. 선물거래의 경우 매일 매일의 평가손익을 증거금에 반영하는 체계적인 과정인 일일정산제도가 있다. ( )

08. 내재파생상품이란 계약상의 명시적 또는 암묵적 조건이 해당 계약의 현금흐름이나 공정가치에 파생상품과 유사한 영향을 미친다. ( )

09. 파생금융상품의 기능으로 미래시장가격에 대한 예측치를 제공하고, 자금흐름의 탄력성을 증대시키며, 금융비용을 절감시킨다. ( )

10. 파생금융상품은 기본적으로 위험을 회피하고 투기를 억제하는 기능을 가진다. ( )

11. 파생상품은 **기초변수에 따라 가치가 달라지고, 최초 투자시 많은 금액의 순투자금액이 필요하며, 미래에 결제된다는 특성**을 가지고 있다. ( )

12. **주가지수선물, 통화선물, 주식옵션**은 파생상품에 해당한다. ( )

13. 파생상품은 해당 계약에 따라 **발생된 권리와 의무를 자산, 부채로 인식**하여 재무제표에 계상한다. ( )

14. 환율변동에 따라 **매출채권의 공정가치의 변화를 회피**하기 위하여 **현금흐름 위험회피회계**를 적용한다. ( )

15. 위험회피대상이란 **공정가치 변동위험에 노출된 자산, 부채 및 확정계약과 미래현금흐름변동위험에 노출된 예상거래**를 말한다. ( )

16. 위험회피대상항목은 **공정가치나 미래현금흐름의 변동위험에 노출된 자산, 부채, 확정계약, 발생가능성이 매우 높은 예상거래에 관한 순투자**를 말한다 ( )

17. 공정가치위험회피회계란 위험회피대상항목이 자산, 부채, 확정계약으로서 당해 **항목의 공정가치변동을 상쇄하기 위하여 파생상품 등을 이용하는 것**을 말한다. ( )

18. 현금흐름위험회피란 위험회피대상항목이 미래에 예상되는 거래로서 당해 거래에 따른 **미래현금흐름을 상쇄하기 위하여 파생상품 등을 이용하는 것**을 말한다. ( )

19. 위험회피수단으로 지정된 파생상품의 평가손익은 **위험회피유형별로 회계처리가 상이하다**. ( )

20. 위험회피수단으로 지정되지 않고 **매매목적 등으로 보유하고 있는 파생상품의 평가손익은 기타포괄손익으로** 계상한다. ( )

21. 현금흐름위험회피는 통화선도거래의 공정가치 변동분 중 **위험회피에 효과적인 부분은 통화선도평가손익 계정의 과목으로 기타포괄손익누계액**으로 처리한다. ( )

22. 현금흐름위험회피를 적용하는 경우 위험회피수단에 대한 손익 중 **위험회피에 효과적이지 못한 부분은 기타포괄손익**으로 처리한다. ( )

23. 제품 $10,000를 수출하고 수출대금은 3개월 후에 받기로 하였다. 회사는 **환율변동에 따른 수출대금의 가치감소를 우려**하여, 환위험을 회피하기 위하여 **통화선도 매도계약을 체결**하였다. ( )

주관식

01. ㈜로그인의 대표이사는 환율하락에 따른 수출대금의 가치감소를 우려하여 20X1년 11월 30일에 결제일이 도래하는 통화선도계약 $10,000(약정환율 1,150원/$)을 이용하여 환위험을 회피하려고 한다. 다음 자료를 통해 통화거래손익은 얼마인가?

	일자	환율
수출일	20X1년 9월 1일	1,200원/$
대금회수일	20X1년 11월 30일	1,100원/$

02. ㈜로그인은 20X1년 9월 1일에 미국에 제품을 $1,000에 수출하고 수출대금은 3개월 후인 20X1년 11월 30일에 받기로 하였다. ㈜로그인는 환율하락에 따른 수출대금의 가치감소를 우려하여 20X1년 11월 30일에 결제일이 도래하는 통화선도계약 $1,000을 이용하여 환위험을 회피(Hedging) 하려고 한다.

통화선도의 약정환율이 1,150원/$이고 일자별 환율이 다음과 같을 경우 환위험 회피를 위한 통화선도의 거래형태(Position)와 매출채권 및 통화선도 관련손익을 구하시오.

일자	환율
20X1년 9월 1일	1,100원/$
20X1년 11월 30일	1,200원/$

연/습/문/제 답안

O,X문제

1	2	3	4	5	6	7	8	9	10	11	12	13	14	15
○	×	○	○	×	×	○	○	○	×	×	○	○	×	○
16	17	18	19	20	21	22	23							
○	○	○	○	×	○	×	○							

[풀이 - O,X문제]

02. **옵션의 매도자는 의무만, 매입자는 권리만 보유한다.**

05. 선물거래에 대한 설명이다.

06. 옵션은 권리와 의무중 하나를 가지게 되고, 선물거래의 경우 권리와 의무를 동시에 가진다.

10. 투기의 기회를 제공하는 기능을 가진다.

11. **최초 투자시 적은금액의 순투자금액이 필요하다.**

14. 환율변동에 따른 위험은 공정가치 위험회피회계를 적용한다.

20. 매매목적의 파생상품의 평가손익은 당기손익으로 인식한다.

22. 현금흐름위험회피중 위험에 효과적이지 못한 부분은 당기손익으로 처리한다.

주관식

01.	통화선도거래이익 500,000	02.	통화선도매도계약 외환차익 100,000원 통화선도거래손실 50,000원

[풀이 - 주관식]

01. 통화선도거래손익 : $10,000×(1,200 - 1,150) = 500,000원

02. 외화대금 수령분을 특정환율로 매도하는 통화선도매도계약을 체결한다.
외환차손익 = $1,000×(1,200 - 1,100) = +100,000원(차익)
통화선도거래손익 : $1,000×(1,150 - 1,200) = △50,000(통화선도 거래손실)

리스회계

NCS회계 - 4 회계감사(재무정보공시하기)

리스란 리스회사가 특정 자산의 사용권을 일정기간 동안 리스이용자에게 이전하고 이용자는 그 대가로 사용료(리스료)를 리스회사에게 지급하는 계약을 말한다.

〈리스거래의 절차〉

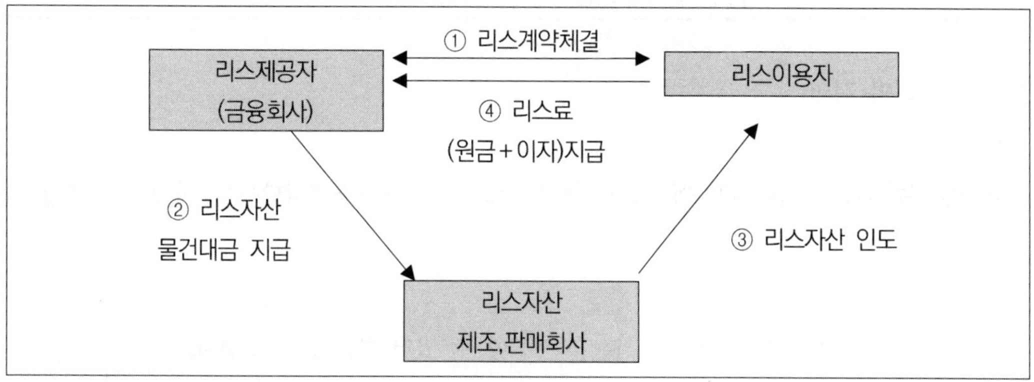

리스은 금융리스와 운용리스로 분류하는데, 금융리스는 **리스이용자가 리스제공자로부터 자금을 차입하여 리스자산을 구입한 것**과 동일한 거래로 보는 것이다. 따라서 **금융리스의 리스자산에 대한 감가상각은 리스이용자**가 한다.

운용리스는 자산의 임대차계약과 동일한 거래로 보아, **리스제공자가 리스자산을 자산으로 인식**하며 수수하는 리스료를 수익으로 인식하고, 리스이용자는 지급하는 리스료를 비용으로 인식한다. 한국채택국제회계기준은 **단기리스와 소액리스자산을 제외한 모든 리스에 대해서 리스이용자는 금융리스로 회계처리**하도록 규정하고 있다.

다만 리스제공자는 리스거래의 경제적 실질을 고려하여 **리스자산의 소유에 따른 위험과 보상의 대부분을 리스이용자에게 이전하는 경우에는 금융리스**로 이외에는 운용리스로 분류하도록 규정하고 있다.

☞ 부외금융효과 : 운용리스로 회계처리하면 자산과 부채가 장부에 표시되지 않음으로써 갖는 유리한 효과를 말하는데, 금융리스(이용자)의 회계처리를 보면
(차) 리스자산 ×× (대) 리스부채 ××인데
이로 인하여 부채비율(부채/자본)은 높아지고, 자산에 대한 수익률(이익/자산)은 낮아진다.

1. 금융리스의 분류기준

일반적으로 금융리스로 분류되는 예는 다음과 같다.

	내용	종료시 자산소유권 이전
1. 소유권이전약정기준	종료시점에 리스이용자에게 소유권 이전	이전
2. 염가매수선택권약정기준	염가(싼 가격)매수할 수 있는 선택권이 있는 경우	이전
3. 리스기간 기준	리스기간이 기초자산의 경제적 내용연수의 상당부분을 차지하는 경우	반환
4. 공정가치회수기준	리스료의 현재가치가 기초자산의 공정가치의 대부분에 해당하는 경우	반환
5. 범용성 기준	리스이용자만이 주요한 변경없이 사용할 수 있는 특수한 성격의 자산	반환

2. 리스용어의 정의

(1) 리스약정일

리스를 분류 하는 날이며, **리스계약일과 리스의 주요조건에 대하여 계약당사자들이 합의한 날 중 이른 날**을 말한다.

(2) 리스기간개시일

리스제공자가 리스이용자에게 기초자산을 사용할 수 있게 하는 날을 말한다.

(3) 잔존가치보증

리스이용자가 리스제공자에게 제공한 리스종료일의 기초자산 가치가 적어도 특정금액이 될 것이라는 보증을 말한다.

(4) 무보증잔존가치

리스제공자가 실현할 수 있을지 확실하지 않거나 리스제공자의 특수관계자만이 보증한 기초자산의 잔존가치부분을 말한다,

(5) 리스료 : 리스이용자가 리스제공자에게 지급하는 금액

리스료 = 리스료(고정, 변동) + 소유권이전약정금액 + 염가매수선택권
+ 잔존가치 보증에 따라 지급이 예상되는 금액

☞ 변동리스료 : 지수나 요율(이율)에 따라 달라지는 리스료(예 : 물가변동에 따라 리스료가 변동)

(6) 내재이자율

리스료 및 무보증잔존가치의 현재가치 합계액을 기초자산의 공정가치와 리스제공자의 리스개설직접원가의 합계액과 일치시키는 할인율

기초자산의 공정가치+리스개설직접원가=(리스료+무보증잔존가치)의 현재가치

☞ 내재이자율은 리스제공자의 수익과 관련된 이자율로 일반적으로 리스이용자에게 제공되지 않음.

(7) 리스이용자의 증분차입이자율

리스이용자가 **비슷한 경제적 환경에서 비슷한 기간에 걸쳐 비슷한 담보로 사용권자산과 가치가 비슷한 자산 획득에 필요한 자금을 차입한다면 지급해야 하는 이자율**

(8) 리스총투자

리스총투자=리스료+무보증잔존가치(반환시에만 존재)

(9) 리스순투자

리스순투자=리스총투자를 내재이자율로 할인한 현재가치 =리스료의 현재가치+무보증잔존가치의 현재가치

(10) 리스개설직접원가

리스를 체결하지 않았다면 발생하지 않았을 리스체결의 증분원가를 말한다.

3. 운용리스의 회계처리

운용리스는 자산의 임대차계약과 동일한 거래로 본다.

	리스제공자	리스이용자
수익 또는 비용인식	(차) 현금등 XXX (대) 수입리스료 XXX	(차) 지급리스료(임차료) XXX (대) 현금 등 XXX
	☞ **리스료를 매기 정액기준으로 수취 또는 지급되지 않더라도 리스기간에 걸쳐 정액기준으로 인식한다.**	
감가상각비 인식	(차) 감가상각비 XXX (대) 감가상각누계액 XXX	–

4. 금융리스의 회계처리

	리스제공자	리스이용자
리스개설 직접원가	(차) 리스개설직접원가 xxx (대) 현금 등 xxx	(차) 리스개설직접원가 xxx (대) 현금 등 xxx
리스자산 취득	(차) 선급리스자산 xxx (대) 현금 등 xxx	-
리스기간 개시일	(차) 리스채권 xxx (대) 리스개설직접원가 xxx 선급리스자산 xxx	(차) ***사용권자산*** xxx (대) 리스개설직접원가 xxx ***리스부채*** xxx
수익 또는 비용인식	(차) 현금등 xxx (대) 이자수익 xxx 리스채권 xxx	(차) 이자비용 xxx 리스부채 xxx (대) 현금 등 xxx
감가상각비	-	(차) 감가상각비 xxx (대) 감가상각누계액 xxx

(1) 리스채권(리스순투자) – 리스제공자

리스채권 = 기초자산공정가치 + 리스개설직접원가
= 리스총투자(리스료 + 무보증잔존가치)를 내재이자율로 할인한 현재가치

① 이자수익 = 기초의 리스채권 × 내재이자율
② **리스채권의 원금회수액 = 리스료 – 이자수익**

(2) 리스부채(리스순투자) – 리스이용자

리스부채 = 리스료의 현재가치
(리스제공자의 내재이자율, 산정할 수 없는 경우 리스이용자의 증분차입이자율)

① 이자비용 = 기초의 리스부채 × 내재이자율
② **리스부채 원금지급액 = 리스료 – 이자비용**

(3) 사용권자산(리스자산) – 리스이용자

사용권자산 = (금융)리스부채 + 리스개시일전에 지급한 리스료 + 이용자의 리스개설 직접원가 + 복구원가 추정치	
소유권 이전	감가상각비 = [취득원가 – 보증잔존가치]/**내용연수**
소유권 반환	감가상각비 = 취득원가/**Min(리스기간, 내용연수)**

<예제> 금융리스

㈜로그인은 ㈜리스와 기계장치에 대해서 다음과 같은 금융리스계약을 체결하였고, 리스기간 종료 후 자산의 소유권을 이전한다.

① 리스료 총액 : 1,200,000원(매년 말 400,000원씩 3회 후불지급)
② 리스내재이자율 : 연 12 %
③ 리스기간 : 3년(리스기간 종료시점에 리스자산을 55,169원에 매수할 수 있는 염가매수선택권이 있으며, 행사될 것이 확실하다.)
④ ㈜리스는 리스자산을 현금 취득했으며 취득금액은 리스약정일인 20x1년 1월 1일 현재 공정가치와 일치함.
⑤ 리스자산의 내용연수는 5년(잔존가치 0)
⑤ 현가계수(3년, 12 %) : 0.71178, 연금현가계수(3년, 12 %) : 2.40183

리스상각표를 작성하고 리스제공자와 리스이용자의 20x1년말 까지 회계처리를 수행하시오.

해답

1. 미래현금흐름

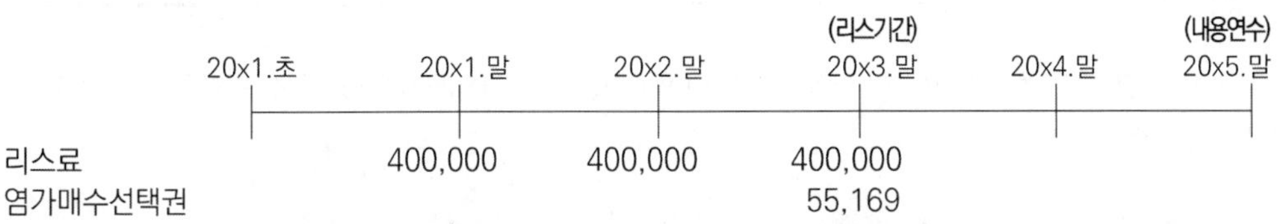

2. 현재가치 : 400,000×2.40183 + 55,169×0.71178 = 1,000,000원(리스채권, 리스부채, 리스자산 취득가액)

연도	리스료(A)	리스이자(B) (BV×12%)	원금상환액 (B – A)	장부금액 (BV)
20x1. 1. 1				1,000,000
20x1.12.31	400,000	120,000	280,000	720,000
20x2.12.31	400,000	86,400	313,600	406,400
20x3.12.31	400,000	48,769	351,231	55,169(염가선택)

3. 감가상각비(소유권이전) : 1,000,000/5년(내용연수) = 200,000원

4. 회계처리

	리스제공자	리스이용자
20x1.초	(차) 리스채권 1,000,000 (대) 현금 등 1,000,000	(차) 사용권자산 1,000,000 (대) 리스부채 1,000,000
20x1.말	(차) 현 금 400,000 (대) 리스채권 280,000 이자수익 120,000	(차) 리스부채 280,000 이자비용 120,000 (대) 현 금 400,000
	-	(차) 감가상각비 200,000 (대) 감가상각누계액 200,000

5. 판매형리스

제조자 또는 판매자가 취득 또는 제조한 자산을 고객에게 금융리스방식으로 판매하는 경우 판매형리스라고 한다.

따라서 금융리스제공자는 판매에 대하여 매출손익을 인식하여야 한다.

매출액 = Min[리스자산공정가치, 시장이자율로 할인한 리스료의 현재가치]

☞ **기업은 리스기간개시일에 수익을 많이 인식할려고 하므로, 수익을 과대계상되는 것을 방지하기 위하여 시장이자율을 적용토록 규정되어 있다.**

<예제> 판매형리스

㈜로그인은 20x1년 1월 1일 제조한 내용연수가 5년인 자동차를 ㈜천안에게 금융리스 방식으로 판매하는 계약을 체결하였다.

1. 자동차의 제조원가는 600,000원이고, 공정가치는 800,000원이다.
   무보증잔존가치는 없다고 가정한다.

2. 시장이자율(10%)로 리스료를 할인한 현재가치 780,000원이다. 20x1년 매출손익과 이자수익을 구하시오.

해답

1. 매출액 = Min[리스자산공정가치, 시장이자율로 할인한 리스료의 현재가치]
   = Min[800,000, 780,000] = 780,000원
2. 매출손익 = 780,000 - 600,000 = 180,000(매출이익)
3. 이자수익 = 780,000 × 10% = 78,000원

6. 판매후리스

<u>판매자인 리스이용자가 구매자인 리스제공자에게 자산을 이전하고 그 구매자인 리스제공자에게 그 자산을 다시 리스하는 거래를 말한다.</u>

〈판매후 리스〉

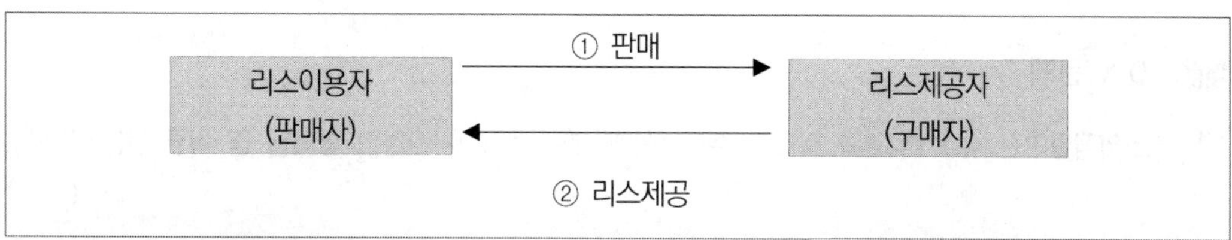

	자산이전이 판매인 경우	자산이전이 판매가 아닌 경우(차입)
리스이용자 (판매자)	판매에 대해서 처분손익 인식하고, **<u>사용권자산</u>**을 측정한다.	**이전한 자산을 계속 인식하고 이전대가와 같은 금액으로 금융부채(차입금) 인식**
리스제공자 (구매자)	자산의 매입규정을 적용하고, 리스제공자 회계적용	이전된 자산을 인식하지 않고 이전대가와 같은 금액으로 금융자산(대여금) 인식

연/습/문/제

O,X 문제

01. **리스약정일**이란 리스계약일과 리스의 주요사항에 대한 계약당사자들의 **합의일 중 이른 날**을 말한다. ( )

02. 리스는 **리스개시일을 기준으로 운용리스나 금융리스**로 분류된다. ( )

03. 리스료는 리스기간에 리스이용자가 리스제공자에게 지급해야 하는 금액을 말하는데, **리스료, 소유권이전약정금액, 염가매수선택권의 행사가격, 무보증잔존가치 금액을 포함**한다. ( )

04. 리스이용자의 **증분차입이자율은 리스이용자가 유사한 리스에 대해 부담해야 할 이자율**을 말한다. ( )

05. 내재이자율은 리스약정일 현재 리스제공자가 수령하는 **리스료와 무보증 잔존가치의 합계액을 기초자산의 공정가치와 리스제공자의 리스개설직접원가의 합계액**과 일치시키는 할인율을 말한다. ( )

06. 리스약정일 현재 **리스료의 현재가치가 적어도 기초자산 공정가치의 대부분에 상당하는 경우** 운용리스로 분류한다. ( )

07. 리스이용자가 선택권을 행사할 수 있는 시점의 **공정가치보다 충분하게 낮을 것으로 예상되는 가격으로 리스자산을 매수할 수 있는 선택권**을 가지고 있으며, 그 **선택권을 행사할 것이 리스약정일 현재 상당히 확실**한 경우 금융리스로 분류한다. ( )

08. 리스자산의 **소유권이 이전되지 않더라도 리스기간이 기초자산의 경제적 내용연수의 상당부분을 차지하는 경우** 금융리스로 분류된다 ( )

09. **범용성이 없는 자산의 리스**는 일반적으로 운용리스로 분류한다. ( )

10. 리스기간 종료시점까지 **리스자산의 소유권이 리스이용자에게 이전**되는 경우 금융리스로 분류한다. ( )

11. 금융리스에서 리스제공자가 **금융리스채권**으로 인식할 금액은 **리스료의 현재가치와 무보증잔존가치의 현재가치**를 합한 금액이다. ( )

12. 금융리스에서 리스총투자는 리스제공자가 수령하는 **리스료와 보증잔존가치의 합계액**을 말한다.( )

13. 금융리스이용자는 리스약정일에 측정된 **리스료의 현재가치를 리스부채로 인식한다.** ( )

14. 리스이용자의 입장에서 **무보증잔존가치**에 대하여 지급의무가 있으므로 **리스료에 포함한다.** ( )

15. 금융리스제공자 입장에서는 당해 리스거래와 관련하여 예상되는 **현금유입금액은 리스료뿐만 아니라 무보증잔존가치도 포함**한다. ( )

16. 무보증잔존가치가 있는 경우 **리스이용자의 금융리스부채와 리스제공자의 금융리스채권의 금액**은 동일하다. ( )

17. 운용리스의 경우 리스제공자가 재무상태표에 자산으로 계상한다.따라서 **리스이용자는 감가상각을 하지 않는다.** ( )

18. **단기리스와 소액리스자산을 제외한 모든 리스에 대해서 리스이용자는 금융리스로 회계처리**하도록 규정하고 있다. ( )

19. 금융리스 경우 리스이용자가 재무상태표에 자산으로 계상한다. 따라서 **리스제공자는 감가상각을 하지 않는다.** ( )

20. **소유권이전 약정 금융리스**의 경우 감가상각은 **내용연수에 따라 상각**한다. ( )

21. 판매형리스거래 란 판매자(리스이용자)가 구매자(리스제공자)에게 자산을 이전하고, 그 **구매자가 그 자산을 다시 리스하는 거래**를 말한다. ( )

22. 판매형리스거래의 경우 **자산이전이 판매인지 여부**에 따라 회계처리가 달라진다. ( )

23. 판매형리스의 경우 리스제공자는 판매에 따른 매출손익과 리스채권에 대한 이자수익을 인식한다. ( )

24. 내재이자율은 리스이용자가 비슷한 경제적 환경에서 비슷한 기간에 걸쳐 비슷한 담보로 사용권자산과 가치가 비슷한 자산 획득에 필요한 **자금을 차입한다면 지급해야하는 이자율**을 말한다. ( )

주관식

01. ㈜로그인은 20x1년 1월 1일에 ㈜리스와 리스기간 3년의 차량운용리스계약을 체결하였다. 리스계약서 상 리스료의 지급기일은 다음과 같다. 리스이용자인 ㈜로그인이 20x1년에 인식해야 할 리스료는 얼마인가?

지급기일	리스료
20x1년 12월 31일	2,500,000원
20x2년 12월 31일	3,000,000원
20x3년 12월 31일	3,500,000원

02. ㈜로그인은 ㈜리스와 기계장치에 대해서 다음과 같은 금융리스계약을 체결하였다.

① 리스료 총액 : 5,000,000원(매년 말 1,000,000원씩 5회 후불지급)
② 리스이자율 : 연 10%(내재이자율)
③ 리스기간 : 5년
④ 리스자산의 취득금액은 리스약정일인 20x1년 1월 1일 현재 공정가치와 일치함.
⑤ 연금현가계수(5년, 10%) : 3.79079

㈜로그인이 리스자산에 대하여 취득금액은 얼마인가?

03. 2번문제의 경우 20x1.12.31 금융리스부채를 구하시오.

04. 2번문제의 경우 판매형리스(기계장치의 제조원가를 2,000,000원, 내재이자율과 시장이자율은 동일하고, 무보증잔존가치는 없다고 가정한다.)라 가정할 경우 매출손익(ⓐ)과 이자수익(ⓑ)을 구하시오.

05. ㈜로그인은 20x1년 1월 1일 ㈜리스와 금융리스계약을 체결하였다. 20x1년 ㈜로그인의 감가상각비는 얼마인가?(단, 소수 첫째 자리에서 반올림한다)

> ① 리스기간 : 20x1년 1월 1일~ 20x9년 12월 31일
> ② 리스자산 내용연수 : 10년(정액법)
> ③ 리스자산 잔존가치 : 0(영)
> ④ 리스료 지급방법 : 매년 초 15,000원
> ⑤ 리스실행일 현재 리스료의 현재가치 : 120,000원
> ⑥ 리스실행일 현재 공정가치 : 130,000원
> ⑦ 리스기간 종료 후 소유권을 ㈜로그인에 이전하기로 하였다.

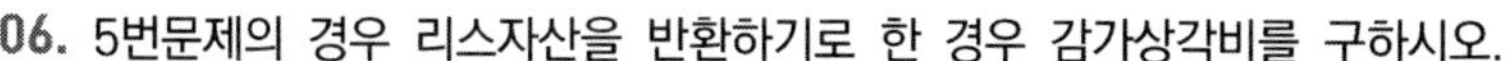

06. 5번문제의 경우 리스자산을 반환하기로 한 경우 감가상각비를 구하시오.

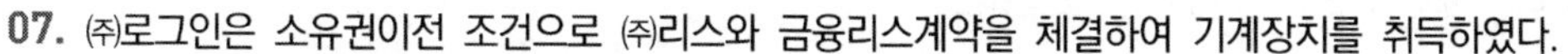

07. ㈜로그인은 소유권이전 조건으로 ㈜리스와 금융리스계약을 체결하여 기계장치를 취득하였다.

> ① 리스기간 : 20x1년 1월 1일 ~ 20x3년 12월 31일(3년)
> ② 리스자산의 취득금액 : 60,000,000원(공정가치와 일치함)
> ③ 리스료 : 매년 말에 22,863,100원씩 3회에 걸쳐 지급
> ④ 리스 내재이자율 : 7%
> ⑤ 리스자산의 내용연수 : 5년(잔존가치 없음, 정액법)

리스계약과 관련하여 20x1년 이자비용(ⓐ)과 감가상각비(ⓑ)를 구하시오.

08. ㈜로그인은 ㈜리스와 기계장치에 대해서 다음과 같은 금융리스계약을 체결하였다.

> ① 리스자산의 공정가치 4,000,000원(내용연수 4년, 잔존가치 없음, 정액법 상각)
> ② 리스이자율 : 연 10%(내재이자율)
> ③ 리스기간 : 4년(리스기간 종료시 소유권 이전을 약정함 – 약정가액 100,000원)
> ④ 리스자산의 취득금액은 리스약정일인 20x1년 1월 1일 현재 공정가치와 일치함.
> ⑤ 연금현가계수(4년, 10%) : 3.16986, 현가계수는 0.68301

㈜로그인이 리스기간 동안 매년말 지급될 고정리스료는 얼마인가?

연/습/문/제 답안

O,X문제

1	2	3	4	5	6	7	8	9	10	11	12	13	14	15
○	×	×	○	○	×	○	○	×	○	○	×	○	×	○
16	**17**	**18**	**19**	**20**	**21**	**22**	**23**	**24**						
×	○	○	○	○	×	×	○	×						

[풀이 - O,X문제]

02. 리스약정일을 기준으로 리스를 분류한다.

03. 무보증잔존가치는 리스료에 포함되지 않고, **잔존가치 보증에 따라 지급이 예상되는 금액을 포함**한다.

06. **리스료의 현재가치가 적어도 기초자산 공정가치의 대부분에 상당하는 경우** 금융리스로로 분류한다.

09. 범용성이 없는 자산은 리스이용자만 주로 이용할 수 있으므로 금융리스로 분류한다.

12. 리스총투자는 리스제공자가 수령하는 **리스료와 무보증잔존가치의 합계액**을 말한다.

14. 무보증잔존가치는 지급의무가 없으므로 리스료에도 포함되지 않는다.

16. 무보증잔존가치가 있는 경우 **금융리스부채와 금융리스채권 금액**은 달라진다.

21. 판매후리스거래에 대한 설명이다.

22. 판매후리스거래가 자산이전이 판매인지 아닌지에 따라 회계처리가 달라진다.

24. **증분차입이자율**에 대한 설명이다.

주관식

01.	3,000,000원	02.	3,790,790원
03.	3,169,869원	04.	ⓐ 1,790,790원(이익) ⓑ 379,079원
05.	12,000원	06.	13,333원
07.	ⓐ 4,200,000원, ⓑ 12,000,000원	08.	1,240,338원

[풀이 - 주관식]

01. 리스료 = 총리스료지급액/리스기간 = 9,000,000/3년 = 3,000,000원

02. 유형자산취득금액 = 1,000,000 × 3.79079 = 3,790,790원

03.

연도	리스료(A)	리스이자(B) (BV×10%)	원금상환액 (B－A)	장부금액 (BV)
20x1. 1. 1				3,790,790
20x1.12.31	1,000,000	379,079	620,921	3,169,869

04. 매출액 = **Min[리스자산공정가치, 시장이자율로 할인한 리스료의 현재가치]**
= Min[3,790,790, 3,790,790] = 3,790,790원
매출손익 = 3,790,790 - 2,000,000 = 1,790,790(매출이익)ⓐ
이자수익 = 3,790,790 × 10% = 379,079원ⓑ

05. **소유권이 이전되므로 금융리스에 해당하고 내용연수에 따라 감가상각**한다.
금융리스자산(금융리스부채) : 120,000원
감가상각비 : 120,000/10년 = 12,000원

06. 반환하는 조건이므로 상각기간을 **Min(리스기간, 내용연수)**로 한다.
감가상각비 : 120,000원/9년 = 13,333원

07. 리스부채 = 60,000,000
20x1년 이자비용 = 60,000,000 × 7% = 4,200,000원ⓐ
20x1년 감가상각비 = 60,000,000/5년(내용연수, 소유권이전) = 12,000,000원ⓑ

08. 고정리스료(x) × 3.16986 + 100,000 × 0.68301(현가계수) = 4,000,000원(공정가치)
X(고정리스료) = 1,240,338원

현금흐름표

NCS회계 - 4 회계감사(재무정보공시하기)

현금흐름표는 기업의 현금흐름을 나타내는 표로서 현금의 유입과 유출내용을 표시하는 보고서이다. 이러한 현금흐름표는 기업의 자금동원능력을 평가할 수 있는 자료를 제공해 준다.

1. 기업활동과 현금흐름

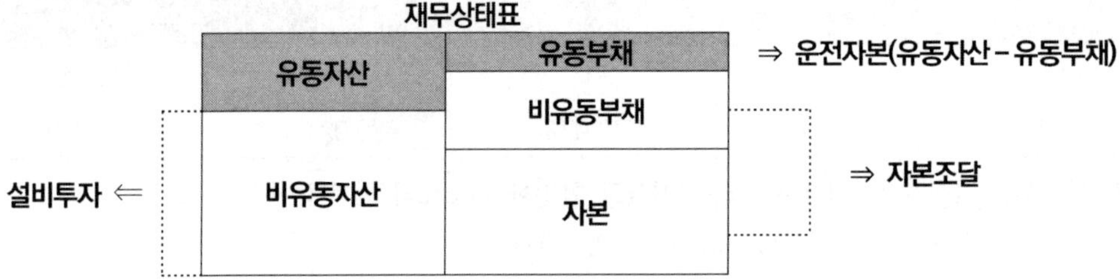

(1) 영업활동현금흐름

구매 → 생산 → 판매로 이어지는 기업의 본질적 수익창출활동을 말한다.

① 운전자본을 구성하는 **유동자산과 유동부채는 대부분 영업활동**과 관련된다.

② **이자지급과 이자수입 및 배당금수입은 영업활동현금흐름**으로 분류할 수 있으나, 재무자원을 획득하는 원가나 투자자산에 대한 수익으로 보아 재무활동이나 투자활동 현금흐름으로 분류할 수도 있다.

③ **배당금의 지급은 재무자원 획득하는 비용이므로 원칙적으로 재무활동 현금흐름**으로 분류할 수도 있고 영업활동으로 분류도 가능하다.

④ 단기매매목적으로 보유하는 유가증권의 취득과 처분으로 인한 현금흐름은 영업활동으로 분류한다.

⑤ **법인세의 납부로 인한 현금유출은 일반적으로 영업활동**으로 분류한다. 다만 재무활동과 투자활동에 명백히 관련되는 것은 제외한다.

[이자와 배당금, 법인세]

	한국채택국제회계기준		일반기업회계기준
	일반적	분류가능	
이자수입	영업활동	투자활동	영업활동
이자지급	영업활동	재무활동	영업활동
배당금수입	영업활동	투자활동	영업활동
배당금지급	재무활동	영업활동	재무활동
법인세납부	영업활동	투자, 재무활동	영업활동

한국채택국제회계기준에 의하면 **회사가 활동구분을 선택하면 일관성 있게 적용**해야 한다.

(2) 투자활동현금흐름

미래수익을 창출할 자원의 확보를 위하여 관련된 지출을 말한다.

① 비유동자산의 증감을 가져오는 거래는 대부분 투자활동이다.

② **유형자산, 무형자산 및 기타 장기성 자산의 취득**에 따른에 따른 지출

③ **대여금의 회수와 대여, 미수금의 회수**로 인한 현금유입은 투자활동이다.

(3) 재무활동현금흐름

납입자본과 차입금에서 발생하여 나타나는 활동을 말한다.

① 비유동부채나 자본을 증가시키는 거래는 대부분 재무활동이다.

② 배당금지급으로 인한 현금유출은 재무활동이다.

③ 자기주식 처분과 취득은 재무활동이다.

④ **리스이용자의 금융리스부채 상환에 따른 현금유출**

2. 직접법과 간접법

직접법은 활동의 각 항목별로 현금 유입액과 유출액을 계산하여 표시하는 방법인데, 투자와 재무활동은 직접법으로만 표시되며, **영업활동에서 창출된 현금을 표시하는 방법에 따라 직접법과 간접법**으로 구분한다. 즉 재무활동, 투자활동의 현금흐름은 직접법이나 간접법이 동일하고, 영업활동현금흐름 산출하는 방법만 차이가 있다.

영업활동 현금흐름	직접법, 간접법
투자활동 현금흐름	직접법이나 간접법 동일
재무활동 현금흐름	

★ 직접법

현금유입 있는 수익 - 현금유출 있는 비용 = 현금주의 당기순이익

★ 간접법

발생주의 당기순이익 *±(I/S) 영업활동과 무관한 수익·비용* *±(B/S)영업활동으로 인한 자산·부채의 변동* =현금주의 당기순이익

(직접법과 간접법의 현금주의 당기순이익은) 항상 같다

직접법 **20x1년1월 1일부터 20x1년 12월 31일까지**		
영업활동현금흐름		
고객으로부터의 유입된 현금	XXX	
공급자와 종업원에 대한 현금유출등	(XXX)	
영업에서 창출된 현금	XXX	
이자수취, 배당금수취	XXX	대체분류가능
이자지급, 법인세 납부	(XXX)	대체분류가능
영업활동순현금흐름	XXX	
투자활동순현금흐름	XXX	
재무활동순현금흐름	XXX	
현금 및 현금성자산의 순증가	XXX	
기초현금 및 현금성자산	XXX	
기말현금 및 현금성자산	XXX	

간접법 20x1년1월 1일부터 20x1년 12월 31일까지		
영업활동현금흐름		
법인세비용차감전순이익	xxx	
가감 :		
감가상각비	xxx	**유출없는 비용(영업활동과무관)**
유형자산처분익	(xxx)	**유입없는 수익(영업활동과무관)**
사채상환손실	xxx	**유출없는 비용(영업활동과무관)**
이자비용*1	xxx	**영업활동현금흐름중 별도 표시하는 항목**
매출채권 및 기타채권의 증가	(xxx)	**채권 · 채무변동**
재고자산의 감소	xxx	**채권 · 채무변동**
매입채무의 감소	(xxx)	**채권 · 채무변동**
영업에서 창출된 현금(직접법처럼 표시)	xxx	
이자지급	(xxx)	
법인세의 납부	(xxx)	
영업활동순현금흐름	xxx	

*1. 이자비용은 영업에서 창출된 현금에 별도 표시하므로 문제에서는 가산하지 말고 영업활동현금을 계산해야 한다.

① 직접법은 **현금유입액과 유출액을 원천별 및 용도별로 분류하여 표시**하므로 현금의 흐름내역을 일목요연하게 제시하여 주므로 **미래 현금흐름을 추정하는데 간접법보다 유용한 정보를 제공**한다.

② 간접법은 **발생주의에 의한 당기순이익과 영업활동으로 인한 현금흐름의 차이원인을 명확**하게 알 수 있다. 또한 재무상태표, 포괄손익계산서와의 유용한 연관성을 보여준다.

<예제> 채권 · 채무 변동에 따른 영업현금흐름

㈜로그인의 20x1년 법인세비용차감전순이익은 10,000,000원이다. 다음 자료를 이용하여 ㈜로그인의 20x1년 영업활동 현금흐름을 구하시오.

구분	20x0년 12월 31일	20x1년 12월 31일
매출채권	2,000,000원	3,000,000원
매입채무	4,000,000원	5,000,000원

해답

채권 · 채무 변동에 대하여 분개를 이용하면 쉽게 현금증감을 파악할 수 있다.

1. 법인세비용차감전순이익	10,000,000	
① 매출채권 증가	-1,000,000	(차) 매출채권 xx (대) 현 금 xx
② 매입채무 증가	+1,000,000	(차) 현 금 xx (대) 매입채무 xx
2. 영업활동현금 흐름	10,000,000	

<예제> 영업현금흐름(간접법)

㈜로그인의 20x1년 법인세비용차감전순이익은 1,000,000원이다. 다음 자료를 이용하여 (주)로그인의 20x1년 영업활동 현금흐름을 구하시오.(단, 이자비용과 배당금수익은 영업활동으로 분류한다.)

유형자산처분손실	100,000원	재고자산의 감소	200,000원
감가상각비	300,000원	장기차입금의 증가	400,000원
유상증자	500,000원	매입채무의 증가	600,000원
사채상환이익	700,000원	유가증권처분손실	800,000원
이자비용	900,000원	배당금수익	1,000,000원
법인세 비용	10,000원	미지급법인세 감소	3,000원

해답

1. 법인세비용전차감순이익	1,000,000	유상증자 및 차입금은 재무활동임.
① 유형자산처분손실	+100,000	투자활동이므로 가산
② 재고자산 감소	+200,000	(차) 현금 xx (대) 재고자산 xx
③ 감가상각비	+300,000	투자활동이므로 가산
④ 매입채무증가	+600,000	(차) 현금 xx (대) 매입채무 xx
⑤ 사채상환이익	−700,000	재무활동이므로 차감
⑥ 유가증권처분손실	+800,000	투자활동이므로 가산
⑦ 법인세납부	−13,000	(차) 법인세비용 10,000 (대) 현금 13,000 미지급법인세 3,000
2. 영업활동현금 흐름	*2,187,000*	**이자비용과 배당금수익은 영업활동이므로 순이익에 이미 반영되어 있고, 따라서 별도 조정할 필요가 없다.**

3. 현금흐름표의 유용성과 한계

(1) 유용성

① 기업의 **미래현금흐름의 금액, 시기 그리고 불확실성을 예측하고 평가하는데 유용한 정보를 제공**한다.

② 기업의 **배당지급능력, 부채상환능력과 기업유동성**을 평가하는데 중요한 정보를 제공한다.

③ 간접법을 적용하면 **영업활동현금흐름과 당기순이익간의 차이에 관한 정보**를 제공한다.

④ 기업의 **투자활동과 재무활동에서 창출되는 현금흐름을 일목요연**하게 제공한다.

(2) 한계

현금흐름표 자체만으로는 현금유출입에 관련된 정보는 이에 관련된 거래나 사건의 발생시점과의 관계를 나타내지 못하기 때문에 미래현금흐름을 평가하는 정보로서 불완전하다. 따라서 **손익계산서나 재무상태표와 함께 이용될 때 서로의 한계점이 보완되어 보완적인 기능**을 갖게 된다.

연/습/문/제

O,X 문제

01. 영업활동 현금흐름은 **기업의 주요 수익창출활동**에서 발생되는 활동을 의미한다. ( )

02. **단기매매목적으로 보유하는 유가증권**의 취득과 판매에 따른 현금흐름은 **투자활동으로** 분류한다.( )

03. 투자활동이란 **장기성자산 및 현금성자산에 속하지 않는 기타투자자산**의 취득과 처분에 관련된 활동을 말한다. ( )

04. **이자지급, 이자수입 및 배당금수입**은 당기순손익의 결정에 영향을 미치므로 영업활동 현금흐름으로 분류할 수 있고, **재무활동이나 투자활동으로 분류할 수 있다.** ( )

05. 제3자에 대한 **대여금의 회수에 따른 현금유입은 재무활동현금흐름**에 해당한다. ( )

06. **기타포괄손익인식금융자산의 취득에 따른 현금유출은 재무활동**으로 분류한다. ( )

07. **장기차입금 차입에 따른 현금유입은 재무활동**으로 분류한다. ( )

08. **유형자산의 취득에 따른 현금유출은 투자활동**으로 분류한다. ( )

09. **법인세로 인한 현금흐름**은 별도로 공시하며 재무활동과 투자활동에 명백히 관련되지 않는 한 **영업활동 현금흐름**으로 분류한다. ( )

10. 현금흐름표 중 간접법이란 재화의 판매 등 **영업활동 거래의 원천별**로 유입된 현금의 흐름에서 영업활동 거래로 유출된 현금흐름을 차감하여 영업활동 현금흐름을 구하는 방법이다 ( )

11. 간접법은 직접법에 비하여 영업거래의 **다양한 원천별 현금의 흐름내역을 일목요연하게 제시해 줌으로써 진정한 의미에서의 현금흐름**을 파악할 수 있는 방법으로 **미래현금흐름을 추정하는데 보다 유용한 정보**를 제공한다. ( )

12. 간접법은 손익계산서상의 법인세비용차감전순손익에서 시작하여 **현금의 유 · 출입이 없는 비용과 수익계정을 가감**하고 **영업활동과 관련된 자산부채변동을 가감**하여 영업활동 현금흐름을 산출하는 방법이다. ( )

13. **유형자산처분손실, 유가증권처분손실, 사채상환손실** 등도 영업활동 현금흐름 계산시 당기순이익에 가산해야 한다. ( )

14. **감가상각비, 사채상환손익, 현금성자산의 외화환산손익**은 간접법으로 영업활동 현금흐름을 작성할 경우 가산하거나 차감한다. ( )

15. 직접법과 간접법의 차이는 **영업활동, 재무활동, 투자활동 현금 흐름계산에서 차이가 발생한다.** ( )

16. 이자지급은 재무자원을 획득하는 원가로 보아 **재무활동 현금흐름**으로 분류할 수 있고, **투자활동으로 분류할 수도 있다.** ( )

17. **배당금수입**은 투자자산에 대한 수익으로 보아 **투자활동 현금흐름**으로 분류할 수 있고, **영업활동으로 분류**할 수도 있다. ( )

18. **취득당시 만기가 3개월이내**인 환매채를 취득시 **영업활동 현금흐름으로 분류 표시**된다. ( )

19. **재화와 용역의 구입, 종업원 급여와 관련하여 발생하는 현금유출**은 영업활동현금흐름이다. ( )

20. 간접법은 현금흐름을 개별 항목별로 파악할 수 있기 때문에 **거래유형별 현금흐름의 내용을 쉽게 파악**할 수 있다. ( )

21. 간접법은 **당기순이익과 영업활동으로 인한 현금흐름과의 차이를 명확**하게 보여준다. ( )

22. 간접법으로 영업활동 현금흐름을 작성하더라도 **이자 및 배당금수취, 이자지급 및 법인세 납부는 직접법을 적용한 것**처럼 별도로 표시해야 한다. ( )

23. 재무제표를 작성시 현금흐름표를 제외하고 **발생기준 회계**를 사용하여 작성한다. ( )

24. 중요한 거래라 하더라도 현금의 유입과 유출이 없는 거래는 **주석으로 기재할 필요가 없다.** ( )

25. **리스이용자의 금융리스부채 상환에 따른 현금 유출은 영업활동**에 해당한다. ( )

26. 현물출자로 인한 유형자산의 취득이나 전환사채의 전환시 현금의 유출과 유입이 발생한다. ( )

27. 유형자산의 연불구입, 무상증자, 주식배당은 현금의 유입과 유출이 없는 거래이다. ( )

28. 배당금지급은 기업이 배당금을 지급할 수 있는 능력이 있는지 여부를 판단하는데 도움을 주기위해 투자활동 현금흐름으로 분류할 수 있다. ( )

 주관식

01. ㈜로그인의 매입활동 관련자료는 다음과 같다.

① 재무상태표 관련자료

	20x0년 12월 31일	20x1년 12월 31일
재고자산(상품)	250,000원	140,000원
매입채무	80,000원	70,000원

② 당기 포괄손익계산서상 매출원가 : 300,000원

㈜로그인의 모든 매입은 외상으로 이루어진다고 할 때, 20x1년 중 ㈜로그인이 매입처에 지급한 현금은 얼마인가?

02. ㈜로그인의 20x1년 당기순이익은 5,000,000원이다. 다음 자료를 이용하여 ㈜로그인의 20x1년 영업활동 현금흐름을 구하시오.

구분	20x0년 12월 31일	20x1년 12월 31일
매출채권	8,500,000원	9,000,000원
매입채무	7,000,000원	6,300,000원

03. 다음은 ㈜로그인의 20x1년 영업활동에 관련된 자료이다.

① 당기순이익	15,000,000원	② 매출채권의증가	3,000,000원
③ 기타채무의감소	2,000,000원	④ 감가상각비	1,000,000원
⑤ 매입채무의감소	500,000원		

상기 자료를 기초로 20x1년 12월 31일로 종료되는 회계연도에 ㈜로그인의 현금흐름표에 보고되어야 할 영업활동 현금흐름은 얼마인가?(단, 상기 자료이외에 간접법으로 현금흐름표 작성시 고려할 사항은 없다고 가정함)

04. ㈜로그인의 20x1년 법인세비용차감전순이익은 1,000,000원이다. 다음 자료를 이용하여 (주) 로그인의 20x1년 영업활동 현금흐름을 구하시오.(단, 이자비용과 배당금수익은 영업활동으로 분류한다.)

유형자산처분손실	100,000원	재고자산의 감소	200,000원
감가상각비	300,000원	장기차입금의 증가	400,000원
유상증자	500,000원	매입채무의 증가	600,000원
사채상환이익	700,000원	유가증권처분손실	800,000원
이자비용	900,000원	배당금수익	1,000,000원

05. ㈜로그인의 20x1년 현금흐름표를 이용하여 요구사항에 답하시오.

현금흐름표

영업활동현금흐름	
- 당기순이익	????
- 가산 : 감가상각비	????
투자활동현금흐름	(300,000,000)
- 건물매입으로 인한 현금유출	(300,000,000)
재무활동현금흐름	-
현금및현금성자산의 변동	???
기초 현금및현금성자산	150,000,000
기말 현금및현금성자산	200,000,000

㈜로그인은 20x1년 초 건물을 구입하여 영업활동에 사용하고 있다. 건물의 내용연수가 10년으로 추정되며, 잔존가치는 없고 감가상각방법이 정액법인 경우 당기순이익을 구하시오.

06. ㈜로그인의 이자지급과 관련된 자료는 다음과 같다.

① 재무상태표 관련자료

	20x0년 12월 31일	20x1년 12월 31일
미지급이자	100,000원	200,000원

② 당기 20x1년 포괄손익계산서상 이자비용 : 300,000원

㈜로그인의 20x1년 중 현금흐름표에 표시될 이자지급액은 얼마인가?

07. ㈜로그인의 이자수취와 관련된 자료는 다음과 같다.

① 재무상태표 관련자료

	20x0년 12월 31일	20x1년 12월 31일
미수수익	10,000원	20,000원

② 당기 20x1년 포괄손익계산서상 이자수익 : 200,000원

㈜로그인의 20x1년 중 현금흐름표에 표시될 이자수취액은 얼마인가?

08. 다음은 ㈜로그인의 영업활동으로 인한 현금흐름이 (+)2,000,000원이라고 할 때 당기순이익을 구하시오.

유형자산처분손실	100,000	매출채권의 증가	200,000
감가상각비	300,000	재고자산의 감소	400,000
매입채무의 감소	500,000		

09. 다음은 ㈜로그인의 재무상태표이다. 6기의 당기순이익은 5,000원이고, 당기 중 비품의 처분은 없었다.
6기의 영업활동 현금흐름을 구하시오.

		6기	5기
자산			
	현금및현금성자산	60,000	30,000
	매출채권	50,000	40,000
	비품	40,000	20,000
	감가상각누계액	(20,000)	(10,000)
자산총계		130,000	80,000
부채	매입채무	50,000	10,000
	장기차입금	40,000	40,000
자본	자본금	30,000	30,000
	이익잉여금	10,000	0
부채와 자본총계		130,000	80,000

10. ㈜로그인은 제조업을 영위하고 있으며 모든 매출은 외상으로 이루어진다. 다음 자료를 이용하여 20X1년 매출로부터의 현금유입액산하면 얼마인가?(선수금에 의한 매출, 매출에누리와 환입, 매출할인 등은 없다고 가정함)

ㄱ. 재무상태표

	20X1년 초	20X1년 말
매출채권	10,000원	20,000원
대손충당금(매출채권)	300원	470원

ㄴ. 포괄손익계산서 (20X1.1.1 ~ 20X1.12.31)

매출액 560,000원 대손상각비(매출채권) 550원

연/습/문/제 답안

O,X문제

1	2	3	4	5	6	7	8	9	10	11	12	13	14	15
○	×	○	○	×	×	○	○	○	×	×	○	○	○	×

16	17	18	19	20	21	22	23	24	25	26	27	28		
×	○	×	○	×	○	○	○	×	×	×	○	×		

[풀이 - O,X문제]

02. **단기매매목적으로 보유하는 유가증권**의 취득과 판매에 따른 현금흐름은 영업활동으로 분류한다.

05. 대여금 회수는 투자활동현금흐름으로 분류한다.

06. **기타포괄손익인식금융자산의 취득에 따른 현금유출은 투자활동**으로 분류한다.

10. 직접법에 대한 설명이다.

11. 직접법에 대한 장점이다.

15. 직접법과 간접법의 차이는 영업활동현금에서만 차이가 발생한다.

16. 이자지급은 **재무활동 현금흐름 또는 영업활동**으로 분류할 수도 있다.

18. **취득당시 만기가 3개월이내**인 환매채를 취득시 현금성자산으로 분류되므로 어느 활동에도 표시되지 않는다.

20. 직접법에 대한 설명이다.

24. 현금의 유입·유출을 초래하지 않더라도 기업의 총재무자원의 변동을 보고하기 위하여 중요한 거래들은 주석사항에 별도 표시해야 한다.

25. **금융리스부채의 상환에 따른 현금유출은 재무활동으로 분류**한다.

26. 현물출자 : (차) 유형자산 XX (대) 자본금 XX
    전환사채의 전환 : (차) 전환사채 XX (대) 자본금 XX

28. **배당금 지급활동**은 원칙적으로 **재무활동으로 분류**한다.

주관식

01.	200,000원	02.	3,800,000원
03.	10,500,000원	04.	2,300,000원
05.	320,000,000원	06.	200,000원
07.	190,000원	08.	1,900,000원
09.	45,000원	10.	549,620원

[풀이 - 주관식]

01.

(차) 매출원가	300,000	(대) 상품	110,000
매입채무	10,000	*(대) 현금*	*200,000*

02.

1. 당기순이익	5,000,000	
① 매출채권 증가	-500,000	(차) 매출채권 xx (대) 현 금 xx
② 매입채무 감소	-700,000	(차) 매입채무 xx (대) 현 금 xx
2. 영업활동현금 흐름	*3,800,000*	

03.

1. 당기순이익	15,000,000	
① 매출채권증가	-3,000,000	(차) 매출채권 xx (대) 현 금 xx
② 기타채무감소	-2,000,000	(차) 기타채무 xx (대) 현 금 xx
③ 감가상각비	+1,000,000	현금지출없는 비용이므로 가산
④ 매입채무의 감소	-500,000	(차) 매입채무 xx (대) 현 금 xx
2. 영업활동현금 흐름	*10,500,000*	

04.

1. 법인세비용차감전순이익	1,000,000	유상증자 및 차입금은 재무활동임.
① 유형자산처분손실	+100,000	투자활동이므로 가산
② 재고자산 감소	+200,000	(차) 현금 xx (대) 재고자산 xx
③ 감가상각비	+300,000	현금지출없는 비용이므로 가산
④ 매입채무증가	+600,000	(차) 현금 xx (대) 매입채무 xx
⑤ 사채상환이익	-700,000	재무활동이므로 차감
⑥ 유가증권처분손실	+800,000	재무활동이므로 가산
2. 영업활동현금 흐름	**2,300,000**	**이자비용과 배당금수익은 영업활동현금흐름이므로 별도 조정할 필요가 없다.**

05. ① 감가상각비 = 300,000,000/10년 = 30,000,000원
② 현금변동액 = 200,000,000 - 150,000,000 = 50,000,000증가
③ 영업활동현금흐름 = 50,000,000 + 300,000,000 = 350,000,000
④ 당기순이익 = 350,000,000 - 30,000,000 = 320,000,000

현금흐름표

영업활동현금흐름	③ 350,000,000
당기순이익	*④ 320,000,000*
가산 : 감가상각비	① **30,000,000**
투자활동현금흐름	(300,000,000)
건물매입으로 인한 현금유출	(300,000,000)
재무활동현금흐름	
현금및현금성자산의 변동	② **50,000,000**
기초 현금및현금성자산	150,000,000
기말 현금및현금성자산	200,000,000

06.

미지급이자

현금등	*200,000*	기초잔액	100,000
기말잔액	200,000	이자비용	300,000
계	400,000	계	400,000

07.

미수수익

기초잔액	10,000	*현금등*	*190,000*
이자수익	200,000	기말잔액	20,000
계	210,000	계	210,000

08.

1. 당기순이익	*1,900,000*				
① 유형자산처분손실	100,000	현금지출없는 비용이므로 가산			
② 매출채권증가	-200,000	(차) 매출채권	xx	(대) 현 금	xx
③ 감가상각비	+300,000	현금지출없는 비용이므로 가산			
④ 재고자산감소	+400,000	(차) 현 금	xx	(대) 재고자산	xx
⑤ 매입채무의 감소	-500,000	(차) 매입채무	xx	(대) 현 금	xx
2. 영업활동현금 흐름	2,000,000				

09.

1. 당기순이익	5,000	
① 매출채권증가	−10,000	(차) 매출채권 xx (대) 현 금 xx
② 매입채무증가	+40,000	(차) 현 금 xx (대) 매입채무 xx
③ 감가상각비	+10,000	현금지출없는 비용이므로 가산
2. 영업활동현금 흐름	45,000	

19. 현금유입액 = 매출액(560,000) - 매출채권증가액(10,000) - 대손상각비(550) + 대손충당금증가(170)
= 549,620원

PART Ⅱ 원가관리회계

원가회계

원가회계의 기초개념

NCS회계 - 3 원가계산

제1절 원가회계의 기초

1. 원가의 분류

구분	원가	세부	내용
원가의 행 태 (모양)	변동원가	**순수변동비**	조업도의 변동에 따라 총원가 직접적으로 비례하여 증감하는 원가
		준변동비 (혼합원가)	**변동비와 고정비** 성격을 모두 가지고 있는 원가
	고정원가	**순수고정비**	조업도의 변화에 관계없이 총원가 일정하게 발생하는 원가
		준고정비 (계단원가)	관련범위를 벗어나면 원가총액이 일정액만큼 증가 또는 감소하는 원가
추 적 가능성	직접원가		어떤 원가를 특정원가대상에 대해 **직접 추적**할 수 있는 원가
	간접원가		어떤 원가가 원가대상에 직접 대응 시킬 수 없는 원가
제 조 활동과의 관련성	제조원가	**직접재료비**	직접적으로 추적할 수 있는 원재료의 사용액
		직접노무비	직접적으로 추적할 수 있는 노동력의 사용액
		제조간접비	직접재료비와 직접노무비를 제외한 모든 제조원가 **(변동제조간접비, 고정제조간접비)**
	비제조원가 (기간비용)		기업의 제조활동과 관련없이 단지 판매활동 및 관리활동과 관련하여 발생하는 원가
수익과의 대응관계	제품원가		제품을 생산할 때 재고자산에 배부되는 모든 원가
	기간원가		제품원가 이외의 원가로 발생한 기간의 비용으로 처리되는 원가
의 사 결정과 관련성 여 부	관련원가		의사결정 대안간에 차이가 나는 원가로서 의사결정에 필요한 원가 ☞ 기회비용 : 여러 대안 중 어느 하나를 선택하고 다른 것을 포기한 결과 포기된 대안의 화폐적 가치(최대이익 또는 최소비용)
	매몰원가		과거의 의사결정으로 인하여 이미 발생한 원가로서 대안 간에 차이가 발생하지 않는 원가 → **과거원가로서 현재 혹은 미래의 의사결정과 관련이 없는 비관련원가**
	회피 가능원가와 불능원가	회피가능원가	의사결정에 따라 절약할 수 있는 원가
		회피불능원가	의사결정에 의해서도 절약할 수 없는 원가

〈제품원가의 계산범위〉

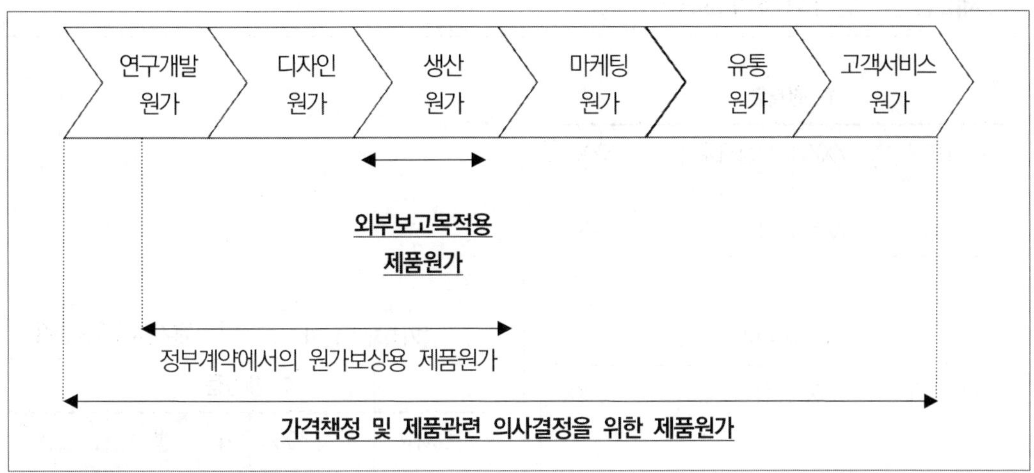

2. 조업도의 변화에 따른 고정비와 변동비

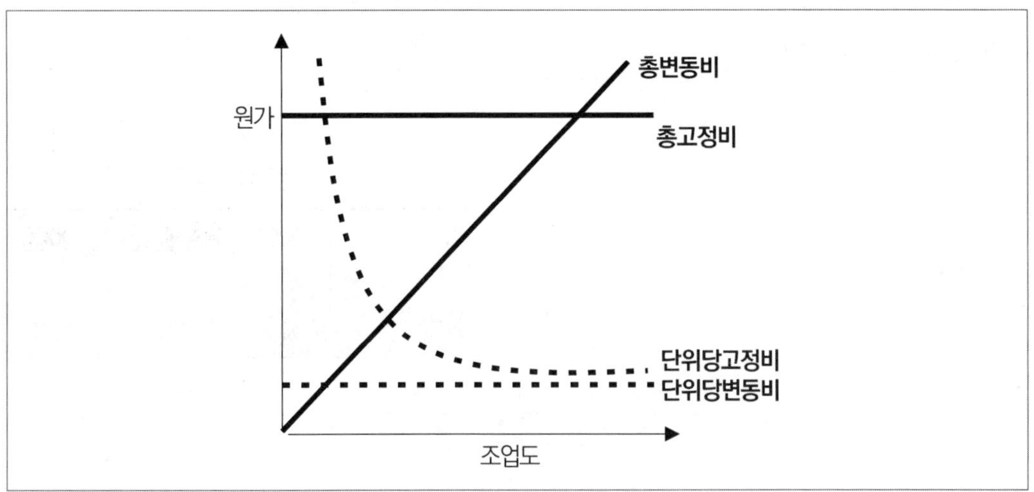

■ 기본원가와 가공원가

	제조원가 3요소	
기초원가 (기본원가)	직접재료비	
	직접노무비	가공원가(전환원가)
	제조간접비	

☞ 직접경비는 가공원가에 포함된다.

제2절 원가회계의 흐름

1. 원재료

기초재고	XXX	직접재료비	XXX
구　　입	XXX	기　　말	XXX

2. 노무비

당기발생액	XXX	직접노무비	XXX

3. 제조간접비

간접재료비	XXX	배 부 액	XXX
간접노무비	XXX		
간접경비	XXX		

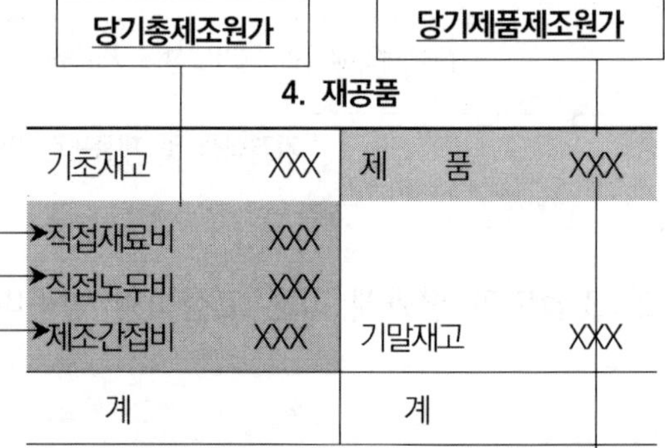

4. 재공품

기초재고	XXX	제　　품	XXX
직접재료비	XXX		
직접노무비	XXX		
제조간접비	XXX	기말재고	XXX
계		계	

5. 제　품

기초재고	XXX	매출원가	XXX
제　　품	XXX	기말재고	XXX
계		계	

<제조원가명세서> 

제조원가명세서는 제조기업의 당기제품제조원가 계산을 나타내는 명세서로서 **원재료계정과 재공품계정 변동사항**이 모두 표시되어 있다.

그러나 **제품계정의 변동사항은 손익계산서에 표시**된다.

제조원가명세서			손익계산서		
I. 직접재료비		XXX	I. 매출액		XXX
1. 기초원재료 재고액	XXX		II. 매출원가		XXX
2. 당기원재료 매입액	XXX		1. 기초제품 재고액	XXX	
3. 기말원재료 재고액	(XXX)		2. **당기제품 제조원가**	XXX	
II. 직접노무비		XXX	3. 기말제품재고액	(XXX)	
III. 제조간접비		XXX	III. 매출총이익		XXX
IV. 당기총제조원가		XXX	IV. 판매비와관리비		XXX
V. 기초재공품재고액		XXX	V. 영업이익		XXX
VI. 합계		XXX	.		.
VII. 기말재공품재고액		(XXX)	.		.
VIII. **당기제품제조원가**		XXX	VI. 당기순이익		XXX

연/습/문/제

O,X 문제

01. 원가회계란 **재무회계와 관리회계에서 필요로 하는 원가정보를 제공**하기 위하여 제조활동과 영업활동에 관한 원가자료를 확인, 분류, 집계하는 회계분야이다. ( )

02. 관련원가란 **과거의 의사결정으로 인하여 이미 발생한 원가**로서 대안간에 차이가 발생하지 않는 원가를 말한다. ( )

03. 외부이용자의 경제적 의사결정에 유용한 정보를 제공하기 위한 **외부보고 목적으로 재무회계가 이용**된다. ( )

04. 재무회계는 **미래지향적이며, 객관성**을 강조하고, 관리회계는 **과거지향적이며 목적적합성**을 강조한다. ( )

05. 원가회계는 **재고자산에 대한 정보도 제공하고** 모든 자산과 부채에 대한 평가 자료도 제공한다. ( )

06. **특정대안을 선택하지 않음**으로써 그 발생을 **회피할 수 있는 원가를 회피가능원가**라 한다. ( )

07. 원가동인이란 직접적인 대응이나 간접적인 원가배분방법에 의한 원가측정을 통하여 **원가가 집계되는 활동이나 항목**을 의미한다. ( )

08. 원가집합이란 원가대상에 **직접적으로 추적할 수 없는 간접원가**들을 모아둔 것으로 여기에 집계된 원가는 둘 이상의 원가대상에 배분되어야 할 **공통원가**이다. ( )

09. 원가배분이란 **원가집합에 집계된 직접원가**를 일정한 배부기준에 따라 **원가대상에 배분하는 과정**이다. ( )

10. 원가동인이란 **원가대상의 총원가에 변화를 유발시키는 요인**을 말하는 것으로 **원가동인은 원가대상**에 따라 **그 수가 한정되어 있다.** ( )

11. 원가대상을 무엇으로 정의하는지에 따라 **변동원가가 될 수도 있고 고정원가가 될 수**도 있으므로 원가대상을 명확하게 설정하는 것이 중요하다. ( )

12. 제조원가명세서의 최종결과치는 **당기에 완성된 모든 산출물의 원가**이다. ( )

13. 일반적으로 인정된 회계원칙 하에서 **외부보고를 위한 재무제표 작성시** 의미하는 제품원가의 범위는 **생산원가와 개발원가를 의미**한다. ( )

14. 조업도란 **기업이 보유한 자원의 활용정도를 나타내는 수치로서** 생산량, 판매량, 직접노동시간, 기계작업시간 등이 조업도가 될 수 있다. ( )

15. 기초제품재고액과 기말제품재고액이 일치하지 않더라도 **당기제품제조원가와 매출원가가 일치**한다. ( )

16. 재고자산을 보유하고 있는 동안 **미소멸원가**이나, 판매되면 매출원가라는 비용이 되고 화재 등으로 소실되면 손실이 된다. ( )

17. 발생한 기간에 **비용으로 처리되는 원가를 매몰원가**라 한다. ( )

18. **경제적 가치**를 가지고 있는 요소만이 **원가가 될 수** 있다. ( )

19. 발생한 제조원가 중 기업의 **수익획득에 아직 사용되지 않은 부분은 자산**으로, 수익획득에 사용된 부분은 비용으로 재무제표에 계상된다. ( )

20. 원가란 특정목적을 달성하기 위해 **소멸된 경제적 자원의 희생을 화폐가치**로 측정한 것이다. ( )

21. 기업의 수익획득 활동에 필요한 물품 등을 단순히 구입하는 것만으로는 원가가 되지 않으며, 이를 **소비해야 비로소 원가가 된다.** ( )

22. 고정원가는 **조업도가 증감하더라도 관련범위 내에서 총비용이 비례증가한다.** ( )

23. 준고정원가는 **조업도가 0이어도 일정고정비가 발생**하고 **조업도가 증가하면 비례적으로 증가**한다. ( )

24. 재무회계는 법적인 강제력이 있으나, 원가회계는 경영자의 목적에 따라 다양한 회계절차를 적용할 수 있다. ( )

주관식

01. 다음의 원가자료를 이용하여 기초원가(ⓐ)와 가공원가(ⓑ)를 계산하시오.

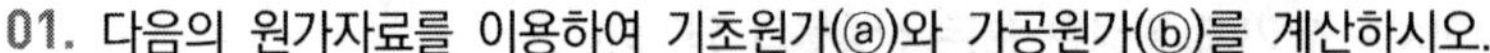

1. 당기총제조원가는 20,000,000원이다.
2. 직접재료비는 당기총제조원가의 30%이다.
3. 제조간접비는 직접노무비의 60%이다.

02. 다음은 ㈜로그인의 5월 한달 동안의 제조원가 자료이다. 당기제품제조원가를 구하시오.

	5월 1일	5월 31일
원재료	5,000	12,000
재공품	10,000	8,000
원재료매입액	24,000	
가공비	35,000	

03. 다음 자료에 의하여 당기제품제조원가를 계산하시오.

- 기초재공품재고액 : 300,000원
- 기초원가 : 1,000,000원
- 기말재공품재고액 : 400,000원
- 가공원가 : 1,200,000원
- 제조간접원가는 직접노무원가의 2배만큼 비례하여 발생한다.

04. 다음 자료에 의하여 기말재공품 가액을 구하시오.

- 기초원재료 : 100,000원
- 당기매입원재료 : 500,000원
- 기말원재료 : 200,000원
- 직접노무비 : 1,000,000원
- 기초재공품 : 1,000,000원
- 외주가공비 : 400,000원
- 당기제품제조원가 : 2,500,000원
- 제조간접비는 직접노무비의 120%를 부과하고 있다.

05. 다음 자료를 이용하여 당기 말 제품재고액을 계산하시오.

1) 당기 말 재공품은 전기 말에 비해 500,000원 증가하였다.
2) 전기 말 제품재고는 500,000원이었다.
3) 당기 중 발생원가집계
   - 직접노무비 : 400,000원
   - 직접재료비 : 300,000원
   - 변동제조간접비 : 500,000원
   - 고정제조간접비 : 600,000원
4) 당기 손익계산서상 매출원가는 1,500,000원이다.

06. 다음 자료를 참고하여 1월 중 제조간접비를 계산하시오.

- 1월 중 400,000원의 직접재료를 구입하였다.
- 1월 중 직접노무비는 500,000원이었다.
- 1월 중 매출액은 1,200,000원이며, 원가에 20%의 이익을 가산하여 결정한다.
- 재공품과 제품의 기초재고와 기말재고는 같다.
- 원재료의 1월초 재고가 200,000원이었고, 1월말 재고가 300,000원이다.

연/습/문/제 답안

O,X문제

1	2	3	4	5	6	7	8	9	10	11	12	13	14	15
○	×	○	×	×	○	×	○	×	×	○	○	×	○	×
16	**17**	**18**	**19**	**20**	**21**	**22**	**23**	**24**						
○	×	○	○	○	○	×	×	○						

[풀이 - O,X문제]

02. 매몰원가에 대한 설명이다.

04. **재무회계는 과거지향적**이고, **관리회계는 미래지향적**이다.

05. 원가회계는 모든 자산과 부채에 대한 평가 자료를 제공하는 것은 아니다.

07. 원가대상에 대한 설명이다.

09. 간접원가가 배분대상이다.

10. 원가동인은 원가대상에 따라서 그 수가 매우 다양하다.

13. 외부보고를 위한 재무제표 작성시 의미하는 **제품원가의 범위는 생산원가만을 의미**한다.

15. **기초제품재고액과 기말제품재고액이 동일**하다면 **당기제품제조원가와 매출원가가 일치**한다.

17. 기간원가에 대한 설명이다.

22. **총고정비는 조업도가 증감시 일정**하다.

23. 준변동원가에 대한 설명이다.

주관식

01.	ⓐ 14,750,000원, ⓑ 14,000,000원	02.	54,000원
03.	1,700,000원	04.	1,500,000원
05.	300,000원	06.	200,000원

[풀이 - 주관식]

01. 직접재료비 = 20,000,000원 × 30% = 6,000,000원
직접노무비를 x라 하면,
가공원가 = 직접노무비 + 제조간접비 = x + 0.6x = **14,000,000원**
직접노무비(x) = 14,000,000원 ÷ 1.6 = 8,750,000원
기초원가 = 직접재료비 + 직접노무비 = 6,000,000원 + 8,750,000원 = **14,750,000원**

02.

원재료

기초재고	5,000	직접재료비	17,000
구입	24,000	기말재고	12,000
계	29,000	계	29,000

재공품

기초	10,000	*당기제품제조원가*	*54,000*
당기총제조원가	17,000 +35,000	기말	8,000
계	62,000	계	62,000

03. 기초원가 = 직접재료원가 + 직접노무원가 = 1,000,000원
가공원가 = 직접노무원가 + 제조간접원가(직접노무원가 × 2) = 1,200,000원
따라서 직접노무원가는 400,000원이다.
당기총제조비용 = 1,000,000(기초원가) + 400,000 × 2(제조간접원가) = 1,800,000원

재공품

기초재고	300,000	***당기제품제조원가(?)***	***1,700,000***
당기총제조비용	1,800,000	기말재고	400,000
	2,100,000		2,100,000

04.

원재료

기초재고	100,000	**직접재료비(?)**	**400,000**
매입	500,000	기말재고	200,000
계	600,000	계	600,000

재공품

기초재고	1,000,000	당기제품제조원가	2,500,000
직접재료비	400,000		
직접노무비	1,000,000		
직접경비(외주가공비)	**400,000**	***기말재고(?)***	***1,500,000***
제조간접비	**1,200,000**		
계	4,000,000	계	4,000,000

05.

재공품

기초재고	0	당기제품제조원가	1,300,000
직접재료비	300,000		
직접노무비	400,000		
제조간접비	1,100,000	기말재고	500,000
계	1,800,000	계	1,800,000

제 품

기초재고	500,000	매출원가	1,500,000
제품	1,300,000	*기말재고(?)*	*300,000*
계	1,800,000	계	1,800,000

06. 매출원가 : 1,200,000/1.2 = 1,000,000원

원 재 료

기초재고	200,000	**직접재료비**	**300,000**
매 입	400,000	기말재고	300,000
계	600,000	계	600,000

재고자산(재공품 + 제품)

기초재고(재공품 + 제품)	0	**매출원가**	**1,000,000**
당기총제조비용	1,000,000	기말재고(재공품 + 제품)	0
합 계	1,000,000	합 계	1,100,000

당기총제조비용 = 직접재료비 + 직접노무비 + 제조간접비

1,000,000 = 300,000 + 500,000 + 제조간접비 ∴ **제조간접비 200,000원**

원가계산

NCS회계 - 3 원가계산

1. 원가계산 종류 : 상이한 목적에 따라 상이한 원가가 사용

생산형태	원가계산의 범위	원가측정방법
개별원가계산 **(주문생산)**	전부원가계산 (제품원가 : 제조원가)	**실제원가계산** **(실제발생액)**
		정상원가계산 **(제조간접비예정배부)**
종합원가계산 **(대량연속생산)**	변동원가계산 (제품원가 : 변동비) **직접재료비 + 직접노무비 + 변동제조간접비**	표준원가계산 (직재, 직노, 제간 표준설정)

2. 부문별 원가계산

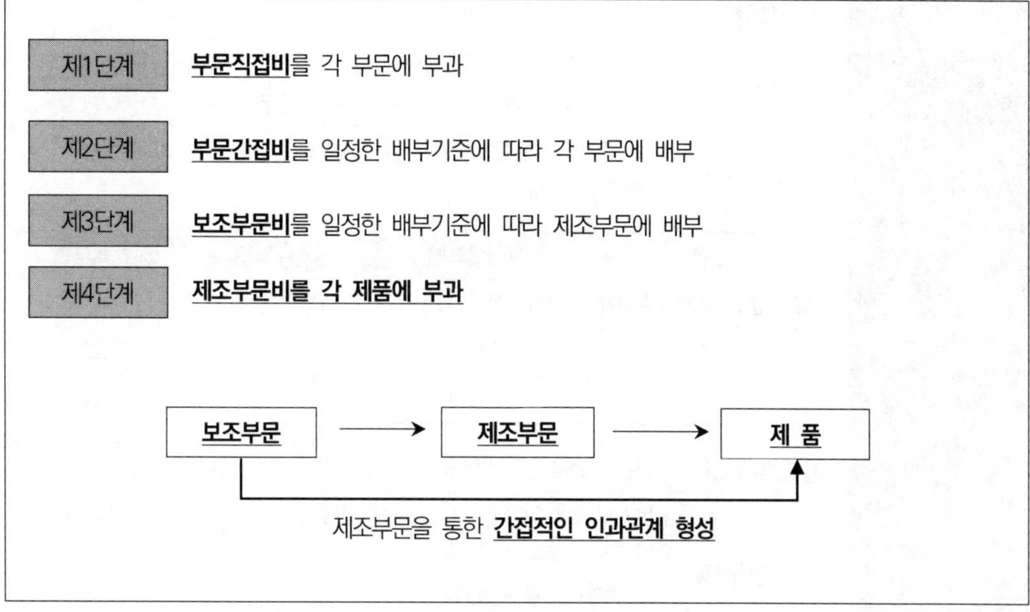

3. 부문간접비(공통원가)의 배부 - 인과관계

부문공통비	배부기준
건물감가상각비	**점유면적**
전력비	전력사용량
임차료, 재산세, 건물보험료	점유면적
수선유지비	수선작업시간

4. 보조부문원가를 제조부문에 배부 - 인과관계

보조부문원가	배부기준
공장인사관리부문	**종업원수**
전력부문	전력사용량
용수부문	용수 소비량
식당부문	**종업원수**
구매부문	주문횟수/주문금액

5. 보조부문원가의 배분방법 

<table>
<tr><td rowspan="4">1. 보조부문 상호간의 용역 수수 고려</td><td>1. 직접배분법</td><td>직접 제조부문에만 배부</td></tr>
<tr><td>2. 단계배분법</td><td>보조부문원가를 배분순서를 정하여 그 순서에 따라 단계적으로 다른 보조부문과 제조부문에 배분하는 방법</td></tr>
<tr><td>3. 상호배분법</td><td>보조부문 간의 상호 관련성을 모두 고려하여 다른 보조부문과 제조부문에 배부하는 방법</td></tr>
<tr><td colspan="2">
<table>
<tr><th>구분</th><th>직접배부법</th><th>단계배부법</th><th>상호배부법</th></tr>
<tr><td>보조부문간 용역수수관계</td><td>전혀 인식하지 않음</td><td>일부만 인식</td><td>전부인식</td></tr>
<tr><td>장점</td><td>간편</td><td>-</td><td>정확</td></tr>
<tr><td>단점</td><td>부정확</td><td>-</td><td>복잡함</td></tr>
</table>
</td></tr>
<tr><td rowspan="2">2. 원가행태에 의한 배분</td><td>1. 단일배분율</td><td>모든 보조부문의 원가를 하나의 기준에 따라 배분하는 방법</td></tr>
<tr><td>2. 이중배분율</td><td>보조부문의 원가를 원가행태에 따라 고정비와 변동비로 분류하여 각각 다른 배부기준 적용
1. 변동비 : 실제사용량
2. 고정비 : 최대사용가능량</td></tr>
</table>

6. 상호배분법보조부문원가의 배분방법

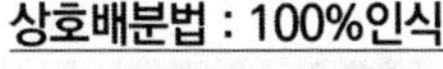

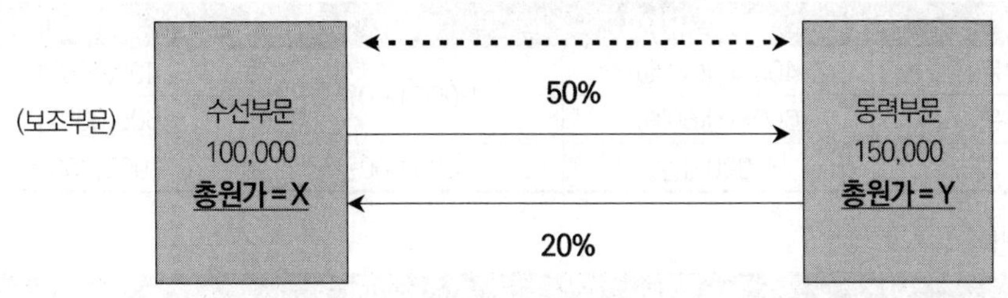

X=수선부문발생원가+동력부문에서 배부받은 원가=100,000+Y×20%

Y=동력부문발생원가+수선부문에서 배부받은 원가=150,000+X×50%

이러한 연립방정식을 이용하여 X, Y 총원가를 구하여 계산하면 된다.

X=144,444 Y=222,222 (반올림한 수치임)

<예제> 이중배분율법

㈜로그인의 전력부문은 조립부문 및 절단부문에 용역을 공급하고 있다. 전력부문에서 발생된 원가는 변동비가 400,000원이고 고정비가 600,000원이다. 전력부문에서 발생된 원가를 조립부문 및 절단부문에 배부하고자 한다. 다음과 같이 배부할 경우 금액을 구하시오.

구 분	조립부문	절단부문	합 계
실제제공시간	400시간	600시간	1,000시간
최대제공시간	900시간	600시간	1,500시간

① 단일배부율법(실제제공시간으로 배부하고자 한다.)

② 이중배부율법

해답

① 단일배부율법

구 분	실제제공시간	총원가	배부원가
조립부문	400시간(40%)	1,000,000원	400,000원
절단부문	600시간(60%)		**600,000원**
합 계	1,000시간	1,000,000원	1,000,000원

② 이중배부율법

구 분	① 변동원가 (실제제공시간 기준)	② 고정원가 (최대제공시간기준)	③ 배부원가 (=①+②)
조립부문	160,000원(40%)	360,000원(60%)	520,000원
절단부문	240,000원(60%)	240,000원(40%)	**480,000원**
합 계	400,000원	600,000원	1,000,000원

<예제> 상호배분법

제조부문(조립,절단) 과 보조부문(식당,전력)이 있다. 각 부문의 용역수수관계와 제조간접비 발생원가가 다음과 같다. 상호 배분법을 적용후 조립과 절단 부문의 총제조간접비는 얼마인가? (소숫점이하는 반올림하시고, 단수차는 조정하시오.)

	보조부문		제조부문		
	식당	전력	조립	절단	합 계
자기부문발생액	200,000원	300,000원	300,000원	200,000원	1,000,000원
[용역공급비율]					
식당		20%	40%	40%	100%
전력	30%		30%	40%	100%

해답

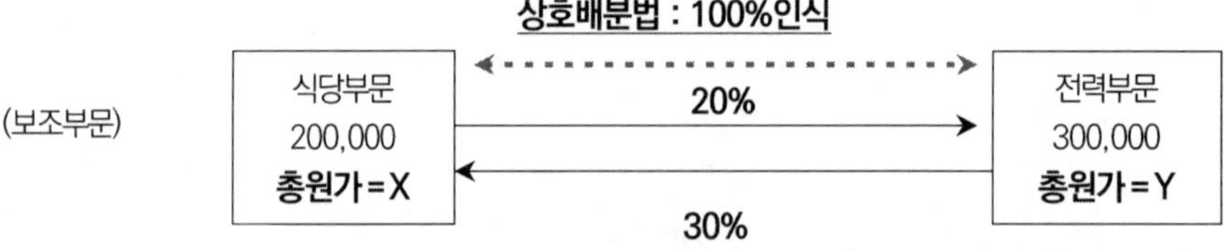

X(식당부문 총원가) = 식당부문발생원가 + 전력부문에서 배부받은 원가 = 200,000 + Y×30%
Y(전력부문 총원가) = 전력부문발생원가 + 식당부문에서 배부받은 원가 = 300,000 + X×20%

X = 308,511　　Y = 361,702

제공부문 \ 사용부문		보조부문		제조부문	
		식당부문	전력부문	조립부문	절단부문
배부전원가		200,000	300,000	**300,000**	**200,000**
보조부문 배부	식당부문(20% : 40% : 40%)	(308,511)	61,702[*1]	123,404[*2]	123,405[*3]
	전동력부문(30% : 30% : 40%)	108,511[*4]	(361,702)	108,510[*5]	144,681[*6]
보조부문 배부후 원가		–	–	531,914	468,086

*1. X(총원가)×20% = 61,702
*2. X×40% = 123,404
*3. X×40% = 123,405(단수차)
*4. 361,702×30% = 108,511
*5. 361,702×30% = 108,510(단수차)
*6. 361,702×40% = 144,681

연/습/문/제

O,X 문제

01. 간접원가를 원가배분대상에 대응시키는 가장 이상적인 배부기준은 **자율성기준**이다. (　)

02. 제품간접원가가 전체 제조원가에 차지하는 비중이 높을수록 **원가배분기준을 세분화**해야 보다 정확한 원가계산이 가능하다. (　)

03. 합리적인 원가배분을 위하여 가장 우선적으로 고려해야 하는 것은 **원가동인과의 인과관계이다**.(　)

04. 기업이 보조부문의 원가를 제조부문에 배분하는 이유는 **보조부문원가를 최종제품의 원가에 포함시켜 보다 정확한 제조원가**를 산정하기 위해서이다. (　)

05. 단일배분율법이란 보조부문원가를 **변동원가와 고정원가로 구분하여** 보조부문의 원가를 하나의 기준에 따라 배분하는 방법이다. (　)

06. 이중배분율법이란 보조부문의 원가를 원가행태에 따라 **직접원가와 간접원가로 분류하여** 각각 다른 배부기준을 적용하는 방법이다. (　)

07. 보조부문원가의 배분방법 중 **직접배분법을 사용**할 경우에는 **보조부문원가를 어떤 순서로 배분하느냐**에 따라 배분결과는 다르게 나타난다. (　)

08. 보조부문원가의 배분방법 중 상호배분법을 사용할 경우에는 **보조부문원가를 어떤 순서로 배분하느냐**에 따라 **배분결과는 언제나 동일**하다. (　)

09. 이중배분율법에 의할 경우 고정원가는 제조부문에서 사용할 수 있는 **최대사용가능량을 기준으로 배분**한다. (　)

10. 간접원가인 **건물감가상각비**의 배분기준으로 **가장 합리적인 방법은 각 부문의 면적사용량**이다. (　)

11. **재고가 없다는 전제하**에 보조부문의 **원가를 어떻게 배분하느냐에 따라 총이익은 변동**된다. (　)

12. 보조부문원가를 배분하는 목적은 **제조부문에 원가를 부담시켜 정확한 제품원가** 및 회사의 손익을 구하기 위한 목적이다. ( )

13. 상호배분법은 모든 보조부문 간에 제공된 **서비스를 완전하게 고려하여 원가**를 배부하는 방법이다. ( )

14. 회사가 가장 정확한 원가계산을 하기 위해는 보조부문원가를 **이중배분율법에 의하여 보조부분의 원가를 단계배분법으로 제조부문**에 배부하는 것이다. ( )

15. 보조부문원가를 어떠한 방법으로 제조부문에 배부하더라도 **공장 전체의 제조간접원가는 동일**하다. ( )

16. **부문별 제조간접원가배부율**을 사용하는 경우에는 **보조부문원가배부방법에 의해 제조간접원가 배부율이 영향을 받는다.** ( )

주관식

01. ㈜로그인의 보조부문인 수선부문에서 발생한 변동원가는 300,000원이고, 고정원가는 900,000원이었다. 수선부문에서는 조립부문과 절단부문이라는 두 개의 제조부문에 용역을 공급하고 있는데 각 제조부문의 실제사용시간 및 최대사용가능시간은 다음과 같다.

	조립부문	절단부문
실제사용시간	150시간	50시간
최대사용가능시간	200시간	100시간

이중배부율법을 사용할 경우 조립부문에 배분될 수선부문의 원가는 얼마인가?

02. 제조부문(조립,절단) 과 보조부문(식당,전력)이 있다. 각 부문의 용역수수관계와 제조간접비 발생원가가 다음과 같다. 배부후 조립과 절단 부문의 총제조간접비는 얼마인가?

	보조부문		제조부문		
	식당	전력	조립	절단	합 계
자기부문발생액	200,000원	300,000원	300,000원	200,000원	1,000,000원
[용역공급비율]					
식당		20%	40%	40%	100%
전력	50%		30%	20%	100%

① 직접배부법

② 단계배부법(식당부문부터 먼저 배분한다.)

03. ㈜로그인의 보조부문과 제조부문간의 제공한 용역이다. 용수부문에서는 L당 10원, 전력부문에서는 kwh당 40원의 변동원가가 발생한다. 상호배분법에 의하여 조립부문에 배분된 원가는 얼마인가?

제공부문 \ 사용부문	보조부문		제조부문		합 계
	용수	전력	조립	절단	
용수	–	20,000L	30,000L	–	50,000L
전력	10,000kwh	5,000kwh	5,000kwh	5,000kwh	25,000kwh

연/습/문/제 답안

O,X문제

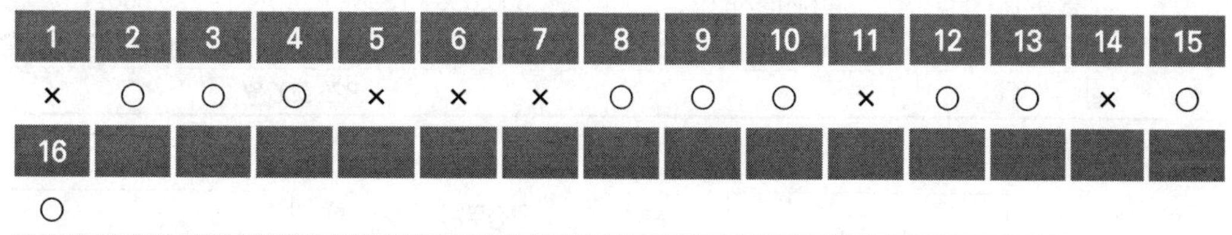

1	2	3	4	5	6	7	8	9	10	11	12	13	14	15
×	○	○	○	×	×	×	○	○	○	×	○	○	×	○
16														
○														

[풀이 - O,X문제]

01. 간접원가를 원가배분대상에 대응시키는 **가장 이상적인 배부기준은 인과관계기준**이다.

05. 단일배분율법은 변동원가와 고정원가를 구분하지 않고 배분한다.

06. 이중배분율법은 고정원가와 변동원가로 분류하여 배분하는 방법이다.

07. **순서와 관계없이 직접배분법의 배분결과는 동일**하다.

11. **재고가 없다는 것은 모두 비용화**되었기 때문에 **배분방법에 따라 총이익이 변하지 않는다.**

14. 이중배분율법에 의하여 보조부문의 원가를 상호배분법으로 제조부문에 배부하는 것이 가장 정확한 배분이다.

주관식

01.	825,000원	02.	〈해설참고〉
03.	300,000원		

[풀이 - 주관식]

01.

구 분	배부기준	조립부문에 배부될 원가
변동원가	실제사용시간	300,000×150시간/200시간=225,000원
고정원가	최대사용가능시간	900,000×200시간/300시간=600,000원
합 계		*825,000원*

02. ① 직접배분법

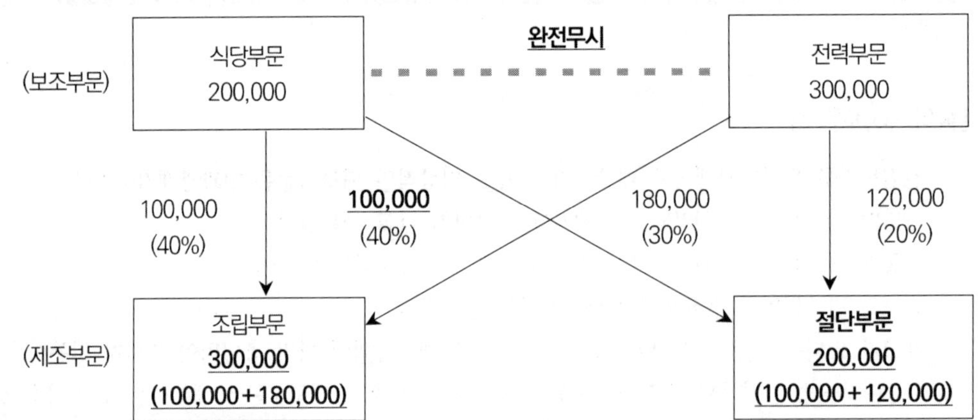

제공부문 \ 사용부문		보조부문		제조부문	
		식당부문	전력부문	조립부문	절단부문
배부전원가		200,000	300,000	**300,000**	**200,000**
보조부문 배부	식당부문(0 : 40% : 40%)	(200,000)		**100,000**	**100,000**
	전력부문(0 : 30% : 20%)	-	(300,000)	**180,000**	**120,000**
보조부문 배부후 제조간접비		-	-	**580,000**	**420,000**

② 단계배분법

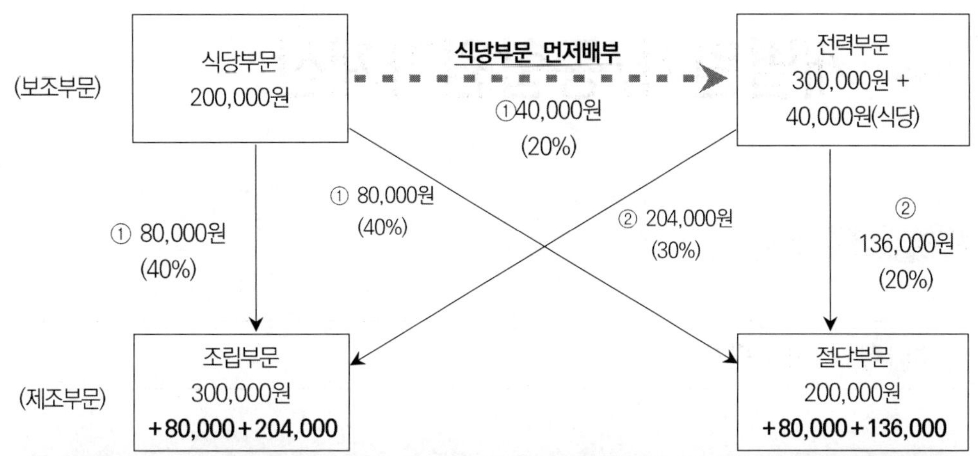

제공부문 \ 사용부문		보조부문		제조부문	
		식당부문	전력부문	조립부문	절단부문
배부전원가		200,000	300,000	**300,000**	**200,000**
보조부문배부	식당부문(20% : 40% : 40%)	(200,000)	40,000	**80,000**	**80,000**
	전력부문(0 : 30% : 20%)	–	(340,000)	**204,000**	**136,000**
보조부문 배부후 제조간접비		–	–	**584,000**	**416,000**

03. 자기부문 소비용역은 배부시 고려할 필요가 없다.

X(용수총원가) = 500,000 + 0.5Y(전력총원가)

Y = 1,000,000 + 0.4X

X = 1,250,000원, Y = 1,500,000원

제공부문 \ 사용부문	보조부문		제조부문		합 계
	용수	전력	조립	절단	
용수(X)	–	200,000 (40%)	300,000 (60%)	–	500,000
전력(Y)	400,000 (50%)	200,000 (–)	200,000 (25%)	200,000 (25%)	1,000,000 (20%)

∴ 조립부문에 배분된 원가

= 1,250,000 × 0.6 + 1,500,000 × 0.25 = 1,125,000원

개별원가/종합원가계산

NCS회계 - 4 원가계산

제1절 개별원가

1. 실제개별원가 VS 정상(예정)개별원가

	실제개별원가계산	정상개별원가계산
직접재료비	실제발생액	실제발생액
직접노무비	실제발생액	실제발생액
제조간접비	**실제발생액** (실제조업도×실제배부율)	**예정배부액** **(실제조업도×예정배부율)**

2. 정상(예정)개별원가

1. 기초에 예정배부율 산출

제조간접비 예정배부율 = 제조간접비 예산액/예정조업도(기준조업도)

2. 기중에 실제조업도에 따라 배부

① 제조간접비 예정배부액 = **개별작업의 실제조업도×제조간접비 예정배부율**

② 제조간접비 실제발생액 집계

③ 제조간접비 배부차이 집계

3. 기말에 제조간접비 배부차이를 조정

〈제조간접비 배부차이 조정〉

무(비)배분법	1. 매출원가조정법
	2. 영업외손익조정법
비례배분법	3. 총원가기준비례배분법 : 기말재공품, 기말제품, 매출원가의 기말잔액 비율에 따라 배분
	4. 원가요소별비례배분법 : 기말재공품, 기말제품, 매출원가에 포함된 제조간접비 비율에 따라 배분 → 가장 정확하다.

제2절 종합원가

1. 종합원가계산(선입선출법과 평균법)

선입선출법과 평균법의 차이	1. 기초재공품의 완성품 환산량차이임. 2. **평균법의 완성품환산량 = 선입선출법의 완성품환산량 + 기초재공품의 완성품환산량** 3. **If 기초재공품이 없다면 선입선출법 = 평균법**
선입선출법의 우월성	1. 당기와 전기의 완성품 환산량당 단위원가를 구분 계산하므로, 전기와 당기성과가 구분된다 → 원가통제, 성과측정면에서 유리 2. 실제물량흐름과 유사하고, 표준종합원가계산의 적용에 용이

2. 개별원가계산 VS 종합원가계산

구 분	개별(작업별)원가계산	종합원가계산
적용생산형태	**주문생산(다품종소량생산)**	**대량연속생산(소품종대량생산)**
업 종	조선업, 건설업, 항공기제조업	자동차, 전자제품, 정유업
원 가 계 산	**작업별 원가계산 (제조지시서, 작업원가표)**	**공정별 원가계산 (제조원가보고서)**
특 징	1. **정확한 원가계산** 2. 시간과 비용이 과다 (직 · 간접비 구분) 3. **핵심과제 : 제조간접비 배부**	1. **지나친 단순화로 정확도가 떨어진다.** 2. 시간과 비용이 절약 (투입시점에 따라 원가구분) 3. **핵심과제 : 완성품환산량**

연/습/문/제

O,X 문제

01. 종합원가계산이란 일반적으로 **종류를 달리하는 제품 또는 프로젝트를 개별적**으로 생산 혹은 제작하는 형태에 적용하는 원가계산방법이다. (　　)

02. 종합원가계산은 **각 제품별로 원가를 집계**하기 때문에 각 제품별 직접대응이 가능한 **직접원가와 간접원가의 구분이 중요한 의미**를 갖는다. (　　)

03. 개별원가계산은 **제품별 손익분석 및 계산이 용이**하나, 작업별로 원가를 계산하기 때문에 **비용과 시간이 많이 발생한다**. (　　)

04. 개별원가계산제도는 여러 가지 제품을 **주문에 의해 생산**하거나 동종의 제품을 일정간격을 두고 **비반복적**으로 생산하는 업종에 적합한 원가계산제도이다. (　　)

05. 개별원가계산은 **조선업, 건설업 등과 같이 수요자의 주문**에 기초하여 제품등을 생산하는 업종에서 주로 사용한다. (　　)

06. 개별원가계산은 제품별로 원가를 집계하기 때문에 **제품에 직접 대응이 불가능한 제조간접원가의 구분이 중요**하다. (　　)

07. 종합원가계산은 **작업원가표를 통해서 집계한 제조원가**를 제품수량으로 나누어 단위당 제품원가를 산출하기 때문에 **원가를 정확히 계산할 수 있다**. (　　)

08. 종합원가계산은 **공정별로 원가를 계산**하지만 **지나친 단순화로 인하여 원가정보를 요약**하기 때문에 정확한 원가계산이라고 보기에 무리가 있다. (　　)

09. 평균법은 선입선출법에 비해 계산절차가 간단하지만 당기에 계산된 단위당 원가가 당기에 투입된 제조원가뿐만 아니라, 기초재공품에 포함되어 있던 당기 이전에 발생한 원가에 의해서도 영향을 받기 때문에 **선입선출법보다 원가 통제상 유용한 정보를 제공하지 못할 수 있다**. (　　)

10. 동질의 제품을 단일의 생산공정에서 **대량으로 생산하는 경우에 적합한 원가계산**은 개별원가계산이다. (　　)

11. 종합원가계산에서 **기말재공품이 "0"일 경우** 선입선출법과 평균법에 의한 **완성품환산량이 동일**하게 산출된다. ( )

12. **기초재공품수량이 없고 재료는 공정 초기에 전량 투입**되는 경우 직접재료원가의 완성품환산량은 당기착수량과 같다. ( )

13. 종합원가계산시 **기말재공품의 완성도를 실제보다 높게 적용**했다면 **제품계정이 과대평가된다.** ( )

14. 종합원가계산은 원가통제 및 성과평가는 개별 작업이 아닌 **공정이나 부문별로 수행되는 것이 일반적이다.** ( )

15. 종합원가계산(평균법)적용시 기초와 기말의 재공품 물량은 동일하나 **기초에 비하여 재공품 기말 잔액이 감소**하였을 때 **전기에 비해 판매량이 증가하였다고 할 수 있다.** ( )

16. **원재료 단가 산정시 선입선출법**을 사용하는 기업이라 할지라도 **종합원가계산제도 적용시 평균법**을 사용할 수 있다. ( )

17. 선입선출법(FIFO)에 의한 기말재공품원가는 다음과 같이 구한다.

$$당기발생원가 \times \frac{기말재공품의 완성품환산량}{(당기완성품수량 + 기말재공품의 완성품환산량 - 기초재공품의 완성품환산량)}$$

( )

18. 선입선출법을 이용하여 종합원가계산을 하며 **원재료는 공정의 60% 진행시점에서 전량 투입**되고 가공원가는 공정 중 고르게 투입된다. 50%가 완료된 재공품의 완성품환산량에는 **재료원가가 포함되어 있지 않고** 가공원가는 50%가 포함한다. ( )

19. 개별원가계산이란 제조과정에서 발생한 원가는 **개별제품별로 작성된 작업원가표에 집계되므로 재공품원가**를 집계하는 것이 용이하다. ( )

20. 종합원가계산에서 완성품환산량 계산시 **기말재공품의 완성도를 실제보다 낮게 적용했다면 재공품계정이 과대평가**된다. ( )

21. 종합원가계산제도에서 **평균법 적용하의 완성품환산량은 선입선출법 적용하의 완성품환산량 보다 크거나 같다.** ( )

22. **선입선출법과 평균법의 완성품환산량이 동일하게 산출**되는 경우는 **기말재공품이 전혀 없는 경우이다.** ( )

23. 선입선출법의 완성품환산량 단위당 원가에는 **<u>전기의 원가와 당기의 원가를 포함하고 있다.</u>** (　)

24. 종합원가계산은 **<u>계산 절차가 복잡하므로 시간과 비용이 증가한다.</u>** (　)

25. 기말재공품의 완성도가 90%인데 이를 40%로 잘못 계산하였다. 기초재공품은 없다고 가정할 때 이러한 오류가 **<u>완성품환산량당 단위원가를 과소평가하고, 기말재공품원가를 과대평가하였다.</u>** (　)

26. 25번의 경우 기말 재고자산이 과소계상되고, 이익잉여금도 과소계상된다. (　)

27. 실제원가계산의 적용시 문제점인 **<u>제품원가계산의 지연성과 제품단위당 원가의 변동</u>**으로 인하여 **<u>정상원가계산</u>**이 도입되었다. (　)

주관식

01. 당기 제조간접원가 200,000원을 직접재료원가에 비례하여 배부하는 경우 다음을 계산하시오. 단, 기초 재고자산은 없고, 다음 세가지 제품 중 NO.1과 NO.2는 완성되었고 NO.3는 미완성이다.

구분	NO.1	NO.2	NO.3	합계
직접재료원가	120,000원	120,000원	160,000원	400,000원
직접노무원가	120,000원	130,000원	120,000원	370,000원

① 완성품원가(제품제조원가)

② 기말재공품원가

02. (주)로그인은 개별원가계산제도를 채택하고 있으며, 제품 A의 작업원가표는 아래와 같을 때 제품 A의 제조원가는 얼마인가?

• 직접재료 투입액	100,000원
• 직접노동시간	100시간
• 직접노무원가 임률	500원/시간
• 기계사용시간	300시간
• 제조간접원가 예정배부율(기계시간당)	1,000원

03. (주)로그인은 제조간접비를 직접노무시간을 기준으로 배부하고 있다. 당해 제조간접비 배부차이는 100,000원이 과대배부 되었다. 당기말 현재 실제제조간접비발생액은 6,000,000원이고, 실제직접노무시간이 1,000시간일 경우 예정배부율은 얼마인가?

04. 로그인전자는 제조간접비를 직접노무시간을 기준으로 예정배부하고 있다. 당해 연도 초의 예상직접노무시간은 1,200시간이다. 당기 말 현재 실제제조간접비 발생액이 1,200,000원이고 실제 직접노무시간이 1,000시간일 때 제조간접비 배부차이가 300,000원 과대배부된 경우 당해 연도초의 제조간접비 예산액을 계산하시오.

05. ㈜로그인은 직접노동시간을 기준으로 제조간접원가를 예정배부하고 있으며 연간 제조간접원가는 1,000,000원으로, 연간 직접노동시간은 20,000시간으로 예상하고 있다. 20x1년 12월 중 작업지시서 N01와 N02을 시작하여 N01만 완성되었다면 12월말 완성품원가(ⓐ)와 재공품 원가(ⓑ)는 얼마인가? (단, 월초에 재공품은 없다고 가정한다.)

	N01	N02	계
직접재료원가	150,000원	90,000원	240,000원
직접노무원가	60,000원	30,000원	90,000원
직접노동시간	1,200시간	800시간	2,000시간

06. ㈜로그인은 LCD모니터와 LED모니터 두 가지의 제품을 생산하고 있다. 2월 한 달 동안 생산한 작업원가표는 아래와 같다.

	LCD모니터	LED모니터
직접재료 투입액	400,000원	500,000원
직접노동시간	1,000시간	4,000시간
직접노무원가 임률	100원/시간	200원/시간

동 기간 동안 발생한 제조간접원가는 1,000,000원이며, 제조간접원가는 직접노동시간을 기준으로 배부하고 있다. ㈜로그인은 실제 발생한 제조간접원가를 실제조업도에 의해 배부하는 원가계산방식을 채택하고 있다. 2월 한달 동안 생산한 LCD모니터의 제조원가는 얼마인가?

07. 다음 자료를 보고 종합원가계산시 당기에 완성된 제품의 제조원가와 기말재공품원가를 구하시오. 재료는 공정초기에 모두 투입되고 가공비는 공정전반에 걸쳐 균등하게 투입된다.

- 기초재공품 원가 - 재료비 : 13,000원, 가공비 : 23,320원
- 당기총제조 비용 - 재료비 : 35,000원, 가공비 : 39,680원
- 기초재공품 수량 - 100개(완성도 : 40%)
- 기말재공품 수량 - 200개(완성도 : 50%)
- 당기완성품 수량 - 600개

① 평균법

② 선입선출법

08. (주)로그인는 선입선출법에 의한 종합원가계산을 적용하고 있다. 다음은 20x1년의 원가자료이다. 재료는 공정초기에 전액 투입되며, 가공비는 공정전반에 걸쳐 균등하게 발생한다고 가정했을 때 기말재공품 금액은 얼마인가?

	수량	완성도	재료비	가공비
기 초 재 공 품	2,000개	40%	2,500,000원	2,000,000원
당 기 착 수	13,000개		14,300,000원	15,240,000원
당 기 완 성	12,000개			
기 말 재 공 품	3,000개	50%		

09. 선입선출법에 의한 종합원가계산제도를 적용하고 있는 회사의 다음 자료에 의하여 기초재공품의 완성도를 계산하면 얼마인가?

구 분	수 량	완 성 도
기초재공품	2,000단위	?
당기착수완성품	8,000단위	
기말재공품	1,000단위	70%

가공비는 균등하게 발생하며 당기발생 가공비는 190,000원이며,
가공비완성품단위당원가는 20원이다.

10. (주)로그인은 공정별 종합원가계산제도을 채택하고 있다. 원재료는 공정의 초기에 전량 투입되며, 가공원가는 전공정에 걸쳐 균등하게 발생한다. 관련자료가 아래와 같을 때 평균법으로 계산된 완성품 환산량과 선입선출법으로 계산된 완성품환산량 차이는 얼마인가?

	수 량	완 성 도
기초재공품	700단위	30%
당 기 착 수	5,100단위	
당기완성품	5,200단위	
기말재공품	600단위	60%

11. ㈜로그인은 선입선출법을 이용한 종합원가계산제도를 채택하고 있다.당월 완성품환산량 단위당 원가는 재료원가 10원, 가공원가 20원이며, 당월 중 생산과 관련된 자료는 다음과 같다.

기초재공품	500단위(완성도 40%)	기말재공품	800단위(완성도 50%)
당기완성품	4,200단위		

당월에 실제 발생한 가공원가는 얼마인가?(단, 재료원가는 공정초기에 전량투입되고 가공원가는 공정전반에 걸쳐 균등하게 발생한다고 가정한다)

12. ㈜로그인은 종합원가계산제도를 채택하고 있으며, 원재료는 공정의 초기에 전량 투입되며, 가공원가는 공정 전반에 걸쳐서 진척도에 따라 균등하게 발생한다. 재료원가의 경우 평균법에 의한 완성품환산량은 2,000단위이고, 선입선출법에 의한 완성품환산량은 1,500단위이다. 또한 가공원가의 경우 평균법에 의한 완성품환산량은 1,800단위이고, 선입선출법에 의한 완성품환산량은 1,400단위이다. 기초재공품의 진척도는 몇 %인가?

연/습/문/제 답안

O,X문제

1	2	3	4	5	6	7	8	9	10	11	12	13	14	15
×	×	○	○	○	○	×	○	○	×	×	○	×	○	×
16	**17**	**18**	**19**	**20**	**21**	**22**	**23**	**24**	**25**	**26**	**27**			
○	○	○	○	×	○	×	×	×	×	○	○			

[풀이 - O,X문제]

01,02,07. 개별원가계산에 대한 설명이다.

10. 대량연속생산에 적합한 원가계산은 종합원가계산이다.

11. **기초재공품이 "0"**일 경우 **선입선출법과 평균법의 완성품환산량이 동일한 결과**를 가져온다.

13. 기말재공품의 완성도를 높게 적용하면 기말재공품가액이 과대평가되나, 완성품(제품)은 과소평가된다.

15. 재공품가액 = 수량×완성도×환산량 단위당 원가로 계산되므로 판매량과는 관계가 없다.

20. 기말재공품의 완성도를 낮게 적용하면 기말재공품가액이 과소평가된다.

22. **기초재공품이 없는 경우** **선입선출법과 평균법의 완성품환산량이 동일**하게 산출된다.

23. 선입선출법의 **완성품환산량 단위당 원가에는 당기의 원가**만 포함하고 있다.

24. 종합원가계산은 계산절차가 간단한 편이므로 시간과 비용이 절약된다.

25. 기말재공품 완성도 과소 평가

완성품환산량 과소평가 → **완성품환산량당 단위당 원가(당기투입원가/완성품환산량)는 과대평가**

→ 완성품원가는 과대, 기말재공품원가는 과소평가

26. 기말재공품이 과소평가되므로 재고자산은 과소계상된다. 그리고 **자산과 이익은 비례관계이므로 당기순이익이 과소계상되고, 이익잉여금도 과소계상된다.**

주관식

01.	① 610,000원, ② 360,000원	02.	450,000원
03.	6,100원/직접노무시간	04.	1,800,000원
05.	ⓐ 270,000원, ⓑ 160,000원	06.	700,000원
07.	〈해설참고〉	08.	5,100,000원
09.	60%	10.	재료비 700단위, 가공비 210단위
11.	88,000원	12.	80%

[풀이 - 주관식]

01.

구분	NO.1(완성품)	NO.2(완성품)	NO.3(재공품)	합계
직접재료원가	120,000원(30%)	120,000원(30%)	160,000원(40%)	400,000원(100%)
직접노무원가	120,000원	130,000원	120,000원	370,000원
제조간접원가	60,000원(30%)	60,000원(30%)	80,000원(40%)	200,000(100%)
계	**①300,000원**	**①310,000원**	**② 360,000원**	970,000원

① 완성품원가 : 610,000원 ***② 기말재공품원가 : 360,000원***

02. 제조원가 = 직접재료비 + 직접노무비 + 제조간접비

= 100,000원 + 100시간 × 500원/시간 + 300시간 × 1,000원 = ***450,000원***

03. 예정배부액 = 실제발생액 + 과대배부액 = 6,100,000원

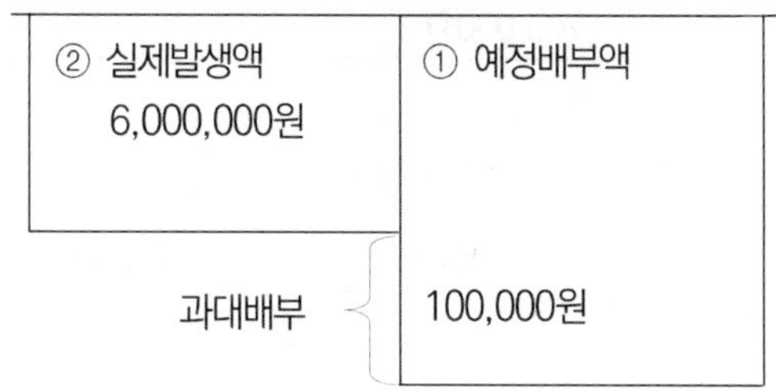

예정배부액(6,100,000) = 예정배부율 × 실제조업도(1,000시간)

예정배부율 = 6,100원/직접노무시간

04.

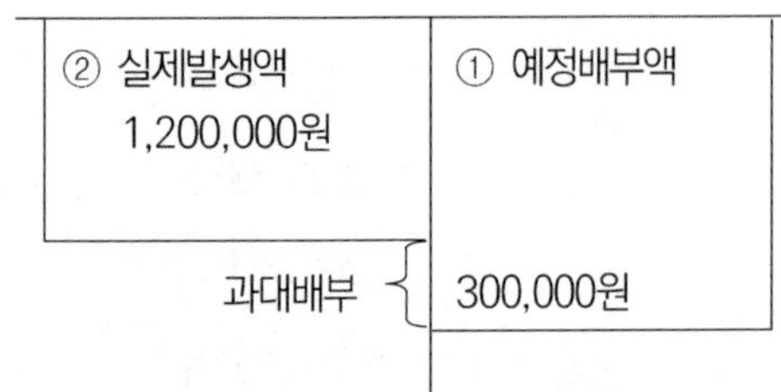

예정배부액 = 실제발생액 + 과대배부액
= 1,500,000원

예정배부액(1,500,000) = 예정배부율 × 실제조업도(1,000시간)

∴ 예정배부율 = 1,500원/직접노무시간

예정배부율(1,500원) = 제조간접비예산(?)/예정조업도(1,200시간)

제조간접비 예산(추정제조간접비) = 1,500원 × 1,200시간 = *1,800,000원*

05. 제조간접원가 예정배부율 = 1,000,000/2,000 = 50원/직접노동시간

	N01(완성품원가)	N02(기말재공원가)	계
직접재료원가	150,000원	90,000원	240,000원
직접노무원가	60,000원	30,000원	90,000원
직접노동시간	1,200시간	800시간	2,000시간
제조간접원가	**60,000원**	**40,000원**	
계	**270,000원**	**160,000원**	

06. 실제제조간접원가배분율 = 1,000,000/5,000시간 = 200원

	LCD모니터
직접재료 투입액	400,000원
직접노동원가	1,000시간 × 100원 = 100,000원
제조간접원가	1,000시간 × 200시간 = 200,000원
제조원가 계	**700,000원**

07. ① 평균법

〈1단계〉 물량흐름파악 〈2단계〉 완성품환산량 계산

평균법			재료비	가공비
	완 성 품	600	600	600
	기말재공품	200(50%)	200	100
	계	800	**800**	**700**
〈3단계〉 원가요약(기초재공품원가 + 당기투입원가)			13,000 + 35,000	23,320 + 39,680
〈4단계〉 완성품환산량당단위원가			@60	@90

〈5단계〉 완성품원가와 기말재공품 원가계산

- 완성품원가(제품제조원가) = 600개 × @60원 + 600개 × @90원 = 90,000원

- 기말재공품원가 = 200개 × @60원 + 100개 × @90원 = 21,000원

② 선입선출법 : 평균법과 선입선출법의 차이는 **기초재공품의 완성품환산량(100개, 40%) 차이이고, 원가요약시 당기투입원가로만 계산한다.**

	재료비	가공비
〈2단계〉 완성품환산량	(800 - 100)개	(700 - 40)개
〈3단계〉 원가요약(당기투입원가)	35,000	39,680
〈4단계〉 완성품환산량당단위원가	@50	@60.12

〈5단계〉 완성품원가와 기말재공품 원가계산

- 완성품원가 = (13,000 + 23,320) + 500개 × @50원 + 560개 × @60.12원 = 94,988원
- 기말재공품원가 = 200개 × @50원 + 100개 × @60.12원 = 16,012원

08. 〈1단계〉 물량흐름파악 〈2단계〉 완성품환산량 계산

선입선출법		재료비	가공비
	완 성 품		
	-기초재공품 2,000 (60%)	0	1,200
	-당기투입 10,000	10,000	10,000
	기말재공품 3,000 (50%)	3,000	1,500
	계 15,000	**13,000**	**12,700**
	〈3단계〉 원가요약(당기투입원가)	14,300,000	15,240,000
	〈4단계〉 완성품환산량당단위원가	@1,100	@1,200

〈5단계〉 기말재공품 원가계산

- 기말재공품원가 = 3,000개 × @1,100원 + 1,500개 × @1,200원 = 5,100,000원

09. 〈1단계〉 물량흐름파악 〈2단계〉 완성품환산량 계산

선입선출법		재료비	가공비
	완 성 품		
	-기초재공품 2,000 **(?%)**		**?(800개)**
	-당기투입분 8,000 (100%)		8,000
	기말재공품 1,000 (70%)		700
	계 11,000		**?(9,500)**
	〈3단계〉 당기투입원가		190,000원
	〈4단계〉 단위원가		20원

∴ **기초재공품완성도** = 1 - 800**단위**/2,000**단위** = 60%

10. 선입선출법과 평균법의 차이는 기초재공품의 완성도 차이다,
따라서 재료비는 기초재공품의 100%인 700단위
가공비는 기초재공품의 30%인 210단위

11. 선입선출법에 의한 종합원가계산

〈1단계〉 물량흐름파악(선입선출법) **〈2단계〉 완성품환산량 계산**

선입선출법			재료비	가공비
	완성품	4,200		
	-기초재공품	500 (60%)		300
	-당기투입분	3,700 (100%)		3,700
	기말재공품	800 (50%)		400
	계	5,000		**4,400**
	〈3단계〉 원가요약(당기투입원가)			X
	〈4단계〉 완성품환산량당단위원가			@20

실제발생한 가공원가 = 4,400개 × @20 = *88,000원*

12. 재료비는 선입선출법(1,500단위)와 선입선출법(2,000단위)의 차이는 기초재공품의 수량(500단위)을 의미하고
가공비는 선입선출법(1,400단위)과 평균법(1,800단위)의 차이(400단위)는 기초재공품의 완성도를 의미한다.
기초재공품의 진척도 = 400단위/500단위 = 80%

CHAPTER 04 표준원가계산

NCS회계 - 4 원가계산

제1절 표준원가계산의 유용성 및 한계

1. 표준원가계산의 유용성

① **표준원가(SQ×SP)를 이용하여 제품원가계산**을 한다. → **신속한 제품원가계산**

② 표준원가를 사용하면 실제원가계산의 문제점인 **제품단위원가가 변동되지 않는다.**

③ 실제원가(AQ×AP)와 표준원가와의 차이을 분석함으로써 **성과평가에 유용**하다.

④ 기업이 연초에 수립한 계획을 수치화하여 **예산을 편성하는데 기초**가 된다.

⑤ 표준원가는 평가한 결과가 **실제원가와 유사한 경우에 편의상 사용할 수 있다.**

2. 표준원가계산의 한계

① 표준원가의 설정이 쉽지 않으며, **표준원가를 설정하는데 시간과 비용이 많이 소요된다.**

② 표준원가는 **재무적 측정치(원가통제)만을 강조하고 비재무적 측정치(품질, 납기 등)을 도외시**한다.

③ 표준원가와 실제원가와의 차이에 대해서 어느 정도까지 관리해야 할지 **객관적인 기준이 없다.**

3. 표준원가의 종류

① 이상적 표준 : **최선의 조건(완전 이상적인 조업조건 - 실현불가능 조건)**하에서만 달성할 수 있는 최저목표원가를 말하는데, 현실적 표준을 설정하기 위한 출발점으로 생각하면 된다.

② 정상적 표준 : 정상적인 조업수준이나 능률수준에 대하여 설정된 표준원가로서, 이상 또는 우발적인 상황을 제거한 것이다.

③ 현실적 표준 : 매우 능률적인 작업환경하에서 달성가능한 표준원가로서 정상적인 기계고장이나 공손, 종업원의 휴식시간 등을 고려한 원가이다. 따라서 종업원의 동기부여에 긍정적인 영향을 미친다. 현재 **표준원가계산제도에서의 표준원가라 하면 일반적으로 현실적 표준원가를 많이 사용**하고 있다.

제2절 차이분석

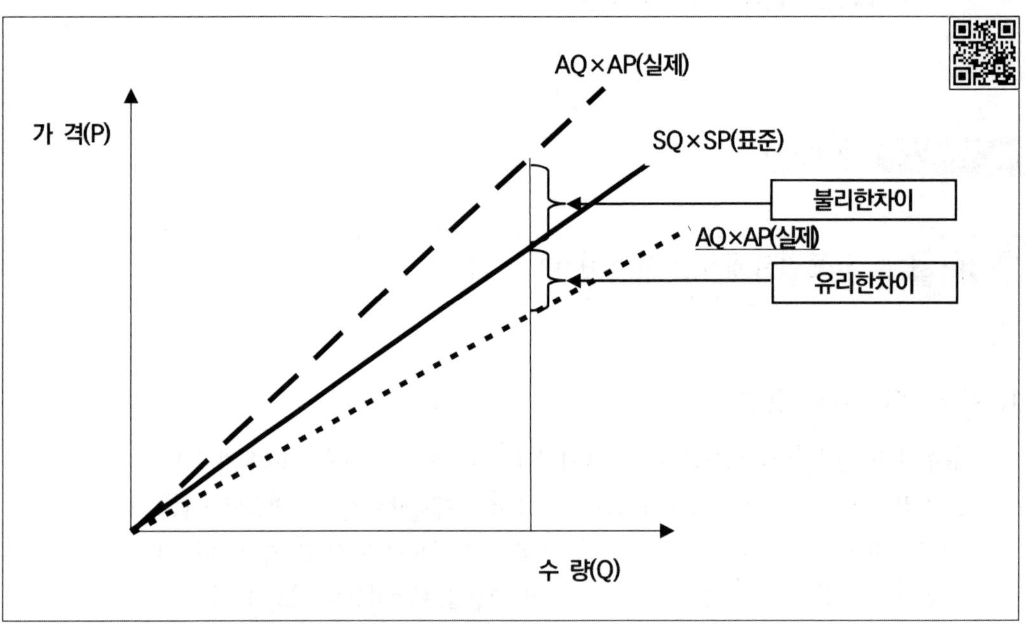

1. 변동제조원가 

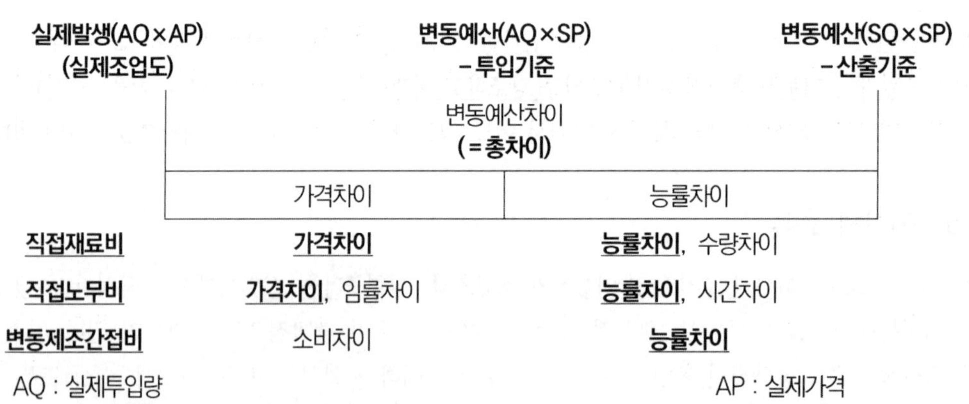

실제발생(AQ×AP) (실제조업도)	변동예산(AQ×SP) -투입기준	변동예산(SQ×SP) -산출기준

변동예산차이
(=총차이)

가격차이	능률차이

직접재료비	**가격차이**	**능률차이**, 수량차이
직접노무비	**가격차이**, 임률차이	**능률차이**, 시간차이
변동제조간접비	소비차이	**능률차이**

AQ : 실제투입량　　AP : 실제가격

SQ : 실제산출량에 허용된 표준투입량(표준조업도)　　SP : 표준가격

※ 재료가격차이를 **구입시점에서 분리**하는 경우(직접재료비)

AQu×SP　　　SQ×SP

능률차이

AQp : 직접재료의 실제구입량

AQu : 직접재료의 실제사용량

[재료가격차이를 구입시점에서 분리하는 경우 장점]

① 원가차이의 계산은 빠를수록 좋다.(생산, 구매부서의 성과측정)

② 원가흐름의 가정이 필요없게 되어 회계처리가 간편해진다.

2. 고정제조원가

① 고정제조간접원가는 **조업도와 관계없이 일정하게 발생하므로 투입-산출관계가 존재하지 않는다.** 따라서 **가격차이와 능률차이로 분리할 수 없다.**

② **고정제조간접원가를 예정배부시 고정제조간접원가의 예산과 배부액사이에 차이가 발생하는데 이러한 차이를 조업도 차이**라 한다. 이러한 조업도차이는 **기준조업도와 실제산출량에 허용된 표준조업도와의 차이가 있을 때 발생**한다.

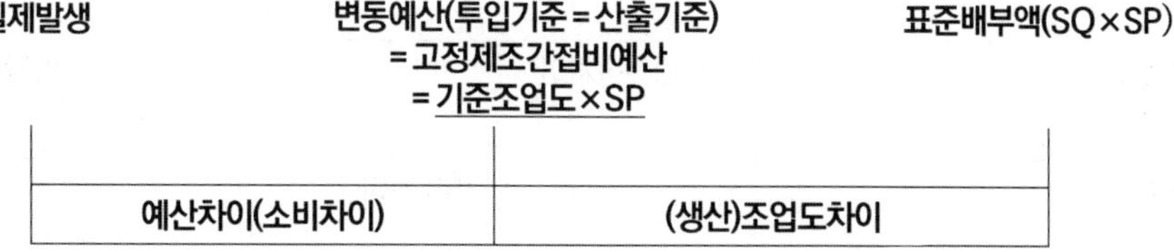

〈조업도 차이〉

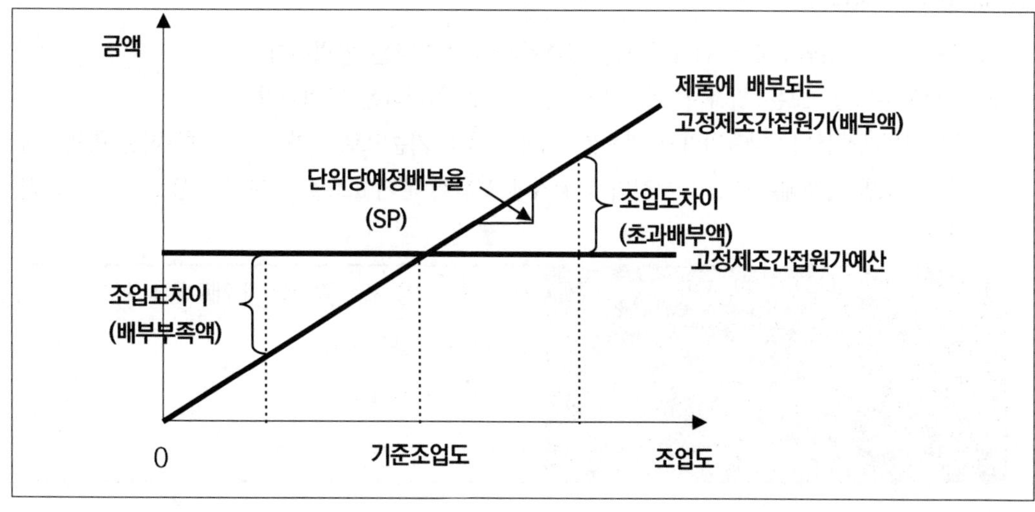

3. 원가차이발생

	직접재료비	직접노무비	제조간접비
가격차이 (임률차이 소비차이)	-재료시장의 가격변동 -긴급주문 -가격할인	-임률의 변경 -정시외 작업증가	-물가의 변동 -계절적인 소비량의 증가 -예산편성의 오류
능률차이 (수량차이 시간차이)	-생산방법의 변경 -불량재료 사용 -가공상의 실패	-근로자의 과다배치 -작업방법의 변경 -작업자의 불성실	-**능률차이 : 직접노무비와 동일** -조업도차이 : 제품수요감퇴 / 기계고장/생산계획의 차질

4. 제조간접비에 대한 여러 가지 차이분석(3분법,2분법,1분법)

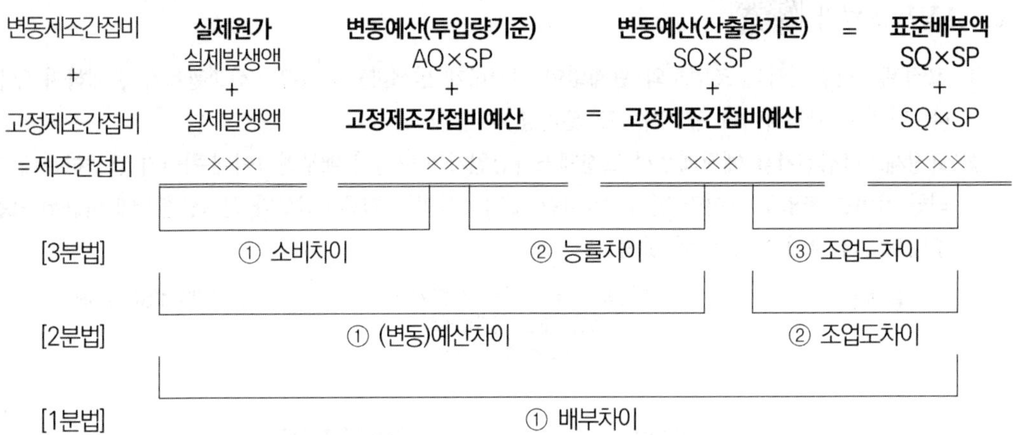

5. 원가차이 배분

(1) 매출원가 조정법 : 모든 원가차이를 매출원가에 가감하는 방법이다.

(2) 영업외손익법 : 모든 원가차이를 영업외손익으로 처리하는 방법이다.

(3) 총원가비례배분법 : 매출원가와 재공품, 제품의 총액 기준으로 원가차이를 배분하는 방법이다.

(4) 원가요소별 비례배분법 : 각 계정의 총원가에 포함된 원가요소별 금액의 비율로 배분하는 방법이다.

재료	구입(구입시점)가격차이	재료능률차이를 포함 각 계정의 재료원가 비율
	능률차이	각 계정의 재료원가비율
노무원가차이		각 계정의 노무원가비율
제조간접원가차이		각 계정의 제조간접원가비율

연/습/문/제

O,X 문제

01. 표준원가를 기준으로 제품원가계산을 하게 되면 **원가흐름의 가정없이 재고자산의 수량만 파악**되면 원가계산을 할 수 있으므로 **적시에 유용한 정보**를 얻을 수 있다. ( )

02. 표준원가는 **사전에 과학적이고 통계적인 방법으로 적정원가를 산정**하는 것이 필수적이나 이러한 **원가산정에 적은 비용과 시간이 소요**된다. ( )

03. 표준원가계산제도를 도입할 경우 **비계량적인 정보를 무시할 가능성**이 있다. ( )

04. **이상적인 작업조건하**에서 고도의 숙련공이 달성할 수 있는 **최소한의 표준원가를 현실적 표준원가**라고 한다. ( )

05. 현실적 표준이란 실제활동에서 열심히 노력하면 **달성될 것으로 기대되는 표준원가**이고, **현실적 표준은 예산관리에 유용하게 이용**될 수 있다. ( )

06. **가격차이와 능률차이를 분리**하는 이유는 일반적으로 **원가의 구입에 대한 통제와 사용에 대한 통제는 각기 다른 시점**에서 이루어져야 하기 때문이다. ( )

07. 직접재료원가에 대한 차이분석에서 **생산부서는 가격차이**에 대해서, **구매부서는 능률차이**에 대해서 책임이 있다. ( )

08. 생산부문에서 **작업량의 증가에 따라 초과근무수당을 지급**할 경우 직접노무원가의 **능률차이**가 발생할 수 있다. ( )

09. 만약 **직접노동시간을 조업도**로 사용한다면 **변동제조간접원가 능률차이가 발생하는 원인**은 직접노무원가 능률차이가 발생하는 원인과 동일할 수 있다. ( )

10. 고정제조간접원가의 **예산차이는 가격차이와 능률차이로 분리할 수 있다**. 이유는 고정제조간접원가는 조업도에 비례하여 발생하므로 투입－산출관계가 존재하기 때문이다. ( )

11. 고정제조간접원가 예정배부율에 의한 고정제조간접원가 배부액과 예산의 차이는 **실제생산량에 허용된 표준조업도와 기준조업도의 차이**로 인하여 발생하는 것으로 이를 **소비차이**라 한다. ( )

12. **매출원가조정법에서 원가차이**는 모두 매출원가에서 조정되므로 **재공품과 제품계정은 모두 실제원가로 기록**된다. ( )

13. 표준원가계산제도를 이용하는 이유는 **효과적인 원가통제, 제조기술의 향상, 예산의 편성, 기장사무의 신속화**이다. ( )

14. 표준원가를 현실적으로 달성하기 **매우 어렵게 설정하는 경우에 대부분의 차이가 유리한 것**으로 나타난다. ( )

15. 표준원가계산제도에서 **중요한 차이들을 모두 조사**하여야 하고, **유리한 차이나 불리한 차이를 불문**한다. ( )

16. 표준원가계산제도에서 차이분석시 이용하는 표준허용시간(SQ)이란 **산출량을 근거로 한 표준시간**이다. ( )

17. 직접노무원가 가격차이가 발생하는 원인으로 **근로자의 과다배치로 인한 결과이다.** ( )

18. 직접재료를 **사용시점에서 가격차이를 계산해야 가장 빠르게 인식**한다. ( )

19. **불리한 직접노무원가 가격차이**가 발생하였다면 **표준임률이 실제임률에 비하여 저렴하였다는 의미이다.** ( )

20. 재료원가 가격차이를 **원재료 구입시점에서 분리하거나, 사용시점에서 분리하면** 직접재료원가 **능률차이에 영향을 준다.** ( )

21. 표준원가의 달성을 지나치게 강조할 경우 **제품의 품질을 희생**시킬 수 있고, 납품업체에 표준원가를 기초로 지나친 원가절감을 요구할 경우 관계가 악화될 수 있으므로 신중을 기해야 한다. ( )

22. 표준원가는 기업내적인 요소나 기업외부환경의 변화에 따라 **수시로 수정을 필요로 하기 때문에**, 사후관리하지 않을 경우 향후 **원가계산을 왜곡할 소지**가 있습니다. ( )

23. **임률이 일정할 경우** 초과근무시간에 대한 임금지급으로 발생한 직접노무원가 초과지급액은 **직접노무원가의 가격차이**이다. ( )

24. **품질이 떨어지는 원재료를 매우 저렴한 가격으로 구매**한 경우 직접재료원가에 있어 불리한 가격차이가 발생할 것이나, 이로 인하여 **유리한 능률차이가 발생**할 수 있다. ( )

25. 직접재료원가 가격차이를 재료 사용시점에서 분리한다고 하더라도 **직접재료원가 가격차이에 대한 책임은 구매담당자가 지는 것이 바람직**하다. ( )

26. **원재료의 효율적 이용**으로 예산에 비해 투입량이 절감된 경우 직접재료원가에 있어 **유리한 가격차이가 발생**할 것이다. ( )

27. **노동의 능률적 혹은 비능률적 사용**은 변동제조간접원가의 배부에 영향을 미치므로 변동제조간접원가 **능률차이를 야기시킬 수 있다.** ( )

28. **실제고정제조간접원가가 예산고정제조간접원가를 초과**한다는 것은 고정제조간접원가 조업도차이를 의미한다. ( )

29. 고정제조간접원가 실제발생액이 고정제조간접원가 예산에 비하여 과다하게 발생하였다면 **유리한 예산차이가 발생**하게 된다. ( )

30. 조업도와 관계없이 일정하게 발생하는 고정제조간접원가는 **생산활동의 능률적인 관리**를 통해 발생액을 변화시킬 수 없으므로 **고정제조간접원가 능률차이는 발생하지 않는다.** ( )

31. 표준원가계산을 사용했더라도 외부공표용 재무제표를 작성하기 위해서는 **실제원가로 전환해야 하는 것이 원칙**이다. ( )

32. 원가차이가 중요하지 않는 경우, 기말재고자산이 매출원가에 비하여 상대적으로 작은 경우와 **원가차이가 상대적으로 적은 경우 매출원가조정법을 사용**한다. ( )

33. 유리한 원가차이에 대해서 원가차이의 처리방법인 **매출원가조정법을 사용하면 비례배분법을 사용하는 경우보다 당기순이익이 적게** 나타난다. ( )

34. 표준원가계산에서 원가차이의 처리방법인 매출원가조정법 사용시 **유리한 원가차이는 매출원가에서 가산하며 불리한 원가차이는 매출원가에 차감**한다. ( )

35. 2분법에 의한 제조간접원가차이 분석시 예산차이에는 고정, 변동제조간접원가차이가 일부가 포함되며, **조업도차이에는 고정제조간접원가차이의 일부만이 포함**된다. ( )

36. 이상적표준을 표준원가로 설정하면 달성할 가능성이 거의 없기 때문에 **종업원들에게 동기부여에 역효과가 나타난다.** ( )

 주관식

01. 당기 중에 발생된 직접노무비 자료는 아래와 같다. 당기 중 실제직접노동시간을 계산하면?

• 표준직접노동시간 : 4,500시간	• 실제직접노무비 : 700,000원
• 표준임률 : 100원/시간	• 임률차이 : 50,000원(불리)

02. ㈜로그인의 5월 직접노무비 자료는 다음과 같다. 직접노무비 능률차이는?

• 직접노무비 임률차이 : 6,000원(불리)	• 노무비 총액 : 130,000원
• 실제직접노동시간 : 40,000시간	• 표준직접노동시간 : 41,000시간

03. 표준원가계산을 적용하는 (주)로그인전자의 20x1년 3월 중 재료비에 대한 원가자료는 다음과 같다. 재료비 가격차이와 수량(능률)차이는 얼마인가?

• 예상생산량 : 5,000단위	• 실제생산량 : 5,500단위
• 실제수량 : 160,000kg	• 실제단가 : 550원/kg
• 표준수량 : 30kg/단위	• 표준단가 : 520원/kg

04. 다음은 (주)로그인의 20x1년 제조활동과 관련된 자료이다. (주)로그인의 20x1년도 변동제조간접원가 능률차이는?

• 단위당 표준 직접노무시간 : 3시간	• 실제 직접노무시간 : 15,000시간
• 생산된 제품단위 : 4,200개	• 변동제조간접원가 표준 : 표준 직접노무시간당 5원
• 실제변동제조간접원가 : 60,000원	

05. 다음 자료에 의하여 표준원가계산을 적용하는 (주)로그인의 변동제조간접비 능률차이를 계산하면 얼마인가?

> (1) 제품단위당 표준원가자료
> 변동제조간접비 3시간×@500 = 1,500원
> (2) 당기 실제생산량 1,300단위에 대한 실제발생원가자료
> 변동제조간접비 2,080,000원(작업시간 4,200시간)

06. 제품 12,200단위가 생산될 때, 변동제조간접원가 38,720원과 고정제조간접원가 124,700원이 발생하였다. 변동제조간접비 표준원가배부율이 1.5원이고 고정제조간접비 표준원가는 120,000원이다. 표준배부율은 25,000기계시간을 기준으로 계산되었다. 제품 단위당 표준기계시간은 2시간이다. 총 24,200기계시간이 실제 발생하였다. 고정제조간접원가 조업도차이는 얼마인가?

07. 표준원가계산제도를 사용하여 제품원가를 계산할 경우 다음 자료를 이용하여 실제발생한 고정제조간접원가는 얼마인가?

> • 정상조업도 : 300단위
> • 예산생산량 : 220단위
> • 실제생산량 : 250단위
> • 예산차이 : 2,500원 유리
> • 조업도차이 : 1,500원 불리
> • 제품 단위당 고정제조간접비 배부율 : 30원

08. 표준원가계산제도하에서 표준원가와 실제원가간의 차이를 매출원가가감조정법을 적용한다고 할 경우 다음 자료를 이용하여 기말제품재고액을 계산하면 얼마인가?

구 분	실제발생원가	투입량기준변동예산	표준배부액 (산출량기준변동예산)
직 접 재 료 비	1,000,000원	900,000원	1,100,000원
노 무 비	1,000,000원	1,100,000원	900,000원
변동제조간접비	1,000,000원	1,200,000원	1,000,000원
고정제조간접비	1,000,000원	900,000원	1,200,000원

당기 완성된 제품은 100개이며 90개는 판매되었고 기초재고자산은 없다.

09. 다음 자료에 의하여 표준원가계산 방법을 적용하는 (주)로그인의 제조간접비 소비차이를 계산하면 얼마인가? 단, (주)로그인은 제조간접비 차이를 소비차이, 능률차이, 조업도차이의 세 가지로 분석하고 있다.

- 직접노동시간당 배부율 : 변동제조간접비 30원, 고정제조간접비 200원
- 실제직접노동시간 : 8,200시간
- 표준직접노동시간 : 8,100시간
- 실제제조간접비 : 3,350,000원
- 고정제조간접비예산 : 3,200,000원

10. ㈜로그인은 제조간접비를 직접노무시간에 따라 배부하며, 기준조업도(직접노무시간)는 30,000시간/월이다. 제품 1단위를 생산하는데 표준직접노무시간은 3시간이다. 20x1년 9월의 발생자료는 다음과 같다.

실제 직접노무시간	28,000시간
변동제조간접원가	37,800원
실제발생액 소비차이	4,200원 유리
능률차이	3,000원 유리

㈜로그인의 20x1 년 9월 실제 제품생산량은 몇 단위인가?

11. 당기에 발생한 직접재료원가 구입가격차이는 불리한 차이 30,000원이며, 직접노무원가 능률차이는 유리한 차이 40,000원이다. 회사는 기말에 표준원가와 실제원가의 차이를 매출원가조정법을 사용하여 외부보고용 재무제표를 작성하려고 한다. 다음은 원가차이 조정 전 각 계정의 잔액이다.

	원재료	재공품	제 품	매출원가
재료원가	₩ 55,000	₩ 42,000	₩ 50,000	₩ 150,000
가공원가	-	20,000	34,000	120,000
합 계	55,000	62,000	84,000	270,000

당기 외부보고용 재무제표에 계상되는 매출원가 금액은 얼마인가?

12. ㈜로그인은 표준원가계산제도를 채택하고 있으며, 당기의 예산생산량은 1,000개이나 실제생산량은 600개이다. 당기 중 직접재료 1,000kg 를 300,000원에 외상으로 구입하여 800kg을 사용하였다. 직접재료의 기초재고는 없으며, 제품 단위당 표준직접재료원가는 아래와 같다. 직접재료원가 가격차이를 (a)사용시점에 분리했을 경우와 (b)구입시점에 분리했을 경우의 가격차이는 얼마인가?

직접재료원가 : 2kg×200=400원

13. ㈜삼일의 7월 제조활동과 관련된 자료이다. 변동제조간접원가 소비차이는 얼마인가?

제품의 생산량 1,000단위 생산량 단위당 실제노동시간 10시간, 단위당 표준노동시간 11시간 노동시간당 표준임률 @50원 변동제조간접원가 표준 노동시간당 @20원 실제 변동제조간접원가는 직접노무원가 실제발생액의 40% 직접노무원가 가격차이 50,000원(유리)

연/습/문/제 답안

 O,X 문제

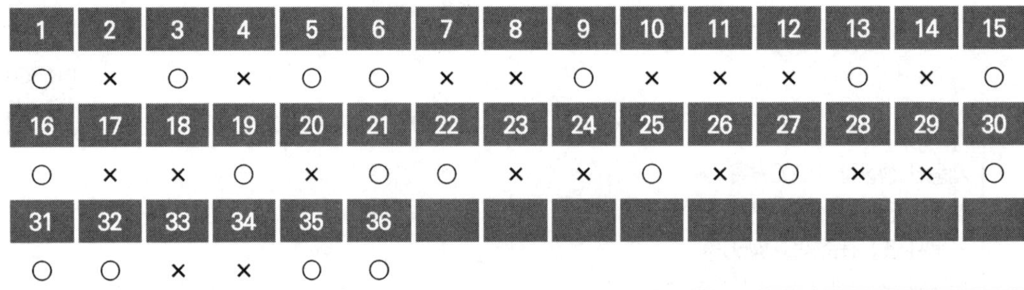

1	2	3	4	5	6	7	8	9	10	11	12	13	14	15
○	×	○	×	○	○	×	×	○	×	×	×	○	×	○
16	**17**	**18**	**19**	**20**	**21**	**22**	**23**	**24**	**25**	**26**	**27**	**28**	**29**	**30**
○	×	×	○	×	○	○	×	×	○	×	○	×	×	○
31	**32**	**33**	**34**	**35**	**36**									
○	○	×	×	○	○									

[풀이 - O,X문제]

02. 원가산정에 많은 비용과 시간이 소요된다.

04. 이상적표준원가라 한다.

07. **구매부서는 가격차이**, **생산부서는 능률차이에 대해 책임**이 있다.

08. 초과근무수당이므로 임률이 증가하므로 가격(임률)차이가 발생한다.

10. **고정제조간접원가의 예산차이**는 투입 - 산출관계가 존재하지 않아 **가격차이와 능률차이로 분리할 수 없다.**

11. 조업도차이에 대한 설명이다.

12. **재공품과 제품계정은 모두 표준원가로 기록**된다.

14. 달성이 불가능하므로 모두 불리한 차이로 나타난다.

17. 근로자의 과다배치로 인하여 능률차이가 발생한다.

18. **구매시점에서 계산하여야 가장 빠르게 계산**된다.

20. 능률차이는 동일하다.

23. **임률이 일정하다는 것은 가격차이는 없다는 의미**이다.

24. 품질이 떨어지는 원재료를 매우 저렴한 가격으로 구매한 경우 직접재료원가에 있어 유리한 가격차이, 이로 인하여 불리한 능률차이가 발생할 수 있다.

26. 유리한 능률차이가 발생한다.

28. 고정제조간접원가의 예산차이에 대한 설명이다.

29. 불리한 예산차이가 발생한다.

33. 유리한 차이는 매출원가에서 전액 차감하므로 비례배분법의 경우보다 당기순이익이 크게 나타난다.

34. **유리한 차이는 매출원가에서 차감**하고, **불리한 차이는 가산**한다.

주관식

01.	6,500시간	02.	3,100원(유리한 차이)
03.	가격차이 : 4,800,000원(불리) 수량차이 : 2,600,000원(유리)	04.	12,000원(불리)
05.	150,000원(불리)	06.	2,880원(불리)
07.	6,500원	08.	420,000원
09.	96,000원(유리)	10.	10,000개
11.	260,000원	12.	(a) 80,000 불리 (b) 100,000 불리
13.	20,000원 유리		

[풀이 – 주관식]

01. AQ, AP, SQ, SP를 **구하는게 표준원가의 핵심입니다.**

AQ	AP	SQ	SP
?시간(6,500)	?	4,500시간	100원/시간
700,000원		–	

AQ×AP(Ⓐ)	AQ×SP(Ⓑ)	SQ×SP(Ⓒ)
?×AP =700,000원	***6,500시간***×100원/시간 =650,000원	

가격(임률)차이(Ⓐ–Ⓑ) =50,000(불리)   **능률차이(Ⓑ–Ⓒ)**

02.

AQ	AP	SQ	SP
40,000시간	?	41,000시간	?(3.1원/시간)
130,000원		–	

AQ×AP(Ⓐ)	AQ×SP(Ⓑ)	SQ×SP(Ⓒ)
130,000원	40,000시간×**3.1원/시간** =124,000원	41,000시간×**3.1원/시간** =127,100원

가격(임률)차이(Ⓐ–Ⓑ) =6,000(불리)   ***능률차이(Ⓑ–Ⓒ)? =△3,100(유리)***

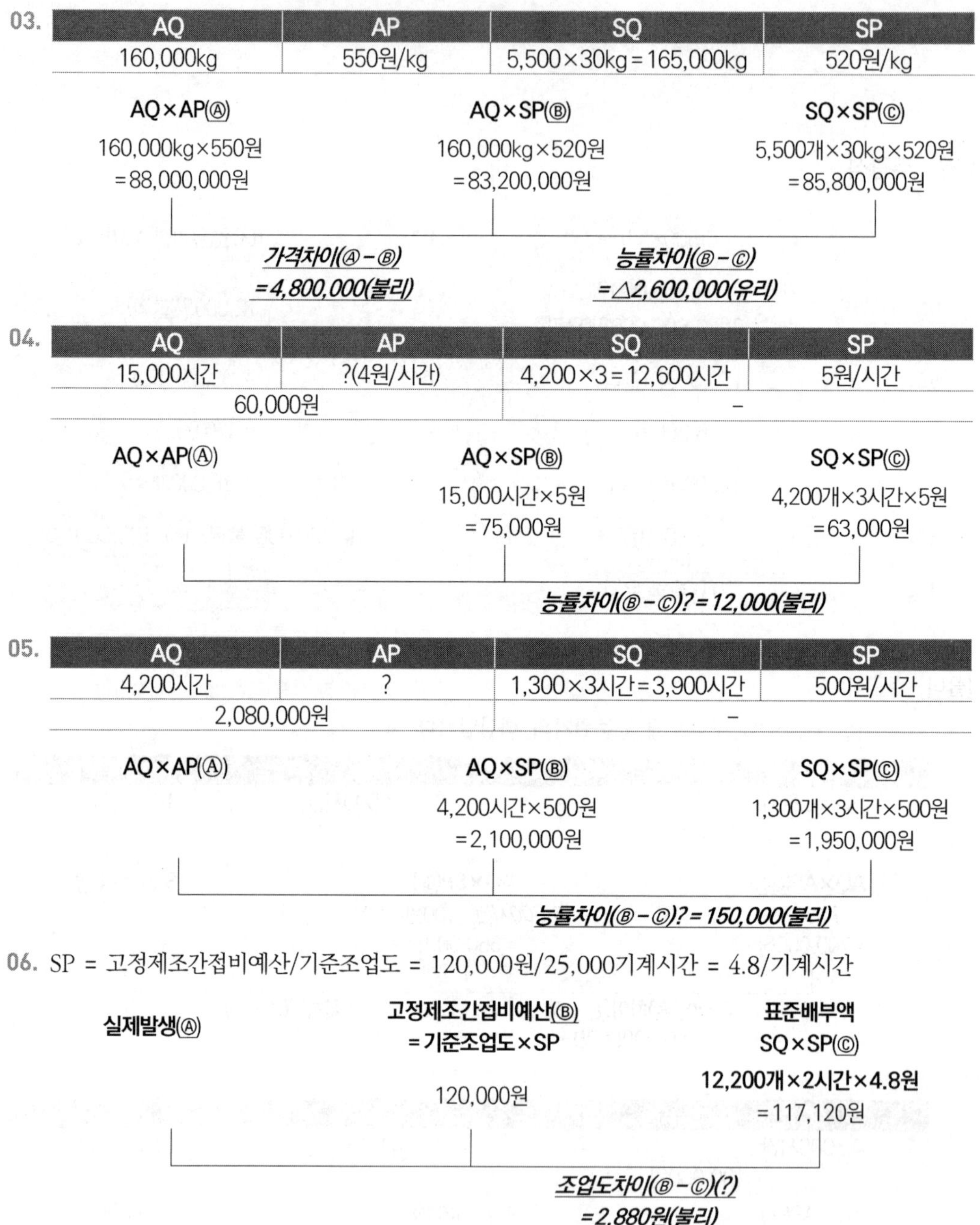

03.

AQ	AP	SQ	SP
160,000kg	550원/kg	5,500×30kg=165,000kg	520원/kg

04.

AQ	AP	SQ	SP
15,000시간	?(4원/시간)	4,200×3=12,600시간	5원/시간
60,000원		-	

05.

AQ	AP	SQ	SP
4,200시간	?	1,300×3시간=3,900시간	500원/시간
2,080,000원		-	

06. SP = 고정제조간접비예산/기준조업도 = 120,000원/25,000기계시간 = 4.8/기계시간

07. 기준조업도(정상조업도) = 300단위

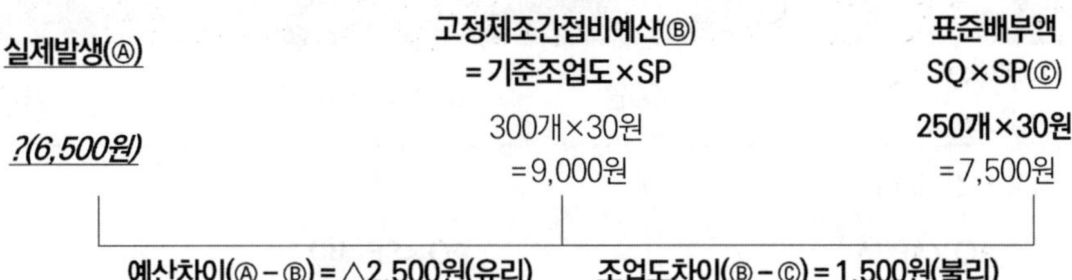

08. 제품제조원가 = 표준배부액 = 4,200,000원

단위당 제품원가 = 4,200,000원/100개 = 42,000원/개

원가차이를 매출원가가감조정법을 사용하므로 기말제품재고자산은 표준원가로 계산된다. 따라서 기말제품재고액은 42,000 × 10개 = 420,000원이 된다.

09. 변동제조간접비(AQ × SP) = 8,200시간 × 30원 = 246,000원

고정제조간접비예산 = 3,200,000원

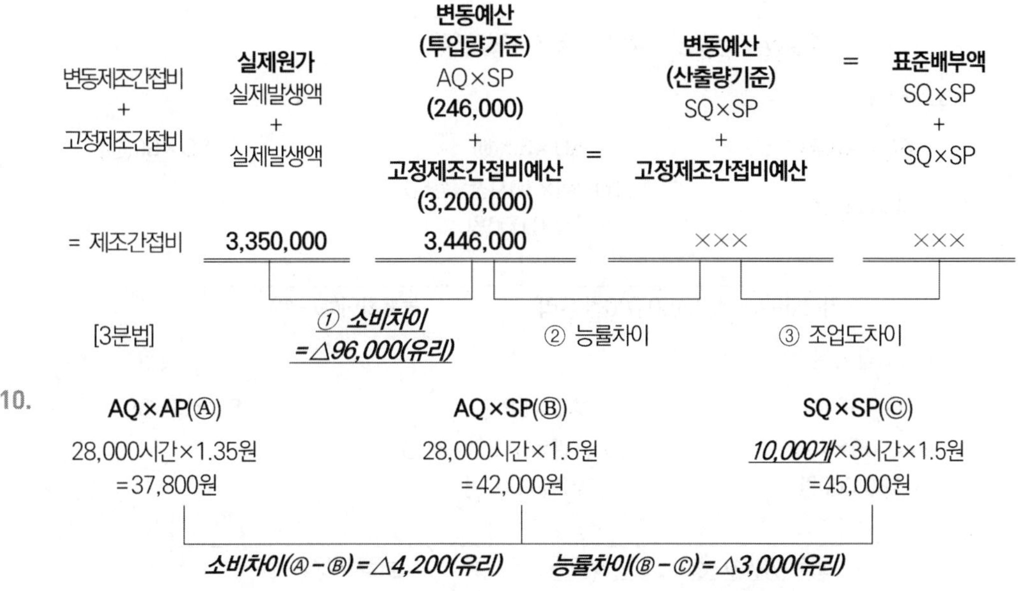

10.

AQ × AP(Ⓐ)	AQ × SP(Ⓑ)	SQ × SP(Ⓒ)
28,000시간 × 1.35원 = 37,800원	28,000시간 × 1.5원 = 42,000원	*10,000개* × 3시간 × 1.5원 = 45,000원

소비차이(Ⓐ - Ⓑ) = △4,200(유리)　　*능률차이(Ⓑ - Ⓒ) = △3,000(유리)*

11. 조정후매출원가(매출원가조정법) = 조정전매출원가 - 유리한차이 + 불리한차이

= 270,000 - 40,000 + 30,000 = 260,000원

12. AQ, AP, SQ, SP를 **구하는게 표준원가의 핵심입니다.**

AQ	AP	SQ	SP
800kg(사용) 1,000kg(구입)	300원	600개×2kg=1,200kg	200원

(A) 사용시점 분리

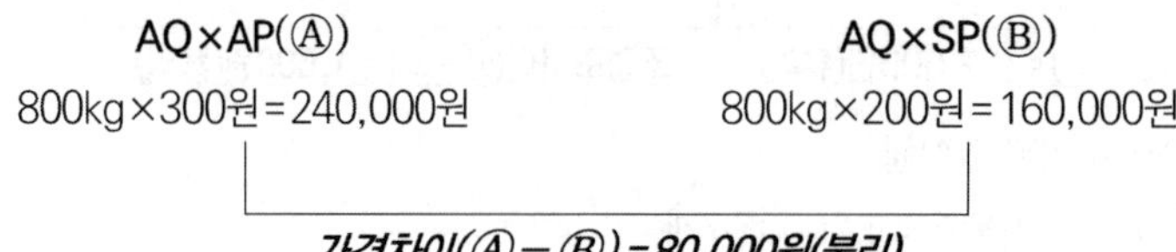

AQ×AP(Ⓐ)	AQ×SP(Ⓑ)
800kg×300원=240,000원	800kg×200원=160,000원

가격차이(Ⓐ－Ⓑ)=80,000원(불리)

(B) 구입시점 분리

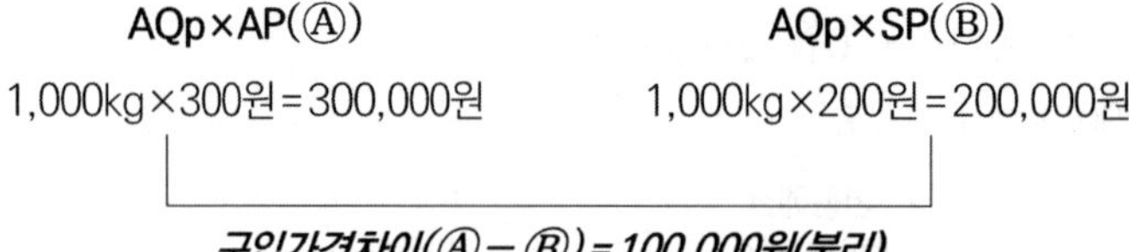

AQp×AP(Ⓐ)	AQp×SP(Ⓑ)
1,000kg×300원=300,000원	1,000kg×200원=200,000원

구입가격차이(Ⓐ－Ⓑ)=100,000원(불리)

13. 〈노무원가〉

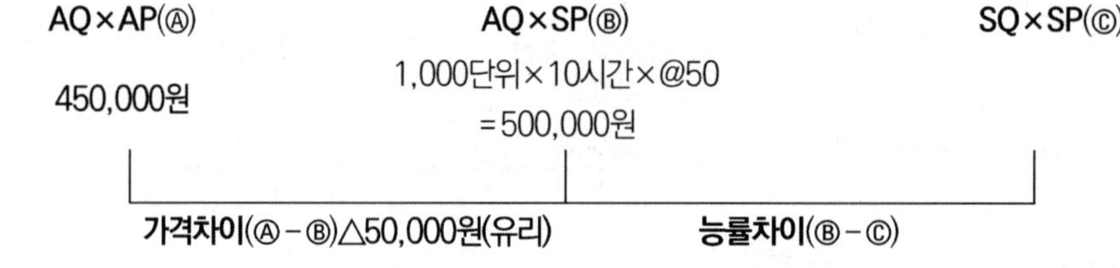

AQ×AP(Ⓐ)	AQ×SP(Ⓑ)	SQ×SP(Ⓒ)
450,000원	1,000단위×10시간×@50 =500,000원	

가격차이(Ⓐ－Ⓑ)△50,000원(유리) **능률차이**(Ⓑ－Ⓒ)

〈변동제조간접원가〉

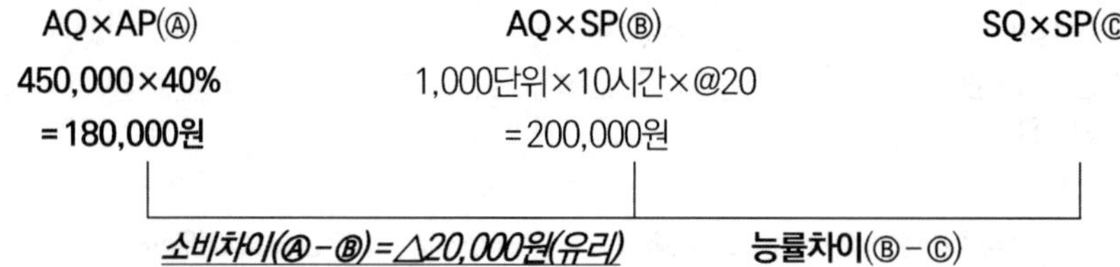

AQ×AP(Ⓐ)	AQ×SP(Ⓑ)	SQ×SP(Ⓒ)
450,000×40% =180,000원	1,000단위×10시간×@20 =200,000원	

소비차이(Ⓐ－Ⓑ)=△20,000원(유리) **능률차이**(Ⓑ－Ⓒ)

CHAPTER 05 변동원가계산/초변동원가계산

NCS회계 - 4 원가계산

제1절 변동원가계산과 전부원가계산

1. 변동원가계산 및 초변동원가계산 개념 

	전부원가계산	변동원가계산	초변동원가계산
1. 제품원가	직접재료비 직접노무비 변동제조간접비 고정제조간접비	직접재료비 직접노무비 변동제조간접비 –	직접재료비
2. 기간비용	변동판매관리비 고정판매관리비	**고정제조간접비** 판매관리비	**고정원가** (운영비용)
3. 특징	**원가부착개념**[*1]	**원가회피개념**[*2]	**원가회피개념**
4. 활용	**외부보고목적**	**내부계획과 단기의사결정**	

1. 원가부착개념 : 제품생산과 관련한 원가는 원가의 행태에 관계없이 모두 제품의 원가로 보아야 한다는 것
2. 원가회피개념 : 고정제조간접원가의 경우 제품의 생산량과 관계가 없고 미래에도 회피불능원가이기 때문에 기간원가(비용)로 처리해야 한다는 것으로 ***불필요한 재고를 감소시킬 유인을 제공한다.***

제조원가	전부원가계산, 변동원가계산	초변동원가
직접재료비	변동원가	변동원가
직접노무원가		고정원가(운영비용)
변동제조간접원가		
고정제조간접원가	고정원가	

손익계산서

전부원가계산	변동원가계산	초변동원가계산
Ⅰ. 매 출 액	Ⅰ. 매 출 액	Ⅰ. 매 출 액
Ⅱ. 매출원가(1+2-3)	Ⅱ. 매출원가(1+2-3)	Ⅱ. 제품단위수준변동원가
1. 기초제품재고액	1. 기초제품재고액	Ⅲ. **현금창출공헌이익(Ⅰ-Ⅱ)**
2. 당기제품제조원가	2. 당기제품제조원가	**(재료처리량공헌이익)**
3. 기말제품재고액	3. 기말제품재고액	Ⅳ. 운영비용
Ⅲ. 매출총이익(Ⅰ-Ⅱ)	Ⅲ. **제조공헌이익(Ⅰ-Ⅱ)**	Ⅴ. 영업이익(Ⅲ-Ⅳ)
Ⅳ. 판매비와 관리비	Ⅳ. 변동판매비와 관리비	
1.변동판매비와 관리비	Ⅴ. **공헌이익**	
2.고정판매비와 관리비	Ⅵ. 고정원가	
Ⅴ. 영업이익(Ⅲ-Ⅳ)	1. 고정제조원가	
	2. 고정판매비와 관리비	
	Ⅶ. 영업이익	

<예제> 전부원가계산과 변동원가계산

㈜로그인은 핸드폰 배터리를 제조하여 판매하는 회사의 원가관련자료이다.

1. 단위당 원가 자료

			변동원가	고정원가
변동원가	제조원가	직접재료비	50	-
		직접노무비	30	-
		변동제조간접비	**20**	-
	판매관리비		50	
고정원가	**고정제조간접비**		-	200,000
	고정판매관리비		-	100,000

2. 3년 동안의 생산량 및 판매량

	1차연도	2차연도	3차연도
단위당판가	500원		
생산량	2,000개	2,500개	1,000개
판매량	2,000개	1,500개	2,000개
재고량	0개	1,000개	0개

연도별 전부원가계산과 변동원가계산에 의한 손익계산서를 작성하시오.

해답

1. 1차연도

전부원가계산(1차연도)		
Ⅰ. 매 출 액	2,000개×500원	1,000,000
Ⅱ. 매출원가(1+2-3)		400,000
1. 기초제품재고액	0	
2. 당기제품제조원가	2,000개×200원=400,000	
3. 기말제품재고액		
Ⅲ. 매출총이익(Ⅰ-Ⅱ)		600,000
Ⅳ. 판매비와 관리비		200,000
1.변동판매비와 관리비	2,000개×50원=100,000	
2.고정판매비와 관리비	100,000	
Ⅴ. 영업손익(Ⅲ-Ⅳ)		<u>400,000</u>

☞ **단위당제품제조원가=단위당변동제조원가+단위당 고정제조간접비**
=(50+30+20)+(200,000/2,000개)=200원

변동원가계산(1차연도)		
Ⅰ. 매 출 액	2,000개×500원	1,000,000
Ⅱ. 변동원가		300,000
1. 변동매출원가	2,000개×100원=200,000	
2. 변동판관비	2,000개×50원=100,000	
Ⅲ. **<u>공헌이익(Ⅰ-Ⅱ)</u>**		700,000
Ⅵ. 고정원가		300,000
1. 고정제조원가	200,000	
2. 고정판관비	100,000	
Ⅴ. 영업손익(Ⅲ-Ⅳ)		**<u>400,000</u>**

[생산량=판매량]

<u>전부원가계산 순이익=변동원가계산의 순이익</u>

생산량과 판매량이 같을 경우 전부원가계산에 의한 영업이익과 전부원가계산에 의한 영업이익이 동일하다. 이는 **<u>당기에 발생한 고정제조간접비가 모두 당기 비용으로 계상</u>**되었기 때문이다.

2. 2차연도

전부원가계산(2차연도)		
Ⅰ. 매 출 액	1,500개×500원	750,000
Ⅱ. 매출원가(1+2-3)		270,000
1. 기초제품재고액	0	
2. 당기제품제조원가	2,500개×180원=450,000	
3. 기말제품재고액	1,000개×180원=180,000	
Ⅲ. 매출총이익(Ⅰ-Ⅱ)		480,000
Ⅳ. 판매비와 관리비		175,000
1.변동판매비와 관리비	1,500개×50원=75,000	
2.고정판매비와 관리비	100,000	
Ⅴ. 영업손익(Ⅲ-Ⅳ)		305,000

☞ **단위당제품제조원가=단위당변동제조원가+단위당 고정제조간접비**
=(50+30+20)+(200,000/2,500개)=180원

변동원가계산(2차연도)		
Ⅰ. 매 출 액	1,500개×500원	750,000
Ⅱ. 변동원가		225,000
1. 변동매출원가	1,500개×100원=150,000	
2. 변동판관비	1,500개×50원=75,000	
Ⅲ. <u>공헌이익(Ⅰ-Ⅱ)</u>		525,000
Ⅵ. 고정원가		300,000
1. 고정제조원가	200,000	
2. 고정판관비	100,000	
Ⅴ. 영업손익(Ⅲ-Ⅳ)		225,000

[생산량〉판매량]

전부원가계산 순이익>변동원가계산의 순이익

전부원가계산의 경우 고정제조간접비 100,000원 중에서 일부가 기말재고자산에 포함되어 다음연도로 넘어갔지만 **변동원가계산의 경우 고정제조간접비 전부가 비용처리했기 때문이다**.

변동원가(순이익)+고정제조간접비(기말재고)-고정제조간접비(기초재고)=전부원가(순이익)
225,000+(200,000/2,500개)×1,000개-0=305,000원

3. 3차연도

전부원가계산(3차연도)		
Ⅰ. 매 출 액	2,000개×500원	1,000,000
Ⅱ. 매출원가(1+2-3)		480,000
1. 기초제품재고액	180,000	
2. 당기제품제조원가	1,000개×300원=300,000	
3. 기말제품재고액	0	
Ⅲ. 매출총이익(Ⅰ-Ⅱ)		520,000
Ⅳ. 판매비와 관리비		200,000
1.변동판매비와 관리비	2,000개×50원=100,000	
2.고정판매비와 관리비	100,000	
Ⅴ. 영업손익(Ⅲ-Ⅳ)		320,000

☞ 단위당제품제조원가=단위당변동제조원가+단위당 고정제조간접비
=(50+30+20)+(200,000/1,000개)=300원

변동원가계산(3차연도)		
Ⅰ. 매 출 액	2,000개×500원	1,000,000
Ⅱ. 변동원가		300,000
1. 변동매출원가	2,000개×100원=200,000	
2. 변동판관비	2,000개×50원=100,000	
Ⅲ. <u>공헌이익(Ⅰ-Ⅱ)</u>		700,000
Ⅵ. 고정원가		300,000
1. 고정제조원가	200,000	
2. 고정판관비	100,000	
Ⅴ. 영업손익(Ⅲ-Ⅳ)		400,000

[생산량〈판매량]

전부원가계산 순이익 < 변동원가계산의 순이익

2차년도 기말(3차년도기초) 재고자산이 3차년도에 모두 판매되면서 2차년도 기말재공품에 포함된 고정제조간접비(80,000원)가 모두 비용화 되었기 때문이다.

변동원가(순이익)+고정제조간접비(기말재고)-고정제조간접비(기초재고)=전부원가(순이익)
400,000+0-1,000개×80원=320,000원

〈이익함수〉

전부원가계산	변동원가계산
판매량, 생산량 → 생산량증가, 이익증가	판매량

		1차연도	2차연도	3차연도
생산량		2,000개	2,500개	1,000개
판매량		2,000개	1,500개	2,000개
기말재고		0개	1,000개	0개
기말재고	전부원가	0	180,000*1	0
	변동원가	0	100,000*2	0
순이익	전부원가(순이익)	400,000	305,000	320,000
	변동원가(순이익)	400,000	225,000	400,000

*1. (50+30+20+200,000/2,500개)×1,000개=180,000

*2. (50+30+20)×1,000개=100,000

전부원가(기말재고,180,000)=변동원가(기말재고,100,000)+기말재고에 포함된 고정제조간접비(80,000)

[전부원가계산과 변동원가계산의 이익차이조정]

변동원가계산의 순이익

(+)기말재고에 포함된 고정제조간접비(기말제품 재고수량×제품단위당 고제간)

(−)기초재고에 포함된 고정제조간접비(기초제품 재고수량×제품단위당 고제간)

(=)전부원가계산의 순이익

	1차연도	2차연도	3차연도
변동원가(순이익)	400,000	225,000	400,000
+기말재고에 포함된 고제간	0	80,000*1	0
−기초재고에 포함된 고제간	0	0	80,000*1
=전부원가(순이익)	400,000	305,000	320,000

*1. (200,000/2,500개)×1,000개

전부원가(기말재고)=변동원가(기말재고)+기말재고에 포함된 고정제조간접비

<예제> 이익차이조정

㈜로그인의 제조원가와 관련된 자료는 다음과 같을 때 변동원가계산상의 영업이익이 1,000,000원일 경우 전부원가계산하의 영업이익을 구하시오.

- 기초재공품재고액 : 3,000,000원 (고정제조간접비 1,000,000원 포함)
- 기말재공품재고액 : 2,500,000원 (고정제조간접비 800,000원 포함)
- 기초제품재고액 : 2,000,000원 (고정제조간접비 600,000원 포함)
- 기말제품재고액 : 1,200,000원 (고정제조간접비 400,000원 포함)
- 직접재료원가 : 3,500,000원
- 직접노무원가 : 4,200,000원
- 제조간접비 : 3,300,000원

해답

변동원가계산의 영업이익	1,000,000
(+)기말재고에 포함된 고정제조간접비	+(800,000+400,000)
(-)기초재고에 포함된 고정제조간접비	-(1,000,000+600,000)
(=)전부원가계산의 영업이익	**600,000**

2. 변동원가계산 유용성과 한계

(1) 전부원가계산에 의하여 성과평가시 문제점

① 이익조작가능성 : 생산량↑→이익↑

② 바람직하지 않은 재고 누적초래가능성

(2) 전부원가계산과의 중요한 차이

① 변동원가계산에서는 고정제조간접비를 기간비용으로 처리

② 변동원가계산의 **순이익은 판매량의 영향**을 받는다

③ 변동원가계산은 **내부의사결정**에 사용

(3) 변동원가계산의 유용성

① 변동원가계산의 이익은 생산량의 변동에는 영향을 받지 아니하므로 경영자가 **생산량의 증가를 통하여 이익을 조작할 가능성이 낮다**

② 원가를 변동,고정원가로 분류하기 때문에 **계획수립 및 의사결정에 유용**

③ 표준원가 및 변동예산과 함께 사용되면 **원가통제를 위한 효과적인 수단**으로 사용

(4) 변동원가계산의 한계

① 대규모의 시설투자로 **고정제조간접비의 비중이 높아지고** 있는 현실에서 **고정제조간접비의 중요성을 간과하기 쉽다**

② 일반적으로 인정되지 않고 있으므로 **외부보고용으로는 사용될 수 없다.**

③ 모든 비용을 고정비와 변동비로 구분하는 것은 현실적으로 어렵다.

제2절 초변동원가계산

1. 초변동원가계산의 이익차이조정

초변동원가계산의 순이익
(+)기말재고에 포함된 변동가공원가(직접노무비+변동제조간접비)
(−)기초재고에 포함된 변동가공원가(직접노무비+변동제조간접비)
(=)변동원가계산의 순이익

(+)기말재고에 포함된 고정제조간접비(기말제품 재고수량×제품단위당 고제간)
(−)기초재고에 포함된 고정제조간접비(기초제품 재고수량×제품단위당 고제간)
(=)전부원가계산의 순이익

2. 초변동원가계산의 유용성(장점)

① 판매량이 동일한 상황에서 생산량이 증가할수록 초변동원가계산의 순익은 감소하므로 **재고누적을 방지하는 효과**

② 직접재료비외에는 기간비용으로 처리하므로 **제조간접비를 변동비와 고정비로 구분할 필요가 없어** 적용이 간단하다.

3. 초변동원가계산의 한계(단점)

① 미래의 수요에 대한 불확실성에 대비하여 규모의 경제를 달성하는 과정에서 발생하는 **재고는 경제적인 면에서 긍정적인 면도 있는데 간과**

② **외부보고목적과 법인세신고목적으로 이용불가**

③ 재고원가가 낮으므로 **낮은 가격으로 제품을 판매할 가능성이 높다**

〈각방법의 이익과 재고〉

1. 순이익 상호관계	생산량>판매량	**전부원가>변동원가>초변동원가**
	생산량=판매량	전부원가=변동원가=초변동원가
	생산량<판매량	**전부원가<변동원가<초변동원가**
2.기말재고액		전부원가>변동원가>초변동원가

연/습/문/제

O,X 문제

01. 변동원가계산제도는 **원가회피개념**에 근거를 두고 있는데. 원가회피개념이란 고정제조간접원가는 회피할 수 없는 원가이기 때문에 **기간원가(비용)으로 처리해야한다**는 것이다. (　)

02. 전부원가계산제도는 **원가부착개념**에 근거를 두고 있다. 원가부착개념이란 제품생산과 관련한 원가는 **원가의 행태에 관계없이 모두 제품의 원가**로 보는 것이다. (　)

03. 초변동원가계산에서도 원가회피개념에 근거를 두고 있으며 **직접재료비 이외 모두 기간비용으로 인식하기 때문에 불필요한 재고**를 더욱 더 강하게 감소시킬 유인을 제공한다. (　)

04. 변동원가계산제도는 특정기간의 이익이 **재고자산수량의 변동에 의한 고정제조간접원가 배부액 변화**에 의해 영향을 받는다. (　)

05. 전부원가계산제도에서의 **이익은 매출액과 동일한 방향으로 움직**이므로 제 3자도 이해하기 쉽다. (　)

06. 변동원가계산제도는 공통적인 **고정원가를 부문이나 제품별로 배분하지 않기 때문**에 의사결정시 왜곡을 초래하지 않는다. (　)

07. 변동원가계산은 일반적으로 인정된 회계원칙이 아니나 **외부보고자료로서 이용될 수 있다.** (　)

08. 초변동원가계산에서는 **생산량이 증가할수록 영업이익이 증가**되므로 경영자는 **제품 생산량을 최대화**하고 판매에 집중한다. (　)

09. 초변동원가계산은 **재고최소화를 유인**하므로 **시장변화에 대한 대처능력이 떨어져** 기회를 실기할 수 있다. (　)

10. 전부원가계산은 매년 판매량이 일정하더라도 **생산량이 변동하더라도 영업이익은 변하지 않는다.** (　)

11. 변동원가계산은 매년 생산량이 변동하더라도 **판매량이 일정하면 영업이익은 변하지 않는다.** (　)

12. 제품의 생산에는 원가의 모든 요소가 공헌하므로 **변동원가는 물론 고정원가도 제품의 원가에 포함**되어야 한다는 개념하에 계산되는 원가계산방법은 전부원가계산이다. ( )

13. 변동원가계산제도에서는 **변동원가와 고정제조간접원가도 제품원가에 포함**시킨다. ( )

14. 변동원가계산을 사용하는 목적은 **판매부문성과의 정확한 평가와 합리적인 제품제조 의사결정등**이다. ( )

15. 변동원가계산에서 **이익에 영향을 미치는 주요 요인은 판매량과 생산량이다.** ( )

16. 기초재고액보다 기말재고액이 작은 경우에 **변동원가계산에 의한 순이익보다 전부원가계산에 의한 순이익이 더 크다.** ( )

17. 변동원가계산에서는 판매량에 기초해서 공헌이익을 계산하므로 **판매량과 생산량의 관계에 신경쓸 필요가 없다.** ( )

18. 개별원가계산은 제조간접원가의 배부절차가 반드시 필요하고, **개별원가계산을 사용하면서 변동원가계산제도**를 채택할 수 없다. ( )

19. 전부원가계산에서는 고정제조간접비를 기간비용으로 처리하기 때문에 **조업도 차이가 발생하지 않는다.** ( )

20. 기초재고자산이 없고 **당기 생산량과 판매량이 동일**하다면 **변동원가계산과 전부원가계산의 순이익은 같게 된다.** ( )

21. 전기와 당기의 제품 단위당 제조간접원가배부율은 동일하다. 당기판매량이 생산량보다 클 경우 **변동원가계산하에서는 순이익이 발생하고, 전부원가계산하에서는 순손실**이 발생할 수 있다. ( )

22. 실제 **매출액, 매출총이익 및 총공헌이익은 두 방법 모두 예산과 비슷**하였으나 순이익은 예산에 비해 증가하였다. 기초 및 기말재고는 없다고 하였을 때, 예산과 비교하여 **순이익이 증가한 원인은 실제 고정판관비가 증가**하였기 때문이다. ( )

주관식

01. ㈜로그인의 다음자료를 이용하여 (a) 전부원가계산에 따른 매출총이익, (b) 변동원가계산에 따른 공헌이익, (c) 초변동원가계산에 따른 재료처리량공헌이익을 구하시오.

단위당	판매가격	500원	고정제조간접원가	200,000원
단위당	직접재료원가	150원	고정판매비와관리비	70,000원
단위당	직접노무원가(변동원가)	120원	기초제품	없음
단위당	변동제조간접원가	50원	생산량	10,000개
단위당	변동판매비와관리비	30원	판매량	10,000개

02. ㈜로그인은 올해에 사업을 개시하였다. 올해 전부원가계산에 의한 순이익이 300,000원일 때, 다음 자료를 이용하여 변동원가계산에 의한 순이익을 구하시오.

구분	제조간접원가 배부액	
	변동제조간접원가	고정제조간접원가
재 공 품	20,000원	40,000원
제 품	60,000원	60,000원
매출원가	200,000원	100,000원

03. ㈜로그인 변동원가계산에 의한 순이익이 1,000,000원이라고 할 때 전부원가계산에 의한 순이익을 구하시오. 재공품은 없다고 가정한다.

기초제품재고수량	1,000개
기말제품재고수량	500개
제품단위당 고정제조간접원가	500원
제품단위당 변동판매비와관리비	100원
고정판매비와관리비	100,000원

04. (주)로그인의 원가자료이다. 전부원가계산하의 영업이익이 변동원가계산하의 영업이익보다 1,000,000원이 많다면, 생산수량은 몇 개인가?

제품			
기초재고수량	없음	판매수량	1,000개
생산수량	?	기말재고수량	?

- 단위당 판매가격 : 100원
- 단위당 변동제조원가 : 50원
- 단위당 변동판매관리비 : 20원
- 고정제조간접비 : 2,000,000원

05. ㈜로그인은 연필을 700단위 생산하였는데 이에 대한 단위당 변동원가는 60원이고 단위당 고정원가는 20원이다. 연필에 대한 기초재고액은 없었으며 기말재고 수량만이 100단위일 경우, 전부원가계산방법 적용시 기말재고액이 10,000원이라 가정하면, 변동원가계산방법을 적용시 기말재고액을 구하시오.

06. 당기 3월에 영업을 시작한 ㈜로그인의 생산과 판매에 관한 자료는 다음과 같다. 4월 중 전부원가계산에 의한 영업이익이 1,000,000원이라고 할 때, 변동원가계산에 의한 영업이익은 얼마인가?

	3월	4월
생산량	8,000단위	9,000단위
판매량	7,000단위	10,000단위
고정제조간접비	1,600,000원	1,620,000원
고정판매비용	800,000원	900,000원

07. ㈜로그인은 20x1년 1월 1일에 영업을 시작하였다. 20x1년 동안 총 2,000개를 생산하였고, 기초 및 기말재공품은 없다. 단위당 판매가격은 2,000원이다. 당기에 발생한 원가정보가 다음과 같을 때, 만약 전부원가계산 하에서의 20x1년도 순이익이 변동원가계산 하에서의 20x1년도 순이익보다 75,000원이 많다면, 20x1년 한 해 동안 판매량은 몇 개인가?

직접재료비	직접노무비	변동제조간접비	고정제조간접비
@300원	@200원	@200원	300,000원

08. 다음 자료를 이용하여 초변동원가계산에 의한 영업이익을 계산하면 얼마인가?

판매수량 = 생산수량	20,000개
제품단위당 판매가격	400원
제품단위당 직접재료원가	50원
제품단위당 직접노무원가	30원
제품단위당 변동제조간접원가	70원
제품단위당 변동판매비	120원
고정제조간접원가	500,000원
고정판매비와관리비	1,100,000원

09. 20X1년 3월에 영업을 시작한 ㈜로그인은 선입선출법에 의한 실제원가계산제도를 채택하고 있으며, 20X1년 3월과 4월의 생산과 판매에 관한 자료는 다음과 같다.

	3월	4월
생 산 량	8,000단위	9,000단위
판 매 량	7,000단위	10,000단위

20X1년 4월 중 전부원가계산에 의한 영업이익이 변동원가계산에 의한 영업이익보다 200,000원이 작다고 할 때, 3월 고정제조간접원가는 얼마인가?

10. ㈜로그인의 6월 중 영업자료는 아래와 같다. 전부원가계산에 의한 영업이익이 변동원가계산에 의한 영업이익보다 21,000원 더 클 경우, 6월 발생한 고정제조간접원가를 계산하면 얼마인가?(**<u>재고자산은 평균법으로 평가</u>**한다.)

생 산 량	1,500개
판 매 량	1,200개
기초재고량	300개 (단위당 고정제조간접원가 50원)

연/습/문/제 답안

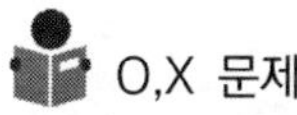

O,X 문제

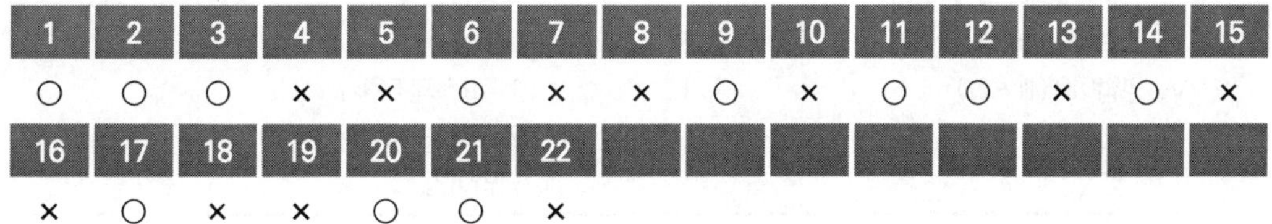

1	2	3	4	5	6	7	8	9	10	11	12	13	14	15
○	○	○	×	×	○	×	×	○	×	○	○	×	○	×
16	**17**	**18**	**19**	**20**	**21**	**22**								
×	○	×	×	○	○	×								

[풀이 - O,X문제]

04. **변동원가계산**은 고정제조간접원가를 비용으로 처리하기 때문에 **재고자산수량의 변동에 의하여 영향을 받지 않는다.**

05. 변동원가계산의 이익은 매출액(판매량)은 동일한 방향으로 움직인다.

07. **변동원가계산은 외부보고자료로 이용할 수 없다.**

08. 초변동원가계산에서는 생산량이 증가할수록 영업이익이 감소되므로 제품 생산량을 최소화한다.

10. 전부원가계산은 생산량이 변동시 이익도 달라진다.

13. 변동원가계산은 변동원가만 제품원가에 포함시킨다.

15. 변동원가계산에서 생산량은 이익에 영향을 미치지 않는다.

16. **변동원가계산의 순이익+기말재고(고제간) - 기초재고(고제간) = 전부원가계산의 순이익**

    기말재고액이 작은 경우에 변동원가계산의 순이익은 전부원가계산의 순이익보다 크다.

18. 개별원가계산과 변동원가계산은 같이 사용할 수 있다.

19. 전부원가계산에서는 **고정제조간접비를 제품원가로 하기 때문에 조업도 차이가 발생**한다.

22. 결국 손익계산서를 비교해 보면 고정제조간접비는 전부원가계산의 매출총이익이 비슷하므로 증가되었다고 볼 수 없다. 따라서 전부원가계산과 변동원가계산의 영업이익의 증가의 이유는 고정판매관리비의 감소로 볼 수 있다.

전부원가계산		변동원가계산	
Ⅰ. 매 출 액	비슷	Ⅰ. 매 출 액	비슷
Ⅱ. 매출원가(1+2-3)		Ⅱ. 매출원가(1+2-3)	
Ⅲ. 매출총이익(Ⅰ-Ⅱ)	비슷	Ⅲ. **제조공헌이익(Ⅰ-Ⅱ)**	
Ⅳ. 판매비와 관리비		Ⅳ. 변동판매비와 관리비	
1.변동판매비와 관리비		Ⅴ. 총공헌이익	비슷
2.**고정판매비와 관리비**	*감소*	Ⅵ. 고정원가	
Ⅴ. 영업이익(Ⅲ-Ⅳ)	증가	1. 고정제조원가	
		2. **고정판매비와 관리비**	*감소*
		Ⅶ. 영업이익	증가

주관식

01.	〈해설참고〉	02.	200,000원
03.	750,000원	04.	2,000개
05.	8,000원	06.	1,200,000원
07.	1,500개	08.	1,000,000원
09.	1,600,000원	10.	93,000원

[풀이 - 주관식]

01. ① 전부원가계산

1. 매출액	10,000개×500원=5,000,000원
2. 매출원가	(150+120+50)×10,000개+200,000(고제간)=3,400,000원
3. 매출이익	**1,600,000**

② 변동원가계산

1. 매출액	5,000,000원
2. 변동원가	(150+120+50+30)×10,000개=3,500,000원
3. 공헌이익	**1,500,000**

③ 초변동원가계산

1. 매출액	5,000,000원
2. 직접재료원가	150×10,000개=1,500,000원
3. 재료처리량공헌이익	**3,500,000**

02.

변동원가(순이익)	**200,000**
+기말재고에 포함된 고제간 -기초재고에 포함된 고제간	40,000+60,000=100,000 0
=전부원가(순이익)	300,000

03.

변동원가(순이익)	1.000,000
+기말재고에 포함된 고제간 -기초재고에 포함된 고제간	500개×500원=250,000 (-)1,000개×500원=500,000
=전부원가(순이익)	**750,000**

04.

변동원가(순이익)	0
+기말재고에 포함된 고제간 -기초재고에 포함된 고제간	(생산수량-판매수량)×단위당 고정제조간접비=1,000,000 0
=전부원가(순이익)	1,000,000

Q를 생산수량으로 하면

(Q - 1,000)×(2,000,000/Q)=1,000,000

(Q - 1,000)/Q=0.5　∴Q(생산수량)=2,000개

05. 변동원가(기말재고액)+기말재고에 포함된 고제간=전부원가(기말재고)

변동원가(기말재고액)=10,000 - 100개×20원=8,000원

06.

	3월	4월
기초재고	0단위	1,000단위
생산량	8,000단위	9,000단위
판매량	7,000단위	10,000단위
기말재고	1,000단위	0단위

기초재고에 포함된 단위당 고정제조간접비(3월)=1,600,000/8,000=200원

변동원가(영업이익)	**1,200,000**
+기말재고에 포함된 고제간 -기초재고에 포함된 고제간	0 1,000×200=200,000
=전부원가(영업이익)	1,000,000

07. 기말재고에 포함된 단위당 고정제조간접비 = 300,000/2,000 = 150원

변동원가(순이익)	**0**
+기말재고에 포함된 고제간 -기초재고에 포함된 고제간	75,000 0
=전부원가(순이익)	75,000

(생산량 - 판매량) × 기말제품재고에 포함된 단위당 고정제조간접비

= (2,000 - X) × 150 = 75,000 ∴ X = 1,500개

08. 운영비 = 직접노무원가 + 변동제조간접원가 + 변동판매비 + 고정제조원가 + 고정판관비 = 6,000,000

초변동원가계산		
Ⅰ. 매 출 액	20,000개×400원	8,000,000
Ⅱ. 제품단위수준변동원가	20,000개×50원	1,000,000
Ⅲ. 현금창출공헌이익(Ⅰ - Ⅱ)		7,000,000
Ⅳ. 운영비용	20,000개×(30+70+120)+500,000+1,100,000	6,000,000
Ⅴ. 영업손익(Ⅲ - Ⅳ)		***1,000,000***

09.

	3월	4월
기초재고	0단위	**1,000단위**
생산량	8,000단위	9,000단위
판매량	7,000단위	10,000단위
기말재고	**1,000단위**	0단위

변동원가(영업이익)	??	**200,000(가정)**
+기말재고에 포함된 고제간 -기초재고에 포함된 고제간	1,000×200 = 200,000 0	0 1,000×200 = 200,000
=전부원가(영업이익)	??	0

고정제조간접원가(3월) = 생산량(8,000) × 단위당고정제조간접비(200) = 1,600,000원

10. 기말재고 = 기초재고(300) + 생산수량(1,500) - 판매수량(1,200) = 600개

X를 고정제조간접원가라 하면,

변동원가(순이익)	0
+기말재고에 포함된 고제간(평균법)	기말재고(600개)×(15,000+X)÷1,800개 = 36,000
-기초재고에 포함된 고제간	15,000(300개×50)
=전부원가(순이익)	21,000

X = 93,000원

활동기준원가계산

NCS회계 - 4 원가계산

1. 활동계산원가계산 의의

활동기준원가계산(activity - based costing : ABC)은 수익창출과정에서 원가의 발생을 유발하는 다양한 원가동인을 규명하고 활동을 기준으로 원가를 계산하는 방법이다. 여기서 활동이란 기업이 수익창출과정에서 반복적으로 수행하는 단위작업을 말한다.이러한 활동기준으로 배부하기 때문에 정확한 제조간접비의 배부와 원가 계산이 가능하다. 활동기준원가계산은 개별원가계산과 종합원가계산에 모두 적용이 가능하며, **제조업뿐만 아니라 서비스업(병원, 회계법인, 세무법인 등)도 적용이 가능**하다.

2. 도입배경

① 소품종 대량생산체제에서 **다품종 소량생산체제로의 전환**으로 새로운 배부기준이 필요성 대두
② 공장 자동화로 **제조간접비의 증가 및 직접노무원가의 감소**
③ 원가개념의 확대 : 제조단계의 원가→제조이전, 이후의 원가(**제품수명주기 원가계산의 등장**)
④ **IT기술발달로 방대한 정보를 수집하고 집계**하는데 적은 비용으로 수행가능

3. 활동의 유형

① 단위수준 활동	한 단위의 제품을 생산할 때마다 수행되는 활동 → **주로 제품생산량과 비례하는 원가**	기계활동, 직접노동활동, 수선유지 활동, 품질검사(전수)
② 배치(묶음)수준 활동	한 묶음의 제품을 처리하거나 생산할 때마다 수행되는 활동	구매활동, 재료수령, 재료처리, 작업준비, 품질검사(샘플)
③ 제품유지활동	**제품의 생산을 지원하기** 위하여 수행되는 활동	제품설계, 제품테스트, A/S활동
④ 설비수준활동	**특정적인 제품과 관계없이 공장설비를 유지하고 관리하기** 위하여 수행되는 활동	공장관리, 건물관리, 안전유지활동등

4. 활동기준원가계산 절차

(1) 활동분석

다양한 활동을 파악하고, 부가가치활동과 비부가가치활동을 구분한다. **비부가가치활동이란 고객의 요구를 만족시키는데 기여하지 못하는 활동**을 말한다.

(2) 활동중심점의 설정 및 활동별 원가집계

(3) 원가동인의 선택

제품에 배부하기 위하여 각 활동별로 원가동인을 규명하고 선택한다.

(4) 활동별 제조간접비 배부율의 계산

$$\text{활동별제조간접비배부율} = \frac{\text{활동별원가}}{\text{활동별원가동인(배부기준)}}$$

(5) 활동원가의 배부 → 원가대상별 원가계산

5. 활동기준원가계산의 장점 · 단점

구분	내용
장 점	① 활동기준으로 배부함으로 **정확한 원가계산이 가능** ② **비부가가치 활동을 제거함으로써 원가절감이 가능**하다. ③ 정확한 제품원가를 바탕으로 **의사결정과 성과평가에 유용**하다. ④ **비재무적인 활동을 강조**함으로써 현장관리자와의 의사소통이 원활해진다.
단 점	① 활동에 대한 정보를 얻는데 **시간과 비용이 과다소요** ② 활동을 명확하게 정의하고 구분하는 기준이 존재하지 않음 ③ 기존방식에 익숙해져 있는 **종업원들이 반발할 가능성**이 있다. ④ 활동별원가를 유발하는 원가동인을 감소시키는데만 초점이 맞추어져 **대량생산을 할 가능성**이 존재한다.

<예제> 활동기준원가계산

㈜로그인은 활동기준원가계산를 도입하여 적용할 예정이다. 제조간접비를 활동별 분석하였다. 다음의 자료를 이용하여 전통적인개별원가계산과 활동별기준원가에 의하여 제품별 단위당 원가를 구하시오.

〈원가자료〉

제 품	A	B
생산량 직접재료비 직접노무비	2,000개 4,000,000 6,000,000	3,000개 9,000,000 8,000,000
직접노동시간	1,000시간	1,500시간
제조간접비	25,000,000(직접노동시간으로 배부)	

〈작업활동별 예산자료〉

작업활동	활동별원가	배부기준	제품별원가동인수	
			A	B
작업준비	5,000,000	작업준비횟수	10회	15회
절 삭	6,000,000	부품의 수	100개	200개
조 립	7,000,000	직접작업시간	2,000시간	2,000시간
검 사	7,000,000	검사한 제품수	2,000개	3,000개
계	25,000,000			

해답

1. 전통적인 개별원가계산

제조간접비 배부율 = 25,000,000/2,500시간 = 10,000원/직접노동시간

	A	B
직접재료비 직접노무비 제조간접비	4,000,000 6,000,000 10,000,000	9,000,000 8,000,000 15,000,000
제품원가	20,000,000	32,000,000
생산량	2,000개	3,000개
단위당 원가	**10,000원**	**10,667원**

2. 활동기준원가계산

① 활동별 제조간접비 배부율

활 동	활동별원가	원가동인수 총계	배부율
작업준비	5,000,000	25회	200,000
절 삭	6,000,000	300개	20,000
조 립	7,000,000	4,000시간	1,750
검 사	7,000,000	5,000개	1,400
계	25,000,000		

② 제품별 제조간접비 배부

활 동	배부율	제품별원가동인수		배부금액	
		A	B	A	B
작업준비	200,000	10회	15회	2,000,000	3,000,000
절 삭	20,000	100개	200개	2,000,000	4,000,000
조 립	1,750	2,000시간	2,000시간	3,500,000	3,500,000
검 사	1,400	2,000개	3,000개	2,800,000	4,200,000
계				10,300,000	14,700,000

③ 제품별 제품원가 및 단위원가

	A	B
직접재료비	4,000,000	9,000,000
직접노무비	6,000,000	8,000,000
제조간접비	10,300,000	14,700,000
제품원가	20,300,000	31,700,000
생산량	2,000개	3,000개
단위당 원가	**10,150원**	**10,567원**

연/습/문/제

O,X 문제

01. 제조환경의 변화로 **다양한 배부기준에 의한 원가의 배부가 원가의 왜곡현상**을 초래하여 활동기준원가계산를 도입하게 되었다. (　　)

02. 최근에는 원가개념이 확대되어 **연구개발, 제품설계 등의 기타원가를 포함한 정확한 원가계산이 요구**되어 활동기준원가계산이 도입되었다. (　　)

03. 활동기준원가계산(ABC)는 각 **활동별로 적절한 배부기준**을 사용하여 원가를 배부하기 때문에 종전에는 제품별로 추적불가능하던 **제조간접원가도 개별제품에 추적가능한 직접원가로 인식**되어져 **원가계산이 보다 정확해진다.** (　　)

04. 활동기준원가계산은 활동에 대한 정보를 제공함으로써 **원가정보뿐만 아니라 관리회계 목적의 정보도 제공**할 수 있다. (　　)

05. 활동기준원가계산은 전통적 원가계산의 문제점인 **원가왜곡현상을 개선**함으로써 **적정한 가격설정을 가능**하게 한다. (　　)

06. IT기술로 **제조와 관련된 활동에 대한 원가를 수집하는 것이 용이**해져 활동기준원가계산의 도입되었다. (　　)

07. 제품원가를 계산하기 위한 활동은 분석이 가능하나 **고객이나 서비스 등의 원가대상에 대해서도 활동분석이 불가능**하여 활동기준원가계산을 적용할 수 없다. (　　)

08. 활동분석과 **원가동인의 파악에 소요되는 비용과 시간이 많이 들지 않는다**. (　　)

09. 활동기준원가계산제도(ABC)는 **활동별로 원가를 분석하고 관리함**으로써 효율적인 원가절감을 가능하게 한다. (　　)

10. 활동기준원가계산이란 정확한 원가계산을 위해 기업의 **여러 가지 활동들을 원가대상으로 삼아 원가를 집계하고 원가대상들(제품, 고객, 서비스)**에 대한 원가계산도 이들이 **소비한 활동별로 파악된 원가**에 의해 계산하는 방법이다. (　　)

11. 활동기준원가계산의 장점 때문에 **소품종 대량생산에 이용**되고, 원가요소 중 **제조간접원가의 적은 비중의 기업에** 매우 적합하다. ( )

12. 최근에는 제조원가뿐만 아니라 **연구개발, 제품설계, 마케팅, 유통, 고객서비스 등의 기타원가가 제품원가 내에서 적은 비중**을 차지하게 되었다. ( )

13. 활동기준원가계산은 부가가치 활동과 비부가가치활동을 구분하여 **비부가가치활동을 제거하거나 감소시킴**으로써 생산시간을 단축할 수도 있고 활동별로 원가를 관리할 수 있다. ( )

14. 활동기준원가계산은 **개별원가계산이나 공정별 원가계산과 함께 사용할 수 있다.** ( )

15. 제조과정이 자동화됨으로 인하여 **제조간접원가의 비중이 과거보다 훨씬 커져 합리적인 제조간접원가의 배부기준**이 필요하게 되어 활동기준원가계산이 도입되었다. ( )

16. 활동기준원가계산은 **단일기준으로 원가를 배부하는 전통적인 배부기준**에 대한 비판으로 **다양한 배부기준에 의한 새로운 배부기준의 필요**에 의해 발생하였다. ( )

17. **부가가치활동을 증가**해서 원가절감을 달성해야 한다. ( )

18. 원가의 대부분을 **단일의 활동으로 설명할 수 있는 경우** 활동기준원계산제도를 도입해도 효익이 나타나지 않을 수 있다. ( )

19. 활동기준원가계산의 절차는 **활동분석 → 제조간접원가집계 → 제조간접원가배부율 계산 → 원가대상별 원가계산**순이다. ( )

주관식

01. ㈜로그인은 다음과 같이 활동기준원가계산(ABC)제도를 운영하고 있는데, 당월에 제품 10 단위가 생산되었으며, 각 단위에는 20개의 부품과 10시간의 기계시간이 소요된다. 완성된 단위당 직접재료원가는 50,000원이며, 다른 모든 원가는 가공원가로 분류된다.

활동	원가동인	배부기준 단위당가공원가
기 계	기계사용시간	200원
조 립	부품의 수	5,000원
검 사	완성단위의 수	5,000원

당월에 생산된 제품 10 단위의 총제조원가는 얼마인가?

02. ㈜로그인은 활동기준원가제도(ABC)를 사용하며 관련 자료는 다음과 같다

〈작업활동별 예산자료(제조간접원가)〉

작업활동	배부기준	배부기준당 예정원가
재료처리	생산수량	100원
절 삭	부품의 수	20원
조 립	직접작업시간	300원

〈생산관련자료〉

제품	A	B
생산수량	400개	600개
부품의 수	900개	800개
직접작업시간	400시간	600시간
직접재료원가	50,000원	70,000원
직접노무원가	60,000원	80,000원

㈜로그인이 생산하는 제품의 단위당 제조원가를 구하시오.

03. 활동기준원가계산(ABC)을 사용하는데 절삭활동의 원가 중 1,000,000원은 고정원가이며, 조립 및 검사활동의 원가는 모두 변동원가이다. 제품 한 단위당 필요한 부품의 수는 5개, 직접작업시간은 1시간이다. 제품의 단위당 판매가격과 재료원가가 각각 1,000원과 300원일 경우 제품의 단위당 제조공헌이익은 얼마인가?

작업활동	원가동인	연간원가동인수	연간가공원가총액
절 삭	부품의 수	50,000개	2,000,000원
조 립	직접작업시간	5,000시간	1,000,000원
검 사	제품수량	10,000개	1,000,000원

04. ㈜로그인은 활동기준원가계산을 사용하며, 제조과정은 다음의 3가지 활동으로 구분된다.

활동	원가동인	연간 원가동인수	연간 가공원가총액
세척	재료의 부피	100,000리터	200,000원
압착	압착기계시간	45,000시간	900,000원
분쇄	분쇄기계시간	20,000시간	1,000,000원

분쇄공정의 원가 중 40%는 고정원가이며, X제품 한 단위당 재료 부피는 20리터, 압착기계시간은 30시간, 분쇄기계시간은 10시간이다. X제품의 단위당재료원가가 300원 일 경우 제품의 단위당 변동원가는 얼마인가?

05. ㈜로그인은 활동기준원가계산시스템을 운영하고 있는데, 작업활동별 예산자료와 생산관련자료는 다음과 같다. 각 제품의 제조원가를 구하시오.

〈생산관련자료〉

제 품	생산수량	직접재료비	부품의 수	직접작업시간
A	40개	500,000원	1,000개	500시간
B	10개	200,000원	200개	200시간

〈작업활동별 예산자료〉

작업활동	배부기준	배부기준단위당 예정원가
재료처리	부품의 수	10원
절 삭	부품의 수	20원
조 립	직접작업시간	100원

연/습/문/제 답안

O,X문제

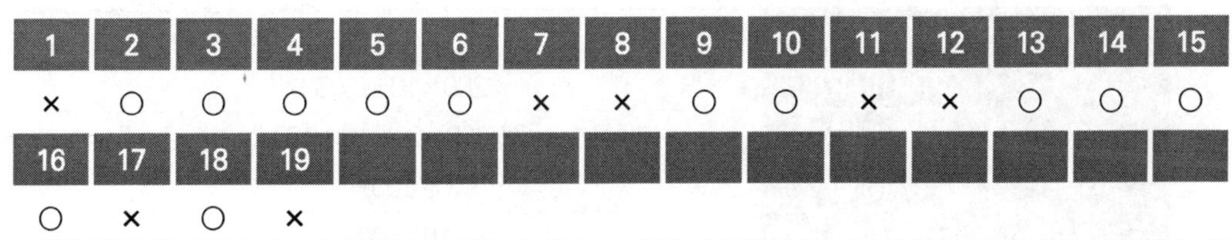

1	2	3	4	5	6	7	8	9	10	11	12	13	14	15
×	○	○	○	○	○	×	×	○	○	×	×	○	○	○
16	17	18	19											
○	×	○	×											

[풀이 - O,X문제]

01. 다양한 배부기준에 의하여 원가배부시 원가의 왜곡현상이 나타나지 않는다.

07. 서비스, 고객등의 원가대상에 대해서도 활동분석이 가능하여, 활동기준원가계산을 적용할 수 있다.

08. **활동분석과 원가동인 파악에 비용과 시간이 크다는 단점이 존재**한다..

11. 다품종소량생산과 **제조간접원가가 큰 기업에 적합**하다.

12. 기타원가가 제품원가의 큰 비중을 차지한다.

17. 부가가치활동이라고 해서 **활동을 증가시키면 원가가 증가**되므로 원가절감을 달성하는 방법이 아니다.

19. 제조간접원가집계 → 원가동인결정순이다.

주관식

01.	1,570,000원	02.	A : 720원, B : 677원
03.	300원	04.	1,240원
05.	A : 580,000원, B : 226,000원		

[풀이 - 주관식]

01.

단위당직접재료원가		50,000원
단위당 가공원가	기계(10시간)	@200×10=2,000원
	조립(20개부품)	@5,000×20=100,000원
	검사(1회)	5,000원
	계	107,000원
단위당 제조원가		157,000원
총제조원가		**1,570,000원**

02.

제품		A	B
생산수량		400개	600개
부품의 수		900개	800개
직접작업시간		400시간	600시간
직접재료원가		50,000원	70,000원
직접노무원가		60,000원	80,000원
제조간접비	재료처리	@100×400개=40,000원	@100×600개=60,000원
	절삭	@20×900개=18,000원	@20×800개=16,000원
	조립	@300×400시간=120,000원	@300×600시간=180,000원
	계	178,000원	256,000원
제품제조원가		288,000원	406,000원
단위당 제조원가		**@720원**	**@677원**

03. ① 활동별 제조간접비 배부율

활 동	활동별원가	원가동인수 총계	배부율
절 삭	2,000.000	50,000개	40(변동비 20)
조 립	1,000,000	5,000시간	200
검 사	1,000,000	10,000개	100

② 단위당 제조공헌이익

① 단위당 판매가		1,000원
② 단위당 변동원가	직접재료원가	300원
	절삭(5개부품))	@20×5=100원
	조립(1시간)	@200×1=200원
	검사(1회)	@100
	계	700원
③ 단위당 제조공헌이익(①-②)		**300원**

04. ① 활동별 제조간접비 배부율

활 동	가공원가 총액	원가동인수 총계	배부율
세척	200.000	100,000리터	2
압착	900,000	45,000시간	20
분쇄	1,000,000	20,000시간	50(60%변동비)
계	2,150,000		

② 단위당 변동원가

직접재료원가	300원
세척(20리터)	@2×20리터=40원
압착(30시간)	@20×30시간=600원
분쇄(10시간)	@50×60%×10시간=300원
계	**1,240원**

05. 제품 제조원가

제품		A	B
부품의 수		1,000개	200개
직접작업시간		500시간	200시간
직접재료원가		500,000원	200,000원
가공원가	재료처리	@10×1,000개=10,000원	@10×200개=2,000원
	절삭	@20×1,000개=20,000원	@20×200개=4,000원
	조립	@100×500시간=50,000원	@100×200시간=20,000원
	계	80,000원	26,000원
제품제조원가		**580,000원**	**226,000원**

관리회계

원가추정

NCS회계 - 4 원가정보활용하기

1. 기본가정

① <u>조업도만이 원가에 영향을 미친다.</u>

② <u>원가행태는 관련범위 내에서 선형함수(직선)</u>로 나타낸다.
즉 <u>관련범위 내에서 단위당 변동원가와 총고정원가가 일정</u>하다.

③ 원가함수(선형함수)

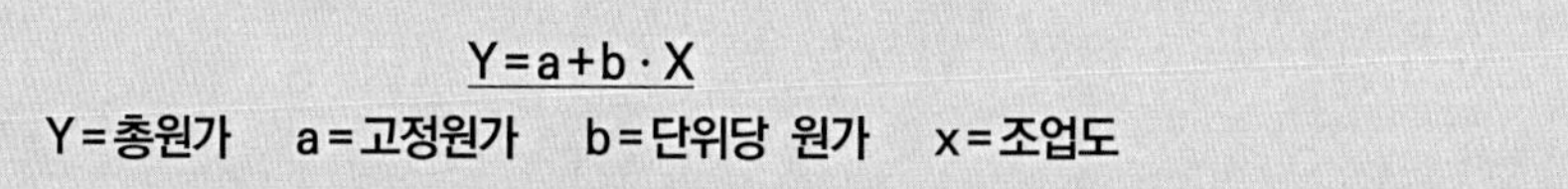

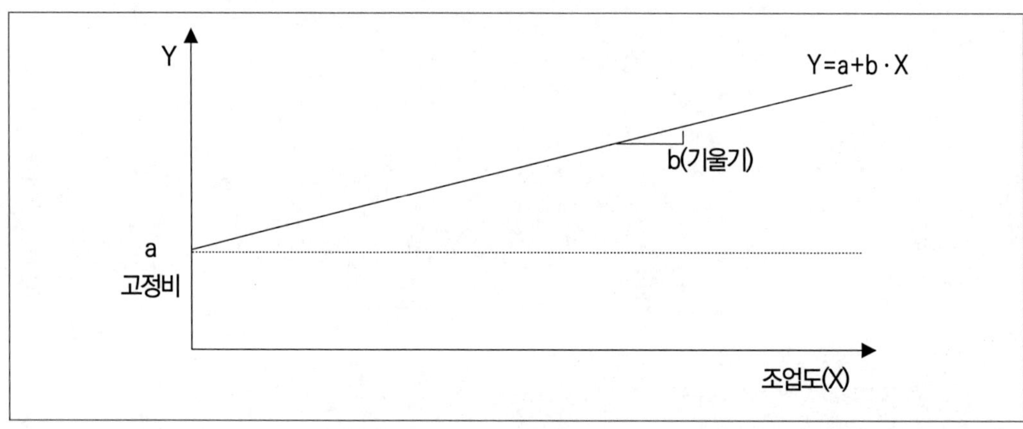

2. 원가추정방법

(1) (산업)공학적 방법

<u>과거의 자료가 아닌 현재상태에서의 작업측정(시간연구, 동작연구)</u>에 의하여 원가를 추정하는 정확성이 가장 높은 방법이다.

(2) 계정분석법

각 계정과목에 기록된 원가를 **회계담당자의 전문적 판단에 따라 변동비, 고정비, 준변동비, 준고정비로 분석**하여 원가함수를 추정하는 방법이다.

(3) 산포도법

조업도와 원가를 두축으로 하여 각 조업도에서 발생한 원가를 도표에 점으로 표시하고 **산포도의 특성을 잘 반영하는 원가 추정점선을 찾아냄**으로서 원가함수를 추정하는 방법이다.

(4) 고저점법

최고조업도 수준과 최저조업도 수준에서의 자료를 이용하여 변동원가와 고정원가를 추정하는 방법이다.

$$단위당\ 변동원가(b) = \frac{(최고조업도에서의\ 총원가 - 최저조업도에서의\ 총원가)}{(최고조업도 - 최저조업도)}$$

$$고정원가(a) = 최고조업도에서의\ 총원가 - b(단위당변동원가) \times 최고조업도$$
$$= 최저조업도에서의\ 총원가 - b(단위당변동원가) \times 최저조업도$$

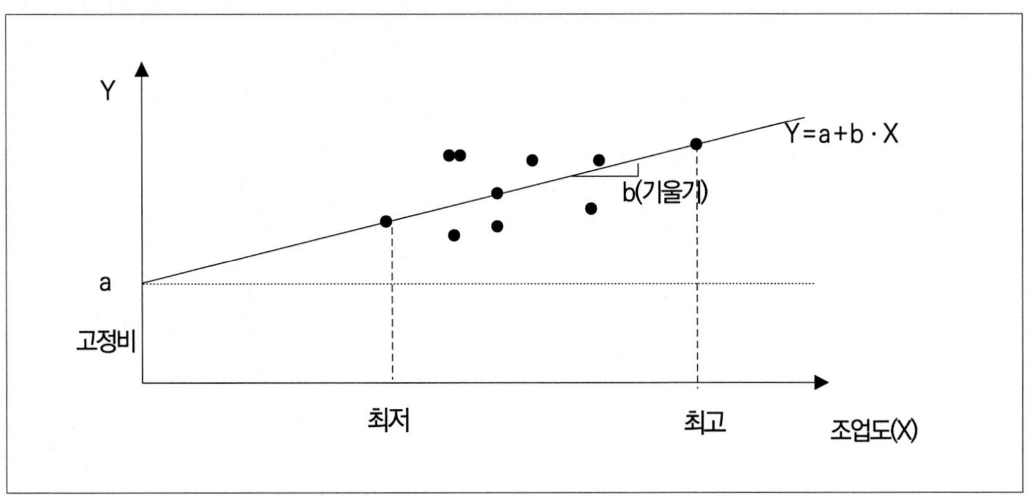

(5) 회귀분석법

통계적 방법에 의해 하나 또는 그 이상의 독립변수와 종속변수와의 관계를 나타내는 원가함수를 추정하는 방법이다.

3. 각방법의 장 · 단점

	장점	단점
(산업) 공학적방법	**가장 정확성이 높고, 과학적이다.** **과거의 자료를 이용하지 않는다.**	추정비용과 시간이 가장 많이 소요된다.
계정분석법	**원가추정비용이 가장 적게 든다.**	주관적 판단이 개입되어, **과학적 논리성과 객관성이 결여**
산포도법	적용이 간단하고 이해하기 쉽다. 시간과 비용이 적게 소요된다.	분석자의 주관적 판단이 개입된다.
고저점법	이용하기 쉽고 간편하다. 객관적이다.	**두점의 대표성이 결여될 경우 비정상적인 결과가 도출될 수 있다.**
회귀분석법	객관적이다. 다양한 통계자료를 제공해 준다.	적용이 복잡하고 이해하기 어렵다.

<예제 > 고저점법

㈜로그인의 최근 6개월간의 생산 및 원가자료이다.

	생산량	총제조간접원가
1월	100개	200,000원
2월	150개	300,000원
3월	200개	320,000원
4월	300개	450,000원
5월	180개	290,000원
6월	250개	350,000원

7월 생산량이 400개라고 할 경우 총제조간접원가는 얼마로 추정하는가?

해답

	최고조업도	최저조업도
월	1월	4월
생산량(x)	100개	300개
총제조간접원가	200,000원	450,000원

① 단위당 변동원가(b) = $\dfrac{(\text{최고조업도에서의 총원가} - \text{최저조업도에서의 총원가})}{(\text{최고조업도} - \text{최저조업도})}$

$$\frac{(450{,}000 - 200{,}000)}{(300\text{개} - 100\text{개})} = 200{,}000\text{원}$$

② 총고정제조간접원가 = 450,000 − 1,250 × 300개 = 75,000원(최고조업도)
= 200,000 − 1.250 × 100개 = 75,000원(최저조업도)

③ 원가함수 ; Y(총제조간접원가) = 75,000원(고정제조간접원가) + 1,250원(단위당 변동원가) × X(조업도)

④ 7월 총제조간접원가 = 75,000 + 1,250원 × 400개 = 575,000원

연/습/문/제

O,X 문제

01. 과거의 자료가 아닌 **현재 상태에서의 자료에 의해 원가를 추정하는 방법**은 계정분석법이다. (　)

02. 회계담당자가 모든 원가를 변동원가와 고정원가로 구분하여, 원가를 추정하므로 주관적인 판단이 개입하기 쉽다. (　)

03. 산포도법은 **조업도와 원가를 두 축으로 자료를 도표에 점으로 표시하고 산포도의 특성을 잘 대표할 수 있는 직선을 찾아내는 방법**으로, 분석자의 주관적 판단에 따라 결과가 달라진다. (　)

04. 산포도법은 적용이 어렵고 시간과 비용이 많이 소요된다. (　)

05. 회귀분석법은 통계적 방법에 의해 **하나 이상의 독립변수와 종속변수와의 관계를 나타내는 원가함수를 추정하는 방법으로 적용이 복잡하나,** 다양한 통계자료를 제공해 준다. (　)

06. 고저점법은 관련 범위내의 최고 조업도 수준과 최저 조업도 수준에서의 총고정원가와 단위당 변동원가는 다르다고 가정한다. (　)

07. 고저점법은 이용하기 어렵고, **두 점의 대표성이 결여되어도 정확한 원가 추정이 가능하다.** (　)

08. 원가추정시 **전 범위에서 단위당 변동원가와 총고정원가가 일정하다고 가정**한다. (　)

주관식

01. ㈜로그인의 지난 2개월간의 A제품의 생산량과 총제조원가는 다음과 같다.

월	생산량	총제조원가
1월	100개	50,000,000원
2월	200개	70,000,000원

고저점법에 의하여 A제품의 총고정원가를 추정하시오.

02. 1번 자료를 활용하여 3월의 생산량이 180개로 추정할 경우 총제조원가를 추정하시오.

03. 다음은 ㈜삼일의 기계시간과 제조간접원가에 관한 과거 자료이다. 만일 5월의 예상기계시간이 700시간이라고 한다면, 5월 제조간접원가는 얼마로 예상되는가?(단, 회사는 고저점법에 의하여 제조간접원가를 추정한다)

기간	기계시간	제조간접원가
1월	400시간	70,000원
2월	550시간	80,000원
3월	600시간	90,000원
4월	450시간	60,000원

연/습/문/제 답안

O,X문제

1	2	3	4	5	6	7	8
×	○	○	×	○	×	×	×

[풀이 - O,X문제]

01. (산업)**공학적 방법만 현재의 자료를 가지고 원가를 추정하나, 나머지 방법은 과거의 자료로 원가를 추정한다.**

04. 산포도법은 적용이 간단하고 이해하기 쉽다. 그러므로 시간과 비용이 적게 소요된다.

06. 고저점법은 관련 범위내에서 **총고정원가와 단위당 변동원가는 동일하다고 가정**한다.

07. 고저점법은 이용하기 쉽고, **두점의 대표성이 결여될 경우 정확한 원가 추정이 불가능**하다.

08. **전 범위가 아니라 관련범위 내에서 일정**하다.

주관식

01.	30,000,000원	02.	66,000,000원
03.	100,000원		

[풀이 - O,X문제]

01. ① 단위당 변동원가(b) = $\dfrac{(\text{최고조업도에서의 총원가} - \text{최저조업도에서의 총원가})}{(\text{최고조업도} - \text{최저조업도})}$

$$\frac{(70,000,000 - 50,000,000)}{(200\text{개} - 100\text{개})} = 200,000\text{원}$$

② 총고정제조간접원가 = 70,000,000 - 200,000원 × 200개 = 30,000,000원(최고조업도)

③ 원가함수 : Y(총제조간접원가) = 30,000,000원(고정제조간접원가) + 200,000원(단위당 변동원가) × X(조업도)

02. 3월 총제조원가 = 30,000,000 + 200,000 × 180개 = 66,000,000원

03.
단위당 변동원가(b) = $\dfrac{(\text{최고조업도에서의 총원가} - \text{최저조업도에서의 총원가})}{(\text{최고조업도} - \text{최저조업도})}$

$$\frac{(90,000 - 70,000)}{(600 - 400)} = 100\text{원}$$

총고정제조간접원가 = 90,000 - 100원 × 600시간 = 30,000원(최고조업도)

Y(총제조간접원가) = 30,000원(고정제조간접원가) + 100원(단위당 변동원가) × X(조업도)

Y(700시간) = 30,000원 + 100원(단위당 변동원가) × 700시간 = 100,000원

원가 · 조업도 · 이익(CVP)분석

NCS회계 - 4 원가정보활용하기

제1절 CVP분석의 기본개념

1. 기본가정

① **총수익과 총비용은 선형**으로 표현
② 모든 원가는 **변동비와 고정비로 분리**
③ **관련된 범위 내에서 선형**
(고정비는 관련 범위 내에서 항상 일정하고 변동비는 관련범위에서 조업도에 비례)
④ 단일제품만을 취급(**복수제품일 경우 매출배합이 일정**하다)
⑤ **생산량 = 판매량→재고량은 불변이다.**
⑥ **조업도(판매량)가 유일한 원가 동인**이다.
⑦ 단기적 분석(화폐의 시간가치는 미고려)이다.

2. 기본개념 

p(단위당 price), v(단위당 variable cost) F(Fixed cost)
Q : 판매수량 T : 목표이익

① 매출액(S) = p(단위당 가격) × Q(판매수량)
② 총변동비(V) = v(단위당 변동비) × Q
③ 총비용(Total Cost) = 총변동비(V) + 총고정비(F) = v × Q + F
④ **단위당 공헌이익 = 단위당 판매가격(p) - 단위당 변동비(v)**
☞판매량 1단위 증가시 이익의 증가분을 의미 →이익증가분 = 단위당 공헌이익 × 판매량증가분
⑤ 총공헌이익 = S(매출액) - V(총변동비) = p × Q - v × Q = (p - v) × Q
⑥ 공헌이익율 = (p - v)/p = 1 - v/p = 1 - 변동비율
☞ 매출액 1원 증가시 이익의 증가분
공헌이익율 + 변동비율 = 1
⑦ 영업이익(π) = S(매출액) - V(총변동비) - F(총고정비) = (p - v) × Q - F

제2절 기본 가정하의 CVP분석

1. 손익분기점

손익분기점(break - even point, BEP)이란 총매출액(p×Q)과 총비용(v×Q+F)이 일치하여 **이익도 손실도 발생하지 않는 판매량 또는 매출액**을 의미한다.

영업이익이 "0"인 것을 말하는 것이므로 다음과 같이 산출된다.

영업이익(π) = S(매출액) - V(총변동비) - F(총고정비) = (p - v)×Q - F = 0

손익분기점 판매량(Q) = $\frac{F}{(p-v)}$ = 고정비/단위당공헌이익 = X_{BEP}

손익분기점 매출액(S_{BEP}) = p×X_{BEP} = $p \times \frac{F}{(p-v)} = \frac{F}{(1-\frac{v}{p})}$

$$X_{BEP} = \frac{\text{고정원가}}{\text{단위당공헌이익}} = \frac{F}{p-v}$$

$$SBEP = \frac{\text{고정원가}}{\text{공헌이익률}} = \frac{F}{(1-\frac{v}{p})}$$

2. 목표이익 분석

CVP분석을 통하여 기업의 목표이익(T)을 달성할 수 있는 가격을 결정할 수 있는 정보를 제공한다.

$$XT = \frac{F + T(\text{목표이익})}{p-v} = \frac{\text{고정원가+목표이익}}{\text{단위당공헌이익}}$$

☞ XT : 목표이익을 달성하기 위한 판매량

$$ST = \frac{F + T(\text{목표이익})}{1-\frac{v}{p}} = \frac{\text{고정원가+목표이익}}{\text{공헌이익률}}$$

☞ ST : 목표이익을 달성하기 위한 매출액

만약 법인세를 감안해야 한다면 다음 식으로 하여 푸시면 된다.

ST = [(p - v)×Q - F]×(1 - t) t; 법인세율

3. 안전한계(MA, margin of safety)

안전한계란 **현재 매출액이 손익분기점의 매출액을 초과하는 금액**을 말하는데, 안전한계는 손실을 발생시키지 않으면서 허용할 수 있는 매출액의 최대감소액을 의미하므로 **기업의 안전성을 측정하는 지표**로 사용된다.

안전한계 매출액 = 매출액 - 손익분기점 매출액 안전한계 판매량 = 판매량 - 손익분기점 판매량

안전한계율이란 실제매출액에 대하여 안전한계가 차지하는 비율을 말한다,

안전한계율 = 안전한계 / 매출액 = (매출액 - 손익분기점 매출액) / 매출액 = 영업이익 / 공헌이익[*1]

*1. 안전한계 판매량×단위당공헌이익 = 영업이익
안전한계매출액×공헌이익율 = 영업이익
안전한계율×공헌이익율 = 영업이익율
안전한계율 = 영업이익/공헌이익

4. 원가 · 조업도 · 이익도표(CVP도표)

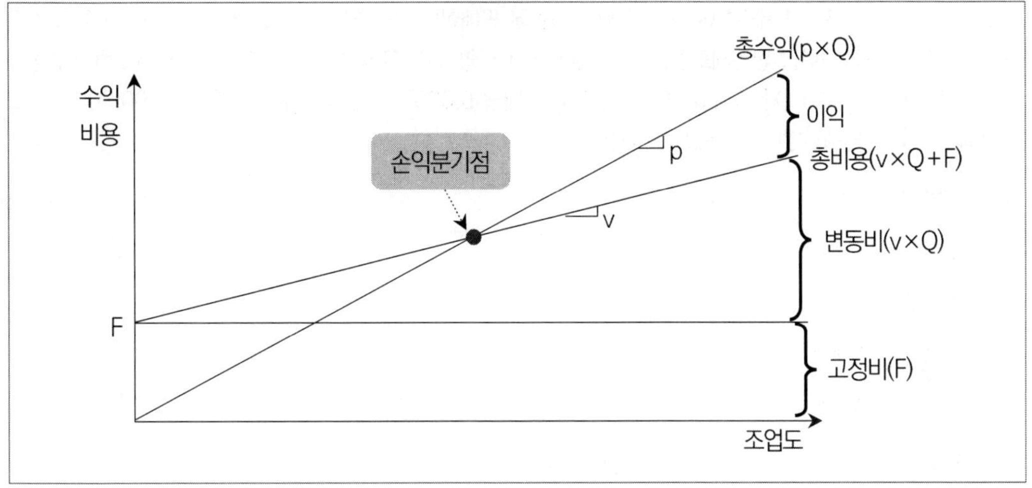

〈이익 · 조업도－PV도표〉

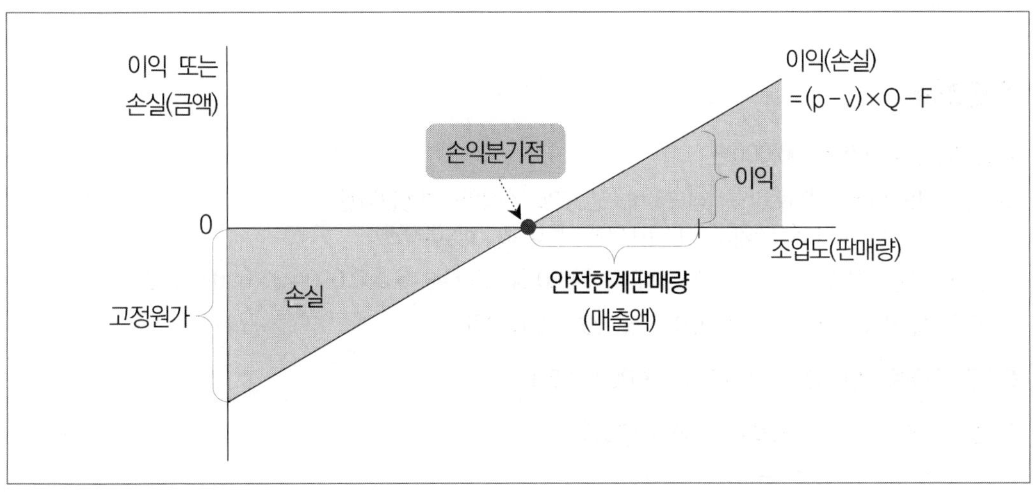

<예제 > CVP분석

㈜로그인은 소형선풍기를 제작하여 대당 100,000원에 판매한다. 단위당 직접재료비 30,000원, 단위당 직접노무비 20,000원, 단위당 변동제조간접비 10,000원이 투입되고, 고정제조간접비가 20,000,000원이 발생하였다. 당기에 총 1,500대가 판매되었으며, 판매시에 대당 5,000원의 변동판매관리비와 15,000,000원의 고정판매관리비가 발생하였다. 다음을 구하시오.

1. 단위당 공헌이익
2. 공헌이익율
3. 변동비율
4. 손익분기점 판매량
5. 손익분기점 매출액
6. 목표이익(7,000,000원)을 달성하기 위한 판매량
7. 안전한계매출액
8. 안전한계율

해답

p(단위당 판매가격) = 100,000원

v(단위당변동비) = 직접재료비 + 직접노무비 + 변동제조간접비 + 변동판매관리비
= (30,000 + 20,000 + 10,000 + 5,000) = 65,000원

F(총고정비) = 고정제조간접비 + 고정판매관리비 = 20,000,000 + 15,000,000 = 35,000,000원

1. 단위당공헌이익 = p − v = 100,000 − 65,000 = 35,000원
2. 공헌이익율 = (p − v)/p = 35,000/100,000 = 35%
3. 변동비율 = 1 − 공헌이익율 = 1 − 35% = 65%
   ☞ 변동비율 + 공헌이익율 = 1
4. 손익분기점 판매량 = F/(p − v) = 35,000,000/35,000 = 1,000개
5. 손익분기점 매출액 = p × X_{BEP} = 100,000 × 1,000개 = 100,000,000원
   또는 손익분기점 매출액 = F/공헌이익율 = 35,000,000/35% = 100,000,000원
6. 목표이익(7,000,000원)을 달성하기 위한 판매량
   XT = (F + T)/(p − v) = (35,000,000 + 7,000,000)/35,000 = 1,200개
7. 안전한계매출액 = 매출액 − 손익분기점매출액 = 1,500 × 100,000 − 100,000,000 = 50,000,000원
8. 안전한계율 = 안전한계매출액/매출액 = 50,000,000/150,000,000 = 33.33%

5. 영업레버리지(Operating Leverage) 

Leverage란 지렛대를 의미한다. 즉 고정원가가 **지레역할을 하여 매출액이 조금 변화해도 영업이익의 변화가 크게 확대되는 효과**를 말한다. 고정비의 구조가 크게 되면 영업레버리지가 크게 되고 고정비의 비중이 낮으면 영업레버리지가 작게 된다. 영업레버리지의 크기를 영업레버리지도(DOL)이라 하고, 공헌이익을 영업이익으로 나눈 것이다.

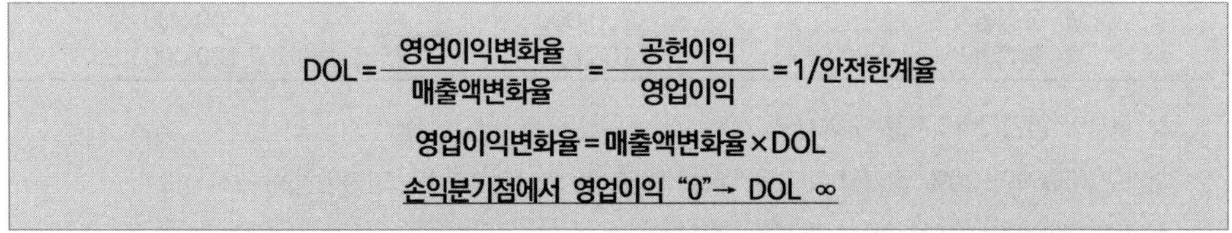

$$DOL = \frac{\text{영업이익변화율}}{\text{매출액변화율}} = \frac{\text{공헌이익}}{\text{영업이익}} = 1/\text{안전한계율}$$

영업이익변화율 = 매출액변화율 × DOL

손익분기점에서 영업이익 "0"→ DOL ∞

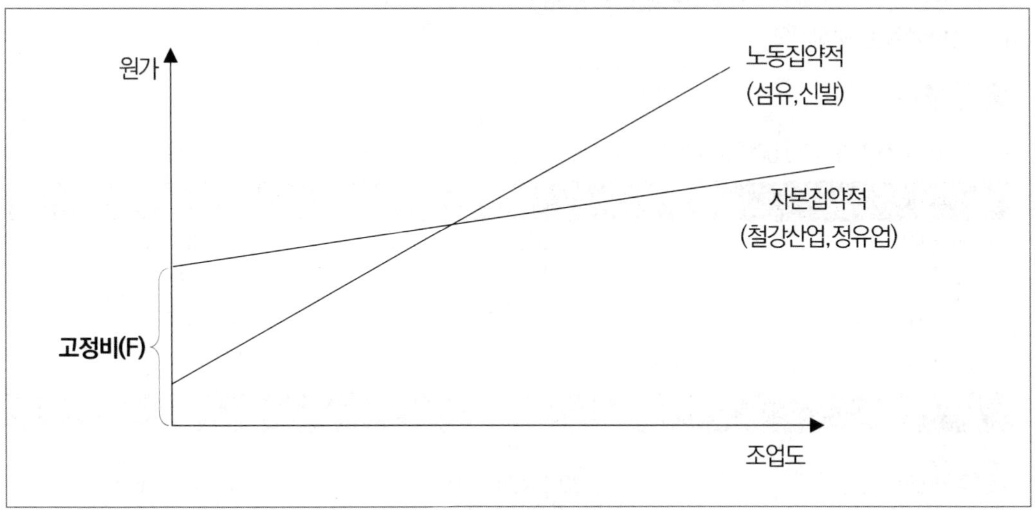

DOL(= 영업이익변화율/매출액변화율)이 높다는 것은 매출액이 증가하거나 감소함에 따라 영업이익이 좀더 민감하게 반응한다는 것을 의미하는 것이지, 기업의 영업이익이 높다는 의미가 아니다.

<예제> 영업레버리지

㈜로그인과 ㈜천안의 손익계산서는 다음과 같다.

	㈜로그인	㈜천안
Ⅰ. 매 출 액	1,000,000	1,000,000
Ⅱ. 변동원가	700,000	200,000
Ⅲ. 공헌이익	300,000	800,000
Ⅵ. 고정원가	200,000	700,000
Ⅴ. 영업이익	100,000	100,000

1. 각 회사의 영업레버리지를 구하시오.
2. 내년도 매출액이 20% 증가할 것으로 예상되는데 각 회사의 내년도 영업이익을 구하시오.
3. 손익분기점매출액과 안전한계매출액을 구하시오.
4. 안전한계율을 구하시오.

해답

1. ㈜천안(고정원가 700,000)이 ㈜로그인(고정원가 200,000)보다 자본집약적 기업에 해당한다.

	㈜로그인	㈜천안
① 공헌이익	300,000	800,000
② 영업이익	100,000	100,000
③ DOL(①÷②)	300,000/100,000 = 3	800,000/100,000 = 8

2. 매출액증가율 × DOL = 영업이익증가율

	㈜로그인	㈜천안
① DOL	3	8
② 영업이익증가율	20% × 3 = 60%	20% × 8 = 160%
③ 내년도 영업이익	(1 + 0.6) × 100,000 = 160,000	(1 + 1.6) × 100,000 = 260,000

3. $\text{손익분기점매출액} = \dfrac{\text{고정원가}}{\text{공헌이익률}}$

	㈜로그인	㈜천안
① 공헌이익율	1 − 70%(변동비율) = 30%	1 − 20% = 80%
② 손익분기점 매출액	200,000/0.3 = 666,667	700,000/0.8 = 875,000
③ 안전한계매출액	매출액 − 손익분기점매출액 = 1,000,000 − 666.667 = 333,333	1,000,000 − 875,000 = 125,000

4. 안전한계율 = $\frac{안전한계}{매출액}$ DOL = $\frac{1}{안전한계율}$

	㈜로그인	㈜천안
안전한계율	333,333/1,000,000 = 33.33%	125,000/1,000,000 = 12.5%
또는	1/3 = 33.33%	1/8 = 12.5%

6. CVP분석의 한계

① 모든 원가를 **변동원가와 고정원가로 분류하기에는 한계**가 있다.(예, 준변동원가, 준고정원가를 변동원가 또는 고정원가를 분류해야 하는데 명확하게 구별하기에는 한계가 있다.)

② 수익과 원가의 형태는 선형으로 가정하는데, **현실적으로 학습효과나 능률향상으로 곡선의 형태를 가지는게 대부분**이다.

☞ 학습효과 : 특정작업을 여러번 반복하면 그 작업에 더욱 더 익숙해지는 효과를 말한다.

③ 화폐의 시간가치를 고려하지 않으므로 **단기모델이라는 한계를 가진다.**

연/습/문/제

O,X 문제

01. CVP분석은 모든 원가는 **변동원가와 고정원가를 분류할 수 있다고 가정**한다. ( )

02. CVP분석은 **수익과 원가 행태는 관련범위 내에서 선형이라고 가정**한다. ( )

03. 일반적으로 노동집약적인 생산형태에서는 노무원가와 같은 **변동원가의 비중이 높기 때문에 공헌이익률이 높게 나타나고** 자본집약적인 생산형태에서는 시설자금에 투자된 **고정원가의 비중이 높기 때문에 공헌이익률**이 낮게 나타난다. ( )

04. 예산 또는 실제 매출액이 **손익분기점 매출수준을 초과하는 부분**으로 손실을 발생시키지 않으면서 허용할 수 있는 **매출액의 최대 감소액을 안전한계**라 한다. ( )

05. 안전한계는 손실을 발생시키지 않으면서 허용할 수 있는 매출액의 최대 감소액을 의미하므로 **기업의 수익성을 측정하는 지표**로 사용된다. ( )

06. 영업레버리지도가 높다는 것은 **매출액이 증가하거나 감소함에 따라 영업이익이 좀 더 민감하게 반응한다**는 것을 의미하는 것이다. ( )

07. 원가에 영향을 미치는 **유일한 관련요소는 조업도**이며, 생산량과 판매량은 일정하고, **변동원가는 조업도에 비례하여 변한다는 것이 CVP분석**에 필요한 가정이다. ( )

08. 일반적으로 공헌이익을 가장 많이 감소시키는 것은 **판매가격의 인상**이다. ( )

09. 단위당 변동원가는 변하지 않고 **고정원가만 감소하면 공헌이익은 증가**한다. ( )

10. 판매량이 일정한 경우에 **공헌이익이 감소**하는 경우는 **단위당 변동원가의 감소**할 경우이다. ( )

11. 단위당 공헌이익이 변동없다는 가정하에 **고정원가가 20% 증가**하면 **손익분기점 매출수량은 20% 증가**한다. ( )

12. 공헌이익률은 원가구조와 밀접한 관련이 있으며 **변동원가 비중이 높으면 공헌이익률**이 높게 나타난다. ( )

13. 영업레버리지도가 5이라는 의미는 **매출액이 10% 변화할 때 영업이익이 50% 변화한다는 것**을 의미한다. ( )

14. CVP분석 등을 위해서는 **원가대상을 무엇으로 정의**하는지에 따라 **변동원가가 될 수 있고 고정원가가 될 수**도 있으므로 **원가대상을 명확하게 설정**하는 것이 중요하다. ( )

15. **영업레버리지도는 손익분기점 부근에서 가장 크고** 매출액이 증가함에 따라 점점 0의 값에 가까워진다. ( )

16. 법인세를 고려하면 **손익분기점 수량과 손익분기점 매출액은 달라진다.** ( )

17. 영업레버리지란 고정원가가 지렛대의 작용을 함으로써 **매출액의 변화율보다 영업이익의 변화율이 확대되는 효과**이다. ( )

18. **고정원가의 비중이 큰 기업은 영업레버리지가 작으며**, 고정원가의 비중이 작은 기업은 영업레버리지가 크다. ( )

19. **손익분기점에서의 공헌이익은 고정원가와 일치**한다. ( )

20. CVP 분석의 목적은 **다양한 조업도수준에서 원가와 이익의 관계를 분석하는데 유용**하다. ( )

21. CVP 분석은 화폐의 시간가치를 고려하는 단기모델이라는 점과 **화폐가치가 변할 수 있는 인플레이션을 무시한다는 한계점**을 갖는다. ( )

22. CVP 분석시 **복수제품일 경우 판매량 변화에 따라 매출의 배합이 변동**한다고 가정한다. ( )

 주관식

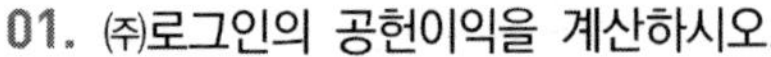

01. ㈜로그인의 공헌이익을 계산하시오.

판매수량	10,000개
제품단위당 판매가격	500원
제품단위당 변동제조원가	200원
제품단위당 변동판매비	100원
고정제조간접원가	3,000,000원
고정판매비와관리비	2,000,000원

02. ㈜로그인의 당기 자료는 다음과 같을 때 공헌이익율을 구하시오.

매출액	1,000,000원
변동원가	600,000원
고정원가	200,000원

03. ㈜로그인의 제품생산에 관한 자료는 다음과 같다. 이때 손익분기점 판매량은 ?

제품단위당 판매가격	1,000원
제품단위당 변동제조원가	500원
제품단위당 변동판매비와관리비	200원
고정제조간접원가	2,000,000원
고정판매비와관리비	1,600,000원

04. ㈜로그인의 20X1년도 매출액은 1,000,0000원, 손익분기점 매출액은 600,000원, 공헌이익률은 40%일 경우 20X1년도 순이익을 구하시오.

05. ㈜로그인의 당기 CVP 도표는 다음과 같다.

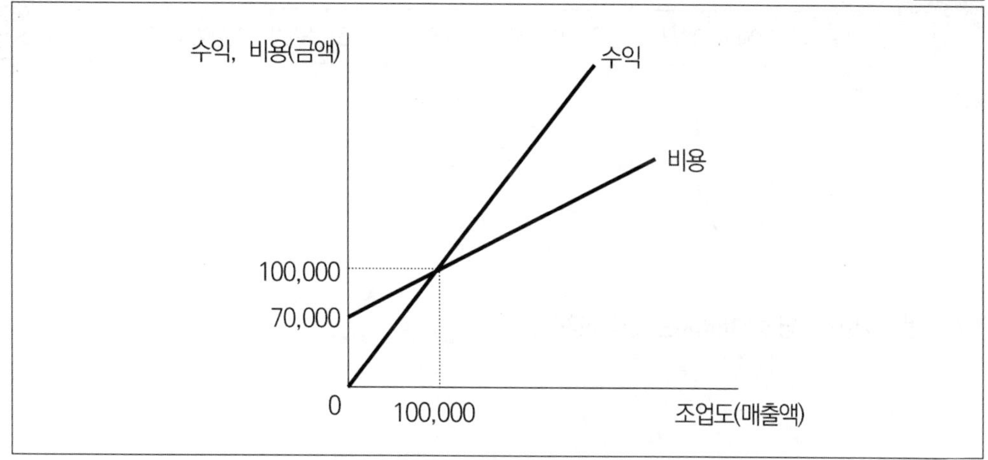

매출액이 200,000원 일 경우 회사의 이익은 얼마인가?

06. ㈜로그인의 제품 단위당 판매가격과 원가자료는 다음과 같다.

단위당 판매가격	200원	단위당 직접재료원가	40원
단위당 직접노무원가	30원	단위당 변동제조간접원가	50원
단위당 변동판매비와관리비	30원	연간 고정원가	500,000원

㈜로그인이 영업이익 500,000원을 달성하기 위한 판매량은 얼마인가?(단, 법인세는 없다고 가정한다.)

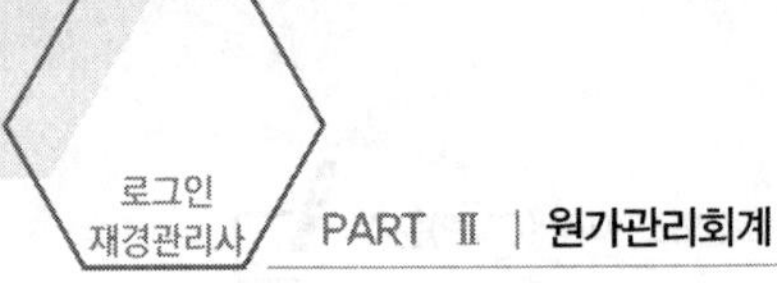

07. 6번의 문제에서 법인세율을 30%로 가정할 경우 세후 영업이익 420,000원을 달성하기 위한 판매량은 얼마인가?

08. ㈜로그인의 차기 예산자료가 다음과 같을 경우 회사의 안전한계율은 얼마인가?

매출액	5,000,000원	공헌이익률	30%	고정원가	1,200,000원

09. 8번 문제에서 영업레버리지는 얼마인가?

10. ㈜로그인은 제품 10,000개를 판매하여 2,000,000원의 세전영업이익을 달성하는 것을 목표로 하고 있다. 이에 대한 고정원가는 4,000,000원이고 공헌이익률은 60%이다. ㈜로그인의 제품 단위당 가격(ⓐ)과 제품 단위당 변동원가(ⓑ)를 구하시오.

연/습/문/제 답안

O,X문제

1	2	3	4	5	6	7	8	9	10	11	12	13	14	15
○	○	×	○	×	○	○	×	×	×	○	×	○	○	×
16	17	18	19	20	21	22								
×	○	×	○	○	×	×								

[풀이 - O,X문제]

03. **변동비율+공헌이익율=1** 이므로 변동비율이 높아지면 공헌이익율은 낮아진다.

05. 안전한계는 기업의 안전성을 측정하는 지표이다.

08. 공헌이익=판매가격-변동비이므로 **판매가격이 인상되면 공헌이익은 증가**한다.

09. 고정원가는 변하더라도 변동비가 변하지 않으면 공헌이익은 불변이다.

10. 공헌이익=판매가격-변동원가이므로 변동원가가 감소시 공헌이익은 증가한다.

12. **변동비율+공헌이익율=1**이므로 변동원가의 비중이 높으면 공헌이익율은 낮게 나타난다.

15. 영업레버리지도=공헌이익/영업이익(=공헌이익-고정원가)이므로 매출액이 증가하면 공헌이익과 영업이익의 차이가 없어지므로 1의 값에 가까워진다.

16. **법인세여부에 따라서 손익분기점은 달라지지 않는다.**

18. **고정원가비중이 큰 기업(자본집약적 기업)**이 영업레버리지가 커진다.

21. CVP 분석은 **화폐의 시간가치를 고려하지 않는 단기모델**이다.

22. **복수제품일 경우에도 매출배합이 일정**하다고 가정한다.

주관식

01.	2,000,000원	02.	40%
03.	12,000개	04.	160,000원
05.	70,000원	06.	20,000개
07.	22,000개	08.	20%
09.	5	10.	ⓐ 1,000원, ⓑ 400원

[풀이 - O,X문제]

01. 공헌이익 = (p - v) × Q = (500 - 200 - 100) × 10,000개 = 2,000,000원

02. 변동비율 + 공헌이익율 = 1 - 공헌이익율 = 1 - 600,000/1,000,000 = 40%

03. $X_{BEP} = \dfrac{\text{고정원가}}{\text{단위당공헌이익}}$

= (2,000,000 + 1,600,000)/(1,000 - 500 - 200) = 12,000개

04. 고정비 = 손익분기점매출액 × 공헌이익율 = 600,000 × 0.4 = 240,000원

순이익 = 1,000,000 × 40%(공헌이익율) - 240,000(고정비) = 160,000원

05. 변동비율 = 30,000/100,000 = 30% ∴ 공헌이익율 = 70%

이익 = 200,000 × 70% - 70,000(고정비) = 70,000원

06. 단위당 공헌이익 = 200 - (40 + 30 + 50 + 30) = 50원

목표이익을 달성하기 위한 판매량 = (고정원가 + 목표이익)/단위당공헌이익

= (500,000 + 500,000)/50 = 20,000개

07. [50(단위당 공헌이익) × Q(판매량) - 500,000(고정비)] × (1 - 30%) = 420,000

(목표)판매량 = 22,000개

08. 안전한계율 = 안전한계 / 매출액 = 영업이익 / 공헌이익

공헌이익 = 5,000,000 × 30% = 1,500,000

영업이익 = 1,500,000 - 1,200,000 = 300,000

안전한계율 : 300,000/1,500,000 = 20%

09. DOL = 1/안전한계율(0.2) = 공헌이익(1,500,000)/영업이익(300,000) = 5

10. 10,000개 × p × 60%(공헌이익율) - 4,000,000(고정비) = 2,000,000(세전영업이익)

∴판매가격(p) = 1,000원

변동비율 + 공헌이익율(0.6) = 1 ∴ 변동비율 = 40% 변동원가 = 1,000 × 40% = 400원

CHAPTER 03 책임회계제도와 성과평가

NCS회계 - 4 원가정보활용하기

제1절 예산

기업은 미래의 불확실성에 효율적으로 대체하기 위하여 계획을 수립하여야 한다. 이러한 계획의 일부분으로 예산을 편성한다.

편성대상	종합예산	모든 부문의 예산을 종합한 것으로 기업전체의 예산
	부문예산	**특정부문을 대상으로 작성한 예산**
편성방법	**고정예산**	**조업도의 변동을 고려하지 않고 특정조업도**를 기준으로 작성되는 예산으로서 예상조업도를 기준으로 사전에 수립된 예산
	변동예산	일정한 범위 내에서 **조업도의 변동**에 따라 조정되어 **사후적으로 작성되는 예산**을 말하는데, **성과 평가를 위하여 작성**된다.

제2절 책임회계와 성과평가

기업은 이익을 창출하는 조직이다. 이러한 이익에 대한 기여를 판단하고, 기여자에 대하여 보상을 해주어야 더 많은 이익을 창출할려는 강한 조직이 된다.

책임중심점이란 한 사람의 관리자에게 권한 책임이 부여된 조직을 말하는데, 책임회계는 이러한 책임중심점을 설정하고, 이러한 **책임중심점별로 실적을 집계, 분석함으로써 성과평가를 하려는 회계시스템**이다.

1. 책임중심점 종류 

① 원가중심점	원가의 발생에 대해서만 책임을 지고, **원가 절감만을 성과평가대상**으로 삼는 중심점이다. (예) 생산부문
② 수익중심점	**수익의 발생**에 대해서만 책임을 지는 중심점이다. (예) 영업부문
③ 이익중심점	**이익(수익과 원가)**에 대하여 책임을 지는 중심점이다. (예) 가전사업부, 컴퓨터사업부, 반도체사업부
④ 투자중심점	**원가와 수익뿐만 아니라 투자의사결정**에 대해서도 책임을 지는 중심점이다.(가장 넓은 책임중심점) (예) 투자의사결정을 가진 분권화된 사업부

〈기업 조직도〉

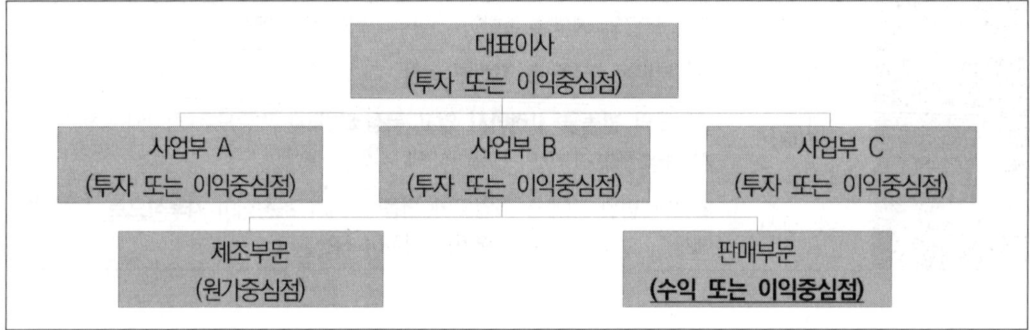

2. 성과평가

(1) 성과보고서(성가평가서)

책임회계에 대한 성과평가를 하기 위해서는 조직 전체적으로 예산과 실적간의 차이를 발견하고 그 차이의 원인에 대해서 분석하기 위하여 작성되는 보고서이다. 경영자와 종업원이 성과보고서에 나타난 차이를 보면 각 개인 및 조직단위별로 발생한 차이 중 어떤 부분에 **더 많은 관심과 노력을 투입해야 하는지 알 수 있으므로 예외에 의한 관리**를 할 수 있다.

(2) 성과평가시 고려해야 할 사항

㉠ 목표일치성	책임중심점별로 이익극대화가 기업의 이익극대화 목표를 달성할 수 있도록 설계되어야 한다.
㉡ 성과평가의 오차가 최소화되도록 설계	
㉢ 적시성과 경제성을 적절히 고려하여 설계	
㉣ 평가시 미치는 영향을 고려하여 설계	

3. 사업부별 성과평가

성과평가측정치로서 이익이 가장 많이 사용되는데 **사업부 공헌이익이 널리 사용**된다.

① 공헌이익	수익 - 변동원가
② 사업부경영자 공헌이익	공헌이익 - 사업부경영자가 통제할 수 있는 고정원가
③ 사업부공헌이익	사업부경영자공헌이익 - 통제불능원가
④ 공통고정원가	공통적으로 사용되는 고정원가로서 특정사업부에 추적이 불능한 원가로서 **임의 배분시 성과의 왜곡이 발생**되므로 **총액으로 관리해야 한다.**

〈고정원가의 분류〉

	통제가능성	추적가능성	예
통제가능고정원가	통제가능	추적가능	수선비등
통제불능고정원가	통제불능		세금과공과, 임차료 등
공통고정원가		추적불능	본사 건물감가상각비, 최고경영자 급여 등

〈공헌이익 손익계산서〉

1. 매출액	×××
2. 변동원가	(×××)
3. 공헌이익	×××
4. **추적가능 · 통제가능고정원가**	(×××)
5. **사업부경영자공헌이익**	×××
6. **추적가능 · 통제불능고정원가**	(×××)
7. **사업부공헌이익**	×××
8. 공통고정원가 배분액	(×××)
9. 법인세비용차감전 순이익	×××
10. 법인세 비용	(×××)
11. 당기순이익	×××

연/습/문/제

O,X 문제

01. 변동예산은 **특정 조업도 수준**에 대하여 편성한 예산이고, 고정예산은 **여러 조업도 수준**에 대하여 편성한 예산이다. ( )

02. 변동예산이란 **일정 범위의 조업도 변동**에 따라 조정되어 작성되는 예산으로 **실제원가를 실제조업도수준의 예산원가**와 비교하는 것이다. ( )

03. 고정예산은 예산설정기간에 예상된 **특정조업도의 목표달성정도에 대한 정보**만 제공할 뿐 **특정산출량과 사용된 투입량의 정도에 대한 정보를 제공하지 못한다**. ( )

04. 고정예산은 미래의 조업도 수준이 밝혀지면 그에 따른 **원가발생액의 예측치도 즉시 산출할 수 있는 예산제도**이다. ( )

05. 고정예산은 **특정조업도 수준에 대하여 편성한 것이고**, 변동예산은 **관련 범위내의 여러 조업도 수준**에 대하여 편성한다. ( )

06. 책임회계제도에 책임중심점이란 경영관리자가 **특정활동에 대해 통제할 책임을 지는 조직의 부문**을 말한다. ( )

07. 책임회계제도 하에서는 **권한을 위임 받은 관리자**가 **책임범위 내에서 독자적인 의사결정**을 내릴 수 있다. ( )

08. 책임회계제도에 책임중심점은 책임의 성격 및 책임범위에 따라 **원가중심점, 수익중심점, 이익중심점 및 투자중심점**으로 분류할 수 있다. ( )

09. 판매중심점이란 **원가 및 수익뿐만 아니라 투자의사결정**에 대해서도 책임을 지는 책임중심점으로서 **가장 포괄적인 개념**이다. ( )

10. 목표일치성은 효율적인 성과평가제도는 **기업 구성원들의 성과극대화 노력이 기업전체목표의 극대화로 연결**될 수 있도록 설계되어야 한다는 것이다. ( )

11. 효율적인 성과평가제도는 성과평가치의 <u>성과측정오류가 최소화 되도록 설계</u>되어야 한다. ( )

12. 판매부문은 이익중심점으로 분류하기 보다 <u>수익중심점으로 분류하여 매출의 극대화</u>를 추구하는 것이 좋다. ( )

13. 책임회계에 근거한 성과보고서는 <u>공통원가의 배분을 피하고 각 부문의 직접원가만을 포함</u>시키는 것이 중요하다. ( )

14. 실제조업도 수준에서 <u>실제원가와 예산원가를 비교평가하기 위하여 고정예산제도</u>를 사용한다. ( )

15. 성과평가시 고려해야 할 사항으로서 <u>통제불가능 항목은 성과평가시 포함하여야</u> 한다. ( )

16. 성과평가는 <u>적시에 실행되고 결과에 대해서 피드백</u>되어야 한다. ( )

17. 성과평가기준이 <u>각 책임중심점의 행동에 영향을 미칠 수 있음</u>을 고려해야 한다. ( )

18. 여러 책임중심점에서 공통으로 사용되는 <u>공통고정원가는 특정사업부에 부과시키거나 임의로 배분</u>하는 경우 성과의 왜곡이 발생할 수 있으므로 <u>순액으로 관리</u>해야 한다. ( )

19. 이익중심점으로 분류되는 <u>갑사업부의 경영자 성과에 가장 적합한 이익</u>은 사업부 공헌이익이다. ( )

20. 목표일치성이란 <u>하부경영자가 자신의 성과치를 극대화할 때 기업의 목표도 동시에 극대화</u>할 수 있도록 하부경영자의 성과측정치를 설정해야 한다. ( )

21. <u>책임을 지는 범위가 가장 넓은 책임중심점</u>은 수익중심점이다. ( )

22. 사업부의 <u>성과평가목적에 가장 적합한 이익은 사업부 공헌이익</u>이다. ( )

23. 성과보고서 작성시 예외에 의한 관리가 가능하도록 작성하여야 한다. ( )

연/습/문/제 답안

O,X문제

1	2	3	4	5	6	7	8	9	10	11	12	13	14	15
×	○	○	×	○	○	○	○	×	○	○	×	○	×	×
16	17	18	19	20	21	22	23							
○	○	×	×	○	×	○	○							

[풀이 - O,X문제]

01. 고정예산은 **특정 조업도 수준에 대하여 편성한 예산**이고, 변동예산은 **관련범위 내의 여러 조업도 수준에 대하여 편성한 예산**이다.

04. 변동예산에 대한 설명이다.

09. 투자중심점에 대한 설명이다.

12. 수익만 성과평과의 기준이 된다면 불량채권 발생 등 여러 가지 문제점이 발생하므로 이익중심점으로 분류하는 것이 좋다.

14. 변동예산에 대한 설명이다.

15. 통제불능항목은 관리가 불가능하므로 성과평가시 제외해야 한다.

18. 공통고정원가는 총액으로 관리하여야 한다.

19. 사업부경영자성과는 **사업부경영자공헌이익으로 성과평가**를 한다.

21. **투자중심점이 가장 넓은 책임**을 지는 책임중심점이다.

분권화와 성과평가

NCS회계 - 4 원가정보활용하기

제1절 분권화

분권화란 **기업의사결정에 대하여 하부에 위임하는 것**을 말하는데, 완전한 분권화란 의사결정에 최소한의 제약과 최대한의 자유가 부여됨을 말한다.

1. 효익	1. 하부로 위임되기 때문에 **신속한 대응과 의사 결정이 가능**하다. 2. 하위 경영자들에게 보다 많은 **동기부여**가 된다. 3. 많은 책임부여로 **하위 경영자들이 능력개발을 촉진**한다. 4. 시장반응에 대해서 **융통성있게 대응**한다. 5. 권한 이양으로 **최고 경영자는 조직 전체의 전략적 계획에 많은 시간과 노력**을 집중시킨다.
2. 문제점	1. **준최적화 현상**이 나타날 수 있다. 2. 사업부별 **동일한 활동이 개별적으로 중복 수행가능성**(회계, 인사 등) 3. 사업부간 경쟁으로 **정보의 공유와 협력이 저해될 가능성**

☞ **준최적화현상 : 사업부별 개별목표가 기업전체의 관점에서 최적이 아닌 의사결정을 할 가능성을 말한다.**

제2절 판매부서의 성과평가

판매부문의 성과평가는 매출액과 판매관리비에 대해서 책임을 지므로 고정예산을 평가기준으로 실제성과, 변동예산, 고정예산을 비교하여 분석한다. 따라서 판매부서의 차이분석은 다음과 같이 나타난다.

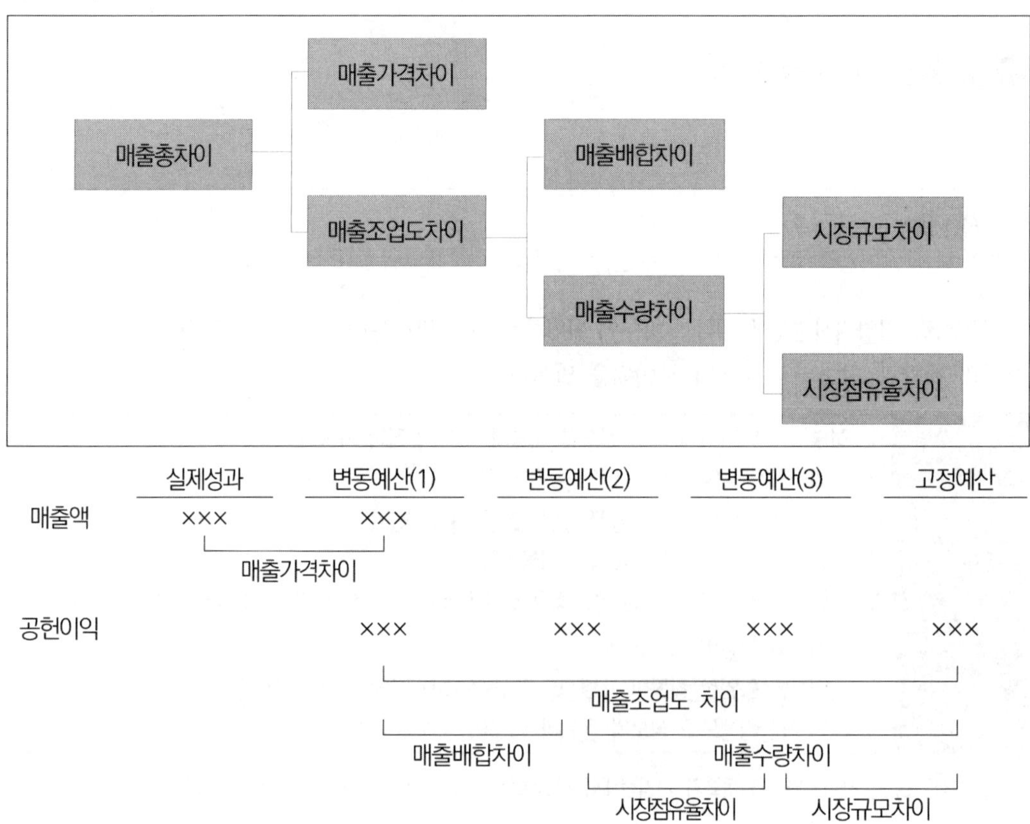

1. 매출총차이

실제공헌이익[실제판매가격 - 표준(예산)변동비]과 고정예산공헌이익의 차이를 말하는데 판매부문은 실제변동비에 책임이 없으므로 책임이 있는 판매가격과 매출수량의 변동으로 차이만을 분석하기 위한 것이다.

2. 매출가격차이와 매출조업도차이

① 매출가격차이 : 실제판매가격과 예산판매가격이 다르기 때문에 발생하는데, **실제공헌이익(예산변동비 차감)과 예산공헌이익의 차이로 측정해도 같은 값이 된다.**

② 매출조업도차이 : **실제매출수량과 예산매출수량의 차이**로 인한 공헌이익 차이를 말한다.

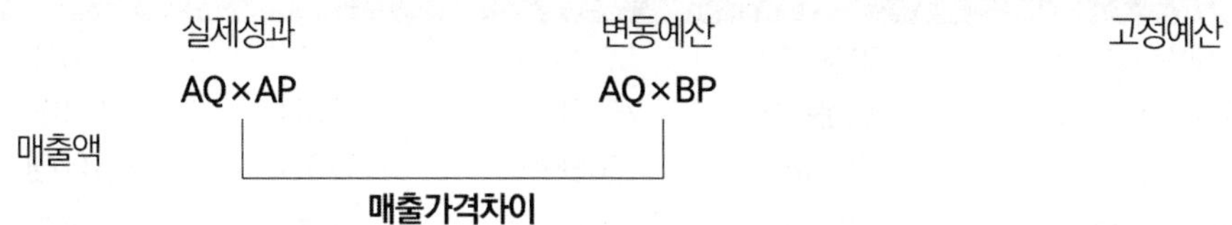

변동예산(1) AQ×(BP－BV)

고정예산 BQ×(BP－BV)

공헌이익

매출조업도차이

AQ : 실제매출수량 **BP : 예산 단위당판매가격** **BQ : 예산 판매수량**

AP : 실제 단위당 판매가격 **BV : 예산 단위당변동비** **BP－BV : 예산 공헌이익**

<예제> 매출가격차이와와 매출조업도 차이

㈜로그인은 제품 A, B의 20X1년도의 예산자료와 실제 성과는 다음과 같다.

	A		B	
	예산	실제	예산	실제
매출수량	60개	55개	40개	50개
단위당 판매가격	300원	250원	200원	220원
단위당 변동비	130원	150원	120원	100원
고정원가	예산 100,000 실제 120,000			

매출가격차이와 매출조업도 차이를 구하시오.

해답

1. 예산공헌이익과 실제공헌이익

	A		B	
	예산	실제	예산	실제
매출수량	60개(BQ)	55개(AQ)	40개	50개
단위당 판매가격	300원(BP)	250원(AP)	200원	220원
단위당 변동비	130원(BV)	150원(AV)	120원	100원
단위당 공헌이익	**170원**	**100원**	**80원**	**120원**

	실제성과 **AQ×AP**	변동예산 **AQ×BP**	고정예산
매출액	A=55×250=13,750 B=50×220=11,000 계 : 24,750	A=55×300=16,500 B=50×200=10,000 계 : 26,500	

매출가격차이 △1,750(불리) ☞유리,불리는 표준원가의 반대로 판단하세요

	변동예산(1) **AQ×(BP−BV)**	고정예산 **BQ×(BP−BV)**
공헌이익	A=55×170=9,350 B=50×80=4,000 계 : 13,350	A=60×170=10,200 B=40×80=3,200 계 : 13,400

매출조업도차이 △50(불리)

매출가격차이는 공헌이익으로 계산해도 같은 값이 계산된다.

	실제성과 **AQ×(AP−BV)**	변동예산 **AQ×(BP−BV)**
공헌이익	A=55×120=6,600 B=50×100=5,000 계 : 11,600	A=55×170=9,350 B=50×80=4.000 계 : 13,350

매출가격차이 △1,750(불리)

3. 복수제품일 경우 매출차이분석

기업이 여러 가지의 제품을 생산, 판매시 매출조업도 차이는 매출배합차이와 매출수량차이로 세분할 수 있다. 실제판매량과 예산판매량이 동일하더라도 **실제배합비율과 예산배합비율이 달라서 나타나는 차이**를 매출배합차이라 하고, 매출배합이 동일하더라도 실제판매량과 예산판매량이 달라서 나타나는 차이를 매출수량차이라 한다.

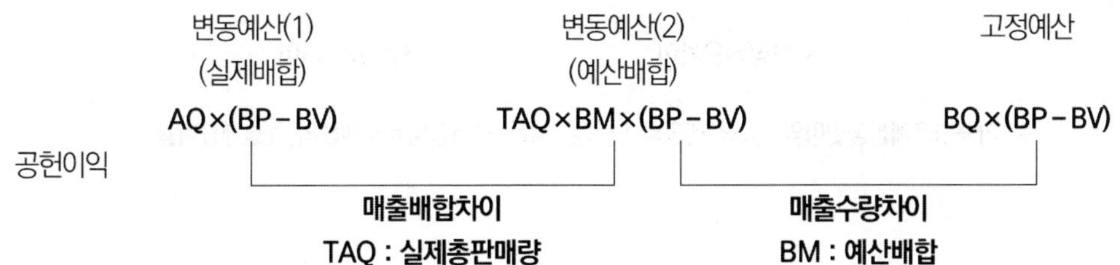

<예제> 매출배합차이와 매출수량차이

앞의 예제의 자료를 가지고 매출조업도차이를 매출배합차이와 매출수량차이를 구하시오.

해답

〈예산배합비율〉

	예산판매량	예산배합비율
A	60개	60%
B	40개	40%
계	100개	

	변동예산(1) (실제배합) **AQ×(BP－BV)**	변동예산(2) (예산배합) **TAQ×BM×(BP－BV)**	고정예산 **BQ×(BP－BV)**
공헌이익	A＝55×170＝9,350 B＝50×80＝4,000 계 : 13,350	A＝105×60%×170＝10,710 B＝105×40%×80＝3,360 계 : 14,070	A＝60×170＝10,200 B＝40×80＝3,200 계 : 13,400

매출배합차이 △720(불리)   **매출수량차이 670(유리)**

4. 매출수량차이의 분석

매출수량차이는 시장점유율의 변동에 기인한 차이와 시장전체규모의 변동으로 인한 차이로 구분하여 분석할 수 있다.

	변동예산(2)	변동예산(3)	고정예산
공헌이익	**실제규모×실제점유율 ×가중평균예산공헌이익**	**실제규모×예산점유율 ×가중평균예산공헌이익**	**예산규모×예산점유율 ×가중평균예산공헌이익**

시장점유율차이 (변동예산(2) − 변동예산(3)), **시장규모차이** (변동예산(3) − 고정예산)

※ 가중평균예산공헌이익 = Σ(각제품의 단위당 예산 공헌이익×각제품의 매출배합비율)

<예제> 시장점유율차이와 시장규모차이

앞의 예제에서 예산상의 시장규모는 1,000개로 예측했으나, 실제 시장규모는 1,100개일 경우 시장점유율차이와 시장규모차이를 구하시오.

해답

1. 가중평균예산공헌이익 = Σ(각제품의 단위당 공헌이익×각제품의 매출배합비율)

	예산공헌이익	예산매출배합비율	가중예산공헌이익
A	170원	60%	102원
B	80원	40%	32원
계	250원		134원

2. 예산점유율 및 실제점유율

	예산		실제	
	예산판매량	점유율	실제판매량	점유율
A	60개	6%	55개	5%
B	40개	4%	50개	4.5%
시장총계	1,000개	**10%**	**1,100개**	**9.5%**

3. 시장점유율 차이와 시장규모차이

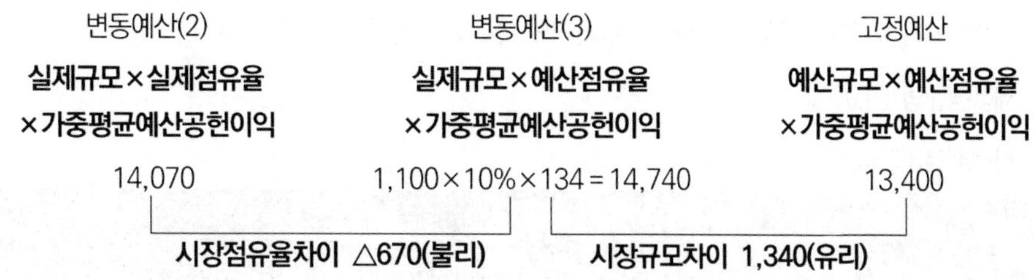

시장점유율차이 불리는 개선이 필요하고, 시장규모차이는 통제불가능한 차이이다.

제3절 원가중심점의 성과평가

원가중심점에서 사전에 설정된 표준원가를 기초로 예산을 수립하고 이를 토대로 실제발생원가와 비교하여 성과평가를 한다. 판매부문에서 매출배합차이와 매출수량차이를 구했는데 생산부문에서 같은 논리로 배합차이와 수율차이를 구하는데, 분석대상이 원가이기 때문에 **유리한 차이와 불리한 차이의 방향이 반대가 되는 것**이다.

복수의 생산요소의 원가차이분석에서 배합차이는 실제투입량은 같다는 전제하에 실제배합비율과 표준배합비율이 차이가 나는 것을 말하는 것이고, 수율차이는 표준배합비율이 유지될 때 실제 수율과 표준수율의 차이를 말한다.

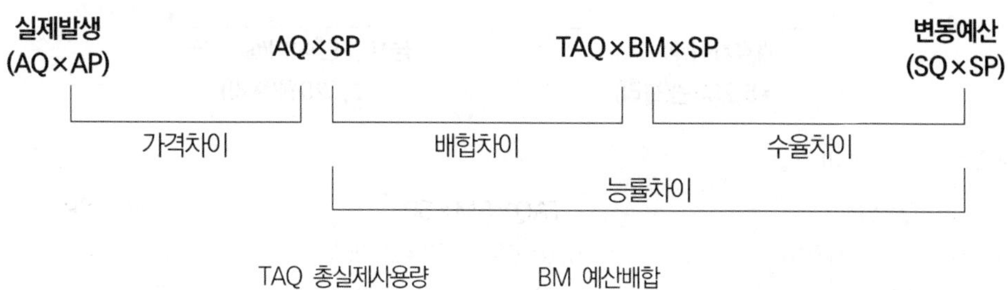

TAQ 총실제사용량 BM 예산배합

<예제> 배합차이와 수율차이

㈜로그인의 제품 생산관련자료이다. 배합차이와 수율차이를 구하시오.

1. 제품생산량 : 100개
2. 직접재료비자료

	표준(제품1개당)		투입량	
	표준수량	표준가격	수량	가격
A	6개	40원	651개	29,295원
B	4개	20원	399개	9,975원

해답

1. 실제 및 표준배합비율

	실제수량	실제배합비율	표준수량	표준배합비율
A	651개	62%	6	60%
B	399개	38%	4	40%
계	1,050개	100%		100%

2. 가격차이, 능률차이

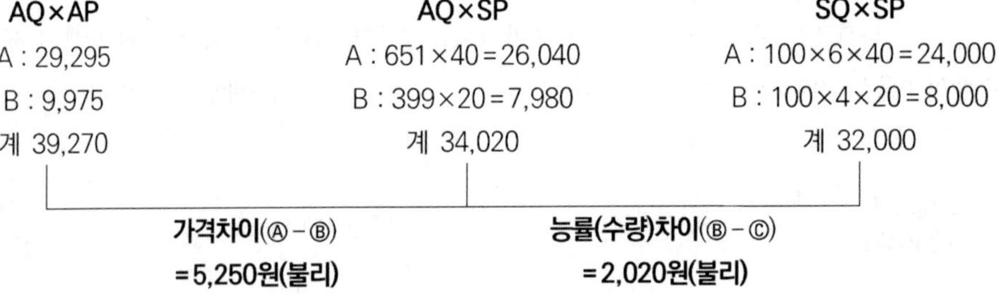

3. 배합차이, 수율차이

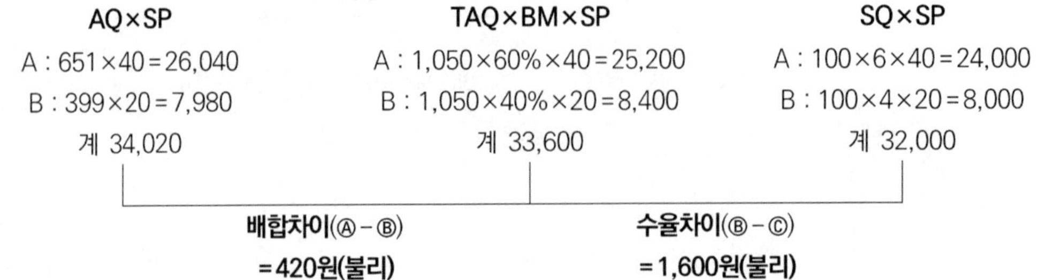

제4절 투자중심점의 성과평가

투자중심점의 경영자는 유형자산과 관련된 투자의 의사결정의 권한을 가지고 있으므로, 성과평가는 자산을 얼마나 효율적으로 사용하여 성과를 달성했는지 평가를 해야 한다. 투자중심점의 성과평가에 사용되는 방법으로 투자수익률, 잔여이익률, 경제적 부가가치 등이 있다.

1. 투자수익률

투하된 투자금액을 고려하여 투하자본에 대한 이익의 비율을 나타내는 수익성 지표이다.

$$\text{투자수익률} = \frac{\text{영업이익}}{\text{(투자중심점)영업자산(투자액)}}$$

$$= \frac{\text{영업이익}}{\text{매출액}} \times \frac{\text{매출액}}{\text{영업자산}}$$

= 매출액이익률 × 자산회전율

2. 잔여이익

투자중심점의 영업이익에서 영업자산으로 요구되는 이익을 차감하여 계산한다.

잔여이익 = 영업이익 − 영업자산(투자액) × 최저필수수익률

<예제> 투자수익률, 잔여이익

㈜로그인의 각 사업부의 영업자산, 영업이익 및 매출액에 관한 정보는 다음과 같다.

구 분	A 사업부	B 사업부	C사업부
평균영업자산	1,000,000원	2,000,000원	875,000원
영업이익	100,000원	240,000원	350,000원
매출액	5,000,000원	6,000,000원	7,000,000원

사업부별 매출액이익률, 자산회전율, 투자수익률, 잔여이익(최저필수수익률 10%)을 구하시오.

해답

		A사업부	B사업부	C사업부
1. 평균영업자산		1,000,000	2,000,000	875,000
2. 매출액		5,000,000	6,000,000	7,000,000
3. 영업이익		100,000	240,000	350,000
4. 매출액이익율	(3÷2)	2%	4%	5%
5. 자산회전율	(2÷1)	5회	3회	8회
6. 투자수익률	(3÷1 or 4×5)	10%	12%	**40%**
7. 잔여이익	3－1×10%	0	40,000	**262,500**

3. 투자수익률, 잔여이익의 유용성과 한계

	투자수익률	잔여이익
유용성	1. **계산이 간편**하고 투자액을 고려하므로 널리 사용 2. 비율로 표현되기 때문에 **투자규모가 다른 사업부의 성과비교에 유용**	1. **준최적화문제를 극복**할 수 있다. 2. 투자중심점의 최저필수수익률을 조정함으로써 성과평가에 반영
단점	1. **준최적화현상 발생가능성** 2. 수익률로만 평가하기 때문에 **위험에 대한 고려가 미흡** 3. 회계적 이익을 사용하기 때문에 현금흐름과 불일치 4. **화폐의 시간가치 미반영→단기적인 성과를 강조**	1. **투자규모가 다른 사업부의 성과를 비교하기가 어렵다.** 2. 회계적 이익을 사용하기 때문에 현금흐름과 불일치 3. **화폐의 시간가치 미반영**

4. 경제적부가가치(EVA)

잔여이익의 특수한 형태로서 투하된 자본을 빼고 실제로 얼마나 이익을 냈는가를 보여주는 경영지표이다.

EVA = 세후영업이익 − 투하자본 × 가중평균자본비용

(1) 세후영업이익 = 세전이익 × (1 - t) ← t : 법인세율

(2) 투하자본 = 이자비용이 발생하는 부채(타인자본) + 자기자본 = **총자산 - 유동부채**

(3) 가중평균자본비용

$$= \text{타인자본비용} \times \frac{\text{타인자본}}{(\text{타인자본} + \text{자기자본})} + \text{자기자본비용} \times \frac{\text{자기자본}}{(\text{타인자본} + \text{자기자본})}$$

= 타인자본비용×타인자본비율+자기자본비용×자기자본비율

타인자본비용 = 부채실질이자율×(1 - t)　t : 법인세율

자기자본비용 = 주주가 특정기업의 주식에 투자할 경우 요구하는 수익률

<예제> 경제적 부가가치

㈜로그인의 재무자료를 이용하여 경제적 부가가치를 구하시오.(단, 법인세율은 20% 가정한다.)

매출액	100억원
매출원가	70억원
판매비와관리비	10억원
영업외수익 중 영업관련수익	5억원
영업외비용 중 영업관련비용	15억원
투하자본	100억원 (타인자본 60억원, 자기자본 40억원)
차입금이자율	6%
자기자본비용	8%

해답

1. 세후영업이익	8억	매출액 - 매출원가 - 판관비 - 영업외손익중 영업관련 - 법인세(2억)
2. 투하자본	100억	
3. 가중평균자본비용	6.08%	$6\% \times (1-20\%) \times \frac{60억}{100억} + 8\% \times \frac{40억}{100억}$
4. 경제적 부가가치	1.92억	8억 - 100억×6.08%

〈EVA의 유용성과 한계〉

유용성	1. 잔여이익과 같이 금액으로 평가하기 때문에 **준최적화현상이 발생하지 않는다.** 2. 자기자본, 타인자본을 모두 고려하기 때문에 **진정한 기업의 실질가치**를 평가한다. 3. 경제적 부가가치를 증가시키면 기업가치가 증대되므로 **주주와 경영자의 이해관계가 일치된다.**
단점	1. 계산을 위해서는 많은 항목을 수정해야 하며, **자기자본비용 산정이 어렵다.** 2. 세후영업이익은 회계처리방법에 따라 달라지므로 자신에게 유리한 방법을 선택할 가능성이 있다. 3. **비재무적인 가치 창출요소는 무시**하고 재무적 성과만 중시한다.

연/습/문/제

O,X 문제

01. 분권화란 **의사결정권한이 조직 전반에 걸쳐서 위양되어 있는 상태**를 의미한다. ( )

02. 분권화시 의사결정 이양으로 **하위경영자들이 고객 등의 요구에 신속한 대응**을 할 수 있다. ( )

03. 분권화시 하위 경영자들에게 재량권이 많지 않으므로 **동기 부여가 되지 않는다**. ( )

04. 분권화될 경우 **각 사업부의 이익만 고려하는 준최적화 현상이 발생**할 수 있다. ( )

05. 준최적화란 기업전체의 목표와 각 사업부의 목표 및 의사결정자들의 개별적인 목표 간에 조화 또는 일치가 결여된 경우로서 **사업부가 최적의 의사결정이 기업전체적인 관점에서의 최적이 될 수 없다는 것**을 의미한다. ( )

06. 투자중심점의 **투자수익률 극대화 노력이 기업 전체적으로는 이익의 증가**를 초래하는 준최적화현상이 발생할 수 있다. ( )

07. **잔여이익이 갖고 있는 준최적화의 문제점**을 극복하기 위하여 **투자수익률이란 성과기법**이 도입되었다. ( )

08. 투자수익률법은 투자규모가 다른 투자중심점을 상호 비교하기가 어렵다는 문제점이 있으나 **잔여이익법은 투자규모가 다르더라도 비교가능하다.** ( )

09. 사업부의 성과를 투자수익률법을 이용하여 평가시 현재 달성하고 있는 투자수익률보다 **낮은 투자수익률이 기대되는 사업에 대한 투자를 부당하게 기피**할 수 있다는 문제점이 있다. ( )

10. 투자수익률법과 잔여이익법에 의한 투자안의 평가는 **투자안의 규모가 다를 경우 서로 일치하지 않을 수 있다.** ( )

11. 잔여이익에 의해서 **채택되는 투자안은 투자수익률법에 의하여 채택안될 수**도 있다. 반대의 경우도 마찬가지다. ( )

12. 경제적부가가치(EVA)에 의한 성과평가시 기업의 각 사업단위, 부문을 객관적으로 성과평가 할 수 있으므로 **합리적인 성과보상이 가능**하다. ( )

13. **자본비용이 높아지고 세후순영업이익은 변동이 없다면** 경제적부가가치는 일반적으로 증가한다. ( )

14. **이자율이 높은 차입금에서 이자율이 낮은 차입금으로 변경하면 가중평균자본비용이 증가**하므로 EVA는 하락한다. ( )

15. 경제적부가가치가 0보다 크다는 것은 **기업의 세후영업이익이 투하자본에 대한 자본비용보다 크다**는 의미이다. ( )

16. 경제적부가가치는 **자기자본비용까지도 반영을 하므로 일반적으로 손익계산서상의 당기순이익보다 높다.** ( )

17. 경제적부가가치 증대방안 중의 하나는 **재고수준을 축소하여 재고유지비용**을 낮추는 것이다. ( )

18. 경제적부가가치는 외부보고를 위한 목적보다는 **진정한 사업부의 성과평가를 위한 내부 관리회계 필요성**에서 대두된 개념이다. ( )

19. **매출채권 회수기일을 단축할 경우 매출채권이 증가**하고 자본비용이 감소하여 경제적부가가치가 높아진다. ( )

20. 복수제품을 판매시 예산보다 **높은 가격으로 판매시 유리한 매출가격차이**가 발생한다. ( )

21. 복수제품을 판매시 예산보다 실제 판매가격은 높았으나 당초 **예산판매량을 달성하지 못한 경우 유리한 매출조업도 차이가 발생**한다. ( )

22. 경제적 부가가치는 기업의 영업, 투자, 재무활동을 모두 반영한 이익개념이다. ( )

23. 투자수익률은 **자본예산기법에 의한 성과평가에 비하여 단기적인 성과를 강조**한다. ( )

주관식

01. ㈜로그인의 두 개의 사업부(A, B)의 성과평가 관련 자료이다.

구 분	A 사업부	B 사업부
투자액	2,000억원	4,000억원
순이익	400억원	720억원

자본비용이 10%일 때, 각 사업부에 대하여 투자수익률과 잔여이익을 구하고, 각 방법으로 우수사업부를 선택하시오.

02. 다음은 ㈜로그인의 A사업부 재무자료이다. 투자수익률을 구하시오.

매 출 액	10,000,000원
영업이익	700,000원
자산회전율	5회
최저필수수익률	15%

03. 문제 2을 활용하여 잔여이익을 구하시오.

04. 사업부A의 현재 투자수익률은 18%이며, 사업부 B의 현재 투자수익률은 17%이다. 사업부 A와 B는 모두 신규투자안을 고려하고 있다. 사업부A가 고려하는 신규투자안은 기대투자수익률이 16%이고 신규투자자본에 대한 자본비용은 15%이다. 반면, 사업부 B가 고려하는 신규투자안은 기대투자수익률이 18%이고 신규투자자본에 대한 자본비용은 19%이다. 이 경우 각 사업부가 투자수익률과 잔여이익 극대화를 목표로 할 경우 의사결정을 하시오.

05. 다음 자료를 기초로 하여 경제적부가가치(EVA)를 산출하시오.

① 세후순영업이익 100억원	② 투하자본 500억원
③ 타인자본비용(세후) 5%	④ 자기자본비용 15%
⑤ 부채비율(부채/자본) 100%	

06. 다음 자료를 이용하여 경제적부가가치(EVA)를 산출하시오.

매출액	80억원
매출원가	50억원
판매비와 관리비	20억원
영업외수익 중 영업관련수익	6억원
영업외비용 중 영업관련비용	8억원
투하자본	50억원 (타인자본 20억원, 자기자본 30억원)
타인자본비용	10% (법인세 차감 후임)
자기자본비용	15%

07. 다음 자료를 이용하여 ㈜로그인의 시장점유율차이와 시장규모차이를 계산하시오.

예산평균공헌이익(BACM)	100원
실 제 시 장 규 모	10,000개
예 산 시 장 규 모	12,000개
실 제 시 장 점 유 율	35%
예 산 시 장 점 유 율	40%

08. 다음 자료에 의하여 배합차이와 수율차이를 구하시오.

- 제품 단위당 표준수량 : 재료A 5g, 재료B 3g
- 직접재료비의 단위당 표준가격 : 재료A 8원, 재료B 6원
- 실제 제품생산량 : 500단위
- 직접재료비의 실제소비수량 : 재료A 3,400g, 재료B 2,000g

09. ㈜삼일은 계산기를 생산하여 판매하고 있다. 올해 계산기의 예산매출수량 및 단위당 판매가격은 각각 10,000단위와 200원이며, 단위당 표준변동제조원가와 표준변동판매비는 각각 120원과 30원이다. 올해 실제 매출수량과 단위당 판매가격은 다음과 같다.

생산 및 매출수량	11,000 단위
단위당 판매가격	180원

이 경우 매출가격차이(ⓐ)와 매출조업도차이(ⓑ)는 각각 얼마인가?

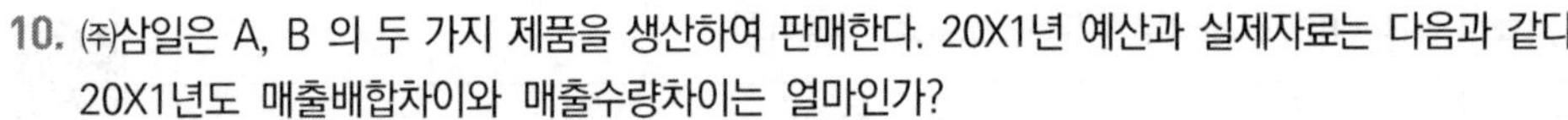

10. ㈜삼일은 A, B 의 두 가지 제품을 생산하여 판매한다. 20X1년 예산과 실제자료는 다음과 같다. 20X1년도 매출배합차이와 매출수량차이는 얼마인가?

〈20X1년도 예산〉

제품종류	단위당 판매가격	단위당 변동원가	판매수량 및 비율	
			수량	비율
A	800원	500원	4,000개	40%
B	600원	400원	6,000개	60%
합계			10,000개	100%

〈20X1년도 실제 결과〉

제품종류	단위당 판매가격	단위당 변동원가	판매수량 및 비율	
			수량	비율
A	780원	510원	4,950개	45%
B	560원	390원	6,050개	55%
합계			11,000개	100%

11. 아래에 주어진 재무자료를 이용하여 계산한 경제적부가가치(EVA)가 13억인 경우, 자기자본비용을 계산하면 얼마인가?(단, 아래의 자료에서 법인세효과는 무시한다)?

매출액	100억원
매출원가	60억원
판매비와관리비	10억원
영업외수익 중 영업관련수익	5억원
영업외비용 중 영업관련비용	7억원
투하자본(타인자본 100억원, 자기자본 100억원)	200억원
타인자본비용	5%

연/습/문/제 답안

O,X문제

1	2	3	4	5	6	7	8	9	10	11	12	13	14	15
○	○	×	○	○	×	×	×	○	○	○	○	×	×	○
16	17	18	19	20	21	22	23							
×	○	○	×	○	×	×	○							

[풀이 - O,X문제]

03. 분권화시 **하위 경영자들에게 보다 큰 재량권이 주어지므로** 보다 많은 동기 부여가 된다.

06. **이익의 감소를 초래하는 것이 준최적화현상**이다.

07. **투자수익률법이 준최적화현상을 초래**할 수 있다.

08. 잔여이익법은 투자규모가 다른 투자중심점을 상호 비교하기가 어렵고 투자수익률법은 투자규모가 다르더라도 비교가능하다

13. **자본비용이 높아지면** EVA**는 감소**한다.

14. 이자율이 낮아지면 가중평균자본비용이 낮아지므로 EVA는 증가한다.

16. 자기자본의 자본비용을 반영하므로 EVA는 당기순이익보다 낮다.

19. 매출채권회수기일을 단축하면 매출채권이 감소되고 EVA는 높아진다.

21. 예산판매량을 달성하지 못한 경우 불리한 매출조업도 차이가 발생한다.

22. 경제적 부가가치의 세후순영업이익은 **기업고유의 영업활동만을 반영한 이익개념**이다.

주관식

01.	〈해설참고〉	02.	35%
03.	400,000원	04.	〈해설참고〉
05.	50억원	06.	1.5억원
07.	〈해설참고〉	08.	〈해설참고〉
09.	ⓐ 220,000원 불리 ⓑ 50,000원 유리	10.	〈해설참고〉
11.	10%		

[풀이 - 주관식]

01.

		A 사업부	B 사업부	우수사업부
1. 투자액		2,000	4,000	
2. 순이익		400	720	
3. 투자수익률	(2÷1)	**20%**	**18%**	A
4. 잔여이익	2－1×10%	**200**	**320**	B

02. 매출액이익율＝700,000/10,000,000＝7%

투자수익률＝자산회전율×매출액이익률＝5회×7%＝35%

03. 투자액＝영업이익/투자수익률＝700,000/35%＝2,000,000원

잔여이익＝영업이익－투자액×최저필수수익률＝700,000－2,000,000×15%＝400,000

04.

	A 사업부	B 사업부
1. 현재 투자수익률	18%	17%
2. 자본비용(최저필수수익률)	**15%**	**19%**
3. 신규투자기대 투자수익률	**16%**	**18%**
4. 투자안 채택여부(투자수익률) 3>1	**기각**	**채택**
5. 투자안 채택여부(잔여이익) 3>2	**채택**	**기각**

투자수익을 극대화하기 위해서는 현재투자수익률<기대투자수익률이 되어야 하고, 잔여이익을 극대화하기 위해서는 기대투자수익률>자본비용이 되어야 한다.

05. EVA＝세후순영업이익－투하자본×가중평균자본비용＝100억－500억×10%＝50억

가중평균자본비용＝타인자본비용×타인자본비율＋자기자본비용×자기자본비율

＝5%×100%/200%＋15%×100%/200%＝10%

06.

1. 세후영업이익	8억	매출액 - 매출원가 - 판관비 - 영업외손익중 영업관련
2. 투하자본	50억	
3. 가중평균자본비용	13%	$10\% \times \frac{20억}{50억} + 15\% \times \frac{30억}{50억}$
4. 경제적 부가가치	1.5억	8억 - 50억 × 13%

07.

변동예산(2)	변동예산(3)	고정예산
실제규모 × 실제점유율 × 가중평균예산공헌이익	**실제규모 × 예산점유율 × 가중평균예산공헌이익**	**예산규모 × 예산점유율 × 가중평균예산공헌이익**
10,000 × 35% × 100 = 350,000	10,000 × 40% × 100 = 400,000	12,000 × 40% × 100 = 480,000

시장점유율차이 50,000(불리) ***시장규모차이 80,000(불리)***

08.

	표준수량	표준배합비율
A	5	62.5%
B	3	37.5%
계	8	100%

AQ × SP	TAQ × BM × SP	SQ × SP
A : 3,400 × 8 = 27,200	A : 5,400 × 62.5% × 8 = 27,000	A : 500 × 5 × 8 = 20,000
B : 2,000 × 6 = 12,000	B : 5,400 × 37.5% × 6 = 12,150	B : 500 × 3 × 6 = 9,000
계 39,200	계 39,150	계 29,000

배합차이(Ⓐ - Ⓑ) = 50원(불리) ***수율차이(Ⓑ - Ⓒ) = 10,150원(불리)***

09. AQ = 11,000단위 BQ = 10,000단위 AP = 180원 BP = 200원 BV = 120 + 30 = 150원

	실제성과 **AQ × (AP - BV)**	변동예산(1) **AQ × (BP - BV)**	고정예산 **BQ × (BP - BV)**
공헌이익	11,000 × (180 - 150) = 330,000	11,000 × (200 - 150) = 550,000	10,000 × (200 - 150) = 500,000

매출가격차이 220,000(불리) **매출조업도차이 50,000(유리)**

10. 예산공헌이익(A) = 가격(800) - 변동원가(500) = 300원
예산공헌이익(B) = 가격(600) - 변동원가(400) = 200원

〈예산배합비율〉

	예산판매량	예산배합비율
A	4,000단위	40%
B	6,000단위	60%

	변동예산(1) (실제배합) **AQ×(BP－BV)**	변동예산(2) (예산배합) **TAQ×BM×(BP－BV)**	고정예산 **BQ×(BP－BV)**
공헌이익	A＝4,950×300 B＝6,050×200	A＝11,000×40%×300 B＝11,000×60%×200	A＝4,000×300 B＝6,000×200
	＝2,695,000	＝2,640,000	＝2,400,000

매출배합차이 55,000(유리) (변동예산(1) − 변동예산(2))
매출수량차이 240,000(유리) (변동예산(2) − 고정예산)

11.

1. 세후영업이익	28억	100억－60억－10억＋5억－7억
2. 투하자본	200억	
3. 가중평균자본비용	??%	$5\% \times \frac{100}{200}$ ＋자기자본비용$\times \frac{100}{200}$
4. 경제적 부가가치	**13억**	28억－200억×7.5%

가중평균자본비용(7.5%) = 2.5% + 자기자본비용×50%　∴ 자기자본비용 = 10%

05

관련원가분석(단기의사결정)

NCS회계 - 4 원가정보활용하기

의사결정이란 목표를 달성하기 위해 여러 가지 선택가능한 대안들 중에서 최적의 대안을 선택하는 과정이다. 의사결정에는 단기의사결정과 장기의사결정(자본예산)으로 나눌 수 있다. 단기의사 결정에는 일상적인 의사결정(예 : CVP분석)과 특수의사결정(예 : 단기특별주문)으로 나눌 수 있다.

1. 관련원가와 비관련원가

관련원가는 **의사결정과 관련이 있는 원가이고, 대안간에 차이를 발생시키는 차액원가**이면서 과거에 발생한 원가가 아니고 **미래원가**이다. 과거원가의 예로서는 매몰원가가 있다.

비관련원가는 차이가 발생하지 않는 원가로서 의사결정에 영향을 미치지 못하는 원가이다.

비관련원가의 예로는 회피불능원가와 매몰원가가 있다.

동일한 원가라고 하더라도 **의사결정이 무엇인가에 따라 관련원가가 될 수 있고, 비관련원가가 될 수도 있다.** 따라서 무엇에 대한 의사결정인가가 결정되기 전에는 관련원가와 비관련원가로 구분하는 것은 불가능하다.

그리고 기회비용은 선택가능한 대안 중에서 특정대안을 선택했을 때 **포기한 대안의 최대의 이익을** 말하는데, 의사결정시 반드시 고려해야 한다.

관련원가	비관련원가
• 대부분의 변동비 • 회피가능 고정비	• 과거의 발생원가(매몰원가) • 각 대안간에 차이가 없는 미래원가
(기회비용) **1. 정규매출 감소로 인한 이익감소(보통 공헌이익)** **2. 유휴설비의 대체적 용도를 통한 이익 상실분**	

2. 의사결정방법

(1) 총액접근법

모든 대안의 총수익과 총비용을 각각 계산하여 이익이 가장 큰 대안을 선택하는 방법이나 시간이 많이 소요되는 단점이 있으나, **<u>세가지 이상의 대안이 있는 경우에는 총액접근법이 유리하다</u>**.

(2) 증분접근법(차액접근법)

<u>두가지 대안을 비교분석하는 방법</u>으로서 차이가 나는 항목(관련원가)을 분석하여 의사결정하는 방법을 말한다. 관련원가만을 비교분석하므로 의사결정시 시간이 절약되나, **<u>3가지 이상인 경우에는 사용하기 어렵다.</u>**

〈기본모형 – 차액접근법〉

증분수익(계획안 채택시)	증분비용(계획안채택시)
• 매출액증가분 • 비용감소분	• 비용증가분 • 매출액감소분
	〈기회비용〉 ① 기존시장의 상실분(이익감소) ② 유휴설비의 대체적 용도를 통한 이익 상실분

증분수익 〉 증분비용일 경우 투자안을 채택하고 반대의 경우에는 투자안을 기각한다.

3. 단기특수의사결정

① 특별주문 수락 여부	유휴생산능력이 없는 경우 기회비용 고려
② 부품의 자가제조 또는 외부구입	유휴설비의 대체적 용도 고려
③ 제품라인의 유지 또는 폐쇄	유휴설비의 대체적 용도 고려
④ 제한된 자원 사용	**<u>단위당 공헌이익이 큰 제품부터 우선 생산</u>** → ***<u>완전가동상태일 경우 시간당 공헌이익이 높은 제품부터 생산</u>***

<예제> 특별주문

㈜로그인은 제품 X를 생산하는데 단위당 변동원가는 120원이고, 고정원가는 월 360,000원이며, 단위당 판매가격은 180원이다. 외부로부터 단위당 150원에 1,000단위의 특별주문을 받았다. 특별주문을 소화하기 위한 유휴설비능력은 충분하고, 이 특별주문건의 경우 단위당 20원의 주문처리를 위한 거래비용이 발생한다. 특별주문 수락여부를 결정하시오.

해답

1. 증분수익(특별주문수락시)		
	• 매출액증가분	1,000단위×150원=150,000원
2. 증분비용(특별주문수락시)		
	• 변동비증가	1,000단위×120원=120,000원
	• 특별주문처리비	1,000단위×20원=20,000원
		유휴생산능력은 충분하므로 추가발생비용은 없다.
3. 증분손익		**10,000원(특별주문 수락)**

<예제> 외부구입 또는 자가제조

㈜로그인은 부품 X를 연간 10,000단위를 생산한다. 이 부품의 단위당 제조원가는 다음과 같다.

변동제조원가	고정제조원가
100원	200원

㈜ 천안으로 단위당 170원에 구입하라는 제의를 받았다. 외부구입으로 인하여 고정제조원가 중 40%를 절약할 수 있을 경우 외부구입에 대한 의사결정을 하시오.

해답

1. 증분수익(외부구입시)		
	• 변동비감소분	100(변동비)×10,000개=1,000,000원
	• 고정원가절감	200×40%×10,000개=800,000원
2. 증분비용(외부구입시)		
	• 외부구입비증가	170(외부구입단가)×10,000개=1,700,000원
3. 증분손익		**100,000원(외부구입)**

<예제> 제품라인의 폐지여부

㈜로그인은 3개의 라인에서 제품(A,B,C)을 생산하고 있고, 이제 대한 자료는 다음과 같다.

	A라인	B라인	C라인	계
매출액	2,000,000	3,000,000	5,000,000	10,000,000
변동원가	1,500,000	900,000	2,000,000	4,400,000
공헌이익	500,000	2,100,000	3,000,000	5,600,000
고정원가	1,000,000	1,500,000	2,500,000	5,000,000
영업손익	(500,000)	600,000	500,000	600,000

고정원가는 매출액을 기준으로 배부하고 있다. 제품A가 손실을 보므로 A라인을 폐지하고자 한다. A라인을 폐지시 총고정원가의 10%가 회피가능하며, 유휴생산시설을 임대하여 임대수익이 200,000원이 예상된다고 할 때 제품A라인의 폐지여부를 결정하시오.

해답

1. 증분수익(제품A라인 폐지시)	
• 변동비감소분	1,500,000원
• 고정원가절감	5,000,000×10%=500,000원
• 유휴시설활용 임대수익	200,000원
2. 증분비용(제품A라인 폐지시)	
• 매출감소	2,000,000
3. 증분손익	**200,000원(A라인폐지)**

<예제> 제한된 자원의 사용

㈜로그인은 현재 제품 A, B,를 생산 · 판매하고 있다. 각 제품에 대한 월별 생산 및 판매와 관련된자료는 다음과 같다.

구 분	제품A	제품B
단위당 판매가격	3,000원	1,500원
단위당 변동원가	2,200원	1,200원
단위당 기계사용시간	2시간	1시간
최대 시장수요량	400단위	400단위

이 회사의 월 최대 사용가능한 기계시간이 1,000시간으로 제약되어 있는 경우, 영업이익을 극대화할 수 있도록 최적생산계획을 수립하고, 이때 최대 공헌이익은 얼마인가?

해답

구 분	제품A	제품B
1. 단위당 판매가격	3,000원	1,500원
2. 단위당 변동원가	2,200원	1,200원
3. 단위당 공헌이익(2 - 1)	800원	300원
4. 단위당 기계사용시간	2시간	1시간
5. 기계시간당 공헌이익(3/4)	**400원**	**300원**
6. 최대 시장수요량	400단위	400단위
7. 기계사용시간(6×4)	800시간	200시간[*1]
8. 생산량	400단위	200단위[*2]

*1. 1,000시간 - 800시간 = 200시간　　*2. 200시간/1시간 = 200단위

※ 최대공헌이익 = 400단위×800원 + 200단위×300원 = 380,000원

연/습/문/제

O,X 문제

01. 기회원가는 선택 가능한 여러 대안 가운데 하나의 대안을 선택함으로써 포기하게 된 나머지 대안 가운데 최적대안의 기대가치를 의미하며, 이는 의사결정 과정에서 고려할 필요가 없는 비관련원가이다. ( )

02. 부품의 자가제조 또는 외부구입에 대한 의사결정시 부품을 자가제조할 경우 부품의 공급업자에 대한 의존도를 줄일 수 있는 장점이 있다. ( )

03. 부품을 외부구입할 경우 기존 외부공급업자와의 유대관계를 상실하는 단점이 있다. ( )

04. 부품을 자가제조할 경우 향후 급격한 주문의 증가로 회사의 생산능력을 초과할 때 제품을 외부구입하기 어려울 수 있다는 단점이 있다. ( )

05. 원재료를 자가제조할 것인지 외부구입할 것인지 의사결정시 기존설비를 다른 용도로 사용함에 따라 발생할 수 있는 기회비용도 함께 고려해야 한다. ( )

06. 경영자가 의사결정시 고려해야 할 가장 중요한 원가정보는 매몰원가이다. ( )

07. 고정원가가 당해 의사결정과 관계없이 계속 발생한다면 비관련원가이다. ( )

08. 부품을 자가제조할 경우 제품에 특별한 기술이 요구될 때 품질을 유지하기 위한 추가 비용이 들어가는 단점이 있다. ( )

09. 제품에 필요한 부품을 자가제조 할 것인지 외부구입 할 것인지의 의사결정은 필요수량의 정도에 따라 달라질 수 있다. ( )

10. 완전가동 상태의 제조업은 공헌이익이 가장 높은 제품을 선택해야 생산해야 한다. ( )

11. 부품의 외부구입에 의사결정시 회피가능원가가 외부구입원가보다 작은 경우 외부구입하는 것이 바람직하다. ( )

12. 복수의 제품을 생산하는데 다른 자원은 충분하나 직접노동시간이 한정되어 있는 경우 직접노동시간당 공헌이익이 가장 큰 제품부터 생산한다. ( )

주관식

01. ㈜로그인은 최근에 제품 단위당 10,000원에 200단위를 구입하겠다는 특별주문을 받았다. 위 주문을 수락하더라도 기존 판매가격이나 고정원가에는 아무런 영향을 주지 않으며, 유휴생산능력은 충분하다. 제품의 단위당 원가와 관련된 자료는 다음과 같다.

직접재료원가	3,000원
직접노무원가	2,000원
변동제조간접원가	2,500원
고정제조간접원가	2,000원
변동판매비와관리비	500원
고정판매비와관리비	1,000원
제품단위당 원가	11,000원

㈜로그인의 증분손익과 특별주문 수락여부를 결정하시오.

02. ㈜로그인의 프로젝트A에 대한 매출액은 150,000원, 변동원가는 100,000원이고, 고정원가는 150,000원이다. 고정원가 중 50,000원은 프로젝트 A를 포기하더라도 계속하여 발생하는 금액이다. 만약 ㈜로그인이 프로젝트 A의 포기시 증분손익과 포기여부를 결정하시오.

03. ㈜로그인은 여러 사업부를 운영하고 있는 기업이며, 20X1년의 당기순이익은 500,000원이다. 여러 사업부 중에서 사업부 갑의 공헌이익은 70,000원이고, 사업부 갑에 대한 공통원가 배분액은 50,000원이다. 공통원가배분액 중 30,000원은 사업부 갑을 폐지하더라도 계속하여 발생하는 것이다. 만약 회사가 사업부 갑을 폐지시 20X1년 당기순이익은 얼마로 변하겠는가?

04. ㈜로그인은 부품 A를 자가제조하고 있으며, 이와 관련된 연간 생산 및 원가자료는 다음과 같다.

직접재료원가	20,000원
변동직접노무원가	13,000원
변동제조간접원가	2,000원
고정제조간접원가	30,000원
생산량	200단위

최근 외부업체로부터 부품 A 200단위를 단위당 400원에 공급하겠다는 제안을 받았다. 부품 A를 전량 외부에서 구입하면, 기존 설비를 임대하여 연간 20,000원의 수익을 창출할 수 있다. 외부업체로부터 구입여부를 결정하시오.

05. ㈜로그인은 제품 제조에 사용되는 부품 10,000단위를 자체 생산하여 왔다. 10,000단위 생산수준에서 부품을 제조하는데 소요되는 단위당 원가는 다음과 같다.

	금 액
직접재료원가	200원
직접노무원가	100원
변동제조간접원가	60원
고정제조간접원가	20원
제품단위당원가	380원

동일한 부품을 생산하고 있는 ㈜천안이 부품 10,000단위를 공급하겠다고 제안하였을 경우 ㈜로그인 이 최대한 허용할 수 있는 부품의 단위당 구입가격은 얼마인가(단, 부품을 외부에서 구입할 경우 고정제조간접원가의 50%는 회피할 수 있다.)?

06. ㈜로그인의 손익계산서는 다음과 같다.

매출액	₩ 2,000,000
매출원가	1,000,000
매출총이익	1,000,000
판매비와일반관리비	500,000
영업이익	500,000

제품의 단위당 판매가격은 200원이며, 매출원가와 판매비와관리비 중 50%는 고정원가로 구성되어 있을 때, 회사가 제품 500단위를 단위당 90원에 판매할 수 있는 추가 주문을 받아들인다면 회사의 영업이익은 얼마인가?(단, 유휴 생산능력은 충분하다)

07. ㈜삼일의 20X1년 수익과 원가 및 이익의 예산금액을 요약하면 다음과 같다.

매출액 (50,000단위, @100)	5,000,000원
변동원가(50,000단위, @60)	3,000,000원
공헌이익(50,000단위, @40)	2,000,000원
고정원가	1,500,000원
영업이익	500,000원

㈜삼일의 연간 최대생산능력은 70,000단위이다. 20X1년 초에 ㈜용산이 단위당 90원에 30,000단위를 사겠다고 특별주문을 했다. 만약 ㈜삼일이 이 특별주문을 수락한다면, 20X1년 영업이익은 예산보다 얼마나 증가 또는 감소하겠는가?

08. 다음은 ㈜삼일의 제품별 예산자료의 일부이다. 사용가능한 총 기계시간이 연간 300시간일 때, 이익을 극대화하기 위해서는 세 제품을 각각 몇 단위씩 생산 · 판매하여야 하는가?

	제품 A	제품 B	제품 C
단위당 공헌이익	200원	150원	300원
단위당 기계시간	4시간	2시간	5시간
최대 수요량(연간)	50단위	100단위	50단위

연/습/문/제 답안

O,X문제

1	2	3	4	5	6	7	8	9	10	11	12			
×	○	×	○	○	×	○	○	○	×	×	○			

[풀이 - O,X문제]

01. 기회비용은 **의사결정 과정에서 고려해야 하는 관련원가**이다.
03. 자가제조할 경우 **외부공급업자와의 유대관계를 상실**할 우려가 있다.
06. 의사결정과 관련있는 관련원가가 가장 중요하다.
10. 완전가동상태일 경우 **시간당 공헌이익이 가장 높은 제품을 선택**하여 생산해야 한다.
11. 회피가능원가<외부구입원가일 경우 자가제조하는 것이 바람직하다.

주관식

01.	증분이익 400,000원 특별주문수락	02.	증분이익 50,000원 프로젝트포기
03.	450,000원	04.	자가제조
05.	370원	06.	507,500원
07	영업이익 500,000원 증가	08	〈해설참고〉

[풀이 - 주관식]

01. 변동원가 = 3,000 + 2,000 + 2,500 + 500 = 8,000원

1. 증분수익(특별주문수락시)	
• 매출액증가분	10,000 × 200 = 2,000,000
2. 증분비용(특별주문수락시)	
• 변동비증가	8,000 × 200 = 1,600,000
고정원가와 유휴생산능력은 충분하므로 기회비용은 없다.	
3. 증분손익	**400,000원(특별주문 수락)**

02.

1. 증분수익(프로젝트 A포기)	
• 비용감소	100,000(변동비) + 100,000(회피가능고정원가)
2. 증분비용(프로젝트 A포기)	
• 매출액감소	150,000
3. 증분손익	**+50,000원(프로젝트 포기)**

03.

1. 증분수익(갑사업부 폐지)	
• 비용감소	20,000(회피가능원가)
2. 증분비용(갑사업부 폐지)	
• 공헌이익감소	70,000
3. 증분손익	**-50,000원(갑폐지 불가)**

폐지시 당기순이익 = 500,000 - 50,000 = ***450,000원***

04.

1. 증분수익(외부구입시)	
• 변동비감소분	20,000 + 13,000 + 2,000 = 35,000
• 설비임대수익	20,000
2. 증분비용(외부구입시)	
• 외부구입비증가	400 × 200 = 80,000
3. 증분손익	**△25,000원(자가제조)**

05.

1. 증분수익(외부구입시)	
• 변동비감소분	(200+100+60)×10,000=3,600,000
• 회피가능고정원가	20×10,000×50%=100,000
2. 증분비용(외부구입시)	
• 외부구입비증가	X(외부구입단가)×10,000=10,000X
3. 증분손익	0

3,600,000+100,000=10,000X　　∴ X=370원

06. 제품판매수량=2,000,000/200=10,000개

단위당변동원가=(1,000,000+500,000)/10,000개×50%(변동비율)=75원

1. 증분수익(특별주문 수락시)	
• 매출액증가	500×90=45,000
2. 증분비용(특별주문 수락시)	
• 변동비증가	500×75=37,500
3. 증분손익	**7,500원**

추가주문수락시 영업이익=500,000+7,500=507,500원

07. **최대생산능력이 70,000단위이므로 특별주문 수락시 기존의 10,000단위 생산을 포기해야 한다.**

1.증분수익(특별주문수락시)	
• **매출액 증가**	30,000단위×90(특별주문가)=2,700,000원
2.증분비용(특별주문수락시)	
• **변동원가 증가**	30,000단위×60(변동원가)=1,800,000원
• **공헌이익감소(기존)**	10,000단위×40(공헌이익)=400,000원
3.증분손익	**500,000원 이익(수락)→영업이익 500,000원 증가**

08. 연간 사용가능한 기계시간=300시간

구 분	제품A	제품B	제품
1. 단위당 공헌이익	200원	150원	300원
2. 단위당 기계사용시간	4시간	2시간	5시간
3. 기계시간당 공헌이익(1÷2)	**50원**	**75원**	**60원**
4. 최대 시장수요량	50단위	100단위	50단위
5. 생산순서	3순위	1순위	2순위
6. 생산량 및 판매량	–	100단위 (200시간)	20단위 (100시간)

CHAPTER 06

자본예산(장기의사결정)

NCS회계 - 4 원가정보활용하기

자본예산은 투자로 인하여 **효과가 장기간에 걸쳐 나타내는 대안**들 중에서 최선의 투자안을 선택하는 일련의 과정을 말한다.

1. 자본예산의 절차

① 투자안 선택
② 기대 미래현금흐름추정
③ 투자안의 경제성 분석 및 최적투자안 선택
④ 투자안의 진행과정을 선택하고 재평가하는 사후관리

2. 현금흐름 추정

(1) 현금흐름추정시 고려사항

① **세후현금흐름기준**

② **증분현금흐름**
특정대안에 대한 추가적인 현금흐름사항만 고려

③ **금융비용(이자비용)은 불포함**
현금흐름의 계산에서 이자비용을 계산하고 다시 할인율을 적용하는 것은 이중계산이 된다.

④ 감가상각비는 제외하나 절세효과는 고려

⑤ 인플레이션은 일관성있게 고려
현금흐름을 명목가치로 추정한 경우에는 그 현금흐름을 명목할인율로 할인하고, 실질가치로 추정한 경우에는 실질할인율로 할인한다.

* 명목가치와 실질가치 : 명목가치는 물가가 반영되지 않는 가격이고, 실질가치는 물가가 반영된 가격이다.

(2) 투자시점의 현금흐름

① 유출 : 투자액, 투자에 따른 운전자본 증가액
② 유입 : 구자산처분에 따른 현금유입, 투자세액공제(법인세)

처분손익에 대한 법인세효과 = 처분손실 × t − 처분이익 × t(법인세율)

(3) 투자기간중의 현금흐름

① 세후영업현금흐름(일반적으로 현금유입)

② 감가상각비의 절세효과

(세후)순현금흐름 = **세전영업현금흐름 × (1 − t) + 감가상각비 × t(감가상각비 감세효과)**
= 세후영업현금흐름 + 감가상각비 × t
= **(발생주의)세후순이익 + 감가상각비**

손익계산서		
XXXX		**(세후)순현금흐름**
− 감가상각비	3,000	**= 세후순이익 + 감가상각비 = 8,000 + 3,000 = 11,000**
XXXX		**= 세전영업현금흐름(1 − t) + 감가상각비 × t**
7. 법인세차감전순이익	10,000	= 13,000 × (1 − 0.2) + 3,000 × 0.2 = 11,000
8. 법인세(세율 20%)	2,000	**= 세후영업현금흐름 + 감가상각비 × t**
9. 법인세차감후순이익 (당기순이익)	8,000	

(4) 투자종료시점의 현금흐름

① 유형자산 처분가액(**처분손익의 법인세 효과 고려**)

② 운전자본 회수액

3. 투자안의 경제성 분석

투자안에 대해서 현재가치 평가를 하면 할인모형 그렇지 않으면 비할인모형이라 한다.

비할인모형	할인모형
회수기간법 회계적이익률법	순현재가치법 내부수익률법

또한 실제 현금으로 또는 손익계산서상의 순이익으로 자본예산을 실행하는지에 따라 현금모형과 비현금모형으로 분류된다.

비현금모형(순이익)	현금모형
회계적이익률법	회수기간법 순현재가치법 내부수익률법

(1) 비할인모형

<table>
<tr><td rowspan="3">① 회수기간법</td><td colspan="2">투자액 / 연간순현금유입액</td></tr>
<tr><td>장점</td><td>• 계산이 간단하고 이해하기 쉽다.
• 회수기간을 위험에 대한 지표로 이용할 수 있다.</td></tr>
<tr><td>단점</td><td>• <u>화폐의 시간가치를 미고려</u>한다.
• <u>회수기간 이후의 현금흐름을 무시한다.</u></td></tr>
<tr><td rowspan="3">② 회계적이익률법</td><td colspan="2">연평균세후순이익 / 최초투자액 (또는 평균투자액)
* 평균투자액 = (최초투자액 + 잔존가치)/2</td></tr>
<tr><td>장점</td><td>• 계산이 간단하고 이해하기 쉽다.
• 회수기간법과 달리 수익성을 고려한다.</td></tr>
<tr><td>단점</td><td>• <u>화폐의 시간가치를 미고려</u>한다.
• 목표이익률의 설정에 주관이 개입된다.</td></tr>
</table>

(2) 할인모형

① 순현재가치법(NPV : net present value method)

<u>미래의 현금흐름을 적절한 할인율(최저요구수익률 = 소요자본의 기회비용인 자본비용)로 할인하여 현재가치</u>를 구하는 방법으로 NPV≧0 크면 투자안을 채택한다.

장점	• 내부수익률에 비하여 계산하기 쉽다. • **<u>자본비용(최저요구수익률)으로 재투자한다는 가정</u>**이 내부수익률로 재투자한다고 가정하는 내부수익률보다 더 현실적이다. • 할인율의 조정을 통하여 위험에 대한 조정을 쉽게 할 수 있다. • **<u>가치합산의 원칙*1이 적용된다.</u>**
단점	미리 자본비용을 결정해야 하는데 <u>자본비용결정이 어렵다.</u>

*1. <u>가치합산의 원칙은 A(10) + B(20) = C(30)가 되어야 하는데 내부수익률법은 비율이므로 A(10) + B(20)≠C(??)가 되지 않는다.</u>

② 내부수익률법(IRR : internal rate of return method)

내부수익률로 재투자 된다고 가정하여 현금유입액의 현가와 현금유출액의 현가를 같게 하는 할인율을 구하는 방법으로 IRR≥자본비용(최저필수수익률)이면 투자안을 채택한다.

장점	• 내부수익률은 자본비용의 손익분기점이라는 의미를 갖는다.
단점	• **내부수익률계산이 복잡** • **복수의 내부수익률이 존재**할 수도 있다. • **내부수익률로 재투자된다고 하는 가정은 너무 낙관적**이다. • **투자규모를 고려하지 않으므로 잘못된 결정**을 할 수 있다. • **가치합산의 원칙이 적용되지 않는다.**

<예제> 회수기간법 및 회계적 순이익율, 현재가치

㈜로그인은 기계장치에 투자할려고 한다. 기계장치의 구입가액은 1,000,000원(감가상각방법 정액법, 내용연수 5년, 잔존가치 "0" 임)이고, 이 기계장치로 인하여 세전영업현금흐름은 매년 250,000원 발생할 것으로 예상된다. 이 회사의 최저필수수익률은 12%, 5년 연금현가계수는 3.61이다. 또한 법인세율은 20%이다. 다음을 구하시오.

1. 회수기간
2. 회계적이익율(평균투자액)
3. 순현재가치를 이용하여 투자여부를 판단하시오.

해답

1. 회수기간

세후순현금흐름 = 세전영업현금흐름×(1 − t) + 감가상각비×t(감가상각비의 감세효과)
= 250,000×(1 − 0.2) + 200,000×0.2 = 240,000원

회수기간 = 1,000,000/240,000 = 4.17년

2. 회계적이익율

세전순이익 = 세전영업현금흐름 − 감가상각비 = 250,000 − 200,000 = 50,000원
세후순이익 = 50,000×(1 − 0.2) = 40,000원
또는 세후순이익 = 세후순현금흐름 − 감가상각비 = 240,000 − 200,000 = 40,000원
회계적이익율(평균투자액) = 40,000/[(1,000,000 + 0)÷2] = 8%

3. 〈현금흐름〉

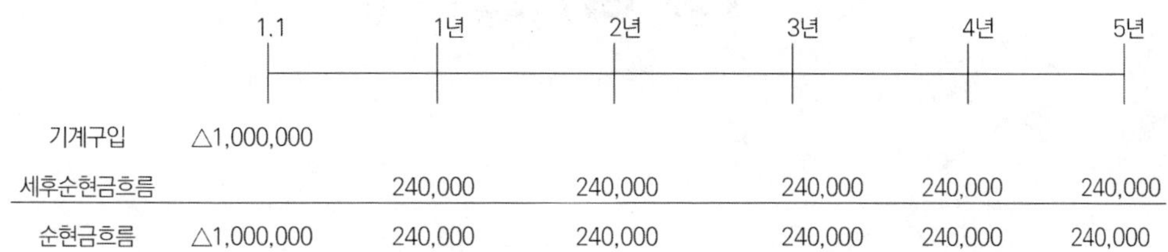

	1.1	1년	2년	3년	4년	5년
기계구입	△1,000,000					
세후순현금흐름		240,000	240,000	240,000	240,000	240,000
순현금흐름	△1,000,000	240,000	240,000	240,000	240,000	240,000

투자안의 순현재가치 = 연간현금유입액(240,000) × 연금현가계수(3.61) − 투자액(1,000,000)

= − 133,600(투자기각)

연/습/문/제

O,X 문제

01. 감가상각비의 계상으로 세금이 감소하기 때문에 이러한 **감가상각비 감세효과는 현금의 유출**으로 고려해 주어야 한다. ( )

02. 자본예산 편성시 현금흐름을 추정할 때 세금을 납부하는 것은 현금의 유출에 해당하므로 **세금을 차감한 후의 현금흐름을 기준으로 추정**하여야 한다. ( )

03. 타인자본에 대한 자본비용인 이자비용은 **현재가치를 계산할 때 사용되는 할인율(자본비용)을 통해 반영**되는 항목이다. ( )

04. 자본예산 편성시 고정자산에 대한 **감가상각비는 현금유출로 계산**한다. ( )

05. 자본예산 편성시 현금흐름을 추정할 때 **명목현금흐름은 명목할인율**로 할인해야 하며, **실질현금흐름은 실질할인율**로 할인해야 한다. ( )

06. 현금흐름 추정시 **이자비용을 반영하여 현금흐름을 추정**해야 한다. ( )

07. 장기의사결정시에는 **미래 현금흐름을 추정 증분기준**에 의한 현금흐름을 측정하여야 한다. ( )

08. 장기의사결정시에는 미래 현금흐름을 추정시 **법인세는 회사가 통제할 수 없으므로 현금흐름을 추정할 때 고려할 필요가 없다**. ( )

09. -은 계산이 **간단하여 이해하기 쉽고 많은 투자안을 평가할 때에는 시간과 비용이 적게** 든다.( )

10. 회수기간법은 투자 후반기의 **현금흐름이 불확실한 경우에는 유용한 평가방법**이 될 수 있다. ( )

11. 투자안을 평가할 때 회계적이익율법은 **기업의 유동성 확보와 관련된 의사결정에 유용**하다. ( )

12. 회계적이익율법은 **현금흐름에 의한 이익에** 기초하여 산정한다. ( )

13. 순현재가치법은은 화폐의 시간가치를 고려하나 **투자기간동안 내부수익률로 재투자된다고 보기 때문에 가장 현실적인 가정**을 하고 있다. ( )

14. 회계적 이익률법은 계산이 간편하고 이해하기가 용이하며 **회수기간법과 달리 수익성을 고려한다**. ( )

15. 순현재가치법에서는 **미래의 현금흐름을 적절한 할인율로 할인**하여 현재가치를 구해야 하는데 여기서 적절한 할인율이란 투자에 대해서 요구되는 **최저요구수익률**로서 소요자본의 기회비용인 자본비용의 의미를 갖는다. ( )

16. 순현재가치법(NPV 법)는 상호 독립적인 투자안의 경우에는 **가치가산의 원칙이 성립하지 않는다.** ( )

17. 내부수익률은 투자기간 동안 현금의 유입과 유출이 반복되는 등의 특수한 경우에는 **내부수익률이 복수가 존재하게 되어 정확한 투자안을 평가하기 어렵다.** ( )

18. 내부수익률(IRR)법은 **투자안의 내부수익률이 자본비용보다 적으면 그 투자안을 채택**하게 된다. ( )

19. 내부수익률(IRR)법은 **가치가산의 원칙이 적용되지 않으나 순현재가치(NPV)법은 적용**된다. ( )

20. 내부수익률법에서는 투자기간 동안의 **현금흐름을 내부수익률로 재투자한다고 가정하고 있기 때문에 지나치게 낙관적**이다. ( )

21. 내부수익률법은 **시행착오법을 사용하여 구해야 하기 때문에 계산과정이 단순**하다. ( )

22. 기업이 특정 투자안을 시행하려고 할 때, 그 **투자로부터 달성하여야 하는 최소이익률**을 **자본비용 또는 최저필수수익률**이라고 한다. ( )

23. 내부수익률법으로 투자안을 평가할 때 투자안이 받아들여지기 위한 수익률은 **회사의 최저필수수익률이상의 조건**을 갖춰야 한다. ( )

24. 투자로부터 발생하는 **현금유입액이 현행 사업에 대한 수익률로 재투자**된다고 가정하는 방법은 내부수익률법이다. ( )

25. 순현재가치법이나 내부수익률법이 회수기간법보다 우월한 자본예산기법이라고 하는 이유는 **화폐의 시간적 가치를 고려**하기 때문이다. ( )

26. 투자안으로 부터 얻어지는 **현금유입액의 현재가치와 투자에 소요되는 현금유출액의 현재가치를 같게 해주는 할인율을** 내부수익률법이라 한다. ( )

27. 순현재가치법(NPV 법)적용시 독립적 투자안에 대한 의사결정시 **순현재가치(NPV)가 0(영)보다 작으면 투자안을 채택**한다. ( )

28. 자본예산 모형 중 실제 현금흐름으로 자본예산을 실행하는 **현금모형에는 회수기간법과 회계적이익률법**이 있다. (   )

주관식

01. ㈜로그인은 당기 말 순장부가액이 300,000원인 기존의 기계장치를 500,000원에 처분하고, 새로운 기계장치를 1,000,000원에 매입하였다. 법인세율이 20%라고 가정하면, 위 거래로 인한 순현금지출액은 얼마인가?(단, 감가상각비는 고려하지 않는다)

02. ㈜로그인은 10,000원에 기계를 구입할 예정이며, 이 기계를 정액법에 의하여 5년간 감가상각하기로 하고 잔존가치는 없을 것으로 추정하고 있다. 이 기계는 매년 법인세비용 차감전 기준으로 5,000원의 현금유입을 발생시킬 수 있다. 이 투자안의 회수기간은 얼마인가?(단, 추가적인 비용은 발생하지 않고, 법인세율은 20%이다.)

03. (주)로그인은 당기 초 새로운 투자안에 200,000원을 투자하였다. 이 투자안의 내용연수는 5년이고, 잔존가치는 0원이다. 회사는 이 투자안으로부터 앞으로 5년 동안 매년 65,000원의 현금유입을 예측하고 있다. 회사의 최저필수수익률이 연 12%일 경우 이 투자안의 순현재가치(NPV)는 얼마인가?

연 12%	5년 현가계수 0.57	5년 연금현가계수 3.6

04. ㈜로그인은 당기 초에 내용연수 5년에 처분가치가 없는 새 기계를 220,000원에 구입했다. 이 기계는 정액법으로 감가상각될 것이며, 매년 90,000원의 법인세비용차감전 현금유입을 창출할 것으로 기대 된다. ㈜로그인은 12% 의 할인율을 사용하고, 법인세율이 매년 30%라고 가정한다. 12% 할인율의 5년후의 현재가치는 0.57이며, 12% 할인율의 1원에 대한 5년 연금의 현재가치는 3.61이다. 이 기계를 구입하는 투자안의 순현재가치는 얼마인가? (단, 감가상각비 외의 항목은 모두 현금으로 거래된다)

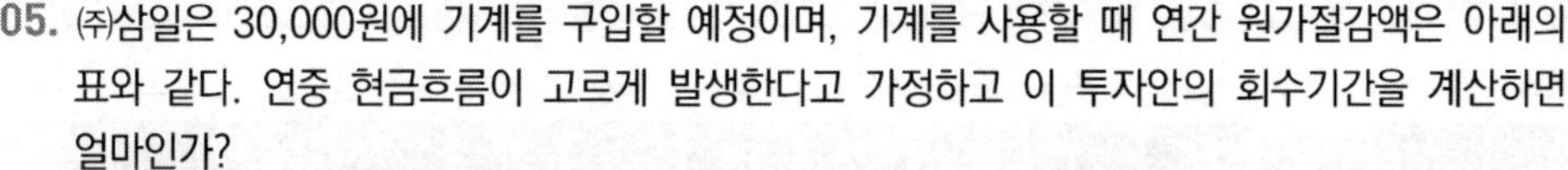

05. ㈜삼일은 30,000원에 기계를 구입할 예정이며, 기계를 사용할 때 연간 원가절감액은 아래의 표와 같다. 연중 현금흐름이 고르게 발생한다고 가정하고 이 투자안의 회수기간을 계산하면 얼마인가?

연도	1년	2년	3년	4년
연간 원가절감액	5,000원	9,000원	8,000원	10,000원

06. 다음 자료에 의하여 회수기간법에 따른 회수기간을 구하시오.

㈜삼일은 190,000원에 기계를 구입하고자 하며, 조건은 다음과 같다.

- 5년 이내에 회수가 되어야 한다.
- 연중 현금흐름은 일정하게 발생한다고 가정한다.

연도	기계 A 연간 원가절감액	기계 B 연간 원가절감액
1	100,000원	50,000원
2	50,000원	50,000원
3	30,000원	50,000원
4	20,000원	50,000원
5	20,000원	50,000원

연/습/문/제 답안

O,X문제

1	2	3	4	5	6	7	8	9	10	11	12	13	14	15
×	○	○	×	○	×	○	×	○	○	×	×	×	○	○
16	17	18	19	20	21	22	23	24	25	26	27	28		
×	○	×	○	○	×	○	○	○	○	○	×	×		

[풀이 - O,X문제]

01. **감가상각비의 감세효과는 현금의 유입**이다.

04. 고정자산에 대한 실제 현금유출은 이미 그 투자시점에 전액 현금유출로 파악되었으므로 **감가상각비를 다시 현금유출로 계상하는 것은 이중계산**이 된다.

06. 이자비용은 할인율을 통해 반영되므로 **이자비용을 반영하지 않고 현금흐름을 추정**하여야 한다.

08. 법인세는 회사가 통제할 수 없어도 현금흐름을 추정할 때 고려해야 한다.

11. 회수기간법이 기업의 유동성 의사결정에 유용하다.

12. 회계적이익율법은 회계이익에 기초하여 산정한다

13. **자본비용으로 재투자된다고 가정**한다.

16. NPV**법은 가치가산의 원칙이 적용**된다.

18. IRR≥자본비용이면 투자안은 채택한다.

21. 내부수익률법은 계산과정이 복잡하다.

27. **순현재가치가 0보다 커야 투자안을 채택**한다.

28. **실제현금흐름으로 자본예산을 실행하는 현금모형에는 회수기간법, 순현재가치법, 내부수익률법이 있다.**

주관식

01.	540,000원	02.	2.27년
03.	34,000원	04.	55,082원
05.	3.8년	06.	회수기간(A) 3.5년 회수기간(B) 3.8년

[풀이 - 주관식]

01.

1. 현금유입		
	• 처분가액	500,000
2. 현금유출		
	• 매입가액	1,000,000
	• 처분익에 대한 법인세효과	(500,000 - 300,000) × 20% = 40,000
3. 순현금지출(1 - 3)		△540,000원

02. (세후)순현금흐름 = 세전영업현금흐름 × (1 - t) + 감가상각비 × t(감가상각비 감세효과)

= 5,000 × (1 - 0.2) + 2,000 × 0.2 = 4,400원

회수기간 = 투자액/연간순현금유입액 = 10,000/4,400 = 2.27년

03. 〈현금흐름표〉

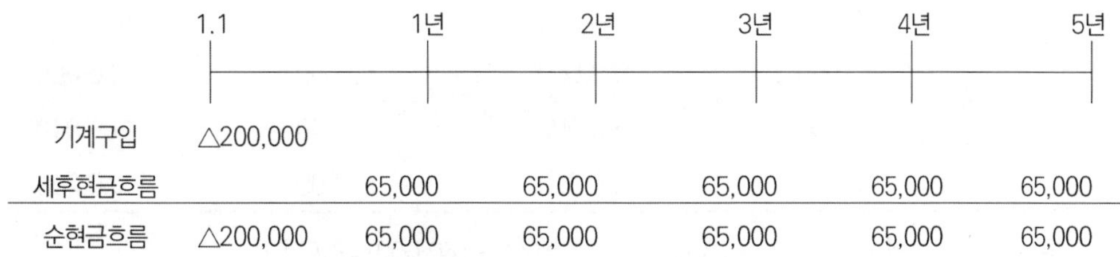

	1.1	1년	2년	3년	4년	5년
기계구입	△200,000					
세후현금흐름		65,000	65,000	65,000	65,000	65,000
순현금흐름	△200,000	65,000	65,000	65,000	65,000	65,000

투자안의 순현재가치 = 연간현금유입액 × 연금현가계수 - 투자액

= 65,000 × 3.6 - 200,000 = 34,000원

04. 감가상각비 = 220,000/5년 = 44,000원

(세후)순현금흐름 = 세전영업현금흐름 × (1 - t) + 감가상각비 × t(감가상각비 감세효과)

= 90,000 × (1 - 0.3) + 44,000 × 0.3 = 76,200원

〈현금흐름표〉

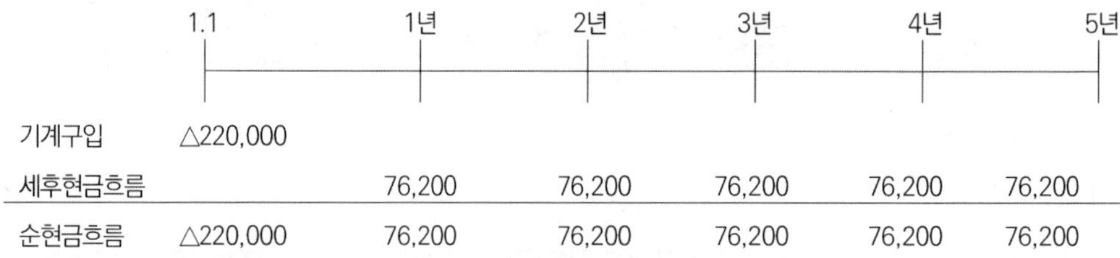

투자안의 순현재가치 = - 220,000 + 76,200 × 3.61 = 55,082원

05. 기계장치 구입비 30,000원

	1년	2년	3년	4년
누적원가절감액	5,000	14,000	22,000	32,000

회수기간 = 3년 + (30,000 - 22,000)/4년차 원가절감(10,000) = 3.8년

06. 〈회수기간법〉 기계장치 구입비 190,000원

연도	기계 A		기계 B	
	원가절감액	누적원가절감액	원가절감액	누적원가절감액
1	100,000	100,000	50,000	50,000
2	50.000	150.000	50.000	100,000
3	**30,000**	**180,000**	**50,000**	**150.000**
4	**20,000**	**200,000**	**50,000**	**200,000**
5	20,000	220,000	50,000	250,000

회수기간(A) = 3년 + (190,000 - 180,000) ÷ (200,000 - 180,000) = 3.5년

회수기간(B) = 3년 + (190,000 - 150,000) ÷ (200,000 - 150,000) = 3.8년

가격결정/대체가격

NCS회계 - 4 원가정보활용하기

1. 가격결정

구분			
1. 결정요소	**고객, 경쟁기업, 원가**		
2. 방법	경제학적	한계수익 = 한계비용에서 가격이 결정(이익이 극대화)	
	회계학적	총원가접근법	원가가산율 = 목표이익/총원가 판매가격 = 총원가×(1 + 원가가산율)
		전부원가접근법	원가가산율 = (목표이익 + 판관비)/전부원가 판매가격 = 전부원가×(1 + 원가가산율)
		공헌이익접근법	원가가산율 = (목표이익 + 고정원가)/변동원가 판매가격 = 변동원가×(1 + 원가가산율)
3. 특별가격	상층흡수가격	**초기시장진입가격은 높게 책정하고, 점진적으로 시장점유율을 높이기 위하여 가격을 인하**하는 정책 (예) 스마트폰	
	시장침투가격	**초기시장진입가격을 낮게 책정**하여 시장점유율을 높이는 방법	
	입찰가격	**경쟁자등을 고려하여 가격을 결정**하며, 공헌이익법이 주로 사용한다.	
	약탈적 가격정책	일시적으로 가격을 인하하여 **경쟁자를 축출하기 위한 정책** → 경쟁자가 축출된 후 가격인상	

☞ 한계수입 : 생산자가 한 개의 제품 또는 상품을 추가 판매시 얻는 매출액
한계비용 : 생산자가 한 개의 제품을 생산하는데 추가적으로 드는 비용

2. 대체가격결정

대체가격이란 기업내 사업부간 재화나 용역을 이전해야 하는 경우 사업부간에 이루어지는 가격을 말한다. 이러한 대체가격은 공급사업부에게는 수익이 되고, 구매(수요)사업부에게는 원가가 되므로 사업부의 성과평가와 밀접한 관계가 있다. 따라서 이러한 대체가격의 결정은 각 사업부의 자율성을 유지하며 동시에 기업전체의 이익을 극대화시키는 방향으로 결정되어야 한다.

(1) 대체가격 결정시 고려사항

① 목표일치성기준 <u>(가장 중요한 기준)</u>	각 사업부의 경영자가 **<u>회사전체의 이익이 극대화하는 범위 안에서 자기 사업부의 성과가 극대화</u>**되도록 대체가격을 결정하는 기준
② 성과평가기준	각 사업부의 **<u>성과를 합리적으로 측정하여 공정</u>**하게 평가할 수 있도록 대체가격을 결정하여야 한다는 기준
③ 자율성기준	각 사업부의 경영자들이 자율권을 가지고 대체가격을 결정해야 한다는 기준 → **준최적화현상(목표불일치)이 발생할 가능성 : 자기 사업부의 성과만을 최우선시 할 경우 <u>회사전체적인 입장에서 최적의 결정이 되지 못하는 현상</u>**

(2) 대체가격 결정 방법

① 시장가격접근	• 각 사업부의 성과를 공정하게 평가할 수 있고, 자율성도 보장되며 **<u>목표일치성도 달성</u>** • 중간제품의 시장이 존재하지 않거나 경제적이지 않을 경우에는 적용불가
② 원가기준	• 공급사업부의 실제원가를 기초로 대체원가를 결정하며 • 공급사업부의 비능률이 구매사업부로 전가되어 **<u>공급사업부가 원가통제를 제대로 수행하도록 동기부여를 하지 못한다.</u>** → 표준원가를 대체가격으로 해야 공정한 대체가격이 됨
③ 협상가격접근법	각 사업부의 자율권을 최대한 보장이 되나, **<u>가격결정에 많은 시간 소요</u>**

(3) 대체가격 결정 기본모형 

대체가격의 범위

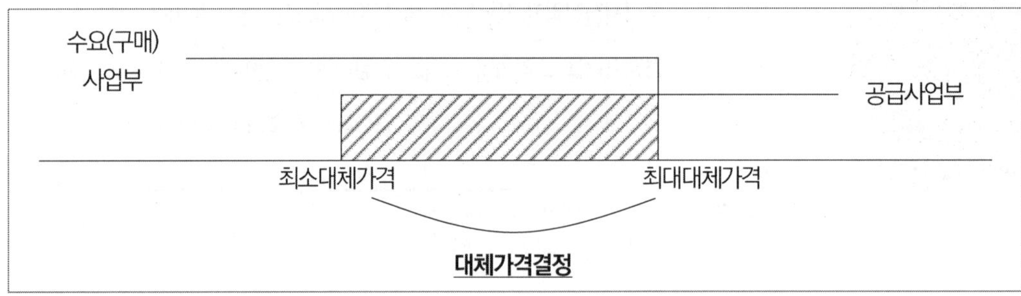

① 대체가격범위	**최소대체가격(공급사업부)≤대체가격≤최대대체가격(구매사업부)**
② 공급사업부의 최소대체가격	**한단위 대체시 지출원가+한단위 대체시 기회비용**
	(유휴생산능력이 없을 경우) ① 정규매출감소로 인한 공헌이익감소분 ② 추가 발생 고정비/사내대체수량
③ 구매사업부의 최대대체가격	구매사업부 입장에서 대체받을 때의 이익과 대체받지 않을 때의 이익이 일치하도록 하는 가격 =**MIN[①외부구입가격 ②완제품판매가격-추가가공비등]**

<예제> 대체가격

(주)로그인는 갑사업부와, 을사업부를 이익중심점으로 평가하고 있다. 갑사업부에서 X제품은 외부시장에 판매(판매가격 50원)하거나, 을사업부에 대체할 수도 있다. 갑사업부는 을사업부에 X제품을 대체해도 충분한 유휴생산능력을 보유하고 있다.

• 단위당 변동제조원가 : 40원 • 단위당 변동 판매관리비 : 10원

갑사업부가 X제품을 을사업부에 대체할 경우 단위당 변동제조원가를 5원만큼 절감할 수 있으며, 변동판매관리비는 발생하지 않는다.
을사업부는 X제품을 외부로부터 구입할 수 50원에 구입할 수 있으며, 추가가공비가 40원이 투입되며, 외부에 단위당 100원에 판매할 수 있다. 다음의 물음을 구하시오.

1. 갑사업부의 최소대체가격
2. 을사업부의 최대대체가격
3. 대체수량 1개당 회사 전체의 이익은 얼마나 증가하는가?
4. 사내대체물량(1,000단위)에 대한 추가 고정제조간접비가 20,000원 발생할 경우 갑사업부의 최소대체가격 얼마인가?

해답

1. 갑(공급)사업부의 최소대체가격
   =한단위 대체시 지출원가(40-5)+한단위 대체시 기회비용(0)=35원
2. 구매사업부의 최대대체가격
   =MIN[① 외부구입가격(50) ② 완제품판매가격(100)-추가가공비(40)]=50원

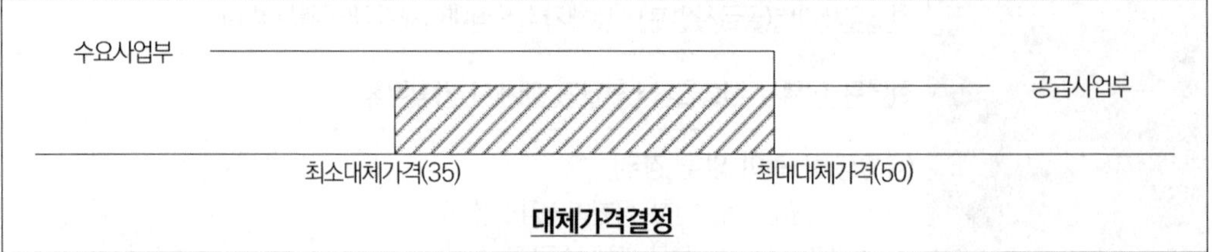

3. 1단위 대체시 최대대체가격(50) - 최소대체가격(35) = 15원만큼 증가

4. 갑(공급)사업부의 최소대체가격
   = 한단위 대체시 지출원가 + 한단위 대체시 기회비용
   = (40 - 5) + (50 - 40 - 10) + (20,000/1,000) = 55원
   최소대체가격이 55원이고, 최대대체가격이 50원일 경우 두 사업부 모두 허용가능한 대체가격이 존재하지 않으므로 대체하지 않는 것이 유리하고 외부로부터 구입해야 한다.

(4) 대체거래 성립여부

	최소대체가격 〈 최대대체가격	최소대체가격 〉 최대대체가격
대체거래성립여부	성립	불성립
최적의사 결정	대체하는 것이 유리	대체하는 것이 불리
회사전체이익에 미치는 영향	**대체시 단위당 (최대대체가격 - 최소대체가격)만큼 유리**	대체시 단위당 (최소대체가격 - 최대대체가격)만큼 불리

연/습/문/제

O,X 문제

01. **가격결정에 영향을 미치는 중요한 요소로는 고객, 경쟁기업, 제조기술이** 있다. ( )

02. 시장침투가격은 단기간의 이익을 극대화하기 위해서 **초기시장진입가격은 높게 설정하고, 점진적으로 시장점유율을 높이기 위해 가격을 내리는 정책**이다. ( )

03. 상층흡수가격은 **초기에 높은 시장점유율을 얻기 위한 가격정책**으로 **초기시장진입 가격을 낮게 설정**하는 방법이다. ( )

04. 약탈적 가격정책은 경쟁자를 시장에서 축출하기 위해 **일시적으로 가격을 인하하는 정책으로 경쟁자가 없어진 후 다시 가격을 인상**하여 이익을 얻기 위한 가격정책이다. ( )

05. **개별사업부 관점에서는 최적이지만 기업전체의 관점에서는 최적이 되지 못하는 상황을 최적화 현상**이라고 한다. ( )

06. 사업부간 대체가격 결정시 원가기준은 **공급사업부가 원가를 통제하도록 하는 동기부여를 제공**하지 못한다. ( )

07. 사업부간 **대체가격 결정시 원가기준**은 이미 회계시스템에 기록된 원가자료를 이용하므로 **적용이 용이하다**. ( )

08. 사업부간 대체가격 결정시 시장가격기준은 **시장가격이 존재할 경우 객관적이며 적절한 경제적인 동기를** 제공한다. ( )

09. 대체가격 결정시 개별사업부 관리자의 경영노력에 대한 **동기부여가 가능하도록 결정되어야 한다.** ( )

10. 가격결정시 공헌이익접근법을 사용시 **판매가격이 변동원가만을 초과한다면** 이익이 감소되는 것을 막을 수 있다. ( )

11. 경제학적 가격결정은 **한계수익과 한계비용이 일치**하는 점에서 제품의 판매가격이 결정되므로 이익이 극대화된다. ( )

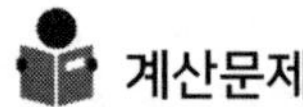

계산문제

01. ㈜로그인은 A사업부와 B사업부로 구성되어 있다. B사업부는 A사업부에서 생산되는 부품을 가공하여 완제품을 제조한다.A사업부에서 생산하는 부품의 단위당 변동원가는 400원이다. B사업부에 공급하더라도 기회비용이 발생하지 않는다. B사업부에서 부품 한 단위를 완제품으로 만드는 데 소요되는 추가가공원가는 500원이며, 완제품의 단위당판매가격은 1,100원이다. 부품의 외부시장가격이 단위당 550원인 경우, A사업부의 최소대체가격은 얼마인가?

02. 1번문제에 있어서 B사업부가 받아들일 수 있는 최대대체가격은 얼마인가?

03. (주)로그인의 A사업부는 제품생산에 소요되는 x부품을 생산하여 외부에 단위당 400원에 10,000개를 판매하고 있다. 부품을 생산하는데 소요된 단위당 제조원가는 다음과 같다.

재료비	노무비	변동제조간접비	변동판관비
50원	60원	70원	80원

부품을 내부대체할 경우 변동판매비의 50%을 절감할 수 있다. 최대생산능력은 20,000개이고 B사업부로부터 5,000개의 공급요청을 받았을 경우 A사업부가 B사업부에 요구할 수 있는 최소대체가격은 얼마인가?

04. 3번 문제에 있어서, B사업부는 X부품을 외부로부터 300원에 구입할 수 있고, A사업부로부터 사내대체시 추가가공비는 400원이 발생되며, 외부에 단위당 800원에 판매될 경우 A사업부에 지불할 수 있는 최대대체가격은 얼마인가?

05. ㈜삼일은 A, B 두 개의 사업부를 가지고 있다. A사업부는 부품 갑을 생산하여 외부에 판매하거나 B사업부에 내부대체할 수 있다. A사업부의 연간 생산 및 판매자료는 다음과 같다.

최대생산능력	20,000개	외부수요량	18,000개
단위당 판매가격	500원	단위당 변동원가	250원

B사업부는 부품 갑을 필요한 수량만큼 외부시장에서 470원에 구입할 수 있다. 만약 A사업부가 2,000개의 부품을 B사업부에 내부대체한다면 대체수량 1개당 회사전체이익이 얼마만큼 증가 또는 감소하겠는가?

연/습/문/제 답안

O,X문제

1	2	3	4	5	6	7	8	9	10	11				
×	×	×	○	×	○	○	○	○	○	○				

[풀이 - O,X문제]

01. 가격결정에 미치는 요소 중에 제조기술이 아니라 원가가 있다.
02. 상층흡수가격에 대한 설명이다.
03. 시장침투가격에 대한 설명이다.
05. 준최적화현상이라고 한다.

주관식

01.	400원	02.	550원
03.	220원	04.	300원
05.	220원 증가		

[풀이 - 주관식]

01. 공급사업부의 최소대체가격
= **한단위 대체시 지출원가**(400) + **한단위 대체시 기회비용**(0) = 400 + 0 = 400원

02. 구매사업부의 최대대체가격
= MIN[①**외부구입가격** ②**완제품판매가격 - 추가가공비**]
= MIN[①550 ②1,100 - 500] = 550원

03. 최대생산능력이 20,000개이므로 외부판매수량을 감소시키지 않아도 되므로 기회비용은 없다.
(A)사업부의 최소대체가격 = 한단위 대체시 지출원가 + 한단위 대체시 기회비용
= (50 + 60 + 70 + 80 × 50%) = 220원

04. 구매사업부의 최대대체가격
= MIN[①외부구입가격(300) ②완제품판매가격(800) - 추가가공비(400)] = 300원

05. A(공급)사업부의 최소대체가격 = 한단위 대체시 지출원가(250)
B(구매)사업부의 최대대체가격 = MIN[① 외부구입가격(470) ② ??] = 470원
1단위 대체시 최대대체가격(470) - 최소대체가격(250) = 220원만큼 증가

새로운 원가관리회계

NCS회계 - 4 원가정보활용하기

1. 수명주기 원가계산

제품의 기획, 연구, 개발, 설계에서 제조, 마케팅, 판매후 서비스, 폐기(공급중단)에 이르기 까지 수명주기 전체동안 발생된 일체의 원가(장기적인 관점에서의 원가)를 추적하여 집계하는 것을 말한다.

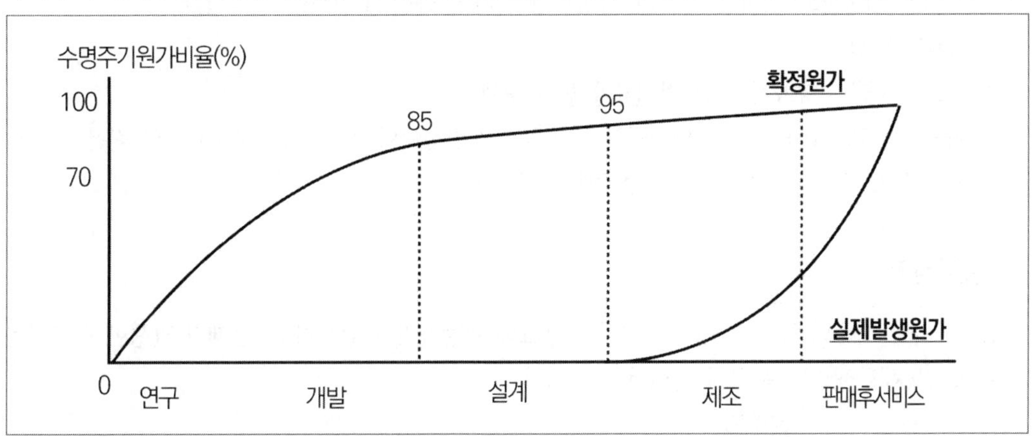

① 원가통제가 아닌 **연구단계부터 원가절감에 중점**을 둔다.

② **가치사슬활동**의 관리를 통하여 이루어진다.
가치사슬(Value Chain)이란 연구개발 → 설계 → 제조 → 마케팅 → 유통 → 고객서비스에 가치를 부여해 나가는 일련의 가치창출활동을 말한다.

③ **전체 원가의 85~90% 이상이 연구, 개발 및 설계단계에서 결정되므로 그 부분에 대해서 중점관리를 한다.**

④ **수명주기가 짧은 제품**을 생산하는 기업에 유용하다.

⑤ **장기적 관점에서 원가절감**을 할 수 있도록 동기부여할 수 있다.

2. 목표원가계산

목표가격이란 소비자들이 기꺼이 지불하고자 하는 제품 등의 가격을 말하는데, 목표이익을 확보할 수 있도록 목표원가를 설정하고 그 목표원가를 달성하기 위한 제품을 설계하고 생산하는 것을 말한다. 따라서 **제조단계이전에서의 원가절감**을 강조한다.

목표원가 = 목표가격 – 목표이익

목표원가 설정절차는 다음과 같다.

① **제품기획**

잠재고객의 욕구를 충종하는 제품을 개발하거나 제품의 특성을 결정한다.

② **목표가격 설정**

고객이 지불하고자 하는 가격과 경쟁기업의 가격 등을 고려하여 설정한다.

③ **목표원가 결정**

④ 목표원가를 수행하기 위한 **가치공학 등의 수행**

가치공학(Value Enginerring)이란 제품의 설계변경이나 공정조정, 부품교체와 같은 공학적인 방법을 통해서 제품원가를 절감하는 것이다.

3. 품질원가

품질원가란 제품의 품질에 문제가 생기지 않도록 예방하거나 검사하고, 문제가 발생한 경우에는 사후적으로 해결해주는 품질에 관련한 원가이다.

(1) 품질원가의 종류 

통제원가 (사전품질원가)	예방원가	품질에 결함이 발생하는 것을 **사전에 방지**하기 위해 발생하는 원가 (예) 품질교육, 예방설비유지, 공급업체평가, 설계엔지니어링
	평가원가	**품질에 결함이 있는 지**를 알아보기 위해 발생하는 원가 → 검사활동과 관련 (예) 입고원재료검사, 검사설비유지, 제품검사
실패원가 (사후품질원가)	내부실패원가 (고객인도전)	불량품이 **고객에게 인도하기 전**에 발견됨으로써 발생하는 원가 (예) 원재료 반품, **작업폐물, 공손품, 재작업, 작업중단**
	외부실패원가 (고객인도후)	불량품이 **고객에게 인도된 후**에 발견됨으로써 발생하는 원가 (예) 반품, 불량품손해배상, 보증수리, 고객지원, 소비자고충처리, 판매기회의 상실에 따른 기회비용

(2) 품질원가의 관리

구분	전통적 관점	최근의 관점 (무결함 추구의 전사적 품질관리)
품질원가 최소점	허용가능품질수준 (Acceptable Quality View)	불량율이 0인 **무결함수준**
통제원가와 실패원가의 관계	**상반관계(반비례관계)**	- 일정수준까지 상반관계 - **불량율 0에 접근하면 실패원가와 통제원가가 모두 감소**

〈전통적인 품질원가 도표 - 허용가능품질수준관점〉

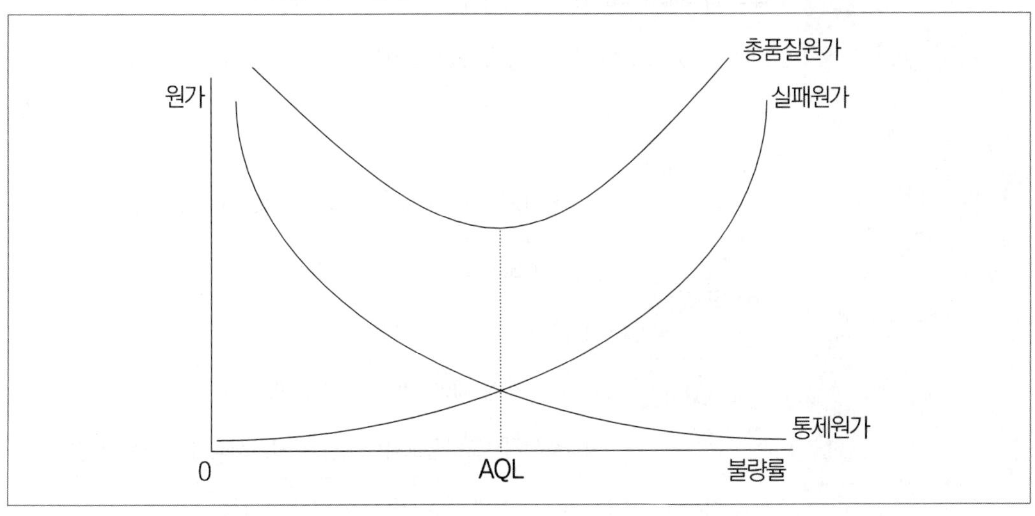

〈최근의 품질원가 도표 - 무결점수준 관점〉

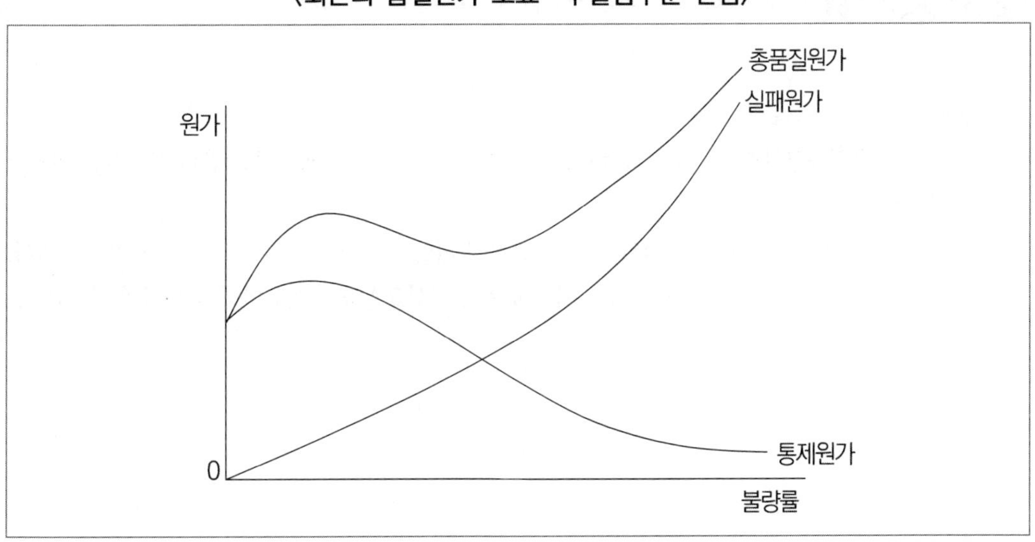

4. 균형성과표

균형성과표란 기업의 전략목표를 효과적으로 달성할 수 있도록 주요 성공 요소 및 성과측정지표 간의 균형있는 관리를 도모하여 **재무적측정치뿐만 아니라 비재무적측정치**까지 포함한 새로운 평가시스템을 말한다.

(1) 균형성과표의 4가지 구성요소

관점	세부	내용
① 재무적관점		기업의 성과를 종합적으로 나타내는 중요한 지표
		〈성과측정치〉 영업이익, 투자수익률, 잔여이익, 경제적부가가치
② 고객관점		고객의 입장에서 목표와 성과측정치
		〈성과측정치〉 고객충성도, **시장점유율, 고객만족도**, 고객유지율, 신규고객수등
③ 내부프로세스 관점	㉠ 혁신프로세스	현재와 미래고객의 욕구를 충족시켜 줄 수 있는 제품과 서비스를 창출하는 과정
		〈성과측정치〉 신제품의수, 신제품수익률, 신제품개발기간등
	㉡ 운영프로세스	제품과 서비스를 고객에게 전달하는 과정
		〈성과측정치〉 수율, 불량률, 생산처리기간외
	㉢ 판매후서비스 프로세스	판매후 고객에 대한 서비스를 지원하는 과정
		〈성과측정치〉 불량품교체시간, 고객불만처리에 소요된 시간
④ 학습과 성장관점		조직의 학습과 성장을 위한 목표와 측정지표를 개발하는 과정
		〈성과측정치〉 종업원교육수준, **종업원만족도**, 이직율 등

(2) 균형성과표의 유용성

① 기존의 **재무적측정치와 비재무적측정치(고객, 내부프로세스, 학습과성장등)간의 균형있는 성과평가**를 할 수 있다.

② 재무적 관점에 의한 **단기적 성과와 나머지 관점에 의한 장기적 성과간**의 균형을 이룰 수 있다.

③ 단일보고서를 통해 기업의 경쟁력을 제고하는데 **핵심요소를 일목요연하게 파악**할 수 있다.

연/습/문/제

O,X 문제

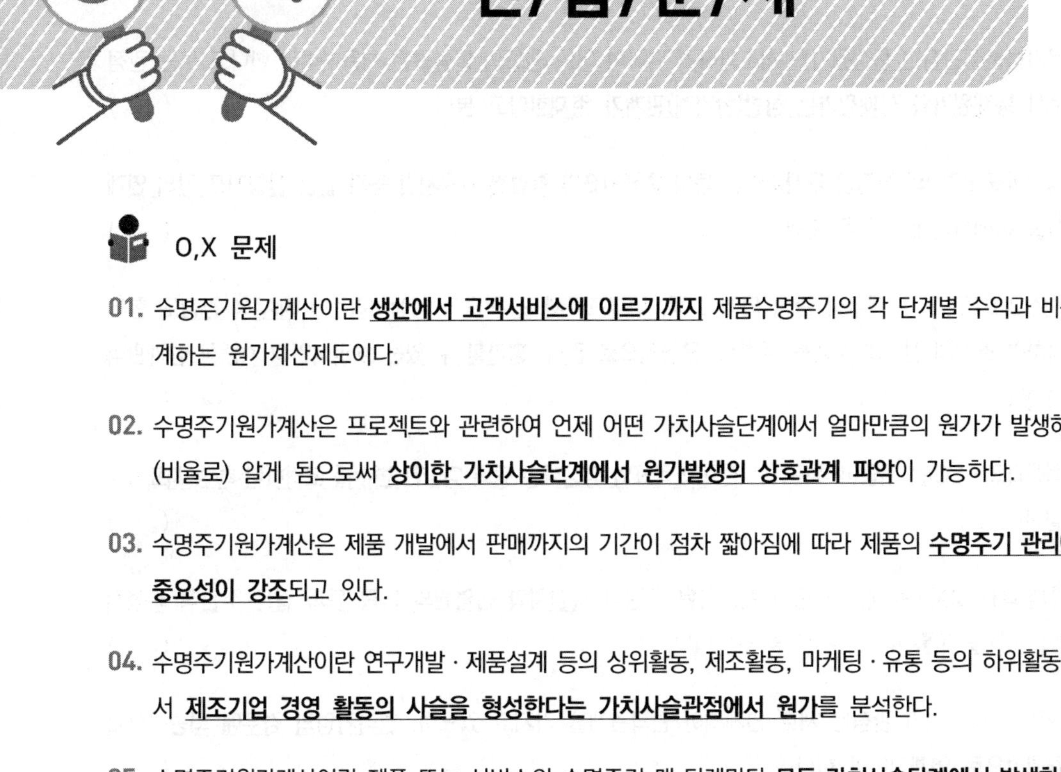

01. 수명주기원가계산이란 **생산에서 고객서비스에 이르기까지** 제품수명주기의 각 단계별 수익과 비용을 집계하는 원가계산제도이다. (　)

02. 수명주기원가계산은 프로젝트와 관련하여 언제 어떤 가치사슬단계에서 얼마만큼의 원가가 발생하는지를 (비율로) 알게 됨으로써 **상이한 가치사슬단계에서 원가발생의 상호관계 파악**이 가능하다. (　)

03. 수명주기원가계산은 제품 개발에서 판매까지의 기간이 점차 짧아짐에 따라 제품의 **수명주기 관리에 대한 중요성이 강조**되고 있다. (　)

04. 수명주기원가계산이란 연구개발 · 제품설계 등의 상위활동, 제조활동, 마케팅 · 유통 등의 하위활동이 모여서 **제조기업 경영 활동의 사슬을 형성한다는 가치사슬관점에서 원가**를 분석한다. (　)

05. 수명주기원가계산이란 제품 또는 서비스의 수명주기 매 단계마다 **모든 가치사슬단계에서 발생하는 수익과 비용에 대한 집계**를 가능하게 하여 **프로젝트 전체에 대한 이해가 향상**된다. (　)

06. 수명주기원가계산은 **제조이후단계에서 대부분의 제품원가가 결정된다는 인식**을 토대로 완벽한 품질을 강조한다. (　)

07. 목표원가계산은 **제조단계에서의 원가절감**을 강조한다. (　)

08. 목표원가계산에서 **목표원가가 결정**되고 여기에 이윤을 가산하여 **목표가격이 결정**된다. (　)

09. **내부실패원가와 외부실패원가**는 불량품이 생산된 결과로써 발생하는 원가이므로 **실패원가**라고 한다. (　)

10. **품질관리시스템 기획, 공급업체 평가, 품질교육, 공정 엔지니어링, 소비자고충처리**에 소요되는 원가는 **예방원가**에 해당한다. (　)

11. 제품의 검사 및 시험, 현장 및 라인검사 등으로 인하여 소요되는 지출로서 **불량품을 적발하기 위하여 발생하는 품질원가는 예방원가**이다. (　)

12. 무결함관점은 **품질원가를 최소화하기 위해서는 불량률이 "0"이 되어야 한다고 보는 관점**으로서 통제원가를 증가시켜 **불량률이 "0"에 가깝게 되면 통제원가와 실패원가가 함께 감소**한다고 본다. ( )

13. 허용가능품질관점은 품질원가를 최소화하기 위하여 어느 정도의 불량률은 허용하여야 한다고 보는 관점으로서 **통제원가와 실패원가는 상반(반비례)관계가 존재**한다고 본다. ( )

14. 균형성과표(BSC)의 장점은 **투자수익률 등의 후행지표와 종업원 교육시간 등과 같은 선행지표 간의 연계관계**를 이해하는데 도움을 준다. ( )

15. 균형성과표(BSC)는 **재무적 관점 외에 고객, 내부프로세스, 학습과 성장이라는 비재무적 관점**도 함께 고려하여 조직의 전략과 성과를 종합적, **균형적으로 관리, 평가할 수 있는 효과적인 가치중심 성과**관리 기법이다. ( )

16. 균형성과표(BSC)는 기업이 추구하는 **전략적 목표와 경쟁상황 등의 다양한 변수를 고려하여 측정 지표**들을 개발한다. ( )

17. 균형성과표(BSC)는 매출액 등의 **계량화된 객관적 측정치와 종업원의 능력 등과 같은 주관적 측정치 간**의 균형을 이룰 수 있는 성과지표입니다. ( )

18. 균형성과표의 여러 관점은 서로 연계되어 인과관계를 가지고 있으며, **영리기업의 경우에 최종적으로 고객관점으로 연계**되어야 한다. ( )

19. 수명주기원가계산은 재무적 관점에 의한 **단기적 성과 및 원가관리에 유용**하다. ( )

주관식

01. ㈜로그인은 프린터를 생산하여 판매하고 있다. 다음은 품질원가와 관련된 정보이다. 각 원가에 대해서 4가지 항목별로 세분하여 계산하시오.

항목	금액	항목	금액
생산라인검사원가	1,000원	소비자고충처리비	6,000원
생산직원교육원가	2,000원	재작업원가	7,000원
제품검사원가	3,000원	작업폐물	8,000원
반품원가	4,000원	설계원가	9,000원
구입재료검사원가	5,000원	제품책임보상	1,000원

02. (주)로그인은 신제품을 개발할 예정이다. 시장조사 결과 신제품의 예상판매량은 5,000단위, 목표가격은 2,000원으로 결정되었다. 목표원가 중 고정비가 5,000,000원이다. 회사의 목표이익률은 20%일 때, 단위당 목표원가는 얼마인가?

연/습/문/제 답안

O,X문제

1	2	3	4	5	6	7	8	9	10	11	12	13	14	15
×	○	○	○	○	×	×	×	○	×	×	○	○	○	○
16	**17**	**18**	**19**											
○	○	×	×											

[풀이 - O,X문제]

01. 수명주기원가계산은 **제품기획, 연구개발에서 고객서비스**에 이르기까지를 말한다.

06. 수명주기원가계산은 **제조이전단계에서 대부분의 제품원가가 결정된다는 인식**을 토대로 연구개발단계 부터 원가절감을 강조한다.

07. 목표원가는 **제조단계이전에서의 원가절감을 강조**한다.

08. 목표원가계산에서 목표가격이 우선 결정되고 목표원가가 결정된다.

10. **소비자고충처리는 외부실패원가**이다.

11. 평가원가에 대한 설명이다.

18. 영리기업의 목적은 이윤추구이므로 **최종적으로 이익등 재무적 관점으로 연계**되어야 한다.

19. **장기적 관점에서 원가절감**을 할 수 있도록 동기부여를 하는데 유용하다.

주관식

01.	〈해설참고〉	02.	1,600원

[풀이 - 계산]

01.

예방원가	생산직원교육원가(2), 설계원가(9)	11,000원
평가원가	생산라인검사원가(1), 제품검사원가(3), 구입재료검사원가(5)	9,000원
내부실패원가	재작업원가(7), 작업폐물(8)	15,000원
외부실패원가	반품원가(4), 소비자고충처리비(6), 제품책임보상(1)	11,000원

02. • 목표가격 : 2,000원 • 목표이익 : 2,000×20%=(400원) • 목표원가 : 1,600원

PART Ⅲ 세무회계

1. 부가가치세법
2. 법인세법
3. 소득세법
4. 국세기본법

부가가치세법

총 설

NCS세무 - 3 부가가치세 신고

제1절 부가가치세의 특징

구 분	내 용
일반소비세	모든 재화, 용역의 공급에 대하여 모두 과세한다.(**특정 재화는 개별소비세**)
소비형 부가가치세	소비지출에 해당하는 부가가치만을 과세대상으로 하고, 투자지출(자본재구입)에 해당하는 부가가치에 대해서는 과세하지 아니한다.
전단계 세액공제법	부가가치세법은 전단계세액공제법을 채택하고 있으므로 과세대상을 부가가치가 아니라 거래간의 매출과 매입의 차이에 과세하는 것으로 규정하고 있다.
간접세	납세의무자는 부가가치세법상 사업자 등이고 담세자는 최종소비자이다.
소비지국 과세원칙	국가 간의 이중과세를 조정하기 위하여 소비지국과세원칙을 채택하고 있다(VS 생산지국 과세원칙).
면세제도 도입	세부담의 역진성을 완화하기 위하여 특정 재화 또는 용역의 공급에 대해서는 부가가치세 과세대상에서 제외시키는 면세제도를 두고 있다.
다단계거래세	부가가치세는 재화와 용역의 생산과정에서 소비과정에 이르는 모든 유통단계에서 각 단계마다 과세하는 다단계거래세이다.

제2절 납세의무자

1. 사업적 2. 독립성(인적, 물적) 3. **영리목적유무 불구**

유 형		구 분 기 준	부가가치세 계산구조	증빙발급
부가 가치세법	일반 과세자	① 법인사업자	매출세액 − 매입세액	**세금계산서**
		② 개인사업자		
	간이 과세자	개인사업자로서 **직전 1역년의 공급대가가 1억 4백만원에 미달**하는 자	공급대가×부가가치율×10%	세금계산서 또는 영수증

제3절 납세지(사업장별 과세원칙)

1. 사업장의 범위 : 업종별 특성을 이해하세요.

구 분	사 업 장
광업	광업사무소의 소재지
제조업	최종제품을 완성하는 장소
건설업 · 운수업과 부동산매매업	**① 법인 : 당해 법인의 등기부상 소재지**
	② 개인 : 업무를 총괄하는 장소
부동산임대업	**당해 부동산의 등기부상의 소재지**
수자원개발사업	그 사업에 관한 업무를 총괄하는 장소
무인자동판매기를 통한 사업	**그 사업에 관한 업무를 총괄하는 장소**
비거주자 · 외국법인	국내사업장
신탁(수탁자가 납세의무가 되는 신탁의 경우)	해당 **신탁재산의 등기부상 소재지 또는 그 사업에 관한 업무를 총괄**하는 장소
기타	사업장 외의 장소도 사업자의 신청에 의하여 사업장으로 등록할 수 있다. 다만, 무인자동판매기를 통한 사업의 경우에는 그러하지 아니하다.

2. 특수한 경우의 사업장 여부

직 매 장	사업자가 자기의 사업과 관련하여 생산 또는 취득한 재화를 직접 판매하기 위하여 특별히 판매시설을 갖춘 장소를 직매장이라 하고, **직매장은 사업장에 해당한다.**
하 치 장	재화의 보관, 관리시설만을 갖춘 장소로서 사업자가 설치신고를 한 장소를 하치장이라 하며 **이러한 하치장은 사업장에 해당하지 않음**
임시사업장 (기존 사업장에 포함됨)	임시사업장의 **사업개시일부터 10일 이내**에 개설신고서를 제출하여야 하고, 폐쇄시에는 **폐쇄일로부터 10일 이내**에 폐쇄신고서를 제출하여야한다. 그러나 임시사업장의 **설치기간이 10일 이내**인 경우에는 개설신고를 하지 않아도 무방하다. (예) 박람회 등

3. 주사업장 총괄납부 vs 사업자단위과세제도

구 분	주사업장총괄납부	사업자단위과세
주사업장 또는 사업자단위과세사업장	-법인 : 본점 또는 지점 -개인 : 주사무소	-**법인 : 본점** -개인 : 주사무소
효 력	-총괄납부	-총괄신고 · 납부 -사업자등록, 세금계산서발급, 결정 등
	-판매목적 타사업장 반출에 대한 공급의제 배제	
신청 및 포기	**-계속사업자의 경우 과세기간 개시 20일전**(승인사항이 아니다.)	

제4절 과세기간

		과세기간	신고납부기한
일반	제1기	예정 : 1월 1일~3월 31일, 확정 : 4월 1일~6월 30일	**과세기간의 말일 (폐업 : 폐업일이 속하는 달의 말일)부터 25일** 이내 신고납부
	제2기	예정 : 7월 1일~9월 30일, 확정 : 10월 1일~12월 31일	
신규사업자		**사업개시일 ~ 당해 과세기간의 종료일**	
폐업		당해 과세기간 개시일 ~ **폐업일**	

제5절 사업자등록

1. 신청기한	사업장마다 **사업개시일로부터 20일 이내**에 사업자등록을 신청 다만, 신규사업을 개시자는 **사업개시일 전이라도 사업자등록 신청 가능** ☞ 사업자등록신청을 받은 세무서장은 그 신청내용을 조사한 후 **사업자등록증을 *2일 이내*에 신청자에게 발급**하여야 한다.	
2. 사업개시일	**1. 제조업 : 제조장별로 재화의 제조를 개시하는 날** 2. 광업 : 사업장별로 광물의 채취 · 채광을 개시하는 날 **3. 기타 : 재화 또는 용역의 공급을 개시하는 날**	
3. 미등록시 불이익	1. 미등록가산세	**사업자등록신청일 전일까지의 공급가액에 대하여 1%**
	2. 매입세액불공제	사업자등록 전 매입세액은 원칙적으로 공제받을 수 없다. 다만 과세기간이 끝난 후 20일 이내에 사업자 등록신청 시 해당 과세기간의 매입세액은 공제받을 수 있다. 따라서 **사업자 등록 전에는 대표자의 주민등록번호 분으로 세금계산서를 발급**받아야 매입세액을 공제받을 수 있다.

4. 사업자등록 정정사유	재교부기한
∴ **상호를 변경하는 때**	**당일**
∴ 법인 또는 국세기본법에 의하여 법인으로 보는 단체 외의 단체 중 소득세법상 1거주자로 보는 단체의 대표자를 변경하는 때	2일 이내
∴ **상속(증여는 폐업사유임)**으로 인하여 사업자의 명의가 변경되는 때	
∴ 임대인, 임대차 목적물 · 그 면적, 보증금, 차임 또는 임대차기간의 변경이 있거나 새로이 상가건물을 임차한 때	
∴ 사업의 종류에 변동이 있는 때	
∴ 사업장(사업자 단위 신고 · 납부의 경우에 종된사업장 포함)을 이전하는 때	
∴ 공동사업자의 구성원 또는 출자지분의 변경이 있는 때	
∴ 사업자 단위 신고 · 납부의 승인을 얻은 자가 총괄사업장을 이전 또는 변경하는 때	

연/습/문/제

O,X 문제

01. 면세사업자는 실질적인 납세의무자가 아니므로 **부가가치세법상 사업자등록, 세금계산서 발급, 과세표준 신고 등의 제반의무에서 제외**된다. ( )

02. 겸영사업자는 과세사업과 면세사업을 겸영하는 자를 말한다. **겸영사업자는 부가가치세 납세의무가 없다.** ( )

03. 면세사업과 과세사업을 **겸영하는 자도 부가가치세법상 사업자등록**을 하여야 하며, 이 경우 별도로 법인세법 또는 소득세법에 의한 사업자등록을 해야 한다. ( )

04. 신규로 사업을 개시한 자는 사업장마다, 사업자단위과세사업자는 당해 사업자의 본점 또는 주사무소에서 **사업개시일로부터 20일 내에 사업자등록신청**을 하여야 한다. ( )

05. 등록신청을 받은 세무서장은 그 신청내용을 조사하여 적법한 경우 **신청일로부터 7일 이내**에 사업자 등록번호가 부여된 사업자등록증을 발급하여야 한다. ( )

06. 사업자등록 전 매입세액은 매출세액에서 공제받을 수 없다. 다만, 공급시기가 속하는 **과세기간이 끝난 후 20일 이내에 등록 신청**한 경우 그 과세기간 내의 것은 매입세액공제를 받을 수 있다. ( )

07. 사업자란 사업목적이 **영리이든 비영리이든 관계없이** 사업상 독립적으로 재화 또는 용역을 공급하는 자를 말한다. ( )

08. 사업을 개시한 이후 사업자등록을 하기 전에는 공급받은 부분에 대해 **매입세금계산서를 발급 받을 수 없고 영수증을 발급**받아야 한다. ( )

09. 주사업장 총괄납부를 신청한 사업자는 본점 또는 주사무소에서 모든 사업장의 부가가치세를 **총괄하여 신고 및 납부**한다. ( )

10. 과세사업자가 사업개시일로부터 **20일 이내에 사업자 등록을 하지 아니한 경우**에는 **미등록가산세(공급가액 2%)**를 적용받는다. ( )

11. 신규사업자가 **사업개시일 전에 사업자등록을 한 경우**에는 **과세기간 시작일부터 과세기간의 종료일까지를 최초 과세기간**으로 한다. ( )

12. **재화의 보관 · 관리 시설만을 갖춘 장소로서 사업자가 관할세무서장에게 그 설치신고를 한 장소를 직매장**이라 하며, **직매장은 사업장으로 보지 않는다.** ( )

13. 임시사업장을 개설하고자 하는 자는 **임시사업장의 사업개시일부터 10일 이내**에 임시사업장개설신고서를 임시사업장 관할세무서장에게 제출하여야 하며, 임시사업장을 **폐쇄한 경우에는 폐쇄일로부터 10일 이내**에 임시사업장 폐쇄신고서를 제출하여야 한다. ( )

14. 입시사업장 **설치기간이 7일 이내인 경우 임시사업장 개설신고를 하지 않을 수 있다.** ( )

15. 총괄납부하려는 자는 주사업장총괄납부신청서를 총괄납부하고자 하는 **과세기간 개시 20일 전**에 주사업장 관할세무서장에게 제출하여야 한다. 따라서 20X1년 제2기부터 총괄납부하고자 하는 경우 **20X1년 6월 10일까지 신청**을 하여야 한다. ( )

16. 둘 이상의 사업장이 있는 사업자가 자기사업과 관련하여 생산 또는 취득한 재화를 타인에게 직접 판매목적으로 타 사업장에 반출하는 것은 재화의 공급으로 간주하여 부가가치세를 납부하여야 한다. 또한 사업자단위과세를 사업자의 경우에도 이를 **재화의 공급으로 보며 세금계산서를 발급하여야 한다.** ( )

17. 제조업에 있어서 제품의 **포장만을 하거나 용기에 충전만을 하는 장소**는 사업장이 아니다. ( )

18. 사업자 단위과세제도에 따라 사업자단위 신고하는 경우에는 **사업자등록 및 세금계산서의 발급 및 수취까지도 모두 본점 또는 주사무소**에서 할 수 있다. ( )

19. 한명의 사업자가 여러 개의 사업장을 보유하는 경우 **각 사업장별로 신고 · 납부하여야 하며** 각 사업장마다 별도의 사업자등록을 해야 하는 것이 원칙이다. ( )

20. 총괄납부적용 사업자가 자기 사업과 관련하여 생산, 취득한 재화를 직접 **판매할 목적으로 타 사업장에 반출하는 것은 부가가치세 과세대상**에서 제외된다. 다만 세금계산서 발급하는 경우에는 재화의 공급으로 본다. ( )

21. **부동산임대업**을 영위하는 **법인의 사업장은 법인의 본점소재지**이다. ( )

22. **수탁자가 납세의무자가 되는 신탁의 경우** 수탁자의 주소지를 사업장으로 본다. ( )

연/습/문/제 답안

O,X문제

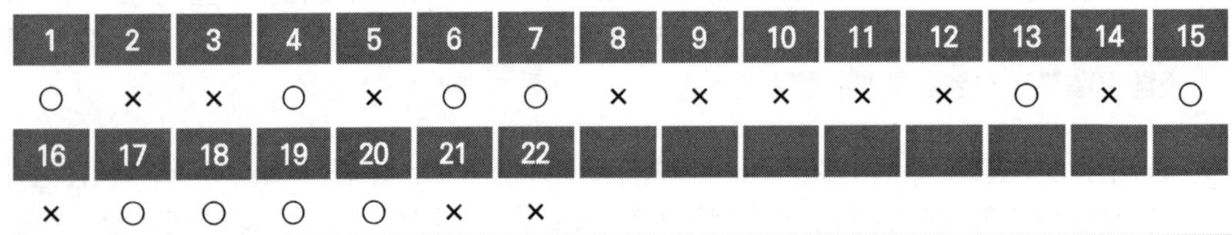

1	2	3	4	5	6	7	8	9	10	11	12	13	14	15
○	×	×	○	×	○	○	×	×	×	×	×	○	×	○
16	17	18	19	20	21	22								
×	○	○	○	○	×	×								

[풀이 - O,X문제]

02. **겸영사업자도 부가가가치세법상 사업자에 해당**한다.

03. 부가세법상 사업자등록을 하면, **별도로 법인세법에 의하여 사업자등록할 필요는 없다.**

05. **2일 이내 사업자등록증을 발급**하여야 한다.

08. 대표자 주민등록번호로 발급받을 수 있다.

09. **납부(또는 환급)만 총괄사업장**에서 할 수 있다.

10. **미등록가산세는 공급가액의 1%**이다.

11. 등록일부터 과세기간 개시일이 된다.

12. 재화의 보관관리시설은 하치장이며, 하치장은 사업장에 해당하지 않으나, 직매장은 사업장에 해당한다.

14. **설치기간이 10일 이내인 경우 개설신고를 하지 않을 수 있다.**

16. 주사업장총괄납부와 사업자단위과세 사업자의 경우 **판매목적 타사업장반출의 경우 공급으로 보지 않는다.**

21. 임대부동산의 등기부상소재지가 사업장이다.

22. 수탁자가 납세의무자가 되는 신탁의 경우 해당 **신탁재산의 등기부상 소재지 또는 그 사업에 관한 업무를 총괄하는 장소**를 사업장으로 하여야 한다.

과세거래, 영세율 및 면세

NCS세무 - 3 부가가치세 신고

제1절 과세대상

1. 재화의 공급	계약상 또는 법률상의 모든 원인에 의하여 재화를 인도/양도하는 것
	1. 재화를 **담보를 제공**하거나 2. 소정 법률에 의한 **경매, 공매** 3. **조세의 물납** 4. 수용시 받는 대가 5. **사업장 전체를 포괄양도**하는 것은 재화의 공급으로 보지 않는다.
2. 용역의 공급	계약상 또는 법률상의 모든 원인에 의하여 역무를 제공하거나 재화·시설물 또는 권리를 사용하게 하는 것 ☞ **부동산업 및 임대업은 용역에 해당하나 전, 답, 과수원 등은 과세거래 제외**
3. 재화의 수입	외국으로부터 우리나라에 도착된 물품 등

제2절 재화의 간주공급

구 분		공급시기	과세표준
1. 자가공급	1. 면세전용	**사용·소비 되는 때**	시가
	2. 비영업용소형승용차와 그 유지를 위한 재화		
	3. 직매장반출 → **세금계산서 발행** (예외 : 주사업장총괄납부 등)	반출하는 때	**취득가액 (+가산)**
2. 개인적공급	사업과 직접 관련없이 자기가 사용·소비하는 경우 → **작업복, 직장체육비, 직장문화비는 제외**	**사용·소비 되는 때**	시가
3. 사업상증여	자기의 고객이나 불특정다수에게 증여하는 경우 → **견본품, 광고선전물은 제외**	증여하는 때	
4. 폐업시 잔존재화	사업자가 사업을 폐지하는 때에 잔존재화	**폐업시**	
기 타	**용역무상공급은 과세대상에서 제외(특수관계자간 부동산무상임대는 과세)**		

제3절 부수재화 또는 용역

부수재화 또는 용역이란 **주된 거래인 재화(용역)의 공급에 필수적으로 부수되는 재화 또는 용역의 공급은 주된 거래인 재화의 공급(용역)에 포함**된다.

1. '주된 거래'에 부수하여 공급되는 재화 또는 용역

범위	주된 재화 등	부수재화 등	과세 · 면세
1. 해당대가가 **주된 거래인 재화 등의 공급대가**에 통상적으로 포함되어 공급되는 재화 등	TV(과세)	**리모콘(과세)**	**과세**
	조경공사(과세)	**나무, 꽃(면세)**	**과세**
2. 거래의 관행으로 보아 통상적으로 **주된 거래인 재화 등의 공급에 부수**하여 공급되는 것으로 인정되는 재화 등	농산물(면세)	**운반비(과세)**	**면세**
	교육용역(면세)	**도서(면세)**	**면세**

2. '주된 사업'에 부수하여 공급되는 재화 또는 용역

범위	주된 사업	부수 재화 · 용역	과세 · 면세여부
1. 주된 사업과 관련하여 **우발적 또는 일시적으로 공급**되는 재화 등	제조업 (과세사업)	토지**(면세)**	**면세**
		부수 재화 등이 과세면 과세, 부수 재화 등이 면세면 면세	
	은행업 (면세사업)	승용차(과세)	**면세**
		부수재화 등이 과세 · 면세를 불문하고 무조건 면세	
2. 주된 사업과 관련하여 주된 재화의 생산에 **필수적으로 부수하여 생산되는 재화(부산물)**	부산물의 매각으로서 주산물이 과세면 부산물도 과세이고, 주산물이 면세이면 부산물도 면세에 해당한다.		

제4절 재화의 수입

재화의 수입이란 다음에 해당하는 물품을 우리나라에 반입하는 것(보세구역을 거치는 것은 보세구역에서 반입하는 것)을 말한다.

① 외국으로부터 우리나라에 도착된 물품(외국의 선박에 의하여 공해에서 채집되거나 잡힌 수산물을 포함한다)으로서 수입신고가 수리되기 전의 것

② **수출신고가 수리된 물품**[수출신고가 수리된 물품으로서 선적되지 아니한 물품을 보세구역에서 반입하는 경우는 제외한다]

제5절 거래시기(= 공급시기)

1. 재화의 공급시기

1. 일반적기준	1. 재화의 이동이 필요한 경우 : **재화가 인도되는 때** 2. 재화의 이동이 필요하지 아니한 경우 : 재화가 이용가능하게 되는 때 3. 이외의 경우는 재화의 공급이 확정되는 때
2. 거래형태별 공급시기	1. 현금판매, 외상판매, 단기할부판매 : 재화가 인도되거나 이용가능하게 되는 때 2. **장기할부판매, 완성도기준지급, 중간지급조건부, 계속적 공급 : 대가의 각 부분을 받기로 때** 3. **내국물품의 국외반출, 중계무역방식의 수출 : 수출재화의 선적일** 4. **위탁판매수출 : 공급가액이 확정되는 때** 5. **위탁가공무역방식, 외국인도수출 : 외국에서 당해 재화가 인도되는 때** 6. **무인판매기에 의한 공급 : 무인판매기에서 현금을 인취하는 때**

2. 용역의 공급시기

1. 일반적 기준	역무가 제공되거나 재화, 시설물 또는 권리가 사용되는 때
2. 거래형태별 공급시기	1. 통상적인 경우 : 역무의 제공이 완료되는 때 2. **완성도기준지급, 중간지급, 장기할부 또는 기타 조건부 용역공급 : 대가의 각 부분을 받기로 한 때** 3. 이외 : 역무의 제공이 완료되고 그 공급가액이 확정되는 때 4. **간주임대료, 선·후불임대료 : 예정신고기간 또는 과세기간의 종료일**

제6절 면세와 영세율

1. 면세대상

<table>
<tr><td>기초생활 필수품</td><td>㉠ 미가공 식료품 등(국내외 불문)
㉡ 국내 생산된 식용에 공하지 아니하는 미가공 농·축·수·임산물
<table><tr><th></th><th>국내생산</th><th>해외수입</th></tr><tr><td>식용</td><td rowspan="2">면세</td><td>면세</td></tr><tr><td>비식용</td><td>과세</td></tr></table>㉢ 수돗물(생수는 과세)
㉣ 연탄과 무연탄(유연탄, 갈탄, 착화탄은 과세)
㉤ 여성용 생리처리 위생용품, 영유아용 기저귀·분유(액상형분유 추가)
㉥ 여객운송용역[<u>시내버스, 시외버스, 지하철, 마을버스, 고속버스(우등 제외)</u> 등] (전세버스, 고속철도, 택시는 과세)
㉦ 주택과 이에 부수되는 토지의 임대용역</td></tr>
<tr><td>국민후생 용역</td><td>㉠ 의료보건용역과 혈액(질병 치료 목적의 동물 혈액 포함, 개정세법 25)
→ 약사가 판매하는 일반의약품은 과세, 미용목적 성형수술 과세, <u>산후조리원은 면세</u>
㉡ 수의사가 제공하는 동물진료 용역(가축 등에 대한 진료용역, 기초생활수급자가 기르는 동물에 대한 진료용역, 기타 질병예방 목적의 동물 진료용역)
㉢ 교육용역(허가분) ⇒ <u>운전면허학원은 과세</u>
☞ 미술관, 박물관 및 과학관에서 제공하는 교육용역도 면세</td></tr>
<tr><td>문화관련 재화용역</td><td>㉠ 도서[도서대여 및 실내 도서 열람용역 포함]·신문(인터넷신문 구독료 포함)·잡지·관보·뉴스통신(광고는 과세)
㉡ 도서관·과학관·박물관·미술관·동물원·식물원에의 입장</td></tr>
<tr><td>부가가치 구성요소</td><td>㉠ 금융·보험용역 – <u>리스회사가 제공하는 리스용역 포함</u>
㉡ 토지의 공급(토지의 임대는 과세)
㉢ 인적용역(변호사·공인회계사·세무사·관세사 등의 인적용역은 제외)</td></tr>
<tr><td>기타</td><td>㉠ 우표·인지·증지·복권·공중전화(수집용 우표는 과세)
㉡ 국가 등이 공급하는 재화·용역
㉢ 국가 등에 무상공급하는 재화·용역</td></tr>
</table>

부동산의 공급(재화의 공급)	부동산의 임대(용역의 제공)
1. **토지의 공급 : 면세** 2. 건물의 공급 : 과세(예외 : 국민주택)	1. 원칙 : 과세 2. 예외 : 주택 및 부수토지의 임대는 면세

2. 면세포기

<table>
<tr><td>1. 대 상</td><td>① 영세율적용대상이 되는 재화 용역
② 학술연구단체 또는 기술연구단체가 실비 또는 무상으로 공급하는 재화용역</td></tr>
<tr><td>2. 승 인</td><td>승인을 요하지 않는다.</td></tr>
<tr><td>3. 재적용</td><td>신고한 날로부터 3년간 면세를 적용받지 못한다.</td></tr>
</table>

3. 면세 vs 영세율의 적용대상

<table>
<tr><th></th><th>면 세</th><th>영 세 율</th></tr>
<tr><td>취지</td><td>세부담의 역진성 완화</td><td>국제적 이중과세의 방지(상호면세주의)
수출산업의 지원</td></tr>
<tr><td>대상</td><td>기초생활필수품 등</td><td>수출 등 외화획득 재화 · 용역의 공급</td></tr>
<tr><td rowspan="2">부가가치세법상 의무</td><td>① 매입처별세금계산서합계표 제출의무
② 대리납부의무</td><td>부가가치세법상 사업자이므로
부가가치세법상 제반의무를 이행</td></tr>
<tr><td colspan="2">[세금계산서 합계표 제출의무]<table><tr><th></th><th>과세사업자(영세율)</th><th>면세사업자(면세)</th></tr><tr><td>매출</td><td>○</td><td>×(계산서를 발행)</td></tr><tr><td>매입</td><td>○</td><td>○</td></tr></table></td></tr>
</table>

☞ 대리납부 : 국내사업자가 공급하는 용역에 대해서 부가가치세가 과세되나, 국내사업장이 없는 비거주자 또는 외국법인이 국내에서 용역을 공급하는 경우 공급자가 부가가치세법에 따른 사업자가 아니므로 과세거래에 해당하지 않는다. 따라서 공급자를 대신하여 공급받는 자가 그 대가에서 부가가치세를 징수하여 납부하도록 하고 있는데 이를 '대리납부'라 한다.

연/습/문/제

O,X 문제

01. **부수재화 · 용역**이란 주된 재화 · 용역의 공급에 **필수적으로 부수되는 재화 또는 용역**을 말한다. ( )

02. 부수재화의 공급은 주된 재화의 공급과는 **별개로 과세 · 면세여부를 판단해야 한다.** ( )

03. 부수재화 또는 용역의 과세범위 등은 모두 주된 재화 또는 용역의 공급에 따라 판단한다. 따라서 **주된 재화 또는 용역이 과세대상이면 부수재화 또는 용역도 과세대상**이 된다. ( )

04. 주된 거래인 재화의 공급이 과세대상이고 부수재화의 공급이 면세대상인 경우에는 **주된 재화의 공급은 과세하고 부수재화의 공급은 면세한다.** ( )

05. 사업자가 자기의 제품 등을 구입하는 자에게 구입 당시 그 구입액의 비율에 따라 **증여하는 기증품** 등은 **주된 재화의 공급에 포함하므로 과세되지 않는다.** ( )

06. 사업자가 자기의 고객 중 추첨을 통하여 당첨된 자에게 **재화를 경품으로 제공하는 경우**에는 과세된다. ( )

07. **불량품 교환 또는 광고선전을 위한 상품진열 등의 목적**으로 자기의 다른 사업장으로 반출하는 경우 재화의 공급으로 보지 않는다. ( )

08. 사업자가 자기의 사업과 관련하여 사업장 내에서 그 종업원에게 **음식용역을 무상으로 제공하는 경우 용역의 무상공급**이므로 부가가치세를 과세하지 않는다. ( )

09. **수출신고를 하고 선적이 완료된 물품**을 계약 취소 등의 사유로 다시 국내로 재반입시 **재화의 수입**으로 본다. ( )

10. 수입하는 재화에 대하여는 당해 **수입자가 사업자인지 여부에 따라** 부가가치세가 과세여부가 결정된다. ( )

11. 건설업에 있어서는 **건설업자가 건설자재의 전부 또는 일부를 부담**하는 경우에도 **용역의 공급**으로 본다. ( )

12. 사업을 위하여 무상으로 다른 사업자에게 인도 또는 양도하는 **견본품은 사업상 증여에 해당**한다. ( )

13. 상대방으로부터 인도받은 재화에 대해 주요 자재를 전혀 부담하지 않고 **단순히 가공만 하는 경우 용역의 공급**으로 본다. ( )

14. 할부판매의 경우에는 인도기일, **장기할부판매의 경우에는 대가의 각부분을 받기로 한때**가 공급시기이다. ( )

15. 폐업시 잔존재화의 공급시기는 **폐업하는 때**이다. 그리고 폐업일 이전에 공급한 재화의 공급시기가 폐업일 이후에 도래하는 경우에는 그 **폐업일을 공급시기**로 본다. ( )

16. **위탁판매수출은 공급가액이 확정**되는 때, **외국인도수출 및 위탁가공수출은 국외에서 인도하는 때**가 공급시기이다. ( )

17. 2과세기간 이상에 걸쳐 부동산 임대용역을 제공하고 그 대가를 선불 또는 후불로 받는 경우 과세표준은 **당해 금액을 월수로 안분한 금액**으로 하고 공급시기는 **예정신고기간 또는 과세기간의 종료일**로 한다. ( )

18. 공급시기가 도래하기 전에 대금을 지급받고, 세금계산서를 발급하는 경우에는 **재화를 인도하는 때가 공급시기**이다. ( )

19. 4월 5일 **상품(1,000,000원)을 6개월 할부**로 판매하고 확정신고기간(4~6월) 동안 500,000원을 회수한 경우 신고할 과세표준은 500,000원이다. ( )

20. **완성도기준지급 · 중간지급 · 장기할부 또는 기타 조건부용역공급의 공급시기**는 계약에 따라 **대가의 각 부분을 받기로 한 때**이다. ( )

21. 국외에서 용역을 제공하는 경우 영세율을 적용한다. 예를 들어 국외건설공사를 내국법인으로부터 재도급받아 **국외에서 건설용역을 제공하고 대가를 국내에서 원화로 받는 경우에도 영세율을 적용한다.** ( )

22. **부동산의 임대는 원칙적으로 과세**이나 **주택과 그 부수토지의 임대는 면세**이다. ( )

23. 면세포기는 과세기간 중 언제든지 포기신고를 할 수 있으며, 다만 면세포기를 하면 **5년간 면세적용**을 받을 수 없다. ( )

24. **과세(영세율) 사업자은 매입 · 매출처별세금계산서합계표 제출의무**가 있으나, **면세사업자는 매입 · 매출처별 세금계산서합계표 제출의무가 없다.** ( )

25. 국가와 지방자치단체에 공급하는 재화 또는 용역에 대해서는 **유상 또는 무상을 불문하고 부가가치세가 면제**된다. ( )

26. 과세사업을 위해 취득한 기계장치를 **면세사업용으로 전용**하는 경우 부가가치세 과세대상에 포함한다. ( )

27. 사무용으로 임대하기 위해 오피스텔을 구입하고 **매입세액을 공제를 받았으나,** 5년 후 해당 오피스텔을 **주거용(면세)으로 임대**시 자가공급 면세전용에 해당되어 부가가치세를 납부하여야 한다. ( )

28. 세금계산서를 거래처별로 1역월의 공급가액을 합계하여 당해 월의 말일자를 발행일자로 하여 공급일이 속하는 달의 **다음달 15일까지** 교부할 수 있다. ( )

29. 공급시기가 도래하기 전에 재화 등에 대한 대가의 전부 또는 일부를 받고 이와 동시에 그 받은 대가에 대하여 **세금계산서를 발급시 발급하는 때**를 공급시기로 본다. ( )

30. **주택의 임대, 수도요금, 시내버스 승차료, 프로야구 입장권은 면세**에 해당한다. ( )

31. 미국으로 부터 **용역의 수입시 과세대상**이다. ( )

32. **매입세액을 공제받지 못한 재화**를 종업원에게 무상공급하는 것은 재화의 공급에 해당하지 않는다. ( )

33. 수의사의 **애완견에 대한 의료용역**, **미용목적의 의료용역, 자동차 운전학원의 교육용역**은 과세 대상이다. ( )

34. **상호면세주의**에 따라 외국에서 우리나라 거주자 또는 내국법인에 대하여 동일한 면세를 적용하는 경우에 한하여, 그 외국의 비거주자 또는 외국법인에 대하여 영세율을 적용한다. ( )

35. 무인판매기를 이용하여 재화를 공급하는 경우 **재화가 인도되는 때가 재화의 공급시기**이다. ( )

MEMO

연/습/문/제 답안

O,X문제

1	2	3	4	5	6	7	8	9	10	11	12	13	14	15
○	×	○	×	○	○	○	○	○	×	○	×	○	○	○
16	**17**	**18**	**19**	**20**	**21**	**22**	**23**	**24**	**25**	**26**	**27**	**28**	**29**	**30**
○	○	×	×	○	○	○	×	×	×	○	○	×	○	×
31	**32**	**33**	**34**	**35**										
×	○	○	○	×										

[풀이 - O,X문제]

02. **주된 재화의 공급이 과세면세여부**에 달라 달라진다.

04. 주된 재화의 공급이 과세이면 부수재화도 과세에 해당한다.

10. 수입하는 재화는 **사업자여부를 불문하고 과세**한다.

12. 견본품은 사업상증여에서 제외된다.

18. **선세금계산서로 발급하는 때가 공급시기**이다.

19. 단기할부로 인도하는 때가 공급시기이므로 과세표준은 1,000,000원이다.

23. 3년간 재적용을 받지 못한다.

24. 면세사업자는 세금계산서를 발급하지 않으므로 매출처별세금계산서 합계표를 제출할 의무가 없으나, **세금계산서 수취시 매입처별세금계산서합계표를 제출할 의무**가 있다.

25. 국가등에 무상공급시에만 면세가 적용된다.

28. **월합계세금계산서는 다음달 10일까지** 발급해야 한다.

30. 비직업운동경기에 대한 입장권은 면세이나, 프로야구경기는 과세대상이다.

31. **용역의 수입은 부가가치세 과세대상에서 제외**된다.

35. 해당 사업자가 **무인판매기에서 현금을 꺼내는 때가 공급시기**이다.

과세표준과 세금계산서

NCS세무 - 3 부가가치세 신고

제1절 과세표준

1. 일반원칙

1. 실질공급	금전으로 대가를 받는 경우	그 대가
	금전 이외의 대가를 받는 경우	**공급한 재화 또는 용역의 시가**
2. 간주공급	**1. 원칙 : 재화의 시가** 2. **감가상각자산 : 취득가액×(1 – 감가율×경과된 과세기간의 수)** *** 감가율 : 건물, 구축물 = 5% 기타 = 25%** **3. 직매장반출 : 재화의 취득가액 또는 세금계산서 기재액**	

2. 과세표준 계산

미포함	1. 매출에누리, 매출환입, 매출할인 2. **공급받는 자에게 도달하기 전에 파손, 훼손 또는 멸실된 재화의 가액** 3. 공급대가의 지급지연으로 받는 연체이자 4. **반환조건부 용기대금 · 포장비용**
미공제	1. 대손금 2. **판매장려금(☞ 판매장려물품은 과세표준에 포함)** 3. **하자보증금**

3. 거래유형별 과세표준

1. 외상판매, 할부판매 : 공급한 재화의 총가액
2. 장기할부판매, 완성도기준, 중간지급조건부 등 : 계약에 따라 받기로 한 대가의 각 부분
3. **마일리지 결제 : 자기적립 마일리지 등으로 결제받은 금액은 제외**
4. 외국통화 수령시

공급시기 도래 전에 외화수령	환가	그 환가한 금액
	미환가	공급시기(선적일)의 기준환율 또는 재정환율에 의하여 계산한 금액
공급시기 이후에 외국통화로 지급받은 경우		

5. 재화의 수입 : 관세의 과세가격+관세+개별소비세등
6. 간주임대료 : 해당 기간의 임대보증금×정기예금 이자율×임대일수/365(366)일

4. 공통사용재화 공급시 과세표준

$$과세표준 = 공급가액 \times 직전과세기간의 \frac{과세공급가액}{총공급가액} (= 과세공급가액비율)$$

다만, 휴업등으로 인하여 직전과세기간의 공급가액이 없는 경우에는 가장 가까운 과세기간의 공급가액에 의해 계산한다.

5. 토지와 건물의 일괄공급

(1) 원칙

토지	면세	실지거래가액가액으로 안분계산
건물, 구축물 등	과세	

6. 주택 및 그 부수토지의 임대용역에 대한 면세

(1) 주택의 부수토지

MAX[①,②]

① **건물이 정착된 면적×5배(도시지역, 도시지역 외 : 10배),** ② 주택의 연면적

☞ 일반적으로 ①의 면적이 크나, 고층건물의 경우에는 ②와 비교하여야 한다.

☞ 도시지역 : 인구와 산업이 밀집되어 있거나 밀집이 예상되어 당해 지역에 체계적인 개발, 정비, 관리, 보전 등이 필요한 지역

(2) 겸용주택

	주택면적>사업용건물면적	주택면적≤사업용건물면적
건물	**전체를 주택**으로 본다.	**주택과 사업용건물을 안분**한다.
부수토지	**전체를 주택의 부수토지**로 본다.	안분하여 주택의 부수토지를 계산한다.

제2절 세금계산서

1. 세금계산서 발급시기

1. **일반적 : 공급한 때에 발급**
2. 공급시기전 발급 :
   ① 원칙 : 대가의 전부 또는 일부를 받고 당해 받은 대가에 대하여 세금계산서 발급시
   ② 예외
   ⓐ 세금계산서를 교부하고 그 세금계산서 **발급일로부터 7일 이내 대가**를 지급받은 경우
   ⓑ 7일 경과 후 동일 과세기간 내에 대가를 받더라도 일정 조건 충족시 인정
3. 공급시기후 : **월합계세금계산서는 말일자를 발행일자로 하여 익월 10일까지 교부**

2. 세금계산서 발급면제

1. 부가가치세법에서 규정한 영수증발급대상사업
   ① **목욕, 이발, 미용업**
   ② **여객운송업(전세버스운송사업은 제외)**
   ③ **입장권을 발행하여 영위하는 사업**
2. 재화의 간주공급 : 직매장반출은 발급의무
   (다만, 주사업장총괄납부사업자, 사업자단위과세사업자는 발급면제)
3. **간주임대료**
4. **영세율적용대상 재화, 용역(예외 : 국내수출분)**

3. 수정세금계산서

1. **공급한 재화가 환입시 : 환입된 날을 작성일자로 하여 비고란에 당초 세금계산서 작성일자로 부기한 후 (−)표시**
2. 착오시 : 경정 전까지 수정하여 발행가능
3. 공급가액의 증감시 : **증감사유가 발생한 날에 세금계산서를 수정**하여 발급
4. **계약해제시 : 계약해제일을 공급일자로 하여 수정발급**한다.
5. 이중발급
6. **내국신용장(구매확인서)의 사후 개설**

4. 전자세금계산서

1. 의무자	① **법인사업자(무조건 발급)** ② **개인사업자(일정규모 이상)** 〈전자세금계산서 발급의무 개인사업자〉
2. 발급기한	공급시기(월합계세금계산서의 경우 다음달 10일까지 가능)
3. 전송	**발급일의 다음날**
4. 혜택	−**세금계산합계표 제출의무면제** −세금계산서 5년간 보존의무면제

〈전자세금계산서 발급의무 개인사업자〉

공급가액(과세+면세) 기준년도	기준금액	발급의무기간
20x0년	8천만원	**20x1. 7. 1~**

5. 매입자발행세금계산서

사업자가 재화 또는 용역을 공급하고 거래시기에 세금계산서를 발급하지 않는 경우**[거래건당 공급대가가 5만원 이상인 거래]** 그 재화 또는 용역을 공급받은 자는 관할세무서장의 확인을 받아 세금계산서를 발행할 수 있다. **과세기간의 종료일부터 1년 이내** 발급 신청할 수 있다.

연/습/문/제

O,X 문제

01. 하자보증을 위하여 공급받는 자에게 공급대가의 일부를 보관시키는 **하자보증금은 과세표준에서 공제한다.** ( )

02. 시가보다 낮은 대가를 받거나 받지 않은 경우에는 **제공받은 재화 또는 용역의 시가**를 과세표준으로 한다. ( )

03. 금전 이외의 대가를 받은 경우에는 **자기가 공급한 재화 또는 용역의 시가**를 과세표준으로 한다. ( )

04. 거래처별 1역월의 공급가액을 합계하여 **당해 월의 말일자를 작성일자**로 하여 세금계산서를 발급하는 경우 **다음달 13일까지** 세금계산서를 발급할 수 있다. ( )

05. **전력을 공급받는 명의자와 실제 소비하는 자가 다른 경우**, 전기사업자는 명의자를 공급받는 자로 하여 세금계산서를 발급하고 당해 **명의자는 그 발급받은 세금계산서에 기재된 공급가액의 범위 내에서 실제 소비자를 공급받는 자로 하여 세금계산서**를 발급할 수 있다. ( )

06. 전자세금계산서를 발급하고 전자세금계산서 발급명세를 해당 재화 또는 용역의 공급시기가 속하는 **과세기간 확정신고기한**까지 국세청장에게 전송한 경우에는 **매출세금계산서합계표를 제출하지 아니할 수 있다.** ( )

07. 자가공급 · 개인적공급 · 사업상증여 · 폐업시 잔존재화는 세금계산서 발급의무가 면제되나, **판매목적사업장반출은 세금계산서를 발급하는 것이 원칙이다**. ( )

08. 기재사항에 착오 또는 정정사유가 발생한 경우, **당초에 발급한 세금계산서는 붉은색 글씨로, 수정발급하는 세금계산서는 검은색 글씨**로 각각 작성하여 함께 발급한다. ( )

09. 당초 계약의 해지 등에 따라 공급가액에 증감되는 금액이 발생한 경우, 그 **해지일자를 작성연월일**로 하여 추가되는 금액은 검은색 글씨로, 차감되는 글씨는 붉은색 글씨로 수정세금계산서를 작성 · 발급한다. ( )

10. 한번 발행된 세금계산서라도 **기재사항에 착오로 오류가 있으면 수정세금계산서**를 발급 할 수 있다. ( )

11. **재화나 용역의 공급 전**에 세금계산서를 발행하고 **10일 이내에 대가를 지급받은 경우** 공급받는 자는 발급받은 세금계산서로서 매입세액을 공제받을 수 있다. ( )

12. 세금계산서 발급의무가 있는 사업자가 재화 등을 공급하고 거래시기에 세금계산서를 발급하지 않는 경우 공급받은 자가 관할 세무서장의 확인을 받아 **매입자발행세금계산서**를 발행할 수 있다. ( )

13. 매입자발행세금계산서는 거래시기가 속한 **과세기간의 종료일부터 6개월이내에 신청하여야 한다.** ( )

14. 매입자발행세금계산서는 **건당 공급가액이 10만원 이상**인 경우에 신청대상이다. ( )

15. **직전연도 공급가액이 1억원이상인 개인사업자는 전자세금계산서 발급의무자**이다. ( )

주관식

01. 다음 자료에 의하여 도매업을 영위하는 (주)로그인의 20x1년 1기 부가가치세 과세표준은 얼마인가? (단, 세금계산서는 모두 적법하게 교부되었으며 해당 금액에는 부가가치세가 포함되어 있지 않다.)

- 국내 상품 매출액 10,000,000원이고 이 중 매출에누리와 환입액 500,000원, 매출할인은 200,000원이다.
- 대손금 150,000원(상기 매출액에 포함되어 있다.)
- 판매장려금 지급액 1,000,000원
- 장기할부판매의 경우 이자상당액 200,000원
- 대가의 일부로 받는 포장비 50,000원

02. 일반과세사업을 영위하던 개인사업자가 20x1년 10월 10일에 당해 사업을 폐업하였다. 폐업하는 시점에 사업장 내에 잔존하는 재화의 내역이 다음과 같을 때 부가가치세법상 과세표준금액은 얼마인가?

기계장치 : 20x0.6.27. 10,000,000원에 구입, 중고시세 7,500,000원,
장부상 미상각잔액 7,705,000원

03. 총괄납부사업자인 ㈜로그인의 부가가치세 과세표준을 구하시오.

① 외상매출액(매출에누리, 할인 1,000,000원이 차감된 금액) 50,000,000원
② 거래처 파산으로 인한 대손금 1,000,000원(외상매출액에 포함되어 있음)
③ 회사 제품으로 지급한 판매장려물품 2,000,000원
④ 외상매출금의 지급지연으로 인해 수령한 연체이자 3,000,000원
⑤ 판매목적 타사업장 반출 4,000,000원
⑥ 특수관계인에 대한 재화매출액 5,000,000원(시가 6,000,000원)

04. 개인 과세사업자인 로그인씨는 20x3.10.10. 사업을 폐업하였다. 폐업시 잔존재화일 경우 부가가치세 과세표준을 구하시오.

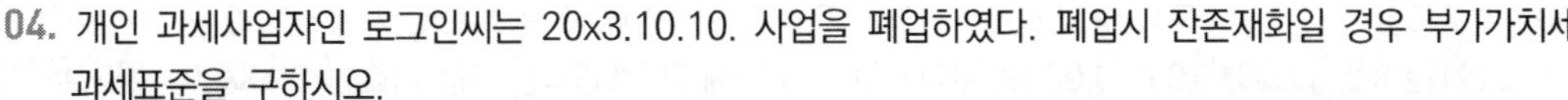

자산의 종류	취득일	취득원가	시가
토 지	2015.7.16.	100,000,000원	300,000,000원
상 품	20x1.8.30.	20,000,000원	30,000,000원
건 물	20x0.4.15.	300,000,000원	200,000,000원
차량운반구	20x1.5.10.	40,000,000원	20,000,000원

05. 다음 자료에 의하여 부가가치세가 면세되는 토지와 건물의 면적은?

- 거주자 갑은 도시지역 외의 지역에 소재하는 부동산(주택과 상가로 겸용되는 단층건물 및 부수토지)을 을에게 임대하였다.
- 주택면적은 40㎡, 상가면적은 40㎡
- 동건물의 부수토지는 1,000㎡이다.

06. 다음의 자료에 의하여 부가가치세법상 면세되는 건물과 토지의 면적은 얼마인가?

(1) 주택의 면적 : 500㎡
(2) 상가의 면적 : 300㎡
(3) 토지의 면적 : 5,000㎡
(4) 단층인 겸용주택에 해당된다.
(5) 도시지역 내의 토지에 해당된다.
(6) 주택과 상가의 전부를 임대하였다고 가정한다.

07. 부동산임대업을 영위하는 ㈜로그인의 20x1년 1기 예정신고기간의 부가가치세 과세표준을 구하시오.

(1) 상가건물 1년간 임대료 선급수령(1.1) : 12,000,000원
(2) 임대기간 : 1.1~12.31(365일로 가정)
(3) 상가 임대보증금 : 10,000,000원
(4) 정기예금이자율은 2%로 가정한다.

08. ㈜로그인교통은 우등고속버스사업(과세)과 시외버스사업(면세)에 공통으로 사용하고 있던 수리설비를 20x1년 4월 12일에 10,000,000원(부가가치세 제외)에 매각하였다. 다음 자료에 의하여 이 수리설비의 부가가치세 과세표준을 구하시오.

과세기간	우등고속버스사업	시외버스사업	합계
20x0년 제2기	6억	4억	10억
20x1년 제1기	5억	6억	11억

09. 과세사업과 면세사업을 겸영하고 있는 ㈜로그인은 두 사업에서 공통으로 사용하고 있던 재화를 매각하였다. 다음 자료를 보고 ㈜로그인의 20x1년 제1기 예정신고시 공통사용재화와 관련된 매출세액을 계산하면 얼마인가?

- 공통사용재화 취득일 : 20x1년 1월 2일
- 공통사용재화 공급일 : 20x1년 3월 28일
- 공통사용재화 공급가액 : 20,000,000원(부가가치세 미포함)
- 과세사업과 면세사업의 공급가액

구분	20x0년 1 기	20x0년 2 기
과세	1억원	2억원
면세	3억원	3억원
계	4억원	5억원

연/습/문/제 답안

O,X문제

1	2	3	4	5	6	7	8	9	10	11	12	13	14	15
×	×	○	×	○	○	○	○	×	○	×	○	×	×	×

[풀이 - O,X문제]

01. 하자보증금은 과세표준에서 공제하지 아니한다.
02. **자기가 공급한 재화 또는 용역의 시가**를 과세표준으로 한다.
04. 월합계 세금계산서는 **다음달 10일까지** 세금계산서를 발급할 수 있다.
09. **증감사유가 발생한 일자를** 작성연월일로 하여 수정세금계산서를 발급한다.
11. 7일이내 대가를 지급받아야 한다.
13. **1년 이내에 신청**하여야 한다.
14. **건당 공급대가가 5만원 이상인 경우 대상**이다.
15. **직전연도 공급가액이 0.8억원 이상인 개인사업자는 전자세금계산서 발급의무자**이다.

주관식

01.	9,550,000원	02.	2,500,000원
03.	58,000,000원	04.	225,000,000원
05.	건물 40㎡ 토지 400㎡	06.	건물 800㎡ 토지 4,000㎡
07.	3,049,315원	08.	6,000,000원
09.	800,000원		

[풀이 - 주관식]

01. 대손금과 판매장려금은 과세표준에서 공제하지 않는다.
위 문제에서 대손금이 상품매출액에 포함되어 있다고 해석하여야 한다.
10,000,000원 - 500,000원(매출에누리) - 200,000원(매출할인) + 200,000원(장기할부판매시 이자상당액) + 50,000원(포장비) = 9,550,000원

02. 간주시가 = 10,000,000원 × [1 - (25% × 3 : 경과된 과세기간수)] = 2,500,000원

03. 대손금은 공급가액에서 차감하지 않으며, 연체이자는 공급가액에 포함하지 않는다. 총괄납부사업자이므로 직매장반출은 과세표준에서 제외한다.
50,000,000 + 2,000,000(장려물품) + 6,000,000(특수관계인, 시가) = 58,000,000원

04.

	계산근거	과세표준
1. 토지	토지는 면세임.	–
2. 상품	상품의 과세표준은 시가이다.	30,000,000
3. 건물	간주시가 : 300,000,000 × (1 – 5% × 7기)	195,000,000
4. 차량운반구	간주시가 : 40,000,000 × (1 – 25% × 5기) = "0" → 음수일 경우 "0"이다. 따라서 기타 자산일 경우 경과된 과세기간이 4기 이상이면 과세표준은 0가 된다.	0
계		*225,000,000*

– 경과된 과세기간 : 초기산입 말기불산입

	20x0	20x1	20x2	20x3	합계
건물(x0.1기 취득)	2기	2기	2기	1기	7기
기계(x1.2기 취득)	–	2기	2기	1기	5기

05.

	임대면적	주택판정	부수토지	주택부수토지한도	면세 토지	과세 토지
주택	**40㎡**	**주택과 상가를 구분한다.**	500㎡	400㎡ (40㎡×10배)	**400㎡**	**100㎡**
상가	40㎡		500㎡		–	**500㎡**
계	80㎡	**주택≤상가**	1,000㎡		400㎡	**600㎡**

06.

	임대면적	주택판정	부수토지	주택부수토지한도	면세 토지	과세 토지
주택	**500㎡**	**전체를 주택으로 본다.**	5,000㎡	4,000㎡ (800㎡×5배)	**4,000㎡**	1,000㎡
상가	300㎡		–		–	–
계	**800㎡**	**주택>상가**	5,000㎡		4,000㎡	1,000㎡

07. 임대료 = 3,000,000원(3개월)

간주임대료 = 10,000,000 × 2% × 90일(1.1~3.31)/365일 = 49,315원

과세표준 = 임대료 + 간주임대료 = 3,049,315원

08. 10,000,000 × 6억/10억(직전과세기간의 과세공급가액비율) = 6,000,000원

09. 공통사용재화의 과세표준 = 공급가액(20,000,000) × (직전과세기간)과세공급가액(2억)/총공급가액(5억) = 8,000,000원

매출세액 = 과세표준(8,000,000) × 10% = 800,000원

납부세액의 계산

NCS세무 - 3 부가가치세 신고

제1절 대손세액공제

1. 대손사유	1. 소멸시효 완성채권 2. 회생인가결정에 따라 채권을 출자하는 경우(매출채권의 장부가액과 취득한 주식의 시가와의 차액) 3. 신용회복지원협약에 따라 면책으로 확정된 채권 4. **부도발생일로부터 6개월 이상 경과한 어음·수표 및 외상매출금(중소기업의 외상매출금으로서 부도발생일 이전의 것)** 5. **중소기업의 외상매출금 및 미수금으로서 회수기일로부터 2년이 경과한 외상매출금 등 (특수관계인과의 거래는 제외)** 6 파산, 강제집행, 사망, 실종, 회사정리인가 7. **회수기일이 6개월 경과한 30만원 이하의 채권**
2. 대손기한	**공급일로부터 10년이 되는 날이 속하는 과세기간에 대한 확정신고기한까지**
3. 공제시기	대손사유가 발생한 과세기간의 **확정신고시 공제**
4. 공제액	대손금액(VAT 포함) × 10/110

제2절 매입세액

1. 공제받지 못할 매입세액

사 유		내 역
협력의무 불이행	① 세금계산서 미수취 · 불명분 매입세액	
	② 매입처별세금계산합계표 미제출 · 불명분매입세액	
	③ 사업자등록 전 매입세액	**공급시기가 속하는 과세기간이 끝난 후 20일 이내에 등록을 신청한 경우 등록신청일부터 공급시기가 속하는 과세기간 개시일(1.1 또는 7.1)까지 역산한 기간 내의 것은 제외한다.**
부가가치 미창출	**④ 사업과 직접 관련 없는 지출**	
	⑤ 비영업용소형승용차 구입 · 유지 · 임차	8인승 이하, 배기량 1,000cc 초과(1,000cc 이하 경차는 제외), 지프형승용차, 캠핑용자동차, 이륜자동차(125cc 초과) 관련 세액
	⑥ 기업업무추진비 및 이와 유사한 비용의 지출에 대한 매입세액	
	⑦ 면세사업과 관련된 매입세액	
	⑧ 토지관련 매입세액	토지의 취득 및 조성 등에 관련 매입세액

2. 의제매입세액공제 

1. 요건

면세농산물을 과세재화의 원재료로 사용(적격증빙 수취)
제조업 : 농어민으로부터 직접 공급받는 경우에도 공제가능(영수증도 가능)

2. 계산

구입시점에 공제(예정신고시 공제, 확정신고시 정산)
면세농산물등의 매입가액×공제율

업 종			공제율
음식점업	과세유흥장소		2/102
	위 외 음식점업자	법인	6/106
		개인사업자	8/108
제조업	**일반**		2/102
	중소기업 및 개인사업자		4/104
위 외의 사업			2/102

매입가액은 운임 등의 부대비용을 제외한 가액, 수입농산물은 관세의 과세가격

3. 추징	1. 면세농산물 등을 그대로 양도하는 경우 2. 면세농산물 등을 면세사업 또는 기타의 목적을 위하여 사용소비
4. 한도	**과세표준(면세농산물관련)×한도비율(법인 50%)×의제매입세액공제율**

3. 재활용폐자원에 대한 매입세액

재활용폐자원 등을 수집하는 사업자가 국가 등 기타 부가가치세 과세사업을 영위하지 않는자(계산서 발급) 또는 간이과세자(일반영수증발급)로부터 재활용폐자원 등을 취득하여 제조 또는 가공하거나 이를 공급하는 경우에는 일정율을 매입세액으로 의제한다.

구 분	매입세액공제액
재활용폐자원 : 고철, 폐지, 폐건전지 등	공제대상금액의 3/103
수출용중고자동차(1년 미만인 자동차는 제외)	공제대상금액의 10/110

4. 공통매입세액의 안분계산

1. 내용	겸영사업자(과세+면세사업)의 공통매입세액에 대한 면세사업분에 대하여 매입세액은 불공제임 → **면세사업에는 비과세사업을 포함**한다.
2. 안분방법	**당해 과세기간의 공급가액 기준**
3. 안분계산 및 정산	**불공제분＝공통매입세액× 해당과세기간의 $\frac{\text{면세공급가액}}{\text{총공급가액}}$ (＝면세비율)** ☞ **예정신고시 안분계산 → 확정신고시 정산**

연/습/문/제

O,X 문제

01. 대손세액공제는 재화의 공급일로부터 **5년이 경과된 날이 속하는 과세기간에 대한 확정신고기한까지**는 확정된 대손액을 말한다. ( )

02. 수표 또는 어음에 대한 대손세액공제를 받기 위해서는 **부도발생일로부터 6개월이 경과**해야 한다. ( )

03. 의제매입세액은 면세농산물 등을 공급받아 **사용한 날이 속하는** 과세기간의 매출세액에서 공제한다. ( )

04. 당해 재화를 **사용하는 시점에서 매입세액을 공제받는 것**이며 단순히 매입한 시점이 속하는 예정신고기간 또는 확정신고기간에 매입세액을 공제받을 수 있는 것이 아니다. ( )

05. 과세사업에 사용될 **토지의 매립공사와 관련된 매입세액은 불공제대상**이다. ( )

06. **영수증발급대상 간이과세자로부터 발급받은 현금영수증**에 포함된 매입세액은 공제대상이다. ( )

07. 과세유흥장소외의 **음식점업을 영위하는 법인사업자**의 경우 면세로 구입한 농산물 등의 매입가액에 **4/104**을 곱하여 공제해 준다. ( )

08. 발급받은 세금계산서에 **임의적 기재사항이 누락된 경우 매입세액공제를 받을 수 있다** ( )

09. **매입자발행세금계산서라도 공제받을 수 있는 세금계산서**에 해당한다. ( )

10. 의제매입세액은 **해외농산물 등을 수입하는 경우에는 적용받지 못**한다. ( )

11. 의제매입세액은 **예정신고시 공제받지 못한 경우 확정신고시 공제받을 수 있다.** ( )

12. 겸영사업자의 매입세액은 **실지귀속에 따라 계산하고, 불분명시 공통매입세액은 세법이 정하는대로 안분계산**한다. ( )

13. 겸영사업자의 **공통매입세액은 확정신고시에만 공제받는다**. ( )

 주관식

01. 다음은 부가가치세 일반과세자인 ㈜로그인의 제2기 예정신고기간의 매입내역이다. 제2기 예정신고 시 공제받을 수 있는 매입세액을 구하시오.

매입내역	매입세액
① 업무용 승용차(5인승, 3,000CC) 구입	60,000,000원
② 업무무관 자산(요트) 구입	50,000,000원
③ 원재료 구입(세금계산서의 필요적 기재사항의 일부가 누락되었음)	40,000,000원
④ 컴퓨터 복합기 토너 구입(영수증발급대상 간이과세자로부터 현금 영수증 수령)	30,000,000원
⑤ 비품구입(일반과세자로부터 신용카드매출전표를 수령)	20,000,000원

02. 다음 자료의 의해 제조업을 영위하는 일반과세자인 (주)로그인의 공제 가능한 매입세액을 계산하면 얼마인가? (단, 세금계산서 및 계산서를 모두 적법하게 수취하였고 모두 사업과 관련된 매입세액임)

- 원재료 매입세액 10,000,000원
- 기업업무추진비(접대비) 관련 매입액 2,000,000원
- 사업자등록 전 30일에 구입한 비품 매입세액 500,000원
  ☞ 사업자등록신청을 5월 20일에 하였다.
- 적법하게 발급받은 전자세금계산서로서 국세청장에게 미전송되었으나 발급사실이 확인되는 매입세액 300,000원
- 의제매입세액 550,000원

03. 다음 자료에 의하여 제조업(중소기업이 아니다)을 영위하는 (주)로그인의 20x1년 1기분 부가가치세 차가감납부세액은 얼마인가? (단, 세금계산서는 모두 적법하게 수수되었으며, 해당 금액에는 부가가가치세가 포함되어 있지 않다)

- 국내제품매출액 : 50,000,000원
- 국외제품수출액 : 90,000,000원
- 거래처에 대한 증정품(견본품이 아니며 매입세액 공제받음) : 5,000,000원
- 직매장 반출액(총괄납부 및 사업자단위과세의 적용을 받지 않음) : 10,000,000원
- 제품의 원재료로 사용된 **미가공 농산물 매입액**(전액 과세분으로 사용됨) : 25,500,000원
  ☞ 의제매입세액공제율은 2/102이고 한도는 고려하지 마세요.

04. 도매업을 영위하는 로그인씨의 제2기 확정신고기간동안 거래내역이다. 20x1년 제 2기 부가가치세 확정신고 시 납부세액을 구하시오.(단, 거래금액에는 부가가치세가 포함되지 않았고 세금계산서는 적정하게 발급하고 수령했다고 가정한다)

1. 컴퓨터 관련 매출 : 수출 200,000,000원
   국내판매 300,000,000원
2. 수출대행수수료 매출 : 100,000,000원
3. 원재료 매입 50,000,000원
4. 광고선전목적으로 무상 견본품 공급 40,000,000원
5. 전년도 발생한 외상매출금 중 20x1.11.5.에 거래처 파산으로 대손된 금액 :
   33,000,000원(VAT 포함)

05. 다음은 음식점업(과세유흥장소는 아님)을 영위하는 개인사업자 홍길동의 20X1년 2기 확정분 부가가치세신고와 관련된 매입자료이다. 이 경우 부가가치세법상 매입세액공제를 받을 수 있는 금액은 얼마인가? (단 의제매입세액한도는 고려하지 않고, 과세표준 3억이라 가정한다.)

- 전기요금 지출 : 1,100,000원(VAT 포함)
- 사업용 비품 구입 : 2,200,000원(VAT 포함)
- 기업업무추진비(접대비) 지출 : 1,100,000원(VAT 포함)
- 농산물 매입 : 5,400,000원(전자계산서 수취)

06. 다음은 제조업을 영위하는 ㈜로그인의 제1기 부가가치세 확정신고(20x1년 4월 1일 ~ 20x1년 6월 30일)와 관련된 자료이다. 확정신고시 가산세를 포함한 차가감 납부세액은 얼마인가?(아래의 금액은 부가가치세가 제외된 금액임)

ㄱ. 확정신고기간 중 ㈜삼일의 제품공급가액 50,000,000원
(이 중 세금계산서를 발행하지 않은 공급가액은 2,500,000원이다)
ㄴ. 확정신고기간 중 ㈜삼일의 매입액 40,000,000원
(매입세액 불공제 대상인 매입액은 5,000,000원이다)
ㄷ. 세금계산서 관련 가산세는 미교부금액의 2%를 적용한다.
(그 외 가산세는 없다고 가정한다)

07. 다음 자료에 의하여 과세사업과 면세사업을 겸영하는 사업자 ㈜로그인의 공제되는 부가가치세 매입세액을 계산하면 얼마인가?

① 과세사업과 면세사업의 공통매입세액 : 7,000,000원 ② 직전과세기간의 과세공급가액은 3억원이며, 면세공급가액은 2억원이다. ③ 해당 과세기간의 과세공급가액은 2.4억원이며, 면세공급가액은 3.6억원이다. ④ 공통매입세액은 실지귀속이 불분명하다.

연/습/문/제 답안

O,X문제

1	2	3	4	5	6	7	8	9	10	11	12	13		
×	○	×	×	○	×	×	○	○	×	○	○	×		

[풀이 - O,X문제]

01. **10년이 경과된 날이 속하는 확정신고기한까지**이다.

03. **구입시점에서 공제**한다.

04. 매입세액은 구입시점에서 공제한다.

06. **영수증발급대상 간이과세자**는 세금계산서 발급불가사업자로서 신용카드영수증, 현금영수증을 수취하더라도 **매입세액이 공제되지 않는다**. 다만 세금계산서 발급대상 간이과세자로부터 신용카드매출전표 등을 수취시 매입세액공제 대상이다.

07. 법인(음식점업)의 공제율 6/106이다.

10. 의제매입세액은 **해외농산물 등을 수입하는 경우에도 적용**한다.

13. 겸영사업자의 공통매입세액은 예정신고시 계산하고, 확정신고시 정산한다.

주관식

01.	20,000,000원	02.	11,350,000원
03.	6,000,000원	04.	32,000,000원
05.	700,000원	06.	1,550,000원
07.	2,800,000원		

[풀이 - 주관식]

01. 비영업용승용차, 업무무관자산, 세금계산서의 필요적 기재사항이 일부 누락된 경우, 영수증발급대상 간이과세자로부터 구입시 현금영수증 수취분은 매입세액을 공제받지 못한다.

02.

내 역	대상여부	매입세액
원재료	사업과 관련	10,000,000
기업업무추진비	불공제매입세액	
사업자등록전 매입세액	사업자등록전매입세액은 7월 20일까지 사업자등록을 신청하면 매입세액이 공제된다.	500,000
미전송매입세액	적법발급하고 미전송하더라도 매입세액은 공제가 된다.	300,000
의제매입세액		550,000
합 계		11,350,000

03.

구 분		공급가액	세 액	비고
매출세액(A)	과세분	65,000,000	6,500,000	제품매출＋사업상증여＋직매장반출
	영세분	90,000,000	–	
	합 계	155,000,000	6,500,000	
매입세액(B)	세금수취분			
	의제매입세액	25,500,000	500,000	25,500,000 × 2/102(제조업)
납부세액(A－B)			6,000,000	

04.

구 분		공급가액	세 액	비고
매출세액(A)	과세	400,000,000	40,000,000	수출대행수수료는 과세
	영세	200,000,000	–	
	대손세액공제		(3,000,000)	
매입세액(B)	세금수취분	50,000,000	5,000,000	
납부세액(A－B)			*32,000,000*	

05. ① 매입세액 : 100,000원＋200,000원＝300,000원

② 의제매입세액 : 5,400,000원×8/108＝400,000원

③ 합계 : 300,000원＋400,000원＝700,000원

06.

구 분		공급가액	세 액	비고
매출세액(A)	과세분	50,000,000	5,000,000	
	영세분		–	
	합 계	50,000,000	5,000,000	
매입세액(B)	세금수취분	40,000,000	4,000,000	
	불공제	(5,000,000)	(500,000)	
가산세(C)			50,000	2,500,000×2%(미발급가산세)
납부세액(A – B + C)			1,550,000	

07. 7,000,000(공통매입세액)×2.4억(과세)/6억(**해당과세기간** 공급가액 기준) = 2,800,000

신고와 납부, 간이과세자

NCS세무 - 3 부가가치세 신고

제1절 예정신고 및 납부

1. 원칙		법인	신고의무. 다만, 영세법인사업자(직전과세기간 과세표준 1.5억 미만)에 대하여는 고지징수
		개인	고지납부
2. 고지납부	대상자	예정고지세액이 **50만원 미만인 경우 징수안함** 고지금액 : 직전 과세기간에 대한 납부세액의 50%	
	선택적 예정신고	-휴업/사업부진 등으로 인하여 직전과세기간대비 공급가액 (또는 납부세액)이 1/3에 미달하는 자 -조기환급을 받고자 하는 자	

제2절 환급

1. 일반환급	**확정신고기한 경과 후 30일 이내에 환급** **(예정신고의 환급세액은 확정신고시 납부세액에서 차감)**	
2. 조기환급	대상	**1. 영세율 적용 대상이 있는 때** **2. 사업설비를 신설, 취득, 확장, 증축(감가상각자산)** **3. 재무구조개선계획을 이행중인 사업자**
	기한	조기환급 신고기한(매월 또는 2개월 단위로 신고가능) 경과 후 **15일 이내에 환급**
3. 경정시 환급	지체없이 환급	

제3절 가산세

구분	내용	가산세
1. 세금계산서 불성실	1. **가공세금계산서**	**공급가액 3%**
	2. **미발급, 타인명의 발급** ☞ **전자세금계산서 발급대상자가 종이세금계산서 발급시 1%** **자신의 다른 사업장 명의로 세금계산서 발급시 1%**	**공급가액 2%**
	3. 과다기재	**과다 기재금액의 2%**
	4. 부실기재 및 **지연발급**	**공급가액 1%**
2. 전자세금계산서 전송	**1. 지연전송(7/25, 익년도 1/25까지 전송)**	**공급가액 0.3%**
	2. 미전송 : 지연전송기한까지 미전송	**공급가액 0.5%**
3. 매출처별 세금계산서 합계표불성실	1. 미제출(1개월 이내 제출시 50%감면)	**공급가액 0.5%**
	2. 지연제출(예정신고분 → 확정신고제출)	**공급가액 0.3%**
4 매입처별세금계산서 합계표에 대한 가산세	1. 공급가액을 과다기재하여 매입세액공제	공급가액 0.5%
	2. 가공 · 허위 수취분	공급가액 3%, 2%
5. 신고불성실 (부당의 경우 40%)	1. **무신고가산세** 2. **과소신고가산세(초과환급신고가산세)** 3. **영세율과세표준 신고불성실가산세**	**일반 20%** **일반 10%** **공급가액 0.5%**
	6월내 수정신고시 신고불성실가산세 50% ~ 10% 감면	
6. 납부지연가산세	**미납 · 미달납부세액(초과환급세액)×일수×이자율**	
7. 미등록가산세	**1. 사업개시일부터 등록신청 전일까지** 2. 허위(위장)등록 가산세	**공급가액 1%** **공급가액 2%(개정세법 25)**

제4절 간이과세자

1. 판정방법	1. 일반적 : 직전 1역년의 공급대가의 합계액이 **1억4백만원 미만인 개인사업자**로서 각 사업장 매출액의 합계액으로 판정 2. 신규사업개시자(임의 선택)	
2. 적용배제	1. 일반과세 적용	**사업자가 일반과세가 적용되는 사업장을 보유시**
	2. 적용배제업종	① 광업 ② 도매업 ③ 제조업 ④ 부동산매매업 및 일정한 부동산임대업 ⑤ 건설업 ⑥ 전문적 인적용역제공사업(변호사등) ⑦ 소득세법상 복식부기의무자 등
3. 거래증빙	1 원칙 : 세금계산서 발급의무 2. 예외 : 영수증 발급 ① 간이과세자 중 신규사업자 및 직전연도 공급대가 합계액이 4,800만원 미만 ② 주로 사업자가 아닌 자에게 재화 등을 공급하는 사업자(소매업, 음식점업 등) 다만 소매업, 음식점업, 숙박업 등은 공급받는 자가 요구하는 경우 세금계산서 발급의무	
4. 과세기간	**1기 : 1.1 ~ 12.31(1년간)** ☞ 예정부과제도 ① 예정부과기간 : 1.1~6.30 다만, 세금계산서를 발급한 간이과세자는 예정부과기간에 대하여 신고 및 납부(7/25)해야 한다. ② 고지징수 : 직전납부세액의 1/2을 고지징수(7/25), 50만원 미만은 소액부징수 ③ 예외 : 사업부진시 신고·납부할 수 있다.	
5. 납부의무면제	**공급대가 4,800만원 미만**	
6. 포기	**포기하고자 하는 달의 전달 마지막날까지 신고(포기신고의 철회가 가능)**	

〈간이과세자의 부가세 계산구조〉

공 급 대 가 (×) 부 가 가 치 율 (×) 세 율	공급가액+부가가치세 해당 업종의 부가가치율(15~40%) 10%
납 부 세 액	
(-) 공 제 세 액	세금계산서 등을 발급받은 매입액(공급대가)×0.5%(=매입세액의×5.5%) 신용카드매출전표발행세액공제, 전자세금계산서 발급세액공제
(+) 가 산 세	세금계산서 발급 및 미수취가산세 적용
자진납부세액	**환급세액이 없다**

〈일반과세자와 간이과세자의 비교〉

구 분	일반과세자	간이과세자
적용대상자	-개인, 법인 불문	**-개인사업자에 한함** **-공급대가 1억 4백만원 미만**
납부세액	매출세액-매입세액	공급대가×부가가치율×10%
신고기간	1, 2기	**1기 : 1.1~12.31**
세금계산서	세금계산서 또는 영수증발급	원칙 : 세금계산서 발급 예외 : 영수증 발급
대손세액공제	적용됨	규정없음
매입세액	매입세액으로 공제	**공급대가×0.5%(=매입세액×5.5%)**
의제매입세액	업종제한없음	**배제**
신용카드매출 전표발행세액공제	발행금액의 1.3% (개인사업자만 해당)	발행금액의 1.3%
납부의무면제	없음	**공급대가 4,800만원 미만**
포기제도	없음	간이과세를 포기하고 일반과세자가 될 수 있고, **다시 포기신고의 철회가 가능**[*1] *1. 24.7.1 이후 신고하는 분부터 적용
기장의무	장부비치기장의무가 있음	발급받은 세금계산서와 발급한 영수증을 보관한 때에는 장부비치기장의무를 이행한 것으로 봄
가산세	-미등록가산세 : 공급가액의 1%, 2%	-미등록가산세 : 공급대가의 0.5%, 1%

연/습/문/제

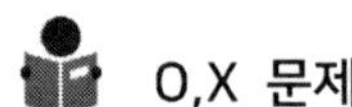

O,X 문제

01. 환급은 예정신고시에 발생하여도 이를 환급하지 아니하고 확정신고시 납부할 세액에서 차감하며, 차감 후 환급세액이 발생하는 경우에 환급한다. ( )

02. 조기환급기간의 환급세액을 조기환급받고자 하는 사업자는 조기환급기간 종료일로부터 25일 이내에 조기환급기간에 대한 과세표준과 환급세액을 신고하여야하는데 이를 영세율 등 조기환급신고라 한다. ( )

03. 일반과세사업자가 사업개시일부터 20일 이내에 사업자등록을 신청하지 아니한 경우 사업개시일로부터 등록신청일의 직전일까지의 공급가액에 대하여 3%를 적용한다. ( )

04. 재화 또는 용역을 공급하지 아니하고 세금계산서를 발급하거나 재화 또는 용역을 공급받지 아니하고 세금계산서를 발급받은 경우에는 세금계산서에 적힌 공급가액의 100분의 2에 해당하는 금액을 가산세로 징수한다. ( )

05. 법정신고기한 경과후 6개월 이내에 수정신고하면 과소신고가산세가 50% 감면된다. ( )

06. 당초 신고한 세액이 세법상 납부해야 할 세액보다 작으면 경청청구를 하고 많으면 수정신고를 한다. ( )

07. 매입처별세금계산서의 기재사항 중 공급가액을 사실과 다르게 과다하게 기재하여 신고한 때에는 과다기재 공급가액의 0.5%를 가산세로 납부한다. ( )

08. 세금계산서를 발급하지 않는 경우에는 수정세금계산서를 발급할 수 없다. ( )

09. 미등록가산세가 적용되는 부분에 대해서는 세금계산서 불성실가산세와 매출처별 세금계산서합계표불성실가산세가 배제된다. ( )

10. 개인사업자로서 직전 연도의 공급대가가 8,000만원에 미달하는 경우에는 간이과세 적용대상자가 된다. ( )

11. **간이과세자는 1월 1일부터 12월 31일 까지를 과세기간**으로 하여 과세기간이 끝난 후 25일 이내에 사업장 관할세무서장에게 신고 납부하여야 한다. ( )

12. 간이과세를 포기하고자 하는 자는 그 **적용을 받고자 하는 달의 전달 마지막 날까지 간이과세포기신고서를 제출**하여야 하며, 간이과세를 포기한 자는 포기신고의 철회도 가능하다. ( )

13. **간이과세자도 면세로 구입한 수입 농산물**에 대하여 **의제매입세액공제를 받는다.** ( )

14. 간이과세자의 납부세액은 **공급가액에 업종별 부가가치율을 곱한 것에 10% 의 세율을 적용**해서 계산한다. ( )

15. 부가가치세를 신고하지 않은 사업자는 **수정신고를 할 수 없고, 기한후 신고를 해야 한다.** ( )

16. 간이과세자는 세금계산서를 발급하는 것이 원칙이고, **예외적으로 직전년도 공급대가 합계액이 4,800만원에 미달하는 간이과세자는 영수증을 발급한다.** ( )

17. **법인사업자가 전자세금계산서를 미발급시 공급가액의 2%, 지연발급시 공급가액의 1%의 가산세가 적용된다.** ( )

18. 전자세금계산서 발급명세를 공급시기가 속하는 과세기간 **확정신고기한까지 전송하지 못한 경우 미전송금액의 0.5%**를 가산세로 납부해야 한다. ( )

19. 재화 등을 공급하거나 공급받고 **타인명의로 세금계산서 등을 발급하거나 발급받은 경우 해당 공급가액의 3%**를 가산세로 납부한다. ( )

20. **과소신고가산세(신고불성실가산세)와 납부지연가산세가 동시**에 적용되는 경우 **각각 별도로 가산세를 적용**한다. ( )

21. 전문직 **인적용역제공업(변호사, 공인회계사등)은 간이과세 적용배제업종**으로 간이과세를 적용받을 수 없다. ( )

22. 전자세금계산서 발급명세를 공급시기가 속하는 **과세기간 확정신고 기한까지 지연전송**한 경우 지연 전송한 금액의 **0.5%를 가산세**로 납부한다. ( )

23. 둘이상의 사업장을 가진 사업자가 재화 등을 공급하고 자신의 다른 사업장 명의로 발급시 공급가액의 2%를 가산세로 징수한다. ( )

24. 부동산임대업과 과세유흥장소를 영위하는 개인사업자는 **직전년도 공급대가의 합계액이 8,000만원에 미달하는 경우** 간이과세자를 적용받을 수 있다. ( )

 주관식

01. 일반과세자인 로그인씨가 20x1년 9월 10일에 사업을 개시하였으나 20x1년 11월 1일에 사업자등록을 신청하였다. 20x1년의 공급가액이 다음과 같을 때 20x1년 2기 확정신고시 미등록 가산세는 얼마인가?

1. 9월 10일 ~ 9월 30일 : 40,000,000원
2. 10월 1일 ~ 10월 31일 : 50,000,000원
3. 11월 1일 ~ 11월 30일 ; 60,000,000원
4. 12월 1일 ~ 12월 31일 : 70,000,000원

02. 다음은 제조업을 영위하는 ㈜로그인의 제 1 기 부가가치세 확정신고와 관련된 자료(부가세 별도)이다. 확정신고시 차가감 납부세액을 구하시오.

1. 제품공급가액 (전자세금계산서 미발급금액 5,000,000원이 포함되어 있으며, 전자세금계산서 미발급가산세 대상임)	100,000,000원
2. 원재료 세금계산서 수취 매입액(불공제 10,000,000원 포함)	50,000,000원

연/습/문/제 답안

O,X문제

1	2	3	4	5	6	7	8	9	10	11	12	13	14	15
○	○	×	×	○	×	○	○	○	×	○	○	×	×	○
16	17	18	19	20	21	22	23	24						
○	○	○	×	○	○	×	×	×						

[풀이 - O,X문제]

03. **미등록가산세율은 원칙은** 1%이다.
04. **가공세금계산서의 가산세율은** 3%이다.
06. 과소신고시 수정신고 과대신고시 경정청구한다.
10. 1억 4백만원에 미달하는 개인사업자가 간이과세대상이다.
13. **간이과세자는 의제매입세액공제를 적용받지 못한다.**
14. 간이과세자는 공급대가로 납부세액을 계산한다.
19. **위장세금계산서의 가산세율은** 2%이다.
22. 전자세금계산서의 지연전송 가산세율은 0.3%이다.
23. **다른 사업장명의로 발급시 1%의 가산세를 부과**한다.
24. **부동산임대업과 과세유흥장소는 직전년도 공급대가합계액이 4,800만원에 미달**하여야 간이과세자를 적용받을 수 있다.

주관식

01.	900,000원	02.	6,100,000원

[풀이 - 주관식]

01. 미등록 가산세는 등록신청일 직전일까지의 공급가액에 대한 1%이다.
(40,000,000+50,000,000)×1%=900,000원

02.

구 분		공급가액	세 액	비고
매출세액(A)	과세분	100,000,000	10,000,000	
매입세액(B)	세금수취분	50,000,000	5,000,000	
	불공제	(10,000,000)	(1,000,000)	
가산세(C)			100,000	5,000,000원의 2%
납부세액(A－B＋C)			6,100,000	

법인세법

CHAPTER 01 총 설

NCS세무 - 3 세무조정 - 신고준비

제1절 총 설

1. 법인종류별 납세의무 

구 분		각 사업연도소득	토지 등 양도소득	청산 소득	미환류 소득
내국 법인	영리법인	국내+국외원천소득	○	○	○
	비영리법인	국내+국외 원천소득 중 수익사업	○	×	×
외국 법인	영리법인	국내원천소득	○		
	비영리법인	국내원천소득중 수익사업소득	○		
국가 · 지방자치단체		**비과세법인(외국정부는 비영리외국법인으로 본다)**			

2. 투자 · 상생협력 촉진세제(미환류소득)

1. 내용	**투자, 임금증가, 상생협력출연금이 당기 소득 금액의 일정비율 이하**인 경우 미달액에 대하여 **20% 법인세**를 추가적으로 부과한다
2. 대상법인	**상호출자제한 기업집단*1에 속하는 법인** *1.계열사 자산의 합계액이 10조원이 넘는 기업집단
3. 계산	[미환류소득*1 – 차기환류적립금*2 – 전기초과환류액*3] × 20% *1. 미환류소득은 두가지 방법 중 선택 ① 투자액 고려 : [기업소득×70% – (투자액+임금증가액+상생협력을 위한 지출액)×300%] ② 투자액 미고려 : [기업소득×15% – (임금증가액+상생협력을 위한 지출액)×300%] *2. 해당 사업연도 미환류소득의 전부 또는 일부를 다음 사업연도의 투자 등으로 환류하기 위한 금액으로 적립할 수 있다. *3. **다음 2개 사업연도까지 이월하여 공제**

3. 사업연도

<table>
<tr><td colspan="2">정관 · 법령에 규정</td><td>법령 또는 법인의 정관 등에서 정하는 규정
(1년을 초과하지 못한다.)</td></tr>
<tr><td rowspan="2">정관 · 법령에 규정이 없는 경우</td><td>신 고</td><td>사업연도를 정하여 법인설립신고(설립등기일로 부터 2개월 이내) 또는 사업자등록(사업개시일로부터 20일 이내)과 함께 납세지 관할세무서장에게 이를 신고하여야 한다.</td></tr>
<tr><td>무신고</td><td>매년 1월 1일부터 12월 31일까지를 그 법인의 사업연도로 한다.</td></tr>
<tr><td colspan="2">변경</td><td>직전 사업연도 종료일부터 3월 이내에 납세지 관할세무서장에게 이를 신고
→ 이후에 신고시 다음 사업연도부터 사업연도가 변경된다.</td></tr>
<tr><td colspan="2">최초사업연도 개시일
(내국법인)</td><td>원칙 : 설립등기일
예외 : 당해 법인에 귀속시킨 손익이 최초로 발생한날</td></tr>
</table>

4. 납세지

<table>
<tr><td rowspan="2">1. 원칙</td><td>내국법인</td><td>당해 법인의 등기부상의 본점 또는 주사무소의 소재지</td></tr>
<tr><td>법인 아닌 단체</td><td>① 사업장이 있는 경우 : (주된) 사업장 소재지
② 주된 소득이 부동산소득인 경우 : (주된) 부동산소재지</td></tr>
<tr><td colspan="2">2. 원천징수한 법인세</td><td>원천징수의무자의 소재지</td></tr>
<tr><td colspan="2">3. 납세지 변경</td><td>변경된 날부터 15일 이내에 변경 후의 납세지 관할세무서장에게 신고</td></tr>
</table>

5. 결산조정

<table>
<tr><th>구분</th><th>내용</th><th>비고</th></tr>
<tr><td>자산의 상각</td><td>고정자산의 감가상각비</td><td>한국채택국제회계기준적용 기업은 신고조정 가능</td></tr>
<tr><td>충당금</td><td>대손충당금, 퇴직급여충당금</td><td>※ 퇴직연금부담금은 신고조정도 허용된다.</td></tr>
<tr><td>준비금</td><td>법인세법상준비금</td><td>※ 고유목적사업준비금은 신고조정(잉여금 처분시)도 허용된다.</td></tr>
<tr><td rowspan="2">자산의 감액손실등</td><td colspan="2">재고자산, 고정자산 및 주식 등의 감액손실</td></tr>
<tr><td>대손금</td><td>※ 소멸시효완성분 등은 신고조정사항이다.</td></tr>
</table>

☞ 조세특례제한법상 준비금은 잉여금처분에 의한 신고조정이 가능하다.

6. 결산조정과 신고조정 

구분	결산조정	신고조정
손금산입방법	**귀속시기 선택**	**귀속시기 강제**
	결산서에 비용으로 계상하여야만 손금인정	**① 장부에 비용계상하거나 ② 세무조정을 통하여 손금산입**
경정청구등 가능여부	경정청구(수정신고)대상에서 제외	경정청구(수정신고)대상
추후손금 인정여부	추후 결산상 비용으로 계상하면 손금인정됨.	결산상 비용 또는 세무조정도 누락시 이후 사업년도의 손금으로 인정되지 아니함.

7. 소득처분 

(1) 귀속자가 분명

귀 속 자	소 득 처 분	귀속자에 대한 과세	당해 법인의 원천징수의무
(1) 주주 등	**배당**	소득세법상 배당소득	○
(2) 임원 또는 사용인	**상여**	소득세법상 근로소득	○
(3) 법인 또는 사업자	**기타사외유출**		×
(4) 그 외의 자	**기타소득**	소득세법상 기타소득	○
(5) **중복되는 경우** **① 주주+법인** **② 주주+임원(출자임원)**	**기타사외유출** **상여**		

(2) **귀속자가 불분명 : 대표자 상여**

(3) 추계 : 대표자 상여(다만 천재지변등의 경우 기타사외유출)

연/습/문/제

O,X 문제

01. 2023년부터 **상호출자제한 기업집단에 속하는 법인만** 기업소득 환류세제(미환류소득에 대한 법인세) 적용대상이다. ( )

02. 영리법인은 요건 충족시 미환류소득에 대한 납세의무를 지지만, **비영리법인은 납세의무를 지지 않는다.** ( )

03. 사업연도는 법령 또는 정관 등에서 정하는 1회계기간으로 하며 **그 기간은 1년을 초과할 수 있다.** ( )

04. 법령 또는 정관에 사업연도 규정이 없는 내국법인은 법인설립신고시 사업연도를 신고하여야 하여 **신고하지 않은 경우에는 매년 1월 1일부터 12월 31일까지**를 그 법인의 사업연도로 한다. ( )

05. 신설법인의 **최초 사업연도의 개시일은 첫 소득이 발생한 날**이다. ( )

06. 사업연도를 변경하려는 법인은 **직전 사업연도의 종료일로부터 1개월 이내**에 사업연도변경신고서를 제출하여 이를 납세지 관할 세무서장에게 신고하여야 한다. ( )

07. 내국법인이 본점의 이전 등으로 인하여 법인의 납세지가 변경된 경우에는 그 변경일로부터 **20일 이내**에 (변경 후의 납세지 관할세무서장에게) 납세지 변경신고를 하여야 한다. ( )

08. 외국정부는 법인세법상 **비영리외국법인**으로 본다. ( )

09. **내국 비영리법인**은 각사업연도소득(**국내외원천소득 중 수익사업소득**)및 **토지 등 양도소득과 청산소득**에 대해서 납세의무를 진다. ( )

10. 단순신고조정사항은 기업회계 결산 시 기장 처리하지 않은 항목에 대해서 **별도의 추가적 절차 없이 세무조정계산서에서 직접 조정하는 사항**이다. ( )

11. 미환류소득 계산시 기계장치 등 자산에 대한 투자 합계액 계산 시 투자가 2개 이상의 사업연도에 걸쳐 이루어지는 경우 그 투자가 이루어지는 사업연도마다 **해당 사업연도에 실제 지출한 금액을 기준**으로 투자 합계액을 계산한다. ( )

12. 장부상 비용으로 계상되었으나 증빙이 없는 경우 등 손금불산입사항으로 사외유출된 것이 분명하나, **귀속이 불분명한 경우에는 대표자에 대한 상여**로 처분한다. ( )

13. 내국 영리법인은 **각사업연도소득(국내원천소득)과 청산소득 및 토지 등 양도소득, 미환류소득**에 대해서 납세의무를 진다. ( )

14. 국세기본법상 관할 세무서장의 승인을 얻어 법인으로 보는 **법인 아닌 단체는 그 승인일**을 법인의 최초 사업연도 개시일로 한다. ( )

15. **투자, 임금증가, 상생협력출연금, 배당이 당기 소득 금액의 일정비율 이하**인 경우 미달액에 대하여 **20% 법인세**를 추가적으로 부과한다 ( )

16. 재고자산의 평가차손은 **결산조정항목으로 결산시 손금에 산입하지 않는 경우** 세무조정으로 손금산입할 수 없다. ( )

17. 내국법인의 실제 영업을 수행하는 장소와 등기부상의 본점소재지가 상이한 경우에도 **납세지는 등기부상의 본점소재지**로 한다. ( )

18. 감가상각비는 신고조정사항으로 결산서에 반영하지 않아도 세무조정으로 손금산입할 수 있다. ( )

19. 조세특례제한법상 준비금은 별도 절차없이 신고조정으로 처리할 수 있다. ( )

20. **신고조정사항은 법인세신고기한 후 경정청구 대상에서 제외**된다. ( )

MEMO

연/습/문/제 답안

O,X문제

1	2	3	4	5	6	7	8	9	10	11	12	13	14	15
○	○	×	○	×	×	×	○	×	○	○	○	×	○	×
16	17	18	19	20										
○	○	×	×	×										

[풀이 - O,X문제]

03. 1년을 초과하지 않는 것이 원칙이다.

05. 최초사업연도의 개시일은 원칙적으로 설립등기일이다.

06. 3개월이내 신고하여야 한다.

07. 15일이내 신고하여야 한다.

09. 내국 비영리법인은 청산시 잔여재산가액이 국가등에 귀속되므로 청산소득에 대해서 납세의무가 없다.

13. 내국 영리법인은 각사업연도소득(국내+국외원천소득)에 대해도 납세의무가 있다.

15. 배당은 기업의 환류소득으로 보지 않는다.

18. 감가상각비는 원칙적으로 결산조정사항이다.

19. 조특법상 준비금은 잉여금 처분에 의하여 신고조정이 가능하다.

20. 결산조정사항은 경정청구사항에서 제외되지만 신고조정사항은 경정청구대상이다.

익금 및 손금

NCS세무 - 3 세무조정 - 신고준비

제1절 익금

1. 자산의 저가매입

구 분	저가 매입시	비 고
1. 원칙	저가를 취득가액으로 본다.	처분 또는 상각시 그 차액이 과세소득에 포함된다.
2. 예외 : 특수관계에 있는 개인으로부터 유가증권을 저가매입시	**시가와 매입가액의 차액을 익금으로 본다.**	**미실현이익을 조기 과세**

2. 의제배당 

법인세가 과세된 잉여금	**- 이익잉여금** **- 자기주식처분이익 등**	**의제배당 ○**
법인세가 과세되지 않는 잉여금	**- 주식발행초과금(채무면제이익 제외)** **- 감자차익(예외규정이 있다)**	**의제배당×**

3. 임대보증금 등의 간주익금

1. 추계	임대보증금 등의 적수×1/365×정기예금이자율	상여
2. 추계이외	**① 차입금과다법인 & ② 주업 : 부동산임대업 & ③ 영리내국법인**	**기타사외유출**
	[임대보증금 등의 적수 – 임대용부동산의 건설비적수[*1]]×1/365×정기예금이자율 – 금융수익[*2] ***1. 건설비 : 건물의 취득가액(자본적지출 포함, 토지의 취득가액은 제외)** ***2. 금융수익 : 해당 보증금에서 발행한 수입이자와 배당금수익등**	

4. 고정자산의 평가차익

① 임의평가차익	익금불산입 항목
② 보험업법 기타 법률의 규정에 의한 고정자산의 평가차익	익금 항목

5. 간접외국납부세액

국내모회사와 외국자회사는 별개의 법인이므로 외국자회사가 납부한 법인세는 국내모회사가 직접외국납부세액공제를 받을 수 없다. 이러한 해외진출 형태에 따른 조세부담의 차이를 해소하기 위하여 간접외국납부세액공제제도를 두고 있다.

따라서 **외국납부 세액공제의 대상이 되는 금액을 익금에 산입**한다.

제2절 손금

1. 손금의 일반원칙 

영수증을 수취한 경우		법인세법상 규제
(1) 기업업무추진비(접대비)	① **건당 3만원 초과**	**손금불산입**
	② **건당 경조금 20만원 초과**	☞ 증빙불비가산세 부과하지 않음
(2) **기타의 지출**	**건당 3만원 초과**	**적격증빙미수취가산세(2%) 부과** ☞ 객관적으로 지급사실이 확인되면 손금인정됨

2. 인건비 

		사용인	임원
1. 급여		○	○
2. 상여금	① **일반상여**	○	상여지급기준내
	② **이익처분에 의한 상여**	×	×
3. 퇴직급여		○	정관규정[*1] 한도내
4. 복리후생비		열거된 것 및 유사한 것	

*1. 정관규정이 없는 경우(법인세법상 한도액)

임원퇴직금한도 = 퇴직전 1년간 총급여액[*1] × 10% × 근속년수(월미만절사)

*1. 손금불산입된 급여 · 상여 및 비과세 근로소득은 제외한다.

3. 세금과공과금

(1) 조세

	종 류	소득처분
1. 원칙 : 손금	**재산세, 자동차세, 주민세, 종합부동산세** 등	-
	취득세 등(미래손금)	
2.예외 : 손금불산입	① **법인세 및 지방소득세(법인), 농어촌특별세**	기타사외유출
	② **간접세** : 부가가치세매입세액, 개별소비세, 교통세등	유보
	③ **징벌효과 : 가산세, 강제징수비와 징수불이행 세액**	기타사외유출

(2) 공과금

	종 류	소득처분
1. 원칙 : 손금	교통유발부담금, 폐기물처리부담금, 환경개선부담금	-
	개발부담금, 재건축부담금	유보
2. 예외 : 손금불산입	**폐수배출부담금**	기타사외유출

4. 업무무관자산 및 업무무관비용

취득시	보유시	처분시
취득원가 = 매입가액 + 취득부대비용	감가상각비 : 손금불산입 유보	손금산입 △유보(감가상각비)
	유지비용 : 손금불산입 사외유출	-
☞ **사용인, 비출자임원, 소액주주 임원의 사택유지비는 손금용인**		

5. 업무용승용차 관련비용

구분	내용
1. 대상비용	부가세법상 매입세액불공제 대상승용차의 관련비용(감가상각비 등)
2. 비용인정기준	① **임직원 전용자동차 보험가입 & 법인업무용 전용번호판[*1] 부착** - 운행기록 작성 : 업무사용비율에 따라 손금산입 - 운행기록 미작성 : 1.5천만원을 한도로 손금산입 *1. 취득가액 8,000만원 이상인 차량
	② **감가상각비(강제상각) : 내용연수 5년, 정액법(한도 800만원)**
	③ 처분손실 : **한도 800만원/매년 → 한도초과액은 손금불산입(기타사외유출)**

연/습/문/제

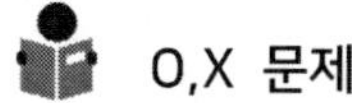

O,X 문제

01. 법인의 재무구조개선을 지원하기 위해 **자산수증이익(국고보조금은 제외)과 채무면제이익 중 이월결손금의 보전에 충당된 금액은 익금불산입항목**에 해당한다. ( )

02. 법인이 **①특수관계인인 법인으로부터 ②유가증권을 ③시가**에 미달하는 가액으로 매입하는 경우, 매입가액과 시가의 차액은 익금에 해당한다. ( )

03. **비영리내국법인**으로서 부동산임대업을 주업으로 하고 차입금 과다법인이 부동산 등을 임대하고 **임대보증금 등에 대한 이자상당액**을 익금에 산입한다. ( )

04. 법인이 **자기주식처분익**을 자본전입하여 주주인 법인이 취득하는 주식은 배당으로 의제한다. 그러나 **주식발행초과금**을 자본전입시 의제배당으로 보지 않는다. ( )

05. **감자차익을 자본잉여금으로 회계처리**시 세법상 인정되므로 세무조정 할 필요가 없다. ( )

06. 국세 · 지방세 과오납금의 환급금에 대한 이자**(국세환급가산금 또는 지방세 환부이자)**는 익금산입한다. ( )

07. 임원에게 지급하는 상여금 중 **정관 또는 주주총회 · 이사회의 결의**에 의하여 결정된 급여지급 기준보다 초과 지급시 손금불산입한다. ( )

08. 퇴직금지급규정이 없는 경우 임원의 퇴직금은 **퇴직 직전 1년간 총급여액(손금불산입된 상여 포함) ×1/10×근속연수**로 계산한다. ( )

09. 임원에 대한 퇴직금지급규정은 **정관이나 정관에 위임된 퇴직금지급규정**을 말한다. ( )

10. 업무용승용차의 감가상각비는 **내용연수를 5년, 정률법**으로 상각하여야 한다. ( )

11. 업무용승용차의 업무사용금액 중 **감가상각비가 연 800만원을 초과하는 금액**에 대해서는 손금불산입하고 상여처분한다. ( )

12. 업무용승용차에 대한 처분손실 중 800만원 초과액은 손금에 산입하지 않고 기타사외유출로 소득처분하고, 다음 사업연도부터 매년 **800만원을 균등하게 손금**에 산입한다. ( )

13. 직원의 상여금은 손금산입이 원칙이고, **이익처분에 의한 것은 상여로 인정하지 아니한다.** ( )

14. 직원 홍길동에게 급여지급기준에서 정한 **상여금을 초과하여 100만원을 지급하여 손금불산입하고 상여로 처분**하였다. ( )

15. 특수관계회사인 ㈜로그인으로 부터 시가 1억 원인 기계장치를 0.8억원에 **저가 매입시 취득가액을 1억원으로 하고 0.2억원을 익금산입**하였다. ( )

16. 회사가 주식을 **신주 발행시 법무사 수수료를 비용**으로 처리할 경우 별도 세무조정할 필요가 없다. ( )

17. 전기오류수정이익(영업외수익)으로 인식한 **전기 재산세 환급액(환부이자제외)**에 대해서 별도 세무조정을 하지 않았다. ( )

18. **자본거래**를 통해 **특수관계자로 부터 분여받은 이익**은 익금에 해당한다. ( )

19. **의제배당**은 상법상 이익의 배당이 아니나 **조세정책목적상 익금**으로 본다. ( )

20. 기업업무추진비 관련 **부가가치세 매입세액 불공제액에 대해서 비용처리시 손금불산입하고 유보처분한다**. ( )

21. 상품인 빵이 유통기한 경과로 부패하여 전량 폐기처분하고 **재고자산폐기손실 1백만원을 계상시 손금으로 인정**된다. ( )

22. 법인세법에서 요구하고 있는 **적격증빙은 세금계산서, 계산서, 신용카드매출전표 및 현금영수증 등**을 말한다. ( )

23. 감자로 인해 받은 **대가가 감자주식의 취득가액보다 큰 경우** 그 차액은 의제배당에 해당하므로 익금산입한다. ( )

24. 회사는 **징벌적 손해배상금에 대하여 지급한 금액 중 실손해를 초과**하여 지급하여 지급한 금액에 손금불산입하여야 한다. ( )

25. 국가로부터 무상으로 증여받은 자산가액 중 이월결손금의 보전에 충당된 금액은 익금불산입사항이다. ( )

26. 법인이 **불공정한 유상증자를 통해 제 3자로부터 분여받은 이익**을 수익으로 계상하지 않은 경우 분여받은 이익을 익금산입으로 세무조정한다. ( )

주관식

01. 영업외수익의 전기오류수정이익 항목이 다음과 같은 경우 법인세법상 필요한 세무조정(소득처분포함)을 하시오.

(1) 전기분 법인세 환급액	: 8,000,000원
(2) 전기 재산세 환급액(환부이자 500,000원 포함)	: 3,000,000원

02. 다음 중 법인세법상 익금불산입 항목은 총 얼마인가?

(1) 부가가치세 매출세액	: 250,000원
(2) 법인세 과오납금의 환급금에 대한 이자	: 100,000원
(3) 무상으로 받은 토지의 금액	: 500,000원
(4) 용역 제공으로 받은 금액	: 300,000원
(5) 전기 납부한 법인세 환급액	: 50,000원

03. 다음 자료에 의하여 법인세법상 익금 및 손금불산입의 합계액을 구하시오.

① 사업수입금액	: 1,000,000원
② 법인세 등의 환급액	: 100,000원
③ 이익처분에 의하지 않고 손금으로 계산된 적립금액	: 300,000원
④ 부가가치세 매출세액	: 500,000원

04. 다음의 경우 인건비로 손금불산입되는 총 금액은 얼마인가?(단, 이 회사는 임원에 대한 상여금 지급규정과 퇴직급여지급규정을 두고 있지 아니하다)

> 비상장법인인 (주)로그인는 20x1년 사업연도 중에 전무이사 홍길동에 대한 인건비로 급여 40,000,000원, 상여금 12,000,000원, 퇴직급여 50,000,000원(퇴직일 20x1.12.31, 근속연수는 3년, 지분비율은 3%)을 지출하였다.

05. 법인세법상 익금으로 인정되는 금액을 계산하시오.

1. 주식발행초과금	1,000,000
2. 자산수증익(세무상 이월결손금의 보전에 충당함)	2,000,000
3. 재산세 환급액(환부이자 1,000,000원 포함)	3,000,000
4. 국세 과오납금의 환급금이자	4,000,000
5. 자기주식 처분익	5,000,000
6. 비품 처분금액	6,000,000

06. 법인세법상 손금으로 인정되는 금액을 계산하시오.

① 합명 · 합자회사의 노무출자사원에게 지급하는 보수	1,000,000원
② 주식할인발행차금	2,000,000원
③ 사용자로서 부담하는 국민건강보험료	3,000,000원
④ 임직원을 위한 직장보육시설비	4,000,000원
⑤ 급여지급기준을 초과하여 지급한 직원의 상여금	5,000,000원

07. ㈜로그인은 지배주주인 홍길동에게 시가 5억원인 토지를 3억원(장부가액)에 매도하고 다음과 같이 회계 처리하였다. 해당 토지 처분과 관련하여 세무조정을 하시오.

(차) 현금	3 억원	(대) 토지	3 억원

08. 다음은 ㈜로그인의 임직원을 위하여 지출한 복리후생비 내역이다. 이중 법인세법상 손금불산입금액을 구하시오.

월/일	내 역	금 액
01/23	직장보육시설운영비	1,000,000원
01/25	직장체육비	2,000,000원
02/03	전무이사(20%주식 소유)에 대한 사택유지비	3,000,000원
02/05	대표이사(0.5%주식 소유)에 대한 사택유지비	4,000,000원
02/13	국민건강보험료(사용자부담분)	5,000,000원

09. ㈜로그인의 재무제표상 인건비 내역이다. 이사회결의에 따른 규정에 따르면 임직원에 대한 상여금은 연간급여액의 40%이다. 건설본부의 인건비는 기말 현재 건축공사가 진행 중인 자산과 관련되어 있다. 세무조정을 하시오.

		급 여	상여금
관리부	임원	50,000,000원	25,000,000원
	직원	70,000,000원	40,000,000원
건설본부	임원	60,000,000원	30,000,000원
	직원	50,000,000원	25,000,000원

10. 다음 중 법인세법상 20x1년 귀속 법인세 신고 시 각사업연도 미치는 순효과 금액(가산조정 – 차감조정)을 구하시오.

- 차량(5인승 중형 2,000cc 세단) 1대
- 운행일지 작성에 따른 업무사용비율 : 80%
- 차량취득가액 : 1억원(20x1.1.1.취득)
- 감가상각방법은 정액법 적용
- 업무전용자동차보험 가입 및 법인업무용전용 번호판 부착됨.
- 결산서상 차량관련비용은 차량 감가상각비 10,000,000원, 차량유지비 12,000,000원
- 차량의 사용자는 법인의 대표이사이며 주주로 가정함.

연/습/문/제 답안

O,X문제

1	2	3	4	5	6	7	8	9	10	11	12	13	14	15
○	×	×	○	○	×	○	×	○	×	×	○	○	×	×
16	17	18	19	20	21	22	23	24	25	26				
×	○	○	○	×	○	○	○	○	×	×				

[풀이 - O,X문제]

02. 법인으로부터 매입시 취득가액은 매입가액이 된다.

03. 영리내국법인에 한한다.

06. <u>국세환급가산금과 지방세 환부이자는 익금불산입 사항</u>이다.

08. 손금불산입 상여는 제외한다.

10. <u>업무용승용차는 정액법으로 상각</u>한다.

11. 유보처분한다.

14. <u>직원의 경우 급여지급기준을 초과하여 지급하더라도 손금산입</u>한다.

15. 특수관계인 법인으로부터 저가매입시 저가 매입액을 취득가액으로 하고 세무조정할 필요가 없다.

16. 신주발행시 신주발행비를 비용으로 처리시 손금불산입하고 소득처분은 기타로 한다.

20. 기업업무추진비 매입세액은 기업업무추진비으로 보고 한도계산을 적용한다.

25. 자산수증이익 중 국고보조금은 익금불산입 대상에 제외한다.

26. <u>특수관계인으로부터 분여받은 이익에 한해서 익금산입</u>한다.

주관식

01.	익금불산입 8,500,000원(기타)	02.	400,000원
03.	1,300,000원	04.	50,000,000원
05.	13,000,000원	06.	12,000,000원
07.	〈익금산입〉 2억 (배당)	08.	3,000,000원
09.	〈해설 참고〉	10.	4,400,000원

[풀이 - 주관식]

01. 전기분 법인세 환급액 8,000,000원은 전기에 이미 과세한 이월익금에 해당하므로 당기에는 익금불산입해야 한다. 전기 재산세환부이자 500,000원은 국가 등이 초과징수 한 것에 대한 보상의 일종이므로 정책상 익금에서 제외한다.

02. (1),(2),(5)는 익금불산입 항목이다.

03. 사업수입금액과 이익처분에 의하지 않고 손금 적립된 금액은 가산조정이다.

04. ㉠ 임원퇴직금 한도액(퇴직급여지급규정이 없는 경우)
퇴직 전 1년간 총급여액(손금불산입되는 급여 제외)×10%×근속연수
=40,000,000×10%×3년=12,000,000원
㉡ 임원퇴직금한도초과액 : 50,000,000 - 12,000,000=38,000,000원
㉢ 지급규정 없는 임원 상여 : 12,000,000원

05. 재산세환급액(환부이자는 제외), 자기주식처분익, 비품처분금액이 익금임.

06. 사용자부담건강보험료, 직장보육시설비, 급여기준을 초과하더라도 직원의 급여는 손금임.

07.

익금산입	토지 저가양도	2억원	배당

08. 소액주주(1% 미만 소유)가 아닌 출자임원에 대한 사택유지비는 손금불산입항목이다.
따라서 20%주식을 소유한 전무이사만 손금불산입한다.

09. 종업원에 대한 상여는 한도가 없다.

		급 여	상여한도(40%)	상여금	한도초과
관리부	임원	50,000,000원	20,000,000원	25,000,000원	5,000,000원
건설본부	임원	60,000,000원	24,000,000원	30,000,000원	6,000,000원

〈건설중인 자산으로 처리한 건설본부임원의 상여〉

결산서	(차) 건설중인자산	30,000,000	(대) 현 금	30,000,000
세무상	(차) 건설중인자산 잉여금	24,000,000 6,000,000	(대) 현 금	30,000,000
수정분개 (이중세무조정)	(차) 잉여금(B/S)	6,000,000	(대) 건설중인자산(B/S)	6,000,000

손금불산입	관리부임원상여한도 초과	5,000,000원	상여
손금불산입	건설본부임원상여한도 초과	6,000,000원	상여
손금산입	건설중인 자산	6,000,000원	△유보

10. ① 감가상각비 시부인

- 회사계상액 : 10,000,000원
- 상각범위액 : 100,000,000/5년(정액법) = 20,000,000원
- 한도미달액(<u>10,000,000 - **손금산입, 유보**)</u> 강제상각

② 업무미사용금액의 손금불산입

업무용승용차관련비용×(1 - 업무사용비율) = 32,000,000×(1 - 80%) = <u>6,400,000**원(손불, 상여)**</u>

③ 업무사용 감가상각비중 800만원 초과분

20,000,000×80% - 8,000,000 = <u>8,000,000**(손불, 유보)**</u>

④ 순효과(가산조정 - 차감조정) = - 10,000,000 + 6,400,000 + 8,000,000 = 4,400,000원

손익의 귀속/자산 · 부채의 평가

NCS세무 - 5 법인세 신고 - 각사업연도 세무조정/ 부속서류 작성하기

제1절 손익의 귀속

1. 자산의 판매손익 

	기업회계	법인세법
1. 상품 등의 판매	인도기준	**좌동**
2. 상품 등의 시용판매	구매자가 구입의사를 표시한날	**좌동**
3. 자산양도손익	법적소유권이 구매자에게 이전되는 시점	**원칙 : ⓐ대금청산일 ⓑ소유권이전등기일 ⓒ인도일(사용수익일) 중 빠른 날**
4. 자산의 위탁판매	수탁자가 해당 재화를 판매시	**좌동**

2. 할부판매 

1. 단기할부판매	인도기준	좌동
2. 장기할부판매	(현재가치)인도기준	원칙 : (명목가액)인도기준
	* 비상장중소기업 등의 경우 회수기일도래기준 적용가능	특례 : **현재가치 인도기준 수**용 **회수기일도래기준 수용**

3. 용역매출 

1. 단기 건설등	진행기준 * 비상장중소기업은 인도기준 · 완성기준 가능	*** 원칙 : 진행기준** *** 특례 : 중소기업은 인도기준으로 신고조정가능**
2. 장기건설 등	**진행기준**	**진행기준**

* 작업진행률 = $\frac{\text{당해 사업연도말까지 발생한 총공사비 누적액}}{\text{총공사예정비}}$
* 익금 = (도급금액 × 작업진행율) − 직전사업연도말까지의 수익계상액
* 손금 = 당해 사업연도에 발생한 총비용

4. 이자수익과 이자비용 

1. 이자수익	발생주의	*** 원칙 : 수령일 또는 약정일** *** 특례 : 원천징수되지 않는 경우 기간경과분 수익을 인정**
2. 이자비용	발생주의	* 원칙 : 지급일 또는 지급약정일 *** 특례 : 발생주의 수용**

제2절 자산 · 부채의 평가

1. 자산의 취득가액

구 분	내 용
1. 타인으로부터 매입한 자산	매입가액 + 취득부대비용
2. 자기가 제조 · 생산 · 건설등에 의하여 취득한 자산	제작원가 + 취득부대비용
3. 당기손익인식금융자산	매입가액(부대비용은 당기비용처리한다)
4. 기타 자산	**취득당시의 시가**

2. 자산 · 부채의 평가기준

<table>
<tr><td colspan="2">1.원칙</td><td colspan="4">임의평가 불인정</td></tr>
<tr><td rowspan="8">2.예외</td><td rowspan="7">1. 감액
(평가감)</td><td colspan="3">구 분</td><td>평가액</td></tr>
<tr><td>재고
자산</td><td colspan="2">① 파손 · 부패 등으로 평가차손을 계상한 경우
② 저가법으로 신고한 법인이 평가손실을 계상시</td><td>시가</td></tr>
<tr><td>고정
자산</td><td colspan="2">천재지변 · 화재, 법령에 의한 수용 등의 사유로 파손되거나 멸실된 것</td><td>시가</td></tr>
<tr><td rowspan="2">주 식</td><td>부도 등</td><td>주권 상장법인 또는 특수관계에 있지 않는 비상장법인이 발행한 주식 등으로서 발행한 법인이 부도가 발생한 경우 또는 소정의 법률에 따른 회생계획인가의 결정을 받았거나 부실징후 기업이 된 경우</td><td rowspan="2">시가(비망가액 1,000원)</td></tr>
<tr><td>파산</td><td>주식발행법인이 파산한 경우</td></tr>
<tr><td>화폐성외
화자산등</td><td colspan="2">평가하는 방법(마감환율 평가방법)을 신고한 경우에 평가손익을 인정</td><td>기말
매매기준율</td></tr>
<tr><td colspan="4"></td></tr>
<tr><td>2. 평가증</td><td colspan="4">① 고정자산에 대해서 보험법 등 법률에 따른 평가증 인정
② 화폐성 외화자산 · 부채(마감환율 평가방법 신고시)</td></tr>
</table>

3. 재고자산의 평가

<table>
<tr><td rowspan="2">1.평가방법</td><td>1. 원가법</td><td>① 개별법 ② 선입선출법 ③ 후입선출법 ④ 총평균법 ⑤ 이동평균법
⑥ 매출가격환원법(소매재고법) 중 하나의 방법</td></tr>
<tr><td>2. 저가법</td><td>• 원가법/시가법에 의하여 평가한 가액 중 낮은 가액을 평가액</td></tr>
<tr><td>2.적용대상</td><td colspan="2">① 제품 · 상품, ② 반제품 · 재공품, ③ 원재료, ④ 저장품
☞ 영업장별, 재고자산 종류별로 각각 다른 방법에 의하여 평가가능</td></tr>
<tr><td rowspan="2">3.신고</td><td>1. 최초신고</td><td>• 설립일이 속하는 사업연도의 법인세 과세표준의 신고기한</td></tr>
<tr><td>2. 변경신고</td><td>• 변경할 평가방법을 적용하고자 하는 사업연도의 종료일 이전 3개월이 되는 날까지 신고하여야 한다.
☞ 무신고후 무신고시 평가방법을 적용받는 법인이 그 평가방법을 변경하고자 하는 경우에도 마찬가지이다.</td></tr>
<tr><td rowspan="2">4.세법상
평가</td><td>1. 무신고</td><td>• 선입선출법</td></tr>
<tr><td>2. 임의변경</td><td>MAX[① 무신고시 평가방법(FIFO) ② 당초신고한 평가방법]</td></tr>
</table>

5.세무조정	1. 전기	• 전기 유보금액을 당기에 추인	
	2. 당기	세무상 재고자산>B/S상 재고자산	익금산입**재고자산평가감**(유보)
		세무상 재고자산<B/S상 재고자산	손금산입(**재고자산평가증**△유보)

4. 유가증권의 평가

1.평가방법 (원가법)	1.주식	① **총평균법** ② **이동평균법** 중 선택
	2.채권	① **개별법** ② **총평균법** ③ **이동평균법** 중 선택
	* 주식의 평가차익, 평가차손 불인정	
2.신고	재고자산과 동일하다.	
3.세법상 평가	1. 무신고	• **총평균법**
	2. 임의변경	MAX[① 무신고시 평가방법(총평균법) ② 당초신고한 평가방법]

5. 외화자산 · 부채의 평가

외화채권 · 채무 외환차손익		익 · 손금으로 인정
외화자산 · 부채 평가손익	일반법인	① **거래일 환율평가방법** ② **마감환율평가방법 중 신고** ☞ 5개사업연도가 지난 후에 다른 방법으로 변경가능
	금융회사	사업연도 종료일 현재의 매매기준율로 평가

연/습/문/제

O,X 문제

01. **장기할부판매는 진행기준**에 의하여 손익을 인식하는게 원칙이고, **회사가 회수기일 도래기준**에 의해서 회계처리해도 인정한다. ( )

02. **건설등 용역(도급공사 및 예약매출 포함)**의 제공으로 인한 익금과 손금은 **작업진행률을 기준**으로 하여 계산한 수익과 비용을 각각 사업연도의 익금과 손금에 산입한다. ( )

03. 일반법인(금융회사등 제외)의 **이자소득 등의 손익의 귀속사업연도는 소득세법상 이자소득 수입시기**로 한다. ( )

04. 재고자산의 평가방법을 **무신고 후 총평균법을 적용받는 법인**이 그 평가방법을 변경하고자 하는 경우에는 변경할 평가방법을 **적용하고자 하는 사업연도의 종료일 이전 3월이 되는 날까지 변경신고**를 하여야 한다. ( )

05. 재고자산 평가방법을 변경하고자 하는 법인은 **변경할 평가방법을 적용하고자 하는 사업연도의 종료일 이전 2개월이 되는 날**까지 신고하여야 한다. ( )

06. 외화자산 · 부채에 대해서 신고한 평가방법은 원칙적으로 계속 적용해야 하고, **3개 사업연도가 지난 후에는 다른 방법으로 신고**할 수 있다. ( )

07. **단기나 장기용역제공계약의 경우 작업진행률**을 기준으로 하여 수익과 비용을 각 사업연도 익금과 손금에 산입한다. ( )

08. 법인이 부동산을 양도하는 경우, **대금을 청산하기 전에 소유권이전등기**를 한 경우에는 소유권이전등기일이 손익의 귀속사업연도가 된다. ( )

09. 재고자산 평가방법을 무신고한 경우 **후입선출법**(매매목적용 부동산은 개별법)을 적용한다. ( )

10. 재고자산 평가방법의 **임의변경시 선입선출법(매매목적용 부동산은 개별법)으로 평가한 금액과 당초 신고된 신고방법**으로 평가한 금액 중 큰 금액으로 평가한다. ( )

11. 재고자산평가방법은 재고자산의 **종류별 · 영업장별로 각각 다른 방법**에 의하여 평가할 수 있다. ( )

12. 유가증권의 평가방법을 **무신고시 선입선출법**을 적용한다. ( )

13. **유가증권(주식)의 평가방법**은 원가법 중 **총평균법, 이동평균법** 중 하나로 한다. ( )

14. 재고자산의 평가법을 **원가법으로 신고**한 경우에는 **시가에 의한 평가는 인정되지 않는다**. ( )

15. 유가증권 중 단기매매금융자산(당기손익인식금융자산)의 평가방법으로 **기업회계기준은 공정가액법으로 평가하도록 규정**하고 있으나 법인세법은 원칙적으로 **원가법**을 적용한다. ( )

16. 3년 만기 **해외 정기예금(원천징수대상에 해당하지 않는다.)**에 대한 기간경과분 이자수익 1억원을 수익으로 장부에 계상한 경우 세무조정은 없다. ( )

17. 재고자산 평가방법 변경신고를 **신고기한을 경과하여 신고**한 경우 **선입선출법(매매목적용 부동산은 개별법)으로 평가한 금액과 당초 신고한 방법으로 평가한 금액** 중 작은 금액으로 평가한다. ( )

18. **세무상 재고자산의 평가금액이 재무상태표상 재고자산 기말가액보다 큰 경우**에 차이금액을 손금산입하여 유보처분한다. ( )

19. 손익의 귀속사업연도는 세법에서 규정한 경우를 제외하고는 **기업회계의 기준 또는 관행**에 따른다. ( )

20. **장기할부판매시 발생한 채권에 대하여 K-IFRS**에서 정하는 바에 따라 **현재가치로 평가하여 현재가치할인차금을 계상**한 경우 세무조정이 발생되지 않는다. ( )

21. **재고자산 평가방법을 신고하지 않고** 시장에서 유행이 지난 재고에 대해 장부상 재고자산평가손실을 계상한다면 이는 세법상 손금으로 인정받을 수 있다. ( )

22. 매도가능증권을 취득하여 당기말 주가상승으로 기업회계기준대로 매도가능증권 평가익(자본)을 계상하였다. 이로 인하여 법인세 과세표준이 증가한다. ( )

주관식

01. 부동산매매업을 영위하는 (주)로그인는 상가를 신축하여 판매하는 사업을 하고 있다. 다음 자료를 기초로 할 때 법인세법상 판매손익의 귀속시기는 언제인가?

- 계약일 : 20x1년 4월 13일
- 잔금청산일 : 20x1년 10월 6일
- 준공검사필증교부일 : 20x1년 9월 25일
- 사용수익개시일 : 20x1년 9월 30일
- 소유권이전등기일 : 20x2년 1월 6일

02. 다음 자료에서 제7기에 익금산입하여 유보처분할 금액은 얼마인가?

㈜로그인는 제5기 사업연도(1.1~12.31) 10월 1일에 국내은행에 정기예금(예금기간 2년)에 가입하였고 정기예금이자 6,000,000원은 만기인 제7기 9월 30일에 일시에 지급받으며, 당해 이자는 법인세법상 원천징수대상이다. 기업회계기준에 의한 발생주의에 따른 수입이자는 다음과 같다.

구 분	제5기	제6기	제7기	계
수입이자	1,000,000원	3,000,000원	2,000,000원	6,000,000원

회사가 기간경과분 미수이자를 기업회계기준에 따라 영업외수익으로 회계처리였다.

03. 이동평균법으로 평가하여 오던 법인이 재고자산평가방법을 총평균법으로 변경하기로 하고 변경신고서를 제8기 10월 1일 제출하고 총평균법으로 평가하였을 경우 제8기와 제9기의 법인세법상 재고자산평가방법은?

(1) 제8기 재고자산평가액

- 선입선출법 : 70,000,000원
- 이동평균법 : 80,000,000원
- 총평균법 : 60,000,000원

(2) 당기말 재고자산은 총평균법으로 평가하였다.

04. (주)로그인은 총평균법으로 재고자산을 평가하던 중 제5기(20x1.01.01. ~ 12.31.)에 재고자산평가방법을 후입선출법으로 변경하기로 하고, 이에 대한 변경신고서를 20x1년 10월 1일에 제출하고 후입선출법으로 재고자산을 평가하였다. 다음 자료를 통해 제5기의 법인세법상 재고자산을 평가하면 얼마인가?

(1) 신고한 평가방법 : 후입선출법
(2) 제5기 재고자산평가액

- 선입선출법 : 70,000,000원
- 후입선출법 : 80,000,000원
- 총평균법 : 60,000,000원

05. 중소기업인 ㈜로그인은 회사가 제조한 기계를 할부판매하였다. 당기에 회사가 필요한 세무조정을 하시오. (단, 수익에 대해서만 고려하시오.)

1. 계약일 : 20x1 년 1월 25일
2. 계약금액 : 50,000,000원
3. 대금결제조건 : 20x1년 1월 25일 계약금 10,000,000원, 6개월 경과시마다 10,000,000원씩 4회에 분할하여 결제함
4. 회사는 당기에 20,000,000원을 수익으로 인식함

06. 다음은 ㈜로그인건설의 제 5기(20x1.1.1. ~ 20x1.12.31.)의 공사내역이다.
제시된 공사에 대하여 회사가 **진행기준**에 따라 회계처리한 경우 세무조정을 하시오.

구분	공사기간	도급금액	20x1년공사비	총공사예정비
A공사	20x1.7.1.~ 20x6.1.10.	200억원	20억원	100억원
B공사	20x1.10.1.~ 20x2.5.30.	60억원	24억원	40억원

연/습/문/제 답안

O,X문제

1	2	3	4	5	6	7	8	9	10	11	12	13	14	15
×	○	○	×	×	×	○	○	×	○	○	×	○	○	○
16	**17**	**18**	**19**	**20**	**21**	**22**								
○	×	×	○	○	×	×								

[풀이 - O,X문제]

01. 장기할부판매는 인도기준에 의하여 손익을 인식하는게 원칙이다.

04. 무신고시 선입선출법이 적용된다.

05. **변경할 평가방법을 적용하고자 하는 사업연도의 종료일 이전 3개월이 되는 날**까지 신고하여야 한다.

06. **5개 사업연도가 지난 후에는 다른 방법으로 신고**할 수 있다.

09. 재고자산 평가방법을 무신고한 경우 **선입선출법**(매매목적용 부동산은 개별법)을 적용한다.

12. 총평균법에 의한다.

17. 큰금액으로 평가한다.

18. 세무상가액이 크면 익금산입한다.

21. 저가법으로 신고시 재고자산평가손실을 인정받을 수 있다.

22. **매도가능증권의 평가손익은 이중세무조정 사항으로 법인세 과세표준에는 영향이 없다.**

주관식

01.	20x1년 9월 30일	02.	4,000,000원
03.	8기 : 이동평균법 9기 : 총평균법	04.	70,000,000원
05.	없음	06.	없음

[풀이 - 주관식]

01. **인도 또는 사용수익개시일과 등기이전일 및 잔금청산일 중 가장 빠른 날**이 손익귀속시기이다.

02. 법인세법상 원천징수대상인 이자는 미수이자를 인정하지 않으므로 제5기와 제6기에 미수이자로 계상된 금액은 익금불산입하고 △유보처분하며, 이자를 지급받는 제7기에 익금산입하여 유보로 처분한다.

    5기 세무조정 : 〈익금불산입〉 미수이자 1,000,000원(△유보)

    6기 세무조정 : 〈익금불산입〉 미수이자 3,000,000원(△유보)

    7기 세무조정 : 〈익금산입〉 전기미수이자 4,000,000원(유보) ← 유보추인

03. 재고자산평가방법을 기한후에 변경신고하였으므로 9기부터 변경됨. 따라서 임의평가이므로 제8기는 MAX(선입선출법, 이동평균법), 제9기는 당초 신고한 방법인 총평균법 적용함.

04. **기한(9/30) 후 재고자산평가방법변경신고를 한 경우**이므로 **제5기는 임의변경에 해당**한다.

    MAX[① 무신고시 평가방법(FIFO), ② 당초신고한 평가방법(총평균법)] = 70,000,000원

05. 장기할부판매에 해당하고 **회수기일도래기준으로 손익인식이 가능**하므로 당기 회수기일도래 20,000,000원을 수익으로 인식하였으므로 별도 세무조정할 필요가 없다.

06. A공사(장기용역공사), B공사(단기용역공사) 모두 진행기준으로 회계처리했으므로 별도 세무조정은 없다.

기업업무추진비/기부금

NCS세무 - 5 법인세 신고 - 각사업연도 세무조정/ 부속서류 작성하기

제1절 기업업무추진비

1. 범위

① **사용인이 조직한 단체(법인)에 지출한 복리시설비**(예 : 노동조합)
② 사업상증여에 따른 부가가치세 매출세액과 접대관련 불공제 매입세액
③ 채권 포기

불가피한 사유가 아닌 경우	업무관련	특정인	기업업무추진비
	업무무관		기부금
불가피한 사유(대손사유)			손금

〈기업업무추진비과 기타비용의 비교〉

구 분		세무상처리
업무관련	특정인에 대한 지출	기업업무추진비
	불특정다수인에 대한 지출	광고선전비
업무무관		기부금

⇒ 광고선전 목적으로 기증한 물품의 구입비용(특정인에게 기증한 물품의 경우에는 **연간 5만원 이내의 금액에 한하며 개당 3만원 이하의 물품은 5만원 한도를 미적용한다.**) ⇒ 광고선전비

2. 현물기업업무추진비의 평가 = MAX[① 시가 ② 장부가액]

3. 손금귀속시기 : 기업업무추진(접대)행위가 이루어진 날(발생주의)

4. 세무조정 

Ⅰ. 직부인	1. 개인사용경비		사외유출
	2. 증빙불비(증빙누락)기업업무추진비		대표자상여
	3. 건당 3만원(경조금은 20만원) 초과 적격증빙미수취분		기타사외유출
Ⅱ. 한도규제	4. 직부인 기업업무추진비를 제외한 기업업무추진비 중	4-1. 한도초과액	기타사외유출
		4-2. 한도내 금액	손금

5. 손금산입한도액(1+2) 

	일반기업업무추진비 한도액
1. 기본한도	**1,200만원[중소기업 : 3,600만원]**×해당사업년도의 월수/12
2. 수입금액 한도	일반수입금액×적용률+**특정수입금액×적용률×10%** ☞ 적용률 : 100억이하 30/10,000, 500억이하 20/10,000, 500억초과 3/10,000
3. 문화기업업무추진비	일반기업업무추진비 한도의 20% 추가
4. 전통시장 기업업무추진비	일반기업업무추진비 한도의 10% 추가

제2절 기부금

1. 간주(의제)기부금

자산을 정상가액(시가30%)보다 저가양도, 고가양수함으로써 실질적으로 증여한 것으로 인정되는 금액

2. 분류

구분	내용
1. 특례	① 국가 · 지자체(국립, 공립학교 포함)에 무상기증하는 금품 ② 국방헌금과 국군장병 위문금품(향토예비군 포함) ③ 천재 · 지변 이재민 구호금품(해외이재민 구호금품 포함) ④ 사립학교(초 · 중 · 고, 대학교) 등에의 시설비, 교육비, 연구비, 장학금 지출 ⑤ 사회복지공동모금회
2. 일반	① 비영리법인의 고유목적사업비 ② 학교 등의 장이 추천하는 개인에게 교육비 · 연구비 · 장학금으로 지출 ③ 사회복지시설 중 무료 또는 실비로 이용할 수 있는 것 ④ 공공기관 등에 지출하는 기부금
3. 비지정	① 향우회, 종친회, 새마을금고, 신용협동조합에 지급한 기부금 ② 정당에 지출하는 기부금

3. 현물기부금

① 특례기부금, 일반기부금 : 장부가액

② 일반기부금(특수관계인)과 비지정기부금 : MAX[①시가 ②장부가]

4. 귀속시기 : 현금주의(어음 : 결제일, 수표 : 교부일)

5. 손금한도

구분	한도
특례기부금	(기준소득금액 – 이월결손금)×50%
일반기부금	(기준소득금액 – 이월결손금 – 특례기부금 손금산입액)×10%

☞ 이월결손금 : 중소기업 기준소득금액의 100%, 일반기업 80%한도

6. 한도초과액의 이월손금산입

(1) 이월된 기부금을 우선 공제

(2) 남은 기부금 공제한도 내에서 각사업연도에 지출한 기부금 공제

(3) 기부금 한도 초과액이월액의 손금산입 : 10년

[기업업무추진비와 기부금]

구 분	기업업무추진비	기부금
정의	**업무관련+특정인**	**업무무관**
손익귀속시기	**발생주의**	**현금주의**
현물	MAX[① 시가 ② 장부가액]	**특례,일반 : 장부가액** **일반(특수관계인),비지정 : MAX[① 시가 ② 장부가액]**
한도초과액 이월손금	**없음**	**10년간 이월**

연/습/문/제

O,X 문제

01. 법인의 **기업업무추진비 기본한도액은 1,200만 원(중소기업은 3,600만 원)**이며 사업연도가 12개월 미만인 경우에는 그 월수에 따라 안분한다. 또한 1개월 미만의 일수는 1개월로 한다. ( )

02. 기업업무추진비를 금전 외의 자산으로 제공한 경우 이를 제공한 때의 **시가로 평가한다.** ( )

03. **건당 3만원 초과 기업업무추진비 지출액**에 대하여 적격 증빙을 수취하지 않고 **일반영수증을 수취**한다면 동 금액은 세법상 전액 손금 부인된다. ( )

04. **건당 30만원 이하의 경조사비**의 경우에는 적격증빙을 수취하지 않더라도 법인세법상 한도내에서 손금산입된다. ( )

05. 국방헌금은 일반기부금으로 **법인세법상 기준소득금액의 10%한도로 전액 손금인정** 받는다. ( )

06. **광고선전목적**으로 수첩등을 불특정다수인에게 증여한 것은 기업업무추진비로 보지 않는다. ( )

07. 특수관계없는 자에게 정당한 사유없이 정상가액보다 낮은 가액으로 양도하거나 정상가액보다 높은 금액으로 매입함으로써 실질적으로 증여한 것으로 인정되는 금액은 기부금으로 보며, **정상가액은 시가에 20%를 가감한 범위** 내의 금액을 말한다. ( )

08. 현물기부금 중 **특례기부금, 일반기부금(특수관계인이 아닌 자에게 기부)**은 장부가액으로 평가한다. ( )

09. **기부금은 발생주의**에 의하여 손금을 계상하게 되므로 법인이 실제로 지급하지 아니한 기부금을 미지급으로 하여 계상한 경우에 기부금으로 인정된다. ( )

10. 기부금의 한도초과액은 그 다음 사업연도의 개시일로부터 **5년 이내에 종료하는 각 사업연도에 이월하여 이를 손금에 산입**한다. ( )

11. 현물기부금이 **일반기부금(특수관계인)일** 경우 기부당시의 **시가와 장부금액 중 큰 금액**으로 평가한다. ( )

12. 대표이사의 **동창회나 종친회**에 지출한 기부금은 **비지정기부금**으로 전액 손금불산입한다. ( )

13. 기부금의 손익귀속시기는 **실제로 현금이 지출되는 시점**이므로 연도말까지 미지급한 기부금을 손금불산입하고 사외유출로 소득처분 해야 한다. ( )

14. **증빙불비(누락)**로 손금불산입되는 기업업무추진비지출금액에 대해서는 가산세가 부과되지 않고 손금불산입 **기타사외유출**로 소득처분한다. ( )

15. **사용인이 조직한 조합 등이 법인**인 경우에는 그 조합 등에 지출한 복리시설비는 세법상 기업업무추진비에 해당한다. ( )

16. **기부금한도초과액은 10년동안 이월**하여 손금에 산입할 수 있다. ( )

17. 문화기업업무추진비가 있는 경우 **일반기업업무추진비 손금산입액의 10%내에서 추가**로 손금이 인정된다. ( )

18. 전기 특례 기부금한도초과액이 100만원과 당기 특례기부금이 200만원이 있는 경우 기준소득금액 계산 후 **당기 기부금을 손금산입한 후 잔여한도내에서 전기기부금을 손금산입한다.** ( )

19. 광고선전목적으로 거래처에 35,000원 상당의 수첩과 20,000원 상당의 달력을 증정시 세법상 기업업무추진비로 본다. ( )

주관식

01. ㈜ 로그인(중소기업이 아님)의 다음 자료에 의하여 세무조정으로 인한 손금불산입액의 총합계는 얼마인가?

(1) 손익계산서상의 매출액 10억원이고 특수관계자간 거래는 없다.

(2) 접대비(기업업무추진비) 계정의 총금액은 50,000,000원으로서 그 내역은 다음과 같다.

구 분	금액	비 고
증빙미수취	3,000,000원	1건임
전무이사 개인사용경비	6,000,000원	1건임
신용카드 사용분	39,000,000원	전액 3만원초과분임
일반영수증사용분	2,000,000원	3만원 초과 500,000원
계	50,000,000원	

02. ㈜로그인(중소기업이 아니다.)의 홍길동사원이 작성한 기업업무추진비조정명세서이다. 이 명세서를 김부장이 검토한 결과 회사의 일반수입금액 100억원과 특수관계인에 대한 수입금액이 25억원이므로 이를 수정하라고 지시하였다. 〈#1〉 ~ 〈#3〉에 기입할 금액을 적으시오.

구분			금액
① 기업업무추진비 해당 금액			80,000,000
② 기준금액 초과 기업업무추진비 중 신용카드 등 미사용으로 인한 손금불산입액			15,000,000
③ 차감 기업업무추진비 해당 금액(①-②)			65,000,000
일반 기업업무 추진비 한도	④ 1,200만원 (중소기업 3,600만원) × 해당 사업연도 월수(12) / 12		12,000,000
	총수입 금액기준	100억원 이하의 금액×30/10,000	30,000,000
		100억원 초과 500억원 이하의 금액×20/10,000	5,000,000
		500억원 초과 금액×3/10,000	
		⑤ 소계	35,000,000
	일반수입금액 기준	100억원 이하의 금액×30/10,000	30,000,000
		100억원 초과 500억원 이하의 금액×20/10,000	5,000,000
		500억원 초과 금액×3/10,000	0
		⑥ 소계	〈#1〉 35,000,000
	⑦ 수입금액 기준	(⑤-⑥)×10/100	
	⑧ 일반기업업무추진비 한도액(④+⑥+⑦)		47,000,000
문화기업 업무추진비 한도	⑨ 문화기업업무추진비 지출액		
	⑩ 문화기업업무추진비 한도액 (⑨와 (⑧×20/100)에 해당하는 금액 중 적은 금액)		
⑪ 기업업무추진비 한도액 합계(⑧+⑩)			〈#2〉 47,000,000
⑫ 한도초과액(③-⑪)			〈#3〉 18,000,000
⑬ 손금산입한도 내 기업업무추진비지출액(③과 ⑪에 해당하는 금액 중 적은 금액)			

03. (주)로그인의 특례기부금에 대한 다음 자료를 기초로 20x1년과 20x2년, 20x3년의 기부금 관련 세무조정을 연도별로 하시오.

연도	특례기부금 지출액	특례기부금 한도액
20x1년	3,500만원	2,000만원
20x2년	3,000만원	4,000만원
20x3년	3,000만원	3,300만원

04. 다음 자료에서 ㈜로그인(중소기업)의 법인세법상 기부금의 한도초과액을 구하시오.

- 당해 일반기부금단체에 1억원을 기부하고 영업외비용으로 회계처리하고, 이외의 기부금은 없다.
- 당기순이익은 10억원이다.
- 기부금 관련 세무조정사항 이외의 세무조정사항
  - 법인세 비용계상액은 2억원
  - 이월익금은 3억원
- 이월결손금 4억원이고 2년전 발생분이다.

05. 20x0년에 사업을 개시한 ㈜삼일의 연도별 일반기부금에 대한 자료가 다음과 같을 때, 20x0년과 20x1년의 세무조정을 수행하시오.

연도	일반기부금 지출액	일반기부금 한도액
20x0년	1,500만원	1,000만원
20x1년	2,000만원	2,300만원

연/습/문/제 답안

O,X문제

1	2	3	4	5	6	7	8	9	10	11	12	13	14	15
○	×	○	×	×	○	×	○	×	×	○	○	×	×	○

16	17	18	19
○	×	×	×

[풀이 - O,X문제]

02. **현물기업업무추진비는 시가와 장부가액 중 큰 금액**으로 한다.

04. 경조사비는 20만원이하의 경조사비에 대해서만 적격증빙을 미수취해도 된다.

05. 국방헌금은 특례기부금으로 **기준소득금액의 50%한도로 손금산입**된다.

07. **정상가액은 시가의 ±30%범위 내**이다.

09. 기부금은 현금주의에 의한다.

10. 10년간 이월 손금된다.

13. 미지급 기부금은 유보로 소득처분한다.

14. 상여로 처분한다.

17. **일반기업업무추진비의 20%를 추가로 손금산입**한다.

18. 전기 기부금을 먼저 손금산입 후 당기 기부금에 대해서 한도 내에서 손금산입하고 **한도초과액은 10년간 이월공제**된다.

19. **광고선전 목적으로 기증한 5만원 이내의 물품구입비용은 광고선전비**로 본다.(개당 3만원 이하는 한도 미적용)

주관식

01.	35,000,000원	02.	〈해설 참고〉
03.	〈해설 참고〉	04.	40,000,000원
05.	〈해설 참고〉		

[풀이 - 주관식]

01.

세무조정순서			금 액	소득처분
Ⅰ. 직부인 기업업무 추진비	1. 개인사용경비		*6,000,000*	상여(전무)
	2. 증빙불비(증빙미수취)기업업무추진비		*3,000,000*	상여(대표자)
	3. 건당 3만원초과 적격증빙미수취분		*500,000*	기타사외유출
Ⅱ. 한도규제 기업업무추진비	4. **직부인기업업무추진비 제외**	4-1. 한도초과액	*25,500,000*	기타사외유출
		4-2. 한도내 금액	15,000,000	손금
계			50,000,000	

[기업업무추진비 한도 초과액계산]

(1) 수입금액 : 1,000,000,000원

(2) 기업업무추진비 한도액(①+②) : 15,000,000원

① 기본금액 : 12,000,000원(중소기업이 아님)

② 일반수입금액 : 1,000,000,000원×30/10,000=3,000,000원

(3) 기업업무추진비해당액 : 40,500,000원(50,000,000원-9,500,000원(직부인기업업무추진비 계))

(4) **기업업무추진비 초과액(3-2) : 25,500,000원(손금불산입, 기타사외유출)**

02. #1. 일반수입금액기준=100억×30/10,000=30,000,000원

#2. 기업업무추진비한도 : 12,000,000+30,000,000+25억×20/10,000×10%=42,500,000원

#3. 기업업무추진비한도초과 : 42,500,000-65,000,000=22,500,000원

03. 기부금의 한도초과액은 10년간 이월하여 공제하고, 기부금 관련 세무조정은 신고서에 바로 반영된다.

20x1년	손금불산입	기부금한도 초과	15,000,000원	기타사외유출

20x2년 특례기부금

한도	20x1년 이월기부금	20x2년 특례기부금	
		손금산입	이월
4,000만원	**1,500만원 손금산입(기타)**	2,500만원	**500만원(손금불산입, 기·사)**

20x3년 특례기부금

한도	20x2년 이월기부금	20x3년 특례기부금	
		손금산입	이월
3,300만원	**500만원 손금산입(기타)**	2,800만원	**200만원(손금불산입, 기·사)**

04. 기부금 한도 계산(중소기업)

① 기준소득금액	당기순이익(10) + 법인세비용(2) - 이월익금(3) + 일반기부금(1) = 10억
② 특례기부금	㉠ 해당액 : 100,000,000원 ㉡ 한도액 : [10억 - 4억원(이월결손금)] × 10% = 60,000,000원 ㉢ 한도초과액 : ㉠ - ㉡ = **+40,00,000원**

05. 기부금 세무조정

연도	일반기부금 지출액	일반기부금 한도액	세무조정	
20x0년	1,500만원	1,000만원	*손금불산입 500만원*	
20x1년	2,000만원	2,300만원	*손금산입*	*500만원(X0)*
			손금불산입	*200만원(X1)*

20x0년 : 〈손금불산입〉 일반기부금한도초과 500만원

20x1년 : 〈손금산입〉 전기일반기부금한도초과이월 500만원

〈손금불산입〉 일반기부금한도초과 200만원

감가상각비/지급이자

NCS세무 - 5 법인세 신고 - 각사업연도 세무조정/ 부속서류 작성하기

제1절 감가상각비

감가상각비는 원칙적으로 결산조정사항이나 한국채택국제회계기준을 적용하는 내국법인의 경우에는 유형고정자산과 내용연수가 비한정인 무형고정자산의 감가상각비에 대해 개별 자산별로 추가로 손금산입할 수 있다.

1. 상각방법

구분		선택가능한 상각방법	무신고시 상각방법
유형자산	일반	정률법/정액법	정률법
	광업용	정률법/정액법/생산량비례법	생산량비례법
	건축물	정액법	정액법
무형자산	일반	정액법	정액법
	개발비	20년 이내 정액법	5년간 균등상각(월할상각)
	사용수익기부자산	사용수익기간동안 균등상각	
신고	1. 신설법인 : 영업개시일이 속하는 사업년도의 법인세 신고기한 2. 신설법인 이외의 법인이 고정자산을 새로이 취득한 경우 : 취득일이 속하는 사업연도의 법인세 과세표준 신고기한 3. 변경신고 : 변경할 감가상각방법을 적용하고자 하는 사업연도의 종료일까지 변경신청을 하고, 관할 세무서장의 승인을 얻어야 한다.		

2. 내용연수

	내용연수	
	신고	무신고
개발비	20년 이내의 신고한 내용연수	5년
사용수익기부자산	사용수익기간	좌동
시험연구용자산 및 기타 무형고정자산	기준내용연수	좌동
위 이외의 자산	기준내용연수±25%	기준내용연수
신고	자산을 취득한 날이 속하는 사업연도의 법인세 과세표준 신고기한까지	

3. 즉시상각의제

1. 의의	자본적 지출에 해당하는 금액을 수익적 지출로 회계처리한 경우에는 이를 감가상각한 것으로 보아 상각범위액을 계산한다.	
2. 특례	1. 소액자산	취득가액이 거래단위별로 100만원 이하인 감가상각자산 -다음의 것은 제외한다. ① 그 고유업무의 성질상 대량으로 보유하는 자산 ② 그 사업의 개시 또는 확장을 위하여 취득한 자산
	2. 단기사용자산	① 대여사업용 비디오테이프 등 취득가액이 30만원 미만인 것 ② 전화기(휴대용전화기 포함) 및 개인용컴퓨터
	3. 소액수선비	① 개별자산별로 수선비로 지출한 금액이 600만원 미만인 경우 ② 개별자산별로 수선비 지출한 금액이 전기말 현재 재무상태표상 자산의 장부가액의 5%에 미달하는 경우 ③ 3년 미만의 기간마다 주기적인 수선을 위하여 지출하는 경우
	4. 폐기손실 (비망가액 1,000원)	시설개체 또는 기술낙후로 인하여 생산설비의 일부를 폐기한 경우 사업의 폐지 또는 사업장의 이전으로 임대차계약에 따라 임차사업장의 원상회복을 위하여 시설물을 철거하는 경우

4. 세무조정

	정액법	정률법
1. 계산구조	세무상 취득가액*1×상각률	세무상 미상각잔액*2×상각률
	*1. B/S 취득가액+즉시상각의제액(전기, 당기)	*2. B/S상 장부가액+즉시상각의제액(당기)+전기이월상각부인액(유보)
2. 회사계상 상각비	당기 감가상각누계액 증가액+당기 즉시상각의제	
3. 세무조정	한도초과	〈손불〉 유보
	한도미달	원칙 : 세무조정 없음. 다만 전기상각부인액이 있을 경우 손금추인

5. 감가상각 의제(강제상각 및 조세회피방지)

1. 대상법인	**1. 법인세를 면제, 감면받는 법인** **2. 추계결정 또는 경정시 감가상각비를 손금에 산입한 것으로 간주**
2. 효과	당해연도 : 과소상각액은 신고조정으로 손금산입 이후연도는 상각범위액 축소

제4절 지급이자

1. 세무조정순서

세무조정순서	소득처분
1. **채권자불분명이자**	대표자상여 **(원천징수세액은 기타사외유출)**
2. **비실명증권 · 증권이자**	
3. **건설자금이자(특정차입금이자)**	원칙 : 유보
4. **업무무관자산 등에 대한 지급이자**	기타사외유출

2. 건설자금이자

대상	고정자산의 취득에 소요된 것이 분명한 차입금(**특정차입금 – 취득원가 강제**)에 대한 건설기간 동안의 이자
계산	취득기간의 지급이자 – 일시 예금으로 인한 수입이자
세무조정	(아래 표)

		당 기	차 기 이 후
비상각자산(토지)		손금불산입(유보)	처분시 손금추인(△유보)
상각자산	건설 완료	**즉시상각의제**	–
	건설중	손금불산입(유보)	**건설완료 후 상각부인액으로 의제**

3. 업무무관자산 등의 관련이자

대상	업무무관 자산(부동산과 동산)과 특수관계자에 대한 업무무관 가지급금 업무무관자산가액은 취득가액(매입가액, 자본적지출액 등)으로 한다.
계산	지급이자 $\times \frac{\text{업무무관자산적수} + \text{업무무관가지급금적수}}{\text{차입금적수}}$
제외	① **미지급소득에 대한 소득세를 법인이 대납한 금액** ② **소득의 귀속이 불분명하여 대표자에게 상여처분한 금액에 대한 소득세를 법인이 납부하고 이를 가지급금으로 계상한 금액** ③ 사용인에 대한 월정액 급여액의 범위 안에서의 일시적인 급료의 가불금 ④ 사용인(사용인의 자녀 포함)에 대한 학자금의 대여액 ⑥ **중소기업의 근로자(임원, 지배주주등 제외)에 대한 주택 구입 · 전세자금 대여금**

연/습/문/제

O,X 문제

01. 법인은 **기준내용연수의 상하 20%** 범위 내에서 내용연수를 선택하여 이를 납세지 관할세무서장에게 신고한 경우 이를 적용하여 감가상각범위액을 계산한다. ( )

02. 내용연수는 자산을 취득한 날이 속하는 사업연도의 **법인세 과세표준 신고기한까지 관할세무서장에게 신고**하여야 한다. **내용연수를 신고하지 않은 경우에는 기준내용연수를 적용**하고, 이를 이후사업연도에도 계속 적용해야 한다. ( )

03. 신설법인의 감가상각방법의 신고방법은 **영업개시일이 속하는 사업연도의 법인세 과세표준 신고기한**으로 한다. ( )

04. 사업연도 중에 취득하여 사업에 사용한 감가상각자산에 대한 상각범위액은 **사업에 사용한 날부터 당해 사업연도 종료일까지의 월할 계산**한다. ( )

05. 고정자산에 대한 **자본적 지출액**은 해당 고정자산의 장부가액에 합산하여 그 자산의 내용연수를 그대로 적용하여 감가상각한다. 즉 월할 계산하지 않고 **1년간 상각한다.** ( )

06. 감가상각의제 적용대상 법인은 **각 사업연도의 소득에 대하여 법인세가 면제되거나 감면되는 사업을 영위하는 법인으로서 법인세를 면제받거나 감면받은 법인**이다. ( )

07. 일반기업회계기준이 적용되는 **기업의 감가상각비 시인부족액은 그 후 사업연도의 상각부인액에 충당한다.** ( )

08. 정률법의 경우 상각부인액은 그 후 **사업연도의 장부가액에 합산하여 상각범위액**을 계산한다. ( )

09. 상각부인액이 있는 법인이 다음 사업연도에 감가상각을 하지 않는 경우에는 **상각범위액 만큼 손금 추인**된다. ( )

10. 감가상각비는 원칙적으로 결산조정사항이나, **국제회계기준을 적용하는 내국법인**의 경우에는 유형고정자산과 **내용연수가 비한정인 무형고정자산**의 감가상각비에 대해 **개별 자산별로 추가로 손금산입**할 수 있다. ( )

11. 연구비를 제외한 무형자산은 법에서 정한 기준내용연수을 기준으로 가감된 **범위내의 내용연수를 선택할 수 있다.** ( )

12. 감가상각방법을 변경하고자 하는 법인은 변경할 상각방법을 **적용하고자 하는 사업연도 종료일 이전 3개월이 되는 날**까지 변 경신고를 하고 관할세무서장의 승인을 얻어야 한다. ( )

13. 자본적 지출에 대해서 수선비를 처리시 **수선비를 자산의 취득원가에 포함**하여 감가상각범위액을 계산하고, 동시에 **동 수선비를 감가상각비 계상액에 포함**하여 시부인계산을 수행한다. ( )

14. 법인세법에서는 건설자금이자 규정을 사업용 고정자산의 매입 · 건설 등에 한하여 적용하도록 하고 있으므로 **재고자산 · 투자자산 등에 사용된 차입금의 이자는 취득원가에 산입하지 아니한다.** ( )

15. 채권의 발행법인이 직접 이자 등을 지급하는 경우 그 **지급사실이 객관적으로 인정되지 않는 이자 등은 손금불산입**한다. ( )

16. **업무무관자산 등에 대한 지급이자 손금불산입 규정은 법인의 재무구조의 건전성을 유도**하기 위하여 모든 법인에 대해 이 규정을 적용한다. ( )

17. **기계장치의 감가상각방법을 신고하지 아니한 경우에는 정액법**을 적용한다. ( )

18. 법인세법상 **건축물의 감가상각방법은 정률법**만 인정되는 반면, 기업회계기준에서는 합리적인 감가상각방법을 선택하여 적용할 수 있다. ( )

19. 취득가액이 **100만원이하인 소액자산과 개인용컴퓨터**는 자산으로 계상하여 감가상각을 할 수도 있고, 일시에 비용처리도 가능하다. ( )

20. 업무무관자산등에 대한 지급이자손금불산입규정 적용시 업무무관부동산 등의 가액은 **취득가액(매입가격 및 부대비용, 자본적 지출액을 포함)**으로 한다. ( )

21. 유형자산의 **잔존가액은 취득가액의 "0"으로** 하는 것이 원칙이다. ( )

22. 사용인에 대한 월정급여액의 범위 안에서 **일시적인 가불금은 업무무관가지급금으로 보지 않는다.** ( )

23. 개별자산별로 **수선비로 지출한 금액이 500만원 미만**인 경우 소액수선비로 감가상각시부인 없이 손금으로 인정하는 특례가 있다. ( )

24. **임직원에 대한 주택 구입 및 전세자금 대여액은 업무무관가지급금에서 제외**한다. ( )

25. 업무무관 지급이자 손금불산입 계산시 지급이자는 타인에서 자금을 차용하는데 지급되는 금융비용으로서 **미지급이자는 제외하되 미경과이자는 포함한다.** ( )

26. **재해로 멸실되어 자산의 본래 용도에 이용할 가치가 없는 건축물 등의 복구는** 수익적지출에 해당한다. ( )

27. **시설의 개체 또는 기술의 낙후로 인하여 생산설비의 일부를 폐기한 경우에는 당해 자산의 장부가액 전액을 폐기일이 속하는 사업연도의 손금에 산입할 수 있다.** ( )

 주관식

01. 다음의 자료에 의해 법인세법상 20x2년 감가상각에 대한 세무조정(소득처분 포함)을 하시오.

(1) 20x1년 기계장치 감가상각 세무조정 : 100,000원 시인부족액 발생
(2) 20x1년 건　　물 감가상각 세무조정 : 100,000원 상각부인액 발생
(3) 20x2년 기계장치 감가상각 세무조정 : 100,000원 상각부인액 발생
(4) 20x2년 건　　물 감가상각 세무조정 : 200,000원 시인부족액 발생

02. ㈜명옥상사와 ㈜인천상사는 1억원의 고정자산을 취득하여 감가상각을 하고 다음과 같이 회계처리하였다. 각각에 대해서 세무조정하시오.

구 분	세법상 한도액	회사 계상액	전기유보잔액	세무조정
㈜명옥상사	20,000,000	18,000,000	3,000,000	(가)
㈜인천상사	25,000,000	29,000,000	0	(나)

03. 전자제품 도 · 소매업을 영위하는 ㈜로그인(1.1~12.31)은 매장을 임차하여 사용하다 20x1년 10월 20일 건물을 최초로 취득하고 내용연수를 관할세무서장에게 신고하고자 한다. 감가상각내용연수 신고는 언제까지 해야 하는가?

04. 다음은 ㈜로그인의 유형자산 감가상각과 관련한 자료이다. 세무조정을 하시오. (단,K-IFRS 도입에 따라 추가로 손금산입되는 감가상각비는 없는 것으로 한다)

구분	기초상각 부인(시인)액	감가상각비	상각범위액
기계장치	-30만원	100만원	50만원
차량운반구	50만원	200만원	230만원
컴퓨터	-	200만원	250만원
비품	50만원	200만원	250만원

05. 법인세법상 다음 자료에 의하여 감가상각 범위액(정액법, 정률법)을 구하시오.

Ⓐ 20x0년 01월 01일 취득한 비품의 취득가액 : 10,000,000원
Ⓑ 신고한 내용연수 : 5년
Ⓒ 정액법 상각률 0.2, 정률법 상각률 : 0.451
Ⓓ 전기말상각누계액 1,000,000원
Ⓔ 20x1년 6.10 자본적 지출액 2,000,000원

06. ㈜로그인은 20x1년 1월 1일 대표이사의 배우자가 사용할 목적으로 요트를 1억원(부가세 별도)에 구입하였다. 손익계산서에 지급이자가 10,000,000원, 차입금적수가 500억원인 경우 업무무관자산 등에 대한 지급이자 손금불산입할 금액은 얼마인가(단, 선순위 부인된 지급이자는 없고, 1년은 365일로 가정한다.)

연/습/문/제 답안

O,X문제

1	2	3	4	5	6	7	8	9	10	11	12	13	14	15
×	○	○	○	○	○	×	○	○	○	×	×	○	○	○
16	**17**	**18**	**19**	**20**	**21**	**22**	**23**	**24**	**25**	**26**	**27**			
○	×	×	○	○	○	○	×	×	×	×	×			

[풀이 - O,X문제]

01. 상하 25% 범위내 신고가능하다.
07. 일반기업회계 기준 적용기업의 감가상각비는 결산조정사항으로 시인부족액에 대해서 소멸한다.
11. 무형자산은 기준내용연수만 적용된다.
12. 사업연도 종료일까지 변경신고를 해야 한다.
17. 일반 유형자산의 무신고시 정률법을 적용한다.
18. 법인세법상 건축물의 감가상각방법은 정액법만 인정한다.
23. 소액수선비 6백만원 미만인 경우이다.
24. 중소기업 근로자에 대한 주택 구입 및 전세자금 대여액은 업무무관가지급금에서 제외한다.
25. 미지급이자는 포함하고 선급이자는 당기의 지급이자가 아니므로 제외한다.
26. 재해로 멸실되어 해당 자산의 본래의 용도에 이용가치가 없는 것의 복구는 자본적 지출에 해당한다.
27. 비망가액 1,000원을 남겨 두어야 한다.

주관식

01.	〈해설 참고〉	02.	〈해설 참고〉
03.	20x2년 3월 31일	04.	〈해설 참고〉
05.	정액법 2,400,000 정률법 4,961,000	06.	8,030,000원

[풀이 - 주관식]

01. 기계장치에 대한 전년도 시인부족액은 없는 것이므로 20×2년 상각부인액 100,000원은 손금불산입하고, 건물에 대한 전년도 상각부인액 100,000원은 20×2년 시인부족액 200,000원이 발생하였으므로 전년도 상각부인액 100,000원을 한도로 손금추인한다.

손금불산입	기계장치	100,000원	유보
손금산입	전기 건물 부인액	100,000원	△유보

02. 가 : 손금산입 가능한 금액 = Min(2,000,000, 3,000,000)
나 : 손금불산입액 = 29,000,000 - 25,000,000 = 4,000,000

가.	손금산입	전기 감가상각비	2,000,000원	△유보
나.	손금불산입	감가상각비	4,000,000원	유보

03. 내용연수는 자산을 취득한 날이 속하는 사업연도의 법인세 과세표준 신고기한까지 관할세무서장에게 신고하여야 한다.

04.

구분	기초상각 부인(시인)액	당기 시부인			
		감가상각비	상각범위액	시부인액	세무조정
기계장치	-30만원	100만원	50만원	+50만원	50만원 유보
차량운반구	50만원	200만원	230만원	-30만원	30만원 유보추인
컴퓨터	-	200만원	250만원	-50만원	-
비품	50만원	200만원	250만원	-50만원	50만원 유보추인

손금불산입	기계장치 부인액	500,000원	유보
손금산입	전기차량운반구 부인액	300,000원	△유보
손금산입	전기비품 부인액	500,000원	△유보

05. 자본적지출액은 월할계산하지 않고 기초가액에 가산하여 계산한다.

정액법	정률법
세무상취득가액×상각률= (10,000,000+2,000,000원)×0.2 =2,400,000원	**세무상미상각잔액×상각률**= (10,000,000−1,000,000+2,000,000)원×0.451 =4,961,000원

06. 업무무관동산=1.1억(부가가치세 불공제 포함)
업무무관지급이자=10,000,000×1.1억×365일/500억=8,030,000원

충당금, 준비금, 부당행위계산 부인

NCS세무 - 5 법인세 신고 - 각사업연도 세무조정 / 부속서류 작성하기

제1절 퇴직급여충당금, 퇴직연금부담금

1. 퇴직급여충당금

구분	내용
1. 회사설정액	장부상 퇴직급여충당금 설정액
2. 세무상 한도	MIN[①, ②] ① 급여액기준 : 총급여액×5% ☜ 퇴직금규정 조작 방지차원 ② 추계액기준 : (퇴직급여추계액×0% + 퇴직전환금) - 설정전세무상퇴충잔액 ☞ *세무상한도가 일반적으로 "0"이므로 당기 퇴직급여충당금 설정금액이 한도초과가 된다.*
3. 유의사항	① 확정기여형 퇴직연금대상자와 퇴사자 제외 ② 총급여액에 이익처분에 의한 상여포함, 비과세근로소득 및 손금불산입 급여제외

2. 퇴직연금부담금

구분	내용
1. 회사설정액	일반적으로 "0"
2. 세무상 한도	MIN[①, ②] ① 추계액기준 : [기말퇴직급여추계액 - 기말세무상퇴직급여충당금잔액] - 기손금산입퇴직연금부담금 ② 예치금기준 : 기말 퇴직연금운용자산잔액 - 기손금산입퇴직연금부담금

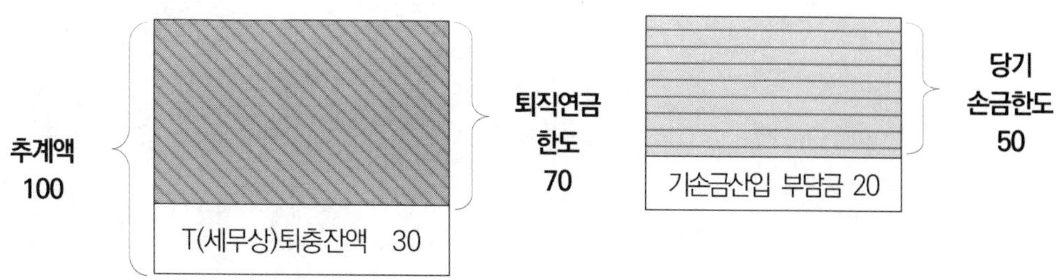

제2절 대손금 및 대손충당금

1. 대손요건

1. 신고조정	① 소멸시효완성채권(상법 · 어음법 · 수표법 · 민법) ② 회생계획인가의 결정 또는 법원의 면책결정에 따라 회수불능 확정 채권 ③ 채무자의 재산에 대한 경매가 취소된 압류채권 (민사집행법) ④ 채무의 조정을 받아 신용회복지원협약에 따라 면책으로 확정된 채권
2. 결산조정	① 채무자의 파산, 강제집행, 형의 집행, 사업의 폐지, 사망등 회수불능채권 ② 부도발생일부터 6개월이상 지난 수표 또는 어음상의 채권 및 외상매출금 (중소기업의 외상매출금으로서 부도발생일 이전의 것) – 비망가액 1,000원 ③ 중소기업의 외상매출금 및 미수금으로서 회수기일로부터 2년이 경과한 외상매출금 등(특수관계인과의 거래는 제외) ④ 민사소송법상 재판상 화해 및 화해권고결정에 따라 회수불능으로 확정된 채권 ⑤ 회수기일이 6개월 경과한 30만원 이하 채권 ⑥ 채권의 일부 회수를 위해 일부를 불가피하게 포기한 채권 등

2. 대손처리할 수 없는 채권

① 특수관계자에 대한 업무무관가지급금
② 보증채무 대위변제로 인한 구상채권
③ 대손세액공제를 받은 부가가치세 매출세액 미수금

3. 대손충당금 설정제외채권

① 대손처리할 수 없는 채권
② 할인어음, 배서양도어음

4. 대손충당금의 손금산입 

1. 전기대손충당금 부인액 손금추인 : 〈손금산입〉 전기대손충당금 부인액 AAA(△유보)		
2. 대손충당금 한도 계산	① 회사설정액 : 대손충당금 기말잔액(총액법) ② 한도 계산 : 세무상 기말 대상 채권×설정율 설정율 = MAX[① 1%, ② 대손실적율] 대손실적율 = $\frac{\text{세무상당기대손금}}{\text{세무상전기말대상채권}}$	
3. 세무조정	- 한도초과	〈손금불산입〉 대손충당금 한도 초과 XXX
	- 한도미달	세무조정없음

제3절 준비금

1. 법인세법상 준비금

① 설정대상법인 : 보험업 등 특수업종을 영위하는 법인

② 종류 : **비영리법인의 고유목적사업준비금**, 보험회사의 책임준비금 등

③ 원칙 : 신고조정불가

예외 : **고유목적사업준비금과 비상위험준비금은 잉여금 처분에 의한 신고조정이 허용**

2. 조세특례제한법상 준비금

① 설정

- **원칙 : 결산조정사항**

예외 : 신고조정이 허용됨.(잉여금처분에 의한 적립시)

☞ 〈손금산입〉 XXX 준비금 △유보

② 환입 : 일정기간이 경과한 후에 다시 익금산입(유보추인)

③ 종류 : **손실보전준비금** 등

제4절 부당행위계산부인

1. 요건

① 특수관계자간 거래 & ② 부당한 감소 & ③ 현저한 이익의 분여

※ 현저한 이익의 분여 : 고가매입/저가양도 = [시가 - 거래가] ≥ MIN[1. 시가×5%, 2. 3억원]

2. 시가

1. 본래의 시가		
2. 자산의 시가가 불분명시	주식 등	상증세법상 평가액
	주식이외	감정가액 → 상증세법상 평가액 순
3. 금전대여	1. 원칙 : 가중평균차입이자율 2. 예외 : 당좌대출이자율	

3. 부인의 효과

① 부인액의 익금산입과 소득처분 : **시가거래로 보아 소득 재계산(사외유출)**

② 사법상의 효력은 유지됨.

4. 업무무관 가지급금 인정이자

① 인정이자 계산

$$익금산입액 = 가지급금적수 \times 인정이자율 \times \frac{1}{365(366)} - 실제수령이자$$

☞가지급금 적수 : **동일인에 대한 가지급금과 가수금이 함께 있는 경우에는 원칙적으로 상계**

② 업무무관 가지급금관련제재규정

㉠ 가지급금 인정이자

㉡ 업무무관자산관련이자 손금불산입

㉢ 대손금 부인 및 대손충당금 설정대상채권 제외

연/습/문/제

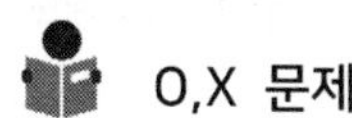

O,X 문제

01. 퇴직급여 충당금 한도 계산시 퇴직금 추계액은 당해 사업연도말 현재 재직중인 **임직원이 퇴직시 지급하여야 할 퇴직금 총액과 근로자퇴직급여 보장법에 따른 금액(보험수리적 기준에 의한 퇴직급여추계액) 중 작은 금액**으로 한다. ( )

02. **비현실적인 퇴직**으로 지급된 퇴직금은 임직원에 대한 **업무무관가지급금**으로 처리한다. ( )

03. 부도발생일로부터 **6개월이 경과한 수표 또는 어음상의 채권**과 중소기업의 외상매출금을 대손처리하는 경우에는 **비망계정(어음 · 수표 1매당 1천원**, 외상매출금은 채무자별 1천원)을 제외한 금액을 대손처리한다. ( )

04. 상기의 **비망계정은 소멸시효 등이 완성되는 사업연도에 대손처리**하여야 한다. ( )

05. 퇴직급여충당금 손금산입 한도액 계산시 **총급여액에는 확정기여형 퇴직연금이 설정된 임원 또는 사용인에 대한 급여를 포함**하여 계산한다. ( )

06. 퇴직급여충당금 손금한도액 계산시 총급여액의 포함대상자는 **퇴직급여 지급대상이 되는 임원 및 사용인에게 지급한 총급여액**이다. ( )

07. 부도발생일로부터 **6개월 이상 경과한 어음 · 수표는 신고조정 대손사유**이므로 결산에 반영하여야 손금산입이 가능하다. ( )

08. **소멸시효가 완성된 채권은 결산조정 대손사유**에 해당하므로 결산서에 반영되어야 손금산입이 가능하다. ( )

09. **특수관계인에 대한 업무무관 가지급금**은 **대손충당금 설정대상채권**에 포함되지 않는다. ( )

10. 대손충당금 **설정률은 1%와 대손실적률 중 작은 비율**을 적용합니다. 여기서 대손실적률이란 **직전 사업연도 종료일 현재의 채권잔액 대비 당해 사업연도 대손금의 비율**을 의미한다. ( )

12. 대손충당금은 매출활동을 통해 발생한 외상매출금과 받을어음과 **대여금, 미수금 등에 대해서도 대손충당금을 설정할 수 있다.** ( )

13. 준비금은 중소기업지원 등 조세정책적 목적에서 조세의 납부를 일정기간 유예하는 조세지원제도이다. ( )

14. 준비금은 손금에 산입한 후 일정기간 후 환입하거나 비용과 상계하기 때문에 손금에 산입하는 사업연도에는 조세부담을 경감시키고 환입하거나 상계하는 연도에 조세부담을 증가시키게 된다. ( )

15. 조세특례제한법상 준비금은 원칙적으로 결산조정사항이나 잉여금처분에 의하여 적립금을 적립한 경우에도 신고조정으로 손금산입할 수 있다. ( )

16. 부당행위계산부인의 규정이 적용되기 위해서는 특수관계인과의 거래로서 당해 법인의 부당한 행위 · 계산으로 조세부담이 감소되었다고 인정되어야 한다. ( )

17. 주주가 아닌 임원(소액주주인 임원 포함) 및 사용인에게 사택을 제공시 부당행위부인 대상이 된다. ( )

18. 업무무관 가지급금에 대하여 이자를 받지 않거나 또는 법인세법상 적정이자율보다 높은 이율로 대여한 경우 적정이자율로 계산한 이자상당액 또는 이자상당액과의 차액을 익금산입한다. ( )

19. 퇴직연금가입시 세무상 부인된 퇴직급여추계액 범위내에서 손금산입이 가능하다. ( )

20. 업무무관가지급금에 대하여 설정한 대손충당금도 손금으로 인정된다.. ( )

21. 직원에 대한 경조사비 대여액은 부당행위계산부인 규정에 의해 인정이자 계산대상 가지급금에 해당하지 않는다. ( )

22. 직원에게 근로자퇴직급여보장법에 따라 퇴직급여를 중간정산하여 지급한 것은 현실적인 퇴직으로 보지 않는다. ( )

23. 특수관계인과의 거래라 해도 그 법인의 소득에 대한 조세부담이 부당히 감소하지 않은 경우 부당행위계산부인 규정이 적용되지 않는다. ( )

24. 임원에게 주택임차자금을 대여하는 경우에는 부당행위계산부인규정을 적용할 필요가 없다. ( )

25. 부당행위 부인규정 적용시 부동산의 시가가 불분명한 경우 감정평가법인의 감정가액과 상증법상 보충적 평가방법에 의하여 평가한 가액 중 큰 금액을 시가로 한다. ( )

26. 회수기일로부터 2년이 경과한 외상매출금은 대손사유에 해당하므로 결산서에 반영하면 손금으로 인정된다. ( )

27. 회수기일로부터 6개월이 경과한 20만원 이하의 채권은 결산조정 대손사유에 해당한다. ( )

28. **매각거래에 해당하는 배서양도어음은 법인세법상 대손충당금설정대상 채권**에서 제외된다. ( )

29. **종업원에게 사택을 제공하는 행위는 부당행위 계산 부인대상이다.** ( )

주관식

01. K-IFRS를 적용하고 있는 (주)로그인의 제7기 사업연도(20x1.1.1.~12.31.)에 대한 세무조정을 하는 경우 각 사업연도 소득금액은 얼마인가? 단, 법인세부담 최소화를 가정한다.

(1) 결산서 당기순이익	30,000,000원
(2) 기업회계기준에 위배되는 회계처리의 내용	
① 수해로 파손된 건물의 손상차손 누락	1,000,000원
② 신용카드로 지출한 기업업무추진비의 누락	6,000,000원
③ 당기 소멸시효 완성된 매출채권의 대손상각비 누락	4,000,000원

02. (주)로그인은 제조업을 영위하고 있으며, 사업연도는 20x1.1.1. ~ 20x1.12.31.이다. (주)로그인의 대손충당금 설정한도액을 계산하면 얼마인가?

> ㉠ 전기말 현재 대손충담금 설정대상 채권잔액 : 2억원
> ㉡ 해당 사업연도 중 대손발생액 : 300만원
> ㉢ 해당 사업연도 말 현재 채권잔액 : 3억원

03. ㈜로그인은 20x1 년 10 월 01 일에 당 회사의 대주주인 홍길동으로부터 시가 1 억원인 토지를 2억원에 매입하고 장부에 취득원가로 계상하였다. 세무조정을 하시오.

04. ㈜로그인은 대표이사인 홍길동씨에게 업무와 관련없이 자금을 대여하고 있으며 동 대여금의 적수는 20억원이다. 대표이사로 부터 수령한 이자가 200,000원 있으며 회사의 가중평균차입이자율이 6%인 경우 인정이자를 계산하시오.(1년은 365일로 가정한다.)

05. ㈜로그인의 제 5기(20x1.1.1 ~ 20x2.12.31) 대손충당금 내역이다. 당기 대손충당금 한도초과액은 얼마인가?

대손충당금

대 손	2,000,000	**기 초**	4,000,000
기말잔액	7,000,000	설 정	5,000,000
계	9,000,000	계	9,000,000

(1) 전기말 대손충당금 한도 초과액은 600,000원이다.
(2) 세무상 기말 대손충당금 설정대상채권은 2억이다.
(3) 당기 대손실적율은 3%로 가정한다.
(4) 당기 대손발생액은 세법상 대손요건을 충족한다.

06. 다음 자료를 기초로 퇴직연금으로 손금에 산입할 수 있는 금액을 구하시오.

① 당기말 퇴직급여충당금 잔액 : 500백만원
② 당기말 세무상 퇴직급여충당금 잔액 : 75백만원
③ 당기말 퇴직연금운용자산 잔액 : 400백만원
④ 세법상 퇴직연금충당금 이월잔액 : 300백만원

07. 다음은 제조업을 영위하는 ㈜로그인의 퇴직급여충당금조정명세서이다. 고문회계사인 홍길동 회계사가 퇴직급여충당금조정명세서를 검토한 결과, 퇴직급여 지급대상이 되는 임직원에게 지급한 총급여액의 정확한 금액은 200,000,000원이나 직원의 실수로 235,000,000원으로 기록되어 있음을 발견하였다. 다음의 퇴직급여충당금조정명세서를 정확하게 작성할 경우 퇴직급여충당금 한도초과액은 얼마인가?

<table>
<tr><td rowspan="2">사 업
연 도</td><td rowspan="2">20X1. 1. 1.
~
20X1. 12. 31.</td><td rowspan="2">퇴직급여충당금 조정명세서</td><td>법인명</td><td>㈜로그인</td></tr>
<tr><td>사업자등록번호</td><td>123 - 45 - 12345</td></tr>
</table>

<table>
<tr><td colspan="8">1. 퇴직급여충당금 조정</td></tr>
<tr><td rowspan="2">「법인세법 시행령」 제60조 제1항에 따른 한도액</td><td colspan="3">① 퇴직급여 지급대상이 되는 임원 또는 사용인에게 지급한 총급여액</td><td>② 설정률</td><td>③ 한도액
(①×②)</td><td colspan="2">비 고</td></tr>
<tr><td colspan="3">235,000,000</td><td>5/100</td><td>11,750,000</td><td colspan="2"></td></tr>
<tr><td rowspan="2">「법인세법 시행령」 제60조 제2항 및 제3항에 따른 한도액</td><td>④ 장부상 충당금 기초잔액</td><td>⑤ 기중 충당금 환입액</td><td>⑥ 기초충당금 부인누계액</td><td>⑦ 기중 퇴직금 지급액</td><td>⑧ 차감액
(④-⑤-⑥-⑦)</td><td>⑨누적한도액
(⑰+퇴직금전환금)</td><td>⑩한도액
(⑨-⑧)</td></tr>
<tr><td>40,000,000</td><td>-</td><td>5,000,000</td><td>30,000,000</td><td>5,000,000</td><td>45,000,000</td><td>40,000,000</td></tr>
<tr><td rowspan="2">한도초과액
계 산</td><td colspan="2">⑪ 한도액
(③과 ⑩ 중 적은 금액)</td><td colspan="3">⑫ 회사계상액</td><td colspan="2">⑬ 한도초과액
(⑫-⑪)</td></tr>
<tr><td colspan="2">11,750,000</td><td colspan="3">25,000,000</td><td colspan="2">13,250,000</td></tr>
</table>

08. 다음은 ㈜로그인의 제7기(20×1년 1월 1일 ~ 20×1년 12월 31일) 대손충당금과 관련된 자료이다. 이 자료를 이용하여 대손충당금에 대한 세무조정 결과를 '자본금과 적립금조정명세서(을)'에 기입하고자 할 때, 빈칸을 적으시오.

〈자료 1〉 대손충당금 관련 자료

ㄱ. 결산서상 대손충당금 내역
- 기초 대손충당금 잔액 25,000,000원
- 당기 대손 처리액 5,000,000원(소멸시효 완성 채권)
- 당기 추가 설정액 3,000,000원

ㄴ. 전기 대손충당금 부인액 10,000,000원

ㄷ. 세법상 대손충당금 설정대상 채권금액 500,000,000원

ㄹ. 당기 대손실적률은 2%임

〈자료 2〉 자본금과 적립금조정명세서(을)

<table>
<tr><th rowspan="2">과목 또는 사항</th><th rowspan="2">기초잔액</th><th colspan="2">당기중증감</th><th rowspan="2">기말잔액</th></tr>
<tr><th>감소</th><th>증가</th></tr>
<tr><td>대손충당금한도초과액</td><td>10,000,000</td><td>①</td><td>XXX</td><td>②</td></tr>
</table>

연/습/문/제 답안

O,X문제

1	2	3	4	5	6	7	8	9	10	11	12	13	14	15
×	○	○	○	×	○	×	×	○	×	○	○	○	○	○
16	17	18	19	20	21	22	23	24	25	26	27	28	29	
○	×	×	○	×	○	×	○	×	×	×	×	○	×	

[풀이 - O,X문제]

01. 큰 금액으로 한다.

05. 확정기여형 퇴직연금이 설정된 임직원은 제외하여 계산한다.

07. 결산조정사항이다.

08. **소멸시효 완성채권은 신고조정사항**에 해당한다..

10. 설정율 = MAX(대손실적율, 1%)

17. **비출자임원, 소액주주임원, 사용인에게 사택제공은 부당행위부인규정대상에서 제외**된다.

18. 적정이자율보다 낮은 이율로 대여한 경우 부당행위계산부인대상이다.

20. 업무무관가지급금에 대해서 대손충당금을 설정할 수 없다.

22. 법에 따라 **퇴직급여를 중간정산한여 지급한 것은 현실적인 퇴직**으로 본다.

24. 임원에게 주택자금대여시 저율로 대여시 인정이자 계산대상이다. 예외적으로 중소기업 근로자에게 주택자금 대여시 업무무관가지급금에서 제외한다.

25. 감정평가법인의 감정가액으로 한다.

26. 중소기업에 한해서 **회수기일로부터 2년이 경과한 외상매출금 등은 결산조정 대손사유**에 해당한다.

27. **6개월 경과한 30만원 이하의 채권은 결산조정 대손사유**에 해당한다.

29. **종업원에게 사택을 제공하는 행위는 부당행위 계산 부인대상에서 제외된다.**

주관식

01.	20,000,000원	02.	4,500,000원
03.	〈해설 참고〉	04.	128,767원
05.	1,000,000원	06.	100백만원
07.	15,000,000원	08.	① 10,000,000 ② 13,000,000

[풀이 - 주관식]

01. 건물의 손상차손은 결산조정사항이고 ②③은 신고조정사항이다.
30,000,000 - 6,000,000(기업업무추진비누락) - 4,000,000(신고조정항목인 대손금 누락)
= 20,000,000원

02. ⓐ 대손실적율 = 3,000,000/200,000,000 = 1.5%
ⓑ 대손충당금설정한도액 = 300,000,000 × 1.5% = 4,500,000원

03. 자산의 고가매입(부당행위부인 규정)

1.회계상분개	(차)	토지	2억	(대)	현 금	2억
2.세무상분개	(차)	토지 잉여금	1억 1억	(대)	현 금	2억
세무조정	〈손금산입〉 토지 고가매입 1억원(△유보) 〈익금산입〉 부당행위부인 1억원(배당)					

04. 인정이자 = 20억/365일 × 6% - 200,000 = 128,767원

05. ① 회사설정액 : 7,000,000원
② 한도액 : 6,000,000원
㉠ 설정율 : **MAX[① 1%, ② 대손실적율; 3%] = 3%**
㉡ 한도액 : 세법상 기말대손충당금설정대상채권(2억) × 설정율(3%) = 6,000,000원
③ 당기 대손충당금 한도 초과 : 1,000,000원

06.

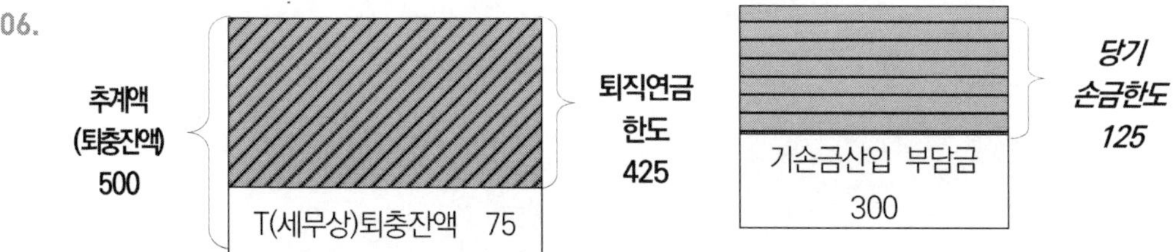

당기 손금산입금액은 당기말 운용자산(400) - 퇴직연금충당금이월잔액(300) = ***100백만원***

07. MIN[1.급여액 기준한도 = 총급여액(200,000,000) × 5% = 10,000,000원
2.추계액 기준한도(⑫) = 40,000,000원] = 10,000,000원
설정액(25,000,000) - 한도액(10,000,000) = 15,000,000원(한도초과)

08. 당기대손금한도액 = 기말세법상대손충당금 채권금액(500,000,000) × 대손실적률(2%) = 10,000,00원
회사 설정액(대손충당금기말잔액) = 기초(25,000,000) - 대손(5,000,000) + 설정액(3,000,000)
= 23,000,000원
한도액(10,000,000) - 설정액(23,000,000) = 13,000,000원(한도초과)
전기대손충당금 한도초과(10,000,000)은 유보추인으로 감소란에 적고 당기한도초과(13,000,000)는 증가란에 적고 기말잔액을 계산한다.

과세표준과 세액의 계산, 납세절차외

NCS세무 - 5 법인세 신고 - 각사업연도 세무조정/ 부속서류 작성하기

제1절 과세표준의 계산

	각사업연도소득금액	
(−)	이 월 결 손 금	* 15년(2009~2019년 발생분은 10년)이내 발생한 세무상 결손금 각사업연도소득금액의 80%(중소기업,회생계획을 이행중인 기업은 100%)
(−)	비 과 세 소 득	이월공제가 안됨.
(−)	소 득 공 제	이월공제가 안됨
	과 세 표 준	

제2절 산출세액의 계산

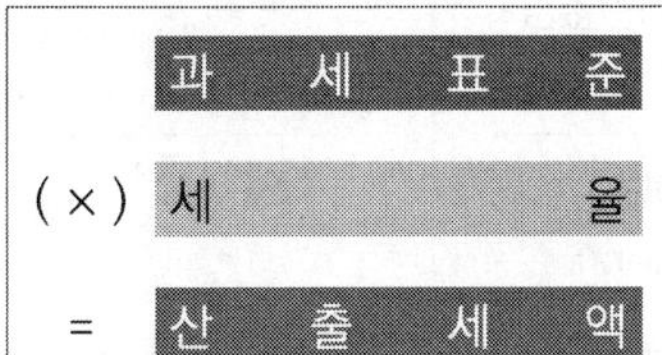

* 9%, 19%, 21%, 24%

과세표준	산 출 세 액
2억원 이하	**과세표준×9%**
2억원 초과 200억원 이하	**18,000,000원+(과세표준−2억원)×19%**
200억원 초과~3,000억원 이하	37.8억+(과세표준−200억원)×21%
3,000억원 초과	625.8억+(과세표준−3,000억원)×24%

반드시 암기하세요

☞ 성실신고확인대상 소규모 법인(부동산 임대업 등)에 대한 법인세율 : 0~200억원 이하 19%(개정세법 25)

- 사업연도가 1년 미만인 경우

$$\text{산출세액} = \text{과세표준} \times \frac{1}{\text{사업연도월수}^{*1}} \times \text{세율} \times \frac{\text{사업연도월수}^{*1}}{12}$$

*1. 1월미만의 일수는 1월로 한다.

제3절 세액감면 및 세액 공제

1. 세액감면

$$\text{감면세액} = \text{산출세액} \times \frac{\text{감면소득}}{\text{과세표준}} \ 100\% \ \text{한도} \times \text{감면율}$$

구 분	면제대상
1. 창업중소기업에 대한 세액 감면	수도권 과밀억제권역 외의 지역에서 창업한 중소기업등
2. 중소기업에 대한 특별세액감면	제조업 등을 경영하는 중소기업

2. 세액공제

구 분	종 류	이월공제	최저한세
1. 법인세법	① 외국납부세액공제 ② 재해손실세액공제 ③ 사실과 다른 회계처리로 인한 경정에 따른 세액공제	10년간 - 기간제한없음	**적용대상이 아님**
2. 조세특례제한법	① **연구·인력개발비에 대한 세액공제** ② 통합투자 세액공제 등	10년간 10년간	**적용대상**[*1] -
	*1. 중소기업의 연구·인력개발비 세액공제는 적용대상에서 제외됨.		

(1) 외국납부세액공제

국제적 이중과세를 조정하기 위한 제도로 **세액공제를 적용**받을 수 있다.

> MIN[①,②] = ① 외국납부세액
>
> ② 법인세 산출세액 × $\frac{\text{과세표준에 산입된 국외원천소득}}{\text{과세표준}}$

(2) 재해손실세액공제

사업연도 중 천재지변, 기타 재해로 인하여 **자산총액(토지의 가액은 제외)의 20% 이상을 상실**하여 납세가 곤란하다고 인정되는 경우 공제한다.

(3) 통합투자세액공제(조세특례제한법)

① 적용대상 : 모든 개인사업자 · 법인(소비성 서비스업, 부동산임대업 등 제외)

② 공제대상 : 모든 사업용 유형자산(토지, 건물, 차량등은 제외 - 일부예외인정)

③ 공제액 : 당기분 기본공제(Ⓐ) + 투자증가분 추가공제(Ⓑ)

Ⓐ 기본공제 = 당해연도 투자액 × 기본공제율(일반투자분 : 중소 10%, 대기업 1%)

Ⓑ 추가공제 = [당해년도 투자액 - 직전 3년 평균투자액] × 추가공제율(10%)(개정세법 25)

(4) 연구 및 인력개발비세액공제(조세특례제한법)

제조업 등 일정한 사업을 영위하는 내국법인이 연구 및 인력개발비를 지출한 경우 다음의 금액을 법인세에서 공제한다.

① 신성장동력연구개발비 및 원천기술연구개발비 : 당기발생비용의 20~40%(중소기업 최대 40%)

② **일반 연구 · 인력개발비**

> **MAX[①,②] =**
>
> **① [당기연구 및 인력개발비 지출액 - 전기발생액] × 25% (중소기업 : 50%)**
>
> **② 당기연구 및 인력개발비 지출액 × 공제율 (중소기업 : 25%, 중견기업 15~8%, 이외 2%)**

제3절 최저한세 및 가산세

1. 최저한세의 계산

최저한세(중소기업) = 최저한세 적용대상인 비과세 등을 적용하지 않는 과세표준×7%

*1. 세율

구 분	(조세감면전) 과세표준	세율
일반기업	100억원 이하	10%
	100억원 초과 1,000억원 이하	12%
	1,000억원 초과	17%

2. 가산세

종 류	적 용 대 상	가산세액
1. 무기장가산세	장부를 비치 · 기장의무를 이행하지 아니한 경우	MAX[①, ②] ① 무신고납부세액×20% ② 수입금액×0.07%
2. **무신고가산세**	법정신고기한까지 과세표준 신고서를 제출하지 않는 경우	MAX[①, ②] ① 무신고납부세액 $\times \frac{\text{일반무신고과세표준}}{\text{결정과세표준}}$ ×20%(부당 : 40%) ② 수입금액×0.07%(부당 : 0.14%)
3. 원천징수납부 지연가산세	원천징수세액의 미납부 · 미달납부	MIN[①, ②] ① **미달납부세액×3%+미달납부세액×미납일수×이자율** ② **미달납부세액의 10%**
4. 지급명세서 불성실가산세	지급명세서 기한내에 미제출 또는 제출된 지급명세서의 내용이 불분명한 경우	미제출 · 불분명 지급금액×1% **(기한후 3개월 이내에 제출시에는 50% 감면)**
5. **계산서 등 또는 계산서 합계표 불성실가산세**	-계산서를 미교부 부실기재한 경우 또는 합계표를 제출하지 않거나 부실기재한 경우 -가공 및 위장계산서 등(현금영수증 포함)를 수수한 경우	**- 미발급, 가공 및 위장수수×2%** **- 지연발급×1%** **- 계산서 합계표 미제출×0.5% (지연제출 0.3%)**
6. 지출증빙미수취 가산세	**건당 3만원 초과분에 해당하는 경비 등을 지출하고 임의증빙서류를 수취한 경우**	**미수취금액 중 손금으로 인정되는 금액×2%**

제4절 신고와 납부

1. 법인세의 신고

1. 신고기한	각 사업연도 종료일이 속하는 달의 말일부터 3개월이내 (성실신고확인대상 내국법인은 4개월이내)
2. 필수제출서류 (미첨부시 무신고)	① 재무상태표 ② 손익계산서 ③ 이익잉여금처분계산서(결손금처리계산서) ④ 법인세과세표준 및 세액조정계산서(세무조정계산서) ⑤ 현금흐름표(외부감사 대상법인)
3. 분납 (가산세 제외)	① 납부할 세액이 2천만원 이하 → 1천만원을 초과하는 금액 ② 납부할 세액이 2천만원을 초과 → 그 세액의 50% 이하의 금액

☞ 외부회계감사대상 내국법인이 감사가 종결되지 아니하여 결산이 확정되지 아니하였다는 사유로 신고기한의 연장을 신청한 경우에는 1개월의 범위에서 신고기한을 연장할 수 있다.(신고기한의 종료일의 3일 전까지 신고기한 연장신청서를 관할 세무서장에게 제출하여야 함.)

2. 중간예납

1. 의무자	각 사업연도의 기간이 6개월을 초과하는 법인
2. 중간예납세액	전년도 실적기준과 가결산방법 중 선택 ☞ 직전연도의 산출세액이 없는 법인은 반드시 가결산방법에 의해 중간예납세액을 계산하여 납부하여야 한다.
3. 신고기한	중간예납신고기간이 지난 날부터 2개월 이내

3. 원천징수

1. 이자소득	14%(비영업대금이익 25%)
2. 배당소득(집합투자기구의 이익)	14%

☞ 법인이 법인주주에게 배당소득을 지급시 법인세의 원천징수의무가 없다. 다만, 법인이 개인주주에게 배당소득을 지급시 소득세법에 의하여 원천징수의무가 있다.

4. 중소기업에 대한 세제 지원

구 분	중소기업	일반기업
1. 기업업무추진비기본한도	36,000,000원	**12,000,000원**
2. 대손금 인정	-부도발생일로부터 6개월 이상 경과한 외상매출금 -외상매출금 및 미수금으로 회수기일로부터 2년이 경과한 외상매출금등	-
3. 업무무관가지급금	근로자에 대한 주택구입 · 전세자금대여금은 제외	
4. 이월결손금공제한도	당해연도 소득의 100%	80%
5. **결손금소급공제**	허용	-
6. **분납기간**	2월이내	1월이내
7. 최저한세 세율	7%	10%~
8. 중간예납의무	**중간예납세액 50만 미만 배제**	-
9. 세액감면	창업중소기업에 대한 세액감면 중소기업에 대한 특별세액감면 등	-
10. 통합투자세액공제	기본공제율 10%	대기업 : 1%

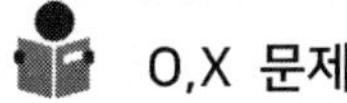

연/습/문/제

O,X 문제

01. **각 사업연도 개시일전 15년**(2009~2019년 발생분은 10년) **이내에 개시한 사업연도에 발생한 결손금은 각사업연도소득에서 공제대상**이다. ( )

02. 이월결손금은 **각 사업연도 소득의 70%(중소기업과 회생계획은 이행중인 기업 등은 100%)** 범위에서 공제한다. ( )

03. 사업연도 중 천재 · 지변 기타 재해로 인하여 **사업용 재산가액의 30% 이상**을 상실하여 납세하기가 곤란하다고 인정되는 경우 그 상실된 자산의 가액을 한도로 재해손실세액공제를 받을 수 있다.( )

04. 과다한 조세감면은 과세형평에 어긋나며 국가의 조세수입을 감소시키므로 **일정한도의 세액은 납부**하도록 하고 있는 바 이것을 **최저한세**라 한다. ( )

05. 건당 3만원 초과의 재화 등을 공급받고 신용카드 매출전표, 세금계산서, 계산서, 신용카드 등을 수취하지 않은 경우의 가산세는 **미수취금액×1%**이다. ( )

06. **각 사업연도 소득금액이 없거나 결손금**이 있는 경우에도 법인세 신고를 하여야 한다. ( )

07. 과세표준계산시 **비과세소득과 소득공제의 합계액이 각 사업연도의 소득금액을 초과하는 경우** 그 초과액은 이월하여 공제한다 ( )

08. 과세표준은 각사업연도소득금액에서 **이월결손금, 소득공제, 비과세소득을 순서**대로 공제한다. ( )

09. **자산수증이익이나 채무면제이익에 의해 충당된 이월결손금**은 과세표준 계산시 공제하지 않는다. ( )

10. **기납부세액은 중간예납, 원천징수 및 수시부과세액**을 의미하며 이는 사업연도 중에 납부한 세액이므로 회사가 총부담할 세액에서 이를 차감하여 납부세액을 구한다. ( )

11. 거래상대방이 **읍면지역에 소재하는 부가가치세법상 일반과세자**로서 신용카드가맹점이 아닌 경우 법적증빙을 수취하지 않아도 증빙불비(미수취)가산세를 부담하지 않는다. ( )

12. 각 사업연도의 기간이 **6개월을 초과하는 법인**은 사업연도 개시일부터 6개월간을 중간예납기간으로 하여 **중간예납기간이 경과한 날로부터 2개월 이내**에 그 기간에 대한 법인세를 신고 · 납부해야한다.( )

13. 외부감사를 받지 않는 법인이 법인세신고시 필수적 첨부서류는 **재무상태표와 포괄손익계산서, 현금흐름표, 세무조정계산서(법인세과세표준 및 세액조정계산서)이며**, 필수적 첨부서류를 **미첨부시 무신고**로 본다. ( )

14. 법인이 **납부할 세액이 2천만 원을 초과**하는 때에는 **납부기한이 경과한 날로부터 1월(중소기업은 2월) 내**에 분납할 수 있다. ( )

15. 법인이 **법인주주에게 배당소득을 지급시 14%세율**로 적용하여 원천징수하여야 한다. ( )

16. 중간예납을 가결산방법으로 하는 경우 **중간예납기간을 1사업연도로 보아 가결산을 하고 과세표준과 산출세액**을 구한다. ( )

17. 내국법인에게 이자소득금액을 지급하는 자는 **20% 원천징수세율을 적용하여 법인세를 징수**하고 그 징수일이 속하는 달의 다음달 10일까지 납세지에 납부하여야 한다. ( )

18. 중소기업의 경우 **중간예납세액이 30만원 미만일 경우** 중간예납의무를 배제한다. ( )

19. '자본금과 적립금조정명세서(갑)'은 세무조정사항 중 **소득처분이 유보인 항목**들의 **증감내용**을 별도로 관리하는 서식이다. ( )

20. '자본금과 적립금조정명세서(갑)'은 회사가 작성한 재무상태표상의 자본금과 적립금을 기초로 하여 세무상의 자본금과 적립금, 즉 **세무상의 순자산(자기자본)**을 나타내는 명세서이다. ( )

21. 외국납부세액공제는 **최저한세 적용대상이고**, 공제받지 못한 세액공제는 **10년간 이월하여 공제**할 수 있다. ( )

22. 납부기한 내에 국세를 **납부하지 아니하거나 미달납부한 경우 납부지연가산세 대상이나, 초과환급받은 경우에는 납부지연가산세에서** 제외된다. ( )

23. 중소기업이외의 법인은 **전기 법인세 납부액이 없는 경우 가결산방법**으로 하여 중간예납세액을 신고 · 납부하여야 한다. ( )

24. 법인세 포탈의 우려가 있는 경우 과세관청은 사업연도 중이라도 **법인세를 수시로 부과할 수 있다.** ( )

25. 외부 감사대상법인이 감사 미종결로 인하여 **신고기한 연장을 신청한 경우 2개월까지 신고기한 연장**이 가능하다. ( )

 주관식

01. 제조업을 영위하는 ㈜로그인(중소기업)의 20x1년 귀속분 자료를 통해 법인세법상 세부담 최소화관점에서 각 사업연도 소득금액을 계산하면 얼마인가? 회사는 외화자산 · 부채에 대해서 거래일 환율평가방법으로 신고하였다.

[자료1] 손익계산서

- 매출액 100,000,000원
- 매출원가 65,000,000원
- 판매관리비 20,000,000원
- 영업외수익 5,000,000원
- 영업외비용 5,000,000원
- 법인세비용 1,000,000원
- 당기순이익 14,000,000원

[자료2] 세무조정 추가자료

- 영업외수익에는 외화환산이익 1,000,000원이 있다.
- 영업외비용에는 채권자불분명사채이자 1,000,000원이 있다.
- 20x0년에 발생한 일반기부금한도초과액 500,000원이 있으며 당기지출기부금은 없다.
- 3년전에 발생한 이월결손금 1,500,000원이 있다.

02. 다음의 자료에 의한 (주)로그인의 20x1년 귀속 법인세 자진납부세액은 얼마인가?

① 사업연도 : 20x1.7.1 ~ 20x1.12.31
② 각 사업연도 소득금액 : 300,000,000원
③ 공익신탁이자소득 : 30,000,000원
④ 수시부과세액 : 10,000,000원
⑤ 원천징수세액 : 10,000,000원
⑥ 재해손실세액공제액 : 10,000,000원
⑦ 세율은 2억이하 9% 2억초과 200억원은 19%로 가정한다.

03. 다음 자료에 의하여 20x1년 ㈜로그인의 법인세법상 외국납부세액공제액을 계산하시오.

Ⓐ 사업연도 : 20x1.01.01.~12.31. (12월말 결산법인임)
Ⓑ 과세표준 : 500,000,000원(국외소득 200,000,000원)
Ⓒ 세율은 2억원 이하 10%, 2억원 초과 200억원 이하는 20% 가정함.
Ⓓ 외국납부세액 : 28,000,000원

04. 다음 자료를 기초로 법인세법상 자기자본금액[자본금과 적립금조정명세서 (갑)의 차가감계]을 계산하면 얼마인가?

- 해당 사업연도말 현재 장부상 자기자본　200,000,000원
- 해당 사업연도말 현재 유보소득 합계　20,000,000원
- 해당 사업연도에 손익계산서상 비용계상한 법인세 등　8,000,000원
- 해당 사업연도의 법인세액 및 지방소득세　13,000,000원
- 전기로부터 이월된 손익미계상 법인세 등의 누적액　15,000,000원

05. ㈜로그인(중소기업)의 이월결손금 내역은 다음과 같다. 당기에 공제받을 수 있는 이월결손금 금액은 얼마인가?

발생연도	회계상 이월결손금	공제 후 세법상 이월결손금 잔액
2008년	10,000,000원	9,000,000원
2017년	8,000,000원	8,000,000원
2019년	6,000,000원	7,000,000원

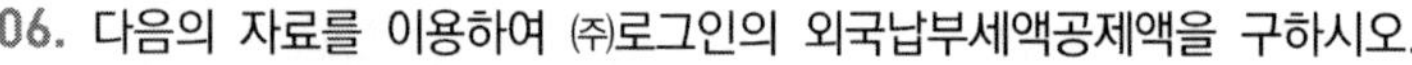

06. 다음의 자료를 이용하여 ㈜로그인의 외국납부세액공제액을 구하시오.

㉠ 각사업연도소득금액 :　400,000,000원
㉡ 법인세 과세표준 :　300,000,000원
㉢ 법인세 산출세액(가정) :　40,000,000원
㉣ 국외원천소득자료
　- 과세표준에 산입된 국외원천소득 : 150,000,000원
　- 국외원천소득에 대한 외국납부세액 : 23,000,000원

07. ㈜로그인(중소기업)의 법인세 과세표준을 구하시오.

- 당기순이익 : 200,000,000원
- 익금산입액 : 10,000,000원
- 익금불산입액 : 20,000,000원
- 손금불산입액 : 30,000,000원
- 기부금한도초과 : 40,000,000원
- 이월결손금 : 30,000,000원(2020년 발생)
- 비과세소득 : 20,000,000원
- 소득공제 : 10,000,000원

08. ㈜로그인(중소기업)의 법인세 과세표준 및 세무조정계산서의 일부내역이다. 아래와 같은 항목이 세무조정 누락시 수정 후 올바른 과세표준은 얼마인가?

구분	항목		코드	금액
① 각 사업연도 소득계산	(101)결산서상당기순손익		01	100,000,000
	소득조정금액	(102)익 금 산 입	02	20,000,000
		(103)손 금 산 입	03	30,000,000
	(104)차가감소득금액 (101 + 102 - 103)		04	90,000,000
	(105)기부금한도초과액		05	0
	(106)기부금한도초과이월액 손금산입		54	0
	(107)각 사업연도 소득금액 (104 + 105 - 106)		06	90,000,000
② 과세표준 계산	(108)각 사업연도 소득금액 (108 = 107)			90,000,000
	(109)이월결손금		07	0
	(110)비과세소득		08	0
	(111)소득공제		09	0
	(112)과 세 표 준 (108 - 109 - 110 - 111)		10	90,000,000

〈누락사항〉

ㄱ. 이월결손금 잔액 2008년 : 40,000,000원
2017년 : 30,000,000원
2019년 : 20,000,000원

ㄴ. 전기 일반(지정)기부금 한도초과액 : 10,000,000원(당기 기부금은 없다.)

09. 중소기업인 ㈜로그인의 제11기(20x1.1.1.~ 20x1.12.31.) 법인세 산출세액을 계산하시오.

① 손익계산서의 일부분이다.

손익계산서

20x1.1.1~20x1.12.31 (원)

- 중간생략 -	
Ⅰ. 매 출 액	1,000,000,000
Ⅱ. 매 출 원 가	500,000,000
(생략)	
Ⅲ. 판 관 비	
1. 급여	50,000,000
2. 감가상각비	40,000,000
3. 세금과공과금	30,000,000
(생략)	
Ⅷ 법인세차감전순이익	310,000,000
Ⅸ 법인세비용	10,000,000
Ⅹ 당기순이익	300,000,000

② 수익과 비용은 다음 사항을 제외하고는 적정하다.

㉠ 급여에는 전무이사에 대한 상여금 한도초과액이 5,000,000원과 종업원에 대한 상여한도초과액 4,000,000원이 포함되어 있다.

㉡ 감가상각비 세법상 상각범위액은 30,000,000원이다.

㉢ 세금과공과에는 국외에서 납부한 벌금이 3,000,000원이 있다.

③ 2020년 발생한 이월결손금의 잔액이 28,000,000원이 남아 있다.

④ 법인세율은 2억 이하 10%, 2억 초과 200억 이하는 20%로 가정한다.

10. ㈜로그인의 당기의 소득금액 조정합계표와 전기 자본금과 적립금 조정명세서(을)의 자료이다. 당기 자본금과 적립금조정명세서(을)을 작성하고 당기말 유보금액을 구하시오.

〈자료 1〉 전기 자본금과적립금조정명세서(을)

과목	기초잔액(원)	당기중 증감(원)		기말잔액(원)
		감소	증가	
대손충당금한도초과			3,000,000	3,000,000
재고자산평가감			10,000,000	10,000,000
적송품매출액	50,000,000	50,000,000		
적송품매출원가	(45,000,000)	(45,000,000)		
선급비용			-10,000,000	-10,000,000
계	5,000,000	5,000,000	3,000,000	3,000,000

〈자료 2〉 소득금액조정합계표

익금산입 및 손금불산입		손금산입 및 익금불산입	
과목	금액	과목	금액
① 대손충당금한도초과액	5,000,000	⑦ 전기대손충당금한도초과액	3,000,000
② 증빙불비 기업업무추진비	4,000,000	⑧ 전기재고자산평가감	10,000,000
③ 기업업무추진비한도초과액	25,650,000		
④ 임원퇴직금한도초과액	30,000,000		
⑤ 재고자산평가감	7,500,000		
⑥ 선급비용	10,000,000		
합계	82,150,000	합계	13,000,000

11. 다음 자료를 이용하여 각사업연도소득금액을 계산하시오.

(1) 세무조정사항

① 결산서상 당기순이익	: 100,000,000원
② 법인세비용	: 10,000,000원
③ 기업업무추진비 한도초과액	: 20,000,000원

(2) 당기 자본금과 적립금 조정명세서(을)

①과목	②기초잔액	당기 중 증감		⑤기말잔액
		③감소	④증가	
재고자산	△5,000,000	△5,000,000	△4,000,000	△4,000,000
퇴직급여충당금 한도초과	3,000,000	1,000,000	2,000,000	4,000,000
감가상각비 한도초과	2,000,000	0	3,000,000	5,000,000
합계	0	△4,000,000	1,000,000	5,000,000

연/습/문/제 답안

O,X문제

1	2	3	4	5	6	7	8	9	10	11	12	13	14	15
○	×	×	○	×	○	×	×	○	○	×	○	×	×	×
16	**17**	**18**	**19**	**20**	**21**	**22**	**23**	**24**	**25**					
○	×	○	×	○	×	×	○	○	×					

[풀이 - O,X문제]

02. **일반기업은 각사업연도소득의 80% 범위 안에서 공제**한다.

03. **20% 이상을 상실한 경우** 재해손실세액공제를 적용한다.

05. 미수취금액의 2%이다,

07. 비과세와 소득공제는 이월공제되지 않는다.

08. 이월결손금, 비과세, 소득공제 순으로 공제한다.

11. 일반과세자와의 거래는 적격증빙을 수취하여야 증빙미수취가산세를 부담하지 않는다. 다만 **읍면지역에 소재하는 간이과세자는 예외**이다.

13. **필수첨부서류에 이익잉여금처분계산서가 포함**되며, **현금흐름표는 외부감사대상법인의 필수서류**가 된다.

14. **1천만원을 초과시 분납**할 수 있다.

15. 법인에게 배당소득을 지급시 원천징수의무는 없다.

17. 14%(비영업대금이익의 경우 25%)로 원천징수한다.

19. 자본금과적립금조정명세서(을)이 유보내역을 관리하는 서식이다.

21. **법인세법상 세액공제(외국납부세액공제)는 최저한세 적용대상에서 제외**한다.

22. **초과환급받은 경우에도 납부지연가산세 대상**이다.

25. **1개월까지 연장이 가능**하다.

주관식

01.	14,500,000원	02.	11,300,000원
03.	28,000,000원	04.	200,000,000원
05.	15,000,000원	06.	20,000,000원
07.	200,000,000원	08.	36,000,000원
09.	40,000,000원	10.	12,500,000원
11.	135,000,000원		

[풀이 - 주관식]

01.

	결산서상당기순이익	14,000,000원	
(+)	익금산입	1,000,000원	법인세비용
		1,000,000원	**채권자불분명사채이자**
(-)	손금산입	1,000,000원	외화환산이익(거래일 환율평가방법 신고)
	차가감소득금액	15,000,000원	= 기준소득금액
		☞ 일반기부금한도 = (15,000,000 - 1,500,000) × 10%	
(-)	전기기부금손금산입	500,000원	
	각사업연도소득금액	14,500,000원	

02. ① 과세표준(6개월) = 300,000,000원 - 30,000,000원 = 270,000,000원
② 1년 환산과세표준 = 270,000,000원 ÷ 6개월 × 12개월 = 540,000,000원
③ 1년 산출세액 = 200,000,000 × 9% + (540,000,000 - 200,000,000) × 19% = 82,600,000원
④ 6개월 산출세액 = 82,600,000 ÷ 12개월 × 6개월 = 41,300,000원
⑤ 자진납부세액 = 41,300,000원 - 10,000,000원 - 10,000,000원 - 10,000,000원 = 11,300,000원

03. 법인세산출세액 : 200,000,000 × 10% + 300,000,000 × 20% = 80,000,000원
외국납부세액 공제액 = Min(①,②) = 28,000,000원
① 외국납부세액 = 28,000,000원
② 외국납부세액한도액계산 : 80,000,000 × 200,000,000/500,000,000 = 32,000,000원

04. 200,000,000(재무상태표상 자기자본) + 20,000,000(유보) - [전기미계상법인세(15,000,000) + 당기미계상법인세(13,000,000 - 8,000,000)] = 200,000,000원

05. 2008년까지 5년간, **2009년~2019년 발생분은 10년간, 2020년 이후는 15년간 공제**된다.
따라서 2017년, 2019년 이월결손금을 공제할 수 있다.

06. 외국납부세액 공제액 = Min(①, ②) = 20,000,000원
① 외국납부세액 = 23,000,000원
② 공제한도 = 법인세산출세액 × 과세표준에 산입된 국외원천소득 / 과세표준
= 40,000,000 × 150,000,000 / 300,000,000 = 20,000,000원

07.

	결산서상당기순이익	200,000,000원
(+)	익 금 산 입	40,000,000원
(-)	손 금 산 입	20,000,000원
(+)	기 부 금 한 도 초 과	40,000,000원
	각사업연도소득금액	260,000,000원
(-)	이 · 비 · 소	60,000,000원
=	과 세 표 준	200,000,000원

08. ① 일반기부금 한도 = (90,000,000 - 50,000,000) × 10% = 4,000,000원
② 기부금한도초과이월액 손금산입 = 4,000,000원
③ 이월결손금은 2017년, 2019년은 10년간 이월공제
④ 과세표준 = 90,000,000 - 4,000,000 - 50,000,000 = 36,000,000원

09. ① 세무조정 및 소득금액조정합계표

익금산입 손금불산입			손금산입 익금불산입		
과 목	금 액	처 분	과 목	금 액	처 분
법인세비용	10,000,000	기타사외유출			
임원상여한도초과	5,000,000	상여			
감가상각부인액	10,000,000	기타사외유출			
벌금	3,000,000	상여			
합계	28,000,000		합계	0	

② 산출세액계산

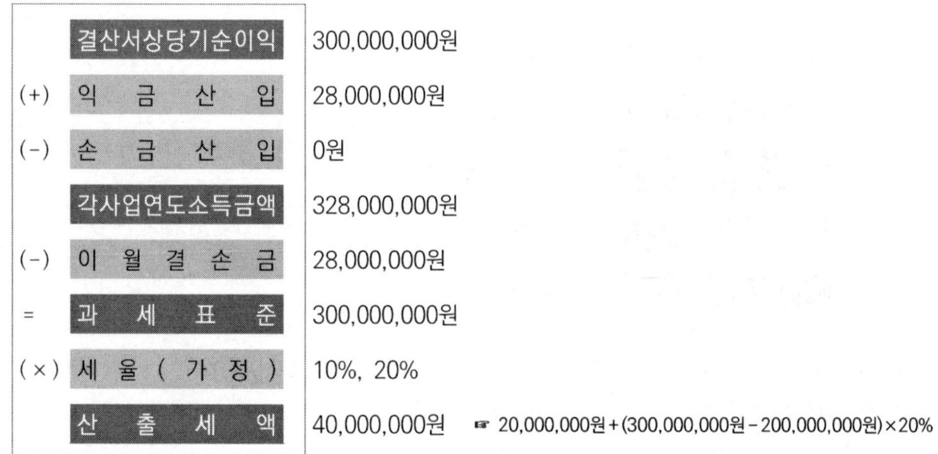

	결산서상당기순이익	300,000,000원
(+)	익금산입	28,000,000원
(-)	손금산입	0원
	각사업연도소득금액	328,000,000원
(-)	이월결손금	28,000,000원
=	과세표준	300,000,000원
(×)	세율(가정)	10%, 20%
	산출세액	40,000,000원 ☞ 20,000,000원+(300,000,000원−200,000,000원)×20%

10. 재경관리사 문제는 유보잔액을 구하는 문제가 주로 나옵니다.

과 목	기초잔액(원)	당기중증감(원)		기말잔액(원)
		감 소	증 가	
대손충당금한도초과	3,000,000	⑦3,000,000	①5,000,000	5,000,000
재고자산평가감	10,000,000	⑧10,000,000	⑤7,500,000	7,500,000
선급비용	−10,000,000	⑥−10,000,000		0
계	3,000,000	3,000,000	12,500,000	***12,500,000***

자본금과적립금조정명세서(을)은 유보를 관리하는 서식이다. 따라서 당기중 증감란이 세무조정사항이다. 증가란의 +는 가산조정이고 (-) 차감조정이다.

반대로 감소란의 (-)는 가산조정이고 (+)란은 차감조정이 된다.

11. 각사업연도소득금액 = 100,000,000(당기순이익) + 30,000,000(법인세비용, 기업업무추진비한도초과) + 1,000,000(증가란) + 4,000,000(감소란) = 135,000,000원

소득세법

CHAPTER 01 총설/금융 · 사업소득

NCS세무 - 3 원천징수 NCS세무 - 4 종합소득세 신고

제1절 소득세의 총설

1. 소득세의 특징

1. 응능과세제도		부담 능력에 따른 과세(VS 응익과세제도)
2. 직접세		납세자와 담세자가 동일
3. 열거주의 과세방법		**이자 · 배당 · 사업소득은 유형별 포괄주의**
4. 개인단위과세제도		
5. 과세방법	종합과세	소득의 원천에 불문하고 모든 종류의 소득을 합산하여 과세하는 것 (이자, 배당, 사업, 근로, 연금 및 기타소득)
	분리과세	**일정금액 이하(20백만원)인 금융소득,** 일용근로소득, 복권당첨소득 등에 대하여 원천징수로써 납세의무를 종결
	분류과세	간헐적으로 발생되는 퇴직소득, 양도소득을 종합소득과 구별
6. 초과누진세		
7. 원천징수제도		

2. 납세의무자

1. 거주자 (무제한 납세의무자)	국내에 주소를 두거나 **1과세기간 중 183일 이상** 거소를 둔 개인	**국내+국외 원천소득**
2. 비거주자 (제한납세의무자)	거주자가 아닌 개인	**국내원천소득**
3. 법인아닌 단체	1. **거주자 의제 : 대표자등이 선임되어 있고,이익의 분배방법 및 비율이 정해져 있지 않은 단체** 2. **공동사업 : 1거주자로 의제하지 않으면 공동사업을 경영**하는 것으로 본다.	

3. 과세기간

구　분	과 세 기 간	확정신고기한
원　칙 (신규사업/폐업)	**1.1~12.31**	익년도 5.1~5.31
사망시	1.1~사망한 날	**상속개시일이 속하는 달의 말일부터 6개월이 되는 날**
출국시	**1.1~출국한 날**	**출국일 전일**

4. 납세지

1. 일반	1. 거주자	주소지(주소지가 없는 경우 거소지) ☞ **사업소득이 있는 거주자는 사업장소재지를 납세지로 신청가능**
	2. 비거주자	**국내사업장 소재지(if not 국내원천소득이 발생하는 장소)**
2. 납세지변경		**변경된 날부터 15일 이내** 변경 후 납세지 관할세무서장에게 신고

제2절 금융소득(이자 · 배당소득)

1. 이자소득 및 수입시기

<table>
<tr><th colspan="2">구 분</th><th>수 입 시 기</th></tr>
<tr><td rowspan="2">1. 채권 등의 이자와 할인액</td><td>무기명</td><td>그 지급을 받는 날</td></tr>
<tr><td>기 명</td><td>약정에 의한 지급일</td></tr>
<tr><td colspan="2">2. 예금의 이자</td><td>원칙 : 실제로 이자를 지급받는 날
1. 원본에 전입하는 뜻의 특약이 있는 이자 : 원본전입일
2. 해약시 : 해약일
3. 계약기간을 연장 : 연장일</td></tr>
<tr><td colspan="2">3. 통지예금의 이자</td><td>인출일</td></tr>
<tr><td colspan="2">4. 채권 또는 증권의 환매조건부 매매차익</td><td>약정에 따른 환매수일 또는 환매도일. 다만, 기일 전에 환매수 또는 환매도하는 경우에는 그 환매수 또는 환매도일</td></tr>
<tr><td colspan="2">5. 저축성보험의 보험차익</td><td>지급일(기일전 해지시 해지일)</td></tr>
<tr><td colspan="2">6. 직장공제회의 초과반환금</td><td>약정에 따른 공제회 반환금의 지급일</td></tr>
<tr><td colspan="2">7. 비영업대금의 이익</td><td>약정에 따른 이자지급일(약정일 전 지급시 지급일)<table><tr><th></th><th>자금대여</th><th>성 격</th><th>소득구분</th></tr><tr><td>금융업</td><td>영업대금의 대여</td><td>사업적</td><td>사업소득</td></tr><tr><td>금융업이외</td><td>비영업대금의 대여</td><td>일시우발적</td><td>이자소득</td></tr></table></td></tr>
<tr><td colspan="2">8. 유형별 포괄주의에 따른 이자소득</td><td>약정에 의한 상환일로 함. 다만, 기일 전에 상환시 상환일</td></tr>
</table>

2. 배당소득 및 수입시기

<table>
<tr><td rowspan="2">1. 일반배당</td><td colspan="3">1. 무기명주식 : 지급일
2. 기명주식 : 잉여금처분결의일</td></tr>
<tr><td>3. 공동사업 이익배분</td><td>공동사업자(경영참가시)
출자공동사업자(경영미참가시)</td><td>사업소득
배당소득</td></tr>
<tr><td>2. 의제배당</td><td colspan="3">• 해산 : 잔여재산가액 확정일
• 합병 : 합병등기를 한 날
• 감자 : 감자결의일등</td></tr>
<tr><td>3. 인정배당</td><td colspan="3">당해 사업년도의 결산 확정일</td></tr>
</table>

3. 금융소득의 과세방법

과세방법	범 위	원천징수세율
1. 무조건 분리과세	- 비실명 이자 · 배당소득 - 직장공제회초과반환금 - **법원 보증금에 대한 이자**	45% 기본세율 14%
2. 무조건 종합과세	- **국외에서 받은 이자 · 배당소득** - **원천징수되지 않는 금융소득** - 출자공동사업자의 배당소득	- - 25%
3. 조건부 종합과세	1외의 이자 · 배당소득 합계액(출자공동사업자의 배당소득 제외)이 ① **2천만원 초과하는 경우 … 종합과세** ② **2천만원 이하인 경우 … 분리과세**	14%(25%)

4. Gross - up 금액 계산 및 종합소득금액 확정

원천징수세율(14%) 적용순서	Gross - up대상 배당소득 총수입금액
① **이자소득금액**	1. **내국법인으로부터 수령**
② **Gross - up제외 배당소득총수입금액**	2. **법인세가 과세된 잉여금으로 배당을 받을 것**
③ **Gross - up대상 배당소득총수입금액 × *110%***	3. **종합과세되고 기본세율(2천만원초과)이 적용되는 배당소득**
= 종합소득금액(① + ② + ③)	

<예제> 금융소득(귀속법인세)

거주자인 홍길동의 20x1년 귀속 금융소득의 내역은 다음과 같다. 종합소득에 합산될 금융소득 금액을 구하시오.

〈소득현황〉

1. 국내정기예금이자	4,000,000원
2. 주권상장법인으로부터 받은 현금 배당금	5,000,000원
3. 국외원천이자소득(원천징수되지 않음)	6,000,000원
4. 비상장법인으로부터 받은 현금배당금	7,000,000원
5. 비영업대금이익	8,000,000원
6. 사업소득금액	9,000,000원

해답

1. 금융소득의 과세방법분류

1. 국내정기예금이자	조건부종합과세
2. 주권상장법인으로부터 받은 현금 배당금	조건부종합과세
3. 국외원천이자소득(원천징수되지 않음)	무조건종합과세
4. 비상장법인으로부터 받은 현금배당금	조건부종합과세
5. 비영업대금이익	조건부종합과세

∴ 조건부+무조건 종합과세>2,000만원이므로 전액 종합과세한다.

2. 14%세율 및 기본세율 적용순서

원천징수세율(14%) 적용순서		-2,000만원-	
① **이자소득금액**	- 14%	-국내정기예금이자	4,000,000
		-비영업대금이익	8,000,000
		-국외원천이자소득	6,000,000
② **Gross-up제외 배당소득총수입금액**		-	-
③ **Gross-up대상 배당소득총수입금액**		**-주권상장법인 배당금**	**2,000,000**
	-기본세율	**-주권상장법인 배당금**	**3,000,000**
		-비상장법인 배당금	**7,000,000**

Gross-up금액

※ 종합소득에 합산할 금융소득금액=20,000,000원+10,000,000원×110%=31,000,000원

제3절 사업소득

1. 비과세

1. 농지대여소득 : 다만 타용도로 사용 후 발생하는 소득은 과세
2. 작물재배업에서 발생하는 소득(10억원 이하의 작물재배)
   ☞ **곡물 및 기타 식량작물재배업은 사업소득에서 과세제외**
3. **1개의 주택을 소유하는 자의 주택임대소득[고가주택(12억원 초과)과 국외주택의 임대소득은 제외]**
4. **3,000만원 이하 농어가부업소득 등**
5. 어업소득(어로어업 · 양식어업 소득) : 5천만원 이하
6. **1,200만원 이하 전통주 제조소득**
7. **조림기간이 5년 이상인 임지의 임목 벌채 · 양도로 인한 소득금액 600만원까지 비과세**

2. 총수입금액

총수입금액산입	총수입금액불산입
ⓐ 사업수입금액 - 매출에누리와 환입, 매출할인 제외 - **임직원에 대한 재화 · 용역의 할인금액은 사업수입금액에 포함(개정세법 25)** ⓑ 장려금등 기타 이와 유사한 성질의 급여 ⓒ 사업과 관련된 자산수증이익 · 채무면제이익 ⓓ **사업과 관련하여 생긴 보험차익(퇴직연금운용자산)** ⓔ **가사용으로 소비된 재고자산** ⓕ 간주임대료 Ⓖ 사업용 **유형자산(부동산 제외) 양도가액(복식부기 의무자)** Ⓗ 기타(전속계약금 등)	ⓐ 소득세 등의 환급액 ⓑ 부가가치세 매출세액 ⓒ **재고자산 이외(고정자산)의 자산의 처분이익 (복식부기의무자 제외)** ⓓ 국세환급가산금

☞ 간주임대료
① 추계시 : 보증금 적수×정기예금이자율×1/365
② 추계이외 : (보증금 적수－건설비적수)×정기예금이자율×1/365－금융수익

3. 필요경비

필요경비산입	필요경비불산입
ⓐ 판매한 상품 등에 대한 원료의 매입가액과 그 부대비용 ⓑ 종업원의 급여 　－**임직원에 대한 재화 · 용역 등 할인금액 (개정세법 25)** ⓒ 사업용자산에 대한 비용 및 감가상각비 ⓓ **복식부기의무자의 사업용 유형자산 양도 시 장부가액** ⓔ 상대편에게 지급하는 장려금 등 ⓕ 한도이내의 특례/일반기부금(**법인세법과 동일**)	ⓐ **소득세와 지방소득세** ⓑ **벌금 · 과료와 과태료와 강제징수비** ⓒ **감가상각비 중 상각범위액을 초과하는 금액** ⓓ **대표자의 급여와 퇴직급여** ⓔ **재고자산 이외(고정자산)의 자산의 처분손실 (복식부기의무자 제외)** ⓕ **가사(집안 일)관련경비와 초과인출금에 대한 지급이자** ⓖ 한도 초과 업무용 승용차 관련 비용등 (복식부기의무자)

4. 사업소득의 수입시기

1. 상품등의 판매	인도한 날
2. '1.' 이외의 자산 매매	대금청산일
3. 시용판매	상대방이 구입의사를 표시한 날
4. 위탁판매	수탁자가 위탁품을 판매하는 날
5. 인적용역제공	용역대가를 지급받기로 한 날 또는 용역제공을 완료한 날 중 빠른 날 (연예인 등 전속계약금 : 계약기간에 따라 안분계산)

5. 법인세법과 차이

<table>
<tr><th colspan="2">구 분</th><th>법인세법</th><th>소득세법</th></tr>
<tr><td colspan="2">1. 이자수익과 배당금수익</td><td>- 각 사업연도 소득에 포함</td><td>- 사업소득에서 제외(이자 · 배당소득)</td></tr>
<tr><td colspan="2">2. 유가증권처분손익</td><td>- 익금 또는 손금</td><td>- 사업소득에 해당 안됨.
☞ 양도소득으로 과세될 수 있음</td></tr>
<tr><td colspan="2">3. 고정자산처분손익</td><td>- 익금 또는 손금</td><td>- 과세제외(기계 · 비품 등)
⇒ 복식부기의무자는 과세
☞ 부동산등의 처분익 발생 시 양도소득으로 과세될 수 있음</td></tr>
<tr><td colspan="2">4. 자산수증이익, 채무면제익</td><td>사업관련 여부에 관계없이 익금</td><td>사업과 관련이 있는 경우에만 총수입금액산입</td></tr>
<tr><td colspan="2">5. 대표자급여 및 퇴직급여</td><td>손금</td><td>필요경비불산입</td></tr>
<tr><td colspan="2">6. 기업업무추진비</td><td>법인 전체로 계산함.</td><td>각 사업장별로 기업업무추진비한도액을 계산하여 적용함.</td></tr>
<tr><td rowspan="2">7. 현물 기부금</td><td>특례</td><td rowspan="2">장부가액</td><td>MAX[시가, 장부가액]</td></tr>
<tr><td>일반</td><td>MAX[시가, 장부가액]</td></tr>
</table>

연/습/문/제

O,X 문제

01. 소득세법에서는 **대표자 또는 관리인이 선임되어 있고 이익의 분배방법 및 분배비율이 정해져 있지 않은 단체**를 1거주자로 본다. ( )

02. 납세의무자가 **사망시 1월 1일로부터 사망일**까지, 주소 등을 이전한 **출국시에는 1월 1일부터 출국하기 전날**까지 과세기간으로 한다. ( )

03. **신규사업자 또는 폐업자 모두 1월 1일부터 12월 31일까지의 기간**을 1과세기간으로 본다. ( )

04. **사업소득이 있는 거주자**는 사업장소재지를 **주소지이외 납세지로 신청**할 수 없다. ( )

05. 비거주자의 납세지는 **국내사업장의 소재지**로 하며, **국내사업장이 없는 경우에는 국내원천소득이 발생하는 장소**로 한다. ( )

06. 거주자 등의 납세지가 변경된 경우에는 **변경된 날부터 30일이내**에 납세지변경신고서를 작성하여 그 변경 후의 납세지 관할 세무서장에게 신고하여야 한다. ( )

07. 1거주자에 해당하지 아니하는 **법인 아닌 단체는 공동사업을 경영**하는 것으로 보아 구성원 각자에게 귀속될 소득금액에 따라 소득세 납세의무를 진다. ( )

08. 법인 아닌 단체 중 **이익의 분배방법 및 배분비율이 정해져 있는 단체**는 공동사업으로 보아 소득세를 과세한다. ( )

09. 소득세법상 **필요경비가 인정되지 않는 소득에는 이자소득, 배당소득, 기타소득**이 있다. ( )

10. **무기명 공채**에 대한 총수입금액의 **수입시기는 그 실제 지급받는 날**로 한다. ( )

11. **잉여금처분에 의한 배당**의 경우 **배당금 지급일**이 총수입금액의 수입시기로 본다. ( )

12. 저축성보험의 보험차익에 대한 총수입금액의 수입시기는 **보험금 또는 환급금의 지급일**로 한다. ( )

13. 금융소득 중 **국외에서 받는 금융소득**과 같이 **원천징수되지 않는 금융소득은 무조건 종합과세**한다. ( )

14. 1개의 주택을 소유하는 자의 주택임대소득(**기준시가가 6억 원을 초과**하는 주택 및 국외에 소재하는 주택의 임대소득은 제외)은 **비과세 사업소득**으로 본다. ( )

15. **이자수익과 배당금수익**은 각 사업연도 소득금액의 계산에 있어서 **익금으로 보나**, 사업소득금액의 계산에 있어서는 **총수입금액으로 보지 아니하며** 이자소득 또는 배당소득으로 본다. ( )

16. **대표자에 대한 급여**는 각 사업연도 소득금액의 계산에 있어서 **손금으로 인정되며**, 사업소득금액의 계산에 있어서도 **필요경비로 인정되지 않는다**. ( )

17. **대금업을 사업으로 하지 않는 자**가 은행에서 자금을 차입하여 이를 친구에게 대여한 경우에 발생한 이자소득의 소득금액 계산시, **차입금에 대한 이자비용은 필요경비로 인정된다**. ( )

18. **개인사업자가 재고자산을 가사용으로 소비하거나 이를 사용인 또는 타인에게 지급한 경우에는 총수입금액에 산입**한다. ( )

19. 법인의 주주는 법인의 자금을 임의로 인출하여 사용할 수 없으나, **개인사업자는 출자금을 임의로 인출하여 사용**할 수 있다. ( )

20. **고가주택의 주택임대소득은 과세대상이나, 국외에 있는 1주택의 주택임대소득은 비과세이다.** ( )

21. 갑법인의 **주식발행초과금의 자본전입으로 수령한 무상주**는 배당소득에 해당한다. ( )

22. 현물기부금 평가시 **일반기부금일 경우 법인은 시가로, 개인사업자의 경우에는 장부가액**으로 평가한다. ( )

주관식

01. 다음은 개인사업자 로그인씨의 20x1년도 부동산임대 관련 사업소득 자료이다.
이를 이용하여 부동산임대 관련 사업소득의 수입금액을 계산하시오.
(단, 관리비는 청소비등 공용부분에 대한 것이고 정기예금이자율은 2%로 가정한다.)

구 분	상 가
임대기간	20x0.7.1. ~ 20x3.6.30.
취득가액(토지가액 제외)	200,000,000원
임대보증금	400,000,000원(금융수익은 없다)
월 임대료(매월말 징수)	1,000,000원(부가세 별도)
월 관리비(매월말 징수)	200,000원(부가세 별도)

02. 개인사업자 로그인씨의 상가임대 관련 자료이다. 20x1년도 부동산임대 관련 사업소득의 총수입금액은 얼마인가?

① 임대기간 : 20x1.7.1. ~ 20x2.6.30.
② 임대료 : 보증금 1억원, 월세 1,000,000원
③ 1년간의 임대료 12,000,000원을 20x1.7.1.에 선불로 수령함
③ 정기예금이자율은 2%, 1년은 365일로 가정한다.
(간주임대료는 추계한다고 가정한다.)

03. 다음 자료에 의하여 소득세법상 사업소득금액(복식부기의무자가 아님)을 계산하면 얼마인가?

1. 손익계산서상 당기순이익 : 10,000,000원
2. 손익계산서에 반영되어 있는 금액
   (1) 대표자 급여 : 5,000,000원
   (2) 업무용 비품의 처분 손실 : 2,000,000원
   (3) 시설의 개체에 따른 기계장치 폐기손실 : 4,000,000원*
   (* 폐기처분한 기계장치와 관련된 상각부인액 1,000,000원이 있다.)
   (4) 비영업대금의 이익(25% 원천징수 후 금액) : 3,000,000원

04. 제조업을 영위하는 로그인의 제5기 소득관련 자료이다. 로그인이 개인사업자(***복식부기자가 아니다.***) 일 경우 사업소득금액과 법인사업자일 경우 각사업연도소득금액을 구하시오.

① 20x1년도 손익계산서상 당기순이익은 200,000,000원이다. ② 인건비에는 대표자인 거주자 로그인씨의 급여 70,000,000원과 회계팀장으로 아들의 급여 60,000,000원이 포함되어 있다. ③ 손익계산서에 다음 항목이 포함되어 있다. ㉠ 비영업대금이익 50,000,000원 ㉡ 주식배당금 수령 40,000,000원 ㉢ 기계장치 처분이익 30,000,000원 ㉣ 유가증권처분손실 20,000,000원 ㉤ 전년도 법인세(소득세) 환급 10,000,000원 (모든 거래는 현금거래이며 세무상 유보금액은 없는 것으로 가정한다.)

05. 다음은 거주자 김삼일씨의 금융소득(이자소득과 배당소득)과 관련된 자료이다. 김삼일씨의 금융소득 중 종합과세되는 금융소득금액은 얼마인가?

ㄱ. 국내 예금이자	15,000,000원
ㄴ. 비상장 내국법인으로부터 받은 현금배당금	15,000,000원
ㄷ. 외국법인으로부터 받은 현금배당금 (원천징수되지 않음)	5,000,000원
단, 배당소득 가산율은 10%라 가정한다.	

06. 다음 자료를 참고하여 총급여액이 45,000,000원인 거주자 김자경씨의 종합과세되는 배당소득금액을 계산하면 얼마인가?

1. 20x1년에 수령한 배당금 내역은 다음과 같다.	
(1) 주권상장법인으로부터의 배당(금전배당)	20,000,000원
(2) 비상장법인으로부터의 배당(주식배당)	40,000,000원
(3) A 법인의 주식발행초과금의 자본전입으로 수령한 무상주	30,000,000원
2. 배당소득 가산율은 10%이다.	

연/습/문/제 답안

O,X문제

1	2	3	4	5	6	7	8	9	10	11	12	13	14	15
○	×	○	×	○	×	○	○	×	○	×	○	○	×	○
16	17	18	19	20	21	22								
○	×	○	○	×	×	×								

[풀이 - O,X문제]

02. 출국한날까지 과세기간이고, 출국하기 전날까지 확정신고하여야 한다.

04. **사업장소재지로 납세지를 신청**할 수 있다.

06. **15일이내에 변경신고**를 하여야 한다.

09. 기타소득은 필요경비가 인정된다.

11. 잉여금처분일이 수입시기이다.

14. **고가주택은 기준시가 12억원을 초과**해야 한다.

17. 금융소득은 필요경비가 인정되지 않는다.

20. **국외소재 주택임대소득과 고가주택은 비과세대상에서 제외**된다.

21. 법인세가 과세되지 않은 잉여금의 자본전입은 의제배당이 아니므로 배당소득에서 제외한다.

22. 법인은 장부가액으로 **개인 사업자일 경우 MAX[시가, 장부가액]으로 평가**한다.

주관식

01.	18,400,000원	02.	7,008,219원
03.	13,000,000원	04.	ⓐ 160,000,000원, ⓑ 190,000,000원
05.	36,500,000원	06.	64,400,000원

[풀이 - 주관식]

01.

임대료	12,000,000원(월 1,000,000원)
관리비	2,400,000원(월 200,000원)
간주임대료	(4억 - 2억) × 2% = 4,000,000원
계	18,400,000원

02.

임대료	1,000,000 × 6개월 = 6,000,000원
간주임대료	1억원 × 2% × 184일/365일 = 1,008,219원
계	7,008,219원

03.

1. 당 기 순 이 익	10,000,000
2. 세 무 조 정 사 항	
(1) 대표자급여	(+) 5,000,000
(2) 비품처분손실	(+) 2,000,000 (과세제외)
(3) 기계장치상각부인액	(-) 1,000,000
(4) 비영업대금의 이익	(-) 3,000,000 (이자소득)
3. 소 득 금 액	13,000,000

04.

구 분	사 업 소 득 금 액		각사업연도 소득금액
1. 당 기 순 이 익	200,000,000		200,000,000
2. 세 무 조 정 사 항			
① 대 표 자 급 여	필요경비불산입	(+)70,000,000	-
② 비영업대금이익	총수입금액불산입	(-)50,0000,000	-
③ 배 당 금 수 익	총수입금액불산입	(-)40,0000,000	-
④ 기계장치처분익	총수입금액불산입	(-)30,000,000	-
⑤ 유가증권처분손	필요경비불산입	(+)20,000,000	-
⑥ 법 인 세 환 급	총수입금액불산입	(-)10,000,000	(-)10,000,000
3. 소 득 금 액		*160,000,000*	*190,000,000*

05. ① 금융소득의 과세방법분류

㉠ 국내예금이자	조건부종합과세	15,000,000원
㉡ 비상장법인 현금배당금	조건부종합과세	15,000,000원
㉢ 외국법인 현금배당금(원천징수되지 않음)	무조건종합과세	5,000,000원

∴ **조건부+무조건 종합과세(35,000,000)>2,000만원이므로 전액 종합과세한다.**

② 14%세율 및 기본세율 적용순서

원천징수세율(14%) 적용순서		-2,000만원-	
㉠ 이자소득금액	-14%	-국내정기예금이자	15,000,000
㉡ Gross-up제외 배당소득총수입금액		-외국법인 현금배당금	5,000,000
㉢ Gross-up대상 배당소득총수입금액	**-기본세율**	**-비상장법인배당금**	**15,000,000**

종합과세되는 금융소득=20,000,000+15,000,000×1.1(**배당가산율**)=36,500,000**원**

06. 금융소득의 과세방법분류

㉠ 현금배당금	조건부종합과세	20,000,000원
㉡ 비상장법인 주식배당	조건부종합과세	40,000,000원
㉢ 무상주(주식발행초과금)	의제배당에서 제외	

∴ 조건부+무조건 종합과세(60,000,000)>2,000만원이므로 전액 종합과세한다.

② 14%세율 및 기본세율 적용순서

원천징수세율(14%) 적용순서		- 2,000만원 -	
㉠ 이자소득금액	-14%	-현금배당금	20,000,000
㉡ Gross-up제외 배당소득총수입금액			
㉢ Gross-up대상 배당소득총수입금액	**-기본세율**	**- 주식배당금**	**40,000,000**

종합과세되는 금융소득=20,000,000원+40,000,000×1.1(배당가산율)=64,400,000원

근로 · 연금 · 기타소득

NCS세무 - 3 원천징수 NCS세무 - 4 종합소득세 신고

제1절 근로소득

1. 근로소득이 아닌 것

1. 근로의 대가로서 현실적 퇴직을 원인으로 지급받는 소득 : 퇴직소득
2. 퇴직 후에 받는 직무발명보상금 : 기타소득
3. 주식매수선택권을 퇴직 후 행사하여 얻은 이익 : 기타소득
4. 사회 통념상 타당한 범위내의 경조금
5. 업무와 무관한 사내원고료와 강연료 : 기타소득

2. 비과세 근로소득

1. 실비변상적인 급여	1. 일직료, 숙직료 또는 여비로서 실비변상정도의 금액 2. **자가운전보조금(회사업무사용시) 중 월 20만원 이내의 금액 :** **① 종업원소유차량(임차차량 포함) & ② 업무사용& ③ 소요경비를 미지급** 3. 작업복 등 4. 교육기관의 교원이 받는 연구보조비 중 월 20만원 5. 근로자가 천재, 지변 기타 재해로 인하여 받는 급여 6. 연구보조비 또는 연구활동비 중 월 20만원 이내의 금액
2. 생산직 근로자의 연장근로수당	**월정액급여가 2.1백만원이고 직전년도 총급여액 3천만원 이하 근로자** **1. 광산근로자 · 일용근로자 : 전액** **2. 생산직근로자, 어선근로자 : 연 240만원까지**
3. 식사와 식사대	**현물식사 또는 식사대(월 20만원 이하) → 현물제공(비과세)+식대(과세)**

<table>
<tr><td rowspan="5">4. 복리후생적 성격의 급여</td><td colspan="3">1. 사택제공 및 주택자금 대여 이익</td></tr>
<tr><td></td><td>사택제공이익</td><td>주택자금대여이익</td></tr>
<tr><td>출자임원</td><td>근로소득</td><td rowspan="3">근로소득
(중소기업 종업원은 비과세)</td></tr>
<tr><td>소액주주임원, 비출자임원</td><td rowspan="2">비과세 근로소득</td></tr>
<tr><td>종업원</td></tr>
<tr><td></td><td colspan="3">2. 단체순수보장성 보험 및 단체환급부보장성 보험 중 70만원이하의 보험료</td></tr>
<tr><td>5. 기타</td><td colspan="3">1. 본인의 학자금
2. 고용보험료 등 사용자 부담금
3. 출산지원금(개정세법 25) : 전액 비과세(출생일 이후 2년 이내, 지급 2회 이내)
4. 양육(보육)수당 : 6세 이하의 자녀보육과 관련된 급여 월 20만원 이내
5. 배우자 출산휴가 급여
6. 국외(북한포함)소득 월 100만원 이내
☞ 외항선박과 해외건설근로자는 월 500만원
7. 직무발명보상금 7백만원 이하의 보상금
8. 종업원 할인 금액(개정세법 25) : MAX(시가의 20%, 연 240만원)</td></tr>
</table>

3. 근로소득의 수입시기

1. 급 여	• 근로를 제공한 날
2. 잉여금 처분에 따른 상여	• 잉여금 처분결의일
3. 인정상여	• 해당 사업연도 중의 근로를 제공한 날
4. 주식 매수 선택권	• 행사한 날

4. 일용근로소득

1. 대상	동일한 고용주에게 3개월(건설공사 종사자는 1년) 미만 고용된 근로자
2. 일 원천징수세액	[(일급여액 − 150,000원) × 6%] × (1 − 55%) ☞ 근로소득세액공제 : 산출세액의 55%

제2절 연금소득 · 기타소득

1. 연금소득

1. 공적연금	1. 국민연금 2. 공무원연금 등	2. 연금계좌 (사적연금)	1. 퇴직연금 2. 개인연금 3. 기타연금
3. 비 과 세	국민연금법에 의한 유족연금, 장애연금 등		
4. 연금소득	총연금액(비과세제외) – 연금소득공제(**소득공제 900만원 한도**)		
5. 과세방법	**1. 원칙(공적연금) : 종합과세** **2. 연금계좌에서 연금수령시** **① 1,500만원 이하 : 저율 · 분리과세(5%~3%)** **② 1,500만원 초과 : (세액계산시) 종합과세 또는 15% 분리과세**		

2. 기타소득

(1) 80% 추정필요경비가 적용되는 기타소득

소득	필요경비
① 공익법인이 주무관청의 승인을 얻어 시상하는 상금 및 부상 등 ② 위약금과 배상금 중 주택입주 지체상금 ③ 서화 · 골동품의 양도로 발생하는 소득*1 (개당 양도가액 6천만원 이상인 것)	MAX[①수입금액의 80%, ②실제 소요경비]

*1. 양도가액이 1억원 이하 또는 보유기간이 10년 이상 경우 90% 필요경비

(2) 60% 추정필요경비가 적용되는 기타소득

소득	필요경비
① 일시적 인적용역을 제공 대가 ② 일시적인 문예창작소득 ③ 산업재산권, 영업권 등 양도 또는 대여 ④ 공익사업과 관련된 지상권 · 지역권의 설정 · 대여소득 ⑤ 통신판매중개를 통하여 물품 또는 장소를 대여(연 500만원 이하)	MAX[①수입금액의 60%, ②실제 소요경비]

(3) 실제발생경비만 필요경비가 인정되는 소득 : 위 이외 기타소득

4. 비과세

① 국가보안법 등에 의한 받는 상금 등
② 퇴직 후에 지급받는 **직무발명보상금으로 7백만원 이하의 금액**
③ 상훈법에 의한 훈장과 관련하여 받는 상금과 부상 등
④ **서화 · 골동품을 박물관 또는 미술관에 양도함으로써 발생하는 소득**

5. 과세방법

구분	내용
1. 원천징수	**원칙 : 20%**(복권 등 당첨금품의 경우 3억 초과시 초과분은 30%)
2. 무조건 분리과세	1. 복권등 당첨소득 2. 승마투표권의 구매자가 받는 환급금 3. 슬러트머신 등의 당첨금
3. 무조건종합과세	**뇌물, 알선수재 및 배임수재에 의하여 받는 금품**(원천징수X)
4. 선택적분리과세	**연 300만원 이하의 기타소득금액**
5. 수입시기	일반적 : 지급을 받은 날(현금주의) 광업권 등의 양도소득 : 대금청산일, 사용수익일, 인도일 중 빠른 날
6. 과세최저한 규정	- **일반적 : 5만원 이하이면 과세 제외** - 매건 2백만원 이하의 슬럿머신 당첨금, **복권당첨금**

연/습/문/제

O,X 문제

01. **사내근로복지기금**으로 부터 근로자 또는 근로자의 자녀가 지급받는 **장학금은 근로소득으로 본다.** ( )

02. **국외에서 근로를 제공하고 받은 급여 중 월 200만원** 이내 금액(원양어업 선박, **국외건설현장의 건설근로자 등의 경우에는 월 500만원**)은 소득세가 비과세 된다. ( )

03. **월정액급여 210만원 이하로서 직전 과세기간의 총급여액이 2,500만원 이하**인 생산직근로자가 근로기준법에 의한 연장시간근로 · 야간근로 또는 휴일근로로 인하여 통상임금에 가산하여 받는 수당은 **연간 300만원 한도** 내에서 비과세된다. ( )

04. **인정상여**는 **근로를 제공한 날이 속하는 사업연도**가 수입시기로 본다. ( )

05. 해당 과세기간 3월에 입사한 근로소득이 있는 거주자도 **근로소득공제는 월할공제하지 않고 전액을 공제받는다.** ( )

06. 소득의 지급자는 일반근로자에 대한 소득세를 1월~12월까지는 간이세액표에 의하여 원천징수하고, **익년도 1월분 급여지급시에는 연말정산**을 한다. ( )

07. **잉여금처분에 의한 상여**의 귀속시기는 당해 **법인의 잉여금처분결의일**이다. ( )

08. 연금소득은 종합과세하는 것이 원칙이나 연금계좌 인출액 중 **연금소득에 해당하는 금액이 연 1,500만원 초과인 경우**에는 종합과세를 적용받는다. ( )

09. 연금계좌에서 **세액공제받은 연금계좌 납입액과 운용실적에 따라 증가된 금액을 의료목적 등 그 밖의 부득이한 사유** 등으로 인출시 기타소득으로 본다. ( )

10. 소득세가 비과세되는 기타소득으로는 「발명진흥법」상 **직무발명보상금으로서 연 500만원 이하의 보상금**이 있다. ( )

11. 근로자 또는 그 배우자의 출산이나 **6세 이하 자녀의 보육과 관련하여 사용자로부터 지급받는 급여는 20만원을 한도로 비과세**된다. ( )

12. **고용관계없는 자가 다수인에게 강연**을 하고 받는 강연료 등은 **총수입금액의 80%**를 필요경비로 인정한다. ( )

13. 총급여액에서 공제하는 **근로소득공제의 한도는 3천만원**이다. ( )

14. **상표권의 대여**로 인한 소득은 기타소득으로 분류되지만, **양도로 인한 소득**도 기타소득으로 분류된다. ( )

15. **과세이연된 퇴직소득금액을 연금외(일시)로 수령**한 경우 **퇴직소득**으로 과세한다. ( )

16. **공익사업과 관련하여 지상권 · 지역권 설정**으로 받는 소득은 사업소득이다. ( )

17. **통신판매중개업자**(에어비앤비 등)를 통하여 숙박시설을 제공하고 얻은 **연 1,000만원이하의 수입금액**은 기타소득이다. ( )

18. 사적연금소득은 연금납입시점에 세액공제를 받았기 때문에, **연금소득과세시점에는 수령한 연금을 전액 연금소득금액**으로 과세한다. ( )

19. **중소기업 임직원의 주택자금 대여이익은 비과세 근로소득에 해당한다.** ( )

20. 사적연금소득은 연금납입시점에 이미 세액공제나 소득공제를 받았으므로 **연금소득 수령시 연금에 대해서 연금소득**으로 과세한다. ( )

21. 비출자임원과 종업원이 사택을 제공받음으로써 얻는 이익은 비과세 근로소득에 해당한다. ( )

22. 연금소득이 있는 거주자에 대해서 총연금액에서 연금소득공제(일정산식)를 공제하는데 연금소득공제액이 800만원을 초과하는 경우에는 800만원을 한도로 한다. ( )

23. 공적연금은 (연금)간이세액표에 따라 매월 원천징수하고 2월분 연금지급시 연말정산을 한다. ( )

24. 근로자가 **현물식사를 제공받을 경우 전액 비과세되나,** 현물식사 대신 매월 식사대로 20만원을 수령하면 10만원은 비과세되고 10만원은 과세된다. ( )

주관식

01. 다음 자료를 이용하여 거주자 로그인씨의 20x1년 총 급여액을 계산하면 얼마인가?

• 급여 합계	: 25,000,000원
• 상여 합계*1	: 6,000,000원
• 자가운전보조금(30만원/월)*2	: 3,600,000원
• 식사대(5만원/월)*3	: 600,000원

*1. 위의 상여는 20x1년 제공한 근로에 대한 대가로 지급받은 것임.
*2. 자가운전보조금은 소유차량을 직접 운전하여 업무수행에 이용하고 여비를 받지 않는 대가로 받았다.
*3. 월 10만원에 해당하는 식사(음식물)를 제공받고 있다.

02. 다음 자료에 의하여 거주자 로그인씨의 20x1년도 근로소득금액은 얼마인가?

① 기본급(월) : 2,000,000원
② 상여 : 월급여의 750%
③ 6세 이하 자녀 육아수당 : 월 100,000원
④ 식대 : 월 200,000원(식사를 제공받음)
⑤ 자가운전보조금 : 월 300,000원(본인의 차량을 이용하여 회사업무에 이용)

연간급여액	근로소득공제액
1,500만원 초과 4,500만원 이하	750만원 + (총급여액 - 1,500만원) × 15%

03. 다음 자료에서 소득세법상 종합소득에 합산하여야 할 기타소득금액은 얼마인가?

① 영업권양도금액(사업용고정자산과 함께 양도)	: 10,000,000원
② 일시적인 문예창작소득	: 5,000,000원
③ 지하수개발권 대여소득	: 10,000,000원
④ 로또복권당첨금	: 5,000,000원
⑤ 주택입주지체상금	: 1,000,000원

04. 거주자인 로그인씨의 소득자료에 대해서 종합소득금액은 얼마인가?

① 근로소득금액	10,000,000원
② 양도소득금액	20,000,000원
③ 사업소득금액	30,000,000원
④ 기타소득금액	40,000,000원(로또복권당첨금)
⑤ 비상장법인 현금배당	50,000,000원
⑥ 퇴직소득금액	60,000,000원

연/습/문/제 답안

O,X문제

1	2	3	4	5	6	7	8	9	10	11	12	13	14	15
○	×	×	○	○	×	○	×	○	×	○	×	×	○	○
16	17	18	19	20	21	22	23	24						
×	×	×	×	○	○	×	×	×						

[풀이 - O,X문제]

02. 일반근로자의 **국외근로급여는 100만원이내의 금액이 비과세**된다.

03. **연간 240만원 한도내에서 비과세**된다.

06. **2월분 급여지급시 연말정산**을 한다.

08. **사적연금액이 1,500만원 초과일 경우에 (세액계산시) 종합과세나 15%분리과세를 선택할 수 있다.**

10. **7백만원 이하의 직무발명보상금이 비과세 대상**이다.

12. 60%가 필요경비로 인정된다.

13. **근로소득의 공제한도는 2천만원**이다.

16. 지상권 · 지역권설정대가는 사업소득이나 **공익사업과 관련이 있는 경우 기타소득**이다.

17. 통신판매중개업을 통하여 연 5백만원 이하의 수입금액은 기타소득에 해당한다.

18. 수령한 연금에 대해서 **연금소득공제(한도 900만원)** 후 연금소득금액에 대해서 과세한다.

19. 중소기업 종업원(**임원 제외**)에 대해서만 주택자금 대여이익은 비과세 근로소득에 해당한다..

22. **연금소득공제 한도액은 9백만원**이다.

23. **공적연금의 연말정산은 1월 연금지급시**에 한다.

24. **식대의 비과세한도는 월 20만원이다.**

주관식

01.	32,800,000원	02.	30,960,000원
03.	6,200,000원	04.	93,000,000원

[풀이 - 주관식]

01. 자가운전보조금은 월 20만이내 비과세이고, **식대는 음식물을 제공받으므로 과세에 해당**한다.
총급여액 = 25,000,000원 + 6,000,000원 + 1,200,000원 + 600,000원

02. ① 총급여액

항 목	근로소득해당액	비과세	총급여액
1. 기본급	24,000,000원	-	24,000,000원
2. 상여금	15,000,000원	-	15,000,000원
3. 육아수당	1,200,000원	1,200,000원	0원
4. 식대보조금	2,400,000원	-	2,400,000원
5. 자가운전보조금	3,600,000원	2,400,000원	1,200,000원
합 계	46,200,000원	3,600,000원	42,600,000원

→ **식대는 식사를 제공받으므로 과세**

→ 육아(양육)수당은 월 20만원 비과세

② 근로소득공제 : 7,500,000원 + (42,600,000원 - 15,000,000원) × 15% = 11,640,000원

③ 근로소득금액 : 42,600,000 - 11,640,000 = 30,960,000원

03. 사업용고정자산과 함께 양도하는 영업권은 양도소득, 복권당첨금은 분리과세

명 세	총수입금액	필요경비율	기타소득금액
1. 일시적인 문예창작소득	5,000,000원	60%	2,000,000원
2. 지하수개발권 대여소득	10,000,000원	60%	4,000,000원
3. 주택입주지체상금	1,000,000원	80%	200,000원
합 계	16,000,000원		6,200,000원

04. 양도소득과 퇴직소득은 분류과세 소득이고, 로또 당첨금은 무조건분리과세소득이고, 2천만원 초과의 현금배당은 Gross - up적용한다.
10,000,000(근로) + 30,000,000(사업) + 50,000,000(현금배당) + (50,000,000 - 20,000,000) × 10% = 93,000,000원

CHAPTER

03

종합소득 소득금액, 과세표준 및 세액계산

NCS세무 - 3 원천징수 NCS세무 - 4 종합소득세 신고

제1절 결손금 및 이월결손금 공제

1. 결손금 공제

① 사업소득의 결손금
사업소득(부동산 임대업) → 근로소득 → 연금소득 → 기타소득 → 이자소득 → 배당소득
② 부동산임대업(주거용 건물 임대업제외)소득의 결손금 : 다른 소득에서 공제하지 않고 이월하여 해당 부동산임대업(주거용 건물 임대업 제외) 소득금액에서만 공제

2. 이월결손금 공제

① 사업소득의 이월결손금
사업소득(부동산 임대업의 소득금액을 포함) → 근로소득 → 연금소득 → 기타소득 → 이자소득 → 배당소득
② 사업소득(부동산임대－주거용 건물 임대업제외)의 이월결손금 : 사업(부동산임대－주거용 건물 임대업 제외)소득에서만 공제

㉠ 해당연도에 결손금이 발생하고 이월결손금이 있는 경우에는 해당연도의 결손금을 먼저 소득금액에서 공제한다.

㉡ 결손금은 일정기간 이월공제함

2020년 이후	2009년~2019년	2008년 이전
15년	10년	5년

㉢ 소득금액의 추계시에는 이월결손금공제 적용불가(예외 : 천재지변 등)

제2절 과세표준의 계산

1. 기본공제(인당 150만원)

	공제대상자	요 건		비 고
		연 령	연간소득금액	
1. 본인공제	해당 거주자	–	–	
2. 배우자공제	거주자의 배우자	–	100만원 이하 (종합+퇴직+양도소득금액의 합계액) 다만 근로소득만 있는 경우 총급여 5백만원 이하	장애인은 연령제한을 받지 않는다. 그러나 소득금액의 제한을 받는다.
3. 부양가족공제	직계존속 (계부계모 포함)	60세 이상		
	직계비속(의붓자녀)과 입양자	20세 이하		
	형제자매	20세이하/60세이상		
	국민기초생활보호대상자	–		
	위탁아동(6개월 이상)	18세 미만		

2. 추가공제 : 기본공제 대상자를 전제(추가공제는 중복하여 적용가능)

1. 경로우대공제	기본공제 대상자가 **70세 이상**인 경우	100만원/인
2. 장애인공제	기본공제대상자가 **장애인**인 경우	200만원/인
3. 부녀자공제	해당 과세기간의 종합소득금액이 3천만원이하인 거주자 1. 배우자가 없는 여성으로서 기본공제대상인 부양가족이 있는 세대주인 경우 or 2. 배우자가 있는 여성인 경우	50만원
4. 한부모소득공제	**배우자가 없는 자**로서 기본공제대상인 직계비속 또는 입양자가 있는 경우 ☞ **부녀자공제와 중복적용배제**	100만원

3. 신용카드 소득공제(조특법)

구분	내용
1. 공제대상자	**형제자매의 신용카드 사용분은 제외한다.(연령요건 ×, 소득요건 ○)**
2. 사용금액제외	**해외사용분 제외** 1. 사업소득과 관련된 비용 또는 법인의 비용 2. 보험료, 리스료 3. 교육비 4. 제세공과금(국세, 지방세, **아파트관리비**, 고속도로 통행료 등) 5. 리스료 6. 상품권 등 유가증권구입비 7. 취득세 등이 부과되는 재산의 구입비용 8. 국가 등에 지급하는 사용료 등 9. 면세점(시내 · 출국장 면세점, 기내면세점 등) 사용금액
3. 기타	**총급여액의 25%를 초과 사용하여야 공제금액이 있다.**
4. 중복공제 허용	**1. 의료비특별세액공제** **2. 교육비특별세액공제(취학전 아동의 학원비 및 체육시설수강료, 중고등학생의 교복구입비용)**

4. 기타 물적공제

구분	내용
1. 연금보험료	공적연금 보험료 납입액
2. 주택담보노후연금에 대한 이자공제	연금소득에서 200만원 한도로 이자비용 공제
3. 특별소득공제	1. 보험료공제 2. 주택자금소득공제

5. 소득공제 종합한도

구분		
1. 공제한도	**2,500만원**	
2. 공제한도 소득공제	소득세법	**주택자금 소득공제(건강보험료, 고용보험료 등은 제외)**
	조특법	**신용카드 소득공제 등**

제3절 종합소득세액의 계산

1. 종합소득세액의 계산구조

	종합소득과세표준	
(×)	세율	
	종합소득산출세액	
(−)	세액공제·감면	**배당세액공제**, 외국납부세액공제, 근로소득세액공제, **특별세액공제** 등
	종합소득결정세액	
(+)	가산세	
(−)	기납부세액	중간예납세액, 원천징수세액, 수시부과세액
	차감납부할세액	

2. 산출세액 계산특례(=비교과세, 종합과세금융소득이 있는 경우)

MAX[1,2] = 1. 종합과세시 세액 : (과세표준 − 20,000,000원) × 세율 + 2천만원 × 14%

2. 분리과세시 세액 : (과세표준 − 금융소득금액*1) × 세율 + 금융소득총수입금액*2 × 14%(25%)

*1. **Gross−up금액 포함** *2. **Gross−up금액 포함하지 않음.**

☞ *분리과세시 세액은 이미 원천징수한 세액만큼 세수를 확보하고 종합과세시 증가되는 세액이 있을 경우 추가 징수하겠다는 것이다.*

<예제> 금융소득에 대한 비교과세

거주자인 홍길동의 20x1년 귀속 금융소득의 내역은 다음과 같다. 종합소득에대한 산출세액을 구하시오.

1. 소득현황

1. 국내정기예금이자	7,000,000원
2. 주권상장법인으로부터 받은 현금 배당금	8,000,000원
3. 비영업대금이익	9,000,000원
4. 사업소득금액	20,000,000원

2. 소득공제는 4,400,000원으로 가정한다.
3. 기본세율은 다음과 같다고 가정한다.

1,200만원초과 5,000만원 이하	84만원+1,400만원을 초과하는 금액의 15%

해답

1. 금융소득의 과세방법분류

1. 국내정기예금이자	조건부종합과세	7,000,000원
2. 주권상장법인으로부터 받은 현금 배당금	조건부종합과세	8,000,000원
3. 비영업대금이익	조건부종합과세	9,000,000원

∴ 조건부+무조건 종합과세>2,000만원이므로 전액 종합과세한다.

2. 14%세율 및 기본세율 적용순서

<table>
<tr><th>원천징수세율(14%) 적용순서</th><th></th><th colspan="2">-2,000만원-</th></tr>
<tr><td>① 이자소득금액</td><td rowspan="3">- 14%</td><td>-국내정기예금이자
-비영업대금이익</td><td>7,000,000
9,000,000</td></tr>
<tr><td>② Gross-up제외 배당소득총수입금액</td><td>-</td><td>-</td></tr>
<tr><td rowspan="2">③ Gross-up대상 배당소득총수입금액</td><td>-주권상장법인배당금</td><td>4,000,000</td></tr>
<tr><td>-기본세율</td><td>-주권상장법인배당금</td><td>4,000,000</td></tr>
</table>

Gross-up금액

3. 종합소득에 합산할 금융소득금액=20,000,000원+4,000,000원×110%= 24,400,000원
4. 종합소득과세표준=종합소득금액(24,400,000+20,000,000)-소득공제(4,400,000)=40,000,000원
5. 비교과세 : MAX[①, ②]=5,430,000원
   ① **종합과세시 세액 : (40,000,000-20,000,000)×기본세율+2천만원×14%=4,540,000원**
   ② **분리과세시 세액 : (40,000,000-24,400,000)×기본세율+(7,000,000+8,000,000)×14%**
   +9,000,000(비영업대금이익)×25%=5,430,000원

3. 세액공제

구 분	공제요건	세액공제
1-1. 자녀세액공제 **(개정세법 25)**	**종합소득이 있는 거주자의 기본공제 대상 자녀 및 손자녀 중 8세 이상 (입양자 및 위탁아동 포함)**	1. 1명인 경우 : 25만원 2. 2명인 경우 : 55만원 3. 2명 초과 : 55만원+40만원/초과인
1-2. 출산입양	**기본공제대상 자녀**	**첫째 30만원 둘째 50만원 셋째 이상 70만원**
2. 연금계좌납입	종합소득이 있는 거주자	해당액=MIN[① MIN(연금저축, 600만원) +퇴직연금, ② 연 900만원]
3. 특별세액공제	근로소득이 있는 거주자(일용근로자 제외)	
4. 근로소득세액공제	근로소득이 있는 경우	산출세액(근로)의 55%, 30% (일용근로자는 55%이고, 한도는 없다.)
5. 배당세액공제	**배당소득에 배당가산액을 합산한 경우**	**배당가산액(10%)**
6. 외국납부세액공제	외국납부세액이 있는 경우	-외국납부세액 -한도액 : 국외원천소득분
7. 기장세액공제	**간편장부대상자가 복식부기에 따라 장부를 기장한 경우**	**-기장된 사업소득에 대한 산출세액의 20%** **-한도액 : 1,000,000원**
8. 재해손실세액공제	재해상실비율이 자산총액의 **20% 이상**인 경우	-산출세액(사업소득)×재해상실비율 -한도액 : 재해상실자산가액
9. 월세세액공제	**총급여액이 8천만원 이하 (종합소득금액이 7천만원 이하)인 근로자와 기본공제 대상자**	월세액의 15%, 17% (공제대상 월세액 한도 1,000만원) ☞ **국민주택 규모 이하 또는 기준시가 4억원 이하 주택**
10. **기부정치자금 세액공제**	**본인이 정치자금을 기부**시	-**10만원 이하 : 100/110 공제** -10만원 초과 : 15% 공제
11. 고향사랑 기부금	**주민등록상 거주지를 제외한 지방자치단체에 기부한 경우**	-**10만원 이하 : 100/110 공제** -10만원 초과~2천만원(개정세법 25) 이하 : 15% 공제
12. **결혼세액공제** **(개정세법 25)**	혼인 신고를 한 거주자(생애 1회)	50만원(혼인신고를 한 해)
13. 성실사업자	의료비 및 교육비 세액공제	해당액의 일정률

4. 특별세액공제

(1) 표준세액공제 : 특별소득공제와 특별세액공제 미신청

근로소득이 있는 자	13만원
근로소득이 없는 거주자	7만원(성실사업자 12만원)

(2) 공통적용요건

구 분	보험료	의료비	교육비	기부금
연령요건	○(충족)	×	×	×
소득요건	○	×	○	○
세액공제액	12%	15%, 20%, 30%	15%	15%, 30%

3. 보장성보험료세액공제

① 보장성보험료와 주택임차보증금(3억 이하)반환 보증보험료	연100만원 한도	12%
② 장애인전용보장성보험료	연100만원 한도	15%

4. 의료비세액공제

		세액공제율
난임시술비	임신을 위하여 지출하는 시술비용	30%
미숙아 등	미숙아 · 선천성 이상아에 대한 의료비	20%
특정	㉠ 본인 ㉡ (과세기간 개시일) 6세 이하 ㉢ (과세기간 종료일) 65세 이상인 자 ㉣ 장애인 ㉤ 중증질환자, 희귀난치성질환자 또는 결핵환자 등	15%
일반	난임, 미숙아 등, 특정의료비 이외	
의료비 공제대상액	난임시술비+미숙아등+특정의료비+MIN[①일반의료비－총급여액의 3%, ② 7백만원][*1] *1. MIN[①일반의료비－총급여액의 3%, ② 7백만원]이 (－)인 경우에는 의료비공제대상액에서 차감한다.	

〈의료비 세액공제액 계산방법〉

	공제대상액	공제율	총급여액 0.5억	총급여 2억
난임의료비	5,000,000	30%	5,000,000	5,000,000
특정의료비	5,000,000	15%	5,000,000	4,000,000
일반의료비 (한도 7백만원)	5,000,000	15%	3,500,000 *총급여액 3% : 1,500,000*	*총급여액 3% : 6,000,000*
총급여액 0.5억	(3,500,000+5,000,000)×15%+5,000,000×30%=2,775,000원			
총급여액 2억	4,000,000×15%+5,000,000×30%=2,100,000원			

5. 교육비세액공제 : 대상액의 15%

1. 본인	1) 전액(**대학원 교육비는 본인만 대상**) 2) 직무관련수강료 : 해당 거주자가 직업능력개발훈련시설에서 실시하는 직업능력개발훈련을 위하여 지급한 수강료
2. 기본공제대상자 (직계존속 제외)	학교, 보육시설 등에 지급한 교육비(대학원 제외) 1) **대학생 : 900만원/인** 2) **취학전아동, 초중고등학생 : 300만원/인** ☞ **취학전 아동의 학원비도 공제대상**
3. 장애인특수교육비 (직계존속도 가능)	**한도없음**

공제대상교육비	공제불능교육비
㉠ 수업료, 입학금, 보육비용, 수강료 및 급식비등 ㉡ **방과후 학교(어린이집, 유치원 포함) 수강료와 방과후 도서구입비(초 · 중 · 고등학생)** ㉢ **중 · 고등학생 교복구입비용(연 50만원 한도)** ㉣ **국외교육기관에 지출한 교육** ㉤ **본인 든든학자금 및 일반 상환학자금 대출의 원리금 상환액** ㉥ **초 · 중 · 고등학생체험학습비(한도 : 30만원/인)** ㉦ **대학입학 전형료, 수능응시료**	㉠ **직계존속의 교육비 지출액 (장애인특수교육비 제외)** ㉡ **소득세 또는 증여세가 비과세되는 학자금 (=장학금)** ㉢ **학원수강료(취학전 아동은 제외)** ㉣ 학자금 대출을 받아 지급하는 교육비 (상환시 세액공제)

6. 기부금세액공제

1천만원 이하인 경우	대상액의 15%
1천만원 초과인 경우	대상액의 30%

1. 특례	1. 국가 등에 무상으로 기증하는 금품/국방헌금과 위문금품 2. 이재민구호금품(천재 · 지변) 3. 사립학교 등에 지출하는 기부금
2. 우리사주조합에 지출하는 기부금 - 우리사주조합원이 아닌 거주자에 한함	
3. 일반기부금	1. 종교단체 기부금 2. 종교단체외 ① **노동조합에 납부한 회비**, 사내근로복지기금에 지출기부금 ② **무료 · 실비 사회복지시설 기부금**
4. 이월공제	**10년(2013.1.1. 이후 지출분) ⇒ 이월기부금부터 먼저 공제**

〈근로소득자와 사업소득자의 소득공제와 특별세액공제〉

구 분		근로소득자	사업소득자
인적공제		○	○
물적소득공제	공적연금보험료	○	○
	특별소득공제	○	×
	신용카드 소득공제	○	×
연금계좌납입세액공제		○	○
표준세액공제		13만원	7만원(성실사업자 : 12만원)
특별세액공제	보장성보험료세액공제	○	×
	의료비세액공제	○	△[*1]
	교육비세액공제	○	△[*1]
	기부금세액공제	○	×[*2](**필요경비 산입**)
월세세액공제		○	△[*1]
결혼세액공제(개정세법 25)		○	○

*1. 성실사업자와 성실신고확인대상자로서 성실신고확인서를 제출한 자는 공제가 가능하다.

*2. 연말정산대상 사업소득자등은 기부금세액공제가능

연/습/문/제

O,X 계산문제

01. 사업소득(주거용 건물임대업 포함)에서 발생한 결손금은 **근로소득금액 → 연금소득금액 → 기타소득금액 → 이자소득금액 →배당소득금액**에서 순서대로 공제하며, 공제후 남은 결손금은 다음연도로 이월시킨다. ( )

02. 해당 과세기간의 소득금액에 대해서 **추계신고를 하거나 추계조사결정**하는 경우에는 **이월결손금 공제규정을 적용하지 않는다**. 다만 **천재지변 등으로 장부등이 멸실**된 경우는 제외한다. ( )

03. **사업소득(주거용 건물임대업 제외)**의 이월결손금은 **다른 소득금액과 통산**하고 통산후 남은 결손금은 다음연도로 이월시킨다. ( )

04. 기본공제를 적용받기 위해서는 당해 **과세기간 종료일 현재 주민등록표상 동거가족**으로서 당해 거주자의 주소 등에서 **현실적으로 생계**를 같이하는 자이어야 한다. ( )

05. 인적공제에 대한 **추가공제**는 **기본공제를 적용**받은 거주자가 적용받는다. ( )

06. 거주자의 종합소득에 대한 **소득공제시 특정 공제항목은 2,000만원을 한도**로 공제한다. ( )

07. 직계존속의 **기타소득금액이 연간 100만원을 초과**한 경우에도 기본공제를 적용받을 수 없다. ( )

08. 장애인전용보장성보험의 경우 **보험료의 합계액이 연간 150만원**을 초과하는 경우 그 초과하는 금액은 보험료 세액공제가 불가능하다. ( )

09. **직계비속이 장애인**이고 그 **직계비속의 배우자가 장애인**인 경우 당해 **배우자도 기본공제 대상자**에 포함된다. ( )

10. 부양가족의 범위에는 **3개월 이상인인 위탁아동**도 포함된다. ( )

11. 부양가족의 범위에는 **계부 및 계모도 포함되고, 의붓자녀**도 포함한다. ( )

12. 간편장부대상자가 과세표준확정신고시 **복식부기에 따라 기장**하여 사업소득금액을 계산하고 기업회계기준을 준용하여 작성한 **재무상태표, 손익계산서와 그 부속서류 및 합계잔액시산표와 조정계산서**를 제출하는 경우에 적용한다. ( )

13. 사업자가 천재 · 지변 기타 재해로 인하여 **자산총액의 10%이상**을 상실한 경우에 상실된 자산가액을 한도로 적용한다. ( )

14. **외국납부세액공제는 개인과 법인** 모두에게 적용된다. ( )

15. **사업소득만 있는 거주자**가 지출한 **보장성 보험료**에 대해서 세액공제가 가능하다. ( )

16. 직계존속(65세, 소득없음)의 **노인대학 등록금은 교육비세액공제대상**이다. ( )

17. **어린이집, 유치원에 지출한 급식비는 교육비 세액공제대상**이다. ( )

18. 근로자가 납부한 **노동조합비와 사내근로복지기금에 기부한 가액**은 특례기부금에 해당한다. ( )

19. 세액공제를 받지 못한 기부금세액공제는 이월하여 **5년간 세액공제가 가능**하다. ( )

20. **부동산임대업(주거용 건물 임대업은 제외)에서 발생한 결손금은 다른 소득금액과 통산하지 않고 다음연도로 이월**시킨다. ( )

21. 고등학생 자녀의 학교 수업료 뿐만 아니라 **급식비나 교과서 구입비**도 교육비세액공제대상에 해당한다. ( )

22. 거주자의 기본공제대상자에 해당하는 **7세이상 자녀가 3명 이상인 경우 2명을 초과하는 인원**부터 한 명 당 20만 원씩 추가 세액공제된다. ( )

23. **사업소득(성실사업자가 아님)**만 있는 경우도 종합소득세 신고 시 **보험료, 의료비, 교육비 등으로 지출한 금액에 대해서 세액공제**가 불가능하다. ( )

24. 신용카드 사용액이 **총급여액의 30%에 미달**하는 경우 신용카드 소득공제는 없다. ( )

25. 종합소득이 있는 거주자가 **주택담보노후연금을 받은 경우에는 이자비용(한도 200만원)**을 해당 과세기간 종합소득에서 공제받을 수 있다. ( )

주관식

01. 다음 자료를 이용하여 거주자 로그인씨(남성, 50세임)의 20x1 년도 종합소득 과세표준 계산 시 공제되는 인적공제액을 계산하시오.

구 분	나 이	비 고
배우자	45세	소득 없음
부 친	70세	소득 없고, 20x1년 5 월 20 일 사망함
모 친	72세	소득 없음
장 인	68세	주거형편상 별거하고 있으며, 소득 없음
장 남	23세	장애인이며, 사업소득금액 1,500,000원 있음
장 녀	18세	소득 없음

02. 거주자 로그인(여성,45세)씨의 부양가족 공제내역이다. 로그인씨 20x1년 인적공제액(ⓐ)와 자녀세액공제(ⓑ)를 계산하시오. 부양가족은 로그인씨와 생계를 같이 하고 있다.

〈부양가족현황〉

부양가족	연령(만)	소득 내역 및 비고
로그인(본인)	45세	근로소득금액 2천만원
배우자	43세	일시적 강사료 수입 8,000,000원
모친	61세	장애
장모	75세	소득없음
장남	10세	소득없음
장녀	6세	소득없음

03. 로그인씨는 20x1 년에 다음과 같이 보험료를 납부하였다. 연말정산시 "건강보험료 등 소득공제"금액(ⓐ)과 특별세액공제금액(ⓑ)을 계산하시오.

1. 고용보험료 총부담금(본인 50%, 회사 50% 부담)	1,000,000
2. 건강보험료 및 장기요양 보험료 총부담금(본인 50%, 회사 50% 부담)	2,000,000
3. 장애인전용보장성 보험료	3,000,000
4. 저축성 보험료	4,000,000
5. 생명보험료	800,000

04. 소득세법에 따라 다음 자료를 토대로 거주자 로그인씨의 종합소득 과세표준을 구하시오. 단, 과세표준을 최소화하기로 한다.

- 사업소득금액 : 30,000,000
- 근로소득금액 : 25,000,000
- 기타소득금액 : 2,000,000
- 종합소득공제 : 2,100,000

05. 다음 자료를 참고로 하여 거주자 로그인씨의 20x1년 귀속 종합소득세 산출세액을 계산하면?

1. 종합소득금액
   (1) 사업소득금액 : 23,000,000원
   (2) 근로소득금액 : 35,000,000원
   (3) 기타소득금액 : 18,000,000원
2. 종합소득공제액
   (1) 기본공제 : 6,000,000원
   (2) 추가공제 : 5,000,000원
   (3) 특별공제 : 7,000,000원
3. 세율(속산표)로 가정한다.
   (1) 1,200만원 이하 : 과세표준 × 6%
   (2) 4,600만원 이하 : 과세표준 × 15% – 1,080,000원
   (3) 8,800만원 이하 : 과세표준 × 24% – 5,220,000원

06. 로그인씨의 20x1년도 소득금액이다. 종합소득산출세액을 계산하면 얼마인가?

ㄱ. 근로소득금액	50,000,000원
ㄴ. 부동산임대사업소득금액	12,000,000원
ㄷ. 기타소득금액(분리과세 대상이 아님)	30,000,000원
ㄹ. 종합소득공제	20,000,000원

〈종합소득세율 – 가정〉

종합소득 과세표준	세율
4,600만원 초과 8,800만원 이하	582만원+4,600만원 초과금액의 24%
8,800만원 초과 1.5억원 이하	1,590만원+8,800만원 초과금액의 35%

07. 로그인씨의 의료비내역이다. 의료비세액공제액을 계산하시오.

① 총급여액	50,000,000원
② 본인 건강검진비	5,000,000원
③ 배우자(40살) 라식수술비	6,000,000원
④ 장녀(22살) 안경구입비	1,000,000원

08. 로그인씨의 자녀(소득없음)에 관한 자료인데, 자녀세액공제를 구하시오.

구 분	나 이	비 고
첫 째	15세	
둘 째	13세	
셋 째	0세	올해출산

09. 다음은 근로소득자(일용근로자 아님)인 로그인씨가 자녀들을 위하여 지출한 교육비와 관련한 자료이다. 연말정산시 공제대상 교육비는 모두 얼마인가?

ㄱ. 자녀의 연령 및 소득
- 장남 : 29세(대학원생), 소득금액 없음
- 차남 : 23세(대학생), 사업소득금액 150만원
- 장녀 : 15세(중학생), 소득금액 없음

ㄴ. 자녀의 교육비 지출액
- 장남의 대학원 수업료 12,000,000원
- 차남의 대학교 수업료 8,000,000원
- 장녀의 고등학교 수업료 3,000,000원

10. 개인사업자인 김삼일씨는 20x0년 사업부진으로 사업소득과 부동산임대소득(주거용 건물임대업 제외)에 서 결손금이 발생하였다. 소득자료가 다음과 같을 때, 20x0년과 20x1년의 종합소득금액을 구하시오.(단, 아래의 소득은 모두 종합과세 대상이며, △는 결손금을 표시함)?

구 분	20x0년	20x1년
ㄱ. 부동산임대소득금액	△ 3,000,000	5,000,000
ㄴ. 사업소득금액	△10,000,000	12,000,000
ㄷ. 근로소득금액	20,000,000	20,000,000

연/습/문/제 답안

O,X문제

1	2	3	4	5	6	7	8	9	10	11	12	13	14	15
○	○	×	○	○	×	×	×	○	×	○	○	×	○	×
16	**17**	**18**	**19**	**20**	**21**	**22**	**23**	**24**	**25**					
×	○	×	×	○	○	×	○	×	×					

[풀이 - O,X문제]

03. 주거용 건물임대업도 포함하여 다른 소득과 통산하여 이월결손금을 공제한다.

06. **특정소득공제의 한도는 2,500만원**이다.

07. 기타소득금액이 3백만원이하일 경우 선택적 분리과세가 적용된다. 따라서 100만원을 초과하더라도 납세의무자의 선택에 따라 기본공제대상이 될 수 있다.

08. **장애인전용보장성 보험의 대상금액은 100만원이 한도**이다.

10. **6개월이상 위탁 양육**하여야 한다.

13. 20%이상을 상실한 경우이다.

15. **보장성보험료일 경우 근로소득자만 특별세액공제** 가능하다.

16. 직계존속의 교육비는 장애인특수교육비를 제외하고는 인정하지 않는다.

18. 일반기부금에 해당한다.

19. **기부금한도초과액은 10년간 이월공제**된다.

22. 8세 이상 자녀가 2명 초과시 인당 40만원(개정세법 25)씩 추가공제한다.

24. **총급여액의 25%를 초과**하여야 신용카드 소득공제가 된다.

25. 연금소득이 있는 거주자가 소득공제 대상이다.

주관식

01.	11,000,000원	02.	ⓐ 11,000,000원, ⓑ 250,000원(개정세법 25)
03.	ⓐ 1,500,000원, ⓑ 246,000원	04.	52,900,000원
05.	8,700,000원	06.	12,060,000원
07.	1,500,000원	08.	1,250,000원
09.	3,000,000원	10.	20x0년 10,000,000원 20x1년 34,000,000원

[풀이 - 주관식]

01. ① 인적공제

가족	요 건		기본공제	추가공제	판 단
	연령	소득			
본인	-	○	○		
배우자	-	○	○	-	
부친	○	○	○	경로	
모친	○	○	○	경로	
장인	○	○	○		주거형편상 별거해도 생계를 같이하는 것으로 인정
장남	○	×	부		종합소득금액 1백만원 초과자
장녀	○	○	○		

② 인적공제액 계산

	대상자	세법상 공제액	인적공제액
1. 기본공제	본인, 처, 부친, 모친, 장인, 장녀	1,500,000원/인	9,000,000원
2. 추가공제			
① 경로	부친, 모친	1,000,000원/인	2,000,000원
합 계			***11,000,000원***

02. ① 인적공제 및 자녀세액 공제

가족	요 건		기본공제	추가공제	판 단
	연령	소득			
본인(여성)	-	○	○	부녀자	**맞벌이 여성**
배우자	-	×	부	-	**기타소득금액 3,200,000원(8백만원의 40%)**
모친	○	○	○	장애	
장모	○	○	○	경로	
장남	○	○	○	자녀	8세 이상 자녀 세액공제
장녀	○	○	○	-	

② 인적공제액 계산

	대상자	세법상 공제액	인적공제액
1. 기본공제	본인, 모친, 장모, 딸, 아들	1,500,000원/인	7,500,000원
2. 추가공제			
① 부녀자	본인	500,000원	500,000원
② 장애인	모친	2,000,000원/인	2,000,000원
③ 경로	장모	1,000,000원/인	1,000,000원
합 계			***11,000,000원***

③ 자녀세액공제(장남) : 250,000**원(개정세법 25)**

03.

구 분	소득공제	세액공제
1. 고용보험료	500,000(본인부담)	-
2. 건강보험료	1,000,000(본인부담)	-
3. 장애인전용보장성보험료		1,000,000 × 15% = 150,000
4. 보장성보험료		800,000 × 12% = 96,000

04. 종합소득금액(30,000,000 + 25,000,000) - (종합소득공제)2,100,000 = 52,900,000
기타소득금액 3백만원은 선택적 분리과세이므로 과세표준을 최소화하기 위해서는 분리과세를 선택한다.

05.

구 분	금 액	계 산 내 역
1. 종합소득금액	76,000,000	23,000,000 + 35,000,000 + 18,000,000
2. 종합소득공제	18,000,000	6,000,000 + 5,000,000 + 7,000,000
3. 종합소득과세표준	58,000,000	
4. 종합소득산출세액	8,700,000	58,000,000 × 24% - 5,220,000

06.

구 분	금 액	계 산 내 역
1. 종합소득금액	92,000,000	50,000,000+12,000,000+30,000,000
2. 종합소득공제	20,000,000	
3. 종합소득과세표준	72,000,000	
4. 종합소득산출세액	12,060,000	5,820,000+(72,000,000-46,000,000)×24%

07.

구분		대상금액
본인 건강검진비	특정	5,000,000
배우자 라식수술비	일반	6,000,000
장녀 안경구입비	일반	500,000(한도)

구분		총급여액의 3%	대상의료비	세액공제액
특정(15%)	5,000,000		5,000,000	750,000
일반(15%)	6,500,000	1,500,000초과	5,000,000	750,000

08. ① 자녀세액공제(8세이상 자녀,2명)=55만원(개정세법 25)

② 출산입양세액공제(셋째)=70만원

09. 교육비세액공제는 연령요건을 충족하지 않아도 되나, 소득요건(소득금액 1백만원이하자)은 충족해야 한다. 따라서 차남은 대상에서 제외한다. 또한 대학원교육비는 본인만 대상이다.

공제대상 교육비=**장녀의 고등학교 수업료(한도 3백만원)**

10. **부동산임대소득의 결손금은 부동산임대소득에서만 공제**한다.

구분	20x0	20x1
부동산임대소득	△ 3,000,000(이월)	5,000,000+△3,000,000(이월) =2,000,000
사업소득금액	△10,000,000	12,000,000
근로소득금액	20,000,000	20,000,000
종합소득금액	**10,000,000**	**34,000,000**

퇴직소득, 원천징수, 양도소득

NCS세무 - 3 원천징수 NCS세무 - 5 양도소득세 신고하기

제1절 퇴직소득

1. 계산구조

퇴직소득금액	퇴직급여액
환산급여액	(퇴직소득금액 – 근속연수공제)÷근속연수×12
(-) 환산급여 차등공제	
퇴직소득과세표준	
× 세율	**기본세율**
= 퇴직소득산출세액	과세표준×기본세율÷12×근속연수
- 외국납부세액공제	이월공제가 되지 않는다.(종합소득세는 10년간 이월공제 적용)
퇴직소득결정세액	⇨ 원천징수세액

2. 퇴직소득에 대한 과세방법

1. 분류과세	종합소득에 합산하지 않고 별도로 과세한다.
2. 원천징수	원천징수일이 속하는 다음달 10일까지 정부에 납부하여야 한다.

3. 퇴직소득의 수입시기

1. 일반적인 퇴직소득	–퇴직한 날
2. 잉여금처분에 따른 퇴직급여	–해당 법인의 잉여금 처분 결의일
3. 이외의 퇴직소득	–소득을 지급받은 날

제2절 양도소득세

양도라 함은 자산에 대한 등기·등록에 관계없이 매도, 교환, 법인에 대한 현물출자 등(대물변제 : 이혼위자료의 지급, 공용수용도 포함)으로 인하여 **그 자산이 유상으로 사실상 이전되는 것을 말한다.**

1. 과세 대상자산

구 분		과 세 대 상
1그룹 (부동산 등)	부동산	토지, 건물
	부동산에 관한 권리	① 지상권, 전세권 ② 등기된 부동산임차권 ③ 부동산을 취득할 수 있는 권리(아파트분양권 등)
	기타자산	① 특정주식(A,B) ② 특정시설물이용권 ③ 영업권 ☞ **사업용 고정자산과 함께 양도하는 것에 한함**
2그룹	일반주식	① 상장주식 중 대주주 양도분과 장외양도분 ② 비상장주식 ③ 해외주식(외국법인이 발행한 주식 등)
3그룹	파생상품	파생상품 등의 거래 또는 행위로 발생하는 소득
4그룹	신탁수익권	신탁의 이익을 받을 권리의 양도로 발생하는 소득

2. 비과세 양도소득

① **파산선고의 처분으로 인하여 발생하는 소득**

② **농지의 교환·분합으로 인하여 발생하는 소득**

③ **1세대 1주택(고가주택, 국외주택 제외)과 그 부수토지의 양도로 인한 소득**

* 고가주택 : 12억 초과
* 주택수 산정시 조합원입주권 및 분양권 포함

④ **소액주주가 K-OTC를 통해 양도한 중소·중견기업주식**

* K-OTC(korea over the counter) ; 금융투자협회가 운영하는 비상장법인 주식 거래시장

3. 과세표준 및 세액 계산절차

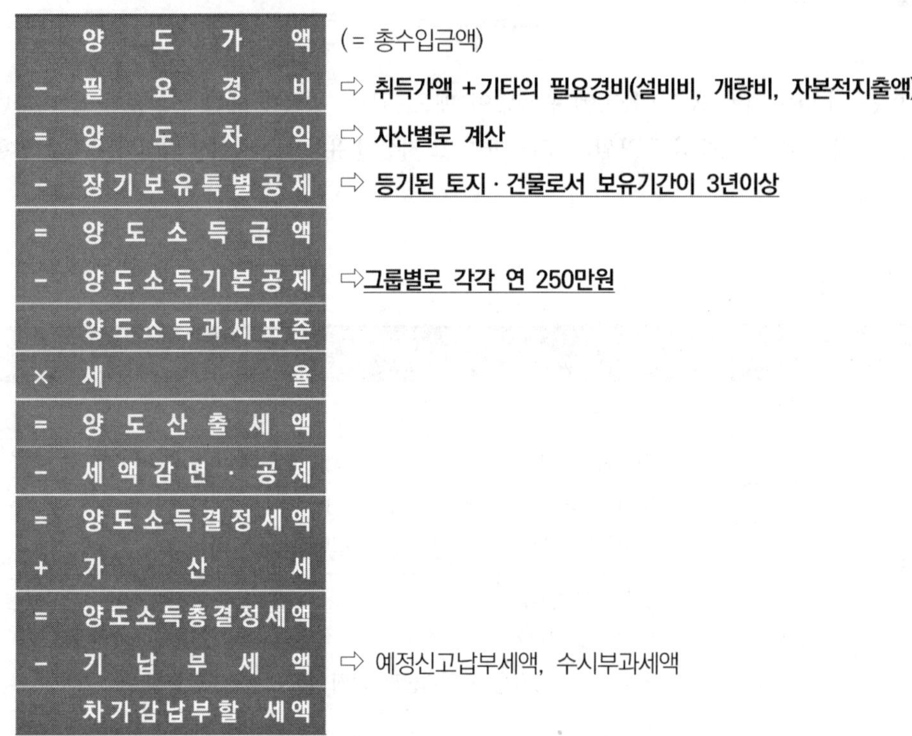

4. 양도가액과 취득가액 : 실지거래가액

5. 취득 · 양도시기

1. 유상	① 원칙	대금청산일
	② 대금청산일 불분명시	등기부 등에 기재된 **등기접수일 또는 명의개서일**
	③ 대금청산전 소유권이전등기를 한 경우	등기부 등에 기재된 등기접수일
	④ 장기할부	소유권이전등기접수일, 인도일 또는 사용수익일 중 빠른 날
2. 기타	① 자가건축	사용검사필증 교부일
	② 상속 · 증여	**상속이 개시된** 날 또는 증여를 받은 날

6. 세율

<table>
<tr><th colspan="3">구 분</th><th>양도소득세율</th></tr>
<tr><td rowspan="4">부동산 및 부동산에 관한 권리</td><td colspan="2">미등기자산</td><td>70%</td></tr>
<tr><td colspan="2">보유기간 1년 미만</td><td>50%[주택등 : 70%]</td></tr>
<tr><td colspan="2">보유기간 1년 이상 2년 미만</td><td>40%[(주택등 : 60%]</td></tr>
<tr><td colspan="2">보유기간 2년 이상</td><td>기본세율</td></tr>
<tr><td>기타자산</td><td colspan="2"></td><td>기본세율</td></tr>
<tr><td rowspan="3">주식</td><td colspan="2">중소기업의 주식</td><td>10%(대주주 : 20%)</td></tr>
<tr><td rowspan="2">중소기업 이외의 주식</td><td>일반</td><td>20%[*1]</td></tr>
<tr><td>대주주가 1년미만 보유</td><td>30%</td></tr>
<tr><td colspan="3">파생상품</td><td>10%(탄력세율[*2])</td></tr>
<tr><td colspan="3">신탁수익권</td><td>20%(3억초과는 25%)</td></tr>
</table>

*1. 대주주 양도시 : 과세표준이 3억 초과인 경우 25%

*2. 탄력세율 : 소득세법상 파생상품의 양도소득세 기본세율(20%)을 탄력적으로 변경하여 운영하는 세율

〈미등기양도자산에 대한 불이익〉

1. 장기보유특별공제	배제
2. 양도소득기본공제(250만원)	배제
3. 비과세와 감면	배제
4. 세율	70%

7. 예정신고와 납부

① 주식, 출자지분을 제외한 자산을 양도(1그룹 자산) : **양도한 날이 속하는 달의 말일부터 2개월 이내**

② 주식 및 출자지분을 양도(2그룹 자산) : **양도일이 속하는 반기의 말일부터 2개월 이내**

양도차익이 없거나 결손금이 발생한 경우에 신고를 하여야 하고 예정신고를 하지 않을 경우 무신고 가산세 20%를 적용한다.

<예제> 양도소득세의 과세표준 및 산출세액

다음은 김말동씨 양도소득에 관련된 자료이다. 김말동씨의 20x1년 양도소득세 산출세액을 산출하시오.

1. 20x1년 양도자산 내역

	양도가액	보유기간	필요경비	세율
사업용토지A	600,000,000	16년	400,000,000원	기본

2. 장기보유특별공제 30%(15년이상 보유).

3. 기본세율은 다음과 같다고 가정한다.

8,800만원초과 1.5억이하	1,590만원 + 8,800만원을 초과하는 금액의 35%

해답

	금액	내역
1. 양도가액	600,000,000	
2. 필요경비	400,000,000	**취득가액+양도비용**
3. 양도차익(1-2)	200,000,000	
4. 장기보유특별공제	60,000,000	15년이상 양도차익의 30%
5. 공제후 양도소득금액(3-4)	140,000,000	
6. 양도소득기본공제	△2,500,000	
7. 과세표준(7-8)	137,500,000	
8. 산출세액	33,225,000	15,900,000+(137,500,000-88,000,000)×35%

연/습/문/제

O,X 계산문제

01. 퇴직소득에 대한 **총수입금액의 수입시기는 퇴직을 한 날**로 한다. ( )

02. 연금계좌에서 **연금형태**로 인출한 금액은 원칙적으로 **연금소득**으로 과세한다. ( )

03. **비상장법인의 주식양도소득은** 양도소득세가 과세된다. ( )

04. **산업재산권의 양도**는 양도소득세 과세대상이다. ( )

05. **사업용고정자산과 함께하는 양도하는 영업권**은 양도소득세 과세대상이고, **영업권만 양도시에는 기타소득**에 해당한다. ( )

06. 토지, 건물, 부동산에 관한 권리는 원칙적으로 **기준시가에 의해서** 양도차익을 계산한다. ( )

07. 양도소득기본공제는 **자산그룹별로 각각 200만원**을 공제하되, 미등기양도자산에 대해서는 적용하지 않는다. ( )

08. 보유기간이 **3년이상, 등기된 토지, 건물**등은 장기보유특별공제 대상이다. ( )

09. 1세대 1주택이라 하더라도 **고가주택에 해당하는 경우에는 양도소득세**가 과세된다. ( )

10. **미등기 부동산의 양도시** 적용세율은 60%이다. ( )

11. **대주주가 양도하는 상장법인의 주식**은 양도소득세 과세대상이다. ( )

12. 토지 · 건물 중 **미등기자산**은 **장기보유특별공제와 양도소득기본공제**를 적용하지 않는다. ( )

13. **건물의 무상이전**은 양도소득세가 과세되지 않고 증여세가 과세된다. ( )

14. 농지의 대토(기존 땅을 팔고 다른 토지를 취득함.)로 발생하는 소득은 양도소득세 비과세 대상이다. ( )

15. 재건축관련 조합원 입주권 1매와 아파트 1채를 소유하고, 아파트를 양도하는 경우 **1세대 1주택에 해당한다.** ( )

16. 양도소득세 과세대상에 해당하는 주식을 양도한자는 **양도일이 속하는 분기의 말일로부터 2개월이내**에 예정신고를 해야 한다. ( )

17. 양도소득세 과세대상 **부동산을 양도한 거주자**는 자산의 양도차익을 그 **양도일이 속하는 달의 분기 말일부터 2개월이 되는 날까지** 납세지 관할세무서장에게 신고해야 한다. ( )

18. 파산선고에 의한 처분으로 발생하는 양도소득과 농지의 교환 등으로 발생하는 양도소득, 1세대 1주택(고가주택 포함)의 양도로 발생하는 소득은 양도소득세 비과세대상이다. ( )

19. 양도소득세 계산시 고가주택은 **실지거래가액이 9억원 초과의 주택**을 말한다. ( )

주관식

01. 다음은 20x1년에 퇴직한 로그인과장의 퇴직소득에 관한 자료인데, 퇴직소득 과세표준을 구하시오.

㉠ 퇴직금 2억원
㉡ 근속연수 7년 7개월
㉢ 근속연수공제(가정) : 근속연수 5년 초과 10년 이하 : 150만원+50만원×(근속연수-5년)
㉣ 환산급여공제액 : 1억 초과 3억 이하 : 6,170만원+1억원 초과분의 45%

02. 다음 자료에 의해 양도소득세 과세표준을 구하시오.

- 상가 양도가액 130,000,000원
- 상가 취득가액 100,000,000원
- 상가 취득시 취득세, 등록세 2,000,000원
- 상가 양도시 중개수수료 1,200,000원
- 보유기간 5년 5개월(장기보유특별공제율 10%)
- 상기비용을 제외하고는 추가비용은 발생하지 않았다.

03. 다음 자료에 의하여 미등기된 토지를 양도한 이세무씨의 양도소득산출세액은 얼마인가? 단, 주어진 자료 이외의 사항은 없다고 가정한다.

(1) 양도시점에 실지거래가액 : 500,000,000원
(2) 양도시점에 기준시가 : 350,000,000원
(3) 취득시점에 기준시가 : 210,000,000원
(4) 필요경비(취득가액) : 300,000,000원
(5) 취득시점 : 2001. 3. 1, 양도시점 : 20x1. 8. 1

연/습/문/제 답안

O,X문제

1	2	3	4	5	6	7	8	9	10	11	12	13	14	15
○	○	○	×	○	×	×	○	○	×	○	○	○	×	×
16	**17**	**18**	**19**											
×	×	×	×											

[풀이 - O,X문제]

04. **산업재산권의 양도는 기타소득**이다.

06. 양도차익은 **실지거래가액에 의하여 계산**한다.

07. **기본공제는 호별(그룹별)로 250만원씩 각각 공제**한다.

10. **미등기시 70%의 세율**을 적용한다.

14. 농지의 교환과 분합은 양도소득세 비과세이나, 농지의 대토는 비과세가 아니라 감면대상임.

15. 재건축관련 입주권 보유시 주택을 양도하는 경우 1세대 1주택으로 보지 않는다.

16. 주식은 **양도일이 속하는 반기의 말일로부터 2개월이내 예정신고**를 해야 한다.

17. 부동산은 **양도일이 속하는 달의 말일로부터 2개월이내 신고**해야 한다.

18. **고가주택은 양도소득세 과세대상**이다.

19. **고가주택은 12억 초과인 주택을 말한다.**

주관식

01.	145,825,000원	02.	21,620,000원
03.	140,000,000원		

[풀이 - 주관식]

01. 근속연수(8년)공제 : 3,000,000원

퇴직소득금액		200,000,000
환산급여액	(퇴직소득금액 - 근속연수공제)/근속연수 × 12	295,500,000
(-) 환산급여공제	61,700,000 + 195,500,000 × 45%	149,675,000
= 퇴직소득과세표준		145,825,000

02.

1. 양도가액	130,000,000	
2. 필요경비	103,200,000	**100,000,000 + 2,000,000 + 1,200,000**
3. 양도차익(1 - 2)	26,800,000	
4. 장기보유특별공제	2,680,000	장기보유특별공제율 10%(5년)
5. 양도소득금액(3 - 4)	24,120,000	
6. 양도소득기본공제	△2,500,000	
7. 과세표준(5 - 6)	21,620,000	

03.

1. 양도가액	500,000,000	**실지거래가액으로 양도차익을 계산한다.**
2. 필요경비	300,000,000	
3. 양도차익(1 - 2)	200,000,000	
4. 장기보유특별공제	-	미등기이므로 배제
5. 양도소득금액(3 - 4)	200,000,000	
6. 양도소득기본공제	-	
7. 과세표준(5 - 6)	200,000,000	
8. 산출세액	140,000,000	세율 : 70%(미등기자산)

납세절차 등

NCS세무 - 3 원천징수 NCS세무 - 4 종합소득세 신고

제1절 원천징수 및 연말정산

1. 원천징수세율

구 분			원천징수 여부	세 율
종합소득	금융소득	이 자	○	-**지급액의 14%(비실명 45%)** -**비영업대금의 이익[*1] 25%**
		배 당		
	특정사업소득		○	-**인적용역과 의료 · 보건용역의 3%** -**봉사료의 5%**
종합소득	근 로 소 득		○	-간이세액표에 의하여 원천징수 -**일용근로자의 근로소득에 대해서는 6%**
	연 금 소 득		○	-공적연금 : 간이세액표에 의하여 원천징수 -사적연금 : 5%(4%, 3%)
	기 타 소 득		○	**기타소득금액의 20%(3억 초과 복권당첨소득 30%)**
퇴 직 소 득			○	기본세율
양 도 소 득			×	

*1. 온라인을 통하여 중개하는 자로서 온라인투자연계금융업자를 통하여 지급 : 14%

2. 원천징수신고납부

1. 원칙	징수일이 속하는 다음 달의 10일
2. 예외	1. 조건 ① **상시 고용인원이 20인 이하인 소규모 업체(은행, 보험업 제외)** ② 관할세무서장의 승인 2. 납부 : 반기별신고 및 납부

3. 지급시기의제(원천징수시기 특례)

소득을 미지급시 지급한 것으로 의제하여 원천징수를 하여야 한다.

1. 이자소득	**총수입금액의 수입시기**
2. 배당소득	**잉여금처분에 의한 배당 : 처분결의일부터 3월이 되는 날** 다만 11.1~12.31결의분은 다음연도 2월말 (예) 2월 28일 주주총회에서 현금 배당 100원 지급결의 **5월 28일 결의일부터 3개월 내에 미지급 ⇒ 지급한 것으로 의제(원천징수 14원)** 6월 10일 원천징수이행상황신고서 신고 및 납부
3. 근로소득 및 퇴직소득	1. **1~11월분 : 12/31** 2. **12월분 : 익년도 2월말** 3. 잉여금처분상여 및 잉여금처분 퇴직소득 : 결의일부터 3월 다만 11.1~12.31 결의분은 다음연도 2월말
4. 법인세법상 인정 배당 · 상여 등	1. 법인이 신고 : 신고일 또는 수정신고일 2. 정부가 결정 · 경정하는 경우 : 소득금액 변동통지서 수령일

4. 연말정산

구 분	시 기	신고납부
(1) 일반(계속근로자)	**다음해 2월분 급여 지급시**	**3월 10일까지**
(2) 중도퇴사	**퇴직한 달의 급여를 지급하는 때**	**다음달 10일까지**
(3) 반기별납부자	다음해 2월분 급여 지급시	신고는 3월 10일까지 납부는 7월 10일까지

제2절 소득세 신고 · 납부절차

1. 소득세 신고절차

구 분	내 용	신고여부	신고납부기한
1. 중간예납	**사업소득이 있는 거주자**가 상반기(1월~6월)의 소득세를 미리 납부하는 절차 → **소액부징수 : 50만원 미만**	고지납부	11월 30일
2. 사업장현황신고	**면세사업자(개인)**의 총수입금액을 파악하기 위한 제도	자진신고	**다음연도 2월 10일까지**
3. 지급명세서 제출	다만 근로소득,퇴직소득,원천징수대상 사업소득은 익년도 3월 10일까지	제출	다음연도 2월말까지
4. 토지등 매매차익예정신고	부동산 매매업자 토지등 매매차익등을 매매일이 속하는 달의 말일부터 2개월 이내 신고	자진신고	2개월 이내
5. 자산양도차익 예정신고	**양도소득과세 대상자산을 양도한 거주자**	자진신고	**2개월 이내**
6. 확정신고	소득세법상 소득이 있는 자가 소득세를 확정신고 · 납부하는 것	자진신고	다음연도 5월말까지

〈확정신고 의무제외자〉

① **근로소득만 있는 자**
② **퇴직소득만 있는 자**
③ **연말정산대상 연금소득만 있는 자**
④ **연말정산대상 사업소득만 있는 자**
⑤ 분리과세이자소득 · 분리과세배당소득 · 분리과세연금소득 및 분리과세기타소득만이 있는 자 등

2. 결정과 경정

1. 결정	종합소득 또는 퇴직소득 과세표준확정신고를 하지 않은 경우
2. 경정	① 신고내용에 탈루 또는 오류가 있는 경우 ② 근로소득세, 연금소득세, 사업소득세, 퇴직소득세를 원천징수한 내용에 탈루 또는 오류가 있는 경우로서 법에 정한 사유 등
3. 결정 · 경정의 방법	원칙 : 실지조사 예외 : 추계조사(필요한 장부와 증빙서류가 없는 경우 등)

3. 소득세법상 주요가산세

종 류	적 용 대 상	가 산 세 액
1. 지급명세서 불성실가산세	미제출 또는 제출된 지급명세서의 내용이 불분명한 경우	미제출 · 불분명 지급금액×1% **(기한후 3개월 이내에 제출시에는 50% 감면)**
2. **계산서 등 또는 계산서 합계표 불성실가산세**	- 미발급 - 가공 및 위장계산서등 (현금영수증 포함)	**- 미발급 등×2%** **- 지연발급×1%**
3. 원천징수납부지연 가산세	**원천징수세액의 미납부 · 미달납부**	**MIN[①, ②]** **① 미달납부세액×3%+미달납부세액 ×미납일수×이자율** **② 미달납부세액의 10%**
4. 지출증빙미수취 가산세	**건당 3만원 초과분에 해당하는 경비 등을 지출하고 임의증빙서류를 수취한 경우**	**미수취금액 중 필요경비 인정액×2%**
5. 영수증수취명세서제출불성실가산세(3만원초과분)		미제출 · 불분명금액×1%
6. 사업용계좌 관련가산세	복식부기의무자가 사업용계좌를 미사용 또는 미신고한 경우	미사용금액×0.2%
7. 기타	신용카드매출전표미발급가산세, 현금영수증미발급가산세	

연/습/문/제

 이론문제

01. 법인이 배당에 대해서 그 처분을 **결정한 날부터 2개월이 되는 날까지 지급하지 않은 경우** 그 2개월이 되는 날을 지급한 것으로 의제한다. ( )

02. 원천징수에 의해서 정부는 **조세수입을 조기에 확보**할 수 있으며 납세의무자는 부담하는 세액을 나누어 납부할 수 있다는 장점이 있다. ( )

03. 사업장 현황신고는 **과세사업자의 사업소득금액을 파악하기 위한 제도**이며 **신고기한은 다음연도 1월 31일**로 한다. ( )

04. 개인면세사업자는 사업장현황신고를 해야 하나, **부가가치세법상 과세사업자는 사업장 현황신고를 하지 않아도 된다**. ( )

05. 과세표준을 조사함에 있어 필요한 장부와 증빙서류가 없거나 중요한 부분이 미미하거나 기장의 내용이 시설규모, 종업원수 등에 비추어 **허위임이 명백한 경우 추계에 의한 결정 · 경정**한다. ( )

06. 양도소득세는 자산양도차익에 대한 **예정신고를 한 경우에도 확정신고를 해야 한다.** ( )

07. 근로소득만이 있는 자는 **연말정산으로 모든 납세절차가 종결**되기 때문에 확정신고를 하지 않아도 된다. ( )

08. 1월부터 11월까지의 급여액을 12월말까지 **미지급한 경우에는 1월 1일에 지급**한 것으로 본다.( )

09. **12월분의 급여액**을 2월말까지 미지급한 경우에는 **2월 말일에 지급한 것**으로 본다. ( )

10. **근로소득 연말정산시 반기별 납부 승인을 받은 경우에는 8월분 급여를 지급하는 때에 정산한다.** ( )

MEMO

연/습/문/제 답안

O,X문제

1	2	3	4	5	6	7	8	9	10					
×	○	×	○	○	×	○	×	○	×					

[풀이 - O,X문제]

01. 3개월이내 지급하지 않은 경우 3개월이 되는 날 지급한 것으로 의제한다.

03. **사업장현황신고는 익년도 2월 10일**까지 해야 한다.

06. **양도소득세에 대하여 예정신고를 한 경우에 확정신고를 할 필요가 없다.**

08. 12월 31일에 지급한 것으로 본다.

10. 반기별 납부승인을 받은 경우에는 **2월분 급여 지급시 연말정산을 하고 신고는 3월 10일까지 납부는 7월 10일**까지 한다.

국세기본법

총 설

NCS회계 - 5 기타세무신고

제1절 국세기본법 개요

1. 국세기본법의 목적과 내용

① 총칙법	국세에 관한 기본적이고 공통적인 사항을 규정하는 총칙법. 기본적으로 세법은 1세목 1법률주의이다.
② 불복절차법	위법, 부당한 국세처분에 대한 불복절차를 규정

☞ 법률 : 헌법의 조세법률주의에 따라 국회에서 제정하는데, 법률은 조세법의 가장 핵심적인 것이 된다.
명령(시행령과 시행규칙) : 국회의 의결을 거치지 않고 행정부에 의해 제정된 법규를 말한다. 개별세법마다 대통령이 제정한 대통령령(시행령)과 각 부처장관이 제정한 부령(시행규칙)으로 구분한다.

2. 용어의 정의

① 국세와 세법

㉠ 국세	국가가 부과하는 조세이다. 넓은 의미에서 **관세도 국세이지만 국세기본법에서는 관세를 포함하지 않는 내국세만**을 의미한다.
㉡ 세법	개별세법(국세의 종목과 세율을 정하고 있는 법률)과 일반세법(국세징수법, 조세특례제한법 등)을 말한다.

② 가산세 · 공과금

㉠ 가산세	각종의무의 불이행에 가해지는 벌과금적 성격을 가지고 있다.
㉡ 공과금	국세징수법에 규정하는 강제징수의 예에 의하여 징수할 수 있는 채권 중 국세, 관세 및 지방세와 이와 관계되는 강제징수비를 제외한 것

③ 납세의무자 등

㉠ 납세의무자	세법에 따라 국세를 납부할 의무가 있는 자(**국세를 징수하여 납부할 의무는 제외**한다.)를 말한다.
㉡ 납세자	납세의무자: 본래의 납세의무자, 납세의무를 승계받은자, 연대납세의무자, 제2차 납세의무자, 납세보증인 징수납부의무자: 원천징수의무자, 부가가치세대리납부의무자 등

④ 과세기간 등

㉠ 과세기간	세법에 따라 국세의 과세표준의 계산의 기초가 되는 기간
㉡ 과세표준	세액산출의 기초가 되는 과세대상의 수량 또는 가액
㉢ 정보통신망	정보통신망이란 전기통신설비를 활용하거나 전기통신설비와 컴퓨터 및 컴퓨터의 이용기술을 활용하여 정보를 수집 · 가공 · 저장 · 검색 · 송신 또는 수신하는 정보통신체계를 말한다.

참고

과세요건

1. 납세의무자
2. 과세물건 : 세금의 부과하기 위한 소득, 수익, 재산 , 사실 행위등을 말한다.
3. 과세표준
4. 세율

⑤ 특수관계인

㉠ 혈족 · 인척 등 세법으로 정하는 <u>친족관계</u>
  ⓐ 4촌 이내의 혈족
  ⓑ 3촌 이내의 인척
  ⓒ 배우자(**사실상의 혼인관계에 있는 자를 포함한다**)
  ⓓ 친생자로서 다른 사람에게 친양자 입양된 자 및 그 배우자 · 직계비속
  ⓔ (생계를 같이 하는)혼외출생자의 생부 · 생모
  ☞ 혈족 : 자기와 혈연으로 이어져 있는 자, 인척 : 혼인관계를 통하여 맺어진 친척
㉡ 임원 · 사용인 등 세법으로 정하는 **경제적 연관관계**
㉢ 주주 · 출자자 등 세법으로 정하는 **경영지배관계**
  ☞ <u>소액주주(지분율 1% 미만)는 특수관계인에서 제외</u>

3. 국세기본법과 다른 법률과의 관계

국세에 관하여 세법에 별도의 규정이 있는 경우를 제외하고는 국세기본법에서 정하는 바에 따른다. 즉 **세법의 별도규정이 국세기본법보다 우선함.**

제2절 기간과 기한

기간이란 특정시점(=기산점)에서 다른 특정시점(=만료점)까지의 **계속된 기간**을 말하며 기한이란 법률행위의 효력 · 소멸이나 채무이행을 위하여 정해진 **일정시점**을 말한다.

1. 기간의 계산방법

세법에서 규정하는 기간의 계산은 **국세기본법 또는 세법에 특별한 규정이 있는 것을 제외하고는 민법**에 따른다.

(1) 기산점

기간을 일 · 주 · 월 또는 년로 정한 때에는 기간의 초일은 불산입한다. **(초일불산입의 원칙)** 단, 그 기간이 오전 0시로부터 시작하는 때에는 초일을 산입하며, 연령계산에는 출생일을 산입한다.

(예) 법인세신고기한 : 사업연도 종료일이 속하는 달의 말일(12.31)로부터 3개월 이내(익년 3.31)

(2) 만료점

① 기간을 일 · 주 · 월 · 년으로 정한 때에는 기간말일의 종료로 기간이 만료한다.

② 기간을 주 · 월 · 년으로 정한 때에는 역에 의하여 계산한다.
여기서 월이나 연의 장단을 따지지 않고 월수나 연수를 계산한다는 것이다.
(예) 1월 31일로부터 한 달 이내 → 2월 말
1월 10일부터 3개월 : 만료일 4월 10일

2. 기한의 특례

공휴일 등의 경우 : 납세의무자의 신고 · 신청 · 청구, 그 밖에 서류의 제출 · 통지 · 납부 또는 징수에 관한 기한이 **공휴일 · 토요일 · 근로자의 날(5월 1일)일 때에는 그 공휴일 · 토요일 · 근로자의 날의 다음날을 기한**으로 한다

3. 우편 등에 의한 서류 제출시

① 원칙 : **도달주의**(서류제출 : 납세자 → 과세당국, 서류송달 : 과세당국 → 납세자)

② **우편신고의 경우(발신주의) : 우편으로 과세표준신고서 등을 제출한 경우에는 우편날짜 도장이 찍힌 날에 신고된 것**으로 본다. 다만, 우편날짜 도장이 찍히지 아니하였거나 분명하지 아니하면 통상 걸리는 배송일수를 기준으로 발송한 날로 인정되는 날에 신고된 것으로 본다.

③ 전자신고의 경우 : 신고서 등을 국세정보통신망을 이용하여 제출하는 경우에는 **국세정보통신망에 입력되어 국세청장에게 전송된 때에 신고되거나 청구된 것**으로 본다.

제3절 서류의 송달(과세관청⇒납세자)

1. 송달받아야 할 자

원칙적으로 그 명의인(서류의 수신인)에게 송달한다.

2. 송달장소

그 명의인의 주소 · 거소 · 영업소 또는 사무소에 송달함을 원칙으로 한다. 이 경우 정보통신망을 이용한 전자송달인 경우에는 명의인의 전자우편주소에 송달한다.

3. 송달방법

(1) 원칙 : 교부송달, 우편송달 및 전자송달

① 교부송달	공무원이 직접 송달장소에서 송달받을 자에게 서류를 교부하는 방법
② 우편송달	일반우편 또는 등기우편으로 할 수 있다. → **납세의 고지·독촉 등의 송달은 등기우편에 의함을 원칙**
③ 전자송달	국세정보통신망의 장애로 **전자송달을 할 수 없는 경우 등 교부 또는 우편의 방법으로 송달할 수 있다.**
④ 공시송달	국세정보통신망(다른 공시송달방법과 함께 하여야 함), 세무서 등의 **게시판 등이나 관보 또는 일간신문에 게재**한다.

4. 송달의 효력 발생시기

구 분	효력발생
1. 교부, 우편, 전자송달	**도달주의** 다만, 전자송달의 경우에는 송달받을 자가 지정한 컴퓨터에 입력된 때
2. 공시송달	**공고한 날부터 14일이 지난 때**

연/습/문/제

O,X 문제

01. 국세기본법에서 규정하는 신고 · 신청 등 또는 징수에 관한 기한이 「공휴일 · 토요일이거나 근로자의 날일 때에는」 공휴일 · 토요일 또는 근로자의 날의 **전날을 기한**으로 한다. ( )

02. 우편으로 과세표준신고서 등 그와 관련된 서류를 제출한 경우에는 우편법에 의한 **통신우편날짜 도장이 찍힌 날에 신고**된 것으로 본다. ( )

03. 신고서 등을 국세정보통신망을 이용하여 제출하는 경우에는 **국세정보통신망에 입력되어 국세청장에게 전송된 때에 신고된 것**으로 본다. ( )

04. **서류는 교부, 우편 또는 전자송달에 의하여 송달**함을 원칙으로 하며, 주소불명 등의 사유로 **서류를 송달할 수 없는 경우에는 전자송달**에 의한다. ( )

05. 국세기본법 또는 세법에 규정하는 서류는 그 **명의인의 주소 · 거소 · 영업소 또는 사무소에 송달하는 것을 원칙**으로 한다. ( )

06. **서류의 송달에 대한 효력은 원칙적으로 도달주의**에 의한다. ( )

07. 개인의 **4촌 이내의 인척**과 **3촌이내의 혈족**은 특수관계인에 해당한다. ( )

08. **법인의 임원과 생계를 같이하는 친족**은 법인과 특수관계에 해당한다. ( )

09. **소득세 납부고지서**의 송달을 할 때는 **일반우편**으로 하여도 무방하다. ( )

10. 국세정보통신망의 장애로 **전자송달이 불가능한 경우에는 공시송달**하는게 원칙이다. ( )

11. **법인 아닌 단체의 납세의무**에 관하여는 다른 세법에서 규정을 두고 있더라도 **국세기본법이 우선 적용**된다. ( )

12. **법인으로 보는 단체의 국세에 관한 의무는 그 대표자나 관리인**이 이행하여야 하며, 이를 위해 대표자나 관리자를 선임 또는 변경한 때에는 관할 세무서장에게 신고하여야 한다. ( )

13. 주무관청의 허가 또는 인가를 받아 설립되거나 법령에 따라 주무관청에 등록한 단체로서 수익을 구성원에게 분배하지 아니하는 것은 등기를 하지 않았어도 **비영리법인으로 의제**하며 그 **수익사업에서 발생하는 소득 등에 대하여 법인세 납세의무**를 진다. ( )

14. 목적세는 조세의 **사용용도가 특별히 지정**되어 있는 조세로 대표적으로 교육세, 농어촌특별세등이 있다. ( )

15. 기간의 계산은 국세기본법 또는 그 세법에 특별한 규정이 있는 것을 제외하고는 **상법에 따른다.** ( )

16. 세법에서 규정하는 기간의 계산은 민법의 규정에 의하므로 **초일을 산입하고 계산해야 한다**. ( )

17. 모든 혼외출생자의 생부 · 생모를 세법상 특수관계인으로 본다. ( )

18. 본인이 법인인 경우 해당 **법인의 소액주주는 특수관계인에 해당**한다. ( )

19. 세법에 의하여 국세를 납부할 의무(**국세를 징수하여 납부할 의무를 포함**)가 있는 자를 납세의무자라 한다. ( )

MEMO

연/습/문/제 답안

O,X문제

1	2	3	4	5	6	7	8	9	10	11	12	13	14	15
×	○	○	×	○	○	×	○	×	×	×	○	○	○	×
16	17	18	19											
×	×	×	×											

[풀이 - O,X문제]

01. 다음날을 기한으로 한다.
04. 서류를 송달할 수 없는 경우에는 공시송달에 의한다.
07. **4촌 이내의 혈족과 3촌 이내의 인척**이 특수관계에 해당한다.
09. **납세의 고지·독촉·강제징수** 또는 세법에 의한 정부의 명령에 관계되는 서류의 송달은 **등기우편에 의함을 원칙**으로 한다.
10. 국세정보통신망의 장애로 **전자송달을 할 수 없는 경우 등 국세청장이 정하는 경우에는 교부 또는 우편의 방법으로 송달할 수 있다.**
11. **개별세법 특례규정이 우선 적용**된다.
15. 민법에 따른다.
16. **기간의 초일은 산입하지 않는게 원칙**이다.
17. **생계를 같이하는(경제적 연관관계) 경우에만** 특수관계인으로 본다..
18. **소액주주(1% 미달)는 특수관계인 중 경영지배관계에 해당**하지 않는다.
19. **국세를 징수하여 납부할 의무(원천징수자 의무자)를 제외한다.**

국세부과와 세법적용의 원칙

NCS회계 - 5 기타세무신고

제1절 국세부과의 원칙

국세부과의 원칙이란 국세에 관한 과세요건의 충족을 확인하고 납세의무자의 납부세액을 확정할 때 지켜야 할 원칙이다.

1. 실질과세의 원칙(법형식<경제적 실질)

법적형식이나 외관에 불구하고 실질에 따라 세법을 해석하고 과세요건사실을 인정하여야 한다는 원칙으로서 이는 조세법의 <u>**3대 기본원칙(1. 조세법률주의 2. 조세평등주의 3. 신의성실의 원칙) 중 하나인 조세평등주의를 구체화한 원칙**</u>으로 "소득이 있는 곳에 과세한다"는 대명제를 구체화 한 것이다.

조세법의 기본원칙 참고

1. <u>조세법률주의</u> : 조세의 부과징수는 국회에서 제정하는 법률에 의하여 징수하여한다는 원칙
2. <u>조세평등주의</u> : 모든 국민은 조세와 관련하여 평등하게 취급되고, 조세부담은 국민의 조세부담 능력에 따라 공평하게 배분되어야 한다는 원칙
3. 신의성실의 원칙

1. 귀속에 관한 실질주의	<u>**과세대상이 되는 소득, 수익, 재산, 행위 또는 거래의 귀속이 명의일 뿐이고 사실상 귀속되는 자가 따로 있는 때에는 사실상 귀속되는 자를 납세의무자**</u>로 한다. → 위법소득에 대한 과세의 근거제공 ① 사업자명의등록자와 별도로 사업자가 있는 경우에는 <u>**사실상의 사업자를 납세의무자**</u>로 본다. ② 명의신탁부동산을 매각처분한 경우에는 <u>**양도의 주체 및 납세의무자는 명의신탁자이다.**</u> ☞ 명의신탁부동산 : 부동산 등 재산에 대하여 소유자 명의를 실소유자가 아닌 타인의 이름으로 해놓는 것

2. 거래내용에 관한 실질주의	과세표준의 계산에 관한 규정은 소득, 재산, 또는 거래의 명칭이나 형식에 불구하고 그 실질내용에 따라 판단한다.(예 : 기업업무추진비)
3. 경제적 실질에 따른 실질과세	**제3자를 통한 간접적인 방법이나 둘 이상의 행위 또는 거래를 거치는 방법(우회거래)**으로 세법의 혜택을 부당하게 받기 위한 것으로 인정되는 경우에는 그 **경제적 실질내용에 따라 당사자가 직접 거래를 한 것으로 보거나 연속된 하나의 행위 또는 거래를 한 것**으로 보아 세법을 적용한다.

2. 신의성실의 원칙

신의성실의 원칙은 상대방의 신의를 배반하여서는 안된다는 원칙이다. 납세자가 그 의무를 이행할 때에는 신의에 따라 성실히 하여야 한다. **세무공무원이 그 직무를 수행할 때에도 또한 같다.**

① 적용요건

㉠ 납세자의 신뢰에의 대상이 되는 과세관청의 **공적견해표시(선행행위)**

㉡ 납세자가 과세관청의 견해표시를 신뢰,그 신뢰에 납세자의 귀책사유가 없어야 한다

㉢ 납세자가 과세관청의 견해표시에 대한 신뢰를 기초로 하여 어떤 행위를 해야한다.

㉣ 과세관청이 당초의 견해표시에 반하는 적법한 행정처분(후행행위)으로 인하여 **납세자가 불이익을 받아야 한다**

② 효과 : 위 요건의 충족을 입증하는 경우 과세관청의 처분(예 : **국세청의 예규, 국세청의 서면질의 회신 등**)은 적법한 것임에도 불구하고 신의칙 위반에 호소하여 **취소될 수 있는 행정처분이 된다.**

3. 근거과세의 원칙 : 실지조사결정

장부등 직접적인 자료에 입각하여 납세의무를 확정하여야 한다는 원칙이다. 국세를 조사·결정할 때 장부의 기록내용이 사실과 다르거나 장부의 기록에 누락된 것이 있을 때에는 **"그 부분에 대해서만" 정부가 조사한 사실에 따라 결정**할 수 있으며 이 경우에는 그 조사한 사실과 **결정의 근거를 결정서에 적어야 한다.**

4. 조세감면의 사후관리

정부는 국세를 감면한 경우에 그 감면의 취지를 성취하거나 국가정책을 수행하기 위하여 필요하다고 인정하면 세법에서 정하는 바에 따라 감면한 세액에 상당하는 자금 등의 운용 범위를 정할 수 있으며, 그 **운용 범위를 벗어난 자금 등에 상당하는 감면세액은 세법에서 정하는 바에 따라 감면을 취소하고 징수할** 수 있다.(예 : 조특법상 세액공제 자산에 대한 매각제한)

제2절 세법적용의 원칙

1. 재산권 부당침해금지의 원칙(세법해석의 기준)

세법을 해석 · 적용할 때에는 과세의 형평과 해당 조항의 합목적성에 비추어 납세자의 재산권이 부당하게 침해되지 아니하도록 하여야 한다. 이는 세법의 목적을 고려하고 해당 조항의 제정목적을 고려하여, **납세자의 재산권이 부당히 침해되지 않도록 조세부담이 국민들의 담세력에 따라 공정하게 배분되는 방향으로 해석**하여야 한다는 것이다.**(유추해석과 확장해석 금지)**

2. 소급과세금지의 원칙

세법의 효력발생 전에 완결된 사실에 대하여 새로운 세법을 적용하여 과세할 수 없다는 원칙으로 이는 **조세법률주의의 하부원칙** 중 하나이며 **납세자의 법적안정성과 예측가능성**을 보장하는데 그 의의가 있다.

구 분	내 용
① **입법에 의한 소급과세금지**	국세를 납부할 의무가 성립한 소득, 수익, 재산, 행위 또는 거래에 대해서는 그 성립 후의 **새로운 세법에 따라 소급하여 과세해서는 아니한다는 것이다.**
② **해석에 의한 소급과세금지**	세법의 해석이나 국세행정의 관행이 일반적으로 납세자에게 받아들여진 후에는 그 해석이나 관행에 의한 행위 또는 계산은 정당한 것으로 보며, 새로운 해석이나 관행에 의하여 소급하여 과세되지 아니한다.

(1) 유리한 소급효

법적안정성과 예측가능성을 보장하는데 그 취지가 있다고 볼 때 납세자에게 **유리한 소급효**는 이 원칙의 취지에 반하지 않으므로 **과세형평을 저해하지 않는 범위 내에서 허용된다는 것이 통설**이다.

(2) 진정소급과 부진정소급

구 분	내 용	통설과 판례
① 진정소급	**새로운 법률시행 전에 완결된 사실에 대한 소급과세**를 의미한다.	금지
② 부진정소급	새로운 법률 시행 전에 발생하였으나 그 시행시점까지 아직 완결되지 아니하고 있는 사실에 대한 소급과세를 의미한다.	허용

(3) 소급과세의 판정기준일 : 납세의무성립일

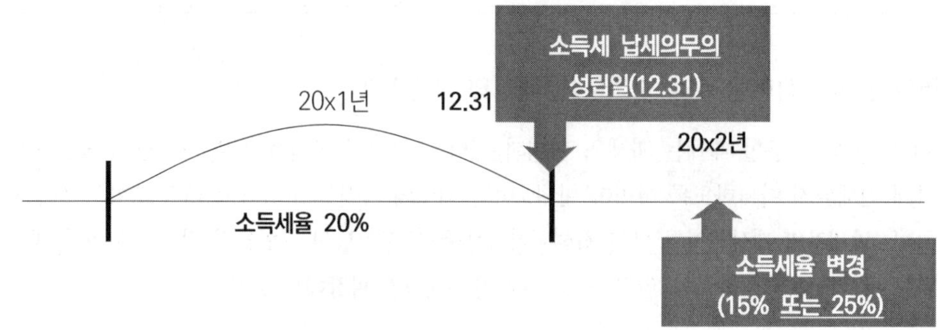

구 분		내 용
① 소득세율 인하 15% (20x1년, 20x2년)		**유리한 소급효이므로 인정**
② 소득세율 인상 25%	20x1년	**진정소급 : 금지**
	20x2년	**부진정소급 : 허용**

3. 세무공무원의 재량의 한계

세무공무원이 재량으로 직무를 수행할 때에는 과세의 형평과 해당 세법의 목적에 비추어 일반적으로 적당하다고 인정되는 한계를 엄수하여야 한다는 원칙이다.

4. 기업회계의 존중

국세의 과세표준을 조사·결정할 때에 해당 납세의무자가 계속하여 적용하고 있는 **기업회계기준 등 일반적으로 공정·타당하다고 인정되는 것은 존중**하여야 한다는 원칙이다. **다만, 세법에 특별한 규정이 있는 것은 그러하지 아니하다.**

연/습/문/제

O,X 문제

01. 사업자등록명의자와는 별도로 사실상의 사업자가 있는 경우에는 **사업자등록명의자를 납세의무자**로 본다. ( )

02. 공부상 등록 등이 타인의 명의로 되어 있더라도 사실상 당해 사업자가 취득하여 사업에 제공하였음이 확인되는 경우에는 이를 그 **사실상 사업자의 사업용 자산**으로 한다. ( )

03. 국세를 조사 · 결정할 때 장부의 기록 내용이 사실과 다르거나 장부의 기록에 누락된 것이 있을 때에는 **"그 부분에 대해서만"** 장부가 조사한 사실에 따라 결정할 수 있다. ( )

04. 국세부과의 원칙은 **실질과세의 원칙, 기업회계의 존중, 신의성실의 원칙, 근거과세의 원칙** 등이 있다. ( )

05. **조세법률주의**란 조세의 부과 및 징수과정에서 모든 납세의무자는 평등하게 취급하여야 한다는 원칙을 말한다. ( )

06. 조세법률주의에 바탕을 둔 규정으로는 **실질과세의 원칙**을 둘 수 있다. ( )

07. 명의신탁부동산을 매각처분한 경우에는 **양도의 주체 및 납세의무자는 명의신탁자이다. 이는 실질과세의 원칙의 예이다.** ( )

08. 세법의 해석 등이 일반적으로 납세자에게 받아들여진 후에는 그 해석이나 관행에 의한 행위 또는 계산은 정당한 것으로 보며, **새로운 해석이나 관행에 의하여 소급하여 과세할 수 있다.** ( )

09. **납세의무가 성립**된 경우에는 **새로운 세법적용이 금지**된다. ( )

10. 과세요건이란 납세의무의 성립에 필요한 법률상의 요건으로서 일반적으로 **과세당국 · 과세물건 · 과세표준 · 세율** 등이 포함된다. ( )

11. 소급과세금지의 원칙에서는 소급 적용하는 것이 **납세자에게 유리한 경우라 할지라도 소급과세는 불가능하다**. ( )

12. 세법을 해석 · 적용할 때에는 과세의 형평과 해당 조항의 합목적성에 비추어 **납세자의 재산권이 부당하게 침해되지 않도록** 하여야 한다. ( )

13. 세법에 특별한 규정이 있는 경우를 제외하고는 과세표준을 조사 · 결정함에 있어서 해당 납세의무자가 계속하여 적용하고 있는 **기업회계의 기준이나 관행으로서 일반적으로 공정 · 타당하다고 인정되는 것은 이를 존중**하여야 한다. ( )

14. 세무공무원이 재량으로 직무를 수행할 때에는 **과세의 형평과 해당 세법의 목적에 비추어 일반적으로 타당**하다고 인정되는 한계를 엄수하여야 한다. ( )

15. 과세관청이 당초의 공적 견해표시에 반하는 적법한 행정처분을 함에 따라 납세자가 불이익을 받게 될 경우 납세자가 주장할 수 있는 **국세부과의 원칙은 신의성실의 원칙**이다. ( )

16. 일반적으로 **납세자에게 받아들여진 세법의 해석이 변경**된 경우 종전의 해석에 따른 **과세는 소급되어서는 안된다.** ( )

17. **타인명의로 사업자 등록**을 하고 실제로 사업을 영위하는 사람에 대해 세법을 적용해 과세하는 것은 국세부과의 원칙 중 **신의성실의 원칙**에 해당한다. ( )

18. 납세자 재산권의 부당한 침해를 방지하는 차원에서 **세법의 해석 적용은 법 문구**대로 되어야 하며, **자의에 따른 해석은 금해야 한다.** ( )

19. 신의성실의 원칙이란 납세자가 그 의무를 이행할 때에는 신의에 따라 성실하게 하여야 한다는 원칙으로 **세무공무원의 직무수행도 적용된다.** ( )

20. 조세법률주의란 **법률에 의하지 않고 조세당국이 조세를 부과 · 징수할 수 없다**는 것을 의미한다. ( )

21. 국세청 홈택스 사이트의 Q/A게시판은 신의성실의 원칙을 적용하기 위한 **과세관청의 공적인 견해 표현**에 해당한다. ( )

MEMO

연/습/문/제 답안

O,X문제

1	2	3	4	5	6	7	8	9	10	11	12	13	14	15
×	○	○	×	×	×	○	×	○	×	×	○	○	○	○
16	17	18	19	20	21									
○	×	○	○	○	×									

[풀이 - O,X문제]

01. **사실상의 사업자가 납세의무자**가 된다.
04. 기업회계존중은 국세부과의 원칙이 아니라 세법적용의 원칙에 해당한다.
05. 조세평등주의에 대한 설명이다.
06. **실질과세의 원칙은 조세평등주의**에 바탕을 둔 것이다.
08. **새로운 해석 또는 관행에 의한 소급과세는 금지**된다.
10. 과세요건에 납세의무자, 과세물건, 과세표준, 세율이 포함된다.
11. 납세자에게 **유리한 소급효는 인정**된다.
17. 실질과세의 원칙에 해당한다.
18. 공적인 견해에는 **예규와 국세청의 서면질의회신** 등이 있다.

과세와 환급

NCS회계 - 5 기타세무신고

제1절 관할관청

관할관청이란 국세를 납세자가 신고, 납부하거나 국가가 납세자에게 부과, 징수할 때에 법률상 유효하게 행정처리를 담당하는 과세관청(세무서 등)을 말한다.

(1) 과세표준 신고의 관할	과세표준신고서는 **신고 당시 해당 국세의 납세지를 관할하는 세무서장**에게 제출하여야 한다. 다만, **전자신고를 하는 경우에는 지방국세청장이나 국세청장에게 제출**할 수 있다.
(2) 결정 또는 경정결정의 관할	국세의 과세표준 및 세액의 결정 또는 경정결정은 그 **처분당시 그 국세의 납세지를 관할하는 세무서장**이 한다.

제2절 수정신고

1. 의의

과세표준수정신고란 제출한 과세표준신고서의 기재사항에 누락이나 오류가 있는 경우 납세자 스스로 **당초 신고의 신고액보다 증액하여 수정 · 정정신고하는 것**을 말한다.

2. 수정신고 요건

(1) 신고자 적격 : 과세표준신고서를 **법정신고기한 내에 제출한 자/기한 후 과세표준신고서를 제출한 자**
(예외 : 과세표준 확정신고가 면제된 자 - 근로소득만 있는 자 등)

(2) 신고기한 : **결정 또는 경정하여 통지하기 전까지(국세부과제척기간까지)**

(3) 신고사유

① **과세표준 및 세액을 미달하여 신고시**

② **결손금액 또는 환급세액을 과다 신고시**

③ 원천징수의무자의 정산과정에서의 누락

(4) 효력

① 납세의무의 확정력

㉠ 신고납세조세 : 있다.

㉡ 정부부과조세(상속세, 증여세) : 없다.

② 과소신고가산세 감면효과

1개월 이내	*3개월 이내*	*6개월 이내*	1년이내	1년6개월 이내	2년 이내
90%	*75%*	*50%*	30%	20%	10%

③ 납부지연가산세(납부불성실 가산세) 부담의 축소

제3절 경정청구

1. 의의

최초신고 · 수정신고 · 결정 · 경정된 납세의무의 내용이 과대 또는 후발적 사유로 인하여 과대된 경우에 과세관청으로 하여금 이를 정정하여 결정 또는 경정하도록 촉구하는 납세의무자의 청구이다.

2. 경정청구 요건

(1) 신고자 적격

① **과세표준신고서를 법정신고기한 내에 제출한 자 / 기한후 과세표준 신고서를 제출한자**

② 종합부동산세를 부과 · 고지받아 납부한 납세자

(2) 신고기한 : **법정신고기한 경과 후 5년이내에 청구**
후발적 사유(소송 등)의 경우에는 안 날로부터 3개월 이내 청구

(3) 신고사유

① **과세표준 및 세액을 초과하여 신고시**

② **결손금액 또는 환급세액을 미달 신고시**

③ 세액공제 금액을 과소 신고한 경우(개정세법 25)

(4) 효력

세무서장은 청구를 받은 날부터 2월 이내에

① 과세표준 및 세액을 결정 또는 경정하거나

② 결정 또는 경정할 이유가 없다는 뜻을 그 청구자에게 통지하여야 한다.

이 경우 부작위처분이나 거부처분시 90일내에 조세불복이 가능하다.

또한 2개월 내에 통지를 받지 못한 경우 2개월 되는 다음날부터 불복청구를 제기할 수 있음.

제4절 기한후신고

1. 의의

법정신고기한까지 과세표준신고서를 제출하지 아니한 자는 관할 세무서장이 세법에 따라 해당 국세의 과세표준 및 세액(가산세를 포함)을 결정하여 통지하기 전으로서 국세 부과의 제척기간이 끝나기 전까지 기한후과세표준신고서를 제출할 수 있다.

2. 절차 및 효력

① **납세의무의 확정력은 없다.**

[기한후 과세표준신고서]의 제출시 세법에 의하여 관할 세무서장은 과세표준과 세액을 결정하여야 한다. 따라서 기한후 신고를 하는 경우에도 그 자체만으로 납세의무의 확정력은 없고 반드시 정부의 결정(**관할세무서장은 세법에 따라 신고일 부터 3개월 이내 과세표준과 세액을 결정후 통지)**에 의하여 납세의무가 확정된다.

② 무신고가산세 감면효과

1개월이내	3개월이내	6개월이내
50%	30%	20%

③ 납부지연가산세 부담의 축소

〈수정신고, 경정청구, 기한후 신고〉

	수정신고	경정청구		기한후신고
		일반적	후발적 사유	
1. 대상자	법정신고기한내 과세표준신고서를 제출한자/기한 후 신고자	좌동	① 좌동 ② 과세표준과 세액의 결정을 받은 자	신고기한 내 미제출한 자
2. 사유	과소신고	과대신고	과대한 것으로 되는 경우	납부할 세액이 있는 경우
3. 기한	결정 · 경정하여 통지하기 전까지	법정신고기한후 5년 이내	**후발적사유가 발생한 것을 안 날로부터 3개월 이내**	결정하여 통지하기 전까지

제5절 가산세

1. 개념

정부는 세법에 규정하는 의무를 위반한 자에 대해서 이 법 또는 세법이 정하는 바에 의하여 가산세를 부과할 수 있다. 이 경우 가산세는 해당 의무가 규정된 세법의 해당국세의 세목으로 한다. 다만, **해당 국세를 감면하는 경우에는 가산세는 그 감면하는 국세에 포함시키지 아니하는 것으로 한다.**

2. 가산세의 내용

(1) 무신고가산세

① 일반적인 경우

법인 또는 소득세법의 복식부기의무자	MAX[1,2] = 1.무신고납부세액의 20%, 2.수입금액의 0.07%
부가가치세법상 사업자	납부세액의 20% + 영세율 과세표준의 0.5%

② 부정무신고인 경우

법인 또는 소득세법의 복식부기의무자	MAX[1,2] = 1.무신고납부세액의 40%, 2.수입금액의 0.14%
부가가치세법상 사업자	납부세액의 40% + 영세율 과세표준의 0.5%

(2) 과소신고 · 초과환급신고가산세

① 일반적인 경우

법인세 · 소득세 등	과소신고납부세액×10%
부가가치세 등	(과소신고분 납부세액+초과신고분 환급세액)×10%+영세율과세표준×0.5%

② 부정과소신고인 경우

부정과소신고분과 일반과소신고분을 분리하여 부정과소신고분은 40%, 일반과소신고분은 10%가산세율을 적용한다.

법인 또는 소득세법의 복식부기의무자	MAX[1,2] = 1. 산출세액(부정과소분)의 40%, 2. 수입금액(부정과소분)의 0.14%
부가가치세 등	납부세액(부정과소분)의 40%+영세율 과세표준의 0.5%

(3) 납부지연 가산세(연체이자 성격의 가산세)

납부지연가산세=①+②

① 지연이자 : ***미납세액(또는 초과환급받은 세액)×기간× 이자율***

② 체납에 대한 제재 : 법정납부기한까지 미납세액×3%(**납부고지서에 따른 납부기한까지 완납하지 아니한 경우에 한정**함)

(4) 원천징수납부 등 납부지연가산세

가산세 MIN[1,2]

1. 과소납부분 원천징수세액×3%+과소납부분 원천징수세액×경과일수×이자율
2. 과소납부분 원천징수세액×10%(납부고지전 자진납부시)

제6절 국세의 환급

1. 국세환급금

세무서장은 납세의무자가 국세, 가산금 또는 강제징수비로서 납부한 금액 중 잘못 납부하거나 초과하여 납부한 금액이 있거나 세법에 따라 환급하여야 할 환급세액이 있으면 즉시 그 오납액·초과납부액 또는 환급세액을 납세의무자에게 반환하여야 한다. 이를 국세환급금이라 한다.

결정(국세환급금) ⇒ 충당(다른 세금과 상계) ⇒ 지급(잔액 지급)

2. 국세환급금가산금

세무서장은 국세환급금을 충당하거나 지급할 때에는 다음의 국세환급가산금 기산일부터 충당하는 날 또는 지급결정을 하는 날까지의 기간과 법정이자율에 따라 계산한 국세환급가산금을 국세환급금에 가산하여야 한다.

국세환급금가산금 = 국세환급금 × 법정이자율 × 이자계산기간

3. 소멸시효

국세환급금과 국세환급가산금에 관한 권리는 이를 행사할 수 있는 날로부터 5년간 행사하지 아니하면 소멸시효가 완성한다.

제7절 납세자 권리 구제

1. 과세전적부심사(사전구제제도)

세무조사결과의 서면통지 또는 과세예고 통지등을 받은 자는 통지를 받은 날부터 30일 이내에 통지를 한 세무서장 또는 지방국세청장에게 통지 내용의 적법성 여부에 관하여 과세전적부심사를 청구할 수 있다.

다만, **법령과 관련하여 국세청장의 유권해석을 변경하여야 하거나** 국세청장의 훈령, 예규, 고시 등과 관련하여 새로운 해석이 필요한 경우, **과세전적부심사청구금액이 5억원 이상에 해당**하는 경우 등에 대해서는 **국세청장에게 청구**할 수 있다.

이후 세무서장 등은 이를 심사하여 30일 이내에 결정한 후 납세자에게 그 결과를 통지해야 한다. **(미통지시 납부지연가산세의 50%를 감면)**

2. 사후적 권리구제제도

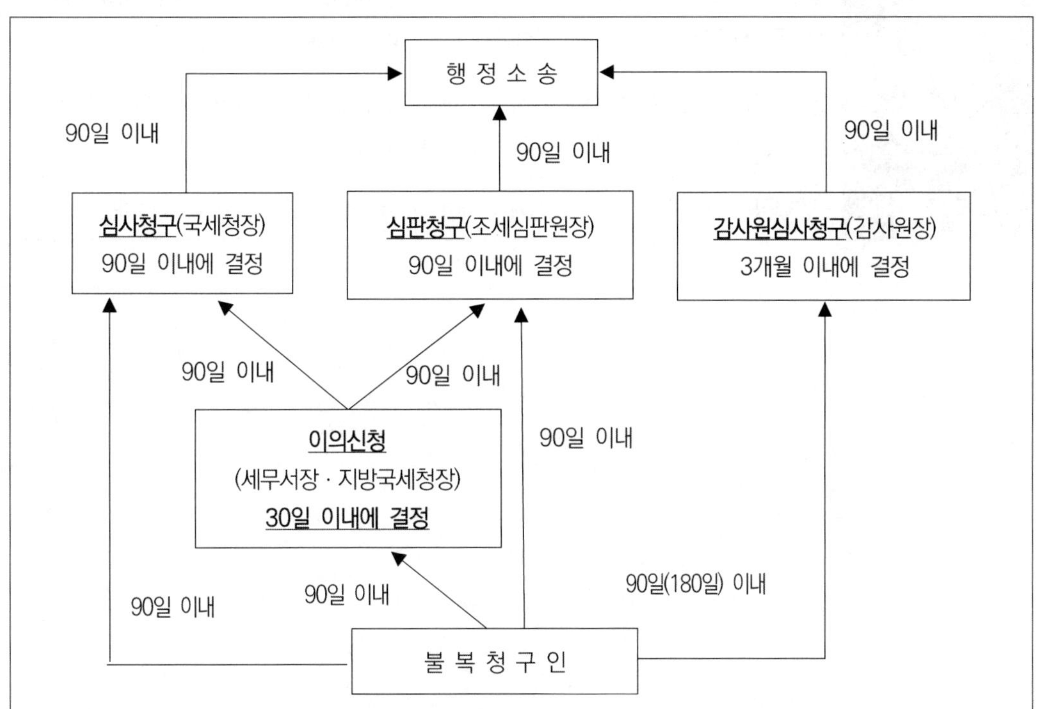

국세불복절차	• **원칙 : 1급심, 예외 : 2급심(이의신청 – 임의적)** • **동일한 처분에 대하여 심사청과 심판청구를 중복하여 제기할 수 없다.**
행정심판전치주의	국세기본법상의 심사청구 또는 심판청구, 감사원심사청구를 반드시 거쳐야 한다.

(1) 불복청구에 대한 결정

구 분	결정기관	결정절차
이의신청	세무서장/ 지방국세청장	이의신청심의 위원회 심의를 거쳐 30일(납세자가 항변하는 경우 60일 이내에 결정한다. → **국세청장의 과세표준결정에 따른 처분은 이의신청이 배제된다.**
심사청구	국세청장	국세청장은 90일 이내 **국세심사위원회 의결**에 따라 결정
심판청구	조세심판관회의	조세심판관회의가 심리를 거쳐 90일이내에 결정

(2) 결정의 효력

1. 불가변력	불복청구에 대한 결정이 그 결정을 한 재결청 자신을 구속하는 효력(**결정에 하자가 있어도**) 재결청 자신도 이를 취소하거나 변경할 수 없다.
2. 불가쟁력	결정에 대하여 청구기한 내에 다음 심급에 불복청구를 제기하지 않거나 제소기간 내에 행정소송을 제기하지 않으면 결정은 확정되며, 그 효력을 다툴 수 없게 되는 것
3. 기속력	인용결정이 당사자와 관계 행정청에 대하여 그 결정의 취지에 따르도록 구속하는 효력

연/습/문/제

O,X 문제

01. 과세표준신고서는 신고 당시 해당 **국세의 납세지를 관할하는 세무서장**에게 제출하여야 한다. 다만 **전자신고시 지방국세청장 등**에게 제출할 수 있다. (　)

02. 수정신고는 국세의 세목에 관계없이 관할세무서장이 당해 국세에 대한 **과세표준과 세액의 결정 또는 경정통지를 하기 전까지** 제척기간과 관계없이 할 수 있다. (　)

03. 법정신고기한까지 과세표준신고서를 제출한 자와 기한후 신고시 경정을 청구할 수 있다. 따라서 **법정신고기한까지 과세표준신고서를 제출하지 아니한 자도 경정청구를 할 수 있다.** (　)

04. 경정청구는 법정신고기한이 지난 후 **3년 이내에 경정 등을 청구**하여야 한다. (　)

05. 무신고 후 **1월 이내에 기한후신고**를 하는 경우에는 **무신고가산세의 50%를 감면**하여 법정신고기한이 지난 후 3개월 초과 6개월 이내 기한 후 신고납부를 한 경우 무신고가산세의 20%를 감면한다. (　)

06. 국세환급금과 국세환급가산금에 관한 권리는 이를 "행사할 수 있는 때"로부터 **10년간 행사하지 않으면 소멸시효가 완성**한다. (　)

07. **사전권리구제제도에는 과세전적부심사**가 있고, **사후권리구제제도에는 이의신청, 심사청구, 심판청구와 행정소송**이 있다. (　)

08. **'세무조사결과의 서면통지 또는 과세예고 통지등을 받은 자는 통지를 받은 날부터 30일 이내**에 통지를 한 세무서장 또는 지방국세청장에게 통지 내용의 적법성 여부에 관하여 **과세전적부심사**를 청구할 수 있다. (　)

09. 추가자진납부하여 할 세액 중 **일부만을 납부할 경우 가산세는 감면되지 않는다.** (　)

10. **과세표준과 세액의 경정이 있을 미리 알고 수정신고를 한 경우에 가산세를 감면하지 아니한다.** (　)

11. 관할세무서장이 **국세의 과세표준과 세액을 결정하여 통지하기 전**까지 기한후과세표준신고서를 제출할 수 있다. ( )

12. 환급의 절차는 **환급결정 → 충당(다른 세금과 상계)환급 → 지급(잔액지급)** 순이다. ( )

13. 국세환급금이란 국가가 징수한 세금 중 **과오납, 이중납부 등의 사유로 납세자에게 반환하는 환급세액**을 말한다. ( )

14. 국세환급가산금이란 국가가 환급기한까지 미지급시 **국세환급금에 대한 법정상당 이자액**을 말한다. ( )

15. 법정신고기한 내에 과세표준 신고를 하지 않은 납세의무자도 **수정신고 혹은 경정청구**를 할 수 없다. ( )

16. 납세자가 세법에 따른 납부기한 내에 국세를 납부하지 아니하거나 납부한 세액이 납부하여야 할 세액에 미달한 경우에 납부지연가산세가 적용되나, 납세자가 **환급받은 세액이 세법에 따라 환급받아야 할 세액을 초과하는 경우에도 납부지연가산세**가 적용된다. ( )

17. 납세의무자가 당초 신고 시 **과세표준 및 세액을 과소 신고하거나 결손금액 또는 환급세액을 과다 신고한** 경우에 경정청구를 할 수 있다. ( )

18. 과세전적부심사 결정 · 통지기간에 그 결과를 통지하지 아니한 경우에는 **납부지연가산세의 50%를 감면**한다. ( )

19. 국세기본법상 동일한 처분에 대하여 심사청구와 심판청구를 **중복하여 제기할 수 있다**. ( )

20. **국세청장의 과세표준 처분 결정**에 대하여 이의신청 대상에서 배제된다. ( )

21. 심판청구 결정시 **심판청구를 한 처분보다 청구인에게 불리한 결정을 할 수 있다.** ( )

22. 심판청구결정이 나오면 관할 세무서는 **결정의 취지에 따라 즉시 필요한 처분을 해야 한다.** ( )

23. 납세자가 **심사청구 또는 심판청구를 하기 위해서는 이의신청을 거쳐야만 한다.** ( )

MEMO

연/습/문/제 답안

O,X문제

1	2	3	4	5	6	7	8	9	10	11	12	13	14	15
○	×	○	×	×	×	○	○	×	○	○	○	○	○	×
16	17	18	19	20	21	22	23							
○	×	○	×	○	×	○	×							

[풀이 - O,X문제]

02. **제척기간이 끝나기 전까지 수정신고**를 할 수 있다.

04. 경정청구는 **법정신고기한 경과 후 5년 이내 청구**할 수 있다.

05. **1개월 이내** 기한 후 신고서 무신고가산세의 50%를 감면한다.

06. 5년간 행사해야 한다.

09. 일부분을 납부시 그부분에 한하여 가산세 감면규정을 적용한다.

15. 신고기한 내에 **무신고한 자가 기한후신고시 기한후 신고에 대하여 수정신고나 경정청구**를 할 수 있다.

17. 과세표준 등을 과소신고시 수정신고를 하여야 한다.

19. **심사청구와 심판청구는 중복제기할 수 없다.**

21. 심판청구시 불이익변경금지의 원칙이 적용된다.

23. **이의신청은 임의심에 해당되어 반드시 거치지 않아도 된다.**

PART Ⅳ 기출문제

1. 2023년도 기출문제
2. 2022년도 기출문제
3. 2021년도 기출문제
4. 2020년도 기출문제

2023년 7월

재경관리사 기출문제

재무회계

1. 다음 중 국제회계기준의 특징에 관한 설명으로 가장 옳은 것은?

① 국제회계기준은 규정중심의 회계기준으로 상세하고 구체적인 회계처리 방법을 제시한다.
② 국제회계기준은 자산 및 부채에 대한 역사적원가 적용이 확대되었다.
③ 국제회계기준을 적용한 후 주석공시 양이 줄어들었다.
④ 국제회계기준은 연결재무제표를 기본 재무제표로 제시하고 있다.

2. 다음 중 재무제표의 근본적인 질적특성에 관한 설명으로 가장 올바르지 않은 것은?

① 재무정보가 이용자에게 유용하기 위해서는 목적적합성과 표현충실성의 두 가지 요건을 모두 충족하여야 한다.
② 예측가치를 갖는 정보는 확인가치도 갖는 경우가 많다.
③ 정보가 누락되거나 잘못 기재된 경우 특정 보고기업의 재무정보에 근거한 정보이용자의 의사결정에 영향을 줄 수 있다면 그 정보는 중요한 것이다.
④ 완벽한 표현충실성을 위해서는 서술은 검증가능하고, 이해할 수 있으며, 적시성이 있어야 한다.

3. 다음 중 자산의 측정방법에 관한 설명으로 가장 올바르지 않은 것은?

① 사용가치 : 기업이 자산의 사용과 궁극적인 처분으로 얻을 것으로 기대하는 현금흐름 또는 그 밖의 경제적효익의 현재가치
② 현행원가 : 기업이 측정일 현재 동등한 자산의 원가로서 측정일에 지급할 대가(거래원가 포함)
③ 역사적원가 : 기업이 자산을 취득 또는 창출하기 위하여 지급한 대가(거래원가 포함)
④ 공정가치 : 자산 측정일에 특수관계자 사이의 거래에서 자산을 매도할 때 받을 가격

4. 다음 중 포괄손익계산서에 관한 설명으로 가장 올바르지 않은 것은?

① 포괄손익계산서는 일정기간 동안 소유주의 투자나 소유주에 대한 분배거래를 제외한 기타거래에서 발생하는 순자산의 변동내용을 표시하는 동태적 보고서이다.

② 포괄손익계산서는 단일의 포괄손익계산서를 작성하거나 당기순손익을 표시하는 손익계산서와 포괄손익계산서를 포함하는 2개의 보고서로 작성될 수 있다.

③ 포괄손익계산서에서 비용을 표시할 때는 기능별로 분류하거나 성격별로 분류하여 표시하여야 한다.

④ 기타포괄손익항목은 관련 법인세효과를 차감한 순액으로만 표시할 수 있다.

5. 다음 중 중간재무보고에 관한 설명으로 가장 올바르지 않은 것은?

① 중간재무보고서는 당해 중간보고기간 말과 직전 연차보고기간 말을 비교하는 형식으로 작성한 재무상태표를 포함하여야 한다.

② 중간재무보고서는 당해 중간기간과 당해 회계연도 누적기간을 직전 회계연도의 동일기간과 비교하는 형식으로 작성한 포괄손익계산서를 포함하여야 한다.

③ 중간재무보고서는 당해 회계연도 누적기간을 직전 회계연도의 동일기간과 비교하는 형식으로 작성한 자본변동표를 포함하여야 한다.

④ 중간재무보고서는 당해 중간기간과 당해 회계연도 누적기간을 직전 회계연도의 동일기간과 비교하는 형식으로 작성한 현금흐름표를 포함하여야 한다.

6. 다음 중 재고자산의 취득원가에 관한 설명으로 가장 옳은 것은?

① 재고자산을 현재의 장소에 현재의 상태로 이르게 하는데 기여하지 않은 관리간접원가는 취득원가에 포함한다.

② 후속 생산단계에 투입하기 전에 보관이 필요한 경우에 발생하는 보관원가는 취득원가에 포함하지 않는다.

③ 판매시 발생한 판매수수료는 취득원가에 포함한다.

④ 매입할인 및 리베이트는 매입원가를 결정할 때 차감한다.

7. 재고자산 평가방법으로 이동평균법을 적용하고 있는 ㈜삼일의 재고자산수불부가 다음과 같을 때, ㈜삼일의 기말재고자산 금액을 계산하면 얼마인가(단, 기말재고자산 실사결과 확인된 재고수량은 200개이다)?

	수량	단가	금액
전기이월	1,000개	90원	90,000원
3월 5일 구입	200개	150원	30,000원
4월 22일 판매	900개		
6월 8일 구입	200개	110원	22,000원
7월 12일 판매	300개		
기말	200개		

① 20,000원 ② 20,300원 ③ 20,800원 ④ 22,000원

8. 다음 자료에서 재고자산평가손실은 ㈜삼일의 재고자산이 진부화되어 발생하였다. 자료를 바탕으로 ㈜삼일의 20X2년 포괄손익계산서상 매출원가를 계산하면 얼마인가?(단, ㈜삼일은 재고자산평가손실과 정상재고자산감모손실을 매출원가에 반영하고 있다.)

20X1년 12월 31일 재고자산	400,000원
20X2년 매입액	1,000,000원
20X2년 재고자산평가손실	550,000원
20X2년 재고자산감모손실(모두 정상감모)	20,000원
20X2년 12월 31일 재고자산(모든 평가손실과 감모손실 차감 후)	300,000원

① 1,080,000원 ② 1,100,000원 ③ 1,120,000원 ④ 1,400,000원

9. 다음 자료를 바탕으로 ㈜삼일의 재무상태표에 유형자산으로 표시되는 기계장치의 취득금액을 계산하면 얼마인가?

- 매입금액 : 600,000원
- 설치장소까지의 운송비 : 30,000원
- 관세 및 취득세 : 20,000원
- 시운전비 : 50,000원
- 시운전 과정에서 발생한 시제품의 매각금액 : 30,000원

① 620,000원 ② 650,000원 ③ 670,000원 ④ 700,000원

10. 내용연수가 7년인 건물을 정액법으로 감가상각한 결과 제 3 차연도의 감가상각비는 120,000원이었다. 잔존가치가 6,000원이라고 할 때 건물의 취득원가를 계산하면 얼마인가(단, 유형자산 후속측정방법은 원가모형이며 내용연수 및 잔존가치의 변동은 없다고 가정한다)?

① 740,000원 ② 746,000원 ③ 840,000원 ④ 846,000원

11. 다음 중 유형자산의 재평가모형 회계처리에 관한 설명으로 가장 올바르지 않은 것은?

① 재평가의 빈도는 재평가되는 유형자산의 공정가치 변동에 따라 달라진다.
② 자산의 장부금액이 재평가로 인하여 증가된 경우 원칙적으로 그 증가액은 당기손익(재평가이익)으로 인식한다.
③ 자산의 장부금액이 재평가로 인하여 감소한 경우 원칙적으로 그 감소액은 당기손익(재평가손실)으로 인식한다.
④ 특정 유형자산을 재평가할 때, 동일한 분류 내의 유형자산은 동시에 재평가한다.

12. 다음 중 무형자산의 상각에 관한 설명으로 가장 올바르지 않은 것은?

① 내용연수가 비한정인 무형자산은 상각하지 않으며, 매년 일정시기와 손상을 시사하는 징후가 있을 때에 손상검사를 수행하여야 한다.
② 내용연수가 유한한 무형자산은 자산을 사용할 수 있는 때부터 상각한다.
③ 내용연수가 유한한 무형자산은 정액법으로만 상각할 수 있다.
④ 내용연수가 유한한 무형자산의 상각기간은 적어도 매 회계연도 말에 검토한다.

13. 다음은 20X1년 ㈜삼일의 엔진 개발과 관련하여 20X1년 9월 30일까지 발생한 지출에 대한 자료이다. 동 엔진이 20X1년 10월 1일부터 사용가능할 것으로 예측된 경우 20X1년 ㈜삼일이 엔진 개발과 관련하여 무형자산 상각비를 포함한 인식해야 할 총비용은 얼마인가(단, 엔진 개발비에 대하여 내용연수 5년, 정액법 상각함)?

연구단계	개발단계
• 엔진 연구 결과의 평가를 위한 지출 : 3,000,000원 • 여러 가지 대체안 탐색 활동을 위한 지출 : 27,000,000원	• 자산인식조건을 만족하는 개발 단계 지출 : 30,000,000원 • 자산인식조건을 만족하지 않는 개발 단계 지출 : 7,000,000원

① 30,000,000원 ② 37,000,000원 ③ 38,500,000원 ④ 40,000,000원

14. 다음 중 투자부동산에 관한 설명으로 가장 올바르지 않은 것은?

① 투자부동산이란 임대수익이나 시세차익을 얻기 위해 보유하고 있는 부동산이다.
② 공정가치 모형을 선택한 경우에는 매 보고기간 말에 공정가치로 측정하고, 공정가치에 기초하여 남은 내용연수동안 감가상각을 한다.
③ 투자부동산은 원가모형과 공정가치모형 중 하나를 선택할 수 있다.
④ 투자부동산에 대하여 원가모형을 선택한 경우 감가상각대상자산에 대하여 유형자산과 마찬가지로 감가상각비를 인식한다.

15. 다음 중 상각후원가측정금융자산에 관한 설명으로 가장 올바르지 않은 것은?

① 상각후원가측정금융자산은 계약상 현금흐름이 원리금으로만 구성되어 있고, 사업모형이 계약상 현금흐름을 수취하는 것인 금융자산을 의미한다.
② 원칙적으로 모든 채무증권은 상각후원가측정금융자산으로 분류한다.
③ 상각후원가측정금융자산 취득시 지출된 거래원가는 취득원가에 가산한다.
④ 상각후원가측정금융자산은 유효이자율법을 적용하여 상각후원가로 평가한다.

16. ㈜삼일은 20X1년 1월 1일 ㈜용산이 발행한 주식 100주를 주당 10,000원에 취득하고, 기타포괄손익-공정가치측정 금융자산으로 분류하였다. 20X1년 말 ㈜용산이 발행한 주식의 주당 공정가치는 13,000원이다. ㈜삼일은 동 주식 전부를 20X2년 6월 30일에 주당 11,000원에 처분하였다. 주식의 취득과 처분시 거래원가는 발생하지 않았다고 가정할 때, 상기 주식에 대한 회계처리가 ㈜삼일의 20X2년도 당기순손익과 기타포괄손익에 미치는 영향은 각각 얼마인가?

① 당기순손익 300,000원 증가, 기타포괄손익 200,000원 감소
② 당기순손익 200,000원 감소, 기타포괄손익 변동없음
③ 당기순손익 100,000원 증가, 기타포괄손익 300,000원 감소
④ 당기순손익 영향없음, 기타포괄손익 200,000원 감소

17. 다음 중 금융상품에 관한 설명으로 가장 올바르지 않은 것은?

① 금융상품은 정기예·적금과 같은 정형화된 상품 뿐만 아니라 다른 기업의 지분상품, 거래상대방에게 서 현금 등 금융자산을 수취할 계약상의 권리 등을 포함하는 포괄적인 개념이다.
② 한국채택국제회계기준은 보유자에게 금융자산을 발생시키고 동시에 상대방에게 금융부채나 지분상품을 발생시키는 모든 계약을 금융상품으로 정의하였다.
③ 매입채무와 미지급금은 금융부채에 해당하지 않는다.
④ 현금및현금성자산, 다른 기업의 지분상품 및 채무상품은 금융자산에 해당한다.

18. ㈜삼일은 20X1년 1월 1일 사채(액면 1,000,000원, 표시이자율 10%, 이자지급일 매년 12월 31일 후급, 만기 3년)를 951,980원에 발행하였다. ㈜삼일이 동 사채를 20X2년 1월 1일 1,119,040원에 상환할 경우 이로 인한 사채상환손익을 계산하면 얼마인가?(계산과정에서 단수차이가 발생할 경우 가장 근사치를 선택하며, 20X1년 1월 1일의 시장이자율은 12%이며, 사채발행차금은 유효이자율법으로 상각한다)

① 사채상환이익 119,038원
② 사채상환손실 119,038원
③ 사채상환이익 152,822원
④ 사채상환손실 152,822원

19. 다음 중 복합금융상품의 회계처리에 관한 설명으로 가장 옳은 것은?

① 최초 인식시점에 자본요소와 부채요소의 분리가 필요하다.
② 복합금융상품의 발행금액에서 지분상품의 공정가치를 차감한 잔액을 금융부채로 인식한다.
③ 전환사채에 포함되어 있는 전환권은 발행조건에 관계없이 항상 자본으로 분류된다.
④ 현금 등 금융자산을 인도하기로 하는 계약 부분은 지분상품요소에 해당한다.

20. 다음 중 충당부채에 관한 설명으로 가장 올바르지 않은 것은?

① 충당부채는 과거사건이나 거래의 결과에 의한 현재의무로서, 지출의 시기 또는 금액이 불확실하지만 그 의무를 이행하기 위하여 자원이 유출될 가능성이 높고, 또한 금액을 신뢰성 있게 추정할 수 있는 의무를 말한다.
② 충당부채로 인식하는 금액은 현재의무를 보고기간 말에 이행하기 위하여 필요한 지출의 최선의 추정치이어야 한다.
③ 충당부채를 설정하는 의무는 명시적인 법규 또는 계약의무를 뜻하며, 과거의 실무 관행에 의해 기업이 이행해 온 의제의무는 포함되지 않는다.
④ 충당부채의 화폐의 시간가치 영향이 중요한 경우에는 의무를 이행하기 위하여 예상되는 지출액의 현재가치로 평가한다.

21. 다음 중 자기주식의 취득 및 처분 회계처리에 관한 설명으로 가장 올바르지 않은 것은?

① 자기주식을 처분하는 경우 처분가액과 취득원가와의 차액을 자기주식처분손익으로 기타포괄손익에 반영한다.
② 자기주식을 취득하는 경우 취득원가를 자본에서 차감하는 형식으로 기재한다.
③ 자기주식을 소각하는 경우 액면금액과 취득원가와의 차액을 감자차손익으로 반영한다.
④ 자기주식을 보유하고 있는 기간동안 자기주식에 대한 평가손익은 인식하지 않는다.

22. ㈜삼일은 20X1년 초 설립된 회사로 설립시에 보통주와 우선주를 모두 발행하였다. 설립일 이후 자본금의 변동은 없었으며, 20X2년 12월 31일 현재 보통주자본금과 우선주자본금은 다음과 같다. ㈜삼일은 설립된 이후 어떠한 배당도 하지 않았으나 20X2년 12월 31일로 종료되는 회계연도의 정기주주총회에서 배당금 총액을 300,000원으로 선언할 예정일 경우, 우선주 주주에게 배분될 배당금을 계산하면 얼마인가?

구분	주당액면금액	발행주식수	자본금
보통주	1,000원	1,000주	1,000,000원
우선주(*)	1,000원	500주	500,000원

* 누적적 · 비참가적 우선주, 배당률 5%

① 25,000원 ② 50,000원 ③ 75,000원 ④ 100,000원

23. 다음 중 고객과의 계약에서 생기는 수익에 관한 설명으로 가장 올바르지 않은 것은?

① 고객에게 구별되는 재화나 용역 또는 실질적으로 서로 같고 고객에게 이전하는 방식도 같은 '일련의 구별되는 재화나 용역'을 이전하기로 한 각 약속을 하나의 수행의무로 식별한다.

② 고객이 재화나 용역에서 그 자체 및 쉽게 구할 수 있는 다른 자원과 함께하여 그 재화나 용역에서 효익을 얻을 수 있고, 고객에게 재화나 용역을 이전하기로 하는 약속을 계약 내의 다른 약속과 별도로 식별해 낼 수 없다면 고객에게 약속한 재화나 용역은 별도로 구별되는 것이다.

③ 거래가격이란 고객에게 약속한 재화나 용역을 이전하고 그 대가로 기업이 받을 권리를 갖게 될 것으로 예상하는 금액이며, 부가가치세처럼 제3자를 대신해 회수한 금액은 제외한다.

④ 재화나 용역을 이전하는 시점과 고객이 대가를 지급하는 시점이 1년 이내로 예상되는 경우 유의적 금액이 아니라고 보아 계약에 있는 금융요소를 조정하지 않을 수 있다.

24. 다음 중 거래유형별 수익인식에 관한 설명으로 가장 올바르지 않은 것은?

① 배당금수익은 배당금을 받을 권리와 금액이 확정되는 시점에 인식한다.

② 위탁판매는 수탁자가 고객에게 판매한 시점에 수익을 인식한다.

③ 이자수익은 실제 이자수령일에 수익을 인식한다.

④ 시용판매의 경우 고객이 매입의사를 표시한 시점에 수익을 인식한다.

25. 다음 중 건설계약의 계약수익에 관한 설명으로 가장 올바르지 않은 것은?

① 계약수익은 건설사업자가 발주자로부터 지급받을 건설계약금액에 근거하여 계상한다.
② 계약수익은 수령하였거나 수령할 대가의 공정가치로 측정한다.
③ 계약수익은 진행률과 관계없이 청구한 금액으로 인식한다.
④ 계약수익은 최초에 합의된 계약금액과 공사변경, 보상금 및 장려금에 따라 추가되는 금액으로 구성되어 있다.

26. ㈜삼일건설은 ㈜용산과 20X1년 7월 1일 총 계약금액 50,000,000원의 공장신축공사계약을 체결하였다. 회사가 진행기준으로 수익을 인식한다면 ㈜삼일건설의 20X2년 계약이익을 계산하면 얼마인가?(단, 진행률은 누적발생원가에 기초하여 산정한다)

	20X1년	20X2년	20X3년
누적발생계약원가	5,000,000원	30,000,000원	40,000,000원
추정총계약원가	40,000,000원	40,000,000원	40,000,000원
공사대금청구액(연도별)	5,000,000원	25,000,000원	20,000,000원

① 4,000,000원 ② 6,250,000원 ③ 7,500,000원 ④ 8,750,000원

27. 다음 중 확정급여형 퇴직급여제도와 관련하여 기타포괄손익으로 인식되는 항목으로 가장 옳은 것은?

① 당기근무원가
② 순확정급여부채 및 사외적립자산의 순이자
③ 재측정요소
④ 과거근무원가와 정산으로 인한 손익

28. 다음 중 현금결제형 주식기준보상거래에 관한 설명으로 가장 올바르지 않은 것은?

① 제공받는 재화나 용역과 그 대가로 부담하는 부채를 부채의 공정가치로 측정한다.
② 기업이 재화나 용역을 제공받는 대가로 지분상품의 가치에 기초하여 현금을 지급해야 하는 거래이다.
③ 부채가 결제될 때까지 매 보고기간 말과 결제일에 부채의 공정가치를 재측정한다.
④ 공정가치의 변동액은 기타포괄손익으로 회계처리한다.

29. 다음 중 이연법인세자산으로 인식할 수 있는 항목으로 가장 올바르지 않은 것은?

① 가산할 일시적차이　② 차감할 일시적차이
③ 미사용 세무상결손금　④ 미사용 세액공제

30. 다음 자료를 바탕으로 20X1년 포괄손익계산서에 계상될 ㈜삼일의 법인세비용을 계산하면 얼마인가?

ㄱ. 20X1년 당기법인세(법인세법상 당기에 납부할 법인세)	2,500,000원
ㄴ. 20X0년 말 이연법인세자산 잔액	600,000원
ㄷ. 20X1년 말 이연법인세부채 잔액	450,000원

① 2,500,000원　② 2,950,000원　③ 3,100,000원　④ 3,550,000원

31. ㈜삼일의 20X3년 말 회계감사과정에서 발견된 기말재고자산 관련 오류사항은 다음과 같다. 위의 오류사항을 반영하기 전 20X3년 말 이익잉여금은 100,000원, 20X3년 당기순이익은 30,000원이었다. 오류를 수정한 후의 20X3년 말 이익잉여금(A)과 20X3년 당기순이익(B)은 각각 얼마인가(단, 오류는 중요한 것으로 가정한다)?

20X1년 말	20X2년 말	20X3년 말
5,000원 과대	2,000원 과소	3,000원 과대

	(A)	(B)
①	90,000원	29,000원
②	97,000원	25,000원
③	90,000원	25,000원
④	97,000원	29,000원

32. ㈜삼일의 20X1년 주식수의 변동내역이 다음과 같을 경우 가중평균유통보통주식수를 계산하면 얼마인가(단, 편의상 월할계산한다)?

구 분	주식수
20X1년 초	60,000주
5월 1일 유상증자 납입*	27,000주
5월 1일 자기주식 구입	(27,000)주
20X1년 말	60,000주

*5월 1일 유상증자시 시가로 유상증자하였다.

① 42,000주 ② 51,000주 ③ 60,000주 ④ 78,000주

33. 다음 중 지분법에 관한 설명으로 가장 올바르지 않은 것은?

① 투자자가 직접 또는 간접으로 피투자자에 대한 의결권의 20% 이상을 소유하고 있다면 명백한 반증이 없는 한 유의적인 영향력이 있는 것으로 본다.

② 기업이 해당 피투자자에 대하여 유의적인 영향력이 있는지 여부를 평가할 때에는 다른 기업이 보유한 잠재적 의결권은 고려하지 않는다.

③ 투자자의 보고기간종료일과 관계기업의 보고기간종료일이 다른 경우, 관계기업은 투자자의 재무제표와 동일한 보고기간종료일의 재무제표를 재작성한다.

④ 유의적인 영향력이란 투자자가 피투자자의 재무정책과 영업정책에 관한 의사결정에 참여할 수 있는 능력을 말한다.

34. ㈜삼일은 20X1년 초에 ㈜용산의 주식 25%를 1,000,000원에 취득하면서 유의적인 영향력을 행사할 수 있게 되었다. 취득일 현재 ㈜용산의 순자산 장부금액은 4,000,000원이며, 자산 및 부채의 장부금액은 공정가치와 동일하다. ㈜용산은 20X1년에 당기순이익 900,000원과 기타포괄이익 100,000원을 보고하였다. ㈜삼일이 20X1년 중에 ㈜용산으로부터 중간배당금 50,000원을 수취하였다면, ㈜삼일이 20X1년 당기손익으로 인식할 지분법이익을 계산하면 얼마인가?

① 200,000원 ② 212,500원 ③ 225,000원 ④ 250,000원

35. ㈜삼일은 20X1년 4월 1일에 기타포괄손익－공정가치측정금융자산으로 분류되는 주식을 $10,000에 취득하였다. 20X1년 말 주식의 공정가치가 $14,000일 경우, ㈜삼일이 20X1년 말에 인식할 평가이익(기타포괄손익)을 계산하면 얼마인가(단, ㈜삼일의 기능통화는 원화이며, 관련 환율은 다음과 같다)?

일자	20X1년 4월 1일	20X1년 12월 31일
환율(₩/$)	1,000	1,200

① 2,000,000원 ② 3,000,000원 ③ 6,800,000원 ④ 8,000,000원

36. 다음 중 파생상품회계의 일반원칙에 관한 설명으로 가장 올바르지 않은 것은?

① 위험회피수단으로 지정되지 않고 매매목적으로 보유하고 있는 파생상품의 평가손익은 기타포괄손익으로 처리한다.

② 위험회피회계를 적용하기 위해서는 일정한 요건을 충족해야 한다.

③ 공정가치 위험회피회계에서 위험회피수단에 대한 손익은 당해 회계연도의 당기손익으로 인식한다.

④ 현금흐름 위험회피회계에서 위험회피에 효과적이지 않은 부분은 당해 회계연도의 당기손익으로 인식한다.

37. 다음 중 리스에 관한 설명으로 가장 올바르지 않은 것은?

① 내재이자율은 리스료 및 무보증잔존가치의 현재가치 합계액을 기초자산의 공정가치와 리스제공자의 리스개설직접원가의 합계액과 동일하게 하는 할인율을 말한다.

② 리스개설직접원가란 리스를 체결하지 않았더라면 부담하지 않았을 리스체결의 증분원가를 말한다.

③ 리스이용자는 리스개시일에 그날 현재 지급되지 않은 리스료의 현재가치로 리스부채를 측정하며, 현재가치 계산시 내재이자율을 쉽게 산정할 수 없다면 리스제공자의 증분차입이자율로 할인한다.

④ 리스이용자는 단기리스와 소액 기초자산 리스에 대해 사용권자산과 리스부채를 인식하지 않기로 선택할 수 있다.

38. 다음 자료는 ㈜삼일의 현금흐름표상 활동별 현금 유출 · 입을 표시한 것이다. ㈜삼일의 현금흐름표에 대한 분석으로 가장 올바르지 않은 것은?

영업활동 현금흐름	투자활동 현금흐름	재무활동 현금흐름
현금유입(+)	현금유출(-)	현금유출(-)

① 당기순손실이 발생하더라도 영업활동 현금흐름은 (+)가 될 수 있다.
② 유형자산의 처분으로 현금이 유입되었지만 대규모 처분손실이 발생한 경우 투자활동 현금흐름은 (-)가 될 수 있다.
③ 배당금의 지급은 재무활동 현금흐름으로 분류할 수 있다.
④ 이자의 지급은 재무활동 현금흐름으로 분류할 수 있다.

39. 다음은 ㈜삼일의 감사보고서에 나타난 재무상태표 중 매출채권과 대손충당금에 관한 부분이다. 20X2년 포괄손익계산서상의 매출액은 560,000원, 대손상각비가 30,000원이다. 매출활동으로 인한 현금유입액을 계산하면 얼마인가?

구 분	20X2년 12월 31일	20X1년 12월 31일
매출채권	400,000원	500,000원
대손충당금	(50,000원)	(70,000원)

① 450,000원 ② 480,000원 ③ 510,000원 ④ 610,000원

40. 다음은 ㈜삼일의 영업활동으로 인한 현금흐름을 계산하기 위한 자료이다. ㈜삼일의 당기순이익이 5,000,000원이라고 할 때 영업활동으로 인한 현금흐름을 계산하면 얼마인가?

유형자산처분손실	200,000원	매출채권의 증가	900,000원
감가상각비	300,000원	재고자산의 감소	1,000,000원
		매입채무의 감소	500,000원

① 4,700,000원 ② 4,900,000원 ③ 5,100,000원 ④ 5,300,000원

세무회계

41. 다음 뉴스를 보고 재무팀장과 사원이 나눈 대화 중 괄호 안에 들어갈 단어로 옳은 것은?

> ○○도의 지난해 지방세 수입액이 사상 처음으로 10조원을 돌파했다. 세목별로는 보통세가 8조 2,694억원으로 가장 많았고, 목적세가 2조 570억원이었다.

> 사원 : "팀장님, 목적세라는 것이 무엇인가요?"
> 재무팀장 : "목적세는 (   )가 특별히 지정되어있는 조세로, 보통세와 구분이 되는 조세입니다."

① 조세의 사용용도　② 과세권자
③ 과세물건의 측정 단위　④ 조세부담의 전가여부

42. 다음 중 국세기본법상 특수관계인에 관한 설명으로 옳지 않은 것은?

① 본인이 법인인 경우 해당 법인의 임원은 특수관계인에 해당한다.
② 본인이 법인인 경우 해당 법인에 지배적인 영향력을 행사하는 주주는 특수관계인에 해당한다.
③ 본인이 개인인 경우 해당 개인의 8촌 이내의 혈족은 특수관계인에 해당한다.
④ 본인이 개인인 경우 해당 개인의 배우자는 특수관계인에 해당한다.

43. 다음 중 국세부과의 원칙에 해당하는 것으로 옳지 않은 것은?

① 실질과세의 원칙　② 소급과세 금지의 원칙
③ 근거과세의 원칙　④ 조세감면의 사후 관리

44. 다음 중 국세기본법상 기한 후 신고제도에 관한 설명으로 옳지 않은 것은?

① 법정신고기한 내에 과세표준신고서를 제출하지 아니한 자는 기한 후 신고를 할 수 없다.
② 법정신고기한이 지난 후 1개월 초과 3개월 이내 기한 후 신고납부를 한 경우 무신고가산세의 30%를 감면한다.
③ 관할세무서장이 세법에 의하여 해당 국세의 과세표준과 세액을 결정하여 통지하기 전까지 기한후과세표준신고서를 제출할 수 있다.
④ 기간후과세표준신고서를 제출한 자가 과세표준수정신고서를 제출한 경우 관할 세무서장은 세법에 따라 신고일부터 3개월 이내에 해당 국세의 과세표준과 세액을 결정 또는 경정하여 신고인에게 통지하여야 한다.

45. 다음 중 법인의 유형에 따른 법인세 납세의무에 관한 설명으로 옳지 않은 것은?

① 내국영리법인은 각 사업연도 소득(국내·외 원천소득)과 청산소득 및 토지 등 양도소득, 미환류소득에 대해서 납세의무를 진다.

② 내국비영리법인은 각 사업연도 소득(국내·외 원천소득 중 수익사업소득) 및 토지 등 양도소득에 대해서 납세의무를 진다.

③ 외국영리법인은 각 사업연도 소득(국내원천소득)과 토지 등 양도소득에 대해서 납세의무를 진다.

④ 외국비영리법인은 각 사업연도 소득(국내원천소득 중 수익사업소득) 및 청산소득에 대해서 납세의무를 진다.

46. 다음 자료를 기초로 ㈜삼일의 제1기(20x1년 1월 1일~20x1년 12월 31일) 법인세 산출세액을 계산하면 얼마인가?

㈜삼일

손익계산서

20x1년 1월 1일~20x1년 12월 31일

(단위 : 원)

매출액	950,000,000
매출원가	600,000,000
급여	126,000,000
감가상각비	24,000,000
법인세비용차감전순이익	200,000,000

- 손익계산서의 수익과 비용은 다음을 제외하고 모두 세법상 적정하게 계상되어 있다.
- 급여 126,000,000원에는 대표이사에 대한 상여금 한도초과액 20,000,000원, 종업원에 대한 상여금 한도초과액 10,000,000원이 포함되어 있다.
- 감가상각비 24,000,000원에 대한 세법상 감가상각범위액은 14,000,000원이다.
- 법인세율(과세표준 2억원 이하분 9%, 2억원 초과 200억원 이하분 19%)

① 19,900,000원　② 21,800,000원　③ 23,700,000원　④ 25,600,000원

47. 다음 중 법인세법상 손금에 대한 결산조정사항과 신고조정사항에 관한 설명으로 옳지 않은 것은?

① 결산조정사항은 장부상 비용으로 회계처리하지 않은 경우 세무조정으로 손금에 산입할 수 없는 사항이다.

② 신고조정사항은 장부상 비용으로 회계처리하지 않은 경우에도 세무조정으로 손금에 산입할 수 있는 사항이다.

③ 결산조정사항을 장부상 손금에 산입하지 않고 법인세를 신고한 경우에는 경정청구를 통해 손금에 산입할 수 있다.

④ 퇴직급여충당금의 손금산입은 결산조정사항이지만, 퇴직연금충당금의 손금산입은 신고조정사항이다.

48. 다음 중 법인세법상 익금항목으로 옳지 않은 것은?

① 내국법인이 외국납부세액공제를 받는 경우 외국자회사 소득에 대해 부과된 외국법인세액 중 그 수입배당금액에 대응하는 금액으로서 세액공제 대상이 되는 금액

② 부동산임대업을 주업으로 하는 차입금과다 법인의 임대보증금 등의 간주익금

③ 특수관계에 있는 개인으로부터 저가로 매입한 유가증권의 매입가액과 시가와의 차액

④ 이월결손금 보전에 충당된 채무면제이익

49. 다음 중 법인세법상 업무무관경비 관련 손금불산입항목에 관한 설명으로 옳지 않은 것은?

① 업무무관경비 관련 손금불산입항목의 범위에는 업무무관부동산 및 업무무관자산의 취득과 관리에 따른 비용, 유지비, 수선비와 이에 관련있는 비용이 포함된다.

② 출자자(소액주주 제외)나 출연자인 임원 또는 그 친족이 사용하고 있는 사택의 유지비, 사용료 및 이에 관련되는 지출금은 업무무관경비에 속한다.

③ 업무무관부동산 및 업무무관자산을 취득하기 위한 자금의 차입과 관련있는 비용 또한 업무무관경비에 포함된다.

④ 업무무관자산의 취득에 따른 취득세 등은 취득부대비용으로 인정하지 아니하므로 자산의 취득가액에 산입하지 아니한다.

50. 다음 중 법인세법상 손익귀속시기에 관한 설명으로 옳지 않은 것은?

① 중소기업인 법인이 수행하는 계약기간이 1년 미만인 건설 용역의 경우 목적물의 인도일이 속하는 사업연도의 익금과 손금에 산입할 수 있다.

② 금융보험업 이외의 법인이 이자수익을 발생주의에 따라 회계처리한 경우 법인세법상 원천징수되지 아니하는 이자소득에 한하여 이를 인정한다.

③ 장기할부판매손익은 원칙적으로 작업진행률을 기준으로 하여 계산한 수익과 비용을 각 사업연도 익금과 손금에 산입한다.

④ 원칙적으로 제품 판매의 경우 법인세법상 손익귀속시기는 상품 등을 인도한 날이다.

51. 다음 중 법인세법상 수익적 지출 대상이 되는 것은?

① 건물 또는 벽의 도장

② 자산의 내용연수 연장을 위한 개조비용

③ 건물 등의 냉 · 난방 장치의 설치

④ 빌딩의 피난시설 설치

52. ㈜삼일은 20x0년 1월 1일에 기계장치를 100,000,000원에 취득하였다. 회사는 세법상 기계장치에 대한 감가상각방법을 정액법으로, 내용연수는 5년(정액법 상각률 0.2)으로 신고하였으며 잔존가치는 없다고 가정한다. 회사가 20x1년 감가상각비로 18,000,000원을 계상한 경우, 다음 각 상황에 따른 세무조정으로 옳은 것은?

> 상황 1. 전기 상각부인액이 3,000,000원이 있는 경우
> 상황 2. 전기 시인부족액이 2,000,000원이 있는 경우
> 상황 3. 전기 상각부인액이나 전기 시인부족액이 없는 경우

	상황 1	상황 2	상황 3
①	손금산입 2,000,000원	세무조정 없음	세무조정 없음
②	손금불산입 2,000,000원	손금산입 2,000,000원	손금불산입 2,000,000원
③	손금불산입 3,000,000원	손금불산입 2,000,000원	세무조정 없음
④	손금산입 2,000,000원	세무조정 없음	손금불산입 2,000,000원

53. 다음 중 법인세법상 기부금에 관한 설명으로 옳지 않은 것은?

① 특수관계가 없는 자에게 정당한 사유없이 자산을 정상가액(시가±30%)보다 낮은 가액으로 양도함으로써 실질적으로 증여한 것으로 인정되는 금액은 기부금으로 본다.

② 특례기부금을 금전 외의 자산으로 제공하는 경우에는 장부가액으로 평가한다.

③ 기부금은 특수관계가 없는 자에게 사업과 직접 관련없이 지출하는 재산적 증여가액을 말한다.

④ 기부금을 지급하기로 약속하고 미지급금으로 계상한 경우에는 계상한 사업연도의 기부금으로 본다.

54. 제조업을 영위하는 ㈜삼일의 제9기(20x1년 1월 1일~20x1년 12월 31일) 기업업무추진비와 관련된 자료가 다음과 같을 경우 기업업무추진비 관련 세무조정으로 인한 손금불산입 총금액을 계산하면 얼마인가(단, ㈜삼일은 중소기업이 아니다)?

ㄱ. 기업업무추진비지출액 : 18,000,000원
위 금액 중 문화기업업무추진비 지출금액은 없으며, 건당 3만원 초과 기업업무추진비 중 법정증빙을 수취하지 않은 기업업무추진비 2,000,000원이 포함되어 있다.
ㄴ. 매출액 : 1,000,000,000원(전액 제조업에서 발생한 금액으로서 특수관계인과의 거래분은 없음)
ㄷ. 기업업무추진비 손금한도액 계산시 수입금액기준한도액 계산에 필요한 적용률은 수입금액 100억원 이하분에 대하여 0.3%이다.

① 1,000,000원 ② 2,000,000원 ③ 3,000,000원 ④ 4,000,000원

55. 다음 중 법인세법상 업무무관자산 등 지급이자 손금불산입에 관한 설명으로 옳지 않은 것은?

① 지급이자 손금불산입하는 가지급금은 특수관계인에 대한 업무무관가지급금을 말한다.

② 유예기간 중 업무에 사용하지 않고 양도하는 업무무관부동산은 업무무관자산에 해당하지 아니한다.

③ 지급이자손금불산입액 계산시 지급이자는 선순위로 손금불산입된 금액을 제외한다.

④ 지급이자는 타인에게서 자금을 차용하는데 대응하여 지급되는 금융비용으로서 미지급이자는 포함하되 미경과이자는 제외한다.

56. 다음은 제조업을 영위하는 ㈜삼일의 제 7 기(20x1년 1월 1일~20x1년 12월 31일) 대손충당금과 관련된 자료이다. 이 자료를 이용하여 대손충당금에 대한 세무조정 결과를 '자본금과 적립금조정명세서(을)'에 기입하고자 할 때, 빈칸에 들어갈 금액으로 가장 올바르게 짝지어진 것은?

〈자료 1〉 대손충당금 관련 자료

ㄱ. 결산서상 대손충당금 내역
　기초 대손충당금 잔액　20,000,000원
　당기 대손 처리액　5,000,000원 (소멸시효 완성 채권)
　당기 추가 설정액　7,000,000원
ㄴ. 전기 대손충당금 부인액　8,000,000원
ㄷ. 세법상 대손충당금 설정대상 채권금액　500,000,000원
ㄹ. 당기 대손실적률은 3%임

〈자료 2〉 자본금과 적립금조정명세서(을)

과목 또는 사항	기초잔액	당기중증감		기말잔액
		감소	증가	
대손충당금한도초과액	8,000,000	(ㄱ)	xxx	(ㄴ)

	(ㄱ)	(ㄴ)
①	0	7,000,000
②	0	22,000,000
③	8,000,000	7,000,000
④	8,000,000	22,000,000

57. 다음 중 준비금에 관한 설명으로 옳지 않은 것은?

① 준비금은 중소기업지원 등 조세정책적 목적에서 조세의 납부를 일정기간 유예하는 조세지원 제도이다.

② 준비금은 손금에 산입하는 사업연도에는 조세부담을 경감시키고 환입하거나 상계하는 연도에는 조세부담을 증가시킨다.

③ 전입한 준비금은 일정기간이 경과한 후에 다시 익금산입하여야 한다.

④ 법인세법상 준비금은 책임준비금, 비상위험준비금, 고유목적사업준비금 및 신용회복목적회사의 손실보전준비금이 있다.

58. ㈜삼일은 20x1년 1월 1일에 시가 10억원(장부가액 4억원)인 토지를 회사의 대표이사에게 양도하고 유형자산처분이익 2억원을 인식하였다. 토지 매각과 관련하여 20x1년에 필요한 세무조정으로 가장 옳은 것은(단, 증여세는 고려하지 않는다)?

① (익금산입) 부당행위계산부인(저가양도) 2억원(상여)
② (익금산입) 부당행위계산부인(저가양도) 3억원(상여)
③ (익금산입) 부당행위계산부인(저가양도) 4억원(상여)
④ (익금산입) 부당행위계산부인(저가양도) 6억원(상여)

59. 다음 중 법인세법상 과세표준의 계산에 관한 설명으로 옳지 않은 것은?

① 과세표준은 각사업연도소득에서 이월결손금, 비과세소득, 소득공제를 순서대로 차감하여 계산한다.
② 공제대상 이월결손금은 각사업연도소득의 80%(중소기업과 회생계획 이행중 기업 등은 100%) 범위에서 공제한다.
③ 각사업연도소득금액에서 이월결손금을 공제한 금액을 초과하는 비과세소득은 다음 사업연도로 이월되지 않고 소멸한다.
④ 자산수증이익이나 채무면제이익에 의해 충당된 이월결손금은 과세표준 계산시 공제 가능하다.

60. 다음 중 법인세 신고와 납부에 관한 설명으로 옳지 않은 것은?

① 기납부세액은 중간예납, 원천징수 및 수시부과세액을 의미하며, 이는 사업연도 중에 납부한 세액이므로 회사가 총부담할 세액에서 이를 차감하여 납부세액을 구한다.
② 원천징수한 세액은 징수일이 속하는 달의 다음달 10일까지 납세지 관할세무서장에게 납부하여야 한다.
③ 사업연도의 기간이 6개월을 초과하는 법인은 해당 사업연도 개시일부터 6개월간을 중간예납기간으로 하여 중간예납기간이 경과한 날부터 2개월 이내에 그 기간에 대한 법인세를 신고·납부해야 한다.
④ 법인세 납세의무가 있는 내국법인은 각 사업연도소득금액이 없거나 결손금이 있는 경우 법인세 과세표준과 세액을 신고하지 않아도 된다.

61. 다음 중 소득세의 납세의무자에 관한 설명으로 옳지 않은 것은?

① 거주자는 국내 · 외원천소득에 대하여 소득세를 과세하므로 거주자를 무제한납세의무자라고 한다.

② 비거주자에 대하여는 국내원천소득에 대해서만 소득세를 과세한다.

③ 1 거주자로 보는 법인 아닌 단체의 경우 그 단체의 소득을 단체구성원들의 다른 소득과 합산하여 과세한다.

④ 국내에 주소를 두거나 1과세기간 중 183일이상 거소를 둔 개인을 거주자라고 한다.

62. 다음은 거주자 김삼일씨의 20x1년 귀속 금융소득(이자소득과 배당소득)과 관련된 자료이다. 김삼일씨의 금융소득 중 종합과세되는 금융소득금액을 계산하면 얼마인가?

ㄱ. 국내 예금이자	15,000,000원
ㄴ. 비상장 내국법인으로부터 받은 현금배당금	15,000,000원
ㄷ. 외국법인으로부터 받은 현금배당금 (원천징수되지 않음)	5,000,000원
단, 배당소득 가산율은 10%이다.	

① 16,650,000원 ② 35,000,000원 ③ 36,500,000원 ④ 37,200,000원

63. 다음 중 소득세법상 사업소득금액과 법인세법상 각 사업연도 소득금액의 차이점에 관한 설명으로 옳지 않은 것은?

① 재고자산의 자가소비에 관하여 법인세법에서는 부당행위부인에 적용되나, 소득세법에서는 개인사업자가 재고자산을 가사용으로 소비하거나 이를 사용인 또는 타인에게 지급한 경우에는 총수입금액에 산입한다.

② 종업원 및 대표자에 대한 급여는 각 사업연도 소득금액의 계산에 있어서 손금으로 인정되며, 사업소득금액의 계산에 있어서도 필요경비로 인정된다.

③ 유가증권처분손익은 각 사업연도 소득금액의 계산에 있어서 익금 및 손금으로 보지만, 사업소득금액의 계산에 있어서는 총수입금액 및 필요경비로 보지 아니한다.

④ 이자수익과 배당금수익은 각 사업연도 소득금액에 포함하지만, 사업소득금액 계산시에는 제외한다.

64. 다음 자료에 의하여 거주자 김삼일씨의 20x1년 근로소득금액을 계산하면 얼마인가?

ㄱ. 월급여 : 2,000,000원(자녀보육수당, 중식대 제외)
ㄴ. 상여 : 월급여의 400%
ㄷ. 6 세 이하 자녀 보육수당 : 월 150,000원
ㄹ. 중식대 : 월 200,000원(식사를 별도 제공받음)
ㅁ. 연월차수당 : 4,000,000원
ㅂ. 거주자는 당해 1년 동안 계속 근무하였다.

연간급여액	근로소득공제액
1,500만원 초과 4,500만원 이하	750만원+1,500만원 초과액×15%
4,500만원 초과 1억원 이하	1,200만원+4,500만원 초과액×5%

① 25,350,000원 ② 25,860,000원 ③ 27,900,000원 ④ 27,390,000원

65. 다음 중 기타소득에 해당하지 않는 것은?

① 일시적인 문예창작소득
② 주택입주 지체상금
③ 복권당첨소득
④ 근무하는 회사에서 부여 받은 주식매수선택권을 퇴직 전에 행사함으로써 얻는 이익

66. 거주자인 김삼일씨의 20x1년도 소득자료는 다음과 같다. 이에 의하여 20x2년 5월말까지 신고해야 할 종합소득금액을 계산하면 얼마인가?

ㄱ. 근로소득금액	35,000,000원
ㄴ. 양도소득금액	10,000,000원
ㄷ. 사업소득금액	15,000,000원
ㄹ. 퇴직소득금액	20,000,000원
ㅁ. 기타소득금액	6,000,000원

① 50,000,000원 ② 56,000,000원 ③ 60,000,000원 ④ 66,000,000원

67. 다음의 세액공제 중 개인과 법인 모두에게 적용될 수 있는 것은?

① 배당세액공제 ② 기장세액공제
③ 연금계좌세액공제 ④ 재해손실세액공제

68. 다음 중 소득세법상 원천징수에 관한 설명으로 옳지 않은 것은?

① 분리과세대상소득은 원천징수로써 납세의무가 종결된다.
② 원천징수에 있어서 세금을 실제로 부담하는 납세의무자와 이를 실제 신고·납부하는 원천징수의무자는 서로 다르다.
③ 개인에게 소득을 지급하는 자가 법인인 경우에는 법인세법을, 개인인 경우에는 소득세법을 적용하여 원천징수한다.
④ 국외에서 지급하는 소득에 대하여는 소득세법에 따라 원천징수를 하지 않는다.

69. 다음 중 양도소득세가 과세되는 소득은?

① 1세대 1주택(고가주택 아님)의 양도소득
② 사업용 기계장치처분이익
③ 건물과 함께 양도하는 영업권
④ 업무용승용차의 양도

70. 다음 중 소득세법상 신고납부에 관한 설명으로 옳지 않은 것은?

① 소득세의 과세기간은 개인의 임의대로 변경할 수 없다.
② 모든 거주자는 소득의 종류와 관계없이 6개월간의 소득세를 미리 납부하는 중간예납제도 적용대상이다.
③ 중간예납세액이 50만원 미만일 경우 중간예납세액을 징수하지 아니한다.
④ 근로소득만이 있는 자는 연말정산으로 모든 납세절차가 종결되기 때문에 확정신고는 원칙적으로 하지 않아도 된다.

71. 다음 중 부가가치세법에 관한 설명으로 옳지 않은 것은?

① 부가가치세는 납세의무자와 담세자가 다를 것으로 예정된 조세이므로 간접세에 해당한다.
② 우리나라 부가가치세 제도는 전단계거래액공제법을 따르고 있다.
③ 부가가치세는 납세자의 소득수준과 관련없이 모두 동일한 세율이 적용된다.
④ 재화의 수입은 수입자가 사업자인지 여부과 관계없이 부가가치세가 과세된다.

72. 다음 중 부가가치세법상 사업장에 관한 설명으로 옳지 않은 것은?

① 건설업의 경우 법인은 그 법인의 등기부상 소재지, 개인은 업무총괄장소를 사업장으로 본다.
② 제조업의 경우 최종 제품을 완성하는 장소를 사업장으로 본다.
③ 부동산임대업의 경우 그 부동산의 등기부상의 소재지를 사업장으로 본다.
④ 사업장을 설치하지 않은 경우 그 사업에 관한 업무총괄장소를 사업장으로 본다.

73. 다음 중 부가가치세법상 과세기간에 관한 설명으로 옳지 않은 것은?

① 일반과세자인 경우 1년을 2개의 과세기간으로 나누어 매 6개월마다 확정신고·납부하도록 규정하고 있다.
② 간이과세자의 경우 과세기간을 1월 1일부터 12월 31일로 적용한다.
③ 신규사업자의 경우 사업개시일부터 개시일이 속하는 과세기간의 종료일까지를 최초 과세기간으로 한다.
④ 폐업자는 폐업일이 속하는 과세기간 개시일부터 종료일까지를 최종 과세기간으로 한다.

74. 다음 중 부가가치세법상 재화 및 용역의 공급에 관한 설명으로 옳지 않은 것은?

① 고용관계에 의한 근로의 제공은 용역의 공급으로 보지 않는다.
② 사업자가 자기의 사업을 위해 직접 용역을 공급하는 경우에는 용역의 공급에 해당하지 아니한다.
③ 제조가공업자가 상대방으로부터 인도받은 재화에 주요 자재를 전혀 부담하지 아니하고 단순히 가공만 하는 것은 용역의 공급으로 본다.
④ 건설업에 있어서 건설업자가 건설자재의 전부 또는 일부를 부담하는 경우 재화를 공급한 것으로 본다.

75. 다음 중 부가가치세법상 재화와 용역의 공급시기에 관한 설명으로 옳지 않은 것은?

① 수출재화의 공급 : 수출신고 수리일
② 완성도기준지급조건부 판매 : 대가의 각 부분을 받기로 한 때
③ 조건부판매 : 조건이 성취되어 판매가 확정된 때
④ 판매목적 타사업장 반출 : 재화를 반출하는 때

76. 다음 중 부가가치세 영세율과 면세에 관한 설명으로 옳지 않은 것은?

① 영세율 제도가 국제적인 이중과세를 방지하는 효과가 있다면, 면세 제도는 부가가치세의 역진성을 완화하는 효과가 있다.

② 영세율사업자와 면세사업자는 세금계산서 발급 등의 부가가치세법에서 규정하고 있는 제반 사항을 준수해야 할 의무가 있다.

③ 영세율 적용대상자는 매입세액을 공제받지만, 면세사업자는 매입세액을 공제받지 못한다.

④ 면세사업자는 면세를 포기하고 과세사업자로 전환할 수 있으나, 영세율 적용대상자는 영세율을 포기하고 면세를 적용받을 수 없다.

77. 다음 중 부가가치세법상 과세표준에 포함되거나 과세표준에서 공제하지 않는 것은 몇 개인가?

ㄱ. 매출에누리와 매출환입
ㄴ. 거래처의 부도 등으로 인하여 회수할 수 없는 매출채권 등의 대손금
ㄷ. 재화 또는 용역의 공급과 직접 관련되지 않은 국고보조금
ㄹ. 판매촉진 등을 위하여 거래수량이나 거래금액에 따라 지급하는 판매장려금
ㅁ. 재화 또는 용역을 공급한 후 대금의 조기회수를 사유로 당초의 공급가액에서 할인해준 금액

① 2개 ② 3개 ③ 4개 ④ 5개

78. 다음은 부가가치세 과세사업을 영위하는 ㈜삼일의 20x1년 제1기 예정신고기간의 거래내역이다. 20x1년 제1기 예정신고기간의 과세표준은 얼마인가(단, 아래의 금액은 부가가치세가 포함되어 있지 않다)?

• 특수관계인 매출액 : 30,000,000원(시가 40,000,000원)
• 특수관계인 이외의 매출 : 45,500,000원(매출환입 2,500,000원, 매출에누리 1,500,000원과 매출할인 1,000,000원이 포함된 금액)

① 70,500,000원 ② 75,500,000원 ③ 80,500,000원 ④ 85,500,000원

79. 다음은 제조업을 영위하는 과세업자인 ㈜삼일의 20x1년 10월 1일부터 20x1년 12월 31일까지의 매입 내역이다. 20x1년 제2기 확정신고시 공제받을 수 있는 매입세액을 계산하면 얼마인가(단, 필요한 경우 적정하게 세금계산서를 수령하였다)?

매입내역	매입가액(부가가치세 포함)
기계장치	550,000,000원
개별소비세 과세대상 자동차	66,000,000원
원재료	33,000,000원
비품	66,000,000원
기업업무추진비 관련 매입액	11,000,000원

① 50,000,000원 ② 56,000,000원 ③ 57,000,000원 ④ 59,000,000원

80. 다음 중 부가가치세의 신고 및 납부, 환급에 관한 설명으로 옳지 않은 것은?

① 사업자는 각 예정신고기간 또는 과세기간이 끝난 후 25일 이내에 사업장 관할 세무서장에게 과세표준을 신고하고 세액을 자진납부하여야 한다.
② 일반환급세액은 확정신고기한 경과 후 30일 이내에 환급한다.
③ 조기환급을 신청한 경우 환급세액은 신고기한 경과 후 10일 이내에 환급받을 수 있다.
④ 당해 과세기간 중 대손이 발생하였거나 대손금이 회수되었을 경우 확정신고시에 대손세액을 가감한다.

원가관리회계

81. ㈜삼일통신은 매월 기본요금 15,000원과 10초당 18원의 통화료를 사용자에게 부과하고 있다. 이 경우 사용자에게 부과되는 매월 통화료의 원가행태로 가장 옳은 것은?

① 준고정원가 ② 순수고정원가 ③ 준변동원가 ④ 순수변동원가

82. 다음은 ㈜삼일의 20X1년 한 해 동안의 제조원가 자료이다. 자료를 바탕으로 ㈜삼일의 20X1년 제조원가명세서상의 당기제품제조원가를 계산하면 얼마인가?

	기 초	기 말
직접재료	5,000원	7,000원
재공품	10,000원	8,000원
제 품	12,000원	10,000원
직접재료 매입액	45,000원	
기초원가	50,000원	
가공원가	35,000원	

① 78,000원 ② 80,000원 ③ 82,000원 ④ 84,000원

83. ㈜삼일의 수선부문에서 발생한 변동원가는 1,800,000원이고, 고정원가는 1,000,000원이었다. 수선부문은 두 개의 제조부문에 용역을 공급하고 있는데 각 제조부문의 실제사용시간 및 최대사용가능시간은 다음과 같다. 자료를 바탕으로 이중배분율법을 사용할 경우 제조 1부문에 배분될 수선부문의 원가를 계산하면 얼마인가?

	제조 1 부문	제조 2 부문
최대사용가능시간 :	800시간	450시간
실제 사용한 시간 :	550시간	350시간

① 1,540,000원 ② 1,740,000원 ③ 1,792,000원 ④ 2,240,000원

84. 다음 중 보조부문의 원가배분 방법에 관한 설명으로 가장 올바르지 않은 것은?

① 직접배분법이란 보조부문 상호간에 행해지는 용역의 수수를 완전히 무시하고 보조부문의 원가를 배분하는 방법이다.

② 직접배분법의 경우 각 제조부문이 사용한 용역의 상대적인 비율에 따라 각 보조부문 원가가 다른 보조부문에 배분된다.

③ 단계배분법이란 보조부문원가의 배분순서를 정하여 그 순서에 따라 단계적으로 보조부문 원가를 다른 보조부문과 제조부문에 배분하는 방법이다.

④ 단계배분법의 경우에도 보조부문간의 용역수수관계를 일부 인식하며, 보조부문간의 배분순위 결정이 부적절한 경우 원가배분 결과가 왜곡될 수 있다.

85. 다음 중 개별원가계산에 관한 설명으로 가장 올바르지 않은 것은?

① 개별제품별 또는 개별작업별로 원가가 집계되기 때문에 직접원가와 간접원가의 구분이 중요하다.

② 기말재공품의 작업원가표에 집계된 원가를 바탕으로 기말 제품과 재공품의 원가배분절차가 필요하다.

③ 개별원가계산을 적용하는 경우에도 제조간접원가의 배분절차가 필요하다.

④ 회계법인 등과 같이 수요자의 주문에 기초하여 서비스를 제공하는 경우에 이용할 수 있다.

86. ㈜삼일은 직접노동시간을 기준으로 제조간접원가를 예정배부하고 있으며 연간 제조간접원가는 2,000,000원, 연간 직접노동시간은 40,000시간으로 예상하고 있다. 20X1년 12월 중 작업지시서 #369와 #248을 시작하여 #369만 완성하였다면 12월 말 완성품의 원가를 계산하면 얼마인가(단, 월초에 재공품은 없다고 가정한다)?

	#369(완성)	#248(미완성)	계
직접재 직접재료원가	150,000원	90,000원	240,000원
직접노무원가	60,000원	30,000원	90,000원
직접노동시간	2,400시간	1,600시간	4,000시간

① 180,000원 ② 200,000원 ③ 330,000원 ④ 530,000원

87. ㈜삼일은 개별원가계산제도를 사용하고 있으며, 제조간접원가를 직접노무원가 발생액에 비례하여 배부한다. 다음의 원가자료에서 작업지시서 #112는 완성이 되었으나, #111과 #113은 미완성이다. 기초재공품이 없다면 기말재공품원가를 계산하면 얼마인가?

	#111	#112	#113	합계
직접재료원가	30,000원	10,000원	20,000원	60,000원
직접노무원가	24,000원	5,200원	10,800원	40,000원
제조간접원가	( )	9,100원	( )	( )

① 24,300원 ② 49,700원 ③ 74,000원 ④ 145,700원

88. 다음 중 종합원가계산의 평균법과 선입선출법 비교에 관한 설명으로 가장 올바르지 않은 것은?

① 평균법의 경우 원가배분 대상액은 기초재공품원가와 당기투입원가의 합계액이지만, 선입선출법의 경우 기초재공품원가는 완성품원가의 일부가 되며, 당기투입원가는 완성품원가와 기말재공품원가에 배분한다.

② 평균법의 경우 완성품원가는 기초재공품원가와 당기투입원가 중 완성품에 배분된 금액의 합계이지만, 선입선출법의 경우 당기완성품수량에 완성품환산량 단위당 원가를 곱한 금액이다.

③ 평균법의 경우 완성품환산량 단위당 원가에는 전기의 원가가 포함되어 있지만, 선입선출법의 경우 당기투입원가로만 구성된다.

④ 평균법의 경우 완성품환산량 산출시 기초재공품은 당기에 착수된 것으로 간주한다. 즉, 평균법은 기초재공품의 완성도를 무시하지만, 선입선출법은 기초재공품과 당기투입량을 구분한다.

89. 다음은 ㈜삼일의 원가자료이다. 원재료는 공정시작 시점에서 전량 투입되고 가공원가는 공정전반에 걸쳐 균등하게 투입된다.

〈수량〉

기초재공품수량	500개 (60%)	완성수량	1,800개
착수수량	2,000개	기말재공품수량	700개 (40%)

평균법과 선입선출법을 적용하여 종합원가계산을 하는 경우 가공원가 완성품환산량 차이는 얼마인가?

① 평균법이 200개 더 크다.
② 평균법이 200개 더 작다.
③ 선입선출법이 300개 더 크다.
④ 선입선출법이 300개 더 작다.

90. ㈜삼일은 평균법을 이용한 종합원가계산제도를 채택하고 있다. 재료는 공정초기에 전량 투입되며, 가공원가는 공정전반에 걸쳐 균등하게 투입된다. 자료를 바탕으로 (a)완성품원가와 (b)기말재공품원가를 계산하면 얼마인가?

〈수량〉

기초재공품	50개 (완성도 40%)	완 성 품	400개
착 수 량	450개	기말재공품	100개 (완성도 50%)

〈원가〉

	재료원가	가공원가
기초재공품원가	8,000,000원	6,000,000원
당기발생원가	32,000,000원	24,240,000원

① (a) 60,800,000원, (b) 9,440,000원
② (a) 58,880,000원, (b) 11,360,000원
③ (a) 60,800,000원, (b) 11,360,000원
④ (a) 58,880,000원, (b) 9,440,000원

91. 정상원가계산을 채택하고 있는 ㈜삼일의 20X1년 원가자료가 아래와 같을 경우 제조간접원가 배부차이로 가장 옳은 것은?

제조간접원가 예산	255,000원
기준조업도(직접노동시간)	100,000시간
제조간접원가 실제발생액	270,000원
실제직접노동시간	105,000시간

① 2,250원 과소배부
② 2,250원 과대배부
③ 2,550원 과소배부
④ 2,550원 과대배부

92. 다음 중 표준원가와 표준원가계산제도에 관한 설명으로 가장 올바르지 않은 것은?

① 계량정보와 비계량정보를 모두 포함하는 종합적인 원가계산제도이다.
② 표준원가와 실제원가의 차이를 분석함으로써 효과적인 원가통제를 수행할 수 있다.
③ 사전에 설정된 표준원가를 적용함으로써 예산편성을 위한 원가자료를 수집하는데 소요되는 시간을 절약할 수 있다.
④ 표준원가계산제도를 통해 재무제표상의 재고자산가액과 매출원가를 산출할 때 근거가 되는 원가정보를 제공할 수 있다.

93. ㈜삼일은 표준원가계산제도를 채택하고 있다. 다음은 재료비 표준원가와 실제원가의 차이에 관한 자료이다. 자료를 바탕으로 ㈜삼일의 제품 2,000 단위 표준재료비는 얼마인가?

[실제원가]	직접재료원가 실제사용량	3,200kg, 11원/kg
	실제완성품 생산수량	2,000단위
[재료비 원가차이]	직접재료비 가격차이	9,600원 (유리한 차이)
	직접재료비 능률차이	2,800원 (불리한 차이)

① 42,000원 ② 44,800원 ③ 35,200원 ④ 47,600원

94. ㈜삼일의 표준원가계산제도는 제조간접원가의 배부에 있어서 직접작업시간을 배부기준으로 사용한다. 다음은 이 회사의 원가차이분석에 필요한 자료이다. 자료를 바탕으로 변동제조간접원가 소비차이를 계산하면 얼마인가?

제조간접비 실제발생액	15,000원
고정제조간접비 실제발생액	7,800원
실제작업시간	3,000시간
표준작업시간	3,500시간
변동제조간접비 표준배부율	작업시간당 2.5원

① 300원 유리 ② 300원 불리 ③ 950원 유리 ④ 950원 불리

95. 다음 중 표준원가계산에서 원가차이의 처리방법인 매출원가조정법에 관한 설명으로 가장 올바르지 않은 것은?

① 매출원가조정법에서는 재공품과 제품계정은 모두 표준원가로 기록된다.
② 불리한 원가차이는 매출원가에 가산하고 유리한 원가차이는 매출원가에서 차감한다.
③ 매출원가조정법은 모든 원가차이를 매출원가와 재고자산에 가감하여 차이를 조정하는 방법이다.
④ 비례배분법을 사용하면 매출원가조정법에 비하여 실제원가계산제도의 금액에 근접할 수 있다.

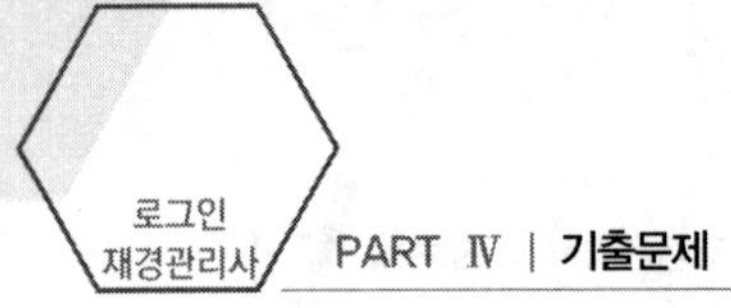

96. 다음 설명 중 변동원가계산제도의 특징으로 옳은 것을 모두 고르면?

> 가. 이익에 영향을 미치는 주요 요인은 판매량이며 생산량은 이익에 영향을 미치지 않는다.
> 나. 변동원가계산제도는 기업회계기준에서 인정하는 원가계산제도이다.
> 다. 변동원가계산제도에서의 이익은 매출액과 동일한 방향으로 움직이므로 경영자의 입장에서 이해하기 쉽다.
> 라. 공통고정원가를 부문이나 제품별로 배분하기 때문에 부문별, 제품별 의사결정문제에 왜곡을 초래할 가능성이 존재한다.

① 가, 나 ② 가, 다 ③ 가, 다, 라 ④ 나, 라

97. 다음 중 변동원가계산과 전부원가계산의 차이에 관한 설명으로 가장 옳은 것은?

① 고정판매비와관리비 또한 고정제조간접원가와 마찬가지로 변동원가계산과 전부원가계산간의 처리방법이 상이하다.
② 변동원가계산은 표준원가를 사용할 수 있으나 전부원가계산은 표준원가를 사용할 수 없다.
③ 변동원가계산은 고정제조간접원가를 제품원가로 인식하고 전부원가계산은 고정제조간접원가를 기간원가로 인식한다.
④ 기초재고자산이 없고 당기 생산량과 판매량이 동일하다면 변동원가계산과 전부원가계산의 순이익은 같게 된다.

98. ㈜삼일의 20X1년 2월의 제품 생산 및 판매와 관련된 자료는 다음과 같다. 초변동원가계산을 이용한 ㈜삼일의 20X1년 2월 재료처리량 공헌이익을 계산하면 얼마인가?

생산량	5,000개
판매량	4,500개
판매가격	350원
제품단위당 직접재료원가	80원
제품단위당 직접노무원가	20원
제품단위당 변동제조간접원가	30원
고정제조간접원가	75,000원

단, 기초 제품재고는 없다.

① 915,000원 ② 990,000원 ③ 1,125,000원 ④ 1,215,000원

99. 20X1년에 영업을 시작한 ㈜삼일은 당기에 1,000단위의 제품을 생산하여 800단위의 제품을 판매하였다. 당기의 판매가격 및 원가자료가 다음과 같을 때, 전부원가계산의 영업이익을 계산하면 얼마인가?

판매가격	100원
제품단위당 직접재료원가	25원
제품단위당 직접노무원가	20원
제품단위당 변동제조간접원가	6 원
제품단위당 변동판매비와관리비	10원
고정제조간접원가	16,000원

① 15,200원 ② 16,400원 ③ 18,400원 ④ 19,200원

100. ㈜삼일의 3월 중 영업자료는 아래와 같다. 전부원가계산에 의한 영업이익이 변동원가계산에 의한 영업이익보다 14,000원 더 크다면 3월 발생한 고정제조간접원가는 얼마인가(재고자산은 평균법으로 평가한다.)?

생 산 량	2,000개
판 매 량	1,800개
기초재고량	200개 (단위당 고정제조간접원가 50원)

① 110,000원 ② 112,000원 ③ 120,000원 ④ 122,000원

101. 다음 중 활동기준원가계산의 도입배경에 관한 설명으로 가장 올바르지 않은 것은?

① 직접노무원가와 같은 직접원가의 증가로 인해 새로운 원가배부기준이 필요하게 되었다.
② 제조환경의 변화로 단일배부기준에 의한 원가의 배부가 원가의 왜곡현상을 초래하였다.
③ 컴퓨터통합시스템의 도입으로 제조와 관련된 활동에 대한 원가를 수집하는 것이 용이해졌다.
④ 최근에는 종전에 비해 원가개념이 확대되어 연구개발, 제품설계 등의 기타원가를 포함한 정확한 원가계산이 요구되었다.

102. 다음은 ㈜삼일의 월별 원가자료이다. 5월 직접노동시간이 10,000시간으로 예상되는 경우, 고저점법을 이용하여 총제조원가를 계산하면 얼마인가?

월별	직접노동시간	총제조원가
1월	8,000시간	1,150,000원
2월	13,000시간	1,600,000원
3월	6,000시간	500,000원
4월	4,000시간	700,000원

① 950,000원 ② 1,025,000원 ③ 1,150,000원 ④ 1,300,000원

103. 다음은 회의 중에 일어난 사장과 이사의 대화이다. 원가 · 조업도 · 이익(CVP) 분석과 관련하여 괄호 안에 들어갈 용어는 무엇인가?

> 사장 : 재무담당이사! 올해 우리 회사 매출은 손익분기점 매출액을 얼마나 초과하나?
> 이사 : 10억원만큼 초과합니다. 이것을 (　　　　)(이)라고 합니다.
> 사장 : (　　　　)? 처음 듣는 용어군.
> 이사 : (　　　　)는(은) 손실을 발생시키지 않으면서 허용할 수 있는 매출액의 최대 감소액을 의미하며, 기업의 안전성을 측정하는 지표로 많이 사용됩니다.

① 안전한계 ② 공헌이익 ③ 영업이익 ④ 목표이익

104. ㈜삼일은 회계프로그램을 판매하는 회사로 단위당 판매가격은 50원이며, 단위당 변동원가는 30원이다. 연간 고정원가는 30,000원이며 당기에 10,000원의 이익을 목표로 하고 있다. 다음 설명 중 가장 올바르지 않은 것은?

① 공헌이익률은 40%이다.
② 단위당 공헌이익은 20원이다.
③ 목표이익을 달성하려면 100,000원의 매출을 하여야 한다.
④ 손익분기점을 달성하기 위한 매출수량은 3,000단위이다.

105. 다음 자료를 이용하여 공헌이익률을 계산하면 얼마인가?

제품단위당 판매가격	400원
제품단위당 변동제조원가	150원
제품단위당 변동판매비	90원
고정제조간접원가	500,000원
고정판매비와관리비	1,500,000원

① 10% ② 20% ③ 30% ④ 40%

106. ㈜삼일에 새로 부임한 박상무는 올해 철저한 성과평가제도의 도입을 검토하고 있다. 성과평가제도의 도입과 관련하여 가장 올바르지 않은 주장을 펼치고 있는 실무담당자는 누구인가?

유팀장 : 효율적인 성과평가제도는 기업 구성원들의 성과극대화 노력이 기업전체 목표의 극대화로 연결될 수 있도록 설계되어야 합니다.
장과장 : 각 책임중심점의 성과평가를 수행하는 과정에서 성과측정의 오류가 발생하는 것이 일반적인데, 효율적인 성과평가제도는 성과평가치의 성과측정오류가 최소화되도록 설계되어야 합니다.
김대리 : 많은 시간과 비용을 투입할수록 더욱 정확하고 공정한 성과평가가 가능하므로 성과평가제도의 운영을 적시성 및 경제성의 잣대로 바라보지 않도록 주의해야 합니다.
최사원 : 성과평가를 한다는 사실 자체가 피평가자의 행위에 영향을 미치는 현상도 고려하여 이를 적절히 반영해야 합니다.

① 유팀장 ② 장과장 ③ 김대리 ④ 최사원

107. 다음 중 고정예산과 변동예산의 차이에 관한 설명으로 가장 옳은 것은?

① 고정예산의 범위는 회사전체인 반면, 변동예산의 범위는 특정부서에 한정된다.
② 변동예산은 변동원가만을 고려하고, 고정예산은 변동원가와 고정원가 모두를 고려한다.
③ 고정예산은 조업도의 변동을 고려하지 않고 특정조업도를 기준으로 작성되는 예산이고, 변동예산은 조업도의 변동에 따라 조정되어 작성되는 예산이다.
④ 변동예산에서는 권한이 하부 경영자들에게 위양되나, 고정예산에서는 그렇지 않다.

108. 다음은 ㈜삼일의 20X1년 이익중심점의 통제책임이 있는 A 사업부의 공헌이익 손익계산서이다. A 사업부의 성과평가목적에 가장 적합한 이익은 얼마인가?

매 출 액	5,000,000원
변 동 원 가	2,000,000원
공 헌 이 익	3,000,000원
추적가능 · 통제가능고정원가	500,000원
사업부경영자공헌이익	2,500,000원
추적가능 · 통제불능고정원가	500,000원
사업부공헌이익	2,000,000원
공통고정원가배분액	400,000원
법인세비용차감전순이익	1,600,000원
법인세비용	600,000원
순 이 익	1,000,000원

① 1,000,000원 ② 2,000,000원 ③ 2,500,000원 ④ 3,000,000원

109. 다음 중 책임중심점의 종류에 관한 설명으로 가장 올바르지 않은 것은?

① 원가중심점이란 통제 불가능한 원가의 발생에 대해서만 책임을 지는 가장 작은 활동단위로서의 책임중심점이다.
② 수익중심점은 매출액에 대해서만 통제책임을 지는 책임중심점이다.
③ 이익중심점은 원가와 수익 모두에 대해서 통제책임을 지는 책임중심점이다.
④ 투자중심점은 원가 및 수익 뿐만 아니라 투자의사결정에 대해서도 책임을 지는 책임중심점이다.

110. 다음은 ㈜삼일의 A 와 B 의 두 개의 사업부와 관련한 성과평가 자료이다. 다음 중 ㈜삼일의 투자수익률과 잔여이익을 계산한 것으로 가장 옳은 것은(단, 최저필수수익률은 4%임)?

구분	A 사업부	B 사업부
평균영업자산	100억원	200억원
영업이익	20억원	35억원
매출액	300억원	400억원

① A 사업부의 매출액영업이익율은 9.25%이며, B 사업부의 매출액영업이익율은 8.75%이다.
② A 사업부의 투자수익률은 15%이며, B 사업부의 투자수익률은 20%이다.
③ A 사업부의 영업자산회전율은 3회이며, B 사업부의 영업자산회전율은 2회이다.
④ A 사업부의 잔여이익은 16억이며, B 사업부의 잔여이익은 20억이다.

111. ㈜삼일의 20X1년 고정예산 대비 실적자료는 다음과 같다. 동 자료를 토대로 당초 예상보다 영업이익이 차이가 나는 원인을 (ⅰ) 매출가격차이, (ⅱ) 변동원가차이, (ⅲ) 고정원가차이 이외에 중요한 차이 항목인 매출조업도차이를 추가하여 경영진에게 의미 있게 요약·보고하고자 한다. 매출조업도차이를 계산하면 얼마인가?

	실적	고정예산
판매량	400개	300개
단위당 판매가격	18원	22원
단위당 변동원가	12원	10원
단위당 공헌이익	6원	12원
고정원가	1,400원	1,800원

① 1,000원 유리　② 1,000원 불리　③ 1,200원 유리　④ 1,200원 불리

112. ㈜삼일은 특별추가생산 요청을 받았다. 현재 여유생산시설이 있는 상황이라면 이 회사의 경영자가 특별추가생산 의사결정에서 고려하지 않아도 되는 원가로 가장 옳은 것은?

① 직접재료원가　② 직접노무원가

③ 고정제조간접원가　④ 변동제조간접원가

113. 다음 중 의사결정시에 필요한 원가용어와 그에 대한 정의를 연결한 것으로 가장 올바르지 않은 것은?

① 관련원가는 과거원가이거나 대안 간에 차이가 나지 않는 미래원가이다.

② 지출원가는 미래에 현금 등의 지출을 수반하는 원가이다.

③ 기회원가는 자원을 현재 용도 이외의 다른 용도에 사용할 경우 얻을 수 있는 최대금액이다.

④ 매몰원가는 과거에 발생한 역사적 원가로서 현재 또는 미래에 회수할 수 없는 원가이다.

114. ㈜삼일은 최근 고객사로부터 제품 400단위를 단위당 20,000원에 구입하겠다는 제안을 받았다. 이 주문의 수락여부와 회사의 이익에 미치는 영향은 어떠한가(단, 제품과 관련된 자료는 다음과 같으며 동 주문을 수락하더라도 고정원가에는 아무런 영향을 초래하지 않는다)?

	제품단위당 원가
직접재료원가	11,000원
직접노무원가(변동원가)	4,000원
변동제조간접원가	2,500원
고정제조간접원가	3,000원
변동판매비와관리비	500원
고정판매비와관리비	1,000원
	22,000원

① 수락, 400,000원의 이익 증가　　② 수락, 800,000원의 이익 증가
③ 거절, 400,000원의 손실 증가　　④ 거절, 800,000원의 손실 증가

115. ㈜삼일은 진부화된 의류 300벌을 보유하고 있다. 이 제품에 대한 총제조원가는 21,000,000원이었으나 현재로는 의류 한벌당 30,000원에 처분하거나 3,000,000원을 투입하여 개조한 후 의류 한 벌당 50,000원에 판매할 수밖에 없는 상황이다. 다음 설명 중 가장 옳은 것은?

① 한벌당 30,000원에 처분하면 12,000,000원의 손실이 발생하므로 처분하면 안된다.
② 개조하여 판매하는 것이 그대로 처분하는 것보다 3,000,000원만큼 유리하다.
③ 개조하여 판매하면 9,000,000원의 추가적인 손실이 발생한다.
④ 3,000,000원의 추가비용을 지출하지 않고 한벌당 30,000원에 판매하는 것이 가장 유리하다.

116. 다음은 투자안 타당성 평가와 관련한 담당이사들의 대화내용이다. 각 담당이사별로 선호하는 자본예산모형을 가장 올바르게 짝지은 것은?

최이사 : 저는 투자안 분석의 기초자료가 재무제표이기 때문에 자료확보가 용이한 (a)모형을 가장 선호합니다.
박이사 : (a)모형의 경우 현금흐름이 아닌 회계이익에 기초하고 있다는 단점이 있습니다. 그래서 저는 현금흐름을 기초로 화폐의 시간가치를 고려하는 (b)모형을 가장 선호합니다.
이 모형은 투자기간 동안 자본비용으로 재투자된다고 보기 때문에 가장 현실적인 가정을 하고 있습니다.

① (a) 회계적이익률법 (b) 회수기간법　　② (a) 내부수익률법　(b) 순현재가치법
③ (a) 회계적이익률법 (b) 순현재가치법　　④ (a) 회수기간법　(b) 내부수익률법

117. ㈜삼일은 내용연수가 3년인 기계장치에 투자하려고 하고 있다. 기계장치를 구입하면 첫해에는 5,000,000원, 2년째에는 6,000,000원, 그리고 3년째에는 3,000,000원의 현금지출운용비를 줄일 것으로 판단하고 있다. 회사의 최저필수수익률은 12%이고 기계장치에 대한 투자액의 현재가치는 8,000,000원이라고 할 때, 기계장치에 대한 투자안의 순현재가치(NPV)를 계산하면 얼마인가(단, 이자율 12%의 1원당 현재가치는 1년은 0.89, 2년은 0.80, 3년은 0.71이며 법인세는 없는 것으로 가정한다)?

① 2,580,000원 ② 3,380,000원 ③ 4,270,000원 ④ 5,100,000원

118. ㈜삼일은 당기 말 순장부가액이 300,000원인 기존의 기계장치를 700,000원에 처분하고, 새로운 기계장치를 1,000,000원에 매입하였다. 법인세율이 20%라고 가정하면, 위 거래로 인한 순현금지출액은 얼마인가(단, 감가상각비는 고려하지 않는다)?

① 220,000원 ② 300,000원 ③ 380,000원 ④ 400,000원

119. 다음 중 일반적으로 사용되는 대체가격 결정방법으로 가장 올바르지 않은 것은?

① 시장가격기준 ② 화폐가치기준 ③ 원가기준 ④ 협상가격기준

120. 다음 중 균형성과표(BSC)의 장점으로 가장 올바르지 않은 것은?

① 기존의 재무적 측정치와 고객, 내부프로세스, 학습과 성장 등의 관점에 의한 비재무적 측정치간의 균형있는 성과평가를 달성할 수 있다.
② 비재무적 측정치에 대한 객관적인 측정을 쉽게 할 수 있다.
③ 재무적 관점 및 고객관점에 의한 외부적 측정치와 내부프로세스 관점 및 학습과 성장관점에 의한 내부측정치 간의 균형을 이룰 수 있다.
④ 투자수익률 등의 과거노력에 의한 결과측정치와 종업원 교육시간 등과 같이 미래 성과를 유발하는 성과동인 간의 균형을 이룰 수 있다.

재경관리사 기출문제 답안

재무회계

1	2	3	4	5	6	7	8	9	10
4	4	4	4	4	4	3	2	4	4
11	**12**	**13**	**14**	**15**	**16**	**17**	**18**	**19**	**20**
2	3	3	2	2	4	3	4	1	3
21	**22**	**23**	**24**	**25**	**26**	**27**	**28**	**29**	**30**
1	2	2	3	3	2	3	4	1	4
31	**32**	**33**	**34**	**35**	**36**	**37**	**38**	**39**	**40**
2	3	2	3	3	1	3	2	4	3

01. 국제회계기준은 **원칙중심, 공정가치 평가, 공시의 강화 등 확대되었다**

02. **완벽하게 충실한 표현을 하기 위해서는 서술이 완전하고, 중립적이며, 오류가 없어야 한다.**

03. 공정가치란 측정일에 **시장 참여자 사이의 정상거래**에서 자산을 매도하면서 받게 될 가격을 말한다.

04. 기타포괄손익항목은 **법인세 효과를 차감한 순액**으로 표시하거나, **법인세 효과 반영전의 금액으로 표시하고 법인세 효과는 단일 금액**으로 합산하여 표시할 수 있다.

05. 현금흐름표는 **당해 회계연도 누적기간(당기 1.1~6.30)을 직전 회계연도의 동일기간(전기 1.1.~6.30)**과 비교한다.

06. ① 기여하지 않는 관리간접원가는 재고자산 취득원가에 포함하지 않는다.
② 생산 투입 전 보관원가는 취득원가에 포함한다.
③ 판매수수료는 판매비로 처리한다,

07. 〈이동평균법〉

구입순서	수량	단가	금액	누적재고수량	재고금액	평균단가
기초	1,000	90	90,000	1,000	90,000	@90
구입(3.5)	200	150	30,000	1,200	120,000	@100
판매(4.22)	△900			300	30,000	@100
구입(6.08)	200	110	22,000	500	52,000	*@104*
판매(7.12)	△300			△300		
기말재고	200			200	*20,800*	

08. **재고자산평가손실과 정상감모손실 모두 매출원가에 해당**한다.

상　품(20x2)

기초상품	400,000	**매출원가**	*1,100,000*
순매입액	1,000,000	기말상품	300,000
계	1,400,000	계	1,400,000

09. 기계장치의 취득금액 = 매입금액(600,000) + 운송비(30,000) + 취득세등(20,000)
+ 시운전비(50,000) = 700,000원

10. 감가상각비(120,000) = (취득원가 - 6,000) ÷ 7년
∴ 취득원가 = 846,000원

11. 재평가증인 경우 재평가감이 있는 금액을 먼저 제거하고, 잔여 금액을 재평가잉여금(기타포괄손익누계액)으로 처리한다.

12. 자산의 경제적 효익이 소비되는 형태를 반영하여야 한다.

13.

구분		비용
연구단계		30,000,000
개발단계	자산인식조건 충족×	7,000,000
무형자산상각비(30,000,000÷5년÷3/12)		1,500,000
합계		38,500,000

14. 투자부동산을 **공정가치 모형으로 평가하는 경우에는 감가상각**을 하지 않는다.

15. 채무증권은 상각후원가측정금융자산, 기타포괄손익인식금융자산, 당기손익인식 금융자산으로 분류할 수 있다.

16. 기타포괄손익 - 공정가치측정 금융자산으로 분류 후 처분시 재분류조정하지 않으므로 당기손익에는 영향을 주지 않으나, 기타포괄손익 - 공정가치 측정 금융자산의 처분시 손실(200,000)로 기타포괄손익에 반영된다.
평가손익 = (11,000 - 13,000) × 100주 = △200,000(평가손실)→기타포괄손익

17. 매입채무와 미지급금은 현금 등 금융자산을 인도하기로 한 계약 상 의무가 되기 때문에 금융부채가 된다.

18. 〈사채할인발행차금 상각표(유효이자율법)〉

연도	유효이자(A) (BV×12%)	액면이자(B) (액면가액×10%)	할증차금상각 (A-B)	장부금액 (BV)
20x1. 1. 1				951,980
20x1.12.31	114,238	100,000	14,238	**966,218**

상환손익 = 상환가액(1,119,040) - 장부금액(966,218) = 152,822원(손실)

19. ② 복합금융상품에서 금융부채의 공정가치를 차감한 **잔액은 자본(지분상품)**으로 인식한다.
③ 일반적으로 전환권은 자본으로 인식한다.
④ 현금 등을 인도하기로 한 계약부분은 채무상품(금융부채)으로 인식한다.

19. ② 발행금액에서 **금융부채의 공정가치를 차감한 잔액**을 지분상품으로 인식한다.
③ 전환권은 **일반적으로 자본으로 분류**된다. 그러나 발행조건에 따라 금융부채의 정의를 충족할 경우 금융부채로 분류되는 경우도 존재한다.
④ 현금 등 **금융자산을 인도하기로 하는 계약 부분은 금융부채요소**에 해당한다
20. 의제의무에 대해서도 충당부채를 인식한다.
21. 자기주식의 처분손익은 자본잉여금(이익)이나 자본조정(손실)으로 처리한다.
22. 우선주(누적적·비참가적) 배당금 = 우선주 자본금(500,000) × 배당률(5%) × 2년 = 50,000원
누적적 우선주이므로 과거 2년간 연체배당금에 대해서 우선 배당받을 수 있다.
23. 고객에게 재화나 용역을 이전하기로 하는 약속을 계약 내의 다른 약속과 별도로 **식별해 낼 수 있다면** 고객에게 약속한 재화나 용역은 별도로 구별되는 것이다.
24. 이자수익은 발생기준으로 인식한다.
25. 계약수익은 **계약금액에서 진행률에 따라 수익을 인식**한다.
26.

	x1년	x2년	x3년
누적공사원가(A)	5,000,000	30,000,000	40,000,000
총 공사계약원가(B)	40,000,000		
누적진행률(A/B)	12.5%	75%	100%
총공사계약금액	50,000,000		
당기누적계약수익	6,250,000	37,500,000	
당기계약수익	6,250,000	31,250,000	
당기계약원가	5,000,000	25,000,000	
당기계약이익(손실)	**1,250,000**	**6,250,000**	

27. 재측정요소는 기타포괄손익으로 인식한다.
28. 현금결제형 주식기준보상거래에 있어서 **공정가치의 변동액은 당기손익으로 반영**한다.
29. 가감할 일시적 차이는 아연법인세 항목이다.
30. 법인세비용 = 미지급법인세(2,500,000) + 이연법인세부채증가(450,000) + 이연법인세자산감소(600,000) = 3,550,000원

(차) 법인세비용	3,550,000	(대) 당기법인세부채	2,500,000
		이연법인세부채	450,000
		이연법인세자산	600,000

31. **재고자산의 과대과소 오류는 자동조정오류이므로 이익잉여금에 대해서는 20x3년 자산과대평가분만 반영하면 되고, 당기순이익은 전년도 과대평가분과 당해연도 과대평가분을 계산하면 된다.**

		20x1년말	20x2년말	20x3년말
재고자산 오류		5,000원 과대	2,000원 과소	3,000원 과대
수정전	당기순이익			30,000
	이익잉여금			100,000
수정후	당기순이익	자동조정	전기 자산 과소	***25,000***
	이익잉여금	자동조정		***97,000***

수정후(20x3) 당기순이익 = 수정전 당기순이익(30,000) - 당기자산과대평가(3,000) - 전기자산과소평가(2,000) = 25,000원

32. 〈유통보통주식수 변동〉

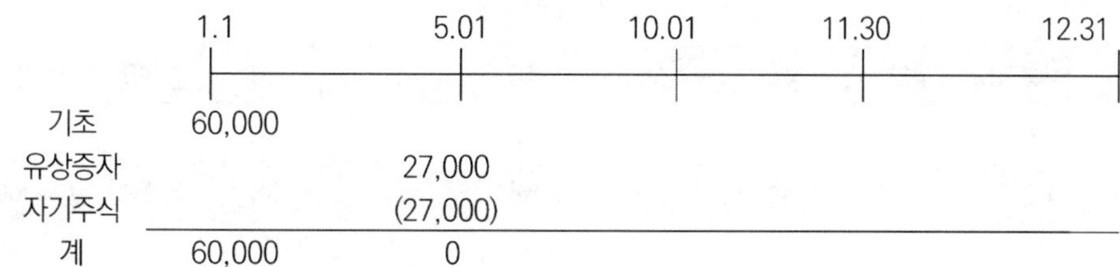

유통보통주식수 : 60,000×12/12+0×8/12=60,000주

33. **다른 기업이 보유한 잠재적 의결권을 고려**한다.

34. 지분법이익 = 당기순이익(900,000) × 지분율(25%) = 225,000원

35. 평가이익 = 공정가치($14,000 × 1,200) - 장부가액($10,000 × 1,000) = 6,800,000원

36. **매매목적의 파생상품의 평가손익은 당기손익으로 인식**한다.

37. 현재가치 계산시 내재이자율을 쉽게 산정할 수 없다면, **리스이용자의 증분차입이자율로 할인**한다.

38. 처분손실이 발생하더라도 유형자산의 처분으로 현금이 유입되므로 (-)현금흐름이 될 수 없다.

39.

구분	금액
매출액	560,000
(-)대손상각비	(30,000)
(+)매출채권 감소	100,000
(-)대손충당금 감소	(20,000)
= 현금유입액	610,000

40.

구분	금액
당기순이익	5,000,000
(+)유형자산처분손실	200,000
(+)감가상각비	300,000
(−)매출채권의 증가	(900,000)
(+)재고자산의 감소	1,000,000
(−)매입채무의 감소	(500,000)
= 영업활동으로 인한 현금	5,100,000

세무회계

41	42	43	44	45	46	47	48	49	50
1	3	2	1	4	3	3	4	4	3
51	52	53	54	55	56	57	58	59	60
1	1	4	3	2	3	4	3	4	4
61	62	63	64	65	66	67	68	69	70
3	3	2	4	4	2	4	3	3	2
71	72	73	74	75	76	77	78	79	80
2	4	4	4	1	2	1	3	4	3

41. 조세의 사용용도에 따라 목적세와 보통세로 구분한다.

42. 4촌 이내의 혈족이 특수관계인에 해당한다.

43. 소급과세 금지의 원칙은 세법적용의 원칙이다.

44. **법정신고기한 내에 신고서를 제출하지 않은 자는 결정전까지 기한후과세표준신고서를 제출할 수 있다.**

45. 외국비영리법인은 청산시 국내에서 하지 않으므로 청산소득에 대해서 납세의무가 없다.

46.

1. 법인세비용차감전순이익	200,000,000
① 대표이사 상여한도 초과	20,000,000
② 감가상각비 한도초과액	10,000,000
2. 차가감소득금액(=과세표준)	230,000,000
3. 세율	× 9%, 19%
4. 법인세산출세액	23,700,000

47. **결산조정사항은 결산 시 비용처리를 하지 않았으면 손금으로 인정받을 수 없다.** 따라서 경정청구가 불가하다.

48. 이월결손금 보전에 충당된 채무면제이익은 익금불산입사항이다.

49. 업무무관자산의 취득부대비용은 자산의 취득가액으로 인정되고, 추후 **감가상각시 손금불산입 사항**이 된다.

50. 장기할부판매의 손익귀속시기는 원칙적으로 인도기준이다.

52. 상각범위액 = 취득가액(1억) × 상각율(20%) = 20,000,000원

회사계상 상각비 : 18,000,000원→ 당기 시인부족액 2,000,000원

전기상각부인액 3,000,000	전기 시인부족액 2,000,000	없는 경우
손금산입 2,000,000	-	-

53. 기부금은 현금주의이다.

54. ① 직부인 기업업무추진비 : 적경증빙 미수취 2,000,000원(상여)

② 기업업무추진비 한도 계산

㉠ 해당액 = 지출액(18,000,000) - 직부인(2,000,000) = 16,000,000원

㉡ 한도(ⓐ+ⓑ) = 15,000,000원

ⓐ 기본(일반기업)한도 = 12,000,000원

ⓑ 수입금액 한도 = 10억 × 0.3% = 3,000,000원

㉢ 기업업무추진비 한도초과 = 해당액(16,000,000) - 한도(15,000,000) = 1,000,000원(손不)

손금불산입 = 적격증비미수취(2,000,000) + 한도초과액(1,000,000) = 3,000,000원

55. **유예기간 중 업무에 사용하지 않고 양도하는 업무무관부동산도 업무무관자산에 해당**한다.

56. 한도 = 당기 대상채권(500,000,000) × 대손설정률(3%) = 15,000,000원

대손충당금 한도 = 기말대손충당금(22,000,000) - 대손충당금한도(15,000,000)

= 7,000,000원(손不, 유보)㈁

㈀은 전기 대손충당금 한도초과(8,000,000)에 대한 당기 손금추인에 해당한다.

57. 신용회복목적 손실보전준비금은 조세특례제한법의 준비금이다.

58. 양도가 = 장부가(4억) + 처분이익(2억) = 6억

시가(10억) - 양도가(6억) = 4억(익금, 상여)

59. 이월결손금에 충당된 자산수증이익 등은 과세표준 계산시 공제가 불가능하다.(이중공제)

60. 내국법인은 결손이라 하더라도 법인세 과세표준과 세액을 신고하여야 한다.

61. 소득세법은 개인주의 과세이다. 다른 구성원의 소득과 합산하지 않는다.

62. 금융소득의 과세방법분류

(ㄱ) 국내예금이자	조건부종합과세	15,000,000원
(ㄴ) 비상장법인 현금배당금	조건부종합과세	15,000,000원
(ㄷ) 원천징수되지 않은 외국법인 배당금	무조건 종합과세	5,000,000원

∴ 조건부 + 무조건 종합과세(35,000,000) > 2,000만원이므로 전액 종합과세한다.

〈14%세율 및 기본세율 적용순서〉

원천징수세율(14%) 적용순서		-2,000만원-	
㉠ 이자소득금액	- 14%	-국내예금이자	15,000,000
㉡ Gross-up제외 배당소득총수입금액		-외국법인 배당금	5,000,000
㉢ Gross-up대상 배당소득총수입금액	-기본세율	-현금배당금	15,000,000

종합과세되는 금융소득 = 20,000,000원 + 15,000,000 × 1.1(배당가산율) = 36,500,000원

63. 개인사업자의 급여는 총수입금액 불산입이 된다.

64. 자녀보육수당은 월 20만원 이내 비과세이고, 중식대는 식사를 제공받으므로 전액 과세된다.

구분	금액	비고
월 급여	24,000,000	
상여	8,000,000	월급여의 400%
중식대	2,400,000	**식사를 제공받았으니 전액 과세**
연월차수당	4,000,000	
총급여액 계	38,400,000	
근로소득공제	(11,010,000)	7,500,000 + (38,400,000 - 15,000,000) × 15%
근로소득금액	27,390,000원	

65. 주식매수선택권을 퇴직 전에 행사하면 근로소득에 해당한다.

66.

구분	금액	비고
근로소득금액	35,000,000	
양도소득금액	-	분류과세
사업소득금액	15,000,000	
퇴직소득금액	-	분류과세
기타소득금액	6,000,000	3백만원 초과는 종합소득
(=)종합소득금액	56,000,000	

67. 재해손실세액공제는 법인세법 및 소득세법상 세액공제이다.

68. 개인에게 소득을 지급시 법인이나 개인이든 모두 소득세법을 적용해야 한다.

70. 소득세법 중간예납은 사업소득자만 대상이다.

71. 부가가치세법은 전단계세액공제법을 따르고 있다.

72. 사업자가 사업장이 없을 경우 사업자의 주소 또는 거소를 사업장으로 본다.

73. 폐업자는 과세기간 개시일부터 폐업일까지 최종 과세기간으로 한다.

74. 건설업은 용역의 공급으로 규정되어 있다.

75. 수출재화는 선(기)적일을 공급시기로 본다.

76. 면세사업자는 소득세법상 사업자이므로 부가가치세법 규정을 준수할 의무가 없다.

77. 대손금과 판매장려금은 과세표준에서 공제하지 않는다.

78. 과세표준 = 특수관계인(40,000,000) + 순매출액(40,500,000) = 80,500,000원

79. 공제매입세액 = 기계장치(50,000,000) + 원재료(3,000,000) + 비품(6,000,000) = 59,000,000원

80. 조기환급은 신고기한 경과 후 15일 이내에 환급받을 수 있다.

원가관리회계

81	82	83	84	85	86	87	88	89	90
3	2	2	2	2	3	4	2	4	2
91	**92**	**93**	**94**	**95**	**96**	**97**	**98**	**99**	**100**
1	1	1	1	3	2	4	4	3	4
101	**102**	**103**	**104**	**105**	**106**	**107**	**108**	**109**	**110**
1	4	1	4	4	3	3	2	1	3
111	**112**	**113**	**114**	**115**	**116**	**117**	**118**	**119**	**120**
3	3	1	2	2	3	2	3	2	2

81. 기본요금(고정비) + 사용요금(변동비)→준변동원가(혼합원가)

82.

재고자산(원재료 + 재공품)

기초재고(원재료 + 재공품)	5,000 + 10,000	**당기제품제조원가(?)**	**80,000**
원재료구입	45,000		
가공원가(직접노무비 + 제조간접비)	35,000	기말재고(원재료 + 재공품)	7,000 + 8,000
합　　계	95,000	합　　계	95,000

83. 〈이중배분율법〉

구 분	배부기준	제조1부문에 배부될 원가
변동원가	실제사용시간	1,800,000 × 550시간/900시간 = 1,100,000원
고정원가	최대사용가능시간	1,000,000 × 800시간/1,250시간 = 640000원
합　　계		*1,740,000원*

84. ② 상호배분법에 대한 설명이다.

85. 기말재공품의 작업원가표에 집계된 원가는 재공품에만 배부한다.

86. 예정배부율 = 연간제조간접원가(2,000,000) ÷ 연간직접노동시간(40,000) = 50원/시간당
제조간접원가 = 직접노동시간(2,400시간) × 예정배부율(50원) = 120,000원

구 분	#369(제품)
직접재료원가	150,000
직접노무원가	60,000
제조간접원가	120,000
합계	***330,000***

87. 예정배부율 = #112제조간접원가(9,100) ÷ #112직접노무원가(5,200) = 1.75원/직접노무원가
기말재공품원가(#111,#113) = [30,000 + 24,000 + 24,000 × 1.75] + [20,000 + 10,800 + 10,800 × 1.75] = 145,700원

88. 선입선출법은 기초재공품원가와 당기투입원가 중 완성품에 배분된 금액의 합계이고, 평균법은 당기완성품수량에 완성품환산량 단위당 원가를 곱한 금액이다.

89. 기초재공품의 완성도 차이(500개 × 60% = 300개)가 선입선출법이 더 작다.

90.

〈1단계〉 물량흐름파악 평균법		〈2단계〉 완성품환산량 계산 재료비	가공비
완 성 품	400	400	400
기말재공품	100 (50%)	100	50
계	500	**500**	**450**
〈3단계〉 원가요약(기초재공품원가 + 당기투입원가)		40,000,000	30,240,000
〈4단계〉 완성품환산량당단위원가		@80,000	@67,200

〈5단계〉 완성품원가와 기말재공품 원가계산

- 완성품원가 = 400개 × [@80,000 + @67,200] = 58,880,000원
- 기말재공품원가 = 100개 × @80,000 + 50개 × @67,200 = 11,360,000원

91. 예정배부율 = 255,000/100,000시간 = 2.55원/직접노동시간
제조간접비 예정배부액 = 실제조업도(105,000) × 2.55원 = 267,750원

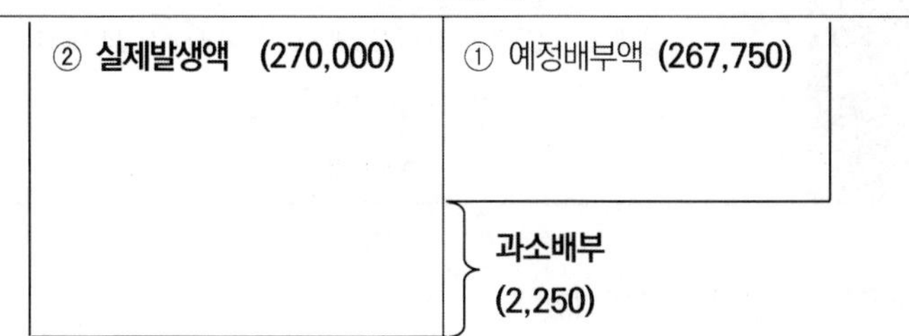

92. 표준원가계산에서는 계량정보를 포함하나 비계량정보를 무시할 가능성이 있다.

93.

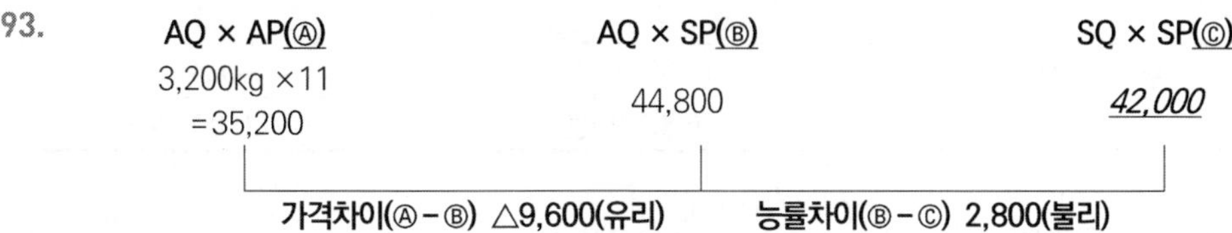

95. 매출원가조정법은 모든 원가차이를 매출원가에서 조정한다.

96. 변동원가계산은 외부보고서로서 인정되지 않으며, 공통고정원가를 기간비용화 하기 때문에 의사결정 문제에 왜곡을 초래하지 않는다.

97. ① 고정판매비와 관리비는 변동원가계산과 전부원가계산에서 기간비용화 한다.
② 전부원가계산도 표준원가계산을 사용할 수 있다.
③ 고정제조간접원가에 대해서 변동원가계산은 기간비용화 하고 전부원가계산에서는 제품원가로 인식한다.

98.

1. 매출액	4,500개 × 350원 = 1,575,000원
2. 직접재료원가	4,500개 × 80원 = 360,000원
3. 재료처리량공헌이익	1,215,000

99. 〈전부원가계산〉

1. 매출액	800단위 × 100원 = 80,000원
2. 매출원가	(25 + 20 + 6 + 16,000/1,000 + 10) × 800단위 = 61,600원
3. 영업이익	18,400

100. 기말재고 = 기초재고(200) + 생산수량(2,000) - 판매수량(1,800) = 400개

X를 고정제조간접원가라 하면,

변동원가(순이익)	0
+기말재고에 포함된 고제간	기말재고(400개) × (10,000 + X) ÷ 2,200개 = 24,000
-기초재고에 포함된 고제간	10,000(200개 × 50)
= 전부원가(순이익)	14,000

X = 122,000원

101. 제조간접원가의 증가로 활동기준원가계산이 도입되었다.

102.

	최고조업도	최저조업도
월	2월	4월
직접노동시간(x)	13,000시간	4,000시간
총제조원가	1,600,000원	700,000원

단위당 변동원가(b) = $\frac{(1,600,000 - 700,000)}{(13,000 - 4,000)}$ = 100원

총제조원가(1,600,000) = 총고정제조원가(??) - 13,000시간 × 100

총고정제조원가 = 300,000원

총제조원가(10,000시간) = 300,000 + 10,000시간 × 100원 = 1,300,000원

104. ① 공헌이익률 = 1 - 변동비율(30/50) = 40%

② 공헌이익 = P(50) - V(30) = 20원

③ XT = (F + T)/공헌이익률 = (30,000 + 10,000)/40% = 100,000원

④ 손익분기점 = F(30,000) ÷ 단위당 공헌이익(50 - 30) = 1,500단위

105. 공헌이익률 = 1 - 변동비율(240/400) = 40%

106. 적시성과 경제성을 모두 고려해야 효율적인 성과제도가 된다.

108. 사업부 자체의 수익성을 평가하는데 사업부공헌이익이 가장 적합하다.

109. 원가중심점은 통제가능한 원가의 발생에 대해서만 책임을 진다.

110.

		A사업부	B사업부
1. 영업자산		100억원	200억원
2. 영업이익		20억원	35억원
3. 매출액		300억원	400억원
4. 매출액영업이익율	2÷3	6.66%	8.75%
5. 투자수익율	2÷1	20%	17.5%
6. 영업자산회전율	3÷1	***3회***	***2회***
7. 잔여이익	2-1×4%	**16억**	**27억**

111.

	실제성과 AQ×(AP－BV)	변동예산(1) AQ×(BP－BV)	고정예산 BQ×(BP－BV)
공헌이익		400개×12원＝4,800	300개×12원＝3,600

매출조업도차이 1,200(유리)

112. 여유생산시설이 있다면, 고정제조간접원가는 비관련원가이다.

113. ①비관련원가에 대한 설명이다.

114.

1.증분수익(특별주문수락시)	
• 매출액증가분	20,000원×400단위＝8,000,000원
2.증분비용(특별주문수락시)	
• 변동비증가	(11,000＋4,000＋2,500＋500)×400단위＝7,200,000원
3.증분손익	800,000원(특별주문 수락)

115.

	즉시 판매	개조 후 판매
현금유입(A)	9,000,000(300벌×@30,000)	15,000,000(300벌×@50,000)
현금유출(B)	–	3,000,000
순현금유입액(A－B)	9,000,000	12,000,000

개조 후 판매시 3,000,000원 유리하다.

117. 〈현금흐름〉

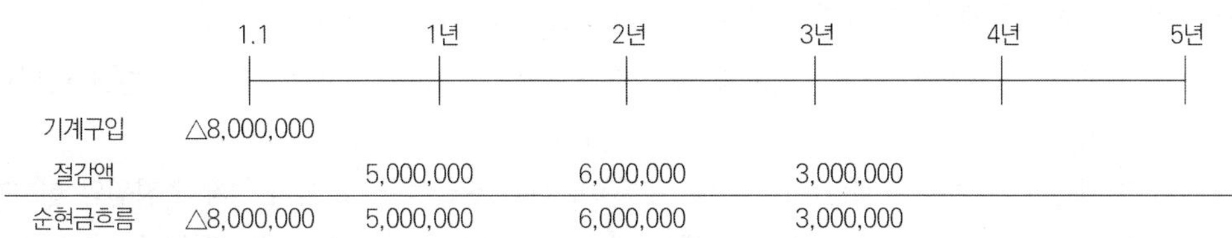

투자안의 순현재가치＝－8,000,000＋5,000,000×0.89＋6,000,000×0.80
＋3,000,000×0.71＝3,380,000원

118. 순현금지출액＝새로운 기계(1,000,000)－처분가액(700,000)＋처분이익(400,000)×법인세율(20%)
＝380,000원

119. 대체가격결정방법에는 시장가격기준, 원가기준, 협상가격기준이 있다.

120. 비재무적 측정치에 대한 객관적인 측정이 어렵다.

2022년 5월

재경관리사 기출문제

재무회계

01. 다음 중 재무회계에서 재무제표를 작성하는 목적에 대한 설명으로 가장 올바르지 않은 것은?

① 재무제표는 주로 과거 사건의 재무적 영향을 표시하기 위한 것이다.
② 재무제표는 그 고유 한계로 인하여 경제적 의사결정을 위해 필요할 수 있는 모든 정보를 제공하지는 못한다.
③ 재무제표는 위탁받은 자원에 대한 경영진의 수탁책임이나 회계책임의 결과를 반영하고자 한다.
④ 재무제표는 경영자 등 내부 이해관계자의 경제적 의사결정에 유용한 기업의 정보를 제공하기 위하여 작성된다.

02. 다음 중 자산의 측정방법에 대한 설명으로 가장 올바르지 않은 것은?

① 사용가치 : 기업이 자산의 사용과 궁극적인 처분으로 얻을 것으로 기대하는 현금흐름의 현재가치
② 현행원가 : 기업이 부채를 이행할 때 이전해야 하는 현금이나 그 밖의 경제적 자원의 현재가치
③ 역사적원가 : 기업이 자산을 취득 또는 창출하기 위하여 지급한 대가(거래원가 포함)
④ 공정가치 : 자산 측정일에 시장참여자 사이의 정상거래에서 자산을 매도할 때 받을 가격

03. 다음 중 재무상태표의 작성기준으로 가장 올바르지 않은 것은?

① 한국채택국제회계기준에서 요구하거나 허용하지 않는 한 자산과 부채 그리고 수익과 비용은 상계하지 않는다.
② 중요하지 않은 항목이더라도 성격이나 기능이 유사한 항목끼리 통합하여 표시할 수 없다.
③ 재무상태표에 포함될 항목이 한국채택국제회계기준에서 세부적으로 명시되어 있지 않으므로 기업의 재량에 따라 결정하는 것이 가능하다.
④ 유동성 순서에 따른 표시방법이 신뢰성 있고 더욱 목적적합한 정보를 제공하는 경우를 제외하고는 원칙적으로 유동성·비유동성 구분법을 선택해야 한다.

04. 다음은 자산에 속하는 계정들의 잔액이다. 유동성 분류에 따라 재무상태표에 유동자산으로 계상될 금액은 얼마인가?

ㄱ. 단기대여금	40,000원	ㄴ. 매출채권	400,000원
ㄷ. 선급비용	600,000원	ㄹ. 선급금	50,000원
ㅁ. 기계장치	865,000원		

① 1,000,000원 ② 1,040,000원 ③ 1,090,000원 ④ 1,155,000원

05. 다음 중 보고기간후사건에 관한 설명으로 가장 올바르지 않은 것은?

① 보고기간 후에 기업의 청산이 확정되었더라도 재무제표는 계속기업의 기준에 기초하여 작성하고 청산 관련 내용을 주석에 기재한다.
② 보고기간 후에 배당을 선언한 경우, 그 배당금을 보고기간 말의 부채로 인식하지 않는다.
③ 보고기간 말 이전에 계류중인 소송사건이 보고기간 후에 확정되어 금액수정을 요하는 경우 재무제표의 수정이 필요하다.
④ 보고기간후사건이란 보고기간 말과 재무제표 발행승인일 사이에 발생한 유리하거나 불리한 사건을 말한다.

06. 자동차 부품제조업을 영위하고 있는 ㈜삼일은 당기 중 원자재를 후불 조건으로 수입하는 과정에서 다음과 같은 항목의 원가가 발생하였다. 동 매입거래에 의하여 재무상태표상에 증가하게 될 재고자산의 가액은 얼마인가(단, 거래당시의 환율은 $1 = 1,000원이다)?

ㄱ. 재고자산의 매입원가	USD 1,000
ㄴ. 매입할인	USD 100
ㄷ. 운송보험료	100,000원
ㄹ. 환급 불가한 수입관세 및 제세금	20,000원
ㅁ. 재고자산 매입관리부서 인원의 매입기간 인건비	50,000원

① 900,000원 ② 1,000,000원 ③ 1,020,000원 ④ 1,070,000원

07. 다음 자료에서 재고자산평가손실은 ㈜삼일의 재고자산이 진부화되어 발생하였다. 자료를 바탕으로 ㈜삼일의 20X2년 포괄손익계산서상 매출원가 등 관련비용을 계산하면 얼마인가?

20X1년 12월 31일 재고자산	300,000원
20X2년 매입액	2,000,000원
20X2년 재고자산평가손실	400,000원
20X2년 재고자산감모손실(정상감모)	100,000원
20X2년 12월 31일 재고자산(평가손실과 감모손실 차감 후)	1,000,000원

① 1,200,000원　② 1,300,000원　③ 1,400,000원　④ 1,500,000원

08. 다음 중 재고자산의 평가와 관련된 설명으로 가장 올바르지 않은 것은?

① 선입선출법은 실제 물량의 흐름을 고려하여 기말 재고액을 결정하는 방법이다.

② 선입선출법에 의하면 실지재고조사법과 계속기록법 중 어느것을 사용하는지에 관계없이 한 회계기간에 계상될 기말재고자산 및 매출원가의 금액이 동일하게 산정된다.

③ 가중평균법으로 재고자산을 평가하고자 할 때 계속기록법에 따라 장부를 기록하는 경우에는 이동평균법을 적용하여야 한다.

④ 특정 프로젝트별로 생산되는 제품 또는 서비스의 원가는 개별법을 사용하여 결정한다.

09. 다음 중 회사가 정부보조금으로 취득한 유형자산이 있을 경우와 관련된 설명으로 가장 올바르지 않은 것은?

① 정부보조금 회계처리 방법 결정에 있어서 기업에 어느 정도의 재량권이 부여되어 있다.

② 정부보조금은 재무상태표에 이연수익(부채)으로 표시할 수 있다.

③ 정부보조금은 재무상태표에 관련 자산의 장부금액에서 차감하는 방법으로 표시할 수 있다.

④ 정부보조금을 관련 자산에서 차감하는 방법으로 표시하는 경우 유형자산의 장부금액은 유형자산 취득금액으로 한다.

10. ㈜삼일의 재무상태표에 유형자산으로 표시되는 기계장치의 취득금액은 얼마인가?

(1) 매입금액 :	600,000원
(2) 설치장소까지의 운송비 :	30,000원
(3) 관세 및 취득세 :	10,000원
(4) 시운전비 :	50,000원
(5) 매입할인 :	20,000원
(6) 다른 기계장치의 재배치 과정에서 발생한 원가 :	50,000원

① 620,000원 ② 650,000원 ③ 660,000원 ④ 670,000원

11. ㈜삼일은 20X1년 1월 1일 임직원 연수동의 건설에 착공하였다. 회사가 20X1년 중 동 연수동 신축과 관련하여 지출한 금액은 다음과 같으며 완공까지는 약 3년이 소요될 예정이다.

지출일	지출액	비 고
20X1년 1월 1일	10,000,000원	공사착공
20X1년 7월 1일	8,000,000원	
20X1년 10월 1일	8,000,000원	

한편, 20X1년 말 현재 회사의 차입금 현황은 다음과 같다.

차입처	차입일	차입금	연이자율	용도
K 은행	20X1년 1월 1일	8,000,000원	10%	특정목적차입금
S 은행	20X1년 7월 1일	20,000,000원	8%	일반목적차입금

㈜삼일이 20X1년에 자본화 할 차입원가는 얼마인가(단, 연평균지출액과 이자비용은월할 계산한다)?

① 1,440,000원 ② 1,520,000원 ③ 1,600,000원 ④ 2,400,000원

12. 다음 나열된 항목 중 무형자산에 해당되는 금액의 합계는 얼마인가?

미래의 기술에 관한 지식 탐구활동 지출액	140,000원
내부적으로 창출된 브랜드의 가치평가금액	200,000원
천연가스의 탐사 권리 취득을 위한 지출액	160,000원
개발단계 지출로 자산인식 조건을 만족하는 금액	320,000원
사업결합으로 취득한 고객목록 평가금액	180,000원

① 660,000원 ② 800,000원 ③ 820,000원 ④ 1,000,000원

13. 다음 중 무형자산의 상각에 대한 설명으로 가장 올바르지 않은 것은?

① 내용연수가 유한한 무형자산은 내용연수 동안 상각을 하고, 내용연수가 비한정인 무형자산은 상각을 하지 않는다.

② 무형자산의 상각방법은 자산의 경제적 효익이 소비되는 형태를 반영해야 하며, 소비되는 형태를 신뢰성 있게 결정할 수 없는 경우에는 정액법을 사용한다.

③ 무형자산의 잔존가치, 상각기간과 상각방법을 적어도 매 회계연도 말에 검토한다.

④ 무형자산의 잔존가치, 상각기간, 상각방법을 변경하는 경우에는 회계추정의 변경으로 보고 소급적용하여 회계처리한다.

14. 다음 중 투자부동산에 해당하는 것을 모두 고른 것으로 가장 옳은 것은?

ㄱ. 정상적인 영업과정에서 판매하기 위한 부동산이나 이를 위하여 건설 또는 개발 중인 부동산
ㄴ. 자가사용부동산
ㄷ. 미래에 투자부동산으로 사용하기 위하여 건설 또는 개발 중인 부동산
ㄹ. 리스제공자가 운용리스로 제공하기 위하여 보유하고 있는 미사용 건물
ㅁ. 금융리스로 제공한 부동산

① ㄱ, ㄴ ② ㄴ, ㄷ ③ ㄷ, ㄹ ④ ㄹ, ㅁ

15. 다음 중 금융자산의 분류에 대한 설명으로 가장 올바르지 않은 것은?

① 원리금 수취와 매도의 목적을 모두 가지고 있는 경우 기타포괄손익-공정가치 측정 금융자산으로 분류한다.

② 원리금 수취만의 목적으로 보유하는 채무상품에 대해 회계불일치를 제거하기 위해 최초 인식시점에 당기손익-공정가치 측정 금융자산으로 지정할 수 있다.

③ 기타포괄손익-공정가치 측정 금융자산 취득시 지출된 거래원가는 금융자산의 취득원가에 가산한다.

④ 단기매매 목적으로 보유하는 지분상품에 대한 공정가치 변동을 기타포괄손익으로 인식하기로 선택한 경우 기타포괄손익-공정가치 측정 금융자산으로 분류한다.

16. ㈜서울은 ㈜용산의 주식을 취득하고 기타포괄손익-공정가치 측정 금융자산으로 분류하였다. 해당 주식과 관련하여 인식하게 될 계정과목 중 당기손익에 반영되는 항목으로 가장 옳은 것은?

① 주식보유로 인한 배당수익 ② 주식처분으로 인한 처분손익

③ 공정가치평가로 인한 평가손익 ④ 주식취득과 관련하여 발생한 거래원가

17. 다음은 ㈜삼일의 20X2년 12월 31일 현재 매출채권 잔액 및 대손충당금에 관한 자료이다. 20X2년 중 대손이 확정되어 상계된 매출채권은 얼마인가?

〈매출채권 잔액 및 대손충당금〉

구분	매출채권 잔액	대손충당금
20X2년 12월 31일	1,600,000원	85,000원

20X1년 말 대손충당금 잔액은 42,500원이고, 20X2년에 인식한 대손상각비는 72,500원이다.

① 10,000원 ② 15,000원 ③ 27,000원 ④ 30,000원

18. 다음과 같은 조건의 사채를 발행한 경우 동 사채로 인하여 만기까지 인식해야 하는 총 이자비용은 얼마인가?

ㄱ. 액면금액 : 50,000,000원
ㄴ. 발행일 : 20X1년 1월 1일
ㄷ. 만기일 : 20X3년 12월 31일
ㄹ. 액면이자율 및 이자지급조건 : 연 4%, 매년 말 지급
ㅁ. 발행일의 시장이자율 : 6%
ㅂ. 이자율 6%, 3년 연금현가계수 : 2.6730
이자율 6%, 3년 현가계수 : 0.8396

① 2,674,000원
② 5,037,600원
③ 6,000,000원
④ 8,674,000원

19. 다음 중 사채 보유자의 희망에 따라 주식으로 전환할 수 있는 권리가 내재되어 있는 사채로 가장 옳은 것은?

① 전환사채
② 영구채
③ 신주인수권부사채
④ 회사채

20. 다음은 ㈜삼일의 사례이다. 사례와 관련된 설명으로 가장 옳은 것은?

> 20X1년 현재 ㈜삼일은 석유사업을 영위하는 중이며 오염을 유발하고 있다. 이러한 사업이 운영되고 있는 국가에서 오염된 토지를 정화하여야 한다는 법규가 제정되지 않았고, ㈜삼일은 몇년에 결쳐 토지를 오염시켜 왔었다. 이미 오염된 토지를 정화하는 것을 의무화하는 법률 초안이 연말 후에 제정될 것이 20X1년 말 현재 거의 확실시 되었다.

① 토지정화 원가에 대한 최선의 추정치로 충당부채로 인식한다.

② 당해 의무를 이행하기 위해 경제적효익을 갖는 자원의 유출가능성이 매우 높지 않으므로 우발부채로 공시한다.

③ 20X1년 말 시점에 법률이 제정되지 않아 현재의무가 존재하지 않으므로 충당부채로 인식하지 않는다.

④ 의무발생사건의 결과 현재의무가 존재하지 않으므로 충당부채 또는 우발부채로 공시하지 않는다.

21. 다음은 결산일이 12월 31일인 ㈜삼일의 20X1년 말 재무정보이다. 20X1년 말 ㈜삼일의 기타포괄손익누계액은 얼마인가?

ㄱ. 자본금	5,000,000원
ㄴ. 주식발행초과금	1,000,000원
ㄷ. 보험수리적이익	2,500,000원
ㄹ. 유형자산 재평가잉여금	500,000원
ㅁ. 미처분이익잉여금	4,600,000원
ㅂ. 자기주식처분이익	1,000,000원

① 1,000,000원
② 2,500,000원
③ 3,000,000원
④ 4,000,000원

22. 다음은 12월 말 결산법인인 ㈜삼일의 20X1년 자본거래 내역이다. 20X1년 말 결산시 ㈜삼일의 자본에 대한 보고금액으로 올바르게 짝지어진 것은?

ㄱ. 20X1년 2월 4일 회사는 액면가액 5,000원의 주식 100,000주를 주당 8,500원에 발행하였다.
ㄴ. 20X1년 10월 10일 이사회결의를 통하여 ㈜삼일의 자기주식 5,000주를 주당 6,000원에 취득하였다.

자본변동표

20X1년 1월 1일부터 20X1년 12월 31일까지

㈜삼일 (단위 : 백만원)

구분	자본금	주식발행초과금	자기주식	이익잉여금	총계
20X1년 1월 1일	500	750	(100)	XXX	XXX
자본의 변동					
20X1년 12월 31일	(가)	(나)	(다)	XXX	XXX

	(가)	(나)	(다)
①	500	1,100	(70)
②	500	750	(130)
③	1,000	1,100	(130)
④	1,000	750	(70)

23. ㈜삼일은 20X1년 ㈜용산에 1년 동안 1,000개 이상 구매하는 경우 단가를 100원으로 소급조정하기로 하고 노트북을 개당 120원에 공급하는 계약을 체결하였다. 20X1년 3월 75개를 판매하고 연 1,000개는 넘지 않을 것으로 예상하였으나 6월 경기상승으로 500개를 판매하였고 연 판매량이 1,000개를 초과할 것으로 예상될 경우 ㈜삼일의 6월 수익금액은 얼마인가?

① 10,000원 ② 48,500원 ③ 50,000원 ④ 60,000원

24. 다음 중 수익에 관한 설명으로 가장 올바르지 않은 것은?

① 수익은 정상적인 경영활동에서 발생하는 경제적 효익의 총유입을 말하며, 자산의 증가 또는 부채의 감소 형태로 나타난다. 다만, 주주의 지분참여로 인한 자본증가는 수익에 포함되지 않는다.

② 수익은 고객에게 기업의 재화나 용역을 제공하고 대가를 받기로 한 계약에서 발생하는 것으로 부가가치세처럼 제3자를 대신해서 받는 것은 수익으로 보지 않는다.

③ 정유사가 특정지역 고객수요를 적시에 충족시키기 위해 서로 유류를 교환하기로 한 계약같이 고객에게 판매를 쉽게 하기 위해 행하는 같은 사업 영역에 있는 기업간의 비화폐성 교환은 수익으로 보지 않는다.

④ 복수의 계약을 하나의 상업적 목적으로 일괄 협상하는 경우에도 복수의 계약에서 약속한 재화나 용역이 단일 수행의무에 해당하지 않는다면 둘 이상의 계약을 하나의 계약으로 회계처리할 수 없다.

25. 다음 중 건설계약의 수익과 원가 인식방법에 관한 설명으로 가장 올바르지 않은 것은?

① 건설계약의 결과를 신뢰성있게 추정할 수 있는 경우, 건설계약과 관련한 계약수익과 계약원가는 보고기간말 현재 계약활동의 진행률을 기준으로 각각 수익과 비용으로 인식한다.

② 하도급계약에 따라 수행될 공사에 대해 하도급자에게 선급한 금액은 진행률 산정을 위한 누적발생원가에 포함시켜야 한다.

③ 총계약원가가 총계약수익을 초과할 가능성이 높은 경우, 예상되는 손실을 즉시 비용으로 인식한다.

④ 건설계약의 결과를 신뢰성 있게 추정할 수 없는 경우, 계약수익은 계약원가의 범위 내에서 회수가능성이 높은 금액만 인식하며, 발생한 계약원가는 모두 당해 기간의 비용으로 인식한다.

26. 다음은 ㈜삼일건설의 재무제표에 대한 주석이다. 다음 괄호 안에 들어갈 용어로 가장 옳은 것은?

건설계약과 관련하여 진행기준에 의하여 수익을 인식하고 있습니다. 계약활동의 진행률은 진행단계를 반영하지 못하는 계약원가를 제외하고 수행한 공사에 대하여 발생한 누적계약원가를 추정 총계약원가로 나눈 비율로 측정하고 있습니다. 누적발생원가에 인식한 이익을 가산한 금액이 진행청구액을 초과하는 금액은 (　　)(으)로 표시하고 있습니다.

① 공사선수금　　② 계약자산　　③ 계약부채　　④ 계약수익

27. 다음 중 종업원급여에 대한 설명으로 가장 올바르지 않은 것은?

① 확정급여채무의 현재가치란 종업원이 당기와 과거기간에 근무용역을 제공하여 발생한 채무를 기업이 결제하는 데 필요한 예상 미래 지급액의 현재가치(사외적립자산 차감 전)를 의미한다.

② 종업원급여는 단기종업원급여, 퇴직급여, 기타장기종업원급여, 해고급여의 네 가지 범주를 포함한다.

③ 단기종업원급여는 종업원이 관련 근무용역을 제공하는 연차 보고기간 후 12개월이 되기 전에 모두 결제될 것으로 예상되는 종업원급여로 해고급여는 제외한다.

④ 확정급여제도는 기업이 종업원 퇴직시 약정된 퇴직급여의 지급을 약속한 것으로 그 운용과 위험을 종업원이 부담한다.

28. ㈜삼일은 20X1년 1월 1일에 기술이사인 나기술씨에게 다음과 같은 조건의 현금결제형 주가차액보상권 27,000개를 부여하였다. 이 경우 20X1년 포괄손익계산서에 계상할 당기보상비용은 얼마인가(단, 나기술씨는 20X3년 12월 31일 이전에 퇴사하지 않을 것으로 예상된다)?

ㄱ. 기본조건 : 20X3년 12월 31일까지 의무적으로 근무할 것
ㄴ. 행사가능기간 : 20X4년 1월 1일 ~ 20X5년 12월 31일
ㄷ. 20X1년 초 추정한 주가차액보상권의 공정가치 : 200,000원/개
ㄹ. 20X1년 말 추정한 주가차액보상권의 공정가치 : 250,000원/개

① 18억원 ② 22.5억원 ③ 27억원 ④ 67.5억원

29. ㈜삼일의 과세소득과 관련된 다음 자료를 이용하여 20X1년 말 재무상태표상의 이연법인세자산(부채)금액을 구하면 얼마인가?

법인세비용차감전순이익	4,000,000원
가산(차감)조정	
일시적차이가 아닌 차이	600,000원
일시적차이	900,000원
과세표준	5,500,000원 (세율 : 25%)

〈 추가자료 〉
ㄱ. 일시적차이가 사용될 수 있는 미래과세소득의 발생가능성은 높다고 가정한다.
ㄴ. 일시적차이는 20X2년, 20X3년, 20X4년에 걸쳐 300,000원씩 소멸하며, 일시적 차이가 소멸될 것으로 예상되는 기간의 과세소득에 적용될 것으로 기대되는 평균세율은 30%로 동일하다.
ㄷ. 20X0년 말 재무상태표상 이연법인세자산(부채)은 없다.

① 이연법인세부채 225,000원 ② 이연법인세자산 270,000원
③ 이연법인세부채 325,000원 ④ 이연법인세자산 370,000원

30. 다음은 ㈜삼일의 20X1년과 20X2년 말의 법인세회계와 관련된 내역이다. 20X2년에 ㈜삼일이 계상하여야 할 법인세비용은 얼마인가?

	20X1년 말	20X2년 말
이연법인세자산	10,000원	50,000원
이연법인세부채	30,000원	10,000원
20X2년 말 미지급법인세	200,000원	

① 110,000원 ② 120,000원 ③ 140,000원 ④ 190,000원

31. 20X1년에 설립된 ㈜삼일은 재고자산의 원가흐름에 대한 가정을 20X1년까지 선입선출법을 적용하여 단가결정을 하였으나, 20X2년부터 평균법으로 변경하였다. 원가흐름에 대한 가정에 따른 각 연도말 재고 자산의 장부금액이 다음과 같다.

	20X1년	20X2년
선입선출법	45,000원	50,000원
평균법	35,000원	45,000원

㈜삼일이 평균법으로의 회계정책변경에 대한 소급효과를 모두 결정할 수 있다고 가정할 경우 상기 회계변경이 20X2년 말 이익잉여금에 미치는 영향은 얼마인가(단, 상기 회계변경 반영 전 ㈜삼일의 20X1년 말 및 20X2년 말 재무상태표에는 선입선출법을 적용한 금액으로 재고자산이 표시되어 있다)?

① 5,000원 증가 ② 10,000원 증가
③ 5,000원 감소 ④ 10,000원 감소

32. ㈜삼일의 20X1년 당기순이익은 3,000,000원이다. ㈜삼일의 20X1년 1월 1일 유통보통주식수는 10,000주이며, 4월 1일 자기주식 1,000주를 취득하였고, 10월 1일에는 유상증자를 통해 3,000주를 발행하였다. 20X1년 우선주배당금이 400,000원인 경우, ㈜삼일의 20X1년 기본주당순이익은 얼마인가? (단, 가중평균유통주식수는월수로 계산한다)

① 300원 ② 280원 ③ 260원 ④ 240원

33. 다음 중 지분법과 관련된 설명으로 가장 올바르지 않은 것은?

① 투자자가 직접 또는 간접으로 피투자자에 대한 의결권의 20% 이상을 소유하고 있다면 명백한 반증이 없는 한 유의적인 영향력이 있는 것으로 본다.

② 기업이 해당 피투자자에 대하여 유의적인 영향력이 있는지 여부를 평가할 때에는 다른 기업이 보유한 잠재적 의결권은 고려하지 않는다.

③ 투자자의 보고기간종료일과 관계기업의 보고기간종료일이 다른 경우, 관계기업은 투자자의 재무제표와 동일한 보고기간종료일의 재무제표를 재작성한다.

④ 유의적인 영향력이란 투자자가 피투자자의 재무정책과 영업정책에 관한 의사결정에 참여할 수 있는 능력을 말한다.

34. 20X1년 1월 1일 ㈜삼일은 ㈜용산의 발행주식총수의 30%를 6,000원에 취득하였다. 주식취득일 현재 ㈜용산의 순자산장부금액은 18,000원이고 자산 · 부채의 장부금액은 공정가치와 동일하였다. 20X1년 손익계산서상 당기순이익은 6,000원이다. ㈜삼일의 20X1년 말 재무상태표에 계상될 ㈜용산의 투자주식금액 및 관련 지분법이익은 각각 얼마인가?

	투자주식금액	지분법이익		투자주식금액	지분법이익
①	7,200원	1,800원	②	7,200원	3,000원
③	7,800원	1,800원	④	7,800원	3,000원

35. ㈜삼일은 자동차 제조업을 영위하는 업체로서 기능통화는 원화이다. 20X1년 회계연도(20X1년 1월 1일 ~ 20X1년 12월 31일) 중 발생한 수출실적이 다음과 같을 경우 ㈜삼일의 20X1년 말 재무상태표상 매출채권과 포괄손익계산서상 외화환산손익으로 가장 옳은 것은?

(1) 수출액 및 대금회수일

수출일	수출액	대금회수일
20X1년 11월 21일	$ 80,000	20X2년 1월 20일

(2) 일자별 환율

일자	20X1년 11월 21일	20X1년 12월 31일	20X2년 1월 20일
환율	1,100원/$	1,080원/$	1,170원/$

(3) 기타정보

상기 수출대금은 대금회수일에 이상없이 모두 회수되었으며, 상기 수출과 관련된 매출채권 이외의 채권 · 채무는 없다.

	매출채권	외화환산손익		매출채권	외화환산손익
①	86,400,000원	손실 1,600,000원	②	86,400,000원	손실 5,600,000원
③	93,600,000원	이익 1,600,000원	④	93,600,000원	이익 7,200,000원

36. 다음 중 파생상품과 관련한 회계처리에 대한 설명으로 가장 올바르지 않은 것은?

① 파생상품은 당해 계약상의 권리와 의무에 따라 자산 또는 부채로 인식하여 재무제표에 계상하여야 한다.

② 내재파생상품은 파생상품이 아닌 주계약을 포함하는 복합상품의 구성요소이며, 복합상품의 현금흐름 중 일부를 독립적인 파생상품의 경우와 유사하게 변동시키는 금융상품을 말한다.

③ 위험회피대상항목은 공정가치 변동위험 또는 미래현금흐름 변동위험에 노출된 자산, 부채, 확정계약 또는 미래에 예상되는 거래를 말한다.

④ 위험회피수단으로 지정되지 않고 매매목적 등으로 보유하고 있는 파생상품의 평가손익은 기타포괄손익으로 계상해야 한다.

37. ㈜삼일은 20X1년 1월 1일 ㈜용산리스로부터 기계장치를 3년간 리스하기로 하고, 매년 말 고정리스료로 1,000,000원씩 지급하기로 하였다. 리스계약을 체결하는 과정에서 ㈜삼일은 100,000원의 리스개설직접원가를 지출하였고, ㈜용산리스는 50,000원의 리스개설직접원가를 지출하였다. 동 기계장치는 원가모형을 적용하고 내용연수는 5년이며 정액법으로 감가상각한다. 리스기간 종료시 동 기계장치는 ㈜용산리스에 반환하는 조건이다. 리스개시일 현재 ㈜용산리스의 내재이자율은 알 수 없으며, ㈜삼일의 증분차입이자율은 10%이다. ㈜삼일이 리스개시일에 인식할 사용권자산은 얼마인가?

기간	단일금액 1원의 현재가치 (할인율 10%)	정상연금 1원의 현재가치 (할인율 10%)
3년	0.7513	2.4869

① 2,486,900원　② 2,536,900원　③ 2,586,900원　④ 2,636,900원

38. ㈜삼일은 기중에 다음과 같은 자금의사결정을 하였다. 아래의 의사결정으로 인한 현금흐름 중 투자활동 관련 순현금흐름은 얼마인가?

매출채권의 회수	950,000원
차입금의 상환	1,000,000원
유형자산의 취득	800,000원
관계기업투자주식의 처분	1,000,000원
유상증자	2,000,000원
급여의 지급	500,000원
배당금의 지급	800,000원
무형자산의 처분	500,000원

① 500,000원 현금유입　② 500,000원 현금유출
③ 700,000원 현금유입　④ 700,000원 현금유출

39. 다음은 ㈜삼일의 20X1년 영업활동에 관련된 자료이다. 20X1년 12월 31일로 종료되는 회계연도에 ㈜삼일의 현금흐름표에 보고되어야 할 영업활동 현금흐름은 얼마인가(단, 상기 자료 이외에 간접법으로 현금흐름표 작성 시 고려할 사항은 없다고 가정함)?

당기순이익	15,000,000원	매출채권의 증가	3,000,000원
매입채무의 감소	2,500,000원	감가상각비	1,000,000원

① 8,500,000원　② 9,000,000원　③ 10,000,000원　④ 10,500,000원

40. ㈜삼일의 20X1년도 포괄손익계산서상 이자비용은 100,000원이다. 다음 자료를 이용하여 ㈜삼일이 20X1년도에 현금으로 지급한 이자금액을 계산하면 얼마인가?

구 분	20X0년 12월 31일	20X1년 12월 31일
미지급이자	10,000원	25,000원
선급이자	10,000원	5,000원

① 70,000원 ② 80,000원 ③ 90,000원 ④ 100,000원

세무회계

41. 다음 중 조세의 개념에 관한 설명으로 가장 옳은 것은?

① 공공단체가 공공사업에 필요한 경비에 충당하기 위하여 부과하는 공과금도 조세에 해당한다.
② 조세는 위법행위에 대한 제재에 목적을 두고 있는 과태료와 그 성격이 매우 유사하다.
③ 조세법률주의에 따라 조세의 과세요건은 법률로 규정해야 한다.
④ 조세는 납부하는 금액에 비례하여 반대급부가 제공된다.

42. 다음 중 국세기본법상 기한과 기간에 관한 설명으로 가장 올바르지 않은 것은?

① 과세표준신고서를 국세정보통신망을 통해 제출하는 경우 해당 신고서 등이 국세청장에게 전송된 때에 신고한 것으로 본다.
② 국세의 납부에 관한 기한이 근로자의 날일 때에는 그 다음 날을 기한으로 본다.
③ 기간을 일·주·월·연으로 정한 때에는 기간의 초일은 기간 계산시 산입한다.
④ 기간의 계산은 국세기본법 또는 그 세법에 특별한 규정이 있는 것을 제외하고는 민법의 역법적 계산 방법에 따른다.

43. 다음 중 납세자의 우편신고와 과세관청의 우편송달의 효력발생시기에 관한 설명으로 가장 옳은 것은?

① 모두 도달주의에 의한다.
② 모두 발신주의에 의한다.
③ 납세자의 우편신고는 도달주의, 과세관청의 우편송달은 발신주의에 의한다.
④ 납세자의 우편신고는 발신주의, 과세관청의 우편송달은 도달주의에 의한다.

44. ㈜삼일의 당기(20x1년 1월 1일~20x1년 12월 31일) 결산서상 당기순이익은 150,000,000원이며 세무조정 결과 익금산입 · 손금불산입 금액은 40,000,000원, 손금산입 · 익금불산입 금액은 80,000,000원이 발생하였다. 당기말 현재 공제가능한 세무상 이월결손금이 100,000,000원인 경우 ㈜삼일의 법인세 과세 표준을 계산하면 얼마인가(단, ㈜삼일은 중소기업이며, 기부금, 비과세소득, 소득공제 금액은 없다)?

① 10,000,000원　　② 44,000,000원
③ 66,000,000원　　④ 110,000,000원

45. ㈜삼일은 법령에 따라 사업연도가 정해진 법인은 아니며 20x1년부터 사업연도를 변경하기로 하였다. 20x1년 5월 30일에 사업연도를 변경신고를 한 경우 법인세법상 사업연도의 구분으로 가장 옳은 것은?

가. 변경 전 사업연도 제 10 기 : 20x0년 1월 1일 ~ 20x0년 12월 31일 나. 변경하려는 사업연도 : 7월 1일 ~ 다음 연도 6월 30일

① 제 11 기 : 20x1년 1월 1일 ~ 20x1년 6월 30일
② 제 11 기 : 20x1년 1월 1일 ~ 20x2년 5월 30일
③ 제 12 기 : 20x1년 7월 1일 ~ 20x2년 6월 30일
④ 제 13 기 : 20x2년 7월 1일 ~ 20x3년 6월 30일

46. 다음은 ㈜삼일(금융업을 영위함)의 세무조정 과정에서 작성된 소득금액조정합계표 양식과 세무조정 근거를 서술한 것이다. 세무조정을 수행한 다음 항목 중 법인세법상 가장 올바르지 않은 것은?

〈소득금액조정합계표〉

익금산입 및 손금불산입			손금산입 및 익금불산입		
과목	금액	소득처분	과목	금액	소득처분
임원상여금한도초과	1,500,000원	상여	미수이자	1,000,000원	유보
외화환산손실	500,000원	유보	법인세환급액	400,000원	기타
합계	2,000,000원		합계	1,400,000원	

〈세무조정 근거〉

ㄱ) 임원상여금한도초과
- 임원에게 특별한 사유없이 급여지급기준에 의한 상여금을 초과하여 지급한 금액을 손금불산입하였다.

ㄴ) 외화환산손실
- 외화매출채권을 기준환율로 평가하여 계상한 외화환산손실은 세무상 손금이 아니므로 이를 손금불산입하였다.

ㄷ) 미수이자
- 국내은행에 가입한 정기예금으로부터 발생한 기간경과분 미수이자 해당액을 익금불산입하였다.

ㄹ) 법인세환급액
- 작년에 납부한 법인세에 대한 당기 환급액을 회계상 수익으로 인식하여 이를 익금불산입하였다.

① 임원상여금한도초과 ② 외화환산손실
③ 미수이자 ④ 법인세환급액

47. 다음 자료에 의하여 각사업연도소득금액을 계산할 때 익금불산입 세무조정을 하여야 하는 금액은 얼마인가(단, 과세표준 계산시 공제가능한 이월결손금은 없다)?

가. 무상으로 받은 자산의 가액 1,000,000원
나. 국세 과오납금의 환급금 이자 2,500,000원
다. 손금불산입된 금액의 환입액 1,200,000원
라. 자산의 임대료 2,000,000원

① 2,500,000원 ② 3,700,000원
③ 4,500,000원 ④ 4,700,000원

48. 다음 중 손금에 관한 설명으로 가장 올바르지 않은 것은?

① 사용인에게 지급하는 퇴직금은 전액 손금에 산입된다.
② 비영업용 소형승용차의 취득 및 유지와 관련된 부가가치세 매입세액은 손금에 산입된다.
③ 임원에 대한 복리후생비는 손금에 산입된다.
④ 이사회에서 정한 퇴직금지급규정이 존재하는 경우 세법에 정하는 퇴직금 한도에 우선하여 적용된다.

49. ㈜삼일은 20x1년도 업무용 건물에 대한 종합부동산세 928,000원(납부지연가산세 28,000원 포함)을 신고기한 경과 후 납부하고 아래와 같이 회계처리하였다. 이에 대한 세무조정으로 가장 옳은 것은?

(차)	세금과공과	928,000원	(대)	현금	928,000원

① (손금불산입) 세금과공과 928,000원(기타사외유출)
② (손금불산입) 세금과공과 28,000원(기타사외유출)
③ (손금불산입) 세금과공과 928,000원(상여)
④ (손금불산입) 세금과공과 28,000원(상여)

50. ㈜삼일건설의 당기(20x1년 1월 1일 ~ 20x1년 12월 31일)자료이다. 회사가 현금회수시점에 이를 임대수익으로 인식할 경우 당기에 알맞은 세무조정을 행하면?

> 토지 B를 당해연도 11월 1일부터 2년간 임대하고 2년간의 임대료 48,000,000원을 임대기간 말에 받기로 하여 20x3년 10월 31일 수익으로 인식하였다.

① 익금산입 2,000,000원
② 익금산입 4,000,000원
③ 익금산입 48,000,000원
④ 세무조정 사항 없음

51. 도매업을 영위하는 ㈜삼일은 전기까지 매장을 임차하여 사용하다 당기(20x1년 1월 1일 ~ 20x1년 12월 31일) 중 건물을 최초로 취득하고 세무상 감가상각 내용연수를 신고하고자 한다. 건물의 취득일자가 20x1년 5월 14일인 경우 세무상 감가상각 내용연수 신고는 언제까지 해야 하는가?

① 20x1년 6월 30일
② 20x1년 9월 30일
③ 20x1년 12월 31일
④ 20x2년 3월 31일

52. ㈜삼일은 당기에 회사의 대표이사로부터 시가 2억원인 건물을 3억원에 매입하였다. 회사는 당해 매입가액을 건물의 취득가액으로 계상하고, 감가상각비는 계상하지 아니하였다. 동 건물의 신고내용연수는 40년이다. 다음 중 당기 세무조정으로 가장 옳은 것은(단, ㈜삼일은 건물매입대금을 매입시점에 현금으로 전액 지급하였다)?

① (손금산입)　건 물 1억원(△유보)
② (손금산입)　건 물 1억원(△유보)
　(손금불산입) 고가매입액 1억원(상여)
③ (손금불산입) 고가매입액 1억원(상여)
　(손금불산입) 감가상각비 2,500,000원(유보)
④ (손금불산입) 건 물 1억원(유보)

53. 다음 중 제 11 기(20x1년 1월 1일 ~ 20x1년 12월 31일) ㈜삼일이 행한 기부금에 대한 세무상 처리로 가장 옳은 것은?

① 영업자가 조직한 법정단체에 대한 특별회비를 일반기부금으로 처리하였다.
② 비지정기부금을 전액 손금불산입하고 대표자상여로 소득처분하였다.
③ 기준소득금액에서 이월결손금을 차감한 금액의 50%를 특례기부금의 손금한도액으로 계산하였다.
④ 토지를 특례기부금으로 현물기부하고 기부할 당시의 토지의 시가를 기부금으로 계상하였다.

54. ㈜삼일은 지방자치단체(특수관계 없음)에 정당한 사유없이 시가 10억원인 건물을 6억원에 양도하였다. 이 거래와 관련하여 ㈜삼일이 기부금으로 의제할 금액은 얼마인가?

① 1 억원　　② 3 억원　　③ 4 억원　　④ 없음

55. 법인이 사업과 관련하여 재화 또는 용역을 사업자로부터 공급받고 그 대가를 지출하는 경우 적법한 증빙을 구비해야 한다. 다음은 증빙서류의 수취의무와 미수취시 불이익을 요약한 표의 일부이다. 가장 올바르지 않은 것은(단, 모든 지출은 사업자로부터 재화나 용역을 공급받고 발생했다고 가정한다)?

대 상		정규증명서류 이외의 서류 수취 시 불이익	
		손금인정여부	가산세
기업업무추진비	건당 3만원 초과 (경조사비 20만원 초과)	① 손금불산입	② 가산세 부과
기업업무추진비 이외의 지출	건당 3만원 초과	③ 손금산입	④ 가산세 부과

56. 다음의 지급이자 중 기타사외유출로 소득처분되는 금액은 모두 얼마인가?

(1) 채권자불분명 사채이자 : 10,000,000원
(2) 비실명 채권, 증권의 이자 중 원천징수세액 : 5,000,000원
(3) 공장건물의 취득과 관련한 특정차입금의 지급이자 : 12,000,000원
(4) 재고자산의 취득과 관련한 특정차입금의 지급이자 : 15,000,000원
(5) 토지의 취득과 관련한 일반차입금의 지급이자 : 5,000,000원
(6) 사업용이 아닌 토지(업무무관자산에 해당)의 취득과 관련한 지급이자 : 23,000,000원

① 23,000,000원 ② 28,000,000원
③ 33,000,000원 ④ 48,000,000원

57. 다음 중 법인세법상 업무무관자산 등 지급이자 손금불산입에 관한 설명으로 가장 올바르지 않은 것은?

① 지급이자 손금불산입하는 가지급금은 특수관계인에 대한 업무무관가지급금을 말한다.
② 유예기간 중 업무에 사용하지 않고 양도하는 부동산은 업무무관자산에 해당한다.
③ 지급이자는 선순위로 손금불산입된 금액을 제외한다.
④ 지급이자는 타인에게서 자금을 차용하는데 대응하여 지급되는 금융비용으로서 미지급이자는 제외하되 미경과이자는 포함한다.

58. 제조업을 영위하는 ㈜삼일의 제22기 사업연도(20x1년 1월 1일 ~ 20x1년 12월 31일)의 대손충당금 한도초과액은 얼마인가?

(1) 결산서상 대손충당금 내역
① 기초대손충당금 잔액 : 20,000,000원
② 채권미회수에 따른 감소액 : 9,000,000원
③ 당기 추가설정액 : 27,000,000원
④ 기말잔액 : 38,000,000원
(2) 당기 세무상 대손충당금 설정대상채권액 : 200,000,000원
(3) 전기 세무상 대손충당금 설정대상채권액 : 300,000,000원
(4) 전기말 기준으로 대손부인된 채권은 없다고 가정한다.

① 24,000,000원 ② 29,000,000원
③ 32,000,000원 ④ 36,000,000원

59. 다음 중 법인세법상 대손금 및 대손충당금에 관한 설명으로 가장 올바르지 않은 것은?

① 대손충당금은 매출활동을 통해 발생한 외상매출금과 받을어음에만 설정할 수 있으므로 대여금, 미수금 등에 대해서는 대손충당금을 설정할 수 없다.

② 일반법인의 경우 대손충당금 설정한도는 설정대상 채권금액에 1%와 대손실적률 중 큰 비율을 곱한 금액이다.

③ 법인세법상 대손금으로 인정된 금액 중 회수된 금액은 회수된 날이 속하는 사업연도의 익금이다.

④ 손금불산입된 대손충당금 한도초과액은 유보로 소득처분한다.

60. 다음 중 법인세법상 과세표준의 계산에 대한 설명으로 가장 올바르지 않은 것은?

① 과세표준은 각사업연도소득에서 이월결손금, 비과세소득, 소득공제를 순서대로 차감하여 계산한다.

② 공제대상 이월결손금은 각사업연도소득의 60%(중소기업과 회생계획 이행중 기업 등은 100%) 범위에서 공제한다.

③ 각사업연도소득금액에서 이월결손금을 공제한 금액을 초과하는 비과세소득은 다음 사업연도로 이월되지 않고 소멸한다.

④ 자산수증이익이나 채무면제이익에 의해 충당된 이월결손금은 과세표준 계산시 공제 가능하다.

61. 다음 중 소득세에 관한 설명으로 가장 올바르지 않은 것은?

① 소득세법은 부부라 하더라도 개인단위과세제도를 원칙으로 한다.

② 퇴직소득과 양도소득은 다른 소득과 합산하지 않고 별도로 과세한다.

③ 분리과세대상 소득은 일단 소득을 지급하는 시점에 원천징수를 하되 추후 납세의무를 확정할 때 이를 다시 정산하는 방법을 말한다.

④ 소득세법은 열거주의에 의하여 과세대상 소득을 규정하고 있으므로 열거되지 아니한 소득은 비록 담세력이 있더라도 과세되지 않는다. 다만, 예외적으로 이자소득과 배당소득은 열거되지 않은 소득이라도 유사한 소득을 포함하는 유형별 포괄주의를 채택하고 있다.

62. 다음 중 소득세법상 이자소득에 관한 설명으로 가장 올바르지 않은 것은?

① 자금대여를 영업으로 하는 자가 금전을 대여하여 얻은 이익은 이자소득으로 과세된다.

② 보험기간이 10년 미만인 저축성보험의 보험차익은 이자소득으로 과세된다.

③ 이자소득을 발생시키는 거래 · 행위와 파생상품이 결합된 경우 해당 파생상품의 거래 · 행위로부터의 이익은 이자소득으로 과세된다.

④ 동일직장이나 동일직종에 종사하는 근로자로 구성된 공제조합 또는 공제회로부터 받는 공제회 반환금 중 납입원금을 초과하는 금액은 이자소득으로 과세된다.

63. 다음 거주자 김삼일씨의 상가임대 관련 자료를 기초로 20x1년 부동산임대 관련 사업소득 총수입금액을 계산하면 얼마인가?

ㄱ. 임대기간 : 20x1년 7월 1일 ~ 20x2년 6월 30일
ㄴ. 임대료 : 보증금 0원, 월세 10,000,000원
ㄷ. 1년간의 임대료 120,000,000원을 20x1년 7월 1일에 선불로 수령함

① 30,000,000원 ② 60,000,000원 ③ 80,000,000원 ④ 120,000,000원

64. 다음 중 소득세법상 근로소득에 관한 설명으로 가장 올바르지 않은 것은?

① 잉여금처분에 의한 상여의 경우 당해 법인의 잉여금처분 결의일을 근로소득의 수입시기로 한다.

② 퇴직함으로써 받는 소득으로서 퇴직소득에 속하지 아니하는 소득은 근로소득에 해당한다.

③ 종업원의 소유차량을 종업원이 직접 운전하여 사용자의 업무수행에 이용하고 시내출장 등에 소요된 실제여비를 받는 대신에 그 소요경비를 당해 사업체의 규칙 등에 의하여 정하여진 지급기준에 따라 받는 금액 중월 20만원 이내의 금액에 대해서는 소득세를 과세하지 아니한다.

④ 소액주주인 임원이 사택을 제공받음으로써 얻는 이익은 과세대상 근로소득에 해당한다.

65. 다음은 근로자 김삼일씨의 20x1년도 기타소득금액 자료이다. 김삼일씨의 종합과세될 기타소득금액은 얼마인가(단, 분리과세 신청은 하지 않았다)?

• 복권당첨금	5,000,000원
• 강연료(필요경비 차감 후)	6,000,000원
• 법인세법상 기타로 처분된 금액	2,000,000원

① 5,000,000원 ② 8,000,000원 ③ 11,000,000원 ④ 13,000,000원

66. 다음은 거주자 김삼일씨의 20x1년 부양가족 현황이다. 김삼일씨가 소득공제로 적용받을 수 있는 인적공제(기본공제와 추가공제)의 합계는 얼마인가?

관계	연령(만)	소득종류 및 금액
김삼일	42세	종합소득금액 5,000만원
배우자	40세	총급여 500만원
부친(장애인)	80세	소득 없음
모친	71세	사업소득금액 500만원
딸	10세	소득 없음
아들	8세	소득 없음

① 900만원 ② 950만원 ③ 1,050만원 ④ 1,150만원

67. 다음 중 소득세법상 세액공제에 관한 설명으로 가장 올바르지 않은 것은?

① 모든 근로자는 일률적으로 근로소득에 대한 산출세액에서 일정기준에 따라 계산한 근로소득세액공제액을 공제할 수 있다.

② 거주자의 종합소득금액에 Gross-up된 배당소득금액이 합산된 경우에는 당해 배당소득에 가산된 금액을 산출세액에서 공제한다.

③ 거주자의 종합소득에 국외원천소득이 포함되어 있는 경우 국외에서 납부한 세액이 있는 때에는 외국납부세액공제를 적용할 수 있다.

④ 모든 사업소득자는 과세표준 확정신고시 복식부기에 따라 해당 재무제표를 제출하는 경우 기장세액공제가 적용된다.

68. 다음 중 원천징수에 관한 설명으로 가장 올바르지 않은 것은?

① 원천징수를 하면 납세의무가 종결되므로, 소득자는 어떤 경우에도 확정신고를 할 필요가 없다.

② 법인이 개인에게 소득을 지급하는 경우 소득세법에 따라 원천징수 한다.

③ 원천징수에 의해서 정부는 조세수입을 조기에 확보할 수 있으며, 탈세를 방지할 수 있는 장점이 있다.

④ 예납적원천징수의 경우에는 별도의 소득세 확정신고절차가 필요하나, 완납적원천징수에 해당하면 별도의 확정신고가 불필요하다.

69. 다음 중 근로소득 연말정산과 관련한 내용으로 가장 올바르지 않은 것은?

① 퇴직한 경우에는 퇴직한 달의 급여를 지급하는 때 정산한다.
② 근로소득을 지급하는 자가 다음해 2월분 급여를 지급하는 때에 1년간의 총급여액에 연말정산을 한다.
③ 소득공제를 받으려면 소득공제에 필요한 서류를 제출하여야 한다.
④ 반기별 납부승인을 받은 경우에는 8월분 급여를 지급하는 때 정산한다.

70. 다음 중 양도소득세 과세대상으로 가장 올바르지 않은 것은?

① 업무용 차량의 양도
② 등기된 부동산 임차권
③ 대주주가 양도하는 상장주식
④ 특정시설물이용권의 양도

71. 다음 중 부가가치세에 관한 설명으로 가장 올바르지 않은 것은?

① 부가가치세는 납세의무자과 담세자가 상이한 간접세에 해당한다.
② 부가가치세는 납세자의 소득수준과 관련 없이 모두 동일한 세율이 적용된다.
③ 재화의 수입은 수입자가 사업자인 경우에 한하여 부가가치세가 과세된다.
④ 우리나라 부가가치세 제도는 전단계세액공제법을 따르고 있다.

72. 다음 중 부가가치세법상 사업자에 관한 설명으로 가장 올바르지 않은 것은?

① 사업자가 되기 위해서는 영리목적의 유무와는 무관하다.
② 단순히 한두 번 정도의 재화와 용역을 공급하는 행위에 대하여도 독립적인 경우 사업성이 인정된다.
③ 면세사업자는 부가가치세법의 적용을 받지 아니하므로 매출세액을 거래징수할 필요가 없으며, 반면에 매입세액을 공제받을 수도 없다.
④ 과세사업자에 해당하더라도 면세대상 재화·용역을 공급하면 부가가치세가 면제된다.

73. 다음 중 부가가치세법상 사업장에 관한 설명으로 가장 올바르지 않은 것은?

① 건설업의 경우 법인은 등기부상 소재지, 개인은 업무총괄장소를 사업장으로 한다.
② 제조업의 경우 최종 제품을 완성하는 장소를 사업장으로 본다.
③ 부동산임대업의 경우 사업에 관한 업무총괄장소를 사업장으로 본다.
④ 사업장을 설치하지 않은 경우 해당 사업자의 주소 또는 거소를 사업장으로 본다.

74. 다음 중 부가가치세 과세기간에 관한 설명으로 가장 올바르지 않은 것은?

① 폐업자의 최종과세기간은 폐업일이 속하는 과세기간의 개시일부터 폐업일이 속하는 달의 말일까지로 한다.

② 사업개시일 이전에 사업자등록을 신청한 경우의 과세기간은 그 신청일부터 그 신청일이 속하는 과세기간의 종료일까지로 한다.

③ 신규사업자의 최초과세기간은 사업개시일부터 그 날이 속하는 과세기간의 종료일까지로 하는 것이 원칙이다.

④ 간이과세자의 과세기간은 1월 1일부터 12월 31일까지로 한다.

75. 다음 중 간주공급의 한 유형인 사업상 증여에 관한 설명으로 가장 올바르지 않은 것은?

① 부가가치세법에서는 과세의 형평을 위하여 자기사업과 관련하여 생산 또는 취득한 재화를 고객에게 증여시 이를 공급으로 보도록 하고 있다.

② 사업자가 제품을 구매하는 고객에게 구입액의 비율에 따라 기증품을 증여하는 것은 사업상 증여에 해당하지 않는다.

③ 매입세액이 공제되지 아니한 재화라도 고객에게 증여하는 것은 사업상 증여에 해당된다.

④ 사업상 증여시 세금계산서를 발급할 필요가 없다.

76. 다음 중 20x1년 제 2 기 예정신고시 부가가치세 과세표준 금액이 다른 회사는(단, 보기 이외의 다른 거래는 없으며 세금계산서는 부가가치세법상 원칙적인 교부시기에 발급했다고 가정한다)?

① ㈜서울 20x1년 7월 15일에 제빵기계 1 대를 2,000,000원에 외상판매 하였다.

② ㈜파리 20x1년 9월 1일에 제빵기계 1 대를 2,000,000원에 할부판매하고 대금은 당월부터 20 개월에 거쳐 매월 100,000원씩 받기로 하였다.

③ ㈜런던 20x1년 8월 1일에 제빵기계 1 대를 2,000,000원에 할부판매하고 대금은 당월부터 5 개월에 거쳐 매월 400,000원씩 받기로 하였다.

④ ㈜도쿄 20x1년 9월 7일에 매출 부진으로 폐업하였다. 폐업시에 남아있던 재고자산의 시가는 2,000,000원이었으며, 이는 10월 3일에 처분되었다.

77. 다음은 자동차를 제조하여 판매하는 ㈜삼일의 20x1년 4월 1일부터 20x1년 6월 30일까지의 거래내역이다. 20x1년 제1기 확정신고와 관련한 설명으로 가장 올바르지 않은 것은?

〈매출내역〉
면세사업자에게 판매한 금액 : 30,000,000원(부가가치세 별도)
과세사업자에게 판매한 금액 : 20,000,000원(부가가치세 별도)

〈매입내역〉
원재료 매입금액(세금계산서 수령) : 33,000,000원(부가가치세 포함)

① 과세사업자에게 판매한 20,000,000원은 과세표준에 포함해야 한다.
② 면세사업자에게 판매한 30,000,000원은 과세표준에 포함하지 않는다.
③ 원재료 매입시 부담한 부가가치세 3,000,000원은 매입세액으로 공제한다.
④ 20x1년 제1기 예정신고시 누락한 매출금액을 확정신고시 과세표준에 포함해 신고할 수 있다.

78. 다음 중 부가가치세법상 면세대상으로 가장 올바르지 않은 것은?

① 생리대, 연탄, 무연탄 등 기초생필품
② 쌀 등 미가공식료품
③ 의료보건용역
④ 항공기, 택시 등 여객운송용역

79. 다음 중 부가가치세법상 세금계산서 및 영수증에 관한 설명으로 가장 올바르지 않은 것은?

① 소매업을 영위하는 일반과세자는 공급받는 자가 사업자등록증을 제시하고 세금계산서의 발급을 요구하더라도 세금계산서를 발급할 의무가 없다.
② 사업자가 공급시기가 되기 전에 재화 또는 용역에 대한 대가의 전부를 받고 세금계산서를 발급하는 경우에는 이를 적법한 세금계산서로 인정한다.
③ 위탁판매의 경우 수탁자가 재화를 인도하는 때에는 수탁자가 위탁자를 공급자로 하여 세금계산서를 발급한다.
④ 부동산임대용역 중 간주임대료가 적용되는 부분에 대해서는 세금계산서 발급의무가 면제된다.

80. 다음 중 부가가치세법상 가산세에 관한 설명으로 가장 올바르지 않은 것은?

① 세금계산서불성실가산세와 매출처별세금계산서합계표 불성실가산세에 동시에 해당하는 경우 두가지 모두 적용한다.
② 신규로 사업을 개시한 사업자가 기한 내에 사업자등록을 신청하지 아니한 경우 사업개시일부터 등록신청일의 직전일까지의 공급가액에 대하여 1%를 미등록가산세로 납부하여야 한다.
③ 예정신고시 제출하지 않은 매출처별세금계산서합계표를 확정신고시에 지연제출한 경우에 가산세를 납부하여야 한다.
④ 영세율 첨부서류를 제출하지 아니한 경우에도 가산세가 부과된다.

원가관리회계

81. ㈜삼일통신은 매월 기본요금 15,000원과 10초당 18원의 통화료를 사용자에게 부과하고 있다. 이 경우 사용자에게 부과되는 매월 통화료의 원가행태로 가장 옳은 것은?

① 준고정원가 ② 순수고정원가 ③ 준변동원가 ④ 순수변동원가

82. ㈜삼일은 매출원가에 20%의 이익을 가산하여 제품을 판매한다. 다음 자료를 이용하여 기말재공품원가를 구하면 얼마인가?

직접재료원가	90,000원	직접노무원가	100,000원
제조간접원가	80,000원	기초재공품원가	50,000원
기초제품원가	20,000원	기말제품원가	50,000원
매출액	300,000원		

① 30,000원 ② 40,000원 ③ 80,000원 ④ 270,000원

83. 다음 중 보조부문원가의 배분방법인 직접배분법, 단계배분법, 상호배분법에 관한 설명으로 가장 올바르지 않은 것은?

① 보조부문 간의 용역수수관계를 고려하는 가장 합리적인 보조부문원가의 배분방법은 상호배분법이다.

② 보조부문원가를 어떤 배분방법으로 제조부문에 배분하느냐에 따라 공장 전체의 제조간접원가가 달라진다.

③ 보조부문의 원가를 각 제조부문이 사용한 용역의 상대적 비율에 따라 각 제조부문에 직접 배분하는 방법은 직접배분법이다.

④ 배분순서가 중요한 계산방법은 단계배분법이다.

84. 두 개의 제조부문과 두 개의 보조부문으로 이루어진 ㈜삼일의 부문간 용역수수에 관련된 자료는 다음과 같다. 단계배분법을 사용할 경우 제조부문 C에 배분되는 보조부문의 원가는 얼마인가(단, 보조부문원가는 A부문의 원가를 우선 배분한다)?

	보조부문		제조부문	
	A	B	C	D
A 부문 용역제공	-	40%	20%	40%
B 부문 용역제공	20%	-	60%	20%
발생원가	200,000원	300,000원	450,000원	600,000원

① 160,000원 ② 220,000원 ③ 268,000원 ④ 325,000원

85. ㈜삼일은 일반형 자전거와 고급형 자전거 두 가지의 제품을 생산하고 있다. 12월 한 달 동안 생산한 두 제품의 작업원가표는 아래와 같다.

	일반형 자전거	고급형 자전거
직접재료 투입액	300,000원	600,000원
직접노동시간	2,000시간	3,000시간
직접노무원가 임률	50원/시간	200원/시간

동 기간 동안 발생한 회사의 총제조간접원가는 1,000,000원이며, 제조간접원가는 직접노동시간을 기준으로 배부하고 있다. ㈜삼일은 실제 발생한 제조간접원가를 실제조업도에 의해 배부하는 원가계산방식을 채택하고 있다. 12월 한 달 동안 생산한 일반형 자전거의 제조원가는 얼마인가?

① 500,000원 ② 600,000원 ③ 700,000원 ④ 800,000원

86. ㈜삼일은 개별원가계산제도를 채택하고 있으며, 직접노무원가를 기준으로 제조간접원가를 배부한다. 20X1년의 제조간접원가배부율은 X부문에 대해서는 30%, Y부문에 대해서는 40%이다. 제조지시서 #105는 20X1년 중에 시작되어 완성되었으며, 원가 발생액과 관련된 자료가 다음과 같은 경우 제조지시서 #105와 관련된 총제조원가는 얼마인가?

	X부문	Y부문	합계
직접재료원가	800,000원	500,000원	
직접노무원가	1,000,000원		
제조간접원가		200,000원	
합계			

① 1,800,000원 ② 2,300,000원 ③ 2,800,000원 ④ 3,300,000원

87. ㈜삼일은 선입선출법을 이용한 종합원가계산을 한다. 원재료는 공정시작 시점에서 전량 투입되며, 가공원가는 공정 전반에 걸쳐 균등하게 발생한다. 만약 기말재공품의 완성도가 70%임에도 90%로 잘못 파악하여 종합원가계산을 수행한다면 어떤 결과가 발생하는가?

① 기말재공품의 원가가 과대계상된다.
② 당기완성품의 완성품환산량이 과대계상된다.
③ 완성품환산량 단위당 원가가 과대계상된다.
④ 기말재공품의 완성품환산량이 과소계상된다.

88. ㈜삼일은 평균법을 이용한 종합원가계산제도를 채택하고 있다. 재료는 공정 초기에 전량 투입되며, 가공원가는 공정 전반에 걸쳐 균등하게 발생할 경우 당기완성품원가와 기말재공품원가는 각각 얼마인가?

〈 수량, 재공품 완성도 〉

기초재공품	100개(40%)	완 성 품	800개
착수량	900개	기말재공품	200개(20%)

〈 원가 〉

	재료원가	가공원가
기초재공품원가	200,000원	150,000원
당기발생원가	800,000원	606,000원

	당기완성품원가	기말재공품원가		당기완성품원가	기말재공품원가
①	1,520,000원	180,000원	②	1,520,000원	236,000원
③	1,607,089원	236,000원	④	1,607,089원	260,022원

89. ㈜삼일은 선입선출법에 따라 종합원가계산을 하고 있다. 당월 완성품환산량 단위당 원가는 재료원가 5 원, 가공원가 10원이며, 당월 중 생산과 관련된 자료는 다음과 같다. 재료는 공정초기에 전량 투입된다고 할 때 이 회사의 당월에 실제 발생한 재료원가는 얼마인가?

기초재공품	500단위 (완성도 40%)
기말재공품	800단위 (완성도 50%)
당기완성품	4,200단위

① 18,500원 ② 21,000원 ③ 22,500원 ④ 25,000원

90. 다음 중 종합원가계산제도를 적용함에 있어 선입선출법과 평균법에 관한 설명으로 가장 올바르지 않은 것은?

① 평균법 적용하의 완성품환산량은 선입선출법 적용하의 완성품환산량보다 크거나 같다.
② 선입선출법은 완성품환산량 계산시 기초재공품을 당기에 착수한 것으로 간주한다.
③ 원재료 단가 산정시 선입선출법을 사용하는 기업이라 할지라도 종합원가계산제도 적용시 평균법을 사용할 수 있다.
④ 기초재공품이 없는 경우 평균법과 선입선출법의 완성품환산량 단위당 원가는 같다.

91. 다음 중 표준원가계산제도에 대한 설명으로 가장 올바르지 않은 것은?

① 비계량적인 정보를 활용하여 의사결정에 사용할 수 있다.
② 표준원가계산제도란 제품을 생산하는데 발생할 것으로 예상되는 원가를 사전에 결정하여 원가계산을 하는 제도이다.
③ 예외에 의한 관리로 효과적인 원가통제가 가능하다.
④ 출고량과 사용량만 파악하면 제품완성과 동시에 원가를 계산할 수 있다.

92. 다음 중 표준제조간접원가를 결정하기 위한 기준조업도와 관련된 내용으로 가장 올바르지 않은 것은?

① 기준조업도는 단순하고 이해하기 쉬워야 한다.
② 기준조업도는 물량 기준보다는 금액 기준으로 설정하는 것이 바람직하다.
③ 기준조업도와 제조간접원가의 발생 사이에는 인과관계가 존재하여야 한다.
④ 사전에 설정된 제조간접원가 예산을 기준조업도로 나누어 표준배부율을 계산한다.

93. ㈜삼일의 20X1년 4월 직접노무비의 자료는 다음과 같다. 직접노무비 능률차이는 얼마인가?

직접노무비 임률차이	3,000원 (불리)	실제발생액	126,000원
실제직접노동시간	40,000시간	표준직접노동시간	41,000시간

① 3,000원 불리 ② 3,000원 유리 ③ 3,075원 불리 ④ 3,075원 유리

94. 다음 중 직접노무원가 능률차이의 발생 원인으로 가장 올바르지 않은 것은?

① 단순한 작업에 고임률의 숙련된 노동자를 투입
② 노동의 비능률적 사용
③ 생산에 투입되는 원재료의 품질 향상
④ 생산부문 책임자의 감독 소홀

95. ㈜삼일의 생산 및 원가와 관련된 자료는 다음과 같다. 이와 관련된 설명 중 가장 올바르지 않은 것은?

기준조업도	10,000시간
제품 단위당 표준노동시간	9시간
제품의 실제 생산량	1,200 단위
고정제조간접원가 실제발생액	1,870,000원
고정제조간접원가 예산차이	130,000원 (유리)

① 고정제조간접원가 표준원가는 2,160,000원이다.
② 실제생산량에 허용된 표준조업도는 10,000시간이다.
③ 고정제조간접원가 총차이는 290,000원 유리하게 나타난다.
④ 고정제조간접원가 조업도차이는 160,000원 유리하게 나타난다.

96. 다음 변동원가계산에 의한 손익계산서와 관련된 내용 중 옳은 것을 모두 나열한 것은?

ㄱ. 공헌이익을 계산한다.
ㄴ. 변동제조간접원가를 기간비용으로 처리한다.
ㄷ. 고정제조간접원가는 공헌이익 산출에 포함되지 않는다.
ㄹ. 제품생산량이 영업이익에 영향을 미친다.
ㅁ. 판매비와관리비를 변동비와 고정비로 분리하여 보고한다.

① ㄱ, ㄴ, ㄷ ② ㄱ, ㄷ, ㅁ ③ ㄴ, ㄷ, ㄹ ④ ㄴ, ㄷ, ㅁ

97. 다음 중 변동원가계산의 유용성으로 가장 올바르지 않은 것은?

① 이익계획과 예산편성에 필요한 자료를 용이하게 획득할 수 있다.
② 특정기간의 이익이 생산량에 영향을 받지 않는다.
③ 표준원가 및 변동예산과 함께 사용하면 원가통제와 성과평가에 유용하게 활용할 수 있다.
④ 제조간접원가에 포함되는 혼합원가의 주관적 구분이 불필요하다.

98. 다음 중 초변동원가계산방법에 관한 설명으로 가장 올바르지 않은 것은?

① 매출액에서 판매된 제품의 직접재료원가를 차감하여 현금창출 공헌이익을 계산한다.
② 직접노무원가와 제조간접원가도 운영비용에 포함하여 기간비용으로 처리한다.
③ 초변동원가계산방법이 변동원가계산방법보다 불필요한 재고누적 방지효과가 크다.
④ 초변동원가계산방법도 외부보고목적의 재무제표 작성에 이용될 수 있다.

99. ㈜삼일은 당기 초에 영업활동을 시작하여 제품 500단위를 생산하였으며, 원가자료는 다음과 같다(단, 기말 재공품은 없다). 당기 판매량이 200단위였다면, 전부원가계산에 의한 기말제품재고액과 변동원가계산에 의한 기말제품재고액의 차이는 얼마인가?

단위당 직접재료원가	300원
단위당 직접노무원가	200원
단위당 변동제조간접원가	100원
단위당 변동판매비와관리비	150원
고정제조간접원가	100,000원
고정판매비와관리비	150,000원

① 20,000원 ② 40,000원 ③ 60,000원 ④ 80,000원

100. ㈜삼일의 20X1년 손익에 대한 자료가 다음과 같을 경우 (a) 전부원가계산에 따른 매출총이익, (b) 변동원가계산에 따른 공헌이익, (c) 초변동원가계산에 따른 재료처리량공헌이익은 각각 얼마인가?

단위당 판매가격	800원	고정제조간접원가	400,000원
단위당 직접재료원가	250원	고정판매비와관리비	70,000원
단위당 직접노무원가	170원	기초제품	없음
단위당 변동제조간접원가	80원	생산량	20,000개
단위당 변동판매비와관리비	50원	판매량	20,000개

① (a) 5,200,000원 (b) 5,000,000원 (c) 7,600,000원
② (a) 5,600,000원 (b) 6,000,000원 (c) 7,600,000원
③ (a) 5,600,000원 (b) 5,000,000원 (c) 11,000,000원
④ (a) 5,200,000원 (b) 6,000,000원 (c) 11,000,000원

101. ㈜삼일은 다음과 같이 활동기준원가계산제도를 운영하고 있다. 20X1년 6월에 제품 30단위가 생산되었으며, 각 단위에는 2시간의 기계시간과 7개의 부품이 소요된다. 완성된 단위당 직접재료원가는 60,000원이며, 다른 모든 원가는 가공원가로 분류된다. 6월에 생산된 제품 30단위의 총제조원가는 얼마인가?

제조관련활동	배부기준으로 사용되는 원가요소	배부기준 단위당 가공원가
기계활동	기계사용시간	500원
조립활동	부품의 수	800원
검사활동	완성단위의 수	3,000원

① 2,088,000원 ② 2,108,000원 ③ 2,475,000원 ④ 2,875,000원

102. 다음 중 원가추정에 대한 설명으로 가장 올바르지 않은 것은?

① 원가추정의 목적은 계획과 통제 및 의사결정에 유용한 미래원가를 추정하기 위함이다.
② 원가추정은 조업도와 원가 사이의 관계를 규명하여 원가함수를 추정하는 것이다.
③ 원가추정시 원가에 영향을 미치는 요인은 조업도 뿐이라고 가정한다.
④ 원가추정시 전범위에서 단위당 변동원가와 총고정원가가 일정하다고 가정한다.

103. 다음 중 CVP분석에 필요한 가정으로 가장 올바르지 않은 것은?

① 원가와 수익은 유일한 독립변수인 조업도에 의하여 결정된다.

② 모든 원가는 변동원가와 고정원가로 분류할 수 있다.

③ 제품의 종류가 복수인 경우에는 판매량 변화에 따라 매출의 배합이 변동한다.

④ 판매량만큼 생산하는 것으로 가정함으로써 기초재고자산과 기말재고자산의 변화가 손익에 영향을 미치지 않는 것으로 본다.

104. 다음 중 영업레버리지에 관한 설명으로 옳은 것만 짝지은 것은?

가. 영업레버리지란 영업고정비가 지렛대의 작용을 함으로써 매출액 변화율보다 영업이익 변화율이 확대되는 효과이다.

나. 영업고정비의 비중이 큰 기업은 영업레버리지가 크고, 영업고정비의 비중이 작은 기업은 영업레버리지가 작다.

다. 일반적으로 한 기업의 영업레버리지도는 손익분기점 부근에서 가장 크며, 매출액이 증가함에 따라 점점 커진다.

① 가, 나　　② 나, 다　　③ 가, 다　　④ 가, 나, 다

105. 다음 원가-조업도-이익 도표에 관한 설명으로 가장 올바르지 않은 것은?

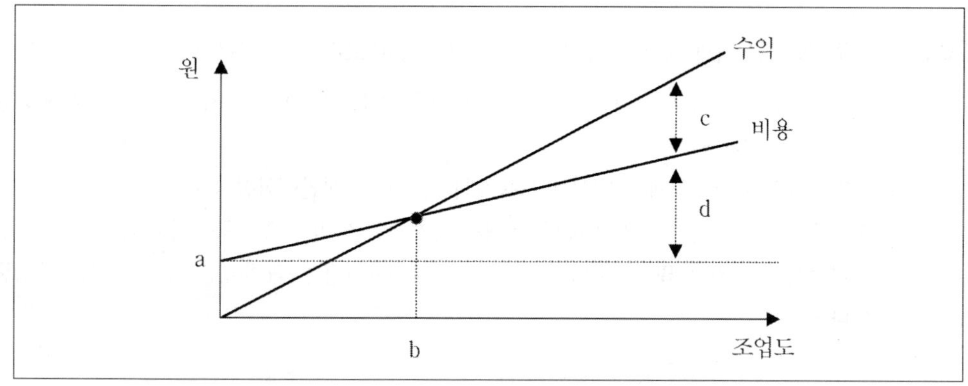

① a는 총고정원가를 의미한다.　　② b는 손익분기점 판매량을 의미한다.

③ c는 공헌이익을 의미한다.　　④ d는 총변동비를 의미한다.

106. 다음 중 올해 처음 성과평가제도를 실시한 ㈜삼일의 성과평가에 관한 내용으로 가장 옳은 것은?

① 구매팀장 : 최근 글로벌 경기침체로 원유가격이 크게 떨어져 ㈜삼일의 구매원가 하락으로 이어지자 구매팀장의 임금을 인상하였다.

② 영업부장 : ㈜삼일의 영업부장은 기말에 매출액을 늘리기 위해 대리점으로 밀어내기식 매출을 감행하여 매출액을 무려 120% 인상시키는 공로를 세워 이사로 승진하였다.

③ 부산공장장 : 태풍의 피해로 부산공장가동이 10여 일간 중단되어 막대한 손실을 입은 ㈜삼일은 그 책임을 물어 공장장을 해고하였다.

④ 채권회수팀장 : 채권회수율과 고객관계(고객불만 전화의 횟수로 측정됨)에 의하여 성과평가를 받았으며 자체적으로 매너교육을 실시하여 채권회수율을 증가시킴과 동시에 고객불만전화를 크게 감소시켜 좋은 성과평가 점수를 얻었다.

107. 분권화란 의사결정권한이 조직 전반에 걸쳐서 위양되어 있는 상태를 의미한다. 다음 중 분권화에 관한 설명으로 가장 올바르지 않은 것은?

① 각 사업부에서 동일한 활동이 개별적으로 중복되어 수행될 가능성이 없다.

② 하위경영자들이 고객 등의 요구에 신속한 대응을 할 수 있다.

③ 하위 경영자들에게 보다 큰 재량권이 주어지므로 보다 많은 동기 부여가 된다.

④ 분권화될 경우 각 사업부의 이익만 고려하는 준최적화 현상이 발생할 수 있다.

108. 다음 중 책임중심점의 종류에 대한 설명으로 가장 올바르지 않은 것은?

① 원가중심점이란 통제 불가능한 원가의 발생에 대해서만 책임을 지는 가장 작은 활동단위로서의 책임중심점이다.

② 수익중심점은 매출액에서 대해서만 통제책임을 지는 책임중심점이다.

③ 이익중심점은 원가와 수익 모두에 대해서 통제책임을 지는 책임중심점이다.

④ 투자중심점은 원가 및 수익 뿐만 아니라 투자의사결정에 대해서도 책임을 지는 책임중심점이다.

109. ㈜삼일은 계산기를 생산하여 판매하고 있다. 올해 계산기의 예산판매량 및 예산판매가격은 각각 11,000단위와 180원이며, 단위당 표준변동제조원가와 표준변동판매비는 각각 120원과 30원이다. 올해 실제 매출수량과 단위당 판매가격은 다음과 같다. 이 경우 매출가격차이와 매출조업도차이는 각각 얼마인가?

생산 및 매출수량	10,000단위	단위당 판매가격	200원

	매출가격차이	매출조업도차이
①	220,000원 유리	50,000원 불리
②	220,000원 불리	50,000원 유리
③	200,000원 유리	30,000원 불리
④	200,000원 불리	30,000원 유리

110. 다음 중 투자중심점의 성과지표로 투자수익률(return on investment, ROI)을 사용할 때의 특징으로 가장 옳은 것은?

① 준최적화 현상이 발생하지 않는다.
② 현금의 흐름을 기준으로 성과를 평가하므로 적용되는 회계기준과 무관한 결과를 도출한다.
③ 사업부의 경영자가 자신의 사업부 투자액에 대한 통제권한이 있더라도 그 경영자의 성과측정 지표로 활용될 수 없다.
④ 자본예산기법에 의한 성과평가에 비하여 단기적인 성과를 강조한다.

111. 다음 중 경제적부가가치(EVA)와 관련된 설명으로 가장 올바르지 않은 것은?

① 자기자본비용은 고려하나 타인자본비용은 고려하지 않는다.
② 고유의 영업활동에서 창출된 순가치의 증가분을 의미한다.
③ 주주관점에서 기업의 경영성과를 보다 정확히 측정하는데 도움이 된다.
④ 투자중심점과 회사전체의 목표일치성을 충족시킬 수 있다.

112. 다음 중 의사결정시에 필요한 원가용어와 그에 대한 정의를 연결한 것으로 가장 올바르지 않은 것은?

① 관련원가는 과거원가이거나 대안 간에 차이가 나지 않는 미래원가이다.
② 지출원가는 미래에 현금 등의 지출을 수반하는 원가이다.
③ 기회원가는 자원을 현재 용도 이외의 다른 용도에 사용할 경우 얻을 수 있는 최대금액이다.
④ 매몰원가는 과거에 발생한 역사적 원가로서 현재 또는 미래에 회수할 수 없는 원가이다.

113. ㈜삼일의 부품제조에 대한 원가자료는 다음과 같다. 외부의 제조업자가 이 부품을 납품하겠다고 제의하였다. 부품을 외부에서 구입할 경우 고정제조간접원가의 1/4을 회피할 수 있다고 한다면 ㈜삼일이 최대한 허용할 수 있는 부품의 단위당 구입가격은 얼마인가?

부품단위당 직접재료원가	1,200원
부품단위당 직접노무원가	700원
부품단위당 변동제조간접원가	350원
고정제조간접원가	480,000원
생산량	800단위

① 2,250원 ② 2,300원 ③ 2,400원 ④ 2,900원

114. ㈜삼일은 최근에 ㈜우주로부터 제품을 단위당 5,000원에 2,000단위를 구입하겠다는 제안을 받았다. 제품과 관련된 자료는 다음과 같으며 위 주문을 수락하더라도 시설이나 고정원가에는 아무런 영향을 초래하지 않는다. 다음 중 ㈜우주의 제안과 관련하여 올바른 의사결정안과 관련 손익을 가장 올바르게 짝지은 것은(단, 직접노무원가는 변동원가로 분류한다)?

	금액
직접재료원가	2,000원
직접노무원가	1,000원
변동제조간접원가	800원
고정제조간접원가	1,000원
변동판매비와관리비	200원
고정판매비와관리비	500원

① 수락, 1,000,000원의 이익 증가 ② 수락, 2,000,000원의 이익 증가
③ 거절, 1,500,000원의 손실 발생 ④ 거절, 1,000,000원의 손실 발생

115. ㈜삼일은 진부화된 제품 500단위를 보유하고 있으며 이 제품의 제조원가는 200,000원이다. ㈜삼일은 이 제품을 제품단위당 200원에 즉시 처분할 수도 있고, 100,000원의 비용을 추가 투입하여 개조한 후 제품단위당 500원에 판매할 수 있는 상황이다. 다음 설명 중 가장 옳은 것은?

① 100,000원의 추가비용을 지출하지 않고 단위당 200원에 처분하는 것이 가장 유리하다.
② 개조하여 판매하는 것이 그대로 처분하는 것보다 50,000원만큼 유리하다.
③ 개조하여 판매하면 250,000원의 이익이 발생한다.
④ 제품단위당 200원에 처분하면 100,000원의 손실이 발생하므로 제품을 보유하고 있는 것이 낫다.

116. ㈜삼일은 20X1년 말 새로운 기계장치를 2,000,000원에 매입하고 기존의 기계장치를 1,000,000원에 처분하였다. 기존 기계장치의 순장부가액은 500,000원이고 법인세율이 20%라고 하면, 매입과 처분 거래로 인한 순현금지출액은 얼마인가(단, 감가상각비는 고려하지 않으며, 모든 거래는 현금으로 이루어지는 것으로 가정한다)?

① 900,000원 ② 1,000,000원 ③ 1,100,000원 ④ 2,000,000원

117. ㈜삼일은 내용연수가 3년인 기계장치에 투자하려고 하고 있다. 기계장치를 구입하면, 1년째에는 5,000,000원, 2년째에는 4,000,000원, 그리고 3년째에는 3,000,000원의 현금지출운용비를 줄일 것으로 판단하고 있다. 회사의 최저필수수익률은 12%이고 기계장치에 대한 투자액의 현재가치는 8,000,000원이라고 할 때, 기계장치에 대한 투자안의 순현재가치(NPV)는 얼마인가(단, 이자율 12%의 1원당 현재가치는 1년은 0.9, 2년은 0.8, 3년은 0.7이며 법인세는 없는 것으로 가정한다)?

① 1,800,000원 ② 1,900,000원 ③ 2,000,000원 ④ 2,100,000원

118. 장기의사결정시에는 미래 현금흐름을 추정하는 것이 중요하다. 다음 중 장기의사결정을 위한 현금흐름 추정의 기본원칙으로 가장 올바르지 않은 것은?

① 이자비용은 할인율을 통해 반영되므로 현금흐름 산정시 이자비용은 없는 것으로 가정한다.
② 법인세는 회사가 통제할 수 없기 때문에 현금흐름을 추정할 때 고려해서는 안 된다.
③ 명목현금흐름은 명목할인율로 할인해야 하며, 실질현금흐름은 실질할인율로 할인해야 한다.
④ 감가상각비 감세효과는 현금흐름을 추정할 때 고려해야 한다.

119. 다음 중 신제품 출시 초기에 높은 시장점유율을 얻기 위한 가격정책으로 초기시장진입가격을 낮게 설정하는 가격정책으로 가장 옳은 것은?

① 약탈가격 ② 입찰가격 ③ 상층흡수가격 ④ 시장침투가격

120. 프린터를 생산하여 판매하고 있는 ㈜삼일의 품질원가와 관련한 정보이다. 외부실패원가는 얼마인가?

생산라인 검사원가	3,000원	생산직원 교육원가	1,000원
제품 검사원가	1,500원	반품원가	3,000원
구입재료 검사원가	2,000원	소비자 고충처리비	4,000원

① 3,000원 ② 7,000원 ③ 8,000원 ④ 9,000원

2022년 5월

재경관리사 기출문제 답안

재무회계

1	2	3	4	5	6	7	8	9	10
④	②	②	③	①	③	②	①	④	④
11	**12**	**13**	**14**	**15**	**16**	**17**	**18**	**19**	**20**
①	①	④	③	④	①	④	④	①	①
21	**22**	**23**	**24**	**25**	**26**	**27**	**28**	**29**	**30**
③	③	②	④	②	②	④	②	②	③
31	**32**	**33**	**34**	**35**	**36**	**37**	**38**	**39**	**40**
③	③	②	③	①	④	③	③	④	②

01. 재무제표는 **투자자, 채권자 등 외부정보이용자에게 기업의 정보를 제공**하기 위하여 작성된다.

02. 이행가치에 대한 설명이다.

03. 중요하지 않은 항목은 성격이나 기능이 유사한 항목과 통합하여 표시할 수 있다.

04. 유동자산 = 단기대여금(40,000) + 매출채권(400,000) + 선급비용(600,000) + 선급금(50,000)
= 1,090,000원

05. 청산이 전제된다면 자산을 **청산가치로 평가하는 것이 보다 합리적이 될 것**이다.

06. 재고자산 = [매입원가($1,000) - 매입할인($100)] × 1,000 + 운송보험료(100,000) + 제세금외(20,000)
= 1,020,000원

☞ 매입관리부서 인원의 인건비는 비용에 처리한다.

07.

상 품(20x2)

기초	300,000	**매출원가**	**1,300,000**
순매입액	2,000,000	**기말**	1,000,000
계(판매가능재고)	2,300,000	계	2,300,000

☞ **재고자산평가손실과 정상감모분은 매출원가**에 해당한다..

08. 선입선출법은 **실제물량흐름과 관계없이 먼저 구입한 재고자산이 먼저 판매된** 것으로 가정하는 방법이다.

09. 정부보조금을 자산에서 차감하는 방법으로 표시하는 경우 **유형자산의 장부금액은 취득금액에서 정부보조금을 차감한 금액**으로 한다.

10. 기계장치 = 매입금액(600,000) + 운송비(30,000) + 관세외(10,000) + 시운전비(50,000)
- 매입할인(20,000) = 670,000원

11. ① 연평균지출액

지출일	지출액	자본화대상기간	연평균지출액
20x1.01.01	10,000,000	12/12	10,000,000
20x1.07.01	8,000,000	6/12	4,000,000
20x1.10.01	8,000,000	3/12	2,000,000
합 계			16,000,000

② 특정차입금 차입원가

	지출액	대상기간	연평균지출액	이자율	차입원가
K은행	8,000,000	12/12	8,000,000	10%	800,000

③ 일반차입금 차입원가

차입금	차입금액	차입기간	연평균차입금액	이자율	차입원가
S은행	20,000,000	6/12	10,000,000	8%	800,000

④ 일반차입금 자본화 차입원가
[연평균지출액(16,000,000) - 특정차입금(8,000,000)] × 8% = 640,000원

⑤ 당기에 자본화할 총차입원가
특정차입금 차입원가(800,000) + 일반차입금 차입원가(640,000) = 1,440,000원

12. 무형자산 = 탐사권리취득(160,000) + 개발비(320,000) + 사업결합(180,000) = 660,000원

13. **추정의 변경은 전진법을 적용**한다.

15. **단기매매목적으로 보유하는 지분상품은 당기손익 인식금융자산으로 분류**한다.

16. **주식보유로 발생한 배당금 수익은 당기손익항목**이다. 한국채택 국제회계기준에서는 기타포괄손익 - 공정가치 금융자산(주식)을 처분시 제거일에 공정가치로 재측정 후 처분하므로 당기손익에 반영되는 금액은 없다. 다만 **처분 시 거래원가가 있다면 처분손실로 반영**된다.

17.

대손충당금(20x2)

상계액	**30,000**	기초	42,500
기말	85,000	설정액(대손상각비)	72,500
계(판매가능재고)	115,000	계	115,000

18.

구분	계산식	금액
① 액면이자	액면금액(50,000,000) × 액면이자율(4%) × 3년	6,000,000
② 사채할인발행차금	발행금액(50,000,000 × 0.8396 + 2,000,000 × 2.6730) - 액면금액(50,000,000)	2,674,000
계		8,674,000

20. **경제적 효익을 갖는 자원의 유출 가능성이 높으므로** 충당부채로 인식한다.

21. 기타포괄손익누계액 재평가잉여금(500,000) + 보험수리적이익(2,500,000) = 3,000,000원

22.

2월 4일	(차) 현 금	850백만원	(대) 자 본 금	500백만원
			주식발행초과금	350백만원
10월 10일	(차) 자기주식	30백만원	(대) 현 금	30백만원

자본금 = 기초(500) + 증가(500) = 1,000백만원

주식발행초과금 = 기초(750) + 증가(350) = 1,100백만원

자기주식 = 기초(100) + 증가(30) = 130백만원

23.

구분	계산근거	금액
6월 판매금액	500개 × 100원	50,000원
소급조정액	75개 × (120원 - 100원)	(1,500원)
수익인식액		48,500원

24. **<u>단일 수행의무에 해당하지 않더라도 둘 이상의 계약을 하나의 계약으로 회계처리(예 : 스마트 폰)</u>**할 수 있다.

25. **<u>하도급계약에 따라 하도급자에게 선급한 금액은 누적발생원가에서 제외하고 진행률을 계산한다.</u>**

27. **<u>확정급여제도는 기업이 운용과 위험을 부담</u>**한다.

28. 당기보상비용 = 공정가치(250,000원) × 부여수량(27,000개) ÷ 3년 = 22.5억원/년

29.

	20x2년	20x3년	20x4년	20x1년말 이연법인세자산
(미래)차감할 일시적차이	300,000원	300,000원	300,000원	
세율	30%	30%	30%	**<u>270,000</u>**
이연법인세자산	90,000	90,000	90,000	

30. (차) 이연법인세자산 40,000 (대) 당기법인세부채(미지급법인세) 200,000
이연법인세부채 20,000
<u>당기법인세비용</u> **<u>140,000</u>**

법인세비용 = 당기법인세(200,000) - 이연법인세자산증가(40,000) - 이연법인세부채 감소(20,000) = 140,000원

31.

	20X2년
선입선출법(변경 전)	50,000원
평균법(변경 후)	45,000원

(차) 이익잉여금 5,000 (대) 재고자산 5,000

따라서 이익잉여금 5,000원이 감소된다.

32. 보통주 당기순이익 = 당기순이익(3,000,000) - 우선주배당금(400,000) = 2,600,000원

〈유통보통주식수 변동〉

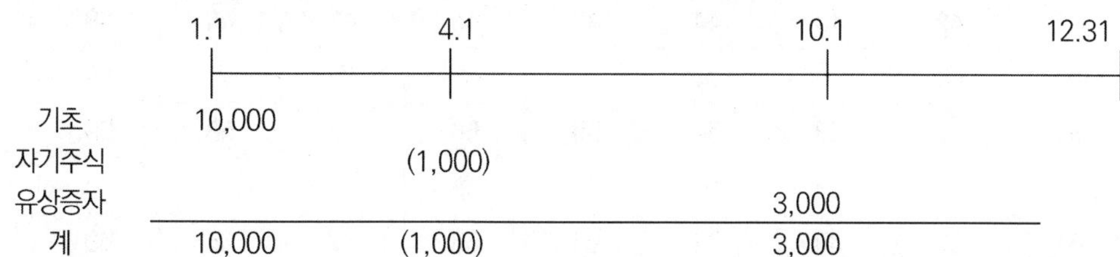

	1.1	4.1	10.1
기초	10,000		
자기주식		(1,000)	
유상증자			3,000
계	10,000	(1,000)	3,000

가중평균유통보통주식수 = 10,000 × 12/12 - 1,000 × 9/12 + 3,000 × 3/12 = 10,000주

기본주당순이익 = 보통주 당기순이익(2,600,000)/가중평균보통주식수(10,000) = 260원/주

33. **다른 기업이 보유한 잠재적 의결권을 고려**한다.

34. 투자주식금액 = 취득가액(6,000) + 지분법이익(1,800) = 7,800원

지분법이익 = 당기순이익(6,000) × 지분율(30%) = 1,800원

35. 매출채권 = 1,080원(12.31 환율) × $80,000 = 86,400,000

외환환산손익 = [공정가액(1,080) - 장부가액(1,100)] × $80,000 = △1,600,000원(손실)

36. **매매목적의 파생상품의 평가손익은 당기손익으로 인식**한다.

37. 사용권자산 = 리스료(1,000,000) × 2.4869 + 리스개설직접원가(100,000) = 2,586,900원

38. 투자활동현금흐름 = 유형자산의 취득(△800,000) + 투자주식처분(1,000,000) + 무형자산처분(500,000)
= 700,000(현금유입)

39.

구분	금액
당기순이익	15,000,000원
(-)매출채권의 증가	(3,000,000)원
(-)매입채무의 감소	(2,500,000)원
(+)감가상각비	1,000,000원
= 영업활동 현금흐름	**10,500,000원(유입)**

40.

구분	금액
이자비용	100,000원
(-)미지급이자 증가	(15,000)원
(-)선급이자의 감소	(5,000)원
현금으로 지급한 이자	80,000원

세무회계

41	42	43	44	45	46	47	48	49	50
③	③	④	①	④	②	②	④	②	②
51	**52**	**53**	**54**	**55**	**56**	**57**	**58**	**59**	**60**
④	②	③	①	②	②	④	③	①	④
61	**62**	**63**	**64**	**65**	**66**	**67**	**68**	**69**	**70**
③	①	②	④	②	③	④	①	④	①
71	**72**	**73**	**74**	**75**	**76**	**77**	**78**	**79**	**80**
③	②	③	①	③	②	②	④	①	①

42. **세법은 초일불산입을 원칙**으로 한다.

44.

결산서상 당기순이익	150,000,000
+ 가산조정	40,000,000
(−) 차감조정	(80,000,000)
= 각사업연도소득금액	110,000,000
(−) 이월결손금	(100,000,000)
과세표준	10,000,000

45. 법정신고기한(직접연도 종료일부터 3개월 이내, 20x1.3.31) **이후에 신고시 다음 사업연도(20x2)부터 사업연도가 변경된다.**

46. 외화환산손실은 법인의 순자산이 감소되었으므로 손금에 해당한다.

47. 익금불산입 = 과오납금의 환급금(2,500,000) + 손금불산입된 금액의 환입액(1,200,000)
= 3,700,000원

48. **임원에 대한 퇴직금은 정관규정이 우선 적용**된다. 정관규정에 없을 경우 법인세법상 한도액이 적용된다.

49. 업무용 건물에 대한 종합부동산세은 손금이고, 납부지연가산세은 손금불산입사항이다.

50. 익금 = 2년간 임대료(48,000,000) ÷ 24개월 × 2개월(11.1~12.31) = 4,000,000원

51. 고정자산을 최초로 취득한 경우 **취득일이 속하는 사업연도의 법인세 과세표준 신고기한이 신고기한이다.**

52. **〈고가매입 - 이중세무조정〉**

결산서	(차) 토 지	3억	(대) 현 금	3억
세무상	(차) 토 지 잉 여 금	2억 1억	(대) 현 금	3억
수정분개	**(차) 잉여금 + 부당유출**	**1억**	**(대) 토 지**	**1억**
세무조정	**〈손금산입〉 토지 1억(△유보)** **〈손금불산입〉 고가매입 1억(상여)**			

53. ① 영업자가 조직한 법정단체에 대한 **특별회비는 비지정기부금에 해당**한다.
② 비지정기부금의 **소득처분은 귀속자에 따라 달리 처분**한다.
④ **특례기부금은 장부금액을 기부금**으로 계상한다.

54. 특수관계인이 아닌 자에게 자산을 고가양수, 저가양도하는 경우에는 정상가액(시가±30%)의 차액에 해당하는 금액을 기부금으로 본다.
→ 양도가액(6억) - 시가(10억원)×70% = △1억원(기부금 의제)

55. 기업업무추진비의 적격증빙을 구비하지 않은 경우에는 **손금을 인정하지 아니할 뿐 가산세는 부과하지 아니한다.**

56.

(1) 채권자불분명 사채이자	상여
(2) 비실명 채권 증권의 이자 중 원천징수세액	기타사외유출(5,000,000)
(3) 공장건물의 취득과 관련된 특정차입금 지급이자	유보
(4) 재고자산의 취득과 관련된 특정차입금 지급이자	손금
(5) 토지의 취득과 관련한 일반차입금의 지급이자	손금
(6) 업무무관자산의 취득과 관련된 이자	기타사외유출(23,000,000)

57. **미지급이자는 포함하고 선급이자는 당기의 지급이자가 아니므로 제외**한다.

58. 대손실적율 = 당기 세무상 대손금(9,000,000) ÷ 전기말 채권(3억) = 3%
대손충당금 한도액 = 세무상 기말 채권(2억) × 대손실적율(3%) = 6,000,000원
회사설정액(기말잔액) = 38,000,000원
대손충당금한도초과 = 설정액(38,000,000) - 한도(6,000,000) = 32,000,000원(손금불산입)

59. **대여금, 미수금에 대해서도 대손충당금을 설정**할 수 있다.

60. **자산수증이익이나 채무면제이익에 의해 충당된 이월결손금은 과세표준 계산시 공제하지 아니한다.**

61. 분리과세대상 소득은 소득을 지급하는 시점에 **원천징수를 함으로써 과세의무가 종결되는 것**을 말한다.

62. **자금대여업을 영위하는 자가 얻은 금전 대여이익은 사업소득**에 해당한다.

63. 총수입금액 = 월임대료(10,000,0000) × 6개월(7.1~12.31) = 60,000,000원

64. **소액주주인 임원이 사택을 제공받음으로써 얻는 이익에 대해서는 소득세를 과세하지 아니한다.**

65. 기타소득금액 = 강연료(6,000,000) + 법인세법상 기타소득으로 처분(2,000,000) = 8,000,000원
복권당첨금은 분리과세소득에 해당한다.

66. 〈부양가족 판단〉

가족	요건		기본공제	추가공제	판단
	연령	소득			
김삼일	-	○	○	-	
배우자	-	○	○	-	총급여 500만원 이하인 경우 소득요건 충족
부친	○	○	○	경로 장애	
모친	○	×	부	-	종합소득금액 1백만원 초과자
딸	○	○	○	-	
아들	○	○	○	-	

② 인적공제액 계산

	대상자	세법상 공제액	인적공제액
1. 기본공제	본인, 배우자, 부친, 딸, 아들	1,500,000원/인	7,500,000
2. 추가공제			
① 장애인	부친	2,000,000원/인	2,000,000
② 경로	부친	1,000,000원/인	1,000,000
합계			10,500,000

67. **간편장부대상자가 복식부기에 따라 재무제표를 제출하는 경우**에만 기장세액공제가 적용된다.

68. **분리과세 대상소득에 대해서만 원천징수를 하면 납세의무가 종결**이 되고, **종합과세 대상소득에 대해서 원천징수를 하는 경우에는 확정신고**를 하여야 한다.

69. 반기별 납부승인을 받은 경우에는 **2월분 급여 지급시 연말정산을 하고 신고는 3월 10일까지 납부는 7월 10일**까지 한다.

70. **차량은 양도소득세 과세대상에 해당하지 않는다.**

71. **재화의 수입은 사업자 여부와 불문하고 부가가치세가 과세**된다.

72. 사업성 계속 반복적으로 재화 등을 공급하는 것을 의미하고 단순히 한두 번 정도의 재화와 용역을 공급하는 경우에는 사업성이 인정되지 아니한다.

73. **부동산임대업은 등기부상소재지**를 사업장으로 본다.

74. **폐업자의 과세기간은 과세기간 개시일부터 폐업일**까지로 한다.

75. **매입세액이 공제되지 아니한 재화**는 사업상 증여에서 제외된다.

76. **장기할부판매의 경우 각 대가를 받기로 한 금액을 과세표준(300,000원)**으로 한다.

77. 공급받는 자가 사업자여부를 불문하고 부가가치세를 과세한다.

79. 소매업은 **공급받는 자가 사업자가 세금계산서의 발급을 요구하는 경우에는 세금계산서를 발급**하여야 한다.

80. 세금계산서불성실가산세와 매출처별세금계산서합계표 불성실가산세에 동시에 해당하는 경우에는 **세금계산서불성실가산세만 적용**한다.

원가관리회계

81	82	83	84	85	86	87	88	89	90
③	②	②	④	④	④	①	②	③	②
91	**92**	**93**	**94**	**95**	**96**	**97**	**98**	**99**	**100**
①	②	④	①	②	②	④	④	③	③
101	**102**	**103**	**104**	**105**	**106**	**107**	**108**	**109**	**110**
①	④	③	①	③	④	①	①	③	④
111	**112**	**113**	**114**	**115**	**116**	**117**	**118**	**119**	**120**
①	①	③	②	②	③	①	②	④	②

81. 기본요금(고정비) + 사용요금(변동비)→준변동원가(혼합원가)

82. 당기총제조원가 = 직접재료비(90,000) + 직 · 노(100,000) + 제 · 간(80,000) = 270,000원

매출원가 = 300,000/1.2 = 250,000원

재공품

기초	50,000	당기제품제조원가	280,000
당기총제조원가	270,000	*기말*	***40,000***
계	320,000	계	320,000

⇒

제 품

기초	20,000	매출원가	250,000
당기제품제조원가	280,000	기말	50,000
계	300,000	계	300,000

83. 공장 전체의 제조원가는 **무슨 방법으로 배분하더라도 동일**하다.

84. 〈단계배분법〉A부문의 원가부터 배분한다.

제공부문 \ 사용부문		보조부문		제조부문	
		A부문	B부문	C부문	D부문
배부전원가		200,000	300,000	**450,000**	**600,000**
보조부문 배부	A부문(40% : 20% : 40%)	(200,000)	80,000	**40,000**	**80,000**
	B부문(0 : 60% : 20%)	–	(380,000)	**285,000**	–
보조부문 배부후 제조간접비		–	–	**775,000**	–

제조부문 C에 배분되는 보조부문원가 = 40,000 + 285,000 = 325,000원

85. 제조간접비 배부율 = 1,000,000/5,000시간 = 200원/직접노동시간

일반형자전거(제조원가) = 300,000 + 2,000시간 × 50원 + 2,000시간 × 200원 = 800,000원

86. 제조간접원가(X) = 직 · 노(1,000,000) × 배부율(30%) = 300,000원

직접노무원가(Y) = 제 · 간(200,000) ÷ 배부율(40%) = 500,000원

구분	X부문	Y부문	#105 계
직접재료원가	800,000	500,000	1,300,000
직접노무원가	1,000,000	**500,000**	1,500,000
제조간접원가	**300,000**	200,000	500,000
계	2,100,000	1,200,000	**3,300,000**

87. 기말재공품의 완성도를 과대평가시 원가도 과대계상된다.

88. 〈1단계〉 물량흐름파악 〈2단계〉 완성품환산량 계산

평균법			재료비	가공비
	완 성 품	800	800	800
	기말재공품	200(20%)	200	40
	계	1,000	**1,000**	**840**

〈3단계〉 원가요약(기초재공품원가+당기투입원가) 200,000+800,000 150,000+606,000

〈4단계〉 완성품환산량당단위원가 @1,000 @900

〈5단계〉 완성품원가와 기말재공품 원가계산

- 완성품원가(제품제조원가) = 800개×[@1,000+@900] = 1,520,000원
- 기말재공품원가 = 200개×@1,000+40개×@900 = 236,000원

89. 〈1단계〉 물량흐름파악(선입선출법) 〈2단계〉 완성품환산량 계산

재공품			재료비	가공비
	완성품	4,200		
	-기초재공품	500(60%)	0	300
	-당기투입분	3,700(100%)	3,700	3,700
	기말재공품	800(50%)	800	400
	계	5,000	**4,500**	**4,400**

〈3단계〉 원가요약(당기투입원가) ?? ??

〈4단계〉 완성품환산량당 단위원가 =@5 =@10

→당기투입재료원가 = 완성품환산량(4,500)×단위당 원가(@5) = 22,500원

90. 평균법은 기초재공품이 당기에 착수한 것으로 간주한다.

91. 표준원가계산은 계량적인 정보를 활용하여 의사결정에 사용된다.

92. 기준조업도는 주로 물량(직접노동시간, 기계작업시간)기준으로 설정한다.

93.

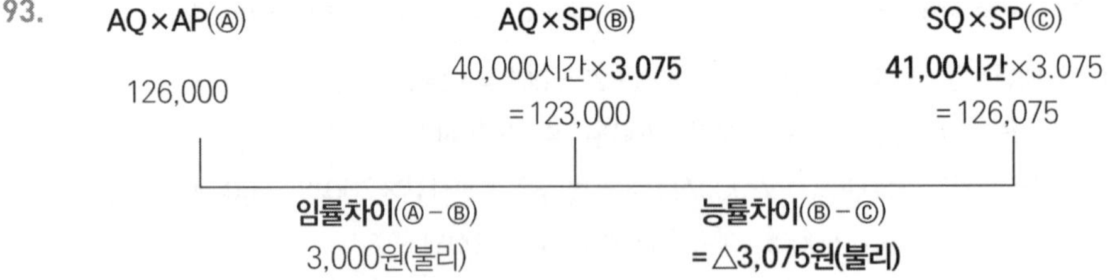

94. 고임률의 숙련된 노동자를 투입하면 가격(임률)차이가 발생한다.

95.
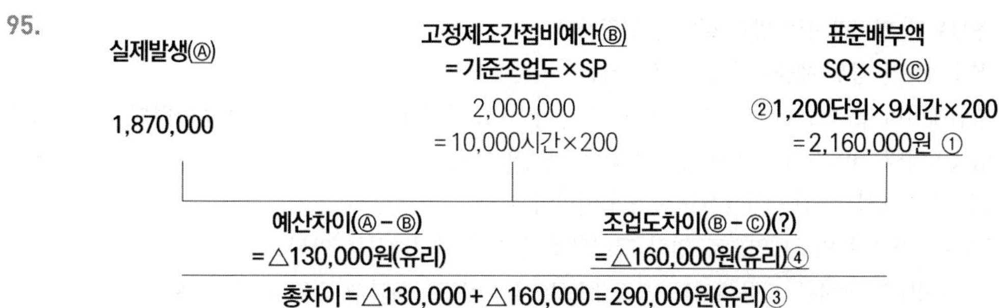

96. 변동제조간접원가는 제품원가로, 고정제조간접원가를 기간 비용처리하기 때문에 제품생산량이 영업이익에 영향을 미치지 않는다.

97. 혼합원가(준변동원가)에 대해서 주관적으로 변동원가와 고정원가로 구분해야 한다.

98. **외부보고목적으로 이용할 수 없다.**

99. 기말재고수량 = 기초(0) + 생산(500) - 판매(200) = 300단위
단위당 고정제조간접원가 = 고정제조간접원가(100,000) ÷ 생산수량(500) = 200원/단위
차이 = **단위당 고정제조간접원가(200원) × 300단위** = 60,000원

100. ① 전부원가계산

1. 매출액	20,000개 × 800원 = 16,000,000원
2. 매출원가	(250 + 170 + 80 + 400,000/20,000) × 20,000개 = 10,400,000원
3. 매출이익	**5,600,000**

② 변동원가계산

1. 매출액	16,000,000원
2. 변동원가	(250 + 170 + 80 + 50) × 20,000개 = 11,000,000원
3. 공헌이익	**5,000,000**

③ 초변동원가계산

1. 매출액	16,000,000원
2. 직접재료원가	250 × 20,000개 = 5,000,000원
3. 재료처리량공헌이익	**11,000,000**

101.

활동	원가요소	단위당 원가	소요	단위당 금액
기계활동	기계사용시간	500원	2시간	1,000원
조립활동	부품의 수	800원	7개부품	5,600원
검사활동	완성단위의 수	3,000원	-	3,000원
직접재료원가	-	60,000원		60,000원
계				69,600원

총제조원가 = 30단위 × @ 69,600원 = 2,088,000원

102. **전범위가 아니라 관련범위 내에서 일정**하다.

103. **복수제품일 경우 매출배합이 일정**하다.

104. 영업레버리지도 = 공헌이익/영업이익(= 공헌이익 - 고정원가)이므로 매출액이 증가하면 공헌이익과 영업이익의 차이가 없어지므로 1의 값에 가까워진다.

105. c는 수익에서 비용을 차감하므로 영업이익이 된다.

106. ①③은 기업의 외부요인으로 인한 것이므로 성과에 반영해서는 안된다.
② 밀어내기 매출은 다음해에도 매출감소로 이어지므로 성과에 반영해서는 안된다.

107. 분권화로 사업부별 **동일한 활동이 개별적으로 중복 수행가능성이 있다.**

108. 원가중심점은 통제가능원가에 대해서만 책임을 진다.

109. AQ = 10,000단위　BQ = 11,000단위　AP = 200원　BP = 180원　BV = 120 + 30 = 150원

	실제성과 **AQ×(AP - BV)**	변동예산(1) **AQ×(BP - BV)**	고정예산 **BQ×(BP - BV)**
공헌이익	10,000×(200 - 150) = 500,000	10,000×(180 - 150) = 300,000	11,000×(180 - 150) = 330,000

매출가격차이 200,000(유리)　**매출조업도차이 △30,000(불리)**

110. ① **준최적화현상 발생가능성**
② 회계적 이익을 사용하기 때문에 현금흐름과 불일치
③ 비율로 표현되기 때문에 **투자규모가 다른 사업부의 성과비교에 유용하다.**

111. 경제적 부가가치는 자기자본비용뿐만 아니라 타인자본비용도 고려한다.

112. **관련원가는 미래원가**이다.

113.

1. 증분수익(외부구입시)	
• 변동비감소분	(1,200 + 700 + 350)×800개 = 1,800,000원
• 고정제조간접원가 회피	480,000÷4 = 120,000원
2. 증분비용(외부구입시)	
• 외부구입비증가	X(외부구입단가)×800개 = 1,920,000원
3. 증분손익	**0**

X(외부구입단가) = 2,400원

114.

1.증분수익(특별주문수락시)	
• 매출액증가분	**5,000원×2,000단위 = 10,000,000원**
2.증분비용(특별주문수락시)	
• 변동비증가	**(2,000 + 1,000 + 800 + 200)×2,000단위 = 8,000,000원**
3.증분손익	**2,000,000원(특별주문 수락)**

115.

	즉시 판매	개조 후 판매
현금유입(A)	100,000(500단위×@200)	250,000(500단위×@500)
현금유출(B)	–	100,000
순현금유입액(A – B)	**100,000**	**150,000**
개조 후 판매시 50,000원 유리하다.		

116.

1. 현금유입	
• 처분가액	1,000,000
2. 현금유출	
• 매입가액	2,000,000
• 처분익에 대한 법인세효과	(1,000,000 – 500,000)×20% = 100,000
3. 순현금지출(1 – 3)	**△ 1,100,000원**

117. 순현재가치 = – 8,000,000 + 5,000,000 × 0.9 + 4,000,000 × 0.8 + 3,000,000 × 0.7 = 1,800,000원

118. **법인세는 회사가 통제할 수 없어도 현금흐름을 추정할 때 고려**해야 한다.

120. 외부실패원가 = 반품원가(3,000) + 소비자고충처리비(4,000) = 7,000원

2021년

재경관리사 기출문제

재무회계

01. 우리나라는 2011년부터 모든 상장사에 대하여 국제회계기준을 전면 도입하였다. 다음 중 이에 따른 효과에 대한 설명으로 가장 올바르지 않은 것은?

① 각국의 회계기준이 별도로 운영됨에 따라 발생했던 비용이 절감되었다.
② 회계정보의 국제적 비교가능성이 제고된 반면 재무제표에 대한 신뢰성은 낮아졌다.
③ 국제적 합작계약 등에서 상호이해가능성이 증가되었다.
④ 해외사업 확장을 촉진하여 자본시장의 활성화에 기여할 수 있었다.

02. 다음 중 재무제표의 기본가정에 대한 설명으로 가장 올바르지 않은 것은?

① 기본가정이란 회계이론 전개의 기초가 되는 사실들을 의미한다.
② 기업에 경영활동을 청산할 의도나 필요성이 있더라도 계속기업의 가정에 따라 재무제표를 작성한다.
③ 목적적합성은 재무제표를 통해 제공되는 정보가 갖추어야 할 근본적인 질적 특성이지만 개념체계에서 규정하는 기본가정에 해당하지는 않는다.
④ 재무회계개념체계에서는 계속기업을 기본가정으로 규정한다.

03. 다음 중 포괄손익계산서의 기본요소에 대한 설명으로 가장 올바르지 않은 것은?

① 경영성과의 측정을 위해 기록되는 포괄손익계산서의 기본요소에는 수익, 비용이 있다.
② 광의의 수익의 정의에는 수익뿐만 아니라 차익이 포함된다.
③ 비용에는 아직 실현되지 않은 손실은 포함하지 않는다.
④ 수익의 발생은 자산의 증가 또는 부채의 감소를 수반한다.

04. 다음 중 재무제표의 작성 및 표시에 관한 설명으로 가장 올바르지 않은 것은?

① 경영진은 재무제표를 작성할 때 계속기업으로서의 존속가능성을 평가해야 한다.
② 매출채권에 대해 대손충당금을 차감하여 순액으로 측정하는 것은 상계표시에 해당한다.
③ 기업은 현금흐름 정보를 제외하고는 발생기준 회계를 사용하여 재무제표를 작성한다.
④ 중요하지 않은 항목은 성격이나 기능이 유사한 항목과 통합하여 표시할 수 있다.

05. 다음 중 12월말 결산법인인 ㈜삼일의 3분기 중간재무보고서에 대한 설명으로 가장 올바르지 않은 것은?

① 자본변동표는 당 회계연도 7월 1일부터 9월 30일까지의 중간기간과 1월 1일부터 9월 30일까지의 누적기간을 대상으로 작성하고 직전 회계연도의 동일 기간을 대상으로 작성한 자본변동표와 비교 표시한다.
② 포괄손익계산서는 당 회계연도 7월 1일부터 9월 30일까지의 중간기간과 1월 1일부터 9월 30일까지의 누적기간을 대상으로 작성하고 직전 회계연도의 동일 기간을 대상으로 작성한 포괄손익계산서와 비교 표시한다.
③ 현금흐름표는 당 회계연도 1월 1일부터 9월 30일까지의 누적기간을 대상으로 작성하고 직전 회계연도의 동일 기간을 대상으로 작성한 현금흐름표와 비교 표시한다.
④ 재무상태표는 당 회계연도 9월 30일 현재를 기준으로 작성하고 직전 회계연도 12월 31일 재무상태표와 비교 표시한다.

06. 다음 중 재무상태표상 재고자산으로 분류되어야 할 항목으로 가장 올바르지 않은 것은?

① 부동산매매업을 영위하는 기업에서 보유하는 판매목적 토지
② 자동차제조회사 공장에서 생산 중에 있는 미완성 엔진
③ 건설회사에서 분양사업을 위해 신축하는 건물
④ 의류회사에서 공장의 일부를 폐쇄하면서 처분하고자 하는 설비자산

07. 자동차 부품제조업을 영위하고 있는 ㈜삼일은 당기 중 원자재를 후불 조건으로 수입하는 과정에서 다음과 같은 항목의 원가가 발생하였다. 동 매입거래에 의하여 재무상태표 상에 증가하게 될 재고자산의 가액은 얼마인가(단, 거래당시의 환율은 $1 = 1,000원이다)?

ㄱ. 재고자산의 매입원가	USD 1,000
ㄴ. 매입할인	USD 100
ㄷ. 운송보험료	100,000원
ㄹ. 환급 불가한 수입관세 및 제세금	20,000원
ㅁ. 재고자산 매입관리부서 인원의 매입기간 인건비	50,000원

① 900,000원 ② 1,000,000원
③ 1,020,000원 ④ 1,070,000원

08. 다음 자료에서 재고자산평가손실은 ㈜삼일의 재고자산이 진부화되어 발생하였다. 다음 자료 중 ㈜삼일의 20X2년 포괄손익계산서 상 매출원가 등 관련비용은 얼마인가?

20X1년 12월 31일 재고자산	500,000원
20X2년 매입액	2,000,000원
20X2년 재고자산평가손실	200,000원
20X2년 재고자산감모손실(정상감모)	100,000원
20X2년 12월 31일 재고자산(평가손실과 감모손실 차감 후)	1,000,000원

① 1,200,000원 ② 1,300,000원
③ 1,400,000원 ④ 1,500,000원

09. ㈜서울은 사용 중이던 차량운반구 A를 ㈜부산이 사용하던 차량운반구 B와 교환하였다. 이 교환과 관련하여 ㈜서울은 공정가치의 차액 300,000원을 현금으로 지급하였다. 이 경우 ㈜서울이 차량운반구 B의 취득원가로 인식해야 할 금액은 얼마인가(단, 동 거래는 상업적 실질이 결여된 거래임)?

(단위 : 원)

	차량운반구 A	차량운반구 B
취득원가	3,500,000	4,000,000
감가상각누계액	1,200,000	1,500,000
공정가치	1,700,000	2,000,000

① 2,600,000원 ② 2,300,000원
③ 2,000,000원 ④ 1,700,000원

10. ㈜삼일은 공장을 신축하기로 하였으며, 이와 관련하여 20X1년 1월 1일 24,000,000원을 지출하였고, 공장은 20X3년 중에 완공될 예정이다. ㈜삼일은 공장신축을 위해서 아래와 같이 특정목적으로 차입을 하였다. ㈜삼일이 유형자산 건설과 관련된 차입원가를 자본화할 때 20X1년 특정차입금과 관련하여 자본화할 차입원가는 얼마인가(단, 편의상 월할계산 한다고 가정한다)?

차입금액	차입기간	연이자율	비고
24,000,000원	20X1년 5월 1일~ 20X2년 6월 30일	5%	공장신축을 위한 특정차입금

① 600,000원
② 700,000원
③ 800,000원
④ 960,000원

11. 다음은 20X1년 말 ㈜삼일의 건물과 관련된 자료이다. ㈜삼일은 20X1년 말 건물과 관련하여 손상차손을 인식하였다. 20X2년 결산시점에 ㈜삼일이 건물과 관련하여 인식해야 할 감가상각비는?

ㄱ. 20X1년 말 건물 장부금액(손상 전)	50,000,000원
ㄴ. 20X1년 말 건물의 순공정가치	45,000,000원
ㄷ. 20X1년 말 건물의 사용가치	35,000,000원
ㄹ. 20X1년 말 건물의 잔존내용연수	20년
ㅁ. 건물의 잔존가치	0원
ㅂ. ㈜삼일은 건물에 대하여 정액법으로 감가상각비를 인식함	

① 2,000,000원
② 2,250,000원
③ 2,500,000원
④ 2,750,000원

12. 다음 중 내부적으로 창출한 무형자산에 관한 설명으로 가장 올바르지 않은 것은?

① 내부적으로 창출한 영업권은 원가를 신뢰성 있게 측정할 수 없고 기업이 통제하고 있는 식별가능한 자원이 아니기 때문에 자산으로 인식하지 아니한다.
② 내부 프로젝트의 연구단계에서는 미래경제적효익을 창출할 무형자산이 존재한다는 것을 제시할 수 없기 때문에 연구단계에서 발생한 지출은 발생시점에 비용으로 인식한다.
③ 무형자산을 창출하기 위한 내부 프로젝트를 연구단계와 개발단계로 구분할 수 없는 경우에는 그 프로젝트에서 발생한 지출은 모두 개발단계에서 발생한 것으로 본다.
④ 재료, 장치, 제품, 공정, 시스템이나 용역에 대한 여러 가지 대체안을 탐색하는 활동은 연구단계에 속하는 활동의 일반적인 예에 해당한다.

13. 제조업을 영위하고 있는 ㈜삼일은 신제품 개발활동과 관련하여 6,000,000원을 개발비로 계상하였다(해당 개발비는 무형자산인식기준을 충족함). 해당 무형자산은 20X1년 10월 1일부터 사용 가능하며, 내용연수는 5년이고 잔존가치는 없다. 동 개발비의 경제적 효익이 소비되는 형태를 신뢰성 있게 결정할 수 없다고 가정할 경우, 개발비 관련하여 20X1년에 인식할 무형자산상각비는 얼마인가?

① 300,000원 ② 600,000원
③ 1,200,000원 ④ 6,000,000원

14. 다음 중 투자부동산으로 분류되는 것으로 가장 옳은 것은?

① 자가사용 부동산
② 정상적인 영업과정에서 판매하기 위한 부동산이나 이를 위하여 건설 또는 개발 중인 부동산
③ 금융리스로 제공한 부동산
④ 장래 사용목적을 결정하지 못한 채로 보유하고 있는 토지

15. ㈜서울은 20X1년 초에 ㈜용산의 주식 1,000주를 기타포괄손익인식금융자산으로 분류하고 있다. ㈜서울이 20X1년과 20X2년 말의 재무상태표에 기타포괄손익누계액으로 계상할 평가손익은 각각 얼마인가(단, 법인세 효과는 고려하지 않는다)?

일 자	구 분	주 당 금 액
20X1년 1월 3일	취득원가	5,000원
20X1년 12월 31일	공정가치	6,500원
20X2년 12월 31일	공정가치	4,900원

	20X1년 말	20X2년 말
①	0원	0원
②	이익 1,500,000원	손실 100,000원
③	이익 1,500,000원	이익 100,000원
④	이익 1,500,000원	손실 1,600,000원

16. 다음 중 금융자산의 손상 발생에 대한 객관적인 증거로 보기에 가장 올바르지 않은 것은?

① 이자지급이나 원금상환의 불이행이나 지연과 같은 계약 위반
② 차입자의 재무적 어려움에 관련된 경제적 또는 법률적 이유로 인한 당초 차입조건의 불가피한 완화
③ 차입자의 파산이나 기타 재무구조조정의 가능성이 높은 상태가 된 경우
④ 유동부채가 유동자산을 초과하는 경우

17. 다음 중 양도자가 소유에 따른 위험과 보상의 대부분을 이전하는 경우에 해당하는 예로 가장 옳은 것은?

① 금융자산을 아무런 조건이 없이 매도한 경우

② 유가증권대여계약을 체결한 경우

③ 양도자가 매도 후에 미리 정한 가격 또는 매도가격에 양도자에게 금전을 대여하였더라면 그 대가로 받았을 이자수익을 더한 금액으로 양도자산을 재매입하는 거래의 경우

④ 양도자가 양수자에게 발생가능성이 높은 대손의 보상을 보증하면서 단기 수취채권을 매도한 경우

18. 다음 중 전환사채에 관한 설명으로 가장 올바르지 않은 것은?

① 전환권대가에 해당하는 부분은 무조건 부채로 계상한다.

② 전환사채는 전환사채보유자의 요구에 따라 주식으로 전환할 수 있는 권리가 내재되어 있어 일반적으로 일반사채보다 표면금리가 낮게 책정되어 발행된다.

③ 상환할증금지급조건의 전환사채는 발행시점에 상환할증금을 인식한다.

④ 전환사채는 일반사채와 전환권의 두 가지 요소로 구성되는 복합적 성격을 지닌 금융상품이다.

19. ㈜삼일은 20X1년 1월 1일 액면금액 1,000,000원의 전환사채를 액면발행하였으며, 전환조건은 사채액면 50,000원당 액면가 10,000원인 보통주 1주로 전환할 수 있다. 전환청구일 현재 전환권대가는 50,000원, 사채상환할증금은 120,000원, 전환권조정은 100,000원이었다. 이 경우 전환으로 발행한 주식의 주식발행초과금으로 계상할 금액은 얼마인가?

① 870,000원　　② 900,000원

③ 980,000원　　④ 1,000,000원

20. 다음 중 충당부채의 회계처리에 관한 설명으로 가장 옳은 것은?

① 미래의 예상 영업손실은 최선의 추정치를 금액으로 하여 충당부채로 인식한다.

② 충당부채로 인식하는 금액은 현재의무의 이행에 소요되는 지출에 대한 보고기간말 현재의 최선의 추정치이어야 하며 이 경우 관련된 사건과 상황에 대한 불확실성이 고려되어야 한다.

③ 충당부채란 과거사건이나 거래의 결과에 의한 현재의무로서, 그 의무를 이행하기 위하여 자원이 유출될 가능성이 높고 지출 금액이 불확실하지만, 지출 시기는 확정되어 있는 의무를 의미한다.

④ 충당부채의 명목금액과 현재가치의 차이가 중요하더라도 의무를 이행하기 위하여 예상되는 지출액의 명목금액으로 평가한다.

21. ㈜삼일은 20X1년 초 설립된 회사로 설립 시에 보통주와 우선주를 모두 발행하였다. 설립일 이후 자본금의 변동은 없었으며, 20X3년 12월 31일 현재 보통주자본금과 우선주자본금은 다음과 같다.

구분	주당액면금액	발행주식수	자본금
보통주	1,000원	1,000주	1,000,000원
우선주(*)	1,000원	500주	500,000원

* 비누적 · 비참가적 우선주, 배당률 5%

㈜삼일은 설립된 이후 어떠한 배당도 하지 않았으나 20X3년 12월 31일로 종료되는 회계연도의 정기주주총회에서 배당금 총액을 300,000원으로 선언할 예정일 경우 우선주 주주에게 배분될 배당금은 얼마인가?

① 25,000원
② 50,000원
③ 275,000원
④ 300,000원

22. 다음은 ㈜삼일의 재무상태표이며, ㈜삼일의 경영자는 누적된 결손금을 해소하고자 무상감자를 고려하고 있다. 다음 중 회사가 무상감자를 실시하는 경우에 관한 설명으로 가장 옳은 것은?

재무상태표

㈜삼일 20X1년 12월 31일 (단위 : 원)

현 금	10,000,000	부 채	60,000,000
매출채권	20,000,000	자 본 금	40,000,000
재고자산	30,000,000	주식발행초과금	10,000,000
유형자산	30,000,000	결 손 금	(20,000,000)
자산총계	90,000,000	부채와자본총계	90,000,000

① 무상감자를 하면 부채비율(부채/자본)이 높아진다.
② 무상감자와 유상감자 모두 순자산에 미치는 영향은 동일하다.
③ 무상감자 후 주식발행초과금은 감소한다.
④ 무상감자 후의 자본총계는 30,000,000원으로 감자 전과 자본총계가 동일하다.

23. 다음 중 수익에 관한 설명으로 가장 올바르지 않은 것은?

① 수익은 정상적인 경영활동에서 발생하는 경제적 효익의 총유입을 말하며, 자산의 증가 또는 부채의 감소 형태로 나타난다. 다만, 주주의 지분참여로 인한 자본증가는 수익에 포함되지 않는다.

② 수익은 고객에게 기업의 재화나 용역을 제공하고 대가를 받기로 한 계약에서 발생하는 것으로 부가가치세처럼 제3자를 대신해서 받는 것은 수익으로 보지 않는다.

③ 복수의 계약을 하나의 상업적 목적으로 일괄 협상하는 경우에도 복수의 계약에서 약속한 재화나 용역이 단일 수행의무에 해당하지 않는다면 둘 이상의 계약을 하나의 계약으로 회계처리할 수 없다.

④ 정유사가 특정지역 고객수요를 적시에 충족시키기 위해 서로 유류를 교환하기로 한 계약같이 고객에게 판매를 쉽게 하기 위해 같은 사업 영역에 있는 기업간의 비화폐성 교환은 수익으로 보지 않는다.

24. 기업은 고객에게 약속한 재화나 용역을 이전하여 수행의무를 이행할 때 수익을 인식하여야 하는데, 만약 수행의무가 한 시점에 이행되는 경우라면 고객이 약속된 자산을 통제하고 기업이 의무를 이행하는 시점에서 수익을 인식한다. 여기서 고객이 자산을 통제하는 시점의 예로 가장 올바르지 않은 것은?

① 판매기업이 자산에 대해 현재 지급청구권이 있다.

② 판매기업이 자산의 물리적 점유를 이전하였다.

③ 판매기업에게 자산의 법적 소유권이 있다.

④ 자산의 소유에 따른 유의적인 위험과 보상이 고객에게 있다.

25. ㈜삼일은 20X1년도에 계약금액 400억원의 사무실용 빌딩 건설공사를 수주하였다. 공사 관련 정보가 다음과 같을 경우, 20X2년 계약이익은 얼마인가?

	20X1년	20X2년	20X3년
추정총계약원가	250억원	300억원	300억원
당기발생계약원가	100억원	110억원	90억원

① 10억원 ② 20억원

③ 50억원 ④ 60억원

26. ㈜삼일은 20X1년 건설공사를 계약금액 30,000,000원에 수주하였다. 20X1년 ㈜삼일의 예상원가 발생액, 계약대금 청구액은 다음과 같다. ㈜삼일이 누적발생계약원가에 기초하여 계산된 진행률에 따라 수익을 인식한다면, 20X1년 말 재무상태표에 표시할 미청구공사(계약자산) 또는 초과청구공사(계약부채)는 얼마인가?

	20X1년
누적발생계약원가	4,000,000원
추정총계약원가	20,000,000원
당기대금청구액	5,500,000원

① 초과청구공사(계약부채) 300,000원
② 초과청구공사(계약부채) 500,000원
③ 미청구공사(계약자산) 300,000원
④ 미청구공사(계약자산) 500,000원

27. ㈜삼일은 확정급여형 퇴직급여제도를 시행하고 있다. 20X1년말 사외적립자산의 공정가치 금액은 얼마인가?

ㄱ. 20X1년 초 사외적립자산의 공정가치	: 2,000,000원
ㄴ. 당기근무원가	: 800,000원
ㄷ. 사외적립자산의 기대수익	: 200,000원
ㄹ. 사외적립자산의 실제수익	: 150,000원

① 2,050,000원
② 2,150,000원
③ 2,200,000원
④ 3,000,000원

28. ㈜삼일은 임원 10명에게 3년의 용역제공조건으로 1인당 주식결제형 주식선택권 100개를 부여하였다. 20X4년 주식선택권의 권리행사로 아래와 같이 회계처리한 경우 ㈜삼일의 자본항목의 변화로 가장 옳은 것은?

(단위 : 원)

(차변)	현금	20,000,000	(대변)	자기주식	22,000,000
	주식선택권	5,000,000		자기주식처분이익	3,000,000

① 3,000,000원 증가
② 20,000,000원 증가
③ 22,000,000원 증가
④ 25,000,000원 증가

29. 20X1년 초 사업을 개시한 ㈜삼일의 과세소득과 관련된 다음 자료를 이용하여 20X1년 말 재무상태표상의 이연법인세자산(부채)금액을 구하면 얼마인가?

법인세비용차감전순이익	4,000,000원
가산(차감)조정	
기업업무추진비(접대비)한도초과액	600,000원
감가상각비한도초과액	900,000원
제품보증충당부채 설정액	500,000원
과세표준	6,000,000원
세율	25%

〈 추가자료 〉

ㄱ. 차감할 일시적차이가 사용될 수 있는 미래과세소득의 발생가능성은 높다고 가정한다.

ㄴ. 감가상각비한도초과액에 대한 일시적차이는 20X2년, 20X3년, 20X4년에 걸쳐 300,000원씩 소멸하며, 제품보증충당부채 설정액에 대한 일시적차이는 20X3년 소멸할것으로 예상된다. 일시적차이가 소멸될 것으로 예상되는 기간의 과세소득에 적용될 것으로 기대되는 평균세율은 다음과 같다.

연도	20X2년	20X3년	20X4년
세율	25%	30%	30%

① 이연법인세부채 225,000원　② 이연법인세자산 255,000원
③ 이연법인세부채 325,000원　④ 이연법인세자산 405,000원

30. 다음은 ㈜삼일의 20X1년과 20X2년 말의 법인세회계와 관련된 내역이다. 20X2년도에 ㈜삼일이 계상하여야 할 법인세비용은 얼마인가?

	20X1년 말	20X2년 말
이연법인세자산	10,000원	50,000원
이연법인세부채	30,000원	10,000원
20X2년 말 미지급 법인세	200,000원	

① 110,000원　② 120,000원
③ 140,000원　④ 190,000원

31. ㈜삼일은 20X2년에 처음으로 회계감사를 받았는데, 기말상품재고에 대하여 다음과 같은 오류가 발견되었다. 20X1년 및 20X2년에 ㈜삼일이 보고한 당기순이익이 다음과 같을 때, 20X2년의 오류수정 후 당기순이익은 얼마인가? (단, 법인세효과는 무시한다)

연도	당기순이익	기말상품재고오류
20X1년	30,000원	3,000원 과대평가
20X2년	35,000원	2,000원 과소평가

① 30,000원 ② 36,000원
③ 38,000원 ④ 40,000원

32. 다음은 ㈜삼일의 20X1 회계연도(20X1년 1월 1일 ~ 20X1년 12월 31일) 당기순이익과 자본금변동상황에 대한 자료이다. 이를 이용하여 ㈜삼일의 20X1년도 가중평균유통보통주식수를 구하면 얼마인가?

ㄱ. 당기순이익 500,000,000원
ㄴ. 자본금변동사항(주당 액면금액은 5,000원이다)

	보통주자본금	우선주자본금
기초	100,000주 500,000,000원	20,000주 100,000,000원
기중		기중 변동사항 없음
4.1 유상증자(20%)	20,000주 100,000,000원	(공정가치 이상으로 발행됨)
7.1 무상증자(10%)	12,000주 60,000,000원	

* 유통보통주식수 계산시 월할계산을 가정한다.

① 120,000주 ② 126,500주
③ 127,000주 ④ 132,000주

33. 다음 중 관계기업투자주식의 회계처리에 관한 설명으로 가장 올바르지 않은 것은?

① 유의적인 영향력 판단에는 지분율 기준과 실질 영향력 기준이 있다.
② 유의적인 영향력을 판단함에 있어 피투자자에 대한 의결권은 투자자의 지분율과 지배기업이 보유하고 있는 지분율의 합계로 계산한다.
③ 실질영향력기준이 적용되지 않을 경우 투자자가 직접으로 또는 간접으로 피투자자에 대한 의결권의 20% 미만을 소유하고 있다면 유의적인 영향력이 없는 것으로 본다.
④ 경영진의 상호교류가 이루어지는 경우 유의적인 영향력이 있는 것으로 본다.

34. 다음 중 기능통화와 표시통화에 관한 설명으로 가장 올바르지 않은 것은?

① 기능통화란 영업활동이 이루어지는 주된 경제환경의 통화를 의미한다.

② 표시통화란 재무제표를 표시할 때 사용하는 통화로서 기업은 어떤 통화든지 표시통화로 사용할 수 있다.

③ 기업의 표시통화와 기능통화가 다른 경우에는 경영성과와 재무상태를 기능통화로 환산하여 재무제표에 보고한다.

④ 기능통화로 외화거래를 최초로 인식하는 경우에 거래일의 외화와 기능통화 상의 현물환율을 외화금액에 적용하여 기록한다.

35. 한국에서 영업을 하는 ㈜서울의 미국 현지법인인 ㈜엘에이의 재무제표이다. ㈜엘에이는 20X1년 초 설립되었으며, ㈜엘에이의 기능통화인 달러화로 작성한 20X1년 말 재무상태표는 다음과 같다.

자산	$ 4,000	부채	$ 1,000
		자본금	$ 2,000
		이익잉여금 (당기순이익)	$ 1,000
합계	$ 4,000	합계	$ 4,000

㈜엘에이의 재무상태표를 표시통화인 원화로 환산 시 환율이 유의적으로 변동할 경우 부채에 적용할 환율로 가장 옳은 것은?

① 해당 거래일의 환율
② 해당 보고기간말의 마감환율
③ 평균환율
④ 차입시 환율

36. 다음 거래목적 중 파생상품평가손익을 당기손익으로 처리하지 않는 것은?

① 매매목적으로 체결한 파생상품의 평가손익

② 공정가치위험회피 목적으로 체결한 파생상품의 평가손익

③ 현금흐름위험회피 목적으로 체결한 파생상품의 평가손익 중 위험회피에 효과적인 부분

④ 현금흐름위험회피 목적으로 체결한 파생상품의 평가손익 중 위험회피에 효과적이지 못한 부분

37. 다음 중 리스에 관한 설명으로 가장 올바르지 않은 것은?

① 금융리스의 경우 리스이용자의 입장에서 보증잔존가치와 무보증잔존가치는 모두 리스료에 포함한다.

② 금융리스에서 리스제공자가 리스채권으로 인식할 금액은 리스료의 현재가치와 무보증잔존가치의 현재가치를 합한 금액이다.

③ 금융리스에서 리스이용자는 리스개시일에 사용권자산과 리스부채를 인식하는 것을 원칙으로 한다.

④ 리스제공자는 각 리스를 운용리스나 금융리스로 분류한다.

38. ㈜삼일의 20X1년도 매출액은 100,000원이고 대손상각비로 5,000원을 계상하였다. 다음의 자료를 이용하여 ㈜삼일의 매출로 인한 현금유입액을 계산하면 얼마인가?

	20X1년 1월 1일	20X1년 12월 31일
매출채권	10,000원	20,000원
대손충당금	1,000원	2,000원

① 56,000원 ② 66,000원

③ 76,000원 ④ 86,000원

39. 다음은 ㈜삼일의 영업활동으로 인한 현금흐름을 계산하기 위한 자료이다. ㈜삼일의 간접법에 의한 영업활동으로 인한 현금흐름이 (+)5,000,000원이라고 할 때 당기순이익은 얼마인가?

(단위 : 원)

유형자산처분손실	200,000	매출채권의 증가	900,000
감가상각비	300,000	재고자산의 감소	1,000,000
		매입채무의 감소	500,000

① 3,300,000원 ② 4,300,000원

③ 4,500,000원 ④ 4,900,000원

40. 다음의 자료를 이용하여 20X1년의 현금흐름표를 직접법에 의하여 작성할 경우 공급자에 대한 현금유출액은 얼마인가?

• 20X1년 매출원가는 60,000원이다.
• 20X1년 재고자산 및 매입채무 관련 자료

구분	20X1년 1월 1일	20X1년 12월 31일
재고자산	5,000원	9,000원
매입채무	2,000원	4,000원

① 58,000원 ② 60,000원
③ 62,000원 ④ 64,000원

세무회계

41. 다음 중 조세의 분류에 관한 설명으로 가장 옳은 것은?

① 과세권자에 따라 국세와 관세로 나뉜다.
② 법인세는 조세의 사용용도가 특정된 목적세에 해당한다.
③ 소득세는 납세자의 인적사항이 고려되는 인세(人稅)에 해당한다.
④ 부가가치세는 입법상 조세부담의 전가를 예상하고 있는 직접세에 해당한다.

42. 다음 중 법인세법상 기간과 기한에 관한 설명으로 가장 올바르지 않은 것은?

① 기간이란 어느 일정시점에서 다른 일정시점까지의 계속된 시간을 말한다.
② 기간의 계산은 세법에 특별한 규정이 있는 경우를 제외하고는 민법의 역법적 계산방법에 따른다.
③ 우편으로 과세표준신고서를 제출한 경우에는 도착한 날에 신고된 것으로 본다.
④ 기간말일이 공휴일에 해당하는 때에는 그 익일로 기간이 만료된다.

43. 다음 내용과 가장 밀접한 관련이 있는 국세부과의 원칙으로 가장 옳은 것은?

- 사업자등록명의자와는 별도로 사실상의 사업자가 있는 경우에는 사실상의 사업자를 납세의무자로 본다(국기통 14-0…1).
- 회사의 주주로 명부상 등재되어 있더라도 회사의 대표자가 임의로 등재한 것일 뿐 회사의 주주로서 권리행사를 한 사실이 없는 경우에는 그 명의자인 주주를 세법상 주주로 보지 않는다(국기통 14-0…3).
- 공부상 등기·등록 등이 타인의 명의로 되어 있더라도 사실상 당해 사업자가 취득하여 사업에 공하였음이 확인되는 경우에는 이를 그 사실상 사업자의 사업용자산으로 본다(국기통 14-0…4).
- 명의신탁부동산을 매각처분한 경우에는 양도의 주체 및 납세의무자는 명의수탁자가 아니고 명의신탁자이다(국기통 14-0…6).

① 실질과세의 원칙
② 근거과세의 원칙
③ 조세감면사후관리의 원칙
④ 신의성실의 원칙

44. 다음 중 수정신고에 관한 설명으로 가장 올바르지 않은 것은?

① 법정신고기한까지 과세표준과 세액을 신고한 자 및 기한 후 과세표준신고를 한 자는 수정신고를 할 수 있다.
② 과세표준신고서에 기재된 결손금액 또는 환급세액이 세법에 따라 신고하여야 할 금액을 초과할 때 수정신고를 할 수 있다.
③ 수정신고기한은 따로 규정되어 있지 않고 관할세무서장이 결정 또는 경정통지를 하기 전까지 제척기간과 관계없이 수정신고 할 수 있다.
④ 수정신고를 법정신고기한 경과 후 2년 이내에 한 자에 대해서는 기간경과 정도에 따라 과소신고·초과환급신고 가산세의 일정비율을 경감한다.

45. 다음 중 법인세법상 과세소득에 관한 설명으로 가장 올바르지 않은 것은?

① 청산소득이라 함은 영리내국법인이 해산(합병 또는 분할에 의한 해산 제외)하는 경우에 발생하는 소득을 말한다.
② 자기자본이 500억원이 넘는 중소기업의 미환류소득은 법인세법상 과세소득이다.
③ 비과세 법인을 제외한 모든 법인은 토지 등 양도소득에 대한 법인세의 납세의무를 진다.
④ 법인세법은 포괄적 소득의 개념으로서의 순자산증가설의 입장을 취하고 있다.

46. ㈜삼일의 제 21 기(20x1년 1월 1일 ~ 20x1년 12월 31일) 법인세 과세표준 및 세액조정계산서상에 표시되는 항목별 금액이 다음과 같을 때 기부금한도초과액과 이월결손금 당기공제액의 합계액은 얼마인가(부호는 동일하게 보아 계산한다)?

1. 결산서상 당기순이익 : 150,000,000원
2. 세무조정금액
   가. 익금산입 : 30,000,000원
   나. 손금산입 : 10,000,000원
3. 차가감소득금액 : 170,000,000원
4. 각 사업연도소득금액 : 175,000,000원(기부금한도초과이월액 손금산입액은 없다)
5. 과세표준 : 135,000,000원(비과세소득과 소득공제액은 없다)

① 15,000,000원 ② 25,000,000원
③ 35,000,000원 ④ 45,000,000원

47. 다음은 제조업을 영위하는 ㈜삼일이 유가증권에 대해 다음과 같이 회계처리한 경우 유보(또는 △유보)로 소득처분할 금액을 바르게 짝지은 것은(사업연도는 1월 1일부터 12월 31일까지이다)?

ㄱ. 20x0년 중 특수관계인인 개인으로부터 시가 1,000,000원인 유가증권(A주식)을 900,000원에 매입하여 해당 금액으로 계상하였다.
ㄴ. 20x0년 말 유가증권(A주식)의 시가는 1,300,000원으로 300,000원의 평가이익을 장부에 계상하였다.
ㄷ. 20x1년 중 20x0년에 취득한 유가증권을 1,300,000원에 매각하면서 처분이익 100,000원을 계상하였다.

	20x0년	20x1년
①	유보 100,000원	△유보 100,000원
②	△유보 200,000원	유보 200,000원
③	유보 300,000원	△유보 300,000원
④	△유보 400,000원	유보 400,000원

48. 다음의 조세공과금 중 손금으로 인정되는 것으로 가장 옳은 것은?

① 법인세 및 법인지방소득세
② 징벌적 목적의 손해배상금
③ 비사업용토지에 대한 재산세
④ 부가가치세법에 따라 공제되지 않는 매입세액(의무불이행이나 사업과 관련 없는 경우에 해당하지 않음)

49. 다음 중 법인세법상 업무무관자산의 세무상 처리방법에 관한 설명으로 가장 올바르지 않은 것은?

① 업무무관자산 취득 시 지출한 취득세와 등록비용은 취득부대비용으로 취득원가에 가산한다.
② 업무무관자산에 대한 감가상각비, 유지비, 수선비 등은 손금불산입한다.
③ 업무무관자산 처분 시 자산의 장부가액은 손금으로 인정하지 않는다.
④ 업무무관자산 등에 대한 지급이자는 손금불산입한다.

50. 다음 중 재고자산평가방법을 후입선출법으로 신고한 ㈜삼일이 평가방법 변경신고를 하지 아니하고 총평균법에 의하여 기말재고자산을 평가한 경우 필요한 세무조정은?

(1) 후입선출법에 의한 기말재고자산 평가액	500원
(2) 총평균법에 의한 기말재고자산 평가액	800원
(3) 선입선출법에 의한 기말재고자산 평가액	900원

① (손금산입)재고자산평가증 300원(△유보)
② (익금산입)재고자산평가감 300원(유보)
③ (익금산입)재고자산평가감 100원(유보)
④ (손금산입)재고자산평가증 100원(△유보)

51. 다음 자료에 의한 ㈜삼일의 제21기(20x1년 1월 1일 ~ 20x1년 12월 31일) 사업연도의 세무조정 사항이 과세표준에 미치는 영향으로 가장 옳은 것은?

구분	건물	기계장치	영업권
회사계상 상각비	5,000,000원	4,000,000원	1,000,000원
세법 상 상각범위액	6,000,000원	3,500,000원	1,200,000원
내 용 연 수	40년	5년	5년
전기이월상각 부인액	1,500,000원	-	-

① 영향 없음
② 500,000원 감소
③ 500,000원 증가
④ 1,000,000원 증가

52. 다음 법인세법상 감가상각 범위액과 관련한 토의 내용 중 가장 올바르지 않은 설명을 하고 있는 사람은 누구인가?

① 박과장 : 감가상각비는 결산조정사항이므로 한국채택국제회계기준을 도입하여 결산상 감가상각비가 감소한 경우에도 신고조정으로 손금산입하는 것은 불가능합니다.

② 김대리 : 사업연도 중 양도한 자산도 사업연도 개시일부터 양도일까지의 감가상각비를 계상하는 것이 원칙이나 법인세법상으로는 양도자산은 감가상각비 시부인을 하지 않습니다.

③ 이부장 : 감가상각자산에 대한 자본적 지출액은 감가상각자산의 장부가액에 합산하여 그 자산의 내용연수를 그대로 적용하여 감가상각해야 합니다.

④ 최사원 : 사업연도 중에 취득하여 사업에 사용한 감가상각자산에 대한 상각범위액은 사업에 사용한 날부터 당해 사업연도 종료일까지의 월수에 따라 계산해야 합니다.

53. ㈜삼일은 지방자치단체(특수관계 없음)에 정당한 사유 없이 시가 1억원인 토지를 5천만원에 양도하고 다음과 같이 회계처리하였다. 이 거래와 관련된 세무상 처리를 설명한 것으로 가장 옳은 것은?

(차변)	현금	5천만원	(대변)	토지	7천만원
	토지처분손실	2천만원			

① 순자산이 감소되므로 토지처분손실을 전액 손금에 산입한다.

② 토지처분손실 2천만원을 손금불산입한다.

③ 토지처분손실 2천만원을 기부금으로 보아 기부금 세무조정에 반영한다.

④ 부당한 거래로 보아 5천만원을 익금에 산입한다.

54. 다음 중 법인세법상 기업업무추진비와 기부금에 관한 설명으로 가장 올바르지 않은 것은?

① 기업업무추진비는 교제비 · 사례금 기타 명목여하에 불구하고 이와 유사한 성질의 비용으로서 법인의 업무와 관련하여 지출한 금액이다.

② 기부금은 특정인 등에게 사업과 직접적인 관련 없이 지출되는 재산적 증여가액을 말한다.

③ 광고 · 선전목적으로 달력 등을 불특정 다수인에게 기증한 것은 일반적으로 기업업무추진비로 보지 않고 전액 손금으로 인정한다.

④ 현물로 기부할 경우 기부자산가액은 기부대상과 관계없이 시가로 평가한다.

55. 다음 중 정규증명서류의 수취의무와 미수취시 불이익을 요약한 표의 내용으로 가장 올바르지 않은 것은(단, 모든 지출은 사업자로부터 실제 재화나 용역을 공급받았고, 거래사실을 객관적으로 입증할 수 있는 거래명세서를 수취하였다고 가정한다)?

대 상		정규증명서류 이외의 서류 수취 시 불이익	
		손금인정여부	가산세
기업업무추진비	건당 3만원 초과 (경조사비 20만원초과)	① 손금불산입	② 가산세 부과
기업업무추진비 이외의 지출	건당 3만원 초과	③ 손금산입	④ 가산세 부과

56. 다음 중 손금불산입대상인 지급이자와 이에 대한 소득처분을 연결한 것으로 가장 옳은 것은(단, 지급이자에 대한 원천징수는 고려하지 않는다)?

	구 분	소득처분
①	채권자불분명 사채이자	배당
②	비실명채권 · 증권이자	기타사외유출
③	건설자금이자	유보
④	업무무관자산 등에 대한 지급이자	기타

57. 다음 중 법인세법상 대손충당금 설정대상 채권이 아닌 것은?

① 소비대차계약에 의하여 타인에게 대여한 금액
② 금전소비대차계약에 의하여 타인에게 대여한 금액
③ 상품의 판매가액의 미수액
④ 매각거래에 해당하는 배서양도어음

58. 다음 중 준비금에 관한 설명으로 가장 올바르지 않은 것은?

① 비영리내국법인은 법인세법에 따라 고유목적사업준비금을 손금에 산입할 수 있다.
② 준비금은 법인세법에서만 규정하고 있고, 조세특례제한법에서 규정하는 준비금은 현재 없다.
③ 보험업을 영위하는 법인은 책임준비금을 손금에 산입할 수 있다.
④ 전입한 준비금은 일정기간이 경과한 후에 다시 익금산입하여야 한다.

59. 다음 ㈜삼일의 거래 중 법인세법상 부당행위계산부인 규정의 적용대상으로 가장 올바르지 않은 것은?

① 종업원인 김삼일에게 사택을 무료로 제공하였다(단, 김삼일은 지배주주의 특수관계인이 아니다).
② 임원 김용산에게 시가 8억원의 기계장치를 7억원에 양도하였다.
③ 대표이사 김서울에게 업무와 관련 없이 1억원을 무이자 조건으로 대여하였다.
④ 대주주인 김마포에게 토지를 1년간 무상으로 임대하였다.

60. 다음의 자료를 이용하여 ㈜삼일의 제 25 기 사업연도(20x1년 1월 1일 ~ 20x1년 12월 31일) 과세표준 금액을 계산하면 얼마인가?

ㄱ. 당기순이익 : 250,000,000원
ㄴ. 소득금액조정합계표상 금액
  - 익금산입 · 손금불산입 : 100,000,000원
  - 손금산입 · 익금불산입 : 70,000,000원
ㄷ. 일반기부금 한도초과액 : 10,000,000원
ㄹ. 비과세소득 : 3,000,000원
ㅁ. 소득공제 : 2,000,000원

① 280,000,000원　② 285,000,000원
③ 290,000,000원　④ 295,000,000원

61. 다음 중 소득세의 특징에 관한 설명으로 가장 올바르지 않은 것은?

① 소득세법은 개인별 소득을 기준으로 과세하는 개인단위과세제도를 원칙으로 한다. 다만, 가족이 공동으로 사업을 경영하는 경우는 예외없이 합산과세한다.
② 퇴직소득과 양도소득을 다른 소득과 합산하지 않고 별도로 과세하는 이유는 장기간에 걸쳐 발생한 소득이 일시에 실현되는 특징 때문이다.
③ 소득세법은 열거주의에 의하여 과세대상 소득을 규정하고 있으므로 열거되지 아니한 소득은 과세되지 않는다. 다만, 예외적으로 이자소득과 배당소득은 유사한 소득을 포함하는 유형별 포괄주의를 채택하고 있다.
④ 분리과세는 기간별로 합산하지 않고 그 소득이 지급될 때 소득세를 징수함으로써 과세를 종결하는 방법이다.

62. 다음 중 소득세법상 이자소득에 관한 설명으로 가장 올바르지 않은 것은?

① 자금대여를 영업으로 하는 자가 금전을 대여하여 얻은 이익은 이자소득으로 과세된다.
② 보험기간이 10년 미만인 저축성보험의 보험차익은 이자소득으로 과세된다.
③ 이자소득을 발생시키는 거래 · 행위와 파생상품이 결합된 경우 해당 파생상품의 거래 · 행위로부터의 이익은 이자소득으로 과세된다.
④ 동일직장이나 동일직종에 종사하는 근로자로 구성된 공제조합 또는 공제회로부터 받는 공제회 반환금 중 납입원금을 초과하는 금액은 이자소득으로 과세된다.

63. 다음 거주자 김삼일씨의 상가임대 관련 자료를 기초로 20x1년 부동산임대 관련 사업소득 총수입금액을 계산하면 얼마인가?

ㄱ. 임대기간 : 20x1년 7월 1일 ~ 2022년 6월 30일
ㄴ. 임대료 : 보증금 0원, 월세 10,000,000원
ㄷ. 1년간의 임대료 120,000,000원을 20x1년 7월 1일에 선불로 수령함

① 30,000,000원 ② 60,000,000원
③ 80,000,000원 ④ 120,000,000원

64. 김삼일씨의 20x1년 급여내역이 다음과 같을 때 과세대상 근로소득금액은 얼마인가?(김삼일씨는 20x1년에 연간 계속 근무하였다)

- 월급여액 : 2,000,000원
- 상여 : 월급여액의 400%
- 연월차수당 : 2,000,000원
- 자녀학자금 : 500,000원
- 식사대 : 1,200,000원(월 100,000원. 단, 식사 또는 기타 음식물을 제공받지 않음)
- 자가운전보조금 : 3,000,000원(월 250,000원)

① 34,500,000원 ② 35,100,000원
③ 36,100,000원 ④ 37,500,000원

65. 다음 중 연금소득에 관한 설명으로 가장 올바르지 않은 것은?

① 개인이 가입한 연금 상품에 기인해 수령한 사적연금도 연금소득으로 과세된다.
② 산업재해보상보험법에 따라 받는 각종 연금은 연금소득으로 과세되지 않는다.
③ 연금소득금액 계산시 필요경비인정방식과 연금소득공제방식 중 선택하여 적용 가능하다.
④ 연금소득에 대한 수입시기는 연금을 지급받거나 받기로 한 날로 한다.

66. 다음은 20x1년 김삼일씨의 소득 내역이다. 김삼일씨의 20x1년도 종합소득 과세표준을 계산하면 얼마인가?

ㄱ. 비영업대금이익	10,000,000원
ㄴ. 사업소득금액	50,000,000원
ㄷ. 근로소득금액	70,000,000원
ㄹ. 퇴직소득금액	80,000,000원
ㅁ. 양도소득금액	30,000,000원
ㅂ. 종합소득공제	40,000,000원

① 80,000,000원
② 90,000,000원
③ 120,000,000원
④ 200,000,000원

67. 다음 중 거주자 김삼일씨의 교육비세액공제 대상을 모두 고른 것은(자료상의 가족은 모두 생계를 같이 하고 있다)?

〈 교육비지출 현황 〉

	관계	교육비 지출내역	연령(만)	소득종류 및 금액
ㄱ.	본인	대학원 학비	38세	근로소득금액 1억원
ㄴ.	배우자	대학교 학비	36세	사업소득금액 200만원
ㄷ.	여동생	대학교 학비	27세	소득 없음
ㄹ.	딸	유치원비	5세	소득 없음

① ㄱ, ㄴ, ㄷ
② ㄱ, ㄷ, ㄹ
③ ㄴ, ㄷ, ㄹ
④ ㄱ, ㄴ, ㄷ, ㄹ

68. 다음 중 소득세법상 원천징수에 관한 설명으로 가장 올바르지 않은 것은?

① 원천징수는 소득금액을 지급하는 자에게 부과한 의무이므로 지급받는 자가 개인인지 법인인지 관계없이 동일한 세법을 적용한다.
② 원천징수의무자는 원천징수한 소득세를 그 징수일이 속하는 달의 다음 달 10일까지 납부하여야 한다.
③ 예납적 원천징수의 경우에는 별도의 소득세 확정신고절차가 필요하나, 완납적 원천징수에 해당하면 별도의 확정신고가 불필요하다.
④ 원천징수에 의해서 정부는 조세수입을 조기에 확보할 수 있으며, 탈세를 방지할 수 있는 장점이 있다.

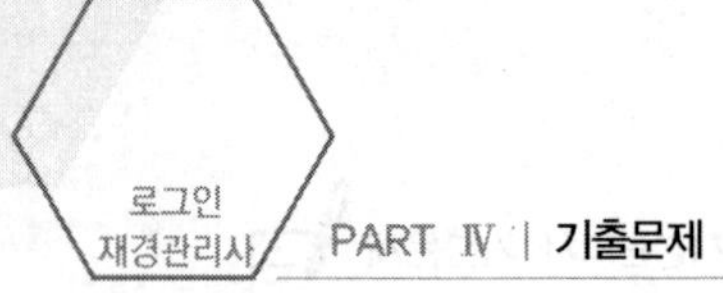

69. 다음은 김삼일 회계사의 홈페이지에 있는 연말정산에 대한 상담사례들을 모은 것이다. 다음 상담사례의 답변 중 가장 올바르지 않은 것은?

> **(질문 1)**
> 안녕하세요. 김삼일 회계사님.
> 제가 사고로 인해 이번달에 병원에서 MRI 촬영을 했는데 이것도 의료비공제가 됩니까? 가뜩이나 MRI 촬영비도 비싼데 공제도 안된다면 사고난 곳이 더 아플 것 같습니다.
> • 답변 1
> MRI 촬영비가 진료, 질병예방 목적으로 의료기관에 지급된 경우에는 의료비 공제대상입니다.
>
> **(질문 2)**
> 수고가 많으십니다. 저는 봉급생활자인데 자동차종합보험료도 보험료 공제를 받을 수 있습니까?
> • 답변 2
> 자동차종합보험은 보장성보험이므로 지급된 보험료가 보험료공제 대상이 됩니다.
>
> **(질문 3)**
> 아이가 아파서 미국에서 수술을 받았습니다. 해당 의료비는 세액공제를 받을 수 있나요?
> • 답변 3
> 국외에서 지출한 의료비는 세액공제가 불가능합니다.
>
> **(질문 4)**
> 올해 대학에 입학하는 자녀의 대학등록금 900만원을 신용카드로 납부하였습니다. 신용카드로 결제한 대학교 등록금도 신용카드 공제대상이 되나요?
> • 답변 4
> 신용카드로 결제한 대학교 등록금은 신용카드 세액공제 대상에 해당합니다.

① 답변 1 ② 답변 2
③ 답변 3 ④ 답변 4

70. 다음 중 양도소득세 과세대상자산이 아닌 것은?

① 부동산을 취득할 수 있는 권리
② 과점주주가 보유하는 부동산과다보유법인 주식
③ 대주주소유 상장주식
④ 토지 · 건물과 별개로 양도하는 영업권

71. 다음 중 부가가치세법에 관한 설명으로 가장 옳은 것은?

① 부가가치세는 원칙적으로 모든 재화 또는 용역을 과세대상으로 하는 일반 소비세에 해당한다.
② 부가가치세는 납세의무자와 실질적인 담세자가 일치하는 직접세이다.
③ 부가가치세는 일정기간 동안 사업자가 공급한 매출액에서 매입액을 차감하여 부가가치를 계산한 다음 세율을 적용하는 전단계거래액공제방법을 채택하고 있다.
④ 부가가치세는 2 단계 누진세율을 적용한다.

72. 다음 중 부가가치세 납세의무자인 사업자에 관한 설명으로 가장 옳은 것은?

① 면세사업자는 매출세액을 거래 징수할 필요는 없으나 매입세액 공제는 받는다.
② 면세사업자는 부가가치세법상 사업자등록 후 면세사업자 신청을 해야 한다.
③ 겸영사업자는 일반과세사업과 면세사업(비과세사업 포함)을 함께 영위하는 자를 말한다.
④ 비영리사업자는 납세의무자가 아니므로 부가가치세를 거래징수하지 않아도 된다.

73. 다음 중 새롭게 부가가치세법상 사업자등록을 해야 하는 사람을 모두 고르면?

김순희 : 이번에 초등학생을 대상으로 한 수학학원을 오픈할 예정이예요. 정부인허가 받는데 시간이 꽤 걸렸지만 아이들을 위해 수업할 생각을 하니 너무 기쁘네요.
김영희 : 저희 지역사회를 위한 신문을 반기별로 발간하려고 해요. 신문 구독료만으로는 운영이 어려워 광고도 함께 할 생각입니다.
김영수 : 이번 시즌 화장품에 대한 반응이 좋아서 이달 안으로 용산구에 직매장을 추가로 설치해서 판매량을 더욱 더 늘릴 예정입니다.
김철수 : 의류재고가 계속 늘어나 현재 창고로는 수용하기가 힘들어 새롭게 보관만을 목적으로 한 창고를 임차하여 세무서에 설치신고를 완료했습니다.

① 김순희, 김철수
② 김순희, 김영수
③ 김영희, 김영수
④ 김영희, 김철수

74. 다음은 제조업과 건설업을 영위하는 ㈜삼일의 제1기 예정신고기간(20x1년 1월 1일 ~ 20x1년 3월 31일)에 발생한 거래이다. 해당 예정신고기간의 과세표준은 얼마인가?

(1) 특수관계인 매출액 5,000,000원(시가 10,000,000원) (2) 특수관계인 이외의 매출액 50,000,000원(매출에누리 3,000,000원과 매출할인액 1,000,000원이 차감된 금액임) (3) 회사가 공급한 재화와 직접 관련되지 않은 국고보조금 20,000,000원 (4) 거래처 파산으로 인한 대손금 10,000,000원

① 55,000,000원 ② 60,000,000원
③ 62,000,000원 ④ 64,000,000원

75. 다음 중 부가가치세 과세대상에 관한 설명으로 가장 올바르지 않은 것은?

① 재화를 담보로 제공하는 것은 부가가치세 과세대상이 되지 아니한다.
② 교환계약에 의하여 재화를 인도 또는 양도하는 것은 부가가치세 과세 대상이다.
③ 사업을 포괄적으로 양도한 경우 이는 재화의 공급에 해당하므로 과세 대상이다.
④ 대가를 받지 아니하고 타인에게 용역을 공급하는 것은 원칙적으로 부가가치세 과세대상이 되지 아니 한다.

76. 다제조업을 영위하는 일반과세사업자 ㈜삼일은 일본의 사업자 ㈜동경으로부터 반도체 부품을 100만원에 수입하고 대가를 지급하려 한다. 다음 중 ㈜삼일이 ㈜동경에게 지급해야 할 금액에 관한 설명으로 가장 옳은 것은(단, 한국의 부가가치세율이 10%, 일본의 부가가치세율이 6%라고 가정하고, 관세 등은 고려하지 않는다)?

① 반도체 금액 100만원에 일본의 부가가치세율에 따른 부가가치세 6만원을 지급한다.
② 반도체 금액 100만원만 지급하고 부가가치세는 한국의 세관장에게 10만원을 납부한다.
③ 반도체 금액 100만원만 지급하고 부가가치세는 일본의 세관장에게 6만원을 납부한다.
④ 반도체 금액 100만원에 한국과 일본의 부가가치세율 차이에 따른 부가가치세 4만원을 지급한다.

77. 다음 중 부가가치세법상 재화와 용역의 공급시기에 관한 설명으로 가장 올바르지 않은 것은?

① 수출재화의 공급 : 수출 재화의 선(기)적일
② 완성도기준지급조건부 판매 : 대가의 각 부분을 받기로 한 때
③ 조건부판매 : 조건이 성취되어 판매가 확정된 때
④ 판매목적 타사업장 반출 : 재화를 사용하거나 소비하는 때

78. 다음 중 부가가치세법상 면세에 관한 설명으로 가장 올바르지 않은 것은?

① 면세사업자가 면세를 포기하는 경우 1년간은 면세적용을 받을 수 없다.

② 면세사업자는 과세표준의 신고, 사업자등록, 세금계산서 발급 등에 관한 부가가치세상의 제반의무가 없다.

③ 면세의 포기는 면세사업자가 면세포기사유에 해당하는 경우에 한해서만 가능하다.

④ 면세는 부가가치세의 역진성을 해소하기 위한 부분면세제도이다.

79. 다음 중 과세사업을 영위하는 ㈜삼일의 부가가치세 신고 시 매입세액공제가 가능한 항목으로 가장 옳은 것은(단, 적격증빙은 적정하게 수령했다고 가정한다)?

① 기업업무추진비

② 토지

③ 비영업용소형승용차

④ 상가건물

80. 다음 중 부가가치세에 대한 가산세가 부과되는 경우로 가장 올바르지 않은 것은?

① 예정신고시 매입처별세금계산서 합계표를 제출하지 않고 확정신고시 제출한 경우

② 가공세금계산서를 발행한 경우

③ 재화를 공급받고 타인 명의로 세금계산서를 발급받은 경우

④ 사업자등록을 하지 않은 경우

원가관리회계

81. 다음은 ㈜삼일의 20X1년 제조원가 자료이다.

<u>제조원가명세서</u>

20X1년 1월 1일-20X1년 12월 31일

(단위 : 원)

Ⅰ. 직접재료원가		300,000
Ⅱ. 직접노무원가		500,000
Ⅲ. 제조간접원가		130,000
변동원가	60,000	
고정원가	70,000	
Ⅳ. 당기총제조원가		930,000

위 자료를 이용하여 (a)기초원가와 (b)가공원가를 계산하면 얼마인가?

① (a) 930,000원, (b) 130,000원
② (a) 800,000원, (b) 130,000원
③ (a) 800,000원, (b) 630,000원
④ (a) 300,000원, (b) 630,000원

82. 다음의 기업경영 사례에서 밑줄 친 부분이 의미하는 용어는 무엇인가?

> 영국, 프랑스가 공동 개발한 초음속 여객기 '콩코드'는 개발과정에서 막대한 비용을 들였고, 완성하더라도 채산을 맞출 가능성이 없었다. 그러나 **<u>이미 거액의 개발자금을 투자</u>**했기 때문에 도중에 중지하는 것은 낭비라는 이유로 개발작업이 계속 이어졌다고 한다.

① 간접원가
② 매몰원가
③ 고정원가
④ 기회원가

83. 다음 중 준변동원가에 관한 설명으로 가장 옳은 것은?

① 조업도의 증감에 따라 원가총액과 단위당 원가가 증가한다.
② 조업도의 변동과 무관하게 원가총액이 일정하다.
③ 조업도가 없어도 원가가 일정 금액 발생하고 그 이후 조업도 증감에 따라 원가총액이 증가한다.
④ 조업도가 특정범위를 벗어나면 일정액만큼 증가 또는 감소한다.

84. 20X1년 1월 5일에 영업을 시작한 ㈜삼일은 20X1년 12월 31일에 직접재료재고 5,000원, 재공품재고 10,000원, 제품재고 20,000원을 가지고 있다. 그런데 20X2년 들어 영업실적이 부진하자 동년 6월에 재료와 재공품 재고를 남겨두지 않고 제품으로 생산한 뒤 싼 가격으로 제품을 모두 처분하고 공장을 폐쇄하였다. ㈜삼일의 20X2년의 원가를 큰 순서대로 정리하면?

① 매출원가 > 당기총제조원가 > 제품제조원가
② 매출원가 > 제품제조원가 > 당기총제조원가
③ 당기총제조원가 > 제품제조원가 > 매출원가
④ 모두 금액이 같다.

85. ㈜삼일은 보조부문(S1, S2)과 제조부문(P1, P2)을 이용하여 제품을 생산하고 있으며, 단계배분법을 사용하여 보조부문원가를 제조부문에 배분한다. 각 부문 간의 용역수수관계와 보조부문원가가 다음과 같을 때 P2에 배분될 보조부문원가는?(단, 보조부문원가는 S1, S2의 순으로 배분한다.)

	보조부문		제조부문		합계
	S1	S2	P1	P2	
부문원가	120,000원	100,000원	-	-	
S1	-	25%	50%	25%	100%
S2	20%	-	30%	50%	100%

① 92,500원　　② 95,000원
③ 111,250원　　④ 120,500원

86. 다음 중 개별원가계산과 종합원가계산에 관한 설명으로 가장 올바르지 않은 것은?

	구분	개별원가계산	종합원가계산
①	특징	특정 제품이 다른 제품과 구분되어 생산됨	동일규격의 제품이 반복하여 생산됨
②	원가보고서	각 작업별로 보고서 작성	각 공정별로 보고서 작성
③	원가계산방법	발생한 총원가를 총생산량으로 나누어 단위당 평균제조원가계산	주문받은 개별 제품별로 작성된 작업원가표에 집계하여 계산
④	적용적합한 업종	주문에 의해 각 제품을 별도로 제작, 판매하는 제조업종	동일한 규격의 제품을 대량 생산하는 제조업종

87. 다음 자료는 개별원가계산제도를 이용하여 원가계산을 하는 ㈜삼일의 작업 A101과 관련된 것이다.

〈 당기의 작업 A101 관련 작업원가표 〉

일자	직접재료원가		직접노무원가		제조간접원가	
	재료출고 청구서 NO.	금액	작업시간 보고서 NO.	금액	배부율	배부금액
3. 1	#1	290,000원	#1	85,000원	800원/시간	150,000원
3.10	#2	300,000원	#2	92,000원		

당기에 완성된 작업 A101의 기초재공품원가는 53,000원이다. 작업 A101의 당기제품제조원가는 얼마인가(단, 기말재공품원가는 없다고 가정한다.)?

① 595,000원 ② 767,000원
③ 820,000원 ④ 970,000원

88. ㈜삼일은 평균법을 이용한 종합원가계산제도를 채택하고 있다. 재료는 공정초기에 전량 투입되며, 가공원가는 공정전반에 걸쳐 발생한다. (a)완성품원가와 (b)기말재공품원가는 각각 얼마인가?

〈 수량 〉

기초재공품	50개 (완성도 40%)	완 성 품	400개
착 수 량	450개	기말재공품	100개 (완성도 20%)

〈 원가 〉

	재료원가	가공원가
기초재공품원가	8,000,000원	6,000,000원
당기발생원가	32,000,000원	24,240,000원

① (a) 60,800,000원, (b) 9,440,000원
② (a) 56,192,000원, (b) 56,192,000원
③ (a) 60,800,000원, (b) 56,192,000원
④ (a) 56,192,000원, (b) 9,440,000원

89. ㈜삼일은 종합원가계산을 적용하여 제품의 원가를 계산하고 있다. 재료는 공정초기에 전량 투입되며 기말재공품 400개에 대한 가공원가는 60%의 완성도를 보이고 있다. 완성품환산량 단위당 재료원가와 가공원가가 각각 1,500원, 500원으로 계산된 경우에 기말재공품의 원가는 얼마인가?

① 640,000원 ② 680,000원
③ 720,000원 ④ 760,000원

90. ㈜삼일은 종합원가계산제도를 채택하고 있으며, 원재료는 공정의 초기에 전량 투입되며, 가공원가는 공정 전반에 걸쳐서 진척도에 따라 균등하게 발생한다. 재료원가의 경우 평균법에 의한 완성품환산량은 2,000단위이고, 선입선출법에 의한 완성품환산량은 1,500단위이다. 또한 가공원가의 경우 평균법에 의 한 완성품환산량 1,800 단위이고, 선입선출법에 의한 완성품환산량은 1,400단위이다. 기초재공품의 진척도는 몇 %인가?

① 50%　　② 60%
③ 70%　　④ 80%

91. 다음 중 표준원가계산의 유용성으로 가장 올바르지 않은 것은?

① 재무제표 상의 재고자산가액과 매출원가를 산출할 때 근거가 되는 원가정보를 제공할 수 있다.
② 실제원가와 표준원가를 분석하여 효율적으로 원가를 통제할 수 있다.
③ 예산편성을 위한 원가자료를 수집하는 데 소요되는 시간을 절약할 수 있다.
④ 표준원가는 기업의 활동과 성과를 실제 발생한 수치로 표시할 수 있다.

92. ㈜삼일은 표준원가계산을 이용하여 당월에 발생된 차이를 분석한 결과, 가격차이 100,000원(불리), 능률차이 54,000원(유리)이었다. 괄호 (A), (B)에 들어가는 금액과 수량으로 가장 옳은 것은?

실제수량	단위당 실제원가	단위당 표준원가	생산량	표준수량
10,000kg	@100	(A)	5,300개	(B)

	A	B		A	B
①	@100	2kg	②	@100	3kg
③	@90	2kg	④	@90	3kg

93. ㈜삼일은 고정제조간접비를 노동시간 기준으로 배부하는데 기준조업도는 20,000시간이다. 또한 제품단위당 표준노동시간은 10시간이며, 제품의 실제생산량은 2,100단위이고 고정제조간접비의 실제발생액은 2,300,000원이다. 고정제조간접비 예산차이가 300,000원(불리)이라면 조업도차이는 얼마인가?

① 50,000원 유리　　② 50,000원 불리
③ 100,000원 유리　　④ 100,000원 불리

94. ㈜삼일의 직접재료원가에 대한 자료는 다음과 같다. 직접재료원가의 능률차이는 얼마인가?

제품실제생산량	2,000개
제품 1개당 실제투입수량	5kg
kg 당 실제재료원가	400원
제품 1개당 표준투입수량	4kg
직접재료원가 kg 당 표준가격	300원

① 300,000원(유리) ② 300,000원(불리)
③ 600,000원(유리) ④ 600,000원(불리)

95. 다음 중 직접노무원가 가격차이의 계산식으로 가장 옳은 것은?

① (표준임률 - 실제임률) × 표준작업시간
② (실제임률 - 표준임률) × 실제작업시간
③ (표준작업시간 - 실제작업시간) × 표준임률
④ (실제작업시간 - 표준작업시간) × 실제임률

96. ㈜삼일의 표준원가계산제도는 직접작업시간을 제조간접원가 배부기준으로 사용한다. ㈜삼일의 원가차이 분석 자료를 이용할 경우, 변동제조간접비 소비차이는 얼마인가?

제조간접비 실제발생액	15,000원
고정제조간접비 실제발생액	7,200원
실제작업시간	3,500시간
표준작업시간	3,800시간
변동제조간접비 표준배부율 작업시간당	2.5원

① 950원 불리 ② 750원 불리
③ 750원 유리 ④ 950원 유리

97. 다음 중 전부원가계산과 변동원가계산에 관한 설명으로 가장 올바르지 않은 것은?

① 당기 생산량이 판매량보다 많으면, 전부원가계산의 영업이익이 변동원가계산의 영업이익보다 항상 크다.
② 변동원가계산의 영업이익은 판매량에 따라 달라진다.
③ 변동원가계산에서는 고정제조간접원가를 기간비용으로 처리한다.
④ 전부원가계산에서는 과잉생산의 유인이 있다.

98. ㈜삼일의 7월 한달 간 변동원가계산에 대한 자료이다. 7월의 총매출액은 얼마인가?

제품 단위당 판매가격	7,000원
단위당 변동원가	4,500원
총고정원가	2,300,000원
영업이익	8,750,000원

① 19,890,000원
② 30,940,000원
③ 38,590,000원
④ 42,500,000원

99. 다음 중 변동원가계산제도의 특징에 관한 설명으로 옳은 것으로만 짝지은 것은?

> 가. 변동원가계산제도만 기업회계기준에서 인정하는 원가계산제도이다.
> 나. 특정기간의 이익이 재고자산 수량의 변동에 영향을 받지 않는다.
> 다. 고정제조간접비를 기간비용으로 처리한다.

① 가, 나
② 가, 다
③ 나, 다
④ 가, 나, 다

100. ㈜삼일은 12월 중 아래 영업자료를 참고하여 전부원가계산과 변동원가계산에 의한 순이익을 비교하고 있다. 전부원가계산의 영업이익이 변동원가계산에 비해 75,000원 만큼 크다면 판매량은 몇 개인가?

생산량	2,000개	판매량	?
고정제조원가	300,000원	고정판매관리비	75,000원
(단, 월초재고는 없음)			

① 1,500개
② 1,600개
③ 1,800개
④ 2,000개

101. ㈜삼일은 활동기준원가계산을 사용하며, 제조과정은 다음의 3가지 활동으로 구분된다.

활동	원가동인	연간 원가동인수	연간 가공원가총액
세척	재료의 부피	100,000리터	200,000원
압착	압착기계시간	45,000시간	900,000원
분쇄	분쇄기계시간	21,000시간	546,000원

X 제품 한 단위당 재료부피는 30리터, 압착기계시간은 10시간, 분쇄기계시간은 5시간이다. X 제품의 단위당 판매가격과 재료원가가 각각 2,000원과 400원일 경우 제품의 단위당 공헌이익은 얼마인가?

① 390원 ② 800원
③ 1,210원 ④ 1,600원

102. ㈜삼일의 과거 원가자료를 바탕으로 총제조간접원가를 추정한 원가함수는 다음과 같다. 이에 관한 설명으로 가장 올바르지 않은 것은?(단, 조업도는 기계시간이다.)

$$y = 200,000 + 38x$$

① 200,000은 기계시간당 고정제조간접원가를 의미한다.
② x는 기계시간을 의미한다.
③ 38은 기계시간당 변동제조간접원가를 의미한다.
④ 조업도가 1,000 기계시간일 경우 총제조간접비는 238,000원으로 추정된다.

103. 다음 중 영업레버리지에 관한 설명으로 올바른 것만 짝지은 것은?

가. 영업레버리지란 영업고정비가 지렛대의 작용을 함으로써 매출액 변화율보다 영업이익 변화율이 확대되는 효과이다.
나. 일반적으로 한 기업의 영업레버리지도는 손익분기점 부근에서 가장 크며, 매출액이 증가함에 따라 점점 작아진다.
다. 영업레버리지도가 높다는 것은 그 기업의 영업이익이 충분히 많다는 것을 의미한다.

① 가, 나 ② 나, 다
③ 가, 다 ④ 가, 나, 다

104. 다음 중 CVP 분석에 대한 설명으로 가장 올바르지 않은 것은?

① 모든 원가는 변동원가와 고정원가로 분류할 수 있다고 가정한다.
② 수익과 원가의 행태는 관련범위 내에서 선형이라고 가정한다.
③ 화폐의 시간가치를 고려하여 분석한다.
④ 복수제품인 경우 매출배합이 일정하다고 가정한다.

105. 기업은 미래의 불확실성에 대처하기 위하여 계획을 수립하며, 이러한 계획의 일부분으로서 예산을 편성한다. 예산은 다양하게 분류할 수 있는데 조업도의 변동에 따라 조정되어 작성되는 예산을 무엇이라 하는가?

① 변동예산 ② 부문예산
③ 종합예산 ④ 운영예산

106. ㈜삼일은 전자제품을 생산하여 판매하는 회사로서 각 사업부의 영업자산, 영업이익 및 매출액에 관한 정보는 다음과 같다. 다음 중 투자수익률이 높은 사업부의 순서로 가장 옳은 것은?

구 분	휴대폰사업부	청소기사업부	냉장고사업부
평균영업자산	500,000원	1,000,000원	2,000,000원
영업이익	50,000원	230,000원	220,000원
매출액	4,000,000원	3,000,000원	1,000,000원

① 휴대폰>청소기>냉장고
② 청소기>휴대폰>냉장고
③ 냉장고>청소기>휴대폰
④ 청소기>냉장고>휴대폰

107. 다음 중 산출물만을 화폐로 측정하여 통제할 뿐 투입물과 산출물 모두에 의해 결정되는 이익에 대해서는 책임을 지지 않는 책임중심점으로 가장 옳은 것은?

① 원가중심점 ② 수익중심점
③ 이익중심점 ④ 투자중심점

108. 현재 투자수익률이 각각 17%와 16%인 (a) 마포사업부와 (b) 용산사업부는 모두 신규투자안을 고려하고 있다. 마포사업부와 용산사업부가 고려하고 있는 신규투자안은 기대투자수익률이 각각 15%와 17%이고, 자본비용은 각각 16%와 14%이다. 이 경우 각 사업부가 잔여이익 극대화를 목표로 한다면 각 부문은 어떤 의사결정을 하여야 하는가?

① (a) 채택, (b) 채택
② (a) 채택, (b) 기각
③ (a) 기각, (b) 채택
④ (a) 기각, (b) 기각

109. 투자수익률(ROI)은 영업이익을 투자액으로 나누어 계산한 수익성 지표이다. 다음 중 투자수익률의 증대 방안으로 가장 올바르지 않은 것은?

① 매출액의 증가
② 판매비와관리비의 감소
③ 매출채권 회전기간의 감소
④ 총자산회전율의 감소

110. 다음 중 경제적부가가치(EVA)에 관한 설명으로 가장 올바르지 않은 것은?

① EVA는 투자중심점이 고유의 영업활동에서 세금, 타인자본과 자기자본에 대한 자본비용을 초과하여 벌어들인 이익을 의미한다.
② EVA는 고유의 영업활동에서 창출된 순가치의 증가분을 의미한다.
③ EVA는 자기자본에 대한 자본비용을 고려하지 않고 성과평가를 한다.
④ EVA는 발생주의 회계수치를 성과측정목적에 맞게 수정하여 계산한다.

111. 분권화란 의사결정권한이 조직 전반에 걸쳐서 위임되어 있는 상태를 의미한다. 다음 중 분권화의 문제점으로 가장 올바르지 않은 것은?

① 고객, 공급업체 및 종업원의 요구에 대한 신속한 대응이 어려워진다.
② 분권화된 사업부는 기업 전체의 관점에서 최적이 아닌 의사결정을 할 가능성이 있다.
③ 각 사업부에서 동일한 활동이 개별적으로 중복 수행될 수 있다.
④ 각 사업부간의 협력이 저해되어 비효율을 초래할 수 있다.

112. ㈜삼일의 부품제조에 대한 원가자료는 다음과 같다.

직접재료원가	200원/단위
직접노무원가	50원/단위
변동제조간접원가	50원/단위
총고정제조간접원가	600,000원
생산량	20,000 단위

외부제조업자가 이 부품의 필요량 20,000단위를 전량 납품하겠다고 제의하였다. 부품을 외부에서 구입할 경우 고정제조간접원가의 1/3을 회피할 수 있다면, 다음 중 ㈜삼일이 최대한 허용할 수 있는 부품의 단위당 구입가격은 얼마인가?

① 300원 ② 310원
③ 320원 ④ 330원

113. 다음 중 의사결정에 관한 설명으로 가장 올바르지 않은 것은?

① 고정원가가 당해 의사결정과 관계없이 계속 발생한다면 고정원가는 비관련원가이다.
② 현재 시설능력을 100% 활용하고 있는 기업이 특별주문의 수락 여부를 고려할 때 동 주문 생산에 따른 추가 시설 임차료는 고려할 필요가 없다.
③ 제품라인을 폐지한 후 유휴생산시설을 이용하여 발생시키는 수익은 의사결정 시 고려하여야 한다.
④ 부품의 자가제조 또는 외부구입 의사결정시 회피가능원가가 외부구입원가보다 큰 경우에는 외부구입하는 것이 바람직하다.

114. ㈜삼일의 손익계산서는 다음과 같다.

제품단위당 판매가격	1,200원
매출액	7,200,000원
매출원가	3,200,000원
매출총이익	4,000,000원
판매비와관리비	2,700,000원
영업이익	1,300,000원

매출원가 중 1/4과 판매비와관리비 중 2/3가 고정비이다. 유휴생산능력이 있다고 할 경우, 제품단위당 700원에 500단위의 제품에 대한 추가주문을 받아들인다면 회사의 영업이익에 미치는 영향은 얼마인가(단, 추가주문 수락이 기존주문에 미치는 영향은 없는 것으로 가정한다)?

① 75,000원 증가　② 75,000원 감소
③ 125,000원 증가　④ 125,000원 감소

115. ㈜삼일은 최근 고객사로부터 제품 300단위를 단위당 20,000원에 구입하겠다는 제안을 받았다. 이 주문의 수락여부와 회사의 이익에 미치는 영향은 어떠한가(단, 제품과 관련된 자료는 다음과 같으며 동 주문을 수락하더라도 고정원가에는 아무런 영향을 초래하지 않는다)?

	제품단위당 원가
직접재료원가	11,000원
직접노무원가(변동원가)	4,000원
변동제조간접원가	2,500원
고정제조간접원가	3,000원
변동판매비와관리비	500원
고정판매비와관리비	1,000원
	22,000원

① 수락, 150,000원의 이익 증가　② 수락, 600,000원의 이익 증가
③ 거절, 150,000원의 손실 증가　④ 거절, 600,000원의 손실 증가

116. ㈜삼일은 내용연수가 3년인 기계장치에 투자하려고 하고 있다. 기계장치를 구입하면, 1년째에는 5,000,000원, 2년째에는 4,000,000원, 그리고 3년째에는 3,000,000원의 현금지출운용비를 줄일 것으로 판단하고 있다. 회사의 최저필수수익률은 12%이고 기계장치에 대한 투자액의 현재가치는 8,000,000원이라고 할 때, 기계장치에 대한 투자안의 순현재가치(NPV)는 얼마인가(단, 이자율 12%의 1원당 현재가치는 1년은 0.9, 2년은 0.8, 3년은 0.7이며 법인세는 없는 것으로 가정한다)?

① 1,800,000원
② 1,900,000원
③ 2,000,000원
④ 2,100,000원

117. 다음 중 자본예산을 편성하기 위한 현금흐름추정의 기본원칙으로 가장 올바르지 않은 것은?

① 증분기준에 의한 현금흐름을 추정해야하므로 이미 현금유출이 이루어진 매몰원가는 현금흐름추정시 고려하지 않는다.
② 법인세와 관련된 비용은 명백한 현금의 유출에 해당하므로 현금흐름추정 시 현금의 유출로 반영해야 한다.
③ 감가상각비는 현금의 유출에 해당하지 않으므로 현금흐름추정 시 현금의 유출로 보지 않는다.
④ 이자비용은 명백한 현금의 유출에 해당하므로 현금흐름추정 시 현금의 유출로 반영해야 한다.

118. 다음 중 순현재가치(NPV)법과 내부수익률(IRR)법에 관한 설명으로 가장 올바르지 않은 것은?

① 내부수익률(IRR)법에서는 내부수익률이 최저필수수익률을 상회하는 투자안을 채택한다.
② 내부수익률(IRR)법은 가치가산의 원칙이 적용되나 순현재가치(NPV)법은 그렇지 않다.
③ 두 방법 모두 화폐의 시간가치를 고려하는 방법이다.
④ 순현재가치(NPV)법에서는 순현재가치가 0(영)보다 큰 투자안을 채택한다.

119. ㈜삼일은 A 사업부와 B 사업부로 구성되어 있다. B 사업부는 A 사업부에서 생산되는 부품을 가공하여 완제품을 제조한다. B 사업부에서 부품 한 단위를 완제품으로 만드는 데 소요되는 추가가공원가는 500원이며, 완제품의 단위당 판매가격은 1,100원이다. 부품의 외부시장가격이 단위당 550원인 경우, B 사업부가 받아들일 수 있는 최대대체가격은 얼마인가?

① 550원
② 600원
③ 700원
④ 1,100원

120. 다음 중 수명주기원가계산에 관한 설명으로 가장 올바르지 않은 것은?

① 최근에 제품의 수명이 짧아지면서 생산주기 이외의 주기에서 발생하는 원가가 기업 전체 입장에서 중요해지면서 대두된 관리회계기법이다.

② 프로젝트와 관련하여 언제 어떤 가치사슬단계에서 얼마만큼의 원가가 발생하는지를 알게 됨으로써 상이한 가치사슬단계에서의 원가발생의 상호관계 파악이 가능하다.

③ 제품 또는 서비스의 수명주기 매 단계마다 모든 가치사슬단계에서 발생하는 수익과 비용에 대한 집계를 가능하게 하여 프로젝트 전체에 대한 이해가 향상된다.

④ 제품수명주기원가의 대부분이 제조단계에서 확정되므로 제조단계에서의 원가절감을 강조한다.

재경관리사 기출문제 답안

재무회계

1	2	3	4	5	6	7	8	9	10
②	②	③	②	①	④	③	④	①	③
11	12	13	14	15	16	17	18	19	20
②	③	①	④	②	④	①	①	①	②
21	22	23	24	25	26	27	28	29	30
①	④	③	③	①	④	②	②	④	③
31	32	33	34	35	36	37	38	39	40
④	②	②	③	②	③	①	④	④	③

01. 신뢰성은 국제회계기준과는 상관이 없다.

02. 청산이 전제된다면 자산을 **청산가치로 평가하는 것이 보다 합리적이 될 것**이다.

03. 비용은 발생주의에 따라 인식되므로 실현되지 않는 손실도 포함된다.

04. 평가충당금을 차감하여 관련 **자산을 순액으로 측정하는 것은 상계표시에 해당하지 아니한다.**

05. 자본변동표와 현금흐름표는 **당기 누적기간(1.1~9.30)과 전기의 동일기간을 비교**한다.

06. 폐쇄시 처분목적의 설비자산은 판매목적이 아니므로 재고자산에 해당하지 않는다.

07. 재고자산가액 = 매입원가($1,000 × 1,000) - 매입할인($100 × 1,000) + 운송보험료(100,000)
+ 제세금(20,000) = 1,020,000원

08. **재고자산평가손실과 정상감모손실은 매출원가에 해당**한다.

재고자산

기초	500,000	*매출원가*	*1,000,000*
매입액	2,000,000	기말상품	1,000,000
계	2,500,000	계	2,500,000

09. 상업적실질이 없는 경우(장부가액법)
차량운반구(B) = 차량운반구(A) 장부가액(3,500,000 - 1,200,000) + 현금지급(300,000)
= 2,600,000원

10. 자본화할 차입원가(8개월) = 24,000,000 × 5% × 8/12 = 800,000원

11. 손상후 장부금액(회수가능가액) = max(① 45,000,000 ② 35,000,0000 = 45,000,000원
감가상각비 = 45,000,000 ÷ 20년 = 2,250,000원/년

12. **연구단계와 개발단계를 구분할 수 없는 경우에 모두 연구단계에서 발생**한 것으로 보아 비용 처리한다.

13. 무형자산상각비(3개월) = 6,000,000 ÷ 5년 × 3/12 = 300,000원

14. ① 유형자산 ② 재고자산 ③ 자산으로 미인식

15. 〈기타포괄손익인식 금융자산 평가〉

	취득가액	공정가액	평가이익	평가손실
20x1.말	5,000,000	6,500,000	*1,500,000*	0
20x2.말		4,900,000	△1,500,000	*100,000*
계			0	100,000

16. 유동부채 〉 유동자산의 경우 재무적 어려움이 있을 뿐이지 손상의 객관적인 증거가 될 수 없다.

17. 아무런 조건없이 매도했다는 것은 양수자에게 위험과 보상이 대부분 이전되었다는 것을 의미한다.

18. 전환권대가는 자본(기타자본잉여금)에 해당한다.

19. **〈전환전 장부〉**

	전환사채	1,000,000
	사채상환할증금	120,000
	전환권조정	**(100,000)**
	기타자본잉여금(전환권대가)	50,000

자본금 = 1,000,000/사채액면(50,000) × 자본액면가(10,000) = 200,000원

(차) 전환사채	1,000,000	(대) 전환권조정	100,000
사채상환할증금	120,000	자본금	200,000
		주식발행초과금	**820,000**
전환권대가	**50,000**	**주식발행초과금**	**50,000**

20. 미래예상영업손실은 충당부채로 인식하지 못하고, 충당부채란 지출시기가 불확실한 의무이고, 현재가치로 평가하여야 한다.

21. **우선주배당금(5%) = 우선주자본금(500,000) × 5% = 25,000원**
보통주배당금(5%) = 보통주자본금(1,000,000) × 5% = 50,000원
〈비누적 · 비참가적 우선주〉

구분	20x1	20x2	20x3	추가	합계
우선주	–	–	*25,000*	–	–
보통주	–	–	50,000	225,000	275,000
계			75,000	225,000	300,000

22. 무상감자 회계처리 : (차) 자본금 XXX (대) 결손금(잉여금) XX→**자본불변**
유상감자 회계처리 : (차) 자본금 XXX (대) 현금 XX→자본(자산)감소
부채비율은 동일하고, 유상감자일 경우 순자산이 감소하고, **무상감자 후 자본총계는 동일하다.**

23. 스마트폰구입 통신계약시 단일 수행의무가 아니고, 2가지의 계약(재화 공급+용역제공)으로 보나, 하나의 계약으로 회계처리할 수 있다.

24. 판매기업에게 법적 소유권이 있으면 수익으로 인식할 수 없다.

25.

	20x1년	20x2년	20x3년
누적공사원가(A)	100억원	210억원	300억원
총추정공사원가(B)	250억원	300억원	300억원
누적진행율(A/B)	40%	70%	100%
총공사계약금액	400억원		
당기누적계약수익	**160억원**	**280억원**	**400억원**
당기계약수익(C)	**160억원**	**120억원**	**120억원**
당기발생계약원가(D)	100억원	110억원	90억원
당기계약이익(C-D)	**60억원**	**10억원**	**30억원**

26. 진행율=4,000,000/20,000,000원=20%
누적계약수익=30,000,000×20%=6,000,000원
누적진행청구액 5,500,000
누적진행청구액(5,500,000)〈누적계약수익(6,000,000)
따라서 계약자산 500,000원

27.사외적립자산의 공정가치(X1년말)=기초(2,000,000)+**사외적립자산의 실제수익**(150,000)
=2,150,000원

28. 자기주식, 자기주식처분이익, 주식선택권 모두 자본 항목이므로 자본 20,000,000원 증가한다.

29. 미지급법인세=과세표준(6,000,000)×25%=1,500,000원
이연법인세자산(감가상각비)=300,000×25%+600,000×30%=255,000원
이연법인세자산(제품보증충당부채)=500,000×30%=150,000원
이연법인세 자산 =감가상각비(255,000)+제품보증충당부채(150,000)=405,000원

30.

(차) **법인세비용**	**140,000**	(대) 당기법인세(미지급법인세)	200,000
이연법인세자산	40,000		
이연법인세부채	20,000		

또는 법인세비용 = 미지급법인세(200,000)-이연법인세부채감소(20,000)
-이연법인세자산증가(40,000)=140,000원

31. 자산과 이익은 비례관계이다. 또한 **전기말 자산의 과대평가는 당기 매출원가을 과대평가**되게 하므로 당기 이익에 가산하여야 한다.
수정후 당기순이익=수정전 당기순이익(35,000)+당기자산과소평가(2,000)
+전기자산과대평가(3,000)=40,000원

32. ① 유통보통주식수 변동

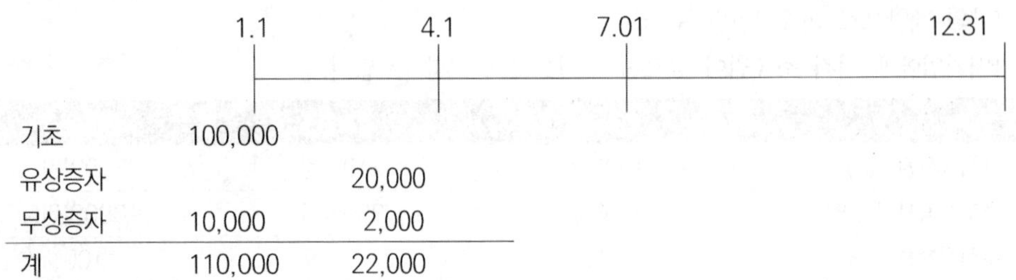

	1.1	4.1
기초	100,000	
유상증자		20,000
무상증자	10,000	2,000
계	110,000	22,000

② 유통보통주식수 : 110,000×12/12+22,000×9/12=126,500주

33. **<u>투자자의 지분율과 종속기업이 보유하고 있는 지분율의 합계로 계산한다.</u>**

34. 표시통화로 환산하여 재무제표에 보고하여야 한다.

35. 재무상태표 자산과 부채는 보고기간말의 마감환율을 적용한다.

36. 현금흐름위험회피목적으로 체결한 파생상품의 평가손익 중 위험회피에 효과적인 부분은 기타포괄손익으로 처리한다.

37. 리스이용자의 입장에서 무보증잔존가치는 리스료에 포함되지 않는다.

38. 현금유입액=매출액(100,000)-매출채권증가액(10,000)-대손상각비(5,000)+대손충당금증가(1,000) =86,000원

39.

1. 당기순이익	*4,900,000*	
① 유형자산처분손실	200,000	현금지출없는 비용이므로 가산
② 매출채권증가	-900,000	(차) 매출채권 xx (대) 현 금 xx
③ 감가상각비	+300,000	현금지출없는 비용이므로 가산
④ 재고자산감소	+1,000,000	(차) 현 금 xx (대) 재고자산 xx
⑤ 매입채무의 감소	-500,000	(차) 매입채무 xx (대) 현 금 xx
2. 영업활동현금 흐름	5,000,000	

40. 현금유출액=매출원가(60,000)+재고자산증가(4,000)-매입채무증가(2,000)=62,000원

세무회계

41	42	43	44	45	46	47	48	49	50
③	③	①	③	②	④	②	④	③	③
51	52	53	54	55	56	57	58	59	60
②	①	③	④	②	③	④	②	①	②
61	62	63	64	65	66	67	68	69	70
①	①	②	②	③	①	②	①	④	④
71	72	73	74	75	76	77	78	79	80
①	③	③	②	③	②	④	①	④	①

41. 과세권자에 따라 국세와 지방세로, 법인세는 보통세이고, 부가가치세는 간접세에 해당한다.

42. 우편으로 과세표준신고서를 제출시 **발신주의(우편날짜 도장이 찍힌 날) 특례**를 적용한다.

44. **제척기간이 끝나기 전까지 수정신고**를 할 수 있다.

45. **상호출자제한 기업집단에 속하는 법인**에 대해서만 미환류소득이 법인세법상 과세대상이다.

46. 차가감소득금액(170,000,000) - 각사업연도소득금액(175,000,000) = △5,000,000(기부금한도초과액)
과세표준(135,000,000) - 각사업연도소득금액(175,000,000) = △40,000,000원(이월결손금)

47. 특수관계자인 개인으로부터 유가증권을 저가매입시 익금으로 본다.
구입시 〈익금〉 유가증권저가 매입액 100,000원(유보)
평가시 〈익금불산입〉 유가증권 평가액 300,000원(△유보)
처분시 유보추인

49. 업무무관자산의 처분시 장부가액은 손금으로 인정된다.

50. 임의변경으로 세무상평가액 = MAX[① 선입선출법(900) ② 당초 신고한 평가액(500)] = 900원
장부상 평가액(총평균법) = 800원

51.

구분	건물	기계장치	영업권
회사계상 상각비(①)	5,000,000원	4,000,000원	1,000,000원
세법 상 상각범위액(②)	6,000,000원	3,500,000원	1,200,000원
시부인액(① - ②)	△1,000,000원	+500,000원	△2,000,000원
전기이월상각 부인액	1,500,000원	-	-
세무조정	손금산입 1,000,000원	손금불산입 500,000	없음

52. **한국채택국제회계기준을 도입한 기업에 대해서 신고조정도 허용**한다.

53. **간주기부금 = 정상가액(1억 × 70%) - 양도가액(5천만원) = 2천만원**

54. 특례기부금과 일반기부금은 장부가액으로 평가하고, 비지정기부금은 시가와 장부가액 중 큰 금액으로 평가한다.

55. 기업업무추진비를 정규증명서류 이외의 서류 수취시 손금불산입되므로 가산세는 별도 부과하지 않는다.

56. 채권자불분명사채이자와 비실명채권 · 증권이자는 상여로 업무무관자산 등에 대한 지급이자는 기타 사외유출로 소득처분한다.

57. 배서양도어음은 법인세법상 대손충당금설정 대상채권에서 제외된다.

58. 조특법에는 손실보전준비금이 규정되어 있다.

59. **종업원에게 사택을 제공하는 행위는 부당행위 계산 부인대상에서 제외된다.**

60. 과세표준 = 당기순이익(250,000,000) + 가산조정(100,000,000) - 차감조정(70,000,000) -
기부금한도초과액(10,000,000) - 비과세소득(3,000,000) - 소득공제(2,000,000)
= 285,000,000원

61. 소득세는 인별과세가 원칙이다.

62. 사업적으로 금전을 대여시 사업소득으로 과세한다.

63. 총수입금액 = 월세(10,000,000) × 6개월(20X1.7.1~12.31) = 60,000,000원

64. 과세대상근로소득금액 = 월급여액(2,000,000) × 12 + 상여(2,000,000 × 4) + 연월차수당(2,000,000)
+ 자녀학자금(500,000) + 자가운전보조금(3,000,000 - 2,400,000)
= 35,100,000원

65. 연금소득공제시 필요경비방식은 없고, 일정 산식에 의한 소득공제방식을 적용한다.

66. 종합소득금액 = 사업소득금액(50,000,000) + 근로소득금액(70,000,000) = 120,000,000원
과세표준 = 종합소득금액(120.000,000) - 종합소득공제(40,000,000) = 80,000,000원

67. 교육비는 연령요건을 충족하지 않아도 되나, 소득요건을 충족해야 한다. 따라서 배우자는 종합소득금액 1백만원 초과자로서 교육비세액공제를 적용받지 못한다.

68. 원천징수에 대해서 지급받는 자가 **개인의 경우 소득세법을 법인의 경우 법인세법을 적용**한다.

69. 대학교 등록금에 대해서 신용카드사용시 중복공제가 허용되지 않는다.

70. **영업권만 양도시 기타소득에 해당**한다.

71. 부가가치세는 간접세이고, 전단계세액공제법을 적용하고 있으며, 2단계(10%,0%) 단일세율을 적용한다.

72. 면세사업자는 매입세액을 공제받을 수 없고, 소득세(법인세)법상 사업자등록을 해야 하고, 비영리사업자라 하더라도 부가가치세법상 납세의무자가 된다.

73. 김순희는 면세사업(학원업)이므로 소득세법상 사업자등록을 해야 하고, 재화보관만을 위한 창고는 하치장으로 신고만 하면 된다.

74. 과세표준 = 특수관계인 매출액(시가, 10,000,000) + 이외 매출액(50,000,000) = 60,000,000원

75. 사업의 포괄적 양도는 재화의 공급에 해당하지 않는다.

76. 소비지국 과세원칙(한국)에 따라 수입하는 재화에 대하여 한국의 세관장에게 10% 부가가치세를 납부하여야 한다.

77. 판매목적 타사업장 반출은 **인도기준에 의하여 반출하는 때**가 공급시기가 된다.

78. **면세포기시 3년간 면세적용을 받지 못한다.**

80. 매입처별 세금계산서 합계표를 예정신고시 제출하지 않고 확정신고시에 제출시 가산세는 없다.

원가관리회계

81	82	83	84	85	86	87	88	89	90
③	②	③	②	③	③	④	①	③	④
91	**92**	**93**	**94**	**95**	**96**	**97**	**98**	**99**	**100**
④	③	③	④	②	④	①	②	③	①
101	**102**	**103**	**104**	**105**	**106**	**107**	**108**	**109**	**110**
③	①	①	③	①	④	②	③	④	③
111	**112**	**113**	**114**	**115**	**116**	**117**	**118**	**119**	**120**
①	②	②	①	②	①	④	②	①	④

81. 기초원가 = 직접재료원가(300,000) + 직접노무원가(500,000) = 800,000원
가공원가 = 직접노무원가(500,000) + 제조간접원가(130,000) = 630,000원

84. 당기총제조원가(직접재료비 포함)를 X라 가정하면,

재공품(20x2)

기초	10,000	당기제품제조원가	10,000+X
당기총제조원가	X	기말	0
계	10,000+X	계	10,000+X

제품(20x2)

기초	20,000	매출원가	30,000+X
당기제품제조원가	10,000+X	기말	0
계	30,000+X	계	30,000+X

∴ 매출원가(30,000+X) > 당기제품제조원가(10,000+X) > 당기총제조원가(X)

85. 단계배분법으로 S1부문부터 먼저 배부한다.

제공부문 \ 사용부문		보조부문		제조부문	
		S1부문	S2부문	P1부문	P2부문
배부전원가		120,000	100,000	-	-
보조부문배부	S1부문(25% : 50% : 25%)	(120,000)	30,000	**60,000**	**30,000**
	S2부문(0 : 30% : 50%)	-	(130,000)	**48,750**	**81,250**
보조부문 배부후 제조간접비		-	-	**108,750**	**111,250**

86. 원가계산방법이 개별원가계산과 종합원가계산이 바뀌어 설명되어 있다.

87.

재공품

기초재고	53,000	당기제품제조원가	970,000
직접재료비	590,000		
직접노무비	177,000		
제조간접비	150,000	기말재고	0
계	970,000	계	0

88. <1단계> 물량흐름파악(평균법) <2단계> 완성품환산량 계산

재공품			재료비	가공비
	완성품	400(100%)	400	400
	기말재공품	100(20%)	100	20
	계	500	500	420
<3단계>원가요약(기초재공품원가＋당기투입원가)			8,000,000 +32,000,000	6,000,000 24,240,000
			500	420
<4단계> 완성품환산량당단위원가			@80,000	@72,000

<5단계> 완성품원가와 기말재공품원가계산

－완성품원가＝400개×(@80,000＋@72,000)＝60,800,000원

－기말재공품원가＝100개×@80,000＋20개×@72,000＝9,440,000원

89.

	기말재공품	400(60%)	400	240
<4단계> 완성품환산량당단위원가			@1,500	@500

<5단계> 기말재공품원가계산

－기말재공품원가＝400개×@1,500＋240개×@500＝720,000원

90. 재료비 : 선입선출법(1,500단위)와 평균법(2,000단위)의 차이는 기초재공품의 수량(500단위)을 의미하고,

가공비 : 선입선출법(1,400단위)과 평균법(1,800단위)의 차이(400단위)는 기초재공품의 완성도를 의미한다.

기초재공품의 진척도＝400단위/500단위＝80%

92.

AQ	AP	SQ	SP
10,000Kg	@100	?	?
100,000		–	

AQ×AP(Ⓐ)	AQ×SP(Ⓑ)	SQ×SP(Ⓒ)
1,000,000	900,000＝10,000kg×@90	954,000＝5,300개×2Kg ×90원

소비차이(Ⓐ－Ⓑ) 100,000(불리) 능률차이(Ⓑ－Ⓒ)△54,000(유리)

93. SP＝고정제조간접비예산(2,000,000)/기준조업도(20,000)＝100/시간

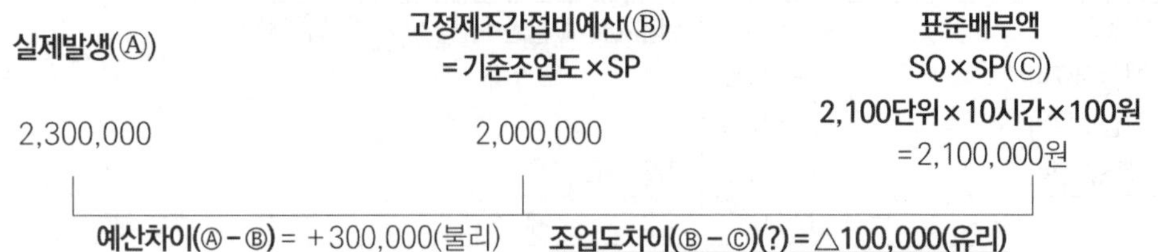

94.

AQ	AP	SQ	SP
5Kg	@400	4Kg	@300
100,000		120,000	

AQ×AP(Ⓐ)	AQ×SP(Ⓑ)	SQ×SP(Ⓒ)
100,000×2,000개 = 2,000,000	5kg×2,000개×**@300** **=3,000,000**	4kg×2,000개×**@300** **=2,400,000**

소비차이(Ⓐ-Ⓑ) △1,000,000(유리) **능률차이*(Ⓑ-Ⓒ)+600,000*(불리)**

96. 변동제조간접비 = 제조간접비(15,000) - 고정제조간접비(7,200) = 7,800원

AQ	AP	SQ	SP
3,500시간	?(4원/시간)	3,800시간	2.5원/시간
7,800원		-	

AQ×AP(Ⓐ)	AQ×SP(Ⓑ)	SQ×SP(Ⓒ)
7,800	3,500시간×2.5원=8,750원	

소비차이 = △ 950(유리)

97. 기초재고에 포함된 고정제조간접비금액에 따라 변동원가계산의 이익이 커질 수 있다.

98. (7,000 - 4,500)×Q - 2,300,000(총고정원가) = 8,750,000원(영업이익)

Q = 4,420개 ∴ 매출액 = 7,000×4,420개 = 30,940,000원

99. 변동원가계산은 외부보고용(기업회계기준)으로 사용될 수 없다.

100.

변동원가(순이익)	0
+기말재고에 포함된 고제간	75,000
-기초재고에 포함된 고제간	0
=전부원가(순이익)	75,000

(생산량 - 판매량)×기말제품재고에 포함된 단위당 고정제조간접비

= (2,000 - X)×150 = 75,000 ∴ X = 1,500개

101.

활 동	활동별원가	원가동인수 총계	배부율
세척	200,000	100,000리터	2원/리터
압착	900,000	45,000시간	20원/시간
분쇄	546,000	21,000시간	26원/시간

X(가공원가) = 30리터×@2 + 10시간×@20 + 5시간×@26 = 390원

공헌이익 = 판매가격(2,000) - 변동원가(400 + 390) = 1,210원

102. 200,000은 총고정원가를 의미한다.

103. 영업레버리지가 높다는 것은 매출액이 조금 변화해도 영업이익의 변화가 크다는 것을 의미한다.

104. CVP분석은 화폐의 시간가치를 고려하지 않는다.

106.

	휴대폰사업부	청소기사업부	냉장고사업부
1. 영업자산	500,000	1,000,000	2,000,000
2. 영업이익	50,000	230,000	220,000
3. 투자수익률 (2÷1)	10%	23%	11%

107. 수익의 발생에 대해서 책임을 지는 것은 수익중심점이다.

108.

	마포사업부	용산사업부
1. 투자수익률	17%	16%
2. 기대투자수익률(신규투자안)	15%	17%
3. 자본비용	16%	**14%**
잔여이익(기대투자수익률〉자본비용)일 경우 채택	기각	**채택**

109. 투자수익률 = 매출액이익률 × 자산회전율 이므로 **자산회전율의 증가되어야 투자수익률이 증가**한다.

110. EVA는 자기자본비용을 고려하여 성과평가를 한다.

111. **권한이 분산화 되어 있으므로 고객에게 신속한 대응이 가능**하다.

112.

1. 증분수익(외부구입시)	
• 변동비감소분	(200 + 50 + 50) × 20,000 = 6,000,000
• 회피가능고정원가	600,000 × 1/3 = 200,000
2. 증분비용(외부구입시)	
• 외부구입비증가	X(외부구입단가) × 20,000 = 20,000X
3. 증분손익	0

6,200,000 = 20,000X ∴ X = 3100원

113. 100% 시설을 활용하고 있으므로 특별주문 수락 검토시 추가 시설 임차를 고려하여야 한다.

114. 변동비 = 3,200,000 × 3/4 + 2,700,000 × 1/3 = 3,300,000원

제품판매수량 = 7,200,000/1,200 = 6,000개

단위당변동비 = 3,300,000 ÷ 6,000개 = 550원

1. 증분수익(특별주문 수락시)	
• 매출액증가	700원 × 500개 = 350,000
2. 증분비용(특별주문 수락시)	
• 변동비증가	550원 × 500개 = 275,500
3. 증분손익	**75,000원**

115.

1. 증분수익(특별주문 수락시)	
• 매출액증가	20,000원 × 300단위 = 6,000,000
2. 증분비용(특별주문 수락시)	
• 변동비증가	(11,000 + 4,000 + 2,500 + 500) × 300단위 = 5,400,000
3. 증분손익	**600,000원(특별주문 수락)**

116. 투자안의 순현재가치 = -8,000,000(투자액의 현재가치)

+5,000,000×0.9+4,000,000×0.8+3,000,000×0.7=1,800,000원

117. **이자비용을 고려시 이중으로 계산이 되므로 이자비용은 고려해서는 안된다.**

118. **순현재가치법이 가산의 원칙이 적용되고 내부수익률법은 적용되지 않는다.**

119. 최대대체가격 = MIN[① 외부구입가격(550) ② 완제품판매가격(1,100) - 추가가공비(500)] = 550원

120. 수명주기원가계산은 **연구단계부터 원가절감에 중점**을 둔다.

2020년

재경관리사 기출문제

재무회계

01. 다음 중 일반목적재무보고서가 제공하는 정보에 포함되지 않는 것은?

① 기업의 경제적 자원과 청구권의 성격 및 금액에 대한 정보
② 발생주의 회계가 반영된 기업의 재무성과
③ 과거 현금흐름이 반영된 재무성과
④ 미래의 현금흐름에 대한 예측이 반영된 재무성과

02. 다음 중 정보이용자의 의사결정에 차이가 나도록 하는 목적적합한 재무정보에 대한 설명으로 가장 올바르지 않은 것은?

① 재무정보에 예측가치와 확인가치 또는 둘 모두가 있다면 의사결정에 차이가 나도록 할 수 있다.
② 미래 결과를 예측하기 위해 사용하는 절차의 투입요소로 사용될 수 있다면 그 정보는 예측가치를 갖는다.
③ 재무정보가 과거 평가에 대해 피드백을 제공, 즉 확인하거나 변경시킨다면 예측가치를 가진다.
④ 재무정보가 예측가치를 가지기 위해서는 그 자체로 예측치가 될 필요는 없다.

03. 다음 중 자산의 측정방법에 대한 설명으로 가장 타당한 것은?

① 역사적원가 : 자산의 취득 또는 창출에 발생한 원가의 가치로서, 자산을 취득 또는 창출하기 위하여 지급한 대가와 거래원가를 포함한다.
② 공정가치 : 기업이 자산의 사용과 궁극적인 처분으로 얻을 것으로 기대하는 현금흐름 또는 그 밖의 경제적효익의 현재가치이다.
③ 사용가치 : 측정일 현재 동등한 자산의 원가로서 측정일에 지급할 대가와 그 날에 발생할 거래원가를 포함한다.
④ 현행원가 : 측정일에 시장참여자 사이의 정상거래에서 자산을 매도할 때 받게 될 가격이다.

04. 다음 중 재무제표에 관한 설명으로 가장 올바르지 않은 것은?

① 재무상태표는 일정시점의 기업 재무상태를 보여주는 보고서이다.
② 포괄손익계산서는 기업의 경영성과를 보고하기 위하여 일정기간 동안에 일어난 거래나 사건을 통해 발생한 수익과 비용을 나타내는 보고서이다.
③ 자본변동표는 자본의 크기와 그 변동에 관한 정보를 제공하는 재무보고서이다.
④ 현금흐름표는 영업활동현금흐름, 투자활동현금흐름, 잉여현금흐름 및 재무활동현금흐름으로 구분하여 표시한다.

05. 다음 중 특수관계자 공시에 대한 설명으로 가장 올바르지 않은 것은?

① 최상위 지배자와 지배기업이 다른 경우에는 최상위 지배자의 명칭도 공시한다.
② 주요 경영진의 보상에는 단기종업원급여, 퇴직급여, 기타 장기종업원급여, 해고급여 및 주식기준보상을 포함한다.
③ 지배기업과 그 종속기업 사이의 관계는 거래의 유무에 관계없이 공시한다.
④ 보고기업에 유의적인 영향력을 행사할 수 있는 개인은 보고기업과 특수관계자가 아니다.

06. 자동차부품제조업을 영위하고 있는 ㈜삼일은 당기 중 원자재를 선적지 인도조건으로 수입하는 과정에서 다음과 같은 항목의 원가가 발생하였다. 동 매입거래에 의하여 재무상태표 상에 증가하게 될 재고자산의 가액은 얼마인가(단, 거래당시의 환율은 @1,100원이다)?

ㄱ. 재고자산의 매입원가	USD1,000
ㄴ. 매입할인	USD120
ㄷ. 운송료	80,000원
ㄹ. 재고자산 매입관리부서 인원의 매입기간 인건비	20,000원

① 968,000원　　② 1,048,000원
③ 1,118,000원　　④ 1,140,000원

07. 다음 자료에서 재고자산평가손실은 ㈜삼일의 재고자산이 진부화되어 발생하였다. 다음 자료 중 ㈜삼일의 20X2년 포괄손익계산서 상 매출원가 등 관련비용은 얼마인가?

20X1년 12월 31일 재고자산	500,000원
20X2년 매입액	2,000,000원
20X2년 재고자산평가손실	200,000원
20X2년 재고자산감모손실(정상감모)	100,000원
20X2년 12월 31일 재고자산(평가손실과 감모손실 차감 후)	1,000,000원

① 1,200,000원 ② 1,300,000원
③ 1,400,000원 ④ 1,500,000원

08. 다음은 ㈜삼일의 재고수불부이다. ㈜삼일이 기말재고자산을 총평균법과 선입선출법으로 각각 평가할 경우 두 평가금액의 차이는 얼마인가?

구 분	단 위	단위원가
기초재고(1.1)	1,000개	@100
매입(3.5)	500개	@120
매입(5.15)	1,500개	@140
매입(11.10)	200개	@150
총 판매가능수량	3,200개	
매출(4.22)	1,500개	
매출(9.29)	1,000개	
총 판매수량	2,500개	
기말재고(12.31)	700개	

① 2,500원 ② 7,500원
③ 10,000원 ④ 12,500원

09. ㈜삼일은 공장을 신축하기로 하였으며, 이와 관련하여 20X1년 1월 1일 24,000,000원을 지출하였고, 공장은 20X3년 중에 완공될 예정이다. ㈜삼일은 공장신축을 위해서 아래와 같이 특정목적으로 차입을 하였다. ㈜삼일이 유형자산 건설과 관련된 차입원가를 자본화할 때 20X1년 특정 차입금과 관련하여 자본 화할 차입원가는 얼마인가(단, 편의상 월할 계산한다고 가정한다)?

차입금액	차입기간	연이자율	비고
24,000,000원	20X1년 3월 1일 ~ 20X2년 6월 30일	3%	공장신축을 위한 특정차입금

① 600,000원 ② 700,000원
③ 800,000원 ④ 960,000원

10. 다음 중 유형자산의 손상에 관한 설명으로 가장 옳은 것은?

① 유형자산에 대해 재평가모형을 적용하는 경우 손상차손을 인식하지 않는다.
② 자산의 회수가능액은 순공정가치와 사용가치 중 작은 금액이다.
③ 기업은 매 보고기간말마다 자산손상을 시사하는 징후가 있는지를 검토하여야 한다.
④ 자산손상을 시사하는 징후가 있는지를 검토할 때는 경제상황과 같은 외부정보는 고려하지 않는다.

11. ㈜삼일은 영업활동에 사용하던 건물(부속토지 포함)을 20X4년 12월 31일에 현금을 받고 처분하였다. 동 건물과 관련된 사항은 다음과 같다.

건물의 취득원가	5,000,000원
취득일	20X1년 10월 1일
내용연수	20년
잔존가치	500,000원
감가상각방법	정액법
부속토지(취득원가)	3,000,000원
처분금액(건물 및 부속토지)	7,000,000원

20X4년도에 ㈜삼일의 토지·건물 처분에 대한 회계처리로 가장 옳은 것은?
(단, ㈜삼일은 최초 인식시점 이후 유형자산을 원가모형으로 회계처리하고 있음)

(단위 : 원)

	차변	금액	대변	금액
①	(차) 현 금	7,000,000	(대) 토 지	3,000,000
	감가상각누계액	731,250	건 물	5,000,000
	유형자산처분손실	268,750		
②	(차) 현 금	7,000,000	(대) 토 지	3,000,000
	유형자산처분손실	200,000	건 물	4,200,000
③	(차) 현 금	7,000,000	(대) 토 지	3,000,000
	감가상각누계액	812,500	건 물	5,000,000
	유형자산처분손실	187,500		
④	(차) 현 금	7,000,000	(대) 토 지	3,000,000
	유형자산처분손실	100,000	건 물	4,100,000

12. 20X1년 중 ㈜삼일은 연구 및 개발활동과 관련하여 총 500억원을 지출하였다. 새로 개발한 무형자산이 20X2년부터 사용가능할 것으로 예측된 경우 연구 및 개발비와 관련하여 20X1년 중 비용으로 계상할 금액은 얼마인가?

구 분	금 액	비 고
연구단계	300억원	
개발단계	200억원	자산인식요건 충족 80억원 자산인식요건 미충족 120억원
합 계	500억원	

① 120억원 ② 300억원 ③ 420억원 ④ 500억원

13. 다음 중 내부적으로 창출한 무형자산에 관한 설명으로 가장 올바르지 않은 것은?

① 재료, 장치, 제품, 공정, 시스템이나 용역에 대한 여러 가지 대체안을 탐색하는 활동에서 발생한 지출은 비용으로 인식한다.
② 내부 프로젝트의 연구단계에서는 미래경제적효익을 창출할 무형자산이 존재한다는 것을 제시할 수 없기 때문에, 내부 프로젝트의 연구단계에서 발생한 지출은 발생시점에 비용으로 인식한다.
③ 무형자산을 창출하기 위한 내부 프로젝트를 연구단계와 개발단계로 구분할 수 없는 경우에는 그 프로젝트에서 발생한 지출은 모두 연구단계에서 발생한 것으로 본다.
④ 내부적으로 창출한 고객목록, 브랜드 등은 개별식별이 어렵기 때문에 영업권으로 인식한다.

14. ㈜삼일은 20X1년 3월 1일에 임대수익을 얻을 목적으로 건물을 1,000,000원에 취득하여 공정가치 모형을 적용하여 회계처리하기로 하였다. ㈜삼일은 동 건물을 20X2년 10월 1일에 본사사옥으로 사용 목적을 변경하고, 즉시 사용하기 시작하였다. 동 건물의 20X1년 12월 31일과 20X2년 10월 1일의 공정가치는 각각 900,000원과 1,100,000원이었으며, 유형자산으로 대체된 상기 건물에 대해서 ㈜삼일은 원가 모형을 적용하기로 하였다. 20X2년 10월 1일 현재 동 건물의 내용연수는 10년이고, 잔존가치는 없는 것으로 추정하였다. 상기 건물에 대한 회계처리가 ㈜삼일의 20X2년 당기순손익에 미치는 영향은(단, 감가상각비의 계산이 필요한 경우 정액법을 적용하여 월할 계산하기로 한다)?

① 당기순이익 90,000원 감소
② 당기순이익 27,500원 감소
③ 당기순이익 172,500원 증가
④ 당기순이익 200,000원 증가

15. 다음 중 당기손익-공정가치 측정 금융자산에 관한 설명으로 가장 올바르지 않은 것은?

① 단기매매 목적의 금융자산은 당기손익-공정가치 측정 금융자산으로 분류된다.
② 채무상품인 당기손익-공정가치 측정 금융자산은 다른 금융상품으로 재분류할 수 없다.
③ 당기손익-공정가치 측정 금융자산은 취득후 공정가치로 평가하여 당기손익에 반영한다.
④ 당기손익-공정가치 측정 금융자산 취득시 지출된 거래원가는 당기비용으로 처리한다.

16. ㈜삼일은 20X1년 1월 1일에 다음과 같은 조건의 상각후원가측정금융자산을 취득 당시의 공정가치로 취득하였다. 이 경우 ㈜삼일의 상각후원가측정금융자산의 취득원가는 얼마인가(단, 소수점은 반올림한다)?

ㄱ. 액면금액 : 100,000원　　ㄴ. 발행일 : 20X1년 1월 1일
ㄷ. 만기일 : 20X2년 12월 31일(2년)　　ㄹ. 액면이자율 : 10%, 매년 말 지급조건
ㅁ. 시장이자율 : 20X1년 1월 1일 현재 12%
ㅂ. 현가계수

이자율	현가계수		
	1년	2년	계
12%	0.89286	0.79719	1.69005

① 96,000원　　② 96,620원
③ 98,991원　　④ 100,000원

17. ㈜삼일은 20X1년 1월 1일에 만기 3년, 액면금액 100,000,000원, 표시이자율 10%인 사채를 발행하였다. 이자는 매년 말에 지급되고 사채 발행시점의 유효이자율은 8%라고 할 때 ㈜삼일이 동 사채의 발행기간에 걸쳐 인식하게 될 총이자비용은 얼마인가?

구분	1년	2년	3년	합 계
8%	0.92593	0.85734	0.79383	2.57710

① 20,974,200원　　② 23,755,000원
③ 24,846,000원　　④ 30,000,000원

18. ㈜삼일은 사채를 할인발행하고, 사채할인발행차금에 대하여 유효이자율법으로 상각하지 않고 정액법을 적용하여 상각하였다. 이러한 오류가 발행연도 재무제표에 미치는 영향을 바르게 지적한 것은?

	사채의 장부금액	당기순이익		사채의 장부금액	당기순이익
①	과대계상	과대계상	②	과대계상	과소계상
③	과소계상	과대계상	④	과소계상	과소계상

19. ㈜삼일은 20X1년 1월 1일에 다음과 같은 조건으로 전환사채를 발행하였다. 다음 중 동 전환사채에 관한 설명으로 가장 올바르지 않은 것은?

> ㄱ. 액면금액 : 10,000,000원
> ㄴ. 액면이자율 : 5%(매년 말 이자지급)
> ㄷ. 발행금액 : 10,000,000원
> ㄹ. 상환할증금 : 1,000,000원(만기까지 주식으로 전환하지 않을 경우 만기에 지급)
> ㅁ. 동일한 조건의 일반사채인 경우의 발행가액 : 8,200,000원
> ㅂ. 만기 : 3년
> ㅅ. 발행시 사채발행비는 발생하지 아니함
> ㅇ. 전환권대가는 자본으로 분류됨

① 동 전환사채의 발행금액 10,000,000원에는 전환권대가 1,800,000원이 포함되어 있다.
② 상환할증금을 지급하는 조건이므로 보장수익률은 액면이자율 5%보다 높을 것이다.
③ 동 전환사채와 관련한 이자비용은 동일한 조건의 일반사채에 대한 유효이자율을 적용하여 산정한다.
④ 전환권 행사시 ㈜삼일의 총자산은 증가한다.

20. 다음 중 충당부채로 인식될 수 있는 사례로 가장 올바르지 않은 것은(단, 해당 의무를 이행하기 위하여 필요한 금액을 신뢰성있게 추정할 수 있다고 가정한다)?

① 회사의 소비자 소송사건에 대하여 패소가능성이 높다는 법률전문가의 의견이 있는 경우
② 토지 오염원을 배출하고 있는 회사에 대하여 토지의 정화에 관한 법률 제정이 확실시 되는 경우
③ 제품에 대해 만족하지 못하는 고객에게 법적의무가 없음에도 불구하고 환불해주는 정책을 펴고 있으며, 고객에게 이 사실이 널리 알려져 있는 경우
④ 회사의 특정 사업부문의 미래 영업손실이 예상되는 경우

21. 다음은 결산일이 12월 31일인 ㈜삼일의 20X1년 말 재무상태표상 자본에 관한 정보이다. 20X1년 말 ㈜삼일의 기타포괄손익누계액은 얼마인가?

ㄱ. 보통주자본금	50,000,000원	ㄴ. 주식발행초과금	8,000,000원
ㄷ. 해외사업환산이익	3,000,000원	ㄹ. 자기주식	2,500,000원
ㅁ. 미처분이익잉여금	8,000,000원	ㅂ. 유형자산재평가잉여금	4,000,000원

① 4,000,000원 ② 7,000,000원 ③ 15,000,000원 ④ 17,500,000원

22. 다음 중 자기주식의 취득 및 처분에 관한 회계처리에 관한 설명으로 가장 올바르지 않은 것은?

① 자기주식을 취득하는 경우 취득원가를 자본에서 차감하는 형식으로 기재한다.

② 자기주식을 처분하는 경우 처분가액과 취득원가와의 차액을 자기주식처분손익으로 기타포괄손익에 반영한다.

③ 자기주식을 소각하는 경우 액면금액과 취득원가와의 차액을 감자차손익으로 반영한다.

④ 자기주식을 보유하고 있는 기간동안 자기주식에 대한 평가손익은 인식하지 않는다.

23. 수익인식 5단계모형에 따라 수익을 인식하는 순서가 아래와 같다면 다음 빈칸에 들어갈 말로 가장 옳은 것은?

[1단계] 계약 식별	[2단계] (㉠)
[3단계] (㉡)	[4단계] 거래가격 배분
[5단계] 수행의무별 수익인식	

	㉠	㉡
①	수행의무 식별	거래가격 산정
②	통제이전	수행의무 식별
③	수행의무 식별	통제이전
④	거래가격 산정	통제이전

24. ㈜삼일은 20X1년 12월 31일 ㈜반품에 50,000,000원(원가 30,000,000원)의 제품을 판매하고 1년 이내 반품할 수 있는 권리를 부여하였다. 인도일 현재 10,000,000원이 반품될 것으로 예상된다면 ㈜삼일이 20X1년에 인식할 매출원가는 얼마인가?

① 24,000,000원 ② 34,000,000원 ③ 44,000,000원 ④ 54,000,000원

25. 다음은 ㈜삼일건설의 재무제표에 대한 주석이다. 다음 괄호 안에 들어갈 용어로 가장 옳은 것은?

> 건설계약과 관련하여 진행기준에 의하여 수익을 인식하고 있습니다. 계약활동의 진행률은 진행단계를 반영하지 못하는 계약원가를 제외하고 수행한 공사에 대하여 발생한 누적계약원가를 추정 총계약원가로 나눈 비율로 측정하고 있습니다. 총계약원가가 총계약수익을 초과할 가능성이 높은 경우에 예상되는 손실은 (   ) 당기비용으로 인식하고 있습니다.

① 즉시 ② 진행률에 따라

③ 이연하여 ④ 공사완료시점에

26. ㈜삼일은 20X1년 건설공사를 계약금액 30,000,000원에 수주하였다. 20X1년 ㈜삼일의 예상원가 발생액, 계약대금 청구액은 다음과 같다. ㈜삼일이 누적발생계약원가에 기초하여 계산된 진행률에 따라 수익을 인식한다면, 20X1년 말 재무상태표에 표시할 미청구공사(계약자산) 또는 초과청구공사(계약부채)는 얼마인가?

	20X1년
누적발생계약원가	4,000,000원
추정총계약원가	20,000,000원
당기대금청구액	5,500,000원

① 미청구공사(계약자산) 300,000원
② 미청구공사(계약자산) 500,000원
③ 초과청구공사(계약부채) 300,000원
④ 초과청구공사(계약부채) 500,000원

27. 다음의 빈칸에 들어갈 말로 가장 적절한 것끼리 묶인 것은?

> 확정급여제도의 회계처리에서 당기근무원가, 과거근무원가와 정산으로 인한 손익, 순확정급여부채 및 사외적립자산의 순이자는 (㉠)으로 인식한다.
> 보험수리적손익, 순확정급여부채(자산)의 순이자에 포함된 금액을 제외한 사외적립자산의 수익, 순확정급여부채(자산)의 순이자에 포함된 금액을 제외한 자산인식상한 효과의 변동은 (㉡)으로 인식한다.

	㉠	㉡
①	당기손익	당기손익
②	당기손익	기타포괄손익
③	기타포괄손익	당기손익
④	기타포괄손익	기타포괄손익

28. 다음 중 주식기준보상 회계처리에 관한 설명으로 가장 올바르지 않은 것은?

① 주식선택권 행사로 신주가 발행되는 경우 행사가격이 액면금액을 초과하는 부분은 주식발행초과금으로 처리한다.
② 가득기간 중 각 회계기간에 인식할 주식보상비용은 당기말 인식할 누적보상원가에서 전기말까지 인식한 누적보상원가를 차감하여 계산한다.
③ 종업원에게 제공받은 용역 보상원가는 부여일 이후 지분상품 공정가치 변동을 반영하여 측정한다.
④ 주식선택권의 권리를 행사하지 않아 소멸되는 경우에도 과거에 인식한 보상원가를 환입하지 않고 계속 자본항목으로 분류한다.

29. 다음 중 법인세회계에 관한 설명으로 가장 올바르지 않은 것은?

① 법인세회계의 이론적 근거는 수익 · 비용대응의 원칙이다.
② 차감할 일시적차이는 이연법인세자산을 발생시킨다.
③ 이연법인세자산과 부채는 현재가치로 할인한다.
④ 일시적차이로 인해 법인세비용과 당기법인세에 차이가 발생한다.

30. ㈜삼일의 20X1년도 법인세와 관련한 세무조정사항은 다음과 같다. 20X0년 12월 31일 현재 이연법인세 자산과 이연법인세부채의 잔액은 없었다. 법인세법상 당기손익 - 공정가치 측정 금융자산평가이익은 익금불산입하고 기타 법인세법과의 차이는 손금불산입한다. 20X1년도의 포괄손익계산서의 법인세비용은 얼마인가(단, 이연법인세자산의 실현가능성은 높으며, 법인세율은 20%이고 이후 변동이 없다고 가정한다)?

법인세비용차감전순이익	2,000,000원
기업업무추진비(접대비)한도초과액	100,000원
감가상각비한도초과액	60,000원
당기손익 - 공정가치 측정 금융자산평가이익	20,000원

① 420,000원　② 424,000원
③ 436,000원　④ 440,000원

31. 다음 중 회계추정의 변경에 해당하지 않는 것은?

① 수취채권의 대손상각률 변경
② 재고자산 원가흐름의 가정을 선입선출법에서 평균법으로 변경
③ 유형자산 감가상각방법의 변경
④ 유형자산 내용연수의 변경

32. ㈜삼일의 20X1년 당기순이익은 10,000,000원이며, 우선주배당금은 1,000,000원이다. ㈜삼일의 20X1년 1월 1일 유통보통주식수는 18,000주이며, 10월 1일에는 유상증자를 통해 보통주 8,000주를 발행하였다. ㈜삼일의 20X1년도 기본주당순이익은 얼마인가(단, 유상신주의 발행금액과 공정가치는 동일하며, 가중평균 유통보통주식수는 월할로 계산한다)?

① 300원　② 350원　③ 400원　④ 450원

33. 20X1년 1월 1일 ㈜삼일은 ㈜용산의 보통주 30%를 850,000원에 취득하여 유의적인 영향력을 행사하게 되었으며, 취득 당시 ㈜용산의 순자산 장부금액과 공정가치는 2,000,000원으로 동일하였다. 20X1년 ㈜용산의 자본은 아래와 같으며, 당기순이익 이외에 자본의 변동은 없다고 가정한다.

(단위 : 원)

	20X1년 1월 1일	20X1년 12월 31일
자본금	900,000	900,000
이익잉여금	1,100,000	1,300,000
합계	2,000,000	2,200,000

20X1년 말 ㈜삼일의 관계기업투자주식의 장부금액은 얼마인가?

① 850,000원　② 880,000원　③ 910,000원　④ 930,000원

34. 지분법은 투자자가 피투자자에 대해 유의적인 영향력을 행사할 수 있는 경우에 적용한다. 다음 중 유의적인 영향력을 행사할 수 있는 경우에 해당하는 것은(A회사는 투자자, B회사는 피투자자이다)?

① A회사는 B회사의 주식을 40% 보유하고 있으나 계약상 B회사에 관한 의결권을 행사할 수 없다.

② A회사는 12개월 이내에 매각할 목적으로 B회사의 의결권 있는 주식을 30% 취득하여 적극적으로 매수자를 찾고 있는 중이다.

③ A회사는 B회사의 주식을 20% 보유하고 있으나 모두 우선주이며 의결권은 없다.

④ A회사는 B회사의 의결권 있는 주식의 15%를 보유하고 있으나 B회사의 이사회에 참여할 수 있다.

35. ㈜삼일은 상품 $2,000을 외상으로 매출하고, 대금을 9개월 후에 달러($)로 지급받기로 하였다. 이 경우 ㈜삼일의 외화매출채권 $2,000은 환율변동위험에 노출되게 되었다. 해당 거래와 관련하여 환율변동위험을 회피할 수 있는 방법으로 가장 옳은 것은?

① 약정된 환율로 9개월 후 $2,000을 매도하는 통화선도계약을 체결한다.

② 약정된 환율로 9개월 후 $2,000을 매입하는 통화선도계약을 체결한다.

③ 약정된 환율로 9개월 후 $2,000을 거래할 수 있는 콜옵션을 매입한다.

④ 약정된 환율로 9개월 후 $2,000을 거래할 수 있는 풋옵션을 매도한다.

36. 자동차 제조업을 영위하는 ㈜삼일의 20X1 회계연도(20X1년 1월 1일 ~ 20X1년 12월 31일) 중 발생한 수출실적이 다음과 같을 경우, 20X1년 재무상태표상 매출채권과 (포괄)손익계산서상 외화환산손익을 바르게 짝지은 것은(단, 기능통화는 원화이다)?

(1) 수출액 및 대금회수

수출일	수출액	대금회수일
20X1년 6월 11일	$8,000	20X2년 3월 10일

(2) 일자별 환율

일자	20X1년 6월 11일	20X1년 12월 31일
환율	1,100원/$	1,200원/$

(3) 기타정보
상기 수출대금은 계약상 대금회수일에 이상 없이 모두 회수되었으며, 상기 수출과 관련된 매출채권 이외의 채권 · 채무는 없다.

	매출채권	외화환산손익		매출채권	외화환산손익
①	9,600,000원	손실 800,000원	②	8,800,000원	손실 100,000원
③	9,600,000원	이익 800,000원	④	8,800,000원	이익 100,000원

37. ㈜삼일리스는 20X2년 1월 1일 ㈜용산과 기계장치에 대한 금융리스계약을 다음과 같이 체결하였다. 20X2년 말 ㈜삼일리스가 인식해야 할 리스채권을 계산한 것으로 가장 옳은 것은(단, 소수점은 반올림한다)?

ㄱ. 리스료 : 매년 말 200,000원씩 지급
ㄴ. 20X2년 1월 1일 현재 리스채권의 현가 : 758,158원
ㄷ. 내재이자율 : 10%　　　　ㄹ. 리스기간 : 5년

① 124,184원　② 633,974원　③ 758,158원　④ 800,000원

38. 다음 중 현금흐름표에 대한 설명으로 가장 올바르지 않은 것은?

① 현금흐름표는 기업의 현금흐름을 나타내는 표로서 현금의 변동내용을 명확하게 보고하기 위하여 당해 회계기간에 속하는 현금의 유입과 유출내용을 적정하게 표시하는 보고서이다.

② 법인세로 인한 현금흐름은 영업활동과 투자활동에 명백히 관련되지 않는 한 재무활동 현금흐름으로 분류한다.

③ 현금흐름표에서는 기업의 경영활동에 따른 현금흐름을 영업활동 · 투자활동 · 재무활동으로 구분한다.

④ 현금흐름표를 작성하는 방법은 영업활동 현금흐름을 어떻게 계산하느냐에 따라 간접법과 직접법으로 구분된다.

39. ㈜삼일은 제조업을 영위하고 있으며 모든 매출은 외상으로 이루어진다. 다음 자료를 이용하여 20X1년 매출로부터의 현금유입액을 계산하면 얼마인가(선수금에 의한 매출, 매출에누리와 환입, 매출할인 등은 없다고 가정함)?

ㄱ. 재무상태표

	20X1년 초	20X1년 말
매출채권	10,000원	20,000원
대손충당금(매출채권)	300원	470원

ㄴ. 포괄손익계산서 (20X1.1.1 ~ 20X1.12.31)

매출액 560,000원 대손상각비(매출채권) 550원

① 524,470원 ② 532,170원
③ 549,620원 ④ 569,010원

40. 다음 중 이자와 배당금의 수취 및 지급에 따른 현금흐름에 관한 설명으로 가장 올바르지 않은 것은?

① 금융회사의 경우 이자수입은 일반적으로 영업활동 현금흐름으로 분류한다.
② 이자지급은 재무자원을 획득하는 원가로 보아 재무활동 현금흐름으로 분류할 수 있다.
③ 배당금지급은 기업이 배당금을 지급할 수 있는 능력이 있는지 여부를 판단하는데 도움을 주기위해 투자활동 현금흐름으로 분류할 수 있다.
④ 배당금수입은 투자자산에 대한 수익으로 보아 투자활동 현금흐름으로 분류할 수 있다.

세무회계

41. 다음 중 조세법의 기본원칙에 관한 설명으로 가장 올바르지 않은 것은?

① 조세평등주의란 조세법의 입법과 조세의 부과 및 징수과정에서 모든 납세의무자는 평등하게 취급되어야 한다는 원칙을 말한다.

② 국세기본법에서 규정하고 있는 실질과세의 원칙에 반하는 규정을 다른 세법에서 규정하고 있는 경우 국세기본법에서 규정하고 있는 실질과세의 원칙을 우선하여 적용한다.

③ 신의성실의 원칙이란 납세자가 그 의무를 이행하거나 세무공무원이 그 직무를 수행함에 있어서 신의에 따라 성실히 하여야 한다는 원칙을 말한다.

④ 납세의무자가 세법에 따라 장부를 갖추어 기록하고 있는 경우에는 해당 국세 과세표준의 조사와 결정은 그 장부와 이에 관계되는 증거자료에 의하여야 한다.

42. 다음 중 세법상 특수관계인에 관한 설명으로 가장 올바르지 않은 것은?

① 개인의 3촌 이내의 인척은 특수관계인에 해당한다.

② 특수관계자인 배우자는 사실혼 관계에 있는 자를 제외한다.

③ 법인과 경제적 연관관계가 있는 임원은 특수관계인에 해당한다.

④ 법인과 경영지배관계에 있는 주주는 특수관계인에 해당한다.

43. 다음 내용과 관련이 있는 국세부과의 원칙으로 가장 옳은 것은?

철 수 : 작년 부가가치세 신고시 A 거래처와의 거래에 대해서 국세종합상담센터에 부가가치세 관련 상담받은 답변을 토대로 처리했음에도 불구하고 이번 세무조사에서 A 거래처에 대한 부가세처리가 부가가치세법상 적절하지 않다고 합니다. 사전 국세종합상담센터에서 받은 답변과 유사예규를 토대로 처리한 것인데 왜 과세가 되어야 하는지 모르겠습니다.
국세청 : 국세종합상담센터의 답변은 단순한 상담내지 안내수준인 행정서비스의 한 방법이고, 국세청 예규 또한 과세관청 내부의 세법해석 기준 및 집행기준을 시달한 행정규칙에 불과하므로 과세관청의 상담 및 예규는 납세자가 신뢰하는 공적인 견해표명에 해당되지 않습니다.

① 실질과세의 원칙　　② 소급과세 금지의 원칙

③ 신의성실의 원칙　　④ 조세감면의 사후관리

44. 다음은 신문기사의 일부를 발췌한 것이다. 빈칸에 들어갈 가장 적절한 용어는 무엇인가?

> 지난 2015년 귀속 법인세 1,000만원을 신고납부한 중소기업 A사는 뒤늦게 300만원을 초과납부한 사실을 알게 됐다. A사는 어떻게 300만원을 돌려 받을 수 있을까? A사와 같이 세금을 덜 냈거나 더 냈을 때에 이를 바로잡기 위해서는 (가)또는 (나)의 절차를 거쳐야 한다.
> 내야할 세금보다 적게 신고한 경우에는 (가)를, 내야할 세금보다 많게 신고한 경우에는 (나)를 해야한다. (나)는 더 낸 세금을 돌려받아야 할 납세자의 권리행사이기 때문에 납세자가 적극적으로 행사하게 마련이지만, (가)는 꺼릴 수 있는데, 이는 아주 위험한 일이다. 일부러 적게 신고하진 않았지만 적극적으로 (가)를 하지 않는다면 과세관청인 국세청에서 고의적인 탈루로 보고, 직접 나서서 가산세까지 물릴 수 있기 때문이다. 그렇다고 아무때나 (가)나 (나)를 할 수 있는 것은 아니다. 법정신고기한 내에 신고한 경우에만 신청할 수 있다.
> 만약 법정 신고기한 내에 신고하지 않았다면, (다)를 해야한다. A사의 경우 2015년 귀속 법인세를 신고·납부했기 때문에 신고기한인 2016년 3월 31일로부터 5년이 되는 시점인 2021년 3월 31일이 (나)를 할 수 있는 기한이 된다.
> 만약 2021년 9월 현재 A사가 (나)를 하지 못했다면 A사는 기한을 놓쳤기 때문에 (나)를 통해서는 더 낸 세금 300만원을 환급 받을 수 없다.

	(가)	(나)	(다)
①	수정신고	경정청구	기한 후 신고
②	경정청구	수정신고	기한 후 신고
③	기한 후 신고	수정신고	경정청구
④	수정신고	기한 후 신고	경정청구

45. 다음 중 납세자권리구제에 관한 설명으로 가장 올바르지 않은 것은?

① 국세처분을 받기 전에 납세의무자의 청구에 의해 그 국세처분의 타당성을 미리 심사하는 제도로서 과세전적부심사가 있다.

② 세무조사결과에 관하여 납세의무자가 과세전적부심사를 청구하려면 세무조사결과통지서를 받은 날로부터 30일 이내에 통지서를 보낸 해당 세무서장(또는 지방국세청장)에게 청구서를 제출하여야 한다.

③ 국세의 과세처분 등이 있는 경우에 그 처분에 불복이 있는 자가 처분행정청에 대해서 그 처분을 취소하거나 변경을 구하는 제도로서 이의신청, 심사청구, 심판청구 및 행정소송이 있다.

④ 납세자가 심사청구 또는 심판청구를 하기 위해서는 이의신청을 거쳐야만 한다.

46. 다음 거래에 대한 세무조정 결과 기타사외유출로 소득처분하는 것은?

① 대주주에 대한 사택유지비용을 손익계산서에 비용으로 계상하였다.
② 토지를 취득하며 부담한 취득세를 손익계산서에 비용으로 계상하였다.
③ 간이영수증을 받고 10만원을 지출한 금액을 손익계산서에 기업업무추진비로 계상하였다.
④ 대표이사에게 업무무관 가지급금을 이자를 받지 않고 대여해 주었다.

47. 다음 중 법인세법상 결산조정사항과 신고조정사항에 관한 설명으로 가장 올바르지 않은 것은?

① 결산조정사항은 원칙적으로 회계상 비용으로 계상한 경우에만 세무상 손금으로 인정받을 수 있는 사항이다.
② 신고조정사항은 기업회계 결산 시 회계처리하지 않고 법인세 과세표준신고의 과정에서 세무조정계산서에만 계상함으로써 손금으로 인정받을 수 있다.
③ 신고조정사항은 법인세신고기한 후 경정청구 대상에서 제외된다.
④ 조세특례제한법상 준비금은 이익잉여금 처분시 별도의 적립금으로 적립해야만 신고조정이 가능하다.

48. 다음 중 법인세법상 세무조정이 필요 없는 항목으로 옳은 것을 모두 고르면?

ㄱ. 특수관계에 있는 개인으로부터 저가로 매입한 유가증권을 실제매입가액으로 계상하였다.
ㄴ. 지방세 과오납금의 환급금에 대한 이자를 수령하고 이자수익으로 계상하였다.
ㄷ. 장기할부판매시 발생한 채권에 대하여 K-IFRS에서 정하는 바에 따라 현재가치로 평가하여 현재가치할인차금을 계상하였다.
ㄹ. 사용인에 대한 확정기여형 퇴직연금의 부담금을 납입하고 퇴직급여로 비용 처리하였다.

① ㄱ, ㄴ ② ㄱ, ㄹ ③ ㄴ, ㄷ ④ ㄷ, ㄹ

49. 제빵업을 영위하는 ㈜삼일은 20x1년 결산시 다음과 같은 평가손실을 계상하였다. 다음 중 세무상 손금으로 인정되는 것으로 가장 옳은 것은?

ㄱ. 장부금액 1억원인 기계장치가 태풍으로 파손되어 처분가능한 시가인 1천만원으로 감액하고 손상차손 9천만원을 계상하였다.
ㄴ. 제품인 빵이 유통기한 경과로 부패하여 전량 폐기처분하고 재고자산폐기손실 1억원을 계상하였다.

① 모두 인정되지 않음 ② ㄱ
③ ㄴ ④ ㄱ, ㄴ

50. 다음은 ㈜삼일의 제6기(20x1년 1월 1일 ~ 20x1년 12월 31일) 손익계산서상 인건비 내역이다. 급여 지급규정에 의하여 임원과 사용인의 상여금은 급여의 40%를 지급하도록 하고 있는 경우 필요한 세무조정으로 가장 옳은 것은(단, 건설본부의 인건비는 당기말 현재 공사가 진행 중인 자산과 관련된 것으로 장부상 자산처리한 것으로 가정한다)?

구분		급여	상여금
본사	임 원	150,000,000원	50,000,000원
	사 용 인	350,000,000원	170,000,000원
건설본부	임 원	100,000,000원	70,000,000원
	사 용 인	200,000,000원	120,000,000원
합 계		800,000,000원	400,000,000원

① (손금불산입) 상여금 한도초과액 30,000,000원 (상여)
② (손금불산입) 상여금 한도초과액 100,000,000원 (상여)
③ (손금산입) 건설 중인 자산 30,000,000원 (△유보)
(손금불산입) 상여금 한도초과액 30,000,000원 (상여)
④ (손금산입) 건설 중인 자산 100,000,000원 (△유보)
(손금불산입) 상여금 한도초과액 100,000,000원 (상여)

51. 다음 중 법인세법상 업무무관경비 관련 손금불산입항목에 관한 설명으로 가장 올바르지 않은 것은?

① 업무무관경비 관련 손금불산입항목의 범위에는 업무무관부동산 및 업무무관자산의 취득과 관리에 따른 비용, 유지비, 수선비와 이에 관련있는 비용이 포함된다.
② 출자자(소액주주 제외)나 출연자인 임원 또는 그 친족이 사용하고 있는 사택의 유지비, 사용료 및 이에 관련되는 지출금은 업무무관경비에 속한다.
③ 업무무관부동산 및 업무무관자산을 취득하기 위한 자금의 차입과 관련있는 비용 또한 업무무관경비에 포함된다.
④ 업무무관자산의 취득에 따른 취득세 등은 취득부대비용으로 인정하지 아니하므로 자산의 취득가액에 산입하지 아니한다.

52. 다음 중 법인세법상 손익귀속시기에 관한 설명으로 가장 올바르지 않은 것은?

① 법인세법상 손익귀속시기는 기업회계기준과 다를 수 있다.
② 금융보험업 이외의 법인이 이자비용을 발생주의에 따라 회계처리한 경우에도 법인세법상 이를 인정하지 않으므로 반드시 세무조정을 하여야 한다.
③ 임대료 지급기간이 1년을 초과하는 경우 이미 경과한 기간에 대응하는 임대료 상당액과 비용을 각각 해당 사업연도의 익금과 손금으로 한다.
④ 원칙적으로 제품 판매의 경우 법인세법상 손익귀속시기는 인도시점이다.

53. 다음 자료에 의하여 제조업을 영위하는 ㈜삼일의 제20기(20x1년 1월 1일 ~ 12월 31일) 세법에 따른 재고자산평가액으로 옳은 것은?

> ㄱ. 회사는 제20기 10월 20일에 제품의 평가방법을 총평균법에서 후입선출법으로 변경신고하였으나, 실제로 장부에는 총평균법에 따른 평가액을 기록하였다.
> ㄴ. 저장품은 신고한 평가방법인 총평균법으로 평가하였으나, 계산 실수로 500,000원을 과소계상하였다.
> ㄷ. 제19기 재고자산에 대한 총평균법, 후입선출법, 선입선출법에 따른 평가액은 다음과 같다.

구분	총평균법	후입선출법	선입선출법
제품	19,000,000원	18,000,000원	20,000,000원
저장품	8,000,000원	6,800,000원	8,800,000원

① 26,500,000원 ② 27,000,000원 ③ 28,000,000원 ④ 28,500,000원

54. 용산역에 위치한 ㈜삼일은 투자 목적으로 회사 주변의 건물을 소유하고 있다. ㈜삼일의 김삼일대표이사는 자신의 향우회로부터 60억원의 현금을 받는 조건으로 회사의 건물을 매각하라는 제안을 받았고, 동 제안을 수락할 경우 어떤 효과가 있을지 고민하고 있다. 동 건물의 시가는 100억원이다. 건물을 위의 조건으로 매각할 경우 다음 중 올바른 세무조정은 어느 것인가(단, 대표이사 향우회는 ㈜삼일과 특수관계자가 아니다)?

① 비지정기부금 10억원
② 일반기부금 10억원
③ 특례기부금 30억원
④ 비지정기부금 40억원

55. 다음은 제조업을 영위하는 ㈜삼일의 퇴직급여충당금조정명세서이다. 고문회계사인 박영규 회계사가 퇴직급여충당금조정명세서를 검토한 결과, 퇴직급여 지급대상이 되는 임직원에게 지급한 총급여액의 정확한 금액은 200,000,000원이나 직원의 실수로 235,000,000원으로 기록되어 있음을 발견하였다. 다음의 퇴직급여충당금조정명세서를 정확하게 작성할 경우 퇴직급여충당금 한도초과액은 얼마인가?

<table>
<tr><td rowspan="2">사 업
연 도</td><td rowspan="2">20x1. 1. 1.
~
20x1. 12. 31.</td><td rowspan="2">퇴직급여충당금 조정명세서</td><td>법인명</td><td>㈜삼일</td></tr>
<tr><td>사업자등록번호</td><td>123-45-12345</td></tr>
</table>

<table>
<tr><td colspan="8">1. 퇴직급여충당금 조정</td></tr>
<tr><td rowspan="2">「법인세법 시행령」 제60조 제1항에 따른 한도액</td><td colspan="3">① 퇴직급여 지급대상이 되는 임원 또는 사용인에게 지급한 총급여액</td><td>② 설정률</td><td colspan="2">③ 한도액
(①×②)</td><td>비 고</td></tr>
<tr><td colspan="3">235,000,000</td><td>5/100</td><td colspan="2">11,750,000</td><td></td></tr>
<tr><td rowspan="2">「법인세법 시행령」 제60조 제2항 및 제3항에 따른 한도액</td><td>④ 장부상 충당금 기초잔액</td><td>⑤ 기중 충당금 환입액</td><td>⑥ 기초충당금 부인누계액</td><td>⑦ 기중 퇴직금 지급액</td><td>⑧ 차감액
(④-⑤-⑥-⑦)</td><td>⑨누적한도액
(⑰+퇴직금전환금)</td><td>⑩한도액
(⑨-⑧)</td></tr>
<tr><td>40,000,000</td><td>-</td><td>5,000,000</td><td>30,000,000</td><td>5,000,000</td><td>45,000,000</td><td>40,000,000</td></tr>
<tr><td rowspan="2">한도초과액
계 산</td><td colspan="2">⑪ 한도액
(③과 ⑩ 중 적은 금액)</td><td colspan="3">⑫ 회사계상액</td><td colspan="2">⑬ 한도초과액
(⑫-⑪)</td></tr>
<tr><td colspan="2">11,750,000</td><td colspan="3">25,000,000</td><td colspan="2">13,250,000</td></tr>
</table>

① 한도초과액 없음 ② 13,250,000원 ③ 15,000,000원 ④ 20,000,000원

56. 다음은 ㈜삼일의 제7기(20x1년 1월 1일 ~ 20x1년 12월 31일) 대손충당금과 관련된 자료이다. 이 자료를 이용하여 대손충당금에 대한 세무조정 결과를 '자본금과 적립금조정명세서(을)'에 기입하고자 할 때, 빈칸에 들어갈 금액으로 올바르게 짝지어진 것은?

〈자료 1〉 대손충당금 관련 자료

ㄱ. 결산서상 대손충당금 내역
  기초 대손충당금 잔액 25,000,000원
  당기 대손 처리액 5,000,000원(소멸시효 완성 채권)
  당기 추가 설정액 3,000,000원
ㄴ. 전기 대손충당금 부인액 10,000,000원
ㄷ. 세법상 대손충당금 설정대상 채권금액 500,000,000원
ㄹ. 당기 대손실적률은 2%임

〈자료 2〉 자본금과 적립금조정명세서(을)

과목 또는 사항	기초잔액	당기중증감		기말잔액
		감소	증가	
대손충당금한도초과액	10,000,000	(ㄱ)	xxx	(ㄴ)

	(ㄱ)	(ㄴ)
①	10,000,000	13,000,000
②	10,000,000	23,000,000
③	10,000,000	18,000,000
④	0	23,000,000

57. 다음은 지급이자손금불산입 항목을 나열한 것이다. 지급이자손금불산입을 적용하는 순서를 나타낸 것으로 가장 옳은 것은?

ㄱ. 업무무관자산 등에 관한 지급이자
ㄴ. 건설자금이자
ㄷ. 채권자불분명사채이자
ㄹ. 지급받는 자가 불분명한 채권 · 증권이자

① ㄱ → ㄴ → ㄷ → ㄹ
② ㄴ → ㄷ → ㄹ → ㄱ
③ ㄷ → ㄹ → ㄱ → ㄴ
④ ㄷ → ㄹ → ㄴ → ㄱ

58. 법인세법에서는 '특수관계인에게 법인의 업무에 직접적인 관련이 없이 대여한 자금'을 업무무관 가지급금으로 보아 불이익을 주고 있다. 업무무관 가지급금에 대한 법인세법상 처리내용 중 옳은 것을 모두 고르면?

> ㄱ. 업무무관가지급금에 대하여 이자를 받지 않거나 또는 법인세법상 적정이자율보다 낮은 이율로 대여한 경우 적정이자율로 계산한 이자상당액 또는 이자상당액과의 차액을 익금산입한다.
> ㄴ. 업무무관가지급금에 대하여 설정한 대손충당금은 손금으로 인정되지 않는다.
> ㄷ. 업무무관가지급금 관련 지급이자는 전액 손금 인정된다.
> ㄹ. 업무무관가지급금을 대손 처리한 경우 손금으로 인정되지 않는다.

① ㄱ, ㄴ, ㄷ　　② ㄴ, ㄷ, ㄹ
③ ㄱ, ㄴ, ㄹ　　④ ㄱ, ㄴ, ㄷ, ㄹ

59. ㈜삼일은 대표이사인 홍길동씨에게 20x1년 1월 1일 자금을 무상으로 대여하였으며, 20x1년 12월 31일 현재 동 대여금의 적수는 1,000,000,000원이다. ㈜삼일의 차입금은 모두 특수관계자 외의 자로부터 차입한 것이고 가중평균차입이자율이 8%인 경우 세무조정으로 가장 옳은 것은(단, 가지급금 인정이자 계산시 가중평균차입이자율을 사용하고, 1년은 365일로 가정하며 소수점 이하는 절사한다)?

① (익금산입) 가지급금 인정이자 219,178원(상여)
② (익금불산입) 가지급금 인정이자 219,178원(기타)
③ (익금산입) 가지급금 인정이자 232,876원(상여)
④ (익금불산입) 가지급금 인정이자 232,876원(기타)

60. 다음의 자료를 이용하여 ㈜삼일의 제25기 사업연도(20x1년 1월 1일 ~ 20x1년 12월 31일) 과세표준금액을 계산하면 얼마인가?

> ㄱ. 당기순이익 : 250,000,000원
> ㄴ. 소득금액조정합계표상 금액
> 　-익금산입 · 손금불산입 : 100,000,000원
> 　-손금산입 · 익금불산입 : 70,000,000원
> ㄷ. 일반기부금 한도초과액 : 10,000,000원
> ㄹ. 비과세소득 : 3,000,000원
> ㅁ. 소득공제 : 2,000,000원

① 280,000,000원　　② 285,000,000원
③ 290,000,000원　　④ 295,000,000원

61. 다음 중 소득세에 관한 설명으로 가장 올바르지 않은 것은?

① 소득세법은 열거주의에 의하여 과세대상 소득을 규정하고 있으므로 열거되지 아니한 소득은 비록 담세력이 있더라도 과세되지 않는다. 다만, 예외적으로 이자소득과 배당소득은 열거되지 않은 소득이라도 유사한 소득을 포함하는 유형별 포괄주의를 채택하고 있다.

② 소득세법은 부부라 하더라도 개인단위과세제도를 원칙으로 한다.

③ 퇴직소득과 양도소득은 다른 소득과 합산하지 않고 별도로 과세한다.

④ 분리과세대상 소득은 일단 소득을 지급하는 시점에 원천징수를 하되 추후 납세의무를 확정할 때 이를 다시 정산하는 방법을 말한다.

62. 다음 중 종합소득금액 계산시 선택적 분리과세가 가능한 소득을 모두 고른 것은?

ㄱ. 배당소득	ㄴ. 연금소득
ㄷ. 기타소득	ㄹ. 사업소득

① ㄱ, ㄴ　　② ㄴ, ㄷ

③ ㄷ, ㄹ　　④ ㄱ, ㄹ

63. 다음 중 무조건 종합과세대상 금융소득에 해당되는 것으로 가장 옳은 것은?

① 국외에서 지급받는 금융소득

② 상장법인 소액주주가 받는 배당금

③ 비실명금융소득

④ 직장공제회 초과반환금

64. 다음은 20x1년 김삼일씨의 상가임대 관련 소득 내역이다. 김삼일씨의 20x1년도 부동산임대 관련 사업소득의 총수입금액을 계산하면 얼마인가?

ㄱ. 임대기간 : 20x1년 7월 1일 ~ 20x2년 6월 30일
ㄴ. 임대료 : 100,000,000원(20x1년 7월 1일에 선불로 수령함)

① 0원　　② 30,000,000원

③ 50,000,000원　　④ 100,000,000원

65. 다음 자료에 의하여 거주자 김삼일씨의 20x1년도 근로소득금액을 계산하면 얼마인가?

ㄱ. 월급여 : 2,000,000원
ㄴ. 상여 : 월급여의 500%
ㄷ. 실비변상비적 성격의 자가운전보조금 : 월 250,000원
ㄹ. 중식대 : 월 100,000원(식사를 제공받지 않음)
ㅁ. 연간 연월차수당 총합계 : 1,000,000원
* 거주자는 당해 1년 동안 계속 근무하였다.

연간급여액	근로소득공제액
1,500만원 초과 4,500만원 이하	750만원+1,500만원 초과액×15%
4,500만원 초과 1억원 이하	1,200만원+4,500만원 초과액×5%

① 21,330,000원 ② 25,010,000원
③ 27,700,000원 ④ 28,108,000원

66. 다음의 대화에서 가장 올바르지 않은 설명을 하고 있는 사람은 누구인가?

김철수 : 영희야, 너 로또 당첨됐다며? 축하한다.
이영희 : 고마워. 근데 세금이 엄청나네. 로또당첨금으로 1억원을 받았는데 기타소득에 해당되어 소득금액의 20%를 소득세로 납부해야 하더라.
성영수 : 거기에 개인 지방소득세로 소득세의 10%를 추가로 납부하면 실수령액이 더 적어지겠구나.
김순희 : 그럼 영희는 내년에 종합소득확정신고를 해야겠네. 근로소득자는 연말정산으로 납세의무가 종결되지만, 로또가 당첨되어 기타소득이 발생되었으니 종합소득을 신고해야 하거든.
박삼일 : 복권당첨소득의 경우에는 금액이 크면 더 높은 원천징수세율이 적용될 수도 있으니 알아두렴.

① 이영희 ② 성영수
③ 김순희 ④ 박삼일

67. 다음 중 소득세법상 결손금공제에 관한 설명으로 가장 올바르지 않은 것은?

① 부동산임대업(주거용 건물임대업 제외)에서 발생한 결손금은 다른 소득금액에서 공제하지 아니하며 다음 연도로 이월시킨다.
② 2020년 발생한 이월결손금은 발생연도 종료일로부터 5년 내에 종료하는 과세기간의 소득금액계산시 먼저 발생한 것부터 순차로 공제한다.
③ 사업소득(주거용 건물임대업 포함)의 결손금은 다른 소득금액에서 공제 후 남은 결손금을 다음 연도로 이월시킨다.
④ 해당 과세기간의 소득금액에 대해 추계신고를 하거나 추계조사결정하는 경우에는 이월결손금 공제규정을 적용하지 않는다.

68. 다음은 근로소득자(일용근로자 아님)인 이주원씨가 자녀들을 위하여 지출한 교육비와 관련한 자료이다. 연말정산시 공제대상 교육비는 모두 얼마인가?

> ㄱ. 자녀의 연령 및 소득
> - 장남 : 29세(대학원생), 소득금액 없음
> - 차남 : 23세(대학생), 사업소득금액 150만원
> - 장녀 : 15세(중학생), 소득금액 없음
>
> ㄴ. 자녀의 교육비 지출액
> - 장남의 대학원 수업료 12,000,000원
> - 차남의 대학교 수업료 8,000,000원
> - 장녀의 고등학교 수업료 3,000,000원

① 3,000,000원　② 12,000,000원
③ 15,000,000원　④ 23,000,000원

69. 다음 자료에 의해서 김삼일씨의 종합소득산출세액을 계산하면 얼마인가(단, 금융소득은 없다고 가정한다)?

> · 종합소득금액 40,000,000원
> · 종합소득공제 10,000,000원
> · 종합소득세율

종합소득 과세표준	세율
1,400만원 이하	과세표준의 6%
1,400만원 초과 5,000만원 이하	84만원+1,400만원 초과금액의 15%

① 3,240,000원　② 4,500,000원
③ 4,920,000원　④ 5,220,000원

70. 근로소득 연말정산에 대한 다음 설명 중 가장 올바르지 않은 것은?

① 일반적으로 다음 해 2월분 급여를 지급하는 때에 1년간의 총급여에 대한 근로소득세액을 정산하는 절차를 말한다.
② 중도 퇴직한 경우에는 퇴직한 달의 급여를 지급하는 때 정산한다.
③ 해외에서 지출한 신용카드 사용액은 신용카드소득공제 대상에 포함되지 않는다.
④ 자동차보험은 보험료세액공제를 받을 수 없다.

71. 다음 중 양도소득세 과세대상자산이 아닌 것은?

① 부동산을 취득할 수 있는 권리
② 과점주주가 보유하는 부동산과다보유법인 주식
③ 대주주소유 상장주식
④ 사업용고정자산과 별개로 양도하는 영업권

72. 다음 중 부가가치세법에 관한 설명으로 가장 올바르지 않은 것은?

① 부가가치세는 원칙적으로 재화 또는 용역을 과세대상으로 하는 일반 소비세에 해당한다.
② 부가가치세는 납세의무자와 실질적인 담세자가 일치하지 않는 간접세이다.
③ 부가가치세는 일정기간 동안 사업자가 공급한 매출액에서 매입액을 차감하여 부가가치를 계산한 다음 세율을 적용하는 전단계거래액공제방법을 채택하고 있다.
④ 부가가치세는 10%의 비례세율로 과세한다.

73. 다음 중 부가가치세 납세의무자에 관한 설명으로 가장 올바르지 않은 것은?

① 사업목적이 영리이든 비영리이든 관계없이 납세의무를 부담하므로 국가·지방자치단체도 납세의무자가 될 수 있다.
② 재화를 수입하는 자는 사업자인지 여부에 관계없이 납세의무자에 해당한다.
③ 고용관계에 따라 근로를 제공하는 종업원은 납세의무자에 해당하지 않는다.
④ 계속·반복적인 의사로 재화 또는 용역을 공급하는 자에 해당하더라도 사업자등록을 하지 않은 경우에는 납세의무자에 해당하지 않는다.

74. 다음 중 부가가치세법상 과세기간에 관한 설명으로 가장 올바르지 않은 것은?

① 부가가치세는 1년을 2 과세기간으로 나누어 매 6개월마다 확정신고·납부하도록 규정하고 있다.
② 신규사업자의 경우 사업자등록일로부터 등록한 연도의 12월 31일까지를 최초 과세기간으로 한다.
③ 간이과세자의 경우 과세기간을 1월 1일부터 12월 31일로 적용한다.
④ 폐업자는 폐업일이 속하는 과세기간 개시일부터 폐업일까지를 최종 과세기간으로 한다.

75. 다음 중 부가가치세법상 재화의 공급에 관한 설명으로 가장 올바르지 않은 것은(단, 해당재화는 매입세액공제를 받았음을 가정한다)?

① 과세사업을 위해 생산·취득한 재화를 부가가치세 면세사업을 위하여 사용·소비하는 경우에는 재화의 공급으로 본다.

② 과세사업을 위하여 생산·취득한 재화를 비영업용 소형승용차의 유지를 위하여 사용하는 경우에는 재화의 공급으로 본다.

③ 사업자가 자기의 사업과 관련하여 생산한 재화를 개인적인 목적으로 사용하는 것은 재화의 공급으로 본다.

④ 사업자 단위과세를 적용받는 사업자가 자기사업과 관련하여 생산·취득한 재화를 타인에게 직접 판매할 목적으로 다른 사업장에 반출하는 경우에는 재화의 공급으로 본다.

76. 다음 중 부가가치세법상 재화와 용역의 공급시기에 관한 연결이 가장 올바르지 않은 것은?

① 통상적인 용역공급 : 역무의 제공이 완료되는 때

② 장기할부판매 : 재화가 인도되거나 이용 가능하게 되는 때

③ 사업상 증여 : 재화를 증여하는 때

④ 수출재화 : 수출재화의 선·기적일

77. 다음은 영세율과 면세를 비교한 것이다. 가장 올바르지 않은 것은?

구 분	영세율	면세
목적	ㄱ. 국제적인 이중과세 방지	부가가치세의 역진성 완화
성격	완전면세제도	ㄴ. 부분면세제도
매출시	ㄷ. 거래징수의무 없음	거래징수의무 있음
매입시	환급받음 (매입세액공제)	ㄹ. 환급되지 아니함 (매입세액불공제)

① ㄱ　　② ㄴ

③ ㄷ　　④ ㄹ

78. 다음 자료를 이용하여 부가가치세 과세표준을 구하면 얼마인가?

ㄱ. 외상매출액(매출에누리 1,000,000원이 차감된 금액)	370,000,000원
ㄴ. 거래처 파산으로 인한 대손금	10,000,000원
ㄷ. 금전으로 지급한 판매장려금	5,000,000원
ㄹ. 외상매출금의 지급지연으로 인해 수령한 연체이자	2,000,000원

① 355,000,000원 ② 360,000,000원
③ 370,000,000원 ④ 385,000,000원

79. 다음 중 세금계산서에 관한 설명으로 가장 올바르지 않은 것은?

① 부동산 임대용역 중 간주임대료가 적용되는 부분에 대해서는 세금계산서 교부의무가 있다.
② 필요적 기재사항이 일부라도 기재되지 아니하거나 기재된 사항이 사실과 다를 때에는 적법한 세금계산서로 인정되지 않는다.
③ 세금계산서는 원칙적으로 재화 또는 용역의 공급시기에 발급한다.
④ 한 번 발행된 세금계산서라도 기재사항에 착오나 정정사유가 있다면 수정세금계산서를 발행할 수 있다.

80. 다음 중 부가가치세법상 간이과세자에 관한 설명으로 가장 올바르지 않은 것은?

① 간이과세자는 개인사업자를 대상으로 하므로 법인사업자는 간이과세를 적용받지 못한다.
② 간이과세자는 간이과세를 포기함으로써 일반과세자가 될 수 있다.
③ 간이과세자의 납부세액은 공급대가에 업종별 부가가치율을 곱한 것에 10%의 세율을 적용해서 계산한다.
④ 간이과세자는 부가가치세법상 사업자가 아니다.

원가관리회계

81. 다음은 ㈜삼일의 원가관련 자료이다. 직접노무원가는 가공원가의 80%라고 할 때, ㈜삼일의 당기총제조원가는 얼마인가?

직접재료원가 :	기초재고액	8,000원
	당기매입액	36,000원
	기말재고액	12,000원
직접노무원가 :	전기말 미지급액	7,000원
	당기지급액	66,000원
	당기말 미지급액	5,000원

① 64,000원 ② 80,000원 ③ 112,000원 ④ 134,000원

82. 원가는 경영자의 의사결정 목적에 따라 다음과 같이 여러 가지로 분류할 수 있다. 다음 중 원가 분류가 올바른 것으로 짝지어진 것은?

ㄱ. 원가행태에 따른 분류
ㄴ. 추적가능성에 따른 분류
ㄷ. 의사결정과의 관련성에 따른 분류
ㄹ. 통제가능성에 따른 분류

A. 직접원가와 간접원가
B. 변동원가와 고정원가
C. 관련원가와 매몰원가
D. 미소멸원가와 소멸원가

	원가의 분류	원가 종류		원가의 분류	원가 종류
①	ㄱ	A	②	ㄴ	B
③	ㄷ	C	④	ㄹ	D

83. 다음은 ㈜삼일의 20X1년 제조원가와 관련된 자료이다. 기초재공품은 얼마인가?

직접재료원가	30,000원	직접노무원가	10,000원
제조간접원가	20,000원	기말재공품	5,000원
당기제품제조원가	70,000원	기말제품	4,000원

① 10,000원 ② 11,000원
③ 14,000원 ④ 15,000원

84. 다음 중 보조부문의 원가배부 방법에 관한 설명으로 가장 올바르지 않은 것은?

① 직접배분법이란 보조부문 상호간에 행해지는 용역의 수수를 완전히 무시하고 보조부문의 원가를 배분하는 방법이다.

② 단계배분법이란 보조부문원가의 배분순서를 정하여 그 순서에 따라 단계적으로 보조부문 원가를 다른 보조부문과 제조부문에 배분하는 방법이다.

③ 직접배분법의 경우 각 제조부문이 사용한 용역의 상대적인 비율에 따라 각 보조부문 원가가 다른 보조부문에 배분된다.

④ 단계배분법의 경우에도 보조부문간의 용역수수관계를 일부 인식하며, 보조부문간의 배분순위 결정이 부적절한 경우 원가가 왜곡될 수 있다.

85. 다음 중 개별원가계산의 장점에 대한 설명으로 가장 올바르지 않은 것은?

① 종합원가계산에 비해 상대적으로 보다 정확한 원가계산이 가능하다.

② 종합원가계산에 비하여 제조간접원가의 배부문제가 없고 기장절차가 간단하므로 시간과 비용이 절약된다.

③ 제품별 손익분석 및 계산이 비교적 용이하다.

④ 작업원가표에 의해 개별 제품별로 효율성을 통제할 수 있고 개별 작업에 집계되는 실제원가를 예산액과 비교하여 미래예측에 이용할 수 있다.

86. ㈜삼일은 일반형 자전거와 고급형 자전거 두 가지의 제품을 생산하고 있다. 12월 한 달 동안 생산한 두 제품의 작업원가표는 아래와 같다.

	일반형 자전거	고급형 자전거
직접재료 투입액	300,000원	600,000원
직접노동시간	1,000시간	4,000시간
직접노무원가 임률	100원/시간	200원/시간

동 기간 동안 발생한 회사의 총제조간접원가는 1,000,000원이며, 제조간접원가는 직접노동시간을 기준으로 배부하고 있다. ㈜삼일은 실제 발생한 제조간접원가를 실제조업도에 의해 배부하는 원가계산방식을 채택하고 있다. 12월 한 달 동안 생산한 일반형 자전거의 제조원가는 얼마인가?

① 500,000원　② 600,000원

③ 700,000원　④ 800,000원

87. ㈜삼일은 단일공정에서 단일제품을 대량으로 생산하고 있다. 재료는 공정의 착수시점에서 전액 투입하며, 가공원가는 공정 전반에 걸쳐 균등하게 발생한다. 공정에 대한 자료는 다음과 같다.

ㄱ. 기초재공품	없음
ㄴ. 당기투입량	400,000개
ㄷ. 당기완성량	320,000개
ㄹ. 기말재공품 수량	80,000개
가공원가의 완성도	50%
ㅁ. 당기투입원가	
직접재료원가	4,000,000원
가공원가	1,800,000원

직접재료원가와 가공원가에 대한 완성품환산량 단위당 원가는 각각 얼마인가?

① 직접재료원가 5원/가공원가 10원
② 직접재료원가 10원/가공원가 4.5원
③ 직접재료원가 10원/가공원가 5원
④ 직접재료원가 12.5원/가공원가 5.6원

88. ㈜삼일은 종합원가계산을 채택하고 있다. 원재료는 공정시작시점에서 전량 투입되며 가공원가는 공정전반에 걸쳐서 균등하게 발생한다. 기말재공품 수량은 250개이며, 가공원가의 완성도는 30%이다. 완성품환산량 단위당 직접재료원가와 가공원가가 각각 130원, 90원이라면 기말재공품 원가는 얼마인가?

① 23,400원 ② 34,740원 ③ 39,250원 ④ 39,600원

89. 다음 중 평균법과 선입선출법에 의한 종합원가계산의 차이점에 관한 설명으로 가장 올바르지 않은 것은?

① 평균법은 완성품환산량 산출시 기초재공품의 기완성도를 고려한다.
② 평균법의 완성품환산량 단위당 원가에는 전기의 원가가 포함되어 있다.
③ 평균법의 원가배분대상액은 기초재공품원가와 당기투입원가의 합계액이다.
④ 선입선출법은 완성품환산량 산출시 기초재공품과 당기투입량을 구분한다.

90. ㈜삼일은 당기 기말재공품의 완성도가 50%인데 이를 30%로 잘못 파악하였다. 기초재공품은 없다고 가정할 때 이 과소계상 오류가 완성품환산량 단위당 원가와 기말재공품원가에 어떠한 영향을 미치는가?

	완성품환산량단위당원가	기말재공품원가
①	과대평가	과대평가
②	과대평가	과소평가
③	과소평가	과대평가
④	과소평가	과소평가

91. 다음은 표준원가계산제도의 도입과 관련된 논의이다. 논의의 내용 중 옳은 것을 고르면?

> 가. 표준원가를 설정할 때 경영의 실제활동에서 열심히 노력하면 달성할 수 있는 현실적 표준을 설정해야 합니다.
> 나. 현실적 표준을 설정하면 표준원가계산제도를 도입하는 의의가 없습니다. 표준은 최선의 조건하에서 달성 가능한 이상적인 목표하의 최적목표원가로 설정해야 종업원으로 하여금 최선을 다하도록 동기부여할 수 있습니다.
> 다. 표준원가와 실제발생원가의 차이를 성과평가 및 보상과 연계하는 경우, 종업원은 자신에게 불리한 예외사항을 숨기려고 할 유인이 있습니다. 따라서 표준원가계산제도의 정보는 예산수립 등의 계획에만 사용하고, 통제 도구로는 사용하지 않는 것이 바람직합니다.

① 가　　② 나
③ 가, 나　　④ 나, 다

92. 실제원가계산을 사용하던 ㈜삼일은 새롭게 표준원가계산제도의 도입을 검토하고 있다. 이에 따라 원가관리부서의 실무담당자들은 표준원가계산제도에 대해 아래와 같이 주장하고 있다. 다음 중 올바르지 않은 주장을 펼치고 있는 실무담당자는 누구인가?

> 강부장 : 표준원가를 도입하면 차이분석을 실시하는데, 차이분석의 결과는 당기에만 유용하며 차기의 표준이나 예산 설정에 피드백되어 유용한 정보를 제공하지 않는다는 점을 고려해야 합니다.
>
> 황과장 : 표준원가의 달성을 지나치게 강조할 경우 제품의 품질을 희생시킬 수 있고, 납품업체에 표준원가를 기초로 지나친 원가절감을 요구할 경우 관계가 악화될 수 있으므로 신중을 기해야 합니다.
>
> 정대리 : 표준원가는 기업내적인 요소나 기업외부환경의 변화에 따라 수시로 수정을 필요로 하기 때문에, 사후 관리하지 않을 경우 향후 원가계산을 왜곡할 소지가 있습니다.
>
> 김사원 : 표준원가는 사전에 과학적이고 통계적인 방법으로 적정하게 산정되어야 하지만, 표준원가의 산정에 객관성이 보장되기 힘들고 많은 비용이 소요되는 단점이 있다는 것을 잊어서는 안됩니다.

① 강부장　　② 황과장　　③ 정대리　　④ 김사원

93. ㈜삼일은 변동제조간접원가의 배부기준으로 직접노동시간을 사용하고 있다. 직접노무원가 가격차이가 50,000원(유리), 직접노무원가 능률차이가 30,000원(불리), 직접재료원가 능률차이가 10,000원(유리)이 발생하였다고할 때, 다음 중 가장 옳은 것은?

① 직접재료원가 가격차이가 불리하게 나타난다.
② 변동제조간접원가 능률차이가 불리하게 나타난다.
③ 변동제조간접원가 소비차이(예산차이)가 불리하게 나타난다.
④ 고정제조간접원가 조업도차이가 유리하게 나타난다.

94. ㈜삼일의 직접노무원가와 관련된 자료는 다음과 같다.

표준 직접노무시간	11,000시간
실제 직접노무시간	10,000시간
직접노무원가 가격차이	20,000원(유리)
직접노무원가 실제원가	150,000원

이와 관련된 설명 중 가장 올바르지 않은 것은?

① 직접노무원가 표준원가는 180,000원이다.
② 직접노무원가 시간당 실제임률은 15원이다.
③ 직접노무원가 시간당 표준임률은 17원이다.
④ 직접노무원가 능률차이는 17,000원 유리하게 나타난다.

95. ㈜삼일의 직접재료원가에 대한 자료는 다음과 같다. ㈜삼일의 직접재료원가 kg당 실제가격은 얼마인가?

직접재료실제투입수량	10,000kg
직접재료원가 kg당 표준가격	400원
직접재료원가 가격차이(사용시점에 분리)	1,000,000원(불리)

① 220원 ② 300원
③ 420원 ④ 500원

96. 발생한 원가가 미래의 동일한 원가의 발생을 방지할 수 없다면, 그 원가는 자산성을 인정할 수 없다는 원가회피개념에 근거를 두고 있는 원가계산방법은 무엇인가?

① 정상원가계산 ② 종합원가계산
③ 변동원가계산 ④ 전부원가계산

97. 다음 중 변동원가계산, 전부원가계산 및 초변동원가계산에 관한 설명으로 가장 올바르지 않은 것은?

① 표준원가는 변동원가계산에는 사용될 수 없고 전부원가계산에서만 사용된다.
② 전부원가계산에서 계산된 영업이익은 판매량뿐만 아니라 생산량의 변화에도 영향을 받는다.
③ 전부원가계산에서는 고정제조간접원가를 제품원가로 인식한다.
④ 초변동원가계산은 직접재료원가만을 제품원가에 포함하고 나머지 제조원가는 모두 기간비용으로 처리한다.

98. ㈜삼일은 당기 초에 영업활동을 시작하여 당기에 제품 900단위를 생산하였으며, 당기의 원가자료는 다음과 같다.

단위당 직접재료원가	600원
단위당 직접노무원가	400원
단위당 변동제조간접원가	200원
단위당 변동판매비와관리비	250원
고정제조간접원가	180,000원
고정판매비와관리비	150,000원

당기 판매량이 800단위였다면, 전부원가계산에 의한 기말제품재고액은 얼마인가?

① 100,000원　② 120,000원
③ 140,000원　④ 145,000원

99. 변동원가계산에 의한 공헌이익 손익계산서 작성을 위한 자료가 아래와 같을 경우 변동원가계산에 의한 영업이익은 얼마인가?

판매수량	4,500개
단위당 판매가격	3,500원/개
단위당 변동제조원가	2,300원/개
단위당 변동판매비와관리비	300원/개
고정제조간접원가	2,000,000원
고정판매비와관리비	500,000원

① 1,550,000원　② 2,050,000원
③ 3,400,000원　④ 3,550,000원

100. 20X1년 3월에 영업을 시작한 서울회사는 선입선출법에 의한 실제원가계산제도를 채택하고 있으며, 20X1년 3월과 4월의 생산과 판매에 관한 자료는 다음과 같다.

	3월	4월
생 산 량	8,000단위	9,000단위
판 매 량	7,000단위	10,000단위

20X1년 4월 중 전부원가계산에 의한 영업이익이 변동원가계산에 의한 영업이익보다 200,000원이 작다고 할 때, 3월 고정제조간접원가는 얼마인가?

① 1,000,000원　② 1,200,000원
③ 1,600,000원　④ 2,000,000원

101. ㈜삼일은 활동기준원가계산을 사용하며, 제조과정은 다음의 세가지 활동으로 구분된다.

활동	원가동인	연간 원가동인수	연간 가공원가총액
운반	재료의 부피	50,000리터	200,000원
압착	압착기계시간	45,000시간	900,000원
분쇄	분쇄기계시간	20,000시간	500,000원

X제품 한 단위당 재료부피는 200리터, 압착기계시간은 30시간, 분쇄기계시간은 10시간이다. X제품의 단위당 재료원가가 500원일 경우 제품의 단위당 제조원가는 얼마인가?(위 자료 이외에 추가로 발생하는 원가는 없다)

① 1,400원 ② 1,650원 ③ 1,900원 ④ 2,150원

102. 다음 중 원가-조업도-이익(CVP) 분석에 관한 설명으로 가장 올바르지 않은 것은?

① 수익과 원가의 행태는 관련범위 내에서 선형이다.
② 공헌이익이 총고정원가보다 큰 경우에는 손실이 발생한다.
③ 화폐의 시간가치를 고려하지 않는다는 단점을 가진다.
④ 모든 원가는 변동원가와 고정원가로 분류할 수 있다고 가정한다.

103. 다음 자료를 이용하여 공헌이익을 계산하면 얼마인가?

생산수량	2,500개
판매수량	2,000개
단위당 판매가격	3,500원
제품단위당 변동제조원가	2,000원
제품단위당 변동판매비	300원
고정제조간접원가	400,000원

① 1,750,000원 ② 2,000,000원 ③ 2,400,000원 ④ 3,000,000원

104. 다음 자료를 이용하여 손익분기점 판매량을 계산하면 얼마인가?

판매가격	4,000원/단위
변동제조원가	1,500원/단위
변동판매비와관리비	1,200원/단위
총고정제조간접원가	2,340,000원

① 600개 ② 1,200개 ③ 1,800개 ④ 2,000개

105. 다음 중 안전한계와 영업레버리지에 관한 설명으로 가장 올바르지 않은 것은?

① 안전한계는 손실을 발생시키지 않으면서 허용할 수 있는 매출액의 최대 감소액을 의미하므로 기업의 안전성을 측정하는 지표로 많이 사용된다.

② 안전한계가 높을수록 기업의 안전성이 높다고 말할 수 있으며, 안전한계가 낮을수록 기업의 안전성에 문제가 있다고 말할 수 있다.

③ 영업레버리지는 영업레버리지도(DOL)를 이용하여 측정할 수 있으며, 영업레버리지도(DOL)는 공헌이익을 영업이익으로 나누어 계산한다.

④ 영업레버리지는 변동원가로 인하여 매출액의 변화액보다 영업이익의 변화액이 더 커지는 현상을 말한다.

106. 다음 중 판매부서의 성과평가에 대한 설명으로 가장 올바르지 않은 것은?

① 판매부서의 성과평가는 이익중심점보다 수익중심점으로 운영하는 것이 바람직하다.

② 판매부서의 성과평가는 예산매출액과 실제매출액의 비교를 통해 이뤄진다.

③ 매출총차이는 매출가격차이와 매출조업도차이로 구분된다.

④ 매출조업도차이는 매출배합차이와 매출수량차이로 구분된다.

107. ㈜삼일은 A와 B의 두 제품을 생산 · 판매하고 있다. 예산에 의하면 제품 A의 단위당 공헌이익은 20원이고, 제품 B의 공헌이익은 4원이다. 20X1년의 예산매출수량은 제품 A가 800단위, 제품 B는 1,200단위로 총 2,000단위였다. 그러나 실제매출수량은 제품 A가 500단위, 제품 B가 2,000단위로 총 2,500단위였다. ㈜대한의 20X1년 매출배합차이와 매출수량차이를 계산하면 각각 얼마인가?

	매출배합차이	매출수량차이		매출배합차이	매출수량차이
①	8,000원 불리	5,200원 유리	②	8,000원 유리	5,200원 불리
③	5,200원 불리	8,000원 유리	④	5,200원 유리	8,000원 불리

108. 다음 자료를 이용하여 ㈜삼일의 시장점유율차이를 계산하면 얼마인가?

단위당 예산평균공헌이익	100원
실제시장점유율	40%
예산시장점유율	35%
실제시장규모	100,000개

① 800,000원(불리)　② 800,000원(유리)

③ 500,000원(유리)　④ 500,000원(불리)

109. 다음 중 투자수익률법(return on investment, ROI)에 대한 설명으로 가장 올바르지 않은 것은?

① 투자규모가 다른 투자중심점을 상호 비교하기가 용이하다.

② 사업부의 이익뿐만 아니라 투자액도 함께 고려하는 성과평가 기준이다.

③ 매출액이익률과 자산회전율로 구분하여 분석이 가능하다.

④ 회사전체의 최저필수수익률을 상회하는 투자안이 개별투자중심점의 투자수익률보다 낮기 때문에 투자가 포기되는 준최적화 현상이 발생하지 않는다.

110. 다음 중 경제적부가가치(EVA)에 관한 설명으로 가장 올바르지 않은 것은?

① 경제적부가가치는 기업의 영업, 투자, 재무활동을 모두 반영한 이익개념이다.

② 경제적부가가치는 자기자본에 대한 자본비용을 고려한 이익개념이다.

③ 주주관점에서 기업의 경영성과를 보다 정확히 측정하는데 도움이 된다.

④ 투자중심점과 회사전체의 목표일치성을 충족시킬 수 있다.

111. 다음은 ㈜삼일의 재무상태표와 포괄손익계산서 자료의 일부이다.

항목	금액	항목	금액
유동자산(영업자산)	12,000원	유동부채	8,000원
비유동자산(영업자산)	8,000원	세전영업이익	4,000원

㈜삼일의 경제적부가가치(EVA)를 계산하면 얼마인가(단, 유동부채 중 2,000원은 단기차입금이며, 가중평균자본비용은 10%, 법인세율은 30%이다.)?

① 1,400원　② 1,600원　③ 2,000원　④ 2,600원

102. 매월 1,000단위의 제품을 생산하는 ㈜삼일의 단위당 판매가격은 700원이고 단위당 변동원가는 500원이며 고정원가는 월 300,000원이다. ㈜삼일은 ㈜용산으로부터 400단위의 특별주문을 받았다. 현재 유휴설비능력은 특별주문 수량보다 부족한 상황이며, 특별주문을 수락할 경우 주문 처리를 위한 비용 900원이 추가로 발생한다. 다음 중 특별주문에 대한 의사결정을 함에 있어 관련항목으로만 구성된 것은 어느 것인가?

① 특별주문 수락 전의 단위당 고정원가, 단위당 변동원가, 특별주문 처리비용

② 특별주문가, 단위당 변동원가, 특별주문 처리비용, 기존판매량 감소분의 공헌이익

③ 특별주문 수락 후의 단위당 고정원가, 특별주문 처리비용, 기존판매량 감소분의 공헌이익

④ 특별주문가, 특별주문 처리비용, 특별주문 수락 후의 단위당 고정원가, 기존판매량 감소분의 공헌이익

113. ㈜삼일은 부품의 자가제조 또는 외부구입에 대한 의사결정을 하려고 한다. 이때 고려해야 하는 비재무적 정보에 관한 설명 중 가장 올바르지 않은 것은?

① 부품을 자가제조할 경우 부품의 공급업자에 대한 의존도를 줄일 수 있는 장점이 있다.
② 부품을 자가제조할 경우 기존 외부공급업자와의 유대관계를 상실하는 단점이 있다.
③ 부품을 자가제조할 경우 향후 급격한 주문의 증가로 회사의 생산능력을 초과할 때 제품을 외부구입하기 어려울 수 있다는 단점이 있다.
④ 부품을 자가제조할 경우 생산관리를 외부에 의존해야 하므로 품질관리가 매우 어렵다.

114. ㈜삼일은 부품 A를 자가제조하고 있으며, 이와 관련된 연간 생산 및 원가자료는 다음과 같다.

직접재료원가	43,000원
변동직접노무원가	17,000원
변동제조간접원가	13,000원
고정제조간접원가	30,000원
생산량	250단위

최근 외부업체로부터 부품 A 250단위를 단위당 500원에 공급하겠다는 제안을 받았다. 외부업체의 제안을 수용하면, 자가제조보다 연간 얼마나 유리(또는 불리)한가(단, 고정제조간접원가는 전액 회피불가능하다.)?

① 22,000원 불리
② 22,000원 유리
③ 52,000원 불리
④ 52,000원 유리

115. 다음 중 자본예산을 편성하기 위해 현금흐름을 추정할 때 주의해야 할 사항으로 가장 올바르지 않은 것은?

① 명목현금흐름은 명목할인율로 할인해야 하며, 실질현금흐름은 실질할인율로 할인해야 한다.
② 세금을 납부하는 것은 현금의 유출에 해당하므로 세금을 차감한 후의 현금흐름을 기준으로 추정하여야 한다.
③ 감가상각비를 계상함으로써 발생하는 세금의 절약분인 감가상각비 감세 효과는 현금흐름을 파악할 때 반드시 고려해야 한다.
④ 이자비용은 명백한 현금유출이므로 현금흐름 추정에 반영해야 한다.

116. 장기의사결정을 위한 방법 중 회수기간법은 여러 가지 이론적인 단점에도 불구하고 실무상 많이 사용되고 있다. 다음 중 회수기간법이 실무에서 많이 사용되는 이유로 가장 올바르지 않은 것은?

① 비현금자료도 반영되는 포괄적 분석기법이다.
② 기업의 유동성 확보와 관련된 의사결정에 유용하다.
③ 화폐의 시간적 가치를 고려하지 않으므로 순현재가치법, 내부수익률법에 비해서 적용하기가 쉽다.
④ 투자후반기의 현금흐름이 불확실한 경우에는 유용한 평가방법이 될 수 있다.

117. 다음 중 순현재가치법(NPV 법)에 관한 설명으로 가장 올바르지 않은 것은?

① 투자기간 동안의 현금흐름을 자본비용으로 재투자한다고 가정한다.
② 순현재가치를 계산할 때 사용하는 할인율인 자본비용의 산출이 간단하다.
③ 독립적인 투자안에 대한 의사결정시 순현재가치가 0(영)보다 크면 수익성이 있는 것으로 판단되어 투자안을 채택한다.
④ 복수투자안의 순현재가치는 그 복수투자안을 구성하는 개별투자안 각각의 순현재가치를 합산한 것과 같다.

118. ㈜삼일은 두 개의 사업부 A, B로 구성되어 있다. A 사업부는 단위당 변동비가 100원인 부품을 제조하고 있는데 이를 170원에 외부에 판매할 수도 있고 B 사업부에 대체할 수도 있다. B 사업부가 이 부품을 외부에서 구입할 수 있는 가격은 180원이다. 회사전체의 이익극대화를 위한 B 사업부의 의사결정으로 가장 옳은 것은?

① A 사업부에서 구입하여야 한다.
② 외부에서 구입하여야 한다.
③ 외부에서 구입하는 경우와 A 사업부에서 구입하는 경우 차이가 없다.
④ 유휴생산시설이 있으면 외부에서 구입한다.

119. 다음 중 품질원가에 관한 설명으로 가장 올바르지 않은 것은?

① 품질원가란 불량품이 생산되지 않도록 하거나 불량품이 생산된 결과로 발생하는 모든 원가를 말한다.

② 예방원가란 불량품의 생산을 예방하기 위한 원가로 품질교육원가, 예방설비 유지원가 등이 있다.

③ 내부실패원가와 외부실패원가는 불량품이 생산된 결과로써 발생하는 원가이므로 실패원가라고 한다.

④ 일반적으로 예방원가와 평가원가가 증가하면 실패원가도 증가하게 된다.

120. ㈜삼일의 사장은 새로운 성과측정지표를 도입하고자 ㈜HE 컨설팅의 컨설턴트와 협의 중이다. 다음 사장과 컨설턴트의 대화에서 괄호 안에 들어갈 말로 가장 올바르지 않은 것은?

> 사　장 : 우리 회사는 기존의 손익계산서상 순이익이 아닌 새로운 성과지표를 도입하고 싶습니다.
> 컨설턴트 : 사장님, 많은 기업들이 균형성과표(BSC)를 활용하고 있습니다.
> 사　장 : 균형성과표(BSC)는 어떤 성과지표입니까?
> 컨설턴트 : 균형성과표(BSC)는 (　　　　　　　　　　　)

① 재무적 관점 외에 고객, 내부프로세스, 학습과 성장이라는 비재무적 관점도 함께 고려하여 조직의 전략과 성과를 종합적, 균형적으로 관리, 평가할 수 있는 효과적인 가치중심 성과관리 기법입니다.

② 조직의 수익성을 최종적인 목표로 설정하기 때문에 4가지 관점의 성과지표 중에서 고객관점의 성과지표를 가장 중시합니다.

③ 기업이 추구하는 전략적 목표와 경쟁상황 등의 다양한 변수를 고려하여 측정 지표들을 개발합니다.

④ 매출액 등의 계량화된 객관적 측정치와 종업원의 능력 등과 같은 주관적 측정치 간의 균형을 이룰 수 있는 성과지표입니다.

2020년

재경관리사 기출문제 답안

재무회계

1	2	3	4	5	6	7	8	9	10
4	3	1	4	4	2	4	4	1	3
11	**12**	**13**	**14**	**15**	**16**	**17**	**18**	**19**	**20**
1	3	4	3	2	2	3	2	4	4
21	**22**	**23**	**24**	**25**	**26**	**27**	**28**	**29**	**30**
2	2	1	1	1	2	2	3	3	1
31	**32**	**33**	**34**	**35**	**36**	**37**	**38**	**39**	**40**
2	4	3	4	1	3	2	2	3	3

01. 과거의 현금흐름이 반영된 재무성과를 제공하지 **미래의 현금흐름에 대한 예측이 반영된 재무성과는 제공하지 않는다.**

02. 확인가치에 대한 설명이다.

03. ② 기업특유가치 ③ 현행원가 ④ 공정가치

04. **현금흐름표는 영업활동, 투자활동, 재무활동 현금흐름으로 구분**한다.

05. 유의적인 영향력을 행사하면 개인이건 법인이건 해당기업과 특수관계자에 해당한다.

06. (usd1,000 - usd120) × 1,100원(선적일 환율) + 운송료(80,000) = 1,048,000원

07. **정상감모와 재고자산평가손실은 매출원가에 해당**한다.

재고자산

기초상품	500,000	*매출원가*	*1,500,000*
순매입액	2,000,000	기말상품	1,000,000
계	2,500,000	계	2,500,000

08.

상 품(총평균법)

기초	1.000개	@100	100,000	매출원가	2,500개	@125	312,500
	500개	@120	60,000				
순매입액	1,500개	@140	210,000	기말	*700개*	*@125*	*87,500*
	200개	@150	30,000				
계(판매가능재고)		*@125*	400,000	계			400,000

기말재고(선입선출법) = 200개 × @150(11.10) + 500개 × @140(5.15) = 100,000원

상　품(선입선출법)

기초	1.000개	@100	100,000	매출원가	2,500개	300,000
	500개	@120	60,000			
순매입액	1,500개	@140	210,000	기말	*700개*	*100,000*
	200개	@150	30,000			
계(판매가능재고)			400,000	계		400,000

총평균법(87,500) - 선입선출법(100,000) = △12,500원 차이

09.

	지출액	대상기간(차입기간)	이자율	순금융비용
차입금A	24,000,000(1.1)	10개월/12개월	3%	600,000

10. **재평가모형을 적용해도 손상차손을 인식하고, 회수가능액은 순공정가치와 사용가치 중 큰 금액으로 한다. 기업의 불리한 영향을 미치는 경제상황 등 외부정보를 고려한다.**

11. 건물 감가상각비 = (5,000,000 - 500,000) ÷ 20년 = 225,000원/년
처분시점 감가상각누계액 = 225,000 × 3/12(x1년) + 225,000 × 3년(x2~x4) = 731,250원

12. 연구단계 연구비(300억) + 자산인식요건 미충족 개발비(120억) = 420억원

13. **내부적으로 창출한 브랜드 등을 영업권으로 인식할 수 없다.**

14. 유형자산 대체전 평가손익
= x2.10.01 대체시점 공정가치(1,100,000) - x1.12.31 공정가치(900,000) = 200,000원(이익)
대체 후 유형자산 감가상각비 = [1,100,000 - 0] ÷ 10년 × 3개월/12개월 = 27,500원
평가이익(200,000) - 감가상각비(27,500) = 172,500원(이익)

15. 당기손익 - 공정가치측정 금융자산(채무상품)은 **AC금융자산등으로 재분류할 수 있다.**

16. 사채의 발행가액 = **100,000 × 10% × 1.69005 + 100,000 × 0.79719 = 96,620(반올림)**

17. 사채의 발행가액 = **100,000,000 × 10% × 2.57710 + 100,000,000 × 0.79383 = 105,154,000원**
총이자비용 = **액면이자의 합계액(30,000,000) - 사채할증발행차금(5,154,000)** = 24,846,000원

18. 이자비용(할인발행시) : 유효이자율법 < 정액법　→ 이익 : 유효이자율법 > 정액법
사채의 장부가액 : 유효이자율법 < 정액법

19. 전환권대가 = 사채의 발행가액(10,000,000) - 일반사채의 현재가치(8,200,000) = 1,800,000원
전환권행사시 현금유입이 없으므로 총자산은 불변이다.

20. **미래영업손실에 대해서 충당부채를 인식하지 아니한다.**

21. 해외사업환산이익(3,000,000)과 재평가잉여금(4,000,000)이 기타포괄손익누계액에 해당한다.

22. 자기주식처분이익은 자본잉여금에 해당한다.

24. 반품예상율 = 반품예상액(10,000,000)/매출액(50,000,000) = 20%
반품으로 회수할 자산(반환제품회수권) = 원가(30,000,000) × 반품예상율(20%) = 6,000,000원
매출원가 = 재고자산의 원가(30,000,000) - 반품제품회수권(6,000,000) = 24,000,000원

26. 진행율 = 4,000,000/20,000,000원 = 20%
누적계약수익 = 30,000,000 × 20% = 6,000,000원, 누적진행청구액 5,500,000
누적계약수익(6,000,000) > 누적진행청구액(5,500,000)
따라서 계약자산(미청구공사) 500,000원

28. 용역보상원가는 주식결제형 주식기준보상거래시 부여한 지분상품의 공정가치로 측정한다. **<u>이러한 공정가치는 추후 가치가 변동하는 경우에도 추정치를 변경하지 않는다.</u>**

30. 과세표준 = 순이익(2,000,000) + 기업업무추진비(100,000) + 감가상각비(60,000)
- 당기손익평가이익(20,000) = 2,140,000원
미지급법인세 = 과세표준(2,140,000) × 20% = 428,000원
이연법인세자산(감가상각비) = 60,000 × 20% = 12,000원
이연법인세부채(당기손익인식금융자산) = 20,000 × 20% = 4,000원
법인세비용 = 미지급법인세(428,000) + 이연법인세부채증가(4,000) - 이연법인세자산증가(12,000)

(차) **<u>법인세비용</u>**	**<u>420,000</u>**	(대) 당기법인세(미지급법인세)	428,000
이연법인세자산	12,000	이연법인세부채	4,000

32. 유통보통주식수 = 18,000 + 8,000 × 3/12 = 20,000주
기본 주당순이익 = (10,000,000 - 1,000,000) ÷ 20,000주 = 450원/주

33. 투자주식 = 850,000원 + (1,300,000 - 1,100.000) × 30% = 910,000원

36. 매출채권 = $8,000 × 1,200(기말환율) = 9,600,000원
환산손익 = 공정가액 - 장부가액 = [1,200 - 1,100] × $8,000 = 800,000원(이익)

37.

연도	리스료(A)	리스이자(B) (BV×10%)	원금상환액 (B - A)	장부금액 (BV)
20x1. 1. 1				758,158
20x1.12.31	200,000	75,816	124,184	<u>*633,974*</u>

38. **<u>법인세로 인한 현금흐름은 일반적으로 영업활동현금흐름으로 분류</u>**한다. 다만 재무활동과 투자활동에 명백한 것은 제외한다.

39. 현금유입액 = 매출액(560,000) - 매출채권증가액(10,000) - 대손상각비(550) + 대손충당금증가(170)
= 549,620원

40. **<u>배당금 지급활동은 원칙적으로 재무활동으로 분류</u>**한다.

세무회계

41	42	43	44	45	46	47	48	49	50
2	2	3	1	4	3	3	4	4	3
51	**52**	**53**	**54**	**55**	**56**	**57**	**58**	**59**	**60**
4	2	3	1	3	1	4	3	1	2
61	**62**	**63**	**64**	**65**	**66**	**67**	**68**	**69**	**70**
4	2	1	3	2	3	2	1	1	4
71	**72**	**73**	**74**	**75**	**76**	**77**	**78**	**79**	**80**
4	3	4	2	4	2	3	3	1	4

41. 다른 **세법의 별도규정이 국세기본법보다 우선한다.**

45. **이의신청은 임의심으로 반드시 거칠필요가 없다.**

46. ①,④ 상여, ② 유보

47. 결산조정사항은 경정청구사항에서 제외되지만 **신고조정사항은 경정청구대상이다.**

47. 천재지변 등의 사유로 파손된 것에서 대해서 감액이 허용되고, 폐기손실도 손금으로 인정된다.

48. 종업원에 대한 상여는 한도가 없다.

		급 여	상여한도(40%)	상여금	한도초과
관리부	임원	150,000,000원	60,000,000원	50,000,000원	–
건설본부	임원	100,000,000원	40,000,000원	70,000,000원	30,000,000원

건설중인 자산으로 처리하였으므로 이중세무조정을 해야 한다.

51. 업무무관자산의 취득부대비용은 자산의 취득가액으로 인정되고, 추후 **감가상각시 손금불산입 사항**이 된다.

52. **발생주의에 따라 인식한 이자비용은 법인세법도 수용**한다.

53. 제품의 경우 기한(9/30) 후 재고자산평가방법변경신고(10/20)를 한 경우이므로 제20기는 임의변경에 해당한다.

제품 = MAX[① 무신고시 평가방법(FIFO), ② 당초신고한 평가방법(총평균법)] = 20,000,000원

저장품은 계산실수를 인정하므로 총평균법으로 평가한 금액 8,000,000원이 재고자산평가액이 된다,

54. 정상가액 = 시가(100억) × 70% = 70억

정상가액(70억)보다 낮은 가액(60억)으로 양도한 것은 간주기부금(비지정)에 해당하고, 기타사외유출로 소득처분한다.

55. MIN[1.급여액 기준한도 = 총급여액(200,000,000) × 5% = 10,000,000원

2.추계액 기준한도(⑫) = 40,000,000원] = 10,000,000원

설정액(25,000,000) - 한도액(10,000,000) = 15,000,000원(한도초과)

56. 당기대손금한도액 = 기말세법상대손충당금 채권금액(500,000,000) × 대손실적률(2%) = 10,000,00원
회사 설정액(대손충당금기말잔액) = 기초(25,000,000) - 대손(5,000,000) + 설정액(3,000,000)
= 23,000,000원
전기대손충당금 한도초과(10,000,000)은 유보추인으로 감소란에 적고 당기한도초과(13,000,000)는 증가란에 적고 기말잔액을 계산한다.

59. 인정이자 = 10억 × 8% ÷ 365일 = 219,278원(상여)

60. 과세표준 = 순이익(250,000,000) + 가산(100,000,000) - 차감(70,000,000)
+ 기부금한도초과(10,000,000) - 비과세(3,000,000) - 소득공제(2,000,000)
= 285,000,000원

61. **분리과세소득은 원천징수로 납세의무가 확정**된다.

62. **사적연금액**, **기타소득금액이 300만원 이하인 경우 선택적분리과세**가 된다.

63. ② 조건부종합과세 ③④ 무조건분리과세

64. 총수입금액 = 1억 ÷ 12개월 × 6개월(7.1~12.31) = 50,000,000원

65. 총급여액 = 월급여액(2,000,000) × 12개월 + 상여(2,000,000) × 5 + 자가운전보조금(50,000) × 12개월
+ 연월차수당(1,000,000) = 35,600,000원
자가운전보조금은 20만원, **식대는 100,000원(한도 20만원)**이 비과세금액이 된다.
근로소득공제 = 750만원 + (35,600,000 - 15,000,000) × 15% = 10,590,000원
근로소득금액 = 총급여액(35,600,000) - 근로소득공제(10,590,000) = 25,010,000원

66. **복권당첨기타소득은 무조건 분리과세소득**이므로 종합소득신고를 할 필요가 없다.

67. **2020년 발생한 결손금은 15년간 공제**가 가능하다.

68. 교육비세액공제는 연령요건을 충족하지 않아도 되나, 소득요건(소득금액 1백만원이하자)은 충족해야 한다. 따라서 차남은 대상에서 제외한다. 또한 대학원교육비는 본인만 대상이다.
공제대상 교육비 = 장녀의 고등학교 수업료(한도 3백만원)

69. 종합소득과세표준 = 소득금액(40,000,000) - 소득공제(10,000,000) = 30,000,000원
산출세액 = 84만원 + (30,000,000 - 14,000,000) × 15% = 3,240,000원

70. **자동차보험은 손해보험으로서 보험료세액공제대상**이다.

71. **영업권자체의 양도는 기타소득**에 해당한다.

72. 부가가치세법은 전단계세액공제를 적용하고 있다.

73. **납세의무자는 사업자여부를 불문**한다.

74. 신규사업자는 사업개시일부터 당해 과세 기간의 종료일까지가 최초과세기간이 된다.

75. 사업자단위과세자는 **판매목적 타사업장반출에 대하여 공급의제를 배제**한다.

76. 장기할부판매의 공급시기는 **대가의 각부분을 받기로 한 때**이다.

77. 면세사업자는 매출시 부가세(0)를 거래징수할 의무가 없다.

78. 대손금과 판매장려금은 과세표준에서 공제하지 않고, 연체이자는 과세표준에 미포함한다.

80. 간이과세자도 부가가치세법상 사업자이다.

원가관리회계

81	82	83	84	85	86	87	88	89	90
3	3	4	3	2	2	3	3	1	2
91	**92**	**93**	**94**	**95**	**96**	**97**	**98**	**99**	**100**
1	1	2	1	4	3	1	3	1	3
101	**102**	**103**	**104**	**105**	**106**	**107**	**108**	**109**	**110**
4	2	3	3	4	1	1	3	4	1
111	**112**	**113**	**114**	**115**	**116**	**117**	**118**	**119**	**120**
1	2	4	3	4	1	2	1	4	2

81.

원재료

기초재고	8,000	**직접재료비**	**32,000**
매입	36,000	기말재고	12,000
계	44,000	계	44,000

미지급비용(노무비)

지　급	66,000	기초잔액	7,000
기말잔액	5,000	**설　정**	**64,000**
계	71,000	계	71,000

직접노무원가(64,000) = 가공원가(제조간접비 + 64,000) × 80%　∴제조간접원가 = 16,000원
당기총제조원가 = 직접재료비(32,000) + 직접노무원가(64,000) + 제조간접원가(16,000)
= 112,000원

82. 원가형태에 따른 분류 : 변동원가와 고정원가 추적가능성에 따른 분류 : 직접원가와 간접원가
통제가능성에 따른 분류 : 통제가능원가와 통제불능원가

83.

재공품

기초재고	*15,000*	당기제품제조원가	70,000
직접재료비	30,000		
직접노무비	10,000		
제조간접비	**20,000**	기말재고	5,000
계	75,000	계	75,000

84. 직접배분법은 다른 보조부문에 배부되지 않는다.

85. 개별원가계산의 핵심은 제조간접원가의 배부문제이고, 시간과 비용이 많이 소요된다.

86. 제조간접원가(일반형) = 총제조원가(1,000,000) × (1,000시간 ÷ 5,000시간) = 200,000원
당기총제조원가 = 직접재료원가(300,000) + 직접노무원가(1,000시간 × 100) + 제조간접원가(200,000) = 600,000원

87. 기초재공품이 없으므로 선입선출법과 평균법은 동일한 결과가 된다.

〈1단계〉 물량흐름파악 〈2단계〉 완성품환산량 계산

평균법		재료비	가공비
	완 성 품 320,000	320,000	320,000
	기말재공품 80,000(50%)	80,000	40,000
	계 400,000	**400,000**	**360,000**
〈3단계〉 원가요약(기초재공품원가+당기투입원가)		4,000,000	1,800,000
〈4단계〉 완성품환산량당단위원가		*@10*	*@5*

88. 〈1단계〉 물량흐름파악 〈2단계〉 완성품환산량 계산

평균법		재료비	가공비
	기말재공품 250(30%)	250	75
	계		
〈4단계〉 완성품환산량당단위원가		@130	@90

〈5단계〉 기말재공품 원가계산 : 250개×@130원+75개×@90원=39,250원

89. **선입선출법이 기초재공품의 완성도를 고려하나 평균법은 고려하지 않는다.**

90. 기말재공품의 완성도를 과소평가하면 기말재공품원가는 과소평가되고, 기말재공품 완성품환산량이 과소되므로, 단위당 원가(원가÷완성품환산량)는 과대됨.

91. **표준원가는 현실적표준을 설정해야 종업원의 동기부여**에 긍정적인 영향을 미친다.
표준원가는 예산수립뿐만 아니라 통제도구로 사용한다.

92. 표준원가는 당기뿐 아니라 차기에도 유용한 정보를 제공한다.

93.

	실제발생(AQ×AP) (실제조업도)	변동예산(AQ×SP) -투입기준	변동예산(SQ×SP) -산출기준
	가격차이	능률차이	
직접재료비	?	**10,000원(유리)**	
직접노무비	**50,000원(유리)**	**30,000원(불리)**	
변동제조간접비	***소비차이(유리)***	***능률차이(불리)***	

변동제조간접비는 직접 노동시간으로 배부되므로 직접노무비와 같은 방향으로 유불리가 나타난다. 그러나 직접재료원가와 고정제조간접원가는 유불리를 알 수가 없다.

94.

AQ	AP	SQ	SP
10,000시간	?(15원)②	11,000시간	?
150,000원 ①		?	

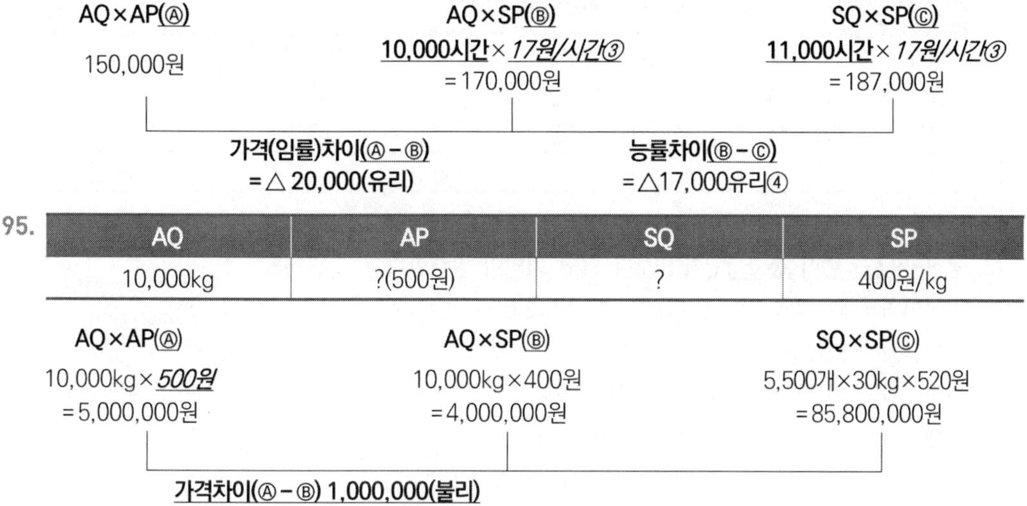

97. **표준원가는 변동원가계산에서도 사용**된다.

98. 기말재고수량 = 기초(0) + 생산(900) - 판매(800) = 100단위

단위당 고정제조간접원가 = 180,000 ÷ 900 = @200원

기말제품재고액 = [600 + 400 + 200 + 200] × 100단위 = 140,000원

99. 변동원가 계산

Ⅰ. 매 출 액	4,500개×3,500원	15,750,000
Ⅱ. 변동원가		11,700,000
1. 변동매출원가	4,500개×2,300원 = 10,350,000원	
2. 변동판관비	4,500개×300원 = 1,350,000원	
Ⅲ. 공헌이익(Ⅰ - Ⅱ)	2,000,000 + 500,000	4,050,000
Ⅵ. 고정원가		2,500,000
Ⅴ. 영업손익(Ⅲ - Ⅳ)		1,550,000

100.

	3월	4월
기초재고	0단위	1,000단위
생산량	8,000단위	9,000단위
판매량	7,000단위	10,000단위
기말재고	1,000단위	0단위

변동원가(영업이익)	??	200,000(가정)
+기말재고에 포함된 고제간	1,000×200 = 200,000	0
-기초재고에 포함된 고제간	0	1,000×200 = 200,000
=전부원가(영업이익)	??	0

고정제조간접원가(3월) = 생산량(8,000) × 단위당고정제조간접비(200) = 1,600,000원

101.

활 동	가공원가 총액	원가동인수 총계	배부율	X제품원가동인	X제품가공원가
세척	200.000	50,000리터	4	200리터	800원
압착	900,000	45,000시간	20	30시간	600원
분쇄	500,000	20,000시간	25	10시간	250원
계	1,600,000				1,650원

X제품의 단위당제조원가 = 재료비(500) + 가공원가(1,650) = 2,150원

102. <u>공헌이익(S - V)이 총고정원가(F)보다 크면 이익이 발생</u>한다.

103. 공헌이익 = 매출액(3,500×2,000) - 변동비[(2,000+300)×2,000] = 2,400,000원

104. 손익분기점 판매량 = F/(p - v) = 2,340,000/(4,000 - 1,500 - 1,200) = 1,800개

105. 고정원가의 변동으로 인하여 매출액의 변화보다 영업이익의 변화액이 더 커지는 현상을 말한다.

106. <u>판매부서도 이익에 대하여 성과평가</u>를 하여야 한다.

107. 〈예산배합비율〉

	예산판매량	예산배합비율
A	800단위	40%
B	1,200단위	60%
계	2,000단위	

	변동예산(1) (실제배합) **AQ×(BP－BV)**	변동예산(2) (예산배합) **TAQ×BM×(BP－BV)**	고정예산 **BQ×(BP－BV)**
공헌이익	A = 500×20 = 10,000 B = 2,000×4 = 8,000 계 : 18,000	A = 2,500×40%×20 = 20,000 B = 2,500×60%×4 = 6,000 계 : 26,000	A = 800×20 = 16,000 B = 1,200×4 = 4,800 계 : 20,800

매출배합차이 △8,000(불리) **<u>매출수량차이 5,200(유리)</u>**

108.

변동예산(2)	변동예산(3)	고정예산
실제규모×실제점유율 ×가중평균예산공헌이익 =TAQ×BM×(BP－BV)	**실제규모×예산점유율 ×가중평균예산공헌이익**	**예산규모×예산점유율 ×가중평균예산공헌이익 =BQ×(BP－BV)**
100,000×40%×100 =400,000	100,000×35%×100 =350,000	

<u>시장점유율차이 50,000(유리)</u> ***<u>시장규모차이</u>***

109. <u>투자수익률법은 준최적화 현상이 발생</u>한다.

110. 경제적 부가가치의 <u>세후순영업이익은 기업고유의 영업활동만을 반영한 이익개념</u>이다.

111.

1. 세후영업이익	2,800	4,000×(1－30%)＝2,800
2. 투하자본	14,000	자본(12,000＋8,000－8,000)＋단기차입금(2,000)
3. 가중평균자본비용	10%	
4. 경제적 부가가치	1,400원	2,800－14,000×10%

112. 특별주문시 특별주문가와 단위당 변동원가, 특별주문처리비용과 유휴설비능력이 없으므로 기존판매량 감소분의 공헌이익이 필요하다.

113. 부품을 자가제조하므로 생산관리를 내부에 의존한다.

114.

1. 증분수익(외부구입시)		
	• 변동비감소분	변동비(43,000＋17,000＋13,000)＝73,000원
	• 고정원가절감	회피불가능하므로 절감 효과 없음
2. 증분비용(외부구입시)		
	• 외부구입비증가	500(외부구입단가)×250단위＝125,000원
3. 증분손익		△52,000원(불리－자가제조가 유리)

115. 이자비용을 계산하고 **다시 할인율을 적용한는 것은 이중계산이 되므로 이자비용은 포함하지 않는다.**

116. 순현금유입액으로 구하므로 현금자료만 반영된다.

117. 자본비용결정(최저요구수익률)이 어렵다.

118. A(공급)사업부의 최소대체가격＝한단위 대체시 지출원가(170)＋한단위 대체시 기회비용(0)＝170원
B(구매)사업부의 최대대체가격＝MIN[① 외부구입가격(180) ② 완제품판매가격－추가가공비]
＝180원
최소대체가격〈최대대체가격이므로 대체하는 것이 유리하므로 A사업부에서 구입하여야 한다.

119. 통제원가(예방원가＋평가원가)가 증가하면 **불량률이 떨어지므로 실패원가는 감소한다.**

120. 균형성과표는 4가지 관점에서 성과측정자료간의 균형있는 관리를 도모한다. 기업은 최종적으로 재무적 목표인 이익을 추구하므로 균형성과표의 **모든 측정지표들은 궁극적으로 재무적 성과의 향상으로 연계되어야** 한다.

저자약력

■ **김영철 세무사**

· 고려대학교 공과대학 산업공학과
· 한국방송통신대학 경영대학원 회계세무전공
· (전)POSCO 광양제철소 생산관리부
· (전)삼성 SDI 천안(사) 경리/관리과장
· (전)강원랜드 회계팀장
· (전)코스닥상장법인CFO(ERP. ISO추진팀장)
· (전)농업진흥청/농어촌공사/소상공인지원센타 세법 · 회계강사

로그인 재경관리사

7 판 발 행 : 2025년 2월 18일
저　　　자 : 김 영 철
발 행 인 : 허 병 관
발 행 처 : 도서출판 어울림
주　　　소 : 서울시 영등포구 양산로 57-5, 1301호 (양평동3가)
전　　　화 : 02-2232-8607, 8602
팩　　　스 : 02-2232-8608
등　　　록 : 제2-4071호
Homepage : http://www.aubook.co.kr

저자와의 협의하에 인지생략

ISBN 978-89-6239-968-4 13320

정 가 : 34,000원

도서출판 어울림 발행도서는 정확하고 권위 있는 해설 및 정보의 제공을 목적으로 하고 있습니다. 그러나 항상 그 완전성이 보장되는 것은 아니기 때문에 적용결과에 대하여 당사가 책임지지 아니합니다. 따라서 실제 적용할 경우에는 충분히 검토하시고 저자 또는 전문가와 상의하시기 바랍니다.

파본은 구입하신 서점이나 출판사에서 교환해 드립니다.